档案文献·乙

国民参政会纪实（下）

1938—1948 武汉·重庆·南京

重庆市政协文史资料研究委员会
中共重庆市委党校 ● 编

主　　编：孟广涵
副 主 编：周永林　周　勇　刘景修

重庆出版集团 重庆出版社

八、国民参政会第二届第一次会议

(1941年3月1日—3月10日)

(一)国民政府修正《国民参政会组织条例》

1.《国民参政会组织条例》第八条修正全文

(一九四〇年四月十六日国民政府修正公布)

第八条 国民参政会参政员任期为一年,国民政府认为有必要时,得延长之。

(原载《国民政府公报》渝字第二百四十九号)

2. 国民参政会组织条例

(一九四〇年九月二十六日国民政府修正公布)

第一条 国民政府在抗战期间,为集思广益,团结全国力量起见,特设国民参政会。

第二条 凡具有中华民国国籍之男子或女子,年满三十岁,暨第三条所列甲、乙、丙、丁四项资格之一卷,得为国民参政会参政员。

第三条　国民参政会置参政员总额二百二十名,其分配如下:

(甲)由曾在各省市(指行政院直辖市而言)公私机关或团体服务三年以上,著有信望之人员中,共遴选九十名。各省市所出参政员名额,依照附表之所定,并以有各该省市籍贯者为原则。

(乙)由曾在蒙古、西藏地方公私机关或团体服务三年以上,著有信望,或熟谙各该地方政治社会情形,信望久著之人员中,遴选六名(蒙古四名、西藏二名)。

(丙)由曾在海外侨民居留地工作三年以上,著有信望,或熟谙侨民生活情形,信望久著之人员中,遴选六名。

(丁)由曾在各重要文化团体或经济团体服务三年以上,著有信望,或努力国事,信望久著之人员中,遴选一百十八名。

第四条　国民参政会参政员之选定,依次列程序行之:

(一)前条甲项参政员,由各省市临时参议会用无记名连记投票法选举之,以得票多者为当选。政府召集国民参政会时,各省市临时参议会如在休会期间,且因例会期间尚远,不能于国民参政会召集期限前完成前项选举时,其选举得以通讯方式行之。

(二)在临时参议会尚未成立之省市,前条甲项参政员,由各该省市政府会同各该省市党部,按其本省市应出参政员名额,加倍提出候选人,送请国防最高委员会汇提中国国民党中央执行委员会选定之。

(三)前条乙、丙两项参政员,分别由蒙藏委员会、侨务委员会,按照应出参政员名额,加倍提出候选人,送请国防最高委员会汇提中国国民党中央执行委员会选定之。

(四)前条丁项参政员,由国防最高委员会按照应出参政员名额,提出候选人,提请中国国民党中央执行委员会选定之。

第五条　国防最高委员会设置国民参政会参政员资格审查会,置审查委员九人至十一人,并指定一人为主席,执行左列审查事宜:

(一)对于依第四条第一项规定当选之人,如发现其资格与本条例之规定不符时,得提经国防最高委员会核定,取消其当选资格,以各该省市得票次多者补充之。

（二）对于依第四条第二、第三、第四各项所列候选人,如发现其资格与本条例之规定不符时,得提请国防最高委员会核定,取消其候选人资格。

第六条　在抗战期间,政府对内对外之重要方针,于实施前,应提交国民参政会议决。

前项决议案,经国防最高委员会通过后,依其性质交主管机关制定法律或颁布命令行之。

遇有紧急特殊情形,国防最高委员会主席得依国防最高委员会组织条例,以命令为便宜之措施,不受本条第一、二项之限制。

第七条　国民参政会得提出建议案于政府。

第八条　国民参政会听取政府施政报告暨向政府提出询问案之权。

第九条　国民参政会得组织调查委员会,调查政府委托考察事项。

前项调查结果,得由国民参政会(或由国民参政会授权于调查委员会)提请政府核办。

第十条　国民参政会参政员之任期为一年,国民政府认为有必要时,得延长之。

第十一条　国民参政会每六个月开会一次,会期为十日,国民政府认为有必要时,得延长其会期或召开临时会。

第十二条　国民参政会休会期间,设置国民参政会驻会委员会,由国民参政会主席团及参政员互选二十五人组织之,其任务如下：

（一）听取政府各种报告。

（二）督促各种决议案之实施,并随时考核其实施之状况。

（三）在不违反大会决议案之范围内,得随时执行本会建议权暨调查权。

第十三条　国民参政会有该会参政员总额二分之一以上之出席,即得开议。

第十四条　中央各院部会长官得出席于国民参政会会议,但不参加其表决。

第十五条　现任官吏不得为国民参政会参政员,但各地方自治机关及各教育学术机关服务人员,不在此限。

第十六条　国民参政会置主席团,由国民参政会选举主席九人组织之,其人选不以参政员为限。

国民参政会及其驻会委员会开会时,由主席团互推一人为主席。

第十七条　本条例未尽事宜,由国民政府另以命令定之。

第十八条　本条例自公布日施行。

各省市应出参政员名额表

江苏、浙江、安徽、江西、湖北、湖南、四川、湖北、山东、河南、广东,以上各出四人。

山西、陕西、福建、广西、云南、贵州以上各出三人。

甘肃、察哈尔、绥远、辽宁、吉林、新疆、南京市、上海市、北平市、重庆市以上各出二人。

青海、西康、宁夏、黑龙江、热河、天津市、青岛市、西京市以上各出一人。

(原载《国民政府公报》渝字第二百九十六号)

3. 国民参政会议事规则

(一九四〇年十二月二十三日国民政府修正公布)

第一章　总则

第一条　本规则依据国民参政会组织条例第十七条之规定制定之。

第二条　国民参政会开会时,由主席恭读国父遗嘱,全体肃立。

第三条　国民参政会开会时,由主席团互推一人为主席。

第四条　国民参政会会议时,有参政员过半数之出席,始得开议,有出席参政员过半数之赞成,始得议决。

第五条　国民参政会之会议公开之,但有必要时得由主席宣告改开秘密会。

第六条　国民参政会之开会休会及散会由主席宣告之。

第七条　参政员在会场之席次依抽签定之。

第八条　参政员在会场内得自由发表言论,不受会外之干涉,但在会场外发表其笔记或言论者,受一般法律之限制。

第九条　国民参政会之文件议案,由秘书长斟酌发表,或于提请主席团核定后发表之。

凡未依前项程序核定发表之文件议案,参政员负有保守秘密之义务。

第十条　国民参政会开会时,秘书长及副秘书长应列席,并配置秘书及其他人员,办理会场事务。

第二章　委员会

第十一条　国民参政会为审查议案,设置左列委员会,分别审查各项议案：

(一)第一审查委员会,审查关于军事及国防之议案;

(二)第二审查委员会,审查关于外交及国际事项之议案;

(三)第三审查委员会,审查关于内政事项之议案;

(四)第四审查委员会,审查关于财政经济事项之议案;

(五)第五审查委员会,审查关于教育文化等事项之议案。

第十二条　国民参政会得设特种委员会,草拟或审查特种事项之议案。

第十三条　第十一条及第十二条之委员会名额人选及召集人,由主席团提交会议通过之。

第十四条　各委员会审议结果,应以书面报告于主席团,由主席团分别提出于会议。

第十五条　各委员会之秘书人员,由秘书长配置之。

秘书长及副秘书长得出席于各委员会,但不参加表决。

第三章　提案及讨论

第十六条　凡与抗战建国有关之事项,均得提出为议案,但其内容不得抵触三民主义。

第十七条　参政员提案,应详具理由,并由参政员二十人之连署提出之。

第十八条　提案得由主席迳付会议讨论，或先交审查委员会审查，连同审查报告提付讨论。

政府交议事项，适用前项规定。

第十九条　参政员得以书面提出临时动议，但须有参政员四十人之连署。临时动议由主席于议事日程所列各案议毕时，迳付会议讨论；但时间不容许时，得由主席提付下次会议讨论。

第二十条　讨论之进行，依议事日程所定之顺序；但依主席决定或会议之决议，得变更之。

第二十一条　参政员对于议事日程所列之议题欲发言时，应先将其席次姓名，以书面通知秘书长。

未依前项程序通知者，须俟先已通知发言者发言完毕后，报告席次，经主席许可，始得发言。

第二十二条　凡关于提案之说明或质疑或答复，其发言均以十五分钟为限，讨论者之发言以五分钟为限，但发言前取得主席之特许者，得以主席特许之时间为度，违反前项限制者，主席得终止其发言。

第二十三条　参政员每人就一个议题之发言，除经主席特许者外，以一次为限。

第二十四条　凡对于议案之修正应以书面提出，并须有参政员十人以上之连署。

第二十五条　会议时，讨论结果如有数种意见，其表决之顺序，由主席定之。

第二十六条　凡表决由主席酌量以举手起立或投票行之，必要时举行反证表决。

第二十七条　会议时无论何人对于他人之发言，不得以诬蔑式之声音举动，表示反对。

第四章　报告与询问

第二十八条　政府之施政报告，由主管机关长官以书面或口头为之。

第二十九条　政府之施政报告,得由主席之决定或参政员二十人之要求,加入议事日程,移付讨论。

第三十条　参政员对于政府有询问时,须有参政员五人之连署,以书面向主席提出,主席通知主管机关长官定期答复。

参政员对于政府之施政报告如有疑义,得于主管机关长官报告后,经主席许可,为简单之口头询问。

第三十一条　参政员之询问事项,除因国家利益有不便宣答之重大理由者外,主管机关长官,应为书面或口头之答复。

第五章　纪律

第三十二条　参政员全体有共同维护会场秩序之责任。

第三十三条　参政员于会议中有违背本规则妨害秩序者,主席得警告或制止之,其情节重大者,依主席之决定或会议之议决,组织惩戒委员会为惩戒之审议。惩戒之方式分为(一)谴责;(二)责令道歉;(三)停止一定时日之出席。

第三十四条　惩戒委员会审议结果,应提会议表决之。

第六章　附则

第三十五条　本规则无特别规定者,适用民权初步之条理。

第三十六条　本规则如有未尽事宜,得由国民参政会议决修正送请国民政府公布之。

第三十七条　本规则自国民政府公布之日施行。

（原载1940年12月25日重庆《新华日报》）

4.国民参政会秘书处组织规则

第一条　国民参政会设秘书处(以下简称本处)置秘书长一人,襄助秘书长,掌握本处事务,秘书长因故缺席时,由副秘书长代理之。

第二条　秘书长副秘书长均由国民政府特派之。

第三条　本处置秘书三人或五人,由秘书长呈请国民政府简派之,分掌特定事务。

第四条　本处设左列各组:文书组、议事组、总务组、警卫组;各组得因其事务之性质分设数科。

第五条　各组设主任一人,主管各组事务;各科设科长一人,总干事、干事、助理各若干人,分掌各科事务。各组主任由秘书长遴聘或就秘书中指定兼任之;各组其余职员,由秘书长派充之。

第六条　文书组掌左列事项:

(一)关于文电之收发、撰拟、缮校、编译及保管等事项;

(二)关于典守印信事项。

第七条　议事组掌左列事项:

(一)关于编制议事日程及会议纪录事项;

(二)关于各种议案关系文件之编辑事项;

(三)关于提案决议案及审查报告整理之协助事项;

(四)关于会议及各委员会开会之准备及通知等事项;

(五)关于参政员出席缺席表决计数,及其他协助议事日程进行中一切事项;

(六)关于新闻之发表,暨新闻记者接洽之事项。

第八条　总务组掌左列事项:

(一)关于本会预算决算之编制事项;

(二)关于款项出纳事项;

(三)关于一切布置事项;

(四)关于物品购置及保管事项;

(五)关于各项出席列席旁听等证章之制发等事项;

(六)关于参政员报到之登记事项;

(七)关于印刷事项;

(八)不属于其他各组之事项。

第九条　警卫组掌左列事项:

（一）会场所在地及交通线之警戒事项；

（二）会场出入之警戒；

（三）防空消防等事项；

（四）其他关于本会一切警卫事项。

第十条　本处得配置雇员。

第十一条　本处职员除必须常行驻会工作者外，以向各机关调用为原则。

第十二条　在国民参政会开会期间本处有必要时得遴任额外人员，襄理本处特种事务，但以向各机关调用者为限。

第十三条　警卫士兵由本会会场所在地警察机关或卫戍机关调拨。

第十四条　本处办事细则由本处定之。

第十五条　本规则自公布日施行。

（原载1940年12月25日重庆《新华日报》）

（二）第二届国民参政会主席团、参政员名单

1. 第二届国民参政会主席团名单

蒋中正　张伯苓　左舜生　张君劢　吴贻芳

（原载《国民参政会第二届第一次大会纪录》，国民参政会秘书处）

2. 第二届国民参政会参政员名单

（一九四〇年十二月二十三日国民政府公布）

甲、依照《国民参政会组织条例》
第三条甲项遴选者

江苏省四名

张一麟　冷　遹　江恒源　张九如

浙江省四名

陈希豪　褚辅成　方青儒　胡健中

安徽省四名

光　升　马景常　梅光迪　陈　铁

江西省四名

王又庸　王枕心　刘家树　张国焘

湖北省四名

孔　庚　李荐廷　李廉芳　彭介石

湖南省四名

彭国钧　曾省斋　贺楚强　周德伟

四川省四名

朱之洪　胡子昂　黄肃方　陈敬修

河北省四名

耿　毅　王启江　刘遥章　张爱松

山东省四名

孔令灿　刘次箫　王近信　吴锡九

河南省四名

燕化棠　王公庚　王隐三　郭仲隗

广东省四名

金曾澄　陆宗麒　黄范一　李仙根

山西省三名

梁上栋　李鸿文　常乃德

陕西省三名

张凤翙　李芝亭　张守约

福建省三名

石　磊　李黎洲　康绍周

广西省三名

蒙民伟　阳叔葆　蒋继伊

云南省三名

彭　澍　胡若华　陇体要

贵州省三名

黄宇人　吴道安　马宗荣

甘肃省二名

骆力学　苏振甲

察哈尔省二名

张志广　席振铎

绥远省二名

张　钦　张遐民

辽宁省二名

孔佩苍　马愚忱

吉林省二名

莫德惠　王家桢

新疆省二名

张元夫　郭任生

青海省一名

李　治

西康省一名

黄汝鉴

宁夏省一名

周士观

黑龙江省一名

马　毅

热河省一名

谭文杉

南京市二名

陈裕光　卢　前

上海市二名

陶百川　王志莘

北平市二名

陶孟和　陈石泉

重庆市二名

潘昌猷　胡仲实

天津市一名

张伯苓

青岛市一名

杨振声

西京市一名

郭英夫

乙、依照《国民参政会组织条例》
第三条乙项遴选者

蒙古四名

李永新　金志超　阿福寿　苏鲁岱

西藏二名

罗桑札喜　丁　杰

丙、依照《国民参政会组织条例》
第三条丙项遴选者

海外侨民六名

陈嘉庚　陈守明　庄西言　张振帆　邝炳舜　李星衢

丁、依照《国民参政会组织条例》
第三条丁项遴选者

陈其业　周炳琳　陶行知　李中襄

王造时　王冠英　喻育之　陈　时
仇　鳌　许孝炎　杨端六　邵从恩
张　澜　杜秀升　胡石青　马乘风
张竹溪　茹欲立　李元鼎　胡兆祥
秦望山　宋渊源　伍智梅　杨子毅
林　虎　黄同仇　李培炎　罗　衡
王亚明　荣　照　喜饶嘉措
张君劢　甘介侯　黄炎培　颜惠庆
史　良　秦邦宪　陈辉德　钱端升
邹韬奋　施肇基　张东荪　沈钧儒
陶　玄　吴贻芳　陆费伯鸿　钱永铭
刘百闵　张肖梅　周星棠　张剑鸣
陈绍禹　杭立武　奚　伦　罗隆基
程希孟　许德珩　刘叔模　董必武
余家菊　陈启天　王立明　张忠绂
居励今　左舜生　毛泽东　陈赓陶
成舍我　林祖涵　范　锐　章士钊
彭允彝　周　览　邓飞黄　晏阳初
李　璜　曾　琦　吴玉章　陈豹隐
梁实秋　傅斯年　范予遂　罗文干
刘蘅静　韦卓民　钟荣光　谭平山
张奚若　张炽章　王世颖　江　庸
王云五　陈博生　梁漱溟　高惜冰
齐世英　王卓然　钱公来　刘　哲
陈经畬　于　斌　邓颖超　胡文虎
马　亮　麦斯武德　张振鹭　陈陶遗
张之江　陈复光　陈　源　王化一
何联奎　皮宗石　张翼枢　江一平

童冠贤	王寒生	邓召荫	萨孟武
李世章	君昌龄	周道刚	丁基实
高廷梓	张其昀	徐炳昶	肖一山
魏元光	王晓籁	胡秋原	叶溯中
黄君迪	陈逸云	曾宝荪	钱用和
吕云章	张维桢	谢冰心	

（原载《国民参政会第二届第一次大会纪录》，国民参政会秘书处）

（三）"皖南事变"发生，抗战局势面临严重危机

1. 中国共产党中央革命军事委员会发言人对新华社记者的谈话

（一九四一年一月二十二日）

此次皖南反共事变，酝酿已久。目前的发展，不过是全国性突然事变的开端而已。自日寇和德意订立三国同盟之后，为急谋解决中日战争，遂积极努力，策动中国内部的变化。其目的，在借中国人的手，镇压中国的抗日运动，巩固日本南进的后方，以便放手南进，配合希特勒进攻英国的行动。中国亲日派首要分子，早已潜伏在国民党党政军各机关中，为数颇多，日夕煽诱。至去年年底，其全部计划乃准备完成。袭击皖南新四军部队和发布一月十七日的反动命令，不过是此种计划表面化的开端。最重大的事变，将在今后逐步演出。日寇和亲日派的整个计划为何？即是：

（一）用何应钦、白崇禧名义，发布致朱彭叶项的"皓""齐"两电，以动员舆论；

（二）在报纸上宣传军纪军令的重要性，以为发动内战的准备；

（三）消灭皖南的新四军；

（四）宣布新四军"叛变"，取消该军番号。以上诸项，均已实现；

（五）任命汤恩伯、李品仙、王仲廉、韩德勤等为华中各路"剿共"军司令官，以李宗仁为最高总司令，向新四军彭雪枫、张云逸、李先念诸部实行进攻，得手后，再向山东和苏北的八路军、新四军进攻，而日军则加以密切的配合。这一步骤，已开始实行；

（六）寻找借口，宣布八路军"叛变"，取消八路军番号，通缉朱彭。这一步骤，目前正在准备中；

（七）取消重庆、西安、桂林等地的八路军办事处，逮捕周恩来、叶剑英、董必武、邓颖超诸人。这一步骤也正开始实施，桂林办事处已被取消；

（八）封闭《新华日报》；

（九）进攻陕甘宁边区，夺取延安；

（十）在重庆和各省大批逮捕抗日人士，镇压抗日运动；

（十一）破坏各省共产党组织，大批逮捕共产党员；

（十二）日军从华中华南撤退，国民党政府宣布所谓"收复失地"，同时宣传实行所谓"荣誉和平"的必要性；

（十三）日军将原驻华中华南的兵力向华北增加，最残酷地进攻八路军，与国民党军队合作，全部消灭八路军、新四军；

（十四）除一刻也不放松对于八路军、新四军进攻之外，在各战场上的国民党军队和日军继续去年的休战状态，以便转到完全停战议和的局面；

（十五）国民党政府同日本订立和平条约，加入三国同盟。以上各部，正在积极准备推行中。

以上，就是日本和亲日派整个阴谋计划的大纲。中国共产党中央曾于前年七月七日的宣言上指出："投降是时局最大的危险，反共是投降的准备步骤。"在去年七月七日的宣言中则说："空前的投降危险和空前的抗战困难，已经到来了。"朱彭叶项在去年十一月《佳电》中更具体地指出："国内一部分人士正在策动所谓新的反共高潮，企图为投降肃清道路。……欲以所谓中日联合'剿共'，结束抗战局面。以内战代抗战，以投降代独立，以分裂代团结，以黑暗代光明。其事至险，其计至毒。道路相告，动魄惊心。时局危机，诚未有如今日之甚者。"故皖南事变及重庆军事委员会一月十七日的命令,不过是一系列事变的开始而已。特别是一月十七日的命令,包含着严重的政治意义。因为发令者敢于公开发此反革命命令,冒天下之大不韪,必已具有全面破裂和彻底投降的决心。盖中国软弱的大地主大资产阶级的政治代表们,没有后台老板,是一件小事也做不成的,何况如此惊天动地的大事？在目前的时机下,欲改变发令者此种决心似已甚难,非有全国人民的紧急努力和国际方面的重大压力,改变决心的事,恐怕是不可能的。故目前全国人民的紧急任务,在于以最大的警惕性,注视事变的发展,准备着对付任何黑暗的反动局面,绝对不能粗心大意。若问中国的前途如何,那是很明显的。日寇和亲日派的计划即使实现,我们中国共产党和中国人民,不但有责任,而且自问有能力,挺身出来收拾时局,决不让日寇和亲日派横行到底。时局不论如何黑暗,不论将来尚须经历何种艰难道路和在此道路上须付何等代价(皖南新四军部队就是代价的一部分),日寇和亲日派总是要失败的。其原因,则是：

（一）中国共产党已非一九二七年那样容易受人欺骗和容易受人摧毁。中国共产党已是一个屹然独立的大政党了。

（二）中国其他党派(包括国民党在内)的党员,懔于民族危亡的巨祸,必有很多不愿意投降和内战的。有些虽然一时受了蒙蔽,但时机一到,他们还有觉悟的可能。

（三）中国的军队也是一样。他们的反共,大多数是被迫的。

（四）全国人民的大多数,不愿当亡国奴。

（五）帝国主义战争现时已到发生大变化的前夜,一切依靠帝国主义过活的寄生虫,不论如何蠢动于一时,他们的后台总是靠不住的,一旦树倒猢狲散,全局就改观了。

（六）许多国家革命的爆发,只是时间问题,这些国家的革命和中国革命必然互相配合,共同争取胜利。

（七）苏联是世界上第一个大力量,它是决然帮助中国抗战到底的。

因为上述种种原因,故我们还是希望那班玩火的人,不要过于冲昏头脑。我们正式警告他们说：放谨慎一点吧,这种火是不好玩的,仔细你们自己的脑袋。如果这班人能够冷静地想一想,他们就应该老老实实地并且很快地去做下列几件事：

第一、悬崖勒马,停止挑衅；

第二、取消一月十七日的反动命令,并宣布自己是完全错了；

第三、惩办皖南事变的祸首何应钦、顾祝同、上官云相三人；

第四、恢复叶挺自由,继续充当新四军军长；

第五、交还皖南新四军全部人枪；

第六、抚恤皖南新四军全部伤亡将士；

第七、撤退华中的"剿共"军；

第八、平毁西北的封锁线；

第九、释放全国一切被捕的爱国政治犯；

第十、废止一党专政,实行民主政治；

第十一、实行三民主义,服从《总理遗嘱》；

第十二、逮捕各亲日派首领,交付国法审判。

如能实行以上十二条,则事态自然平复,我们共产党和全国人民,必不过为已甚。否则"吾恐季孙之忧,不在颛臾,而在萧墙之内",反动派必然是搬起石头打他们自己的脚,那时我们就爱莫能助了。我们是珍重合作的,但必须他们也珍重合作。老实说,我们的让步是有限度的,我们让步的阶段已经完结了。他们已经杀了第一刀,这个伤痕是很深重的。他们如果还为前途着想,他们就应该自己出来医治这个伤痕。"亡羊补牢,犹未为晚。"这是他们自己性命交关的大问题,我们不得不尽最后的忠告。如果他们怙恶不悛,继续胡闹,那时,全国人民忍无可忍,把他们抛到茅厕里去,那就悔之无及了。关于新四军,中国共产党中央革命军事委员会已于一月二十日下了命令,任命陈毅为代理军长,张云逸为副军长,赖传珠为参谋长,邓子恢为政治部主任。该军在华中及苏南一带者尚有九万余人,虽受日寇和反共军夹击,必能艰苦奋斗,尽忠民族国家到底。同时,它的兄弟部队八路军各部,决不坐视它陷于夹击,必能采取相当步骤,予以必要的援助,这是我可以率直地告诉他们的。至于重庆军委会发言人所说的那一篇,只好拿"自相矛盾"四个字批评它。既在重庆军委会的通令中说新四军"叛变",又在发言人的谈话中说新四军的目的在于开到京、沪、杭三角地区创立根据地。就照他这样说吧,难道开到京、沪、杭三角地区算是"叛变"吗?愚蠢的重庆发言人没有想一想,究竟到那里去叛变谁呢?那里不是日本占领的地方吗?你们为什么不让它到那里去,要在皖南就消灭它呢?呵,是了,替日本帝国主义尽忠的人原来应该如此。于是七个师的聚歼计划出现了,于是一月十七日的命令发布了,于是叶挺交付审判了。但是我还要说重庆发言人是个蠢猪,他不打自招,向全国人民泄露了日本帝国主义的计划。

(选自《毛泽东选集》729—735 页,人民出版社)

附:新四军皖南部队惨被围歼真相

(重庆《新华日报》傅平)

江南惨变,亲痛仇快,而军事委员会通令与其发言人及重庆中央、扫荡、益世、商务、时事各报纸则对新四军任意污蔑,曲解事实,混淆听闻。即较公正之报纸在言论统制之下,亦不能揭露阴谋,发表公论,致黑白不分,沉冤难明。吾人为使国人能明白事变真相,揭露内战阴谋,以挽救目前严重危局起见,特择其有关重要的八项,分别说明如下:

一、关于所谓新四军违抗命令不受调遣的问题

二、关于新四军渡江路线问题

三、关于新四军移动时间问题

四、所谓"借端要索"问题

五、究竟谁打谁的问题

六、所谓要在江南建立根据地的问题

七、叶项正副军长与新四军部队

八、取消番号与审判军长

一、关于所谓新四军违反命令不受调遣的问题

新四军奉命坚持大江南北敌后抗战,虽然物资弹药极端困难,天然与人

造的地形,极端不利,但他却能用尽一切有效方法克服困难,打击敌伪,使拥有四个师团,四个独立旅团之敌,不能离开大江南北的据点周围一步,其炸毁交通要道,破坏敌伪组织,尤为经常显著之成绩。且这些英勇行动,不仅为中外人士所称赞,亦为上级长官所嘉奖,截至去年五月四日止,奖电已达五十二件之多,如一九三八年六月廿六日蒋委员长致叶军长电称:"……以有进无退之决心,召示部属,足征精忠报国,至堪嘉慰。中正";一九三九年十二月十一日第三战区顾祝同司令长官致叶军长电称:"……查该部游击努力,缴获独多,应予传令嘉奖,以资鼓励,……顾祝同";又如上官云相(民国)廿八年(公元1939年)三月廿六日电叶军长称:"……贵部奋勇杀敌,壮烈牺牲,不胜钦佩,悼念之至,……上官云相"。

事实已充分证明:新四军在敌后抗战中,是坚决的执行了上级的命令并光荣的完成了上级的命令。就是在这次调往江北的行动中,也没有丝毫违犯上级命令之处,这可从下面的事实证明:

一、叶项正副军长在答复何、白两总长的佳电中,已公开的表示,留江南新四军部队可全部渡江北移。

二、因为新四军决定北移,所以叶军长曾亲赴第三战区司令长官部请示移动手续,顾长官亲自与叶军长拟就经苏南渡江北上的路线与移动的时间,同时第三战区司令长官部并派有联络参谋到新四军军部,一面监察,一面联络。

三、上官云相总司令允许新四军假道苏南渡江。

四、事实上新四军江南部队大部已于十二月五日开始出动,陆续经苏南渡江北上。

五、敌人本月十七日广播中声称我新四军一部,"由宣城附近窜至我(敌自称)占领地区之金坛、句容方面败走,我各部队乘此好机,于十四日以来在各处捕捉该敌,予以歼灭";这证明皖南新四军一部,已经在被友军围歼之后,从不断的血战中进到了苏南。

六、蒋委员长在去年三月全国参谋长会议上,总结过去抗战的报告中沉痛的指出:在抗战中战绩最坏,纪律最差的是第三战区。在会场上所发的对冬季攻势总结的报告书中所指标的部队,恰恰是今日围攻新四军的部队。

七、新四军虽在开拔费伤病抚恤安置费及弹药等毫无补充条件之下,而其留在皖南部队仍毅然于一月四日全部出动。铁的事实告诉我们:新四军过去是坚决的执行了抗战的命令,现在是坚决的执行着渡江北上的命令,此次也正因为他坚决的执行命令,毫不避忌的将一切行动计划告诉了顾长官及上官总司令和友军,而友军却在新四军必经的路上,布置包围的埋伏,以致受了这样惨重和不可补偿的损失。同样证明那些袭击新四军,包围与消灭新四军皖南部队的友军,正是那些在去年冬季攻势中不执行命令,按兵不动,不受调遣,抗战成绩最坏纪律最差,最不遵守命令的军队!

二、关于新四军渡江路线问题

新四军江南部队既经决定渡江北上,故走哪条路线问题乃随之而生。原来新四军大江南北的交通运输,是靠由皖南敌区(芜湖附近)渡江经无为的路线来维持的。后来桂军开到无为地区后,就经常袭击新四军的交通运输,新四军参谋长兼江北指挥官张云逸夫人孩子及曾昭铭等二十余人,并军饷七万元被扣后,这条路线即完全断绝。虽经屡次抗议要求开放,但终归无效。因此新四军大江南北之交通运输停顿数月之久,不得已始改道苏南过苏北。这次新四军江南部队北移,原由三战区长官顾祝同与叶挺军长当面规定经由苏南渡江,乃循此路线,实行月余,渡江者已逾两万,所剩者只皖南军部直属团队及后方机关伤病员兵老弱妇孺万余人,徒手者过半,忽于年前十二月二十五日奉令改道经皖南铜陵繁昌渡江北上,实际上此路决不可能。其原因:

(一)新四军皖南部队背受友军五个军之三面包围,即东有冷欣之×××军,南有张文青之×××军与莫与硕×××军,西有范子英之×××军与陈万仞之×××军,北面则有敌人之封锁,新四军渡江北调,敌人早已广播,故陆上加紧布置,其十五师团集中于繁昌铜陵地区。数百汽艇往来梭巡于扬子江上,而皖北李品仙最近更抽调三师之众,集中无为地区,占领渡口,封锁道路,扣留交通器材,且公开声明将消灭新四军于江滨,故此路绝对不能通过。

(二)我为侦察这条交通线,江北指挥官张云逸曾派小部到无为地区侦察,受桂军猛烈袭击而失踪,江南军部曾派其军需处副处长张元培渡江,尝试二次,亦均失败,并被友军夺去一些船只。

以上说明了新四军要想从皖南渡江北上,是绝不可能的,长江天堑难渡还是其次,而主要的是由于敌人封锁,与友军包围阻截。新四军为了避免与李品仙部发生冲突,免遭无谓牺牲,所以坚决要求仍依原来渡江路线,由苏南渡江北上,顾司令长官首先同意,上官云相总司令亦表示允许,委员长后来也准许假道苏南,所以新四军由泾县向苏南前进的道路是完全正确的,是执行上级的命令,那些所谓"新四军非特不向北渡江,而且由泾县向太平南窜企图袭上官总司令部"等字句,只是故造借口,不能作任何事实根据,真所谓"冤沉三字狱"也。并且新四军顺此前进,离开军部所在地(云岭)只一天行程,便在茂林地区遭受友军之包围、袭击和消灭的事实,更足以说明他们是在企图配合敌寇共同消灭新四军的阴谋失效后,不得不狰狞地单独来实行这一阴谋的罪行。

三、关于新四军移动时间问题

甲、敌后部队的转移,不能象大后方一样,可以很快的毫无顾虑的集中调动,所以新四军的北移,他要经过敌人重重封锁,渡江天堑长江,处处要准备作战,弹药的补充,给养的筹措,时机的选择以及路线的规定等等都必须要有充分的准备。

乙、最高统帅开始是了解这种困难的,所以才有去年十二月十日延长新四军二个月移动期限手令的颁布,说"前令新四军各部限期开到黄河以北作战,兹再分别地区,宽展时间,凡在长江以南之新四军全部,限本年十二月三十一日开到长江以北地区,明年一月三十日前开到黄河以北地区作战……"

丙、事实上江南部队大部已经在中央限期内陆续的到了江北地区,只留下皖南的军部直属部队及后方人员万余人,因为种种困难不能解决,不能很快行动,不得不延迟到本月四日,就到这个时候也仅仅得到了口惠而实不至的开拔费二万元(因为领款的人还在三战区未回),其余更连空虚的口惠都没有。

丁、何总长应钦本月十一号在最高国防会议上,曾公开的讲新四军的情形很好,根据下边的报告已准备开拔,不过还有些小的困难,他已下令顾长官就地解决。实际上对新四军皖南部队围攻的惨剧业经继续了五昼夜,也还未找到新四军的丝毫过错。这证明新四军的移动,不仅没有借任何事实拖延时间,相反的他还是不顾及无弹无饷的痛苦,友军不予让路的困难,竟毅然就道迅速开拔;也正因为这样,他才受到了前所未有的大损失,演成了皖南的惨局。

四、所谓"借端要索"问题

甲、新四军的军饷自去年九月份起,无理停发后,经叶项正副军长几次请求,才补发到十二月份,但本年正月份又不发了。

乙、新四军的弹药,自去年三月份起到现在,十月有奇,除收复南陵一役因消耗过巨,至再三要求始获发五万发。此外,颗粒未得到上级补充,并且这五万发弹药,也还不能补充这次战役的消耗。

丙、四年血战中,新四军一万多的伤亡,许多残废呻吟,遗孤叫苦,直到今天,没有得到政府方面分毫的抚恤。

丁、开拔费直至本月四号,仅仅批准二万元,并且也还未领到。

事实证明,新四军请求发给军饷、弹药、抚恤金、开拔费,是为完成上级命令所绝对必须的最低限度的需要。按照事实,也是任何部队应受的必然待遇,根本就不能说是要索。所谓"借端要索"的罪状,只不过更加暴露了故意困饿新四军以更便利施行其消灭新四军的阴谋罢了。

五、究竟谁打谁的问题

事实胜于雄辩,友军有计划有步骤的消灭新四军是有铁的事实为证:

甲、新四军的大部是分布在长江以北地区,一部在苏南,而在皖南的只有军部,直属部队及其后方人员万余人,但其中伤病人员即有二千余人,其余亦非战斗人员。既为避免与友军磨擦而假道苏南,难道还能对比自己力量大约七八倍的友军发动攻势吗?

乙、事变发生,周恩来、叶剑英两同志连日以电话询顾长官避不接谈,电去亦不得复,证明其有意回避责任。

丙、中央特务机关通电全国称:日来各战区剿匪军进行顺利,匪首叶项被擒,各有关战区加紧布置云云。

丁、上官云相总司令十三日通电称:已歼灭新四军七千余人,奉令对新四军应一网打尽,生擒叶项等语。

戊、上官总司令十三日另一通电更称:新四军主力已被消灭,残匪二千余人仍图挣扎,限十四日午十一时全部解决云云。

这一切都证明,谁在阴谋计划,消灭谁啊?

六、所谓要在江南建立根据地问题

甲、叶项在其佳电中已公开声明江南部队转移江北。

乙、如果要建立江南根据地,为什么还要放弃已有三年基础的皖南根据地,而愿转移苏南敌区北上呢?

丙、既准备在江南建立根据地,为什么原在该区的第一第二两支队及三支队一部又先后开往江北而不开回江南呢?

丁、假定,是准备建立江南根据地,为什么当去年周恩来同志与中央进行谈判时,顾祝同、韩德勤要新四军江北部队调往江南,新四军不趁机南下呢?

凡此种种,都说明"建立江南根据地"之说是妄言,皖南的人民是可以为新四军作证的。

七、叶项正副军长与新四军部队

军事委员会发表通令,重庆一些官方报纸都借口说新四军这次遭受围歼,只是因为二三长官不对所致,但请看以下事实的回答吧!

甲、叶项正副军长是抗战有功的将领:

(1)蒋委员长(民国)二十七年(公元1938年)六月二十六日致叶军长电中称:"(衔略)以有进无退之决心,召示部属,足征精忠报国,至堪嘉慰,中正。"

(2)白副总长(民国)二十八年(即1939年)二月二十六日致叶军长电称:"(衔略)英勇杀敌,斩获奇巨,至堪嘉许,尚希再接再厉,以奏大功,白崇禧。"

乙、叶项正副军长抗战有功,不仅全国皆知,抑且举世闻名。全世界知道叶挺项英坚持江南游击战争,打击敌伪最要害的京沪京芜国道的人决不在少数,描写他们的书都出了很多本。

丙、叶军长因为上级故与为难,在去年十一月俭日曾与中央提出辞职,并未获准,且顾长官在十二月东日挽留电文中还说:"该军开拔在即,领导统率,正深依赖,所呈辞去一节,应毋庸议",现在忽又说罪在他个人了。

丁、叶军长在开拔前,为请示移动路线,曾亲到三战区司令部。如新四军只有一二长官为难,为何不即扣留叶挺个人,且项副军长为报告新四军四年抗战及困难情形,曾于十二月要求到重庆来,为什么中央不准他来呢?

这一切都说明决不是个人问题,更不是叶项两人问题,而是有计划的消灭新四军问题。新四军皖南部队被包围,被聚歼,最后的两千多人,已在一月十三四日血战七昼夜,及此次阴谋被举发之后,上官云相就下令消灭净尽,这不是明证么?

八、取消番号与审判军长

甲、新四军江南部队,坚持在京沪京芜地区作战,他的四年来光荣战绩,已深深的印在中外人士的脑中,尤其沦陷区域的人民,更无不看新四军是他们自己的部队一样,今天把他们无故的消灭,并且取消番号,审判军长,这是全中国人民全世界正义人士都不能同意而动公愤的事!

乙、新四军皖南部队,只不过是全军的一部(约十分之一),今天取消了他的番号,那么,究竟大江南北的新四军部队何以善其后?这是组织内战者必欲迫使新四军无路可走,并假手敌伪配合剿共的阴谋。但新四军皖南部队既已因上当而被消灭,难道大江南北留下的新四军仍会上当么?没有番号的人民武装就不能抗战么?

丙、叶挺将军是北伐战争中的先锋,是敌后抗战中的勇将,不是污蔑所能毁他，也不是审判所能屈他的，而且在打伤了他的臂后，捉起来加以污辱，这更增加人们愤怒。他的精神，他的忠勇，早已深深的种植在每个新四军战士的血液中；这个不是取消番号审判军长所能解决的，而且我们会看到千千万万的叶挺起来，那更是打不伤，捉不到，审不完的！

丁、还有些官家报纸，更拿叶项正副军长比着韩复榘石友三，这不仅是侮辱民族战士，而且是泯灭良知。谁都知道韩复榘是逃跑将军，而叶项正副军长抗战以来，深入敌后，驰骋于京芜京沪道上，出入于敌伪封锁线中，四年苦斗中百战功勋。试问这样的勇敢将军，举世能有几人？谁都晓得石友三是通敌汉奸，半年前八路军的将领早已揭发他的阴谋，指出他配合敌伪夹击八路军的罪行，而当时军委会办公厅还说这是谣言。不料事实昭彰，难于掩盖，终遭显戮，而重庆官方报纸，还故意曲解他是违犯军纪军令。但这一次中央日报，因为要污蔑新四军，哄骗八路军，竟不自觉的说出石友三的罪行，是暗通敌人危害友军（当然石友三所危害的友军只有八路军），而恰在同天重庆官方所发表的日本广播上，正说到他要配合三战区的剿共，来乘机消灭窜入苏南敌区的新四军。这幅对照的讽刺画，已足够证明谁是石友三，谁是被石友三之流所包围歼灭的友军！

够了，新四军是光荣的！

叶挺项英的战绩是不可动摇的！

(1941年1月19日)

2. 宋庆龄、柳亚子、何香凝、彭泽民上蒋介石书

蒋总裁暨中央执行委员监察委员诸同志：

抗战进入第五年度，敌人失败之局已定，国际于我有利之势已成。今年已迫近最后胜利年，我国人自当坚信而共作决心以赴之。惟是日寇失败命运之决定，并非即我民族解放之最后完成，我之抗战尚未脱离危机，仍需经历更大之艰难困苦，则诚如总裁今年元旦所昭示。溯自我党前年临时大会确定《抗战建国纲领》以来，明示国策，为建国而抗战，亦为抗战而建国，实即指示最后胜利之机，系于国内种种适宜之设施与措置。如被沦陷区域之收复，被

凌压人民之解放，三民主义之实现，国家民族独立自由和平地位之达到，均将以此为基点。然而最近则有讨伐共军之闻甚嚣尘上，中外视听，为之一变，国人既惶惶深忧兄弟阋墙之重见今日，友邦亦窃窃私议中国抗日之势难保持，倘不幸而构成剿共之事实，岂仅过去所历惨痛又将重演，实足使抗建已成之基础堕于一旦，而时势所趋又非昔比，则我国家民族以及我党之前途，将更有不堪设想者。

夫共党问题，原为世界性之问题。世界之病态不除，此种势力组织必存在，我总理早已揭示其端。此种世界性组织，既由世界资本主义影响之所及而存在，即或以武力作一时之侥幸之解决，仍必复生滋长，决不能以人之加以消灭，已为无疑之问题，此一义也。我总理过去提携共产党共同努力于国民革命，伟谋远见，无待赘言，是以总理临终时曾致书苏联，其本旨外在联合苏联，而内在训示吾人应以国内和平合作团结互助为重心，各同志对此当能念念不忘。今兹日寇欲沦亡我国于殖民地，日寇为我党之敌人，也正为共产党之敌人，敌人之死敌亦即为我之良友，则我党不宜以如何消灭共产党为决定政策之出发点，实亦毫无疑义，此又一义也。今日之中国共产党既在我政府领导之下，则俾其发展所长为我党之他山，成抗战之干城，此正合于总理天下为公之怀抱，亦即切符总裁昭示国人发挥国家无限潜力之意旨。是则无碍我党，有益国族，又更为日前迫切之要义也。

且党派问题，决非处理共产党一党之问题，而为处理我党以外各抗日党派之一般原则。各党依法自由发表，本为民主国家当然之定则，而各党各派在同一革命目标下不互猜忌，尤为我国在抗建时所必要。我党领导革命以进于创行宪政权之所在，责无旁贷。今日大敌在外，内已一致，一切问题，在乎发展内容，而不拘泥形式，在乎统括大体，而不苛求枝节。设使有力于此无从运用以对外，迫而施之于内，以竞生存，在我为自孤其势，在人且将谓我领导无方，殊非我党诸同志之始愿。为期中国革命之完成，为保我党领导于不隳，要在示人以宽，感人以诚，动人以德，处人以信，我总裁及中央诸同志，知必已筹虑及之。

更有进者，总裁屡次训话，敌人所欲我者，我当避免，敌人所不欲于我者，我当坚持。今日敌人既濒败境，惟欲我抗建实力之削弱，必至于消灭，于是惟欲我发动剿共以造成无限制之内战。而在我痛心敌人以战养战之阴谋，应从扶植沦陷区域各种抗日实力入手，力避敌人以华制华之毒计，当于保障国内绝不酿成分裂开端，盖已成为莫可争辩之关键。诚如此，国内前后种种磨擦事件，无因而生，敌人近来种种谣言攻势，不攻自破，总裁所痛恨过去敌人之挑拨离间窗割分裂政策，将永无实施机缘，功罪之分，成败之界，至为显明，匪独国人所深知，抑亦敌友所均悉。

我总理遗训，唤起民众，联合以平等待我之民族共同奋斗，至理昭垂，于今尤为切合。总裁所云：地无分南北，人无分老幼，皆有抗日救国之责任，早已普及深入于国人之心，乃有胜利抗战，以进入第五年度。今年成为我国最艰辛最重大之一年，而剿共问题，恍若迫在眉睫，引起国人惶惑，招致友邦疑虑，又因以便利敌人之乘间抵隙，不得不有望于总裁暨中央诸同志之毅然决然，进谋国内和平之巩固。窃以为慎守总理遗训，力行我党国策，撤消剿共部署，解决联共方案，发展各种抗日实力，保障各种抗日党派，一举手措足之劳，即可转定抗建基础，安如磐石。至于共产党所言所行，苟系有违国人公意，必不为国人所爱护，何须施以武力。如其有力可用，我党自应询国人公意，而加以爱护导之于有用之地，亦无所用其危疑。我党政策彰彰在人耳目，如何发扬广大，责任在我。凡诸所陈，率秉爱国爱党之衷心，希垂察焉。

宋庆龄　柳亚子　何香凝　彭泽民
一月十二日

（选自《皖南事变资料选》，安徽人民出版社）

3. 陈嘉庚参政员致国民参政会转国民政府电

国民参政会转中央政府钧鉴，全国军政长官全国同胞公鉴：

去岁春间，庚以南侨总会主席名义，代表海外一千一百万华侨，率领慰劳团回国慰劳，并考察战时军政现象，民间情形，以及经济生产事业，语其大旨，不外两端：一则借觇祖国抗战实情如何，最后胜利有无把握；二则搜寻各种进步实证，携回宣传，鼓舞侨胞，加强捐汇。自春徂冬，阅时九月，西北高原，东南濒海,足迹所经,凡十五省,而耳目所及,士兵则艰难苦战,不顾死生,民众则勇跃效劳,不惜血汗,爱国精诚,真足使人感奋;惟政治不及军事,贪污尚据要津,啧啧人言,亦无可讳,所幸领袖贤明,举国拥戴,强敌虽然未退,胜利确有可期,比及南归,据实报告。寸心本无爱憎,片言绝不扬抑。海外华侨,捐资救国,纯为热情所驱,不以有党而增,亦不以无党而减。推倒满清,翊赞民国,救济灾难,捐输教育,数十年如一日,千万人同此心。当地法令,共产党既不许潜藏,国民党又未能活动,百千人中,有党籍者,一二而已,多数华侨,咸能明识大体,发扬正义,不分党派,爱护国家,抗战之初,获得国共两党,统一对外,莫不勇跃欢呼。不意中途磨擦,谣诼繁兴,遂至热望冰消,义捐停缴,或者疾首蹙额,骇汗相告。庚总侨团,义难坐视,乃于回国期中,分谒渝延两党领袖,垂涕而道,苦劝息争,用以顾全大局。蒋委员长表示优容,毛泽东先生托述拥戴,庚闻之良慰,且亦以此引告国人,期勿相惊伯有。乃南归未逾一月,危机又遍国中。值此敌焰犹张,国仇未雪,如复自为鹬蚌,势必利落渔人,民族惨祸,伊于胡底。华侨无党派立场,无利害私见,睹兹异象,弥切杞忧。庚久处炎荒,罕闻政治,人间名利,视者漠然,党派异同,更非所问,兹逢第二届参政会开幕,猥以愚拙,谬厕一员,爰举所怀,以告同感。尚祈一致主张,弭止内争,加强团结,抗建前途,实利赖之,天海非遥,愿闻明教。

陈嘉庚叩歌

(1941年2月新加坡发)

(选自《皖南事变资料选》,安徽人民出版社)

4. 邹韬奋参政员致国民参政会辞职电

国民参政会主席团并转全体参政员公鉴:

本会上届第一次大会通过公布《抗战建国纲领》,在抗战期间,于不违反三民主义最高原则及法令范围内,对于言论、出版、集会、结社自由,当予以合作之充分保障。此种最低限度之民权,必须在实际上得到合法保障,始有推进政治之可言。韬奋参加工作之生活书店,努力抗战建国文化,现在所出杂志八种及书籍千余种,均经政府机关审查通过,毫无违法行为。乃最近又于二月八日起至二十一日止不及半个月,成都、桂林、贵阳、昆明等处分店,均无故被封或勒令停业。十六年之惨淡经营,五十余处分店,至此已全部被毁。虽屡向中央及地方有关之党政各机关请求纠正,毫无结果。夫一部分文化事业被违法摧毁之事,小民权毫无保障之事,大国民参政会号称民意机关,决议等于废纸,念及民主政治前途,不胜痛心。韬奋忝列议席,无补时艰,深自愧疚,敬请转呈国民政府辞去国民参政员;嗣后仍当以国民一分子资格,抗战到底。所望民权得到实际保障,民意机关开始有实效,由此巩固团结,发扬民力,改善政治,争取抗战最后胜利,不胜大愿。

邹韬奋　有叩

(1941年2月24日)

(原载《抗战以来》,香港《华商报》)

5. 上海各界民众团体呼吁团结快邮代电

全国各报馆,转全国同胞,国民政府林主席,国民党蒋总裁,共产党毛泽东先生暨各党领袖,并参政会诸公钧鉴:

据报载新四军以不遵令调防,致碍友军,已由第三战区顾司令长官下令,以武力制裁,并由军事委员会命令,取消其番号。此事内幕究若何,因电文简单,我上海民众,未能尽悉蕴底。窃以值此抗敌不遑之际,忽有偌大不幸事件发生,政府或有难言之隐。然鹬蚌相争,渔翁得利,先哲明训,足资儆惕。况新四军成立以来,转战大江南北,其卫国卫民之功绩,中外各报迭有记载,事实俱在,均可复案,纵有误会,亦不难以政治手腕解决之,何至兵刃相见,而贻同室操戈之讥。我上海民众现在各就本位,戮力抗建大业,聆此消息,不胜惶骇,心所谓危,碍难缄默,用特电陈,务祈领袖诸公,念我祖宗血地,尚未收复,半数同胞,正陷水火,相忍为国,团结对外,并盼全国同胞,一致呼吁,终止磨擦,消弭内战,抗战前途,实利赖之。

上海各界民众团体叩

(选自《皖南事变资料选》,安徽人民出版社)

6. 国际舆论呼吁中国团结抗战

苏联驻华大使潘友新于1941年1月25日拜会蒋介石,表示:进攻新四军削弱了中国人民的军事努力,这有利于日本侵略者。这对中国来说,内战将意味着灭亡。苏联驻华使馆武官崔可夫也分别会见了何应钦等国民党将领,表示,现在正在同侵略者打仗,为了赢得这场战争,人民应该团结一致,何以要打自己人,要屠杀自己的士兵和军官呢?大敌当前,政府同人民发生任何武装冲突都是咄咄怪事。内战只有害于反侵略战争,因为苏联人民和红军难以理解,为什么中国军队不抗击共同的敌人——日本侵略者,而开始相互残杀。

苏联《真理报》刊载"皖南事变"消息后写到:对于皖省新四军之攻击,已使中国各阶层之爱国人民大为震惊,尤以劳动群众为然。中国进步人士表示意见,认为此种事变实为大规模行动之开端,其目的不仅在于消灭新四军,且亦在于消灭八路军。彼等认为,此举将酿成中国内战而削弱中国。

美国名流、美国外交政策协会毕生,太平洋国交讨论会与美国和平动员委员会菲特里克·爱·斐尔兹,《美亚月刊》社长菲立浦·耶菲,《民族周刊》编辑麦克斯韦尔·斯德华、亨利·阿特金逊博士,乔治·斐希夫人,《纽约先驱论坛报》华兹,联名致电蒋介石,电称:最近攻击新四军及逮捕叶挺将军的消息,引起美国人民极大的关切。这样的行动只会帮助日本而有损中国在美国的令誉。我们觉得,恢复中国的团结是为了制止极权国家在亚洲的侵略所必要的。美国青年大会致电蒋介石:报纸传闻,中国团结破裂,我们听了很惶惑。美国青年大会拥护中国为争取民族的胜利与世界和平而继续团结。美国神学院联合会致电蒋介石:美国的朋友都为中国的分裂而惊惶。加强民主的统一战线,是达到民族胜利的唯一道路。华盛顿官方及各界对中国现状颇为注视。希望蒋介石谨慎处理,不致使事态发展为中国的危机,轴心国远东盟友之胜利。

英国伦敦援华会致电周恩来,对"皖南事变"深表忧虑。电称:团结抗战实为中国之基本力量,为我辈所热烈拥护之中国抗战事业,切勿为内部争斗所败坏,而遭日本宣传及亲日分子所暗算,因此,本会祈求必须加以处置,以便克服目前困难。在恢复中国完全独立之基本的共同信念上,继续合作。

缅甸仰光华侨业余社、缅华佛学青年会、学生救亡联合会等十八个民众团体发表宣言,吁请坚持团结,反对分裂。宣言指出:事实证明,新四军问题完全不是单纯的"军令"问题,而是国共磨擦的问题,是国民党的军队与共产党的军队的冲突问题,那些企图掩蔽了问题的政治严重性而主张以武力对付新四军,以武力对付共产党人的,实际上是中敌人挑拨内战,反共反华的毒计。发国难财的贪官污吏,为日本帝国主义乘机利用一切顽固分子,磨擦专家挑拨离间,制造反共空气,煽动反共情绪。汪派汉奸今日也混在抗战阵营中,假扮拥护国民党,擎着三民主义的旗子来诬陷共产党,抨击共产党,我们如果不健忘,应该还会记得:汪精卫还没投降前诬蔑与攻击过共产党,说"共产党是在捣乱的"。因此,我们要紧记着,反共就是投降的准备,我们要站稳立场,正视事实,不为谣言所惑,不中敌人毒计。

(根据崔可夫《在华使命》、《新华日报》、《皖南事变资料选》等综合整理)

(四)第二届第一次会议开幕

第二届国民参政会第一次大会,于三月一日上午九时举行开会式。出席参政员马亮、周星棠等一百九十三人,到林主席、蒋委员长暨各院部会长官,及国民党中央委员邹鲁、张群、魏秘书长道明等八十余人。

首由秘书长王世杰报告到会人数,并请大会先行推定临时主席,当经大会推定前副议长张伯苓担任临时主席。行礼后,全体肃立,为前方阵亡将士及死难同胞默念志哀三分钟,全场空气至为肃穆。默哀毕,由张伯苓主席致开会词,继由林主席致训词。林主席致训词毕,蒋委员长致词,全体参政员一致起立致敬。最后由参政员代表周道刚答词。十一时礼成。

(摘自 1941 年 3 月 3 日重庆《中央日报》)

1. 临时主席张伯苓开幕词

诸位先生：

今天是第二届国民参政会第一次开会的日期，伯苓被推为临时主席，愿意简单的讲几句话。

第一，我们回顾一下第一届本会的经过。政府在抗战期间，为集思广益结全国力量起见，召集了第一届国民参政会。参政员二百位，来自全国，代表各区域、各职业，欢聚一堂，共商国是。在此全民抗战期间，召集这种会议，意义极其重大。在事实上，第一届参政会，过去已有充分的表现。自从（民国）二十七年（公元1938年）七月在汉口第一次会起，到去年五月在重庆开大会止，共开大会五次。对于政府施政的方策，曾有过数百余提案。关于军事、外交、内政、财政、经济、教育文化各方面的问题，都有过详尽的研究讨论，提供政府采择施行。在抗战建国的国策上，贡献非常之大。

三年以来，本会最好的现象是精神一致，团结无间。同人的提案，争辩虽多，但一经通过，则毫无问题。而各位参政员在交通困难之中，奔波赴会，精神极佳。对于抗战建国大业，以及领袖的主张，更都是热烈拥护，这确是一种新的力量。

最近政府因为国民代表大会筹备尚需时日，又召集了第二届国民参政会。第二届的参政员和第一届的参政员比较，产生的方法有些改变，这次的参政员，除丁项由政府指定外，十七省一市的代表，都是由临时参议会推选出来的，而且按照新的会章，取消了议长的制度，采用主席团制，由全体参政员推举主席团的人选。由以上两点看来，要比上届会议更富于民治的色彩。参政会本身是中国推行民主政治的奠基，而参政会里采取更民治的方法，这确是值得重视的一点，也是可喜的一点。

关于这一次会议中所要讨论的问题，当然是要包括抗战建国各方面有关的大计。不过我个人的希望，凡所建议都要从积极方面着思，帮助政府，不可斤斤于消极方面的问题。伯苓常说，看事要用望远镜，向远看，向大看，不要用显微镜看，去寻找那些微小的东西。抗战以来，从远大处看中国，一切确是在进步，值得我们乐观。虽然有其缺欠的地方，也有法可以改善。所以希望我们的建议,多做积极的推动,而少做消极的批评。提案不求其多,而必须集中精神,详密讨论,期于必可实施。

本届大会开会的期间,正值我国外交好转的关头。谨祝本届会议所讨论的问题,要比上届会议更切实、更妥当,大会的精神,要比上届会议更团结、更集中。

(原载《国民参政会第二届第一次大会纪录》,国民参政会秘书处编印,1941年10月)

2. 国民政府主席林森训词

今天是国民参政会第二届第一次大会开幕的一天,各位参政员从各地方热烈到会,本席觉得非常愉快。诸位都是全国的名流硕彦,各有很深的资望,很好的经验,很高超的学问与识见,现在来到这陪都重庆,聚集一堂,商讨国家大计,一定能够以三民主义做最高原则,在"国家至上"、"民族至上"的口号之下,团结一致,协助政府,完成这大时代的使命。这一届国民参政会,在组织和职权上,比第一届,都有些改进的地方。因为第一届参政会,到了去年十月,各参政员任期届满。中央本着提倡民权、促进宪政的固定方针,并参酌过去两年来的经验,和社会各方的希望,特把参政会组织条例,加以修正。参政员名额,由二百名增加至二百四十名;各省市参政员推选的方法,改归各省参议会自行选举;大会和驻会委员会的职权,也加以扩大;议长制,改为主席团制,由参政会自行选举。这修正的目的,无非是为延揽全国英贤,增进民主精神,希望能渐渐达到三民主义里面民权政治的阶段,关系极其重大,用意极其深远,想来各位一定早已知道。本席现在想就国民参政会过去的工作,以及个人对于国民参政会将来的希望,分别加以叙述:

先从过去来讲,召集国民参政会的重要目的,一方面是在集思广益,帮政府设计,助政府执行,一方面是在团结全国力量,来共赴国难,争取抗战胜利,建设国家。过去第一届参政会,对于这种精神,这种工作,已经有极充分的表现。单就本席所记忆得到的,荦荦大端,约有三点。

一、第一届参政会召集了五次大会,每次都有许多很切实的建设方案,做政府施政的南针，并且都有很好的成绩。

二、自从"七七"抗战以来，敌人与伪组织，诡计多端，不断的施放烟幕，来欺骗我民众，盗窃我国权。历次大会对这种阴谋，都有极严正的宣言，把敌伪的假面具完全揭破，应该口诛笔伐的，毫不宽恕，很痛切的加以驳斥。这种光明正大的态度，可以使全中国、全民族，乃至于全世界都知道正谊所在。更可以使敌伪再没有法子玩弄他们的伎俩，给他们一个很严重的打击。

三、前届在休会期间，各位参政员，有的到前方去劳军，有的参加各种有关于抗战建国的工作，有的到各处去考察，一面把中央施政的方针，宣传给民众知道，一面又把民间的疾苦，民众的意见，告诉政府注意。这样在政府和民众之间，做沟通的工作，实在关于国策施行上，可以增加不少的便利。还有那川、康两省的建设，可以说是后方工作的重心，各位参政员对于这方面，都异常关切，所以在前年特地设置一川康建设期成会，两年以来，对于川康两省的禁烟、兵役、建设，各种要政，更有很多的贡献，这些过去的事迹，都是值得欣慰的。

其次要说到将来的希望了。对日抗战，延到今天，已经超过三年半的光阴，确确实实，到了否极泰来，接近最后胜利的时候，但愈接近胜利，困难或者愈多。这次大会开会，恰好在国际形势，正于我有利的时候，敌人也正在徘徊歧路，妄想趁火打劫，孤注一掷的时候。我国抵抗侵略的战争，已在国际风云动荡中，成为重要的一部分。世界人类，抵制强权，伸张正义，争取真正和平幸福的工作，分担在我们的肩上。所以我们的责任，越来越重。我们一切的设施，在本国自然发生重大的关系，在国际间也要发生相当的影响。政府虚怀若谷，希望各位本着前届参政会集会的精神，有更多的帮助。相信本届会议所得的成绩，一定比前届还要伟大。本席所深切希望的，约有下列三点：

第一，精诚团结，拥护统一，是立国最重要的因素。在这抗战建国紧张时期当中，我们更应该把全国四万万五千万的人心，合做一个心，把全国四万万五千万的人力，合做一个力，本着"共信互信"的精神，向同一个目标努力前进。无论什么事件，只要于国家民族有益，其他一切的一切，都应该不惜牺牲。这样才能够打破敌伪的阴谋，争取最后的胜利，完成建国的重任。

第二，现代战争，不是单靠着武力，后方建设与前线作战，是同样重要。国民政府之所以厉行《抗战建国纲领》，就因为不努力抗战，就不容许我们建国，不努力建国，也无法充实我们抗战的力量，更无法巩固我们国家民族千年万代独立生存的基础。现在前方打仗，已经有了把握，所有后方的建设，虽然政府在加紧进行，还希望各参政员尽心竭力，拿大公无私的态度，来讨论提案。最好针对国家需要，适应世界环境，多想些更详密的计划，更具体的方案，建议政府，采择施行。

第三，各位参政员多由各地方推选而来，对于各地方政治的好坏，民生的疾苦，以及资源的如何开发，物品的如何流通，必定有很确切的见解，可以供政府参考。同时有从海外回国的侨胞，有从战区或边疆赶来的同志，所见所闻，政府尤其希望知道。现在全世界爱国华侨究竟在那里怎样出汗出钱，救乡救国。又在各战地的父老兄弟诸姑姊妹究竟怎样在那里受苦受罪，挣扎奋斗。虽然有许多情报，送到政府，但是总没有诸位亲自经历，或者亲自看到，亲自听到的那样亲切。希望诸位尽其所知，尽量转达政府。还有中央一切设施，各地方民众，或者有不很明了的地方，也希望诸位以社会先进的领导地位，诚诚恳恳，剀剀切切，说与民众知道，务必使他们彻底了解。总而言之，政府的情绪，要时时刻刻贯注到民众，爱护着民众，民众的情绪，也要时时刻刻贯注到政府，爱护着政府。这中间沟通内外，做政府和民众之间的脉络的，最适当的，惟有诸位。第一届参政会如此，第二届参政会还是如此。

以上各点，不过是本席的希望，愿趁这第一天开会的机会，向各位提出来，做一个参考。同时以最热烈的诚心，祝诸位的成功。

（原载《国民参政会第二届第一次大会纪录》，国民参政会秘书处编印，1941年10月）

3.国防最高委员会委员长蒋中正演词

各位参政员先生：

今天是第二届国民参政会首次集会，本人代表国防最高委员会出席，敬致颂词，并对各位参政员先生表示热烈的欢迎。当此艰苦抗战进入了第五年份,我们全民族正在集中全力以作生存竞争的时候,我全国贤俊,尤其是由各省沦陷区中来会的各位,跋涉险阻,不避艰危,这种共赴国难,同舟共济的精神,实在是我们民族奋斗史上一件最可宝贵而光荣的纪念。回想第一届参政会成立于抗战第一周年纪念日。这三年以来,经过五次的集会,匡助政府,执行国策,对于抗战建国,贡献良多。此种一贯的精诚,与雄伟的力量,不独举世瞩目,也使全国军民,都深感奋。现在世界大局更见紧张,我国抗战的形势,也更见重要。因此,这一届参政会的使命,不仅在承继前届光荣的成绩,还要应着我们抗战建国新形势的需要而做更进一步的发扬。全国军民和政府所期望于各位先生者,也因之而更重且大了。

今天本人先要将参政会召集以来政府施政的方针,以及敌我双方的形势,做一个简单的报告,并且要乘此机会,陈述个人对于国事前途的信念。

自从中国国民党临时全国代表大会决议了《抗战建国纲领》以后,民国二十七年(公元1938年)七月第一届参政会集会,全体一致决议拥护,于是这个纲领就成为我们全国军民所共矢遵循的信条,也成为战时政府施政的根本方针。参政会历次开会,都根据这个纲领提出许多重要的议案,三年以来,政府的工作可说完全是依据《抗战建国纲领》,并力求符合参政会的决议。详细经过,各院部会均有报告,自上次闭幕以后的情形,也留待各主管部门详细报告。概括说起来,政府一切设施的主旨,在求抗战力量增长与建国规模的确立。对于建国的初步工作,主要在造成法治,准备宪治,推进县以下的地方自治以完成政治建设。同时更加强生产,发展交通,改善民生,实施经济管制,以厉行经济建设。因为种种事实的限制,以及战事形势之推移,有许多事项没有得到预期的成效。这在政府方面,今后一定要努力推进,也深望贵会尽量协助,期能彻底完成。

回溯这两年多以来敌我形势之演变,可说完全与我国决定抗战国策之初所预期的,完全相符。自从抗战进入了第二期以来,敌人在军事上逐渐处于不利的地位,而我方则时时能增强攻击能力与攻击精神。前年冬季以来,敌人虽在桂南和襄西盲目前进,但桂南之敌,到了去秋,终于狼狈溃退,襄西之敌,也陷于进退维谷的窘境。总观战事全局,敌人业已师老兵疲,而我们的战斗力量与攻击精神,正方兴未艾。敌人的军事到今天已是深陷泥潭不可挽救,可说敌人已完全失败了。在外交方面,敌人因为自知军事上完全失败无法挽救,于是只好投机取巧,妄想在外交上寻求出路。其对东亚有关各国,时而利诱,时而威胁,但是到了今日,各友邦不特明白认识对这种野心狂妄的敌寇日本决无妥协之余地,而对于我们中国之必胜,更有深切的信心。各友邦不独一致拒绝敌人的诱胁,并且一致继续增加对我的援助,所有在太平洋上利害有关的国家,都看透了日寇无止境的野心,采取坚决的一致步骤。太平洋的大局日见明朗,这是日本军阀内心最大的恐慌,也是世界局势彻底澄清的征兆。在政治攻势方面,敌人这两年多来,一面不断制造和平谣言,一面勾结汉奸,以图摇撼我战斗的意志,动摇我政府的基本国策,到了去年三月,正式成立他的傀儡汪逆伪组织,不久以前,又将敌汪密约正式暴露于世界。但是我们全国一致的抗战,愈战愈坚强,敌人用尽了任何诡谋,发动了种种谣言攻势,我们军民始终是屹然不摇。世界各国反因此更加认识敌寇日本的野心,更加鄙视敌寇日本的无耻。由于我们立场的正大和意志的坚决,所以在初期我们是以孤军奋斗来遏制这一个危害正义和平的侵略祸首,而到了今天我们的抗战已形成了太平洋各国共同制裁敌寇日本的中心力量了。再从敌国内部来说,敌人因为他政治破产,闹一个"政治新体制",又因为他经济破产,来一个什么"经济新体制",但这种弥缝破绽,竭泽而渔的办法,并不能缓和敌国崩溃的危机,也并不能达到他苟延残喘的目的,只足以造成敌国更惨酷更彻底的毁灭和崩溃。检讨这两年多以来的经过,我们终于打破艰危的环境,树立了胜利的基础,这决不是哪一部分少数人努力所能造成,这完全是我们全国军民共同一致,忍痛刻苦,誓死奋斗的功绩。这一种功绩的造成,有多少先烈的鲜血,有多少忠勇的牺牲,有多少可歌可泣的史实,更有无数无名英雄,志士仁人埋头苦干的实际贡献。本人身为统帅,只有十分感奋,期报我全国同胞于万一。

现在要提请各位注意的,敌人的失败是已经决定的了,一般的形势也确于我国抗战十分有利,但我们还不能不做最艰苦的打算,最险恶的准备。我们不独要在胜利愈近之时,更加戒慎,更加奋斗,而且要对当前世界大局有新的认识和新的觉悟。因此,本人更愿向各位开陈我个人对当前局势的观察与对国事前途的信念。

欧战爆发后,人类的战祸,有日益扩大的危机。在欧战过程之中,世界战术及武器的进步,以及许多小国大国的相继倾覆,使全世界人类不能不动魄惊心。尤其使每一个国家,不能不彻底觉悟,若不急起直追,来做生存竞争,就没有独立自由的余地。这一个民族斗争思潮的深刻广泛,目前还不过在开始时期。我们深信世界一般的归趋,必得合于我民族传统的信念,并且亦必有利于我国的抗战。然而我们必须认识:一个国家如果没有充分自卫的决心和实力,决不能生存于这斗争的世界。在东亚方面,尤其不可忽视敌人的阴谋和野心。敌人因侵华失败,天天想利用欧战来完成他侵略迷梦,最近敌人着着南进,我们更须警觉。敌人的南进不过是一种手段,而灭华实在是他的目标,而且在他南进之初,必定对我们有一个最后的攻势。所以侵华与南进是一件事,不是两件事。敌人制造伪满承认汪伪,固然是敌人对我国之莫大侮辱。而敌人所谓"大"东亚新秩序,和"大"东亚共荣圈,更是对于我国和整个东亚莫大的侮辱。为什么在东亚新秩序上要加一个"大"字?其意义无非是要侵夺广大之南洋资源领土,增强其侵略暴力,彻底封锁中国,削弱我国抗战力量,以便最后实现他独霸太平洋与灭亡中国的迷梦。各位知道,南洋不独是我们一千余万侨胞居住生息的第二祖国,也是我们整个民族安危存亡之所系。敌人侵略南洋,无疑是中国生存及国防安全之最大威胁。我们要认清敌人虽已失败,毫无悔祸之心,且因欧战发生,更增贪欲,更妄想投机以求一逞。我们不独坚决抗战到底,来维护我国家的独立生存,而且必须以实力打破敌阀对世界对东亚更大的罪行。现在不仅是世界的一大变局,尤其是我敌双方胜败存亡之最后的一个阶段了。

在目前世界大局势中,我们中国的地位,已因三年余的血战而提高,然而我们中国的责任,亦从此格外加重。十年以来,我国不断警告世界人士,如欲维护世界和平,必先制裁侵略祸首之日本。因为中国的意见未被各国采纳,世界才有今日弥天的大祸。七七以后,中国毅然独力担负抵抗侵略的责任,使敌阀陷于中国战争之中,钳制了敌阀捣乱太平洋的兵力。这几年以来,中国不独是保卫和平的先觉,也做了保卫和平的前卫。到了此时,更证明了中国是捍卫东西和正义的主要力量。中国抗战的坚决有效,既增加了世界对我的同情与信赖,并使中国与一切利害共同的国家,关系更臻密切。中国的抗战,已不是一个单独的孤立的事件,而成为世界安危治乱所关的主要因素了。在这一个新形势之下,本人要请我全体参政员同人以及我全国同胞认清我国的目标,做更进一步的努力。

什么是我们的目标呢？我郑重的告诉各位,第一,抗战必须争取最后胜利。所谓最后胜利,就是要根本打破敌人所谓"东亚新秩序",以至于什么"大东亚新秩序"、"大东亚共荣圈"的野心,我们立场始终一贯,非打倒敌寇侵略,恢复我国领土主权的完整,并铲除危害世界和平的敌阀之日,我们的抗战是一天不能中止的。须知我们中华民族,今天不是胜利,就是灭亡,决无任何妥协之余地。第二,建国必须达到国防绝对安全。三民主义所要建设的国家,是一个国防巩固、民权发展、民生乐利的国家,三民主义的国防建设,是以自卫为目的,所以不独不致妨碍民权和民生,而正是要使民权和民生在国防安全的保障下得到真实和永久的解决。今天我们的国力虽有长足进步,国际形势亦复十分有利,但为了争取我们最后胜利,适应世界大局,克尽我们中国更重大的责任,必须要我全国国民有彻底的自觉,须知我们过去之努力,尚不足适应今后之需要,必须要求国民觉悟,惟有完成我们绝对安全的国防,才得完成我们抗战建国全部的工作。因此,一切建设必须国防化,全体国民必须军事化。

根据这个认识,本人要向各位提出下列意见,希望由各位普遍的达到全国的同胞:

第一,在政治方面,我全国同胞均须认识,一切党派观念及所谓左倾右倾之意识理论,已经是陈腐落伍的旧时代的空谈,不能适应今天的世局了。我们必须正视世界森严的现实,并接受抗战中的痛苦教训,以建设绝对安全之国防为第一目标。欧战证明,惟有能战斗能胜利之国家始得保其独立生存,否则必被征服而为奴隶。而且因为现在军事技术的进步,及经济牵制的严密,一旦被人征服,将来永没有以自力恢复独立之希望,今天以后被征服的民族,永远不得翻身,这是与二十年三十年前绝对不同的。所以在今天惟有适应战斗的政治,始为新时代的政治,能够自卫,始克保障民治,不能战斗,即无民治可言。试看已经亡国的国民,还有什么资格讲民治?同样资本与劳动,在被征服国家,一切都为征服者所有。而一切政治上的主张,一经亡国,均归无用。中国国民党所致力的国民革命,第一目的在救国,在求中国之自由平等,所以中国国民党一贯以凝结民力,巩固国防为任务。不独从来洞察国防之重要,呼号于国民之前,现在更组织起来全国同胞做空前自卫之血战。而为完成这一任务起见,本身决无党派成见可言,惟有要求全体同胞向保卫国家之唯一目标,共同奋斗。在政府方面自当整饬纪纲,以提高行政效率,推行地方自治,以确立民治根基。国民大会虽延期召集,正是要政府加重责任,来加紧推行县以下的地方自治,造成全国各地坚强的基层组织。时代的潮流,已使我们不能不负起空前艰巨的责任。然而同时亦不得不要求全体国民确认国族至上国防第一的真理,放弃一切不合时代的旧观念,而使全国成为一个统一强固的战斗体,证实中国为一个足以自卫生存与维护正义和平的伟大力量。

第二,在军事方面,要求全体国民提高对国防之认识及信仰,并要求全体国民之思想行动与知能,一切均合于民族战斗之需要,共同为加强国防力量而服务。今后建国之中心为建军,而政治、经济、教育文化以及国民生活,亦必须战时组织化,以与建军事业相配合而并进。所以一面当加强军队整训,充实军事力量,改善兵役制度,普及军事训练,提高战斗技能,一面又须提高国防意识及战斗纪律,以完成建国建军的使命。

第三,在经济方面,必须趁此战时树立国防经济的基础,而根据国防需要迅速完成经济建设的工作。此种战时经济设施,不仅行于现在抗战时期,且必须延长至战后以达绝对安全的守势国防之日为止。为了完成这一目的,政府当采取各种步骤以调整生产及金融,改进交通与运输;并要求全国同胞之普遍刻苦勤劳,集中资本,普及劳动;更须政府人民,一致努力,保护资源,发展军需工业,提高国家生产力;同时实施一切经济活动必要之管制,培养民力,安定民生,使整个国力不断增长,以适应国防建设的需要,以扶植我们经济建设的进行。本人更深信中国经济之巩固及开发,对于全世界有莫大之利益。国父在第一次欧战结束时所提出之实业计划,不特为政府推行国防建设的基本方针,而旷观大势,更非完全实现此一计划不可。因此次大战的规模,远过于上次的欧战,将来大战结束后的机器技术,如能输入中国,发展中国经济,不独可以解决世界上因经济失调而造成恐慌与争夺的祸患,亦可奠定东亚和平百世之基础。不过这必须我国能在战时树立国防经济基础,且能共同一致坚苦忍痛,以完成战时建设基本事业为前提。不自努力的国家,决无资格希望国外资本技术的援助与合作,即使有之,亦不是平等互惠的合作,这是我们应该深切明白的。

此外,无论在教育文化方面,国民生活方面,无论政府和国民,均必须根据这一方针作更大的努力。我们必须发扬民族道德,促进科学知能,普及国民教育,奖励劳动服务,使民均能尽其建设国防之天责。必须抚恤伤亡,救济灾难,优待抗属,保护妇孺,并推进卫生体育,以谋人口之安全与健全。总之,今天不能战斗,就一定灭亡;没有国防,就没有国家;没有国防,就不能保障民族的生存,更不能保障民权和民生。三民主义的根本精神,是巩固国防安全,以保障国民福利。我们一切政策,一切设施,都要以国防为中心。一切利害,一切是非,要根据国防来判断。我们的军队,必须成为高度国防的武力;我们的政治,必须成为动员国防力量的总机构;我们的经济,必须是培养国防力量最大的根源;我们的同胞,也必须是个个具有战斗知能决心为国效命,并恪守国家法令的国民。一切文化教育事业必须适合国防的需要,成为国防的一部分。我们要建设一个具有充分国防的国家,来保障民权和民生。我们必须降低个人生活到最低限度,发挥个人精力到最高限度。我们必须放弃落伍的狭隘的私利派别的观念,改正腐败的散漫的苟且萎靡的习性,使全国成为一个坚强的战斗体,方能达到驱逐敌寇的目的。因此,今后我国的施政方针,一面要彻底的执行抗战建国纲领,一面更要以造成健全国防的目标。本人深信,今后我们全国必须更加齐一意志,齐一行动,我们要动员及组织全国力量,夺取最后胜利,来保障三民主义的实现,同时要与一切反对日本侵略政策之国家民族密切合作,以共同捍卫世界及东亚之和平。

各位参政员先生：今天全世界是遭逢一绝大之变局，而我们中国正在作殊死之战斗。就世界来说，各国精神物质生活均将有极大的变化，一切政治经济理论亦必有极大之变化。但有一点是毫无可疑者，必有强大新式武力与具备现代组织之国家，始能自保生存，而凡足以削弱战斗力量及不适于民族战斗之思想行动，必受时代之淘汰。就我们中国来说，我国因有地广人众物博之优良凭借，又幸而早已发动了民族自卫的抗战，国民的精神意志，正适宜于新时代之奋斗，在国际上，我们又有强大忠实之同情与援助；而我们的敌人，内则国力枯竭，外则四面楚歌，可以说我们国家之前途已展开莫大的光明与希望。然而克敌致胜的关键，全在我全体国民能否充分认识新的世局来做新的努力，在此世变方殷抗战愈紧的时期，本届参政会第一次集会，本人特将自己的信念，陈述于诸位先生及全体同胞之前，希望本届参政会体察时代环境，根据国家需要，集思广益，多所贡献，协助政府，领导人民，实现我们整个民族争取最后胜利，完成建设国防的使命。

（原载《国民参政会第二届第一次大会纪录》，国民参政会秘书处编印，1941年10月）

4. 参政员周道刚致词

主席、各位同人：

国民参政会是应抗战建国之时代要求而产生。前届国民参政会经议长蒋先生诸位同人之努力，已有良好成绩。如精诚团结的实现、抗战国策的贡献、民治楷模的树立，以及川康建设的促成，俱为国人所共见。顷间林主席、蒋委员长已训及之矣。本届参政会同人，自当步武前徽，遵照林主席、蒋委员长之所训示，殚精竭虑，加倍努力，以期继续有所贡献，完成抗战建国大业。

惟抗战已至胜利阶段，建国犹待积极努力。凡我国民，苟能一德一心，在三民主义与最高领袖领导之下，把握现在国际有利形势，克服一切困难，奋力迈进，则胜利之到来，可立而待，否则国民精神稍有松懈，未有不功亏一篑者也。同人等悉为国民前锋，自当以身作则，不拘何时何地，切实发挥自信互信之道义，公而忘私之精神，负责任，守纪律，尽忠国家，力行不懈，以为国人倡导,蔚成兴国气象。尤其在大会中间,对此应有最高度之表现,以资楷模。

过去国民参政会对政府所提建议案。为数达四百余件之多,大部分已为政府所采纳。然亦有尚未付诸实施者,亦有实施尚不十分彻底者。其未付诸实施的,也许是滞碍难行。其实施未彻底者,非是政府对于建议案宗旨未尽明了,即是实施后发生困难,中止进行。以上种种,同人对于政府求治之殷,表示欣慰。一面对于建议案之提出,同人与政府事前事后,尚有待相互切实商讨之处。本来每一建议案之提出,其目的在使其发生实际效果,不落空虚,以为抗战建国之一助。倘蹈过去一般会议之通病,所谓"议而不决,决而不行",或"议"与"行"分道扬镳,不相联系,此皆非政府与同人所希望的。今后为补救此种缺陷起见,事前政府应将其实施计划及其实施困难之点,尽量告知同人,俾同人得知详情,以为思考献议之资。而同人亦应将民间所见所闻,本知无不言,言无不尽之义,尽转达于政府,以供施政之参考。事后,案经通过,政府即要毅然决然付诸实施,毋稍推诿。而本会同人亦应本职权所在,随时督促,计日程功。就是我们的建议案在事先极端审慎,建议案既经政府采纳之后,应请政府彻底实施。本来国民参政会是一个民意机关,在体制上应当是超然的。但既是适应抗战建国之时代要求而产生,则在运用上,似不必像各国议会一样与政府对立,应当使政府与参政会合为一体。如此,政府与参政会双方开诚合作,则抗战工作之推动,与革命事业之完成,自较易易,而本会所负之时代使命,亦不难达到矣。

前日诸参政员在茶会提议要本人讲话,原因本人是新参政员,又是四川人,因此最后本人还要站在四川人的立场来说几句话。在现在立体战争中,前方后方,并无差别,人力物力,应同时动员。四川为抗战之后方,为复兴之根据地,军兴以还,动员人力,数逾百万,动员财力,出钱出粮等每年均有大量之贡献。然四川素称天府,广土众民,加以年来中央对于川省禁烟治安的努力,物资之开发,人才之培养,县政之设施,更形积极,收效亦宏,故以后所出,当不止此。惟年来因雨旸失时,粮食歉收,物价日高,人民有形无形之负担,又逐日加重,因此一般民众,已感生活艰难。川省现为国家复兴根据地,政府所在,国危川危,川安国安,因此本人尚希望政府体察兼顾,一面定根本,一面图进取,敢言最终胜利,必不在远也。

(原载《国民参政会第二届第一次大会纪录》,国民参政会秘书处编印,1941年10月)

5. 会议日志

三月一日　上午,国民参政会第二届第一次会议在重庆浮图关国民大会堂开幕。因中国共产党七参政员没有出席,原订的预备会议延期一天。

三月二日　上午,中共参政员董必武、邓颖超致函国民参政会秘书处,正式提出中共解决"皖南事变"的十二条临时办法,国民参政会拒绝接受。在召开秘密会议之后,举行预备会议。临时主席张伯苓,出席会议的参政员一百九十三人,国民政府监察院长于右任、考试院长戴传贤、行政院长孔祥熙、外交部长王宠惠、军政部长何应钦、经济部长翁文灏、内政部长周钟岳、社会部长谷正纲、教育部长陈立夫等也出席了会议。

会议根据《国民参政会组织条例》第十六条的规定,参照参政会驻会委员会委员选举办法,以连记无记名投票方式,选举蒋中正、张伯苓、左舜生、张君劢、吴贻芳为第二届国民参政会主席团主席。

随后举行第一次大会。会议听取了外交部长王宠惠、经济部长翁文灏的外交、经济报告。

三月三日　上午,举行第二次大会。主席团主席蒋中正、张伯苓、张君劢、左舜生、吴贻芳及参政员一百七十一人出席会议。国民政府内政部长周钟岳、经济部长翁文灏等也出席了会议。

会议听取了秘书长王世杰关于中共参政员不出席本届参政会经过情况的报告,随后,部分参政员对此发表意见。黄炎培表示:"本席相信,此事并非不能再为进行,希望能有机会完成我们最初之目的。"喜饶嘉措表示:"今抗战已接近最后胜利,全国上下应加紧团结,不容分歧。希望政府严申纪纲,统一军令。希望全国同胞,一致制裁。"王云五认为:出席参政会"不应有其他理由,更不应提出条件","希望共产党参政员重加考虑,以能出席"。

会议听取了教育部长陈立夫,社会部长谷正纲的教育、社会报告。

会议讨论通过了孔庚等六十二人提出的临时动议:《请以大会名义通电拥护蒋委员长三月一日在本会致词,宣示"抗战必须争取最后胜利,建国必求达到国防安全"之表示,以利抗战救国案》。大会决定成立物价委员会。

下午,举行第三次大会。主席团主席张伯苓、左舜生、张君劢、吴贻芳及参政员一百五十二人出席了会议。国民政府立法院长孙科、司法院长居正、监察院长于右任等也出席了会议。

会议听取了交通部长张嘉璈、农林部长陈济棠、内政部长周钟岳作的交通、农林、内政报告。立法院、司法院、考试院、监察院、审计部分别向大会提出了书面报告。

会议讨论通过了各审查委员会委员及召集人名单。

三月四日　上午,举行第四次大会。主席团主席张伯苓、左舜生、吴贻芳及参政员一百九十人出席了会议。国民政府监察院长于右任、立法院长孙科、军政部长何应钦、外交部长王宠惠、内政部长周钟岳、社会部长谷正纲也出席了会议。

会议听取了军政部长何应钦、财政部兼部长孔祥熙作的军事、财政报告。

当晚,主席团主席蒋中正召集出席参政会的国民党参政员训话:(一)国共总要分裂,不必惧怕;(二)单从军事上,三个月可以消灭共产党;(三)目前是政治防御。

三月五日　下午,举行第五次大会。主席团主席张伯苓、张君劢、左舜生、吴贻芳及参政员一百六十六人出席了会议。国民政府司法院长居正、立法院长孙科、行政院长孔祥熙、教育部长陈立夫、经济部长翁文灏等也出席了会议。

会议讨论了第一、三、四、五审查委员会关于军事、内政、财经、教育文化提案的审查报告,通过了其中二十二项提案。

三月六日　下午,举行第六次大会。主席团主席蒋中正、张伯苓、左舜生、张君劢、吴贻芳及参政员一百七十四人出席了会议。国民政府立法院长孙科、监察院长于右任、考试院长戴传贤、行政院长孔祥熙、军政部长何应钦、外交部长王宠惠、经济部长翁文灏、教育部长陈立夫、社会部长谷正纲等也出席了会议。

会议听取了国民政府军事委员会委员长蒋中正作的《政府对中共参政员不出席参政会问题的态度》的演说；通过了《对参政员毛泽东、董必武等未能出席本届大会事件的决议》，并由秘书处将此项决议电告董必武、邓颖超转毛泽东等。

会议听取了外交部长王宠惠对参政员询问的答复；听取了经济部长翁文灏关于办理平价经过，全国粮食管理局局长卢作孚关于粮食管理，盐务管理局长缪秋杰关于盐务管理的报告。

三月七日　下午，举行第七次大会。主席团主席张伯苓、左舜生、张君劢、吴贻芳及参政员一百七十三人出席了会议。国民政府监察院长于右任、行政院长孔祥熙等也出席了会议。

川康建设期成会向大会提交了书面工作报告。会议听取了交通部、内政部、经济部、农林部、司法行政部、粮食管理局对参政员询问的答复。

会议讨论通过了主席团提出的关于设置宣言起草委员会及其人选和拟请继续设立国民参政会川康建设期成会及各办事处的议案。会议讨论了第一、二、三审查委员会关于军事、外交、内政提案的审查报告，通过了十三项提案。会议审查通过了外交报告。

三月八日　下午，举行第八次大会。主席团主席张伯苓、左舜生、张君劢、吴贻芳及参政员一百六十四人出席了会议。国民政府立法院长孙科、行政院长孔祥熙、经济部长翁文灏、社会部长谷正纲等也出席了会议。

会议听取了交通部、内政部、财政部对参政员询问的答复。

会议讨论了第三、四、五审查委员会和物价问题特种审查委员会关于内政、财经、教育文化、物价提案的审查报告，通过了五十四项提案。会议审查通过了内政报告、社会报告、赈济报告、禁烟报告、蒙藏报告。

本日，中共七参政员电复国民参政会秘书处并转全体参政员，陈述中国共产党"维护民族抗战与国内团结"的一贯立场，以及未能出席本届参政会的原因，再次声明，"泽东等接受政府之聘请，为团结抗战也，皖南事变以来，加之国共间裂痕实甚深重，苟裂痕一日未被消灭，则泽东等一日碍难出席政府所召集之任何会议"。

三月九日　上午,举行第九次大会。主席团主席张伯苓、左舜生、张君劢、吴贻芳及参政员一百六十二人出席了会议。国民政府内政部长周钟岳等也出席了会议。

会议讨论了第一、三、四、五审查委员会关于军事、内政、财经、教育文化提案的审查报告,通过了五十二项提案和一项临时动议。

下午,举行第十次大会。主席团主席张伯苓、左舜生、张君劢、吴贻芳及参政员一百六十一人出席了会议。国民政府司法院长居正、行政院长孔祥熙、监察院长于右任、经济部长翁文灏、教育部长陈立夫等也出席了会议。

会议讨论通过了军事报告、交通报告、农林报告、教育报告和物价问题特种委员会总报告。通过了关于物价问题的六项提案和两项临时动议。

会议选举褚辅成、孔庚、黄炎培、李璜、沈钧儒等二十五人为休会期间驻会委员会委员。主席团主席为驻会委员会主席。未出席会议的中共参政员董必武也被选为驻会委员会委员。

三月十日　上午,国民参政会第二届第一次会议闭幕。

(根据《国民参政会第二届第一次大会纪录》、重庆《新华日报》等综合整理)

6. 第二届第一次会议闭幕

第二届国民参政会第一次大会,经连日开会,所有提案暨政府卅年(公元1941年)度对内对外方针,据各部报告,均经讨论完竣,大会乃于昨日上午十时举行休会式。计到主席团蒋中正、张伯苓、左舜生、张君劢、吴贻芳,秘书长王世杰、副秘书长周炳琳,及参政员席振铎、骆力学等一百七十八人,党政军各机关及中央委员会莅场者有孙科等六十余人。

八时正奏乐开会。主席蒋中正。行礼如仪后,即由主席致闭会词。词毕,参政员莫德惠继起代表全体参政员致答词。最后,由张主席伯苓宣读大会宣言。国民参政会第二届第一次大会遂于庄严肃雍音乐悠扬声中闭会。

(原载1941年3月11日重庆《中央日报》)

7. 国防最高委员会委员长蒋中正演词

第二届国民参政会第一次大会,今日(十日)圆满闭幕,各位同人,以十日之辛勤努力,对各种报告与提案成立充实完备之决议,政府必能依照实施。今后不仅抗战可获一大进展,即对内对外,亦可充分表现我全国国民始终团结之精神。此其影响于军事外交者,必更可获致伟大之胜利与成功,而为本会同人所最感快慰者也。临此闭会之日,于各同人行将散归各地或海外之时,本席特将吾人今后努力应注重之要点,就感想所及,略为陈述。

首须为各位告者,即在此次大会以前之三年半中吾人抗战之最大任务,在以举国一致之强固精神,打击敌寇之暴力,以奠立国家胜利之基础。但自此次会议以后,一切抗战建国事业之进行,由于内外大势而益感紧要,成败利钝,关系更大。吾人除注重精神而外,更须特别注重于各部门具体之行动,与一切工作事实之表现。尤其对过去种种经验与教训,应宝贵运用,凡事务须实事求是,以求逐步推进,更必须政府人民,一致戒慎恐惧,而不可有一事之疏忽与虚夸。自今以后,我全国国民无论党派团体或个人,一切言论行为,皆应以国家民族为前提,绝对牺牲党派或个人利害之见,而求切切实实能有贡献于抗战之胜利,与建国之成功。

其次本席更欲就目前外交、政治、军事、经济各项,举其要点,为诸君言之。

以言外交,我国此次抗战,其目的不仅求得中国自身之生存与独立,且欲保障世界公理与东亚和平。因之我国抗战之完成,固有赖于自力更生,而国际形势之有利演进,亦为达到最后胜利之重要因素。现在我国抗战已三年又八月,国际形势无不与抗战有利,尤其美国决定巩固太平洋上之防务,足使敌人建设"东亚新秩序"与"大东亚新秩序"之野心,不能得逞。吾人多年来以艰苦抗战促起各友邦共起维护世界正义和平之期望,至今多以实现。在政府自当坚守抗战以来一贯之国策,加强与苏联、英、美各友邦之联系,以击破敌寇之侵略,保障太平洋之和平,而本会对于外交国策之始终拥护,深信必能完全达成抗战之目的。

以言政治,中国过去政治上最大之缺点,即在于尚空言而不务力行,故每届会议之后,一切宣言决议,皆成空论,政治之所以废弛泄沓,以此为最大之原因。

此次本会休会之后,务望全体同人本实事求是之精神,督促政府与全国国民,依照本会决议,切实施行。在大会休会期间,各位驻会委员自必本其职权,随时协助政府。更希望全体同人在各地方,同样领导人民,协助政府,使一切设施,咸能迅速切实,分头推进,则我政治上今后必更获得日异月新之进步。

以言军事,我抗战实力经政府年来之补充、整训,不但已恢复在抗战中之牺牲消耗,且已超过战前一倍以上,抗战前途,已确有胜利把握。今后唯一关键,即在贯彻军令,整肃军纪。如军令能贯彻,军纪能整饬,则最后胜利为期必不在远,此点本席曾屡次言之。今兹所希望于本会同人者,端在倡导全国国民,确认战时纪律之绝对重要性,督促政府,协助政府,严格整饬军纪,贯彻军令以完成其抗战建国之使命。

以言经济,此为本届大会所最关切之问题,实亦为今后成败存亡之所系,如能解决战时经济问题,同时完成经济建设,则胜利前途,即获确切之保障。本会同人此次对于经济方面之提案与决议,均属切实而重要,相信政府必能切实执行,而尤盼各位能一致协助,不仅对目前粮食、物价、交通、运输等问题,随时研究其利弊,贡献实际材料与意见,求得圆满解决,而尤当注意于国家根本之经济建设。吾人不仅应使战时经济基础绝对巩固,且当使国防经济建设,确实完成。诸如开发物资、增进生产、促进国家工业化,更望倡导全国,共同努力。须知吾人艰苦抗战,其最终目标,即在完成建国工作,以谋我民族永久之独立生存。

最足使吾人回忆者,第一届参政会同人对于促进国家政治经济建设之实际贡献,至为伟大。即以川康建设期成会而言,举凡今日川康两省禁烟剿匪成绩,以及其他政治经济之进步,大都皆由期成会同人亲赴各地,不避艰苦,实心实力协助政府推行之结果。如能继续不断,始终一致,则本席相信川康两省剿匪禁烟之工作,必能圆满贯彻,而经济建设与政治改造,亦必能有一日千里之进步。再如前年本会同人参加军风纪巡察团之工作,对于前方军风纪之整顿,实有莫大之效果。此种躬行实践之精神,甚望本届同人继续前功,使之发扬光大。值兹经济抗战重要之时期,本会同人如能不避辛劳,对于全国交通运输事业,予以调查视察,以其所得,贡献政府采纳,则其裨益于抗战建国,实无涯量。总之,今日所切盼于本会同人者,则在诸君体国民瞩望之殷勤,及本身职责之重大,与政府当局亲爱精诚,和衷共济,以贡献其精神能力于抗战建国之大业,而完成本会所负历史之使命。

(原载《国民参政会第二届第一次大会纪录》,国民参政会秘书处编印,1941年10月)

8. 参政员莫德惠致词

今日本会闭会式,本人受同人之命,代表致辞,实深荣幸。本会同人之共同意见,已见于各次议决及大会宣言,不待再述。顷闻本会主席蒋委员长向同人致辞,对于同人多所奖勉,当兹抗战正在存亡生死之关头,同人每念及最高统帅之忧勤,前方将士之艰苦,以及后方服务各项抗建工作人员之辛劳,深感同人自身对国家民族贡献之渺小,乃谬承奖许,愧不敢承。此次集会十日,同人讨论议案,涉及内政、外交、军事、交通、财政、经济、教育、社会、赈济、侨务各部门,范围广泛,不能一一申述。但根据敌我大势,确信抗战渐达最后阶段,胜利在望,而艰苦倍增,故今后一切工作,必须加倍努力。本会之工作亦然,希望此次新选之驻会同人,务必善尽职责。尤望此次大会缺席而被选为驻会同人,务必到会工作。盖自本会组织条例第九条修正以后,驻会委员会职权,已略同于大会,故甚望本会休会之后,由驻会同人,努力督促各项决议案之实施,并完成大会其他未了之工作。至对于政府,则如大会宣言所云,望其善用国民付托之统治大权,使本会决议各案,得以妥善实行。自太平洋风云之激变,我海外侨胞对于祖国之期望,倍增关切。而我沦陷区域同胞,备受敌奸双层压迫,望救甚殷,迫不及待。尤若东北四省同胞,十年沦陷,不见天日,其翘盼祖国胜利之热情,恐更有过于关内人民者。凡我同人,应当如何精诚团结,以勿负受难同胞之期待。最后敬谢本会主席团诸先生之劳苦。蒋委员长于军事倥偬之中,亲临本会指导,尤为同人所钦敬。兹谨代表同人敬祝委员长健康及主席团诸先生健康!

(原载《国民参政会第二届第一次会议纪录》,国民参政会秘书处编印,1941年10月)

9. 提案目录

一、关于一般者

（一）（民国）三十年度政府对内对外重要方针案　　　　　　政府交议
（二）对于毛参政员泽东等未能出席本届大会之临时动议　　王云五等提
（三）国民参政会川康建设期成会及各办事处拟请继续设立案　主席团提

二、关于军事及国防者

（一）为请确定各省施行纳金缓役办法应否继续办理或改为征收缓役证书费案　　　　　　　　　　　　　　　　　　　　　　政府交议
（二）统一军令政令以利抗战案　　　　　　　　　　　　　张守约等提
（三）巩固滇防以争取胜利案　　　　　　　　　　　　　　李中襄等提
（四）请政府改善河南各县代购军粮及运输办法，以苏民困而利抗战案
　　　　　　　　　　　　　　　　　　　　　　　　　　郭仲隗等提
（五）建议政府提高士兵待遇，改善士兵生活案　　　　　　方青儒等提
（六）米粮不敷省份士兵月饷不足疗饥，营养不良，死亡相继，宜亟谋补救以免削弱抗战力量案　　　　　　　　　　　　　　　　金曾澄等提
（七）改善役政借利抗战建国案　　　　　　　　　　　　　邵从恩等提
（八）切实改善士兵生活以加强抗战案　　　　　　　　　　王寒生等提
（九）励行优待从征军人家属案　　　　　　　　　　　　　吕云章等提
（十）关于防空战备应增益纠正案　　　　　　　　　　　　张之江等提
（十一）请政府严禁各战区军队直接征发粮秣以免扰民案　　马景常等提
（十二）征兵与练兵应即改进以加强质量案　　　　　　　　宋渊源等提
（十三）提议设法收服沦陷区民心及分化伪军力量案　　　　黄范一等提
（十四）参加前线作战之地方武装团队各级官员宜分别励绩铨叙，以资激励而利抗战案　　　　　　　　　　　　　　　　　　　　黄范一等提
（十五）请政府对于目前普通速成军事、政治学校之军训员生毕业出校后，应随时调查统计，加以统制管理；在校训练时应添生产教育以训练其生产技能，机械化干部学校造就专门技术人才，今后任用待遇尤应有特别法律规

定,俾使人尽其才而利抗建大业案　　　　　　　　钱公来等提

（十六）训练二、三等轻伤军人之生产技术,俾能于社会上有服务机会案

杨赓陶等提

三、关于外交及国际事项者

（一）请政府加强侨务及华侨组织以增厚抗战力量案　　高廷梓等提

（二）请设华侨颐养院收养海外年老华侨案　　　　　　邝炳舜等提

（三）请政府发展华侨经济案　　　　　　　　　　　　高廷梓等提

（四）请从速奖励抗战期间出钱出力之侨胞以资激劝案　邝炳舜等提

（五）请从大会名义慰勉海外侨胞案　　　　　　　　　李仙根等提

（六）保侨护侨案　　　　　　　　　　　　　　　　　胡秋原等提

四、关于内政事项者

（一）限期各省成立县市临时参议会,以促新县制之实施而树地方自治初基案　　　　　　　　　　　　　　　　　　　　　　　　邵从恩等提

（二）请限期完成各级民意机关以固抗建基础案　　　　刘家树等提

（三）请政府限期全国各省实行新县制,切实推行地方自治,设立县以下各级民意机关,以完成训政工作奠定宪政基础案　　　　孔　庚等提

（四）请确定省县参议会职权案　　　　　　　　　　　蒋继伊等提

（五）各省每年度预算案应先交省临时参政会审议建议案　褚辅成等提

（六）拟请政府从速改良各级行政机构,使符简单化、标准化、合理化之原则,以增进行政效率案　　　　　　　　　　　　　　陆宗麒等提

（七）拟请政府从速完成各级民意机关,以利民主政治之推行案

陆宗麒等提

（八）提请少添机关简化系统以资节约而增效率案　　　张维桢等提

（九）请政府严定各级官吏责任,课以赏罚以促进政治效率案

光　升等提

（十）建立人事定期调动制度案　　　　　　　　　　　王卓然等提

(十一)请制定《内官外用外官内调条例》即予施行案　　仇　鳌等提

(十二)中央与地方官吏应制定互调办法以沟通上下察知民隐案

萨孟武等提

(十三)请就内外高等文官中选任县长,废止县长考试案　　仇　鳌等提

(十四)完成农工商各级人民团体组织,并充实其工作,以植自治基础案

李中襄等提

(十五)调整卫生行政机构,中西医学并重,渐求汇合为一,增进民族健康以利抗战建国案　　孔　庚等提

(十六)请厉行法治以奠国基而期郅治案　　吴道安等提

(十七)文武公务员应平等待遇案　　王卓然等提

(十八)拟请设法救济薪水阶级人员使安心服务案　　钱用和等提

(十九)拟请中央改订公务员薪给制度及给予标准,以安定公务员生活案

陆宗麒等提

(二十)公务员待遇应按生活指数及地区差别给薪案　　王卓然等提

(二十一)按照物价指数发给公务员役战时津贴,保障生活安定,增进行政效率,以安人心而利抗战案　　王家桢等提

(二十二)请提高沿边各县行政人员待遇,并严格整顿吏治,以固边防案

徐炳昶等提

(二十三)请从速筹设甘肃省审计处以监督地方财政案　　骆力学等提

(二十四)请政府从速确定察省主席人选,加强省府机构,深入察境领导民众,以增大抗战力量案　　张志黄等提

(二十五)请政府明定东北四省政府工作纲领案　　王卓然等提

(二十六)速成立东北青年招致机构,以招致东北青年备作将来收复失地之干部案　　王寒生等提

(二十七)请迅速确定挽回国运团结民族之根本方策,以增强抗战建国之力量案　　喜饶嘉措等提

(二十八)请政府通令各省市地方,重申保护古代寺观、神像、壁画及其他陵寝、坊表有关历史文化公共纪念物,以备考古者历史博物教材,而发扬民族

精神案 钱公来等提

（二十九）为成吉思汗灵榇迁甘之后保管未能适当，以至护灵蒙人印象不良，亟应设法改善，俾资不违奉移之初衷，以集中民族抗战之伟力案

钱公来等提

（三十）取缔公民证之发行以免奸伪冒用资为护符案　　董范一等提

（三十一）请政府明令褒扬办理兵役成绩卓著已故河南登封县长牛明恕案

张之江等临时动议

（三十二）改善义民救济事业案　　　　　　　　　　　王枕心等提

（三十三）拟请中央速拨赈款百万元救济安徽灾黎案　　光　升等提

（三十四）为鄂省灾情奇重拟请中央加拨巨款迅为赈济借安民心而固国本案　　　　　　　　　　　　　　　　　　　　　　　孔　庚等提

（三十五）请政府救济青海灾疫案　　　　　　　　　　李　洽等提

（三十六）为黄泛灾情惨重，难民众多，拟请指拨巨款，迅为赈济，借以安民心而固国本案　　　　　　　　　　　　　　　　郭仲隗等提

（三十七）禁烟政策虽告完成而违犯禁令者仍所在多有，似应严密查缉，尽法惩治以消隐患案　　　　　　　　　　　　　　　张守约等提

（三十八）陈述对《五五宪草》意见案　　　　　　　　蒋继伊等提

（三十九）克期组织战地视察慰劳团案　　　　　　　　卢　前等提

（四十）请速实现贵州建设视察团以期推进贵州建设巩固抗战后方案

王亚明等提

（四十一）促请政府迅速实行第一届五次大会通过之蒙旗视察慰问团，以益激发其民气而增强抗战力量案　　　　　　　　　　荣　照等提

（四十二）提请政府加强蒙藏政治机构，积极发展蒙藏教育与开发蒙藏交通线，以把握蒙藏人心，巩固国防，而增强抗战力量案　李永新等提

（四十三）请改善行政督察专员制度促进省区缩小案　　王冠英等提

（四十四）请改订设立忠烈祠办法以慰抗战先烈忠魂作励万世子孙案

王冠英等提

（四十五）请政府发给国民身份证书以奠抗战基础案　　胡若华等提

（四十六）提高县长地位，扩大新县制的县政府组织并增加其经费案

张受松等提

五、关于财政经济事项者

（一）为详陈川省粮食情形拟具救济办法以安后方而利抗战案

邵从恩等提

（一）建议政府组织民食调剂委员会，统筹米盐供销，平准市价案

褚辅成等提

（三）拟请政府重新确立粮食平价政策以济民食案　　　　陆宗麒等提

（四）拟请中央令饬余粮省份多济粮食缺乏省份，俾裕军给而维民食案

陆宗麒等提

（五）拟具粮食管理治标治本办法用维民食而利抗战案　　江一平等提

（六）对于平抑物价问题之基本建议案　　　　　　　　　许德珩等提

（七）为提高币值改善交通抑平物价而安民生案　　　　　陈经畬等提

（八）调节劳力调整交通改善金融与粮食管理以平物价案　冷　遹等提

（九）为挽救目前经济危机，宜速设立物资管制机关，以实行民生主义案

萧一山等提

（十）请政府重申前令，严禁官吏利用权位、私营商业、操纵物价，一经查获加重惩处以利民生案　　　　　　　　　　　　　　刘家树等提

（十一）请救济盐荒以维民食案　　　　　　　　　　　　吴道安等提

（十二）提议政府棉花纱布困难之基本办法十项，拟请政府迅速施行以广来源而苏民生案　　　　　　　　　　　　　　　　　高惜冰等提

（十三）拟请政府切实提高钨锡收买价格以维生产而利抗战案

黄同仇等提

（十四）请政府赶速续修滇缅铁路并采用标准轨距案　　　赵　澍等提

（十五）拟请建筑康印公路案　　　　　　　　　　　　　周士观等提

（十六）请政府切实改善滇缅公路迅速完成滇缅铁路，并加辟康印康缅国际新路线，以增进国际交通而利抗战案　　　　　　　张剑鸣等提

（十七）请政府改善统制物资办法并撤销各省贸易局及省营贸易公司案

周德伟等提

（十八）改造运输统制办法以发展交通运输而利抗战案　　马　毅等提

（十九）改善公路运输俾抗战物资得以流畅案　　张维桢等提

（二十）改进湘川沅水工程以利后方运输案　　孔　庚等提

（二十一）沿黄河水系各山，原应使用掘沟造林之根本治河方法，以清水源而防河患案

李　洽等提

（二十二）请政府迅速疏浚清水江以利后方交通案　　彭介石等提

（二十三）拟请政府改善全国货运稽查办法，裁撤内地不应设置之稽查分支处，并调整人员严惩贪污以苏民困而利抗战案　　黄同仇等提

（二十四）建议积极推广邮政储金，调整邮储机构，以裨国民储蓄而利抗建案

褚辅成等提

（二十五）请政府与英美政府交涉，将所有英美银行及其他信托保管机构之中国人存款，清查引渡回国，由政府照额发给金存款或金公债票于各存款人，即以其款抵付外汇，以增加抗战经济力而利国内经济案　　光　升等提

（二十六）提借国人在外行存款案　　王晓籁等提

（二十七）请政府与华侨驻在地政府交涉提高汇款数额案　　秦望山等提

（二十八）拟请政府特准广东省银行在国外及省外各阜设立分行或代理处，为吸收华侨汇款，沟通省外汇路，以充实抗战资源利用爱国华侨案

黄范一等提

（二十九）拟请政府促进国内化学事业案　　魏元光等提

（三十）请政府明令奖励民营基本工业，并准投资工矿之公司股票得向国家银行折扣押现以资周转案　　胡子昂等提

（三十一）请中央妥定省营企业范围俾免与民营抵触以利后方生产案

李黎洲等提

（三十二）请政府从速开采甘肃陇南煤矿以广资源而裕民生案

骆力学等提

（三十三）加强各省县合作行政机构以利合作事业之推进案　胡健中等提

(三十四)速办地债申报以便征收地价税实行平均地权案　　齐世英等提

(三十五)拟请政府确立新工业政策以树立建国基础案　　陆宗麒等提

(三十六)加紧战时农业生产充实物力以应长期抗战需要案　王枕心等提

(三十七)请政府提高桐油收买价格并改善桐油统购统销办法以维生产案　　阳叔葆等提

(三十八)请从速奖助后方农民多植桑茶麻桐等物以备战后急需案
　　张九如等提

(三十九)请政府积极提倡采用各种代汽油设备之汽车以利运输而裕国计民生案　　冷　通等提

(四十)拟请政府切实推行合作耕种制度以改进农业生产案　陆宗麒等提

(四十一)拟请救济渔民生活维持渔业生产以利抗建案　　石　磊等提

(四十二)拟请政府通令禁酒、禁宰耕牛以裕民食案　　陆宗麒等提

(四十三)请禁止地方发行公债并统一钞卷发行案　　周德伟等提

(四十四)请中央严格取缔各省征收货物通过税以减轻人民不合理之负担案　　阳叔葆等提

(四十五)国防经济建设案　　胡秋原等提

(四十六)广设公共食堂以适应战时生活案　　吕云章等提

(四十七)拟请政府实施劳力管理制度以增加生产能力案　陆宗麒等提

(四十八)考察物价高涨原因及调整方法以期加强抗战案　孔　庚等提

(四十九)建议处理市场定期买卖货物办法案　　孔　庚等提

(五十)调整粮食案　　耿　毅等提

(五十一)提议统筹战时粮食案　　黄范一等提

(五十二)经济部督导迁川工厂因材料困难,现金缺乏,米价高涨,成本增高,及因员工常被征兵影响生产,应予救济案　　李　廷等提

(五十三)请从速奖助后方农民大量蓄储耕畜以备战后归田壮丁急需案
　　张九如等提

(五十四)请政府此次募集公债另设特别摊认之部专分配于战时利得者,以期负担公平并疏通国内金融物价案　　光　升等提

六、关于教育文化事项者

（一）请政府确筹国民教育经费俾得如期普及国民教育案　　刘百闵等提

（二）请政府明令规定凡中心学校、国民学校校长尽量改为专任，以重教育而符新县制之精神案　　江恒源等提

（二）拟请确定国民学校及中心学校现任教师之进修办法案　　钱用和等提

（四）请积极培养后方各省中等师资及社会教育人才案　　马宗荣等提

（五）倡办荣誉军人职业教育案　　江恒源等提

（六）加强文化工作以利抗战建国案　　王亚明等提

（七）请迅速设置边远各省之大学以提高其文化而利抗建案　　马宗荣等提

（八）政府应注重法律教育案　　苏鲁岱等提

（九）请政府迅令暨南大学内迁案　　秦望山等提

（十）请国民政府通令全国各级政府并发动社会各界各团体，一致努力推行注音汉字，俾于最短期间彻底扫除文盲完成国民教育以利抗战建国案
　　卢　前等提

（十一）扶助及改进美洲华侨学校以宏教育案　　邝炳舜等提

（十二）请补助旅美华侨子弟升学以宏造就案　　邝炳舜等提

（十三）为普及国术训练以增强抗战之基本力量与充实近战之格斗技能案　　张之江等提

（十四）拟请教育部统筹沦陷区域之青年教育问题案　　范予遂等提

（十五）建议政府在闽粤两省设国立华侨师范学校并在闽省分区加设普通师范学校案　　陈嘉庚等提

（十六）为现行教育制度与社会经济情形不合百分之九十五以上之人民无受中等或高等教育机会，请根本改革建立民主政治基础案　　徐炳昶等提

（十七）为求实现三民主义之平等精神，以后凡就学青年均须由国家供给一切费用案　　王隐三等提

（十八）请确定难童教育方针与办法案　　陈逸云等提

（十九）为适应抗战建国需要应将现时学制加以彻底改革案　　萧一山等提

（二十）为适应建国需要宜扩充国立编译机关案　　萧一山等提

（二十一）促进学术研究效能以应建国需要案　　　　张其昀等提

（二十二）请调整全国各级工业教育以利建国案　　　魏元光等提

（二十三）请合并各管理庚款董事会由政府统筹办理文化建设事业案

卢　前等提

（二十四）请政府注意各大学各研究机关购买外国书报仪器之困难迅谋办法案　　　　　　　　　　　　　　　　　　　　　陶孟和等提

（二十五）请政府迅即设法提高小学教员待遇案　　　江恒源等提

（二十六）为建议建立中南文化学院,以造就对缅暹印各种工作专门人才案　　　　　　　　　　　　　　　　　　　　　　　马　毅等提

（二十七）请政府实施中小学教科书使用年限,借维民力、物力,并尽速完成部编教科书以谋根本救济案　　　　　　　　　　胡若华等提

（二十八）推广边疆及南洋语文教学,训练边疆及南洋经营人才案

胡秋原等提

（二十九）请政府对于今后小学授课科目除国文、算术、自然、常识外,关于图画、音乐两门及校内标语漫画等设计,应注意发挥儿童天才,陶冶儿童性灵,并顾及儿童之理解力与观感效率而审慎采取题材案　　　马公来等提

（三十）请政府积极统筹推进边疆教育办法切实施行用期普及案

马　亮等提

（原载《国民参政会第二届第一次大会纪录》,国民参政会秘书处编印,1941年10月）

10. 会议宣言

本年三月一日,第二届国民参政会开第一次大会于重庆陪都。凡我膺选同人,鉴于国难严重,义应贡献其智能,故除有本身事实障碍者外,皆自全国及海外各地,依期来会,计全额二百三十七人中,到会者二百零三人,出席人数与总额之比率,为历次大会之冠。同人依法集会十日,接受国民政府各院部会之施政报告,决议行政院交议之三十年度政府对内对外重要方针,及同人关于政治、军事、财政、经济、外交、教育、文化、赈济等各种提案,共一百五

十余件。今当休会之日,同人应向全国同胞综括报告本会同人之共同认识及其信念,故于个别发表各项决议案之外,更为下列之宣言。

本届国民参政会受命召集之日,我国之自卫抗战,已历三年又七个月,而欧洲大战已经年余,太平洋之大局,方酝酿剧烈之变化。故同人以为此次参政会大会之使命,视第一届各次集会更为重要,而尤须首先切实检讨过去抗战建国方针及工作是否适宜?有无效果?再根据当前世界大势及敌我现状,决定今后工作重心,阐明抗战胜利建国安全之保障,及其前进之途径,以期全国同胞共同努力。

关于此点,同人先本其一致之认识与信念,谨举两义,告我国民:第一,中国抗战确已得精神上之胜利,故国民政府抗战建国纲领内所昭示之方针政策,证明其适宜与有效。夫中国抗战,世界一大事也,回顾"九一八"变起之日,我国即警告世界,日本有征服世界之野心,为破坏和平之祸首,凡有条约责任之各国,苟不能共伸正义,与以制裁,则世界将同受祸殃。此理至明,本无虚饰,而世界漠视之,公论虽昌,空言无益。惟赖我全体将士,奋勇苦战,月复一月,年复一年,吐天壤之正气,障远东之狂澜,直至十年后之今日,全世界始恍然承认苦战之中国,实远东大局之柱石,时机虽晚,而要为中国之胜利也。中国承近世之衰微,为国际所轻视,日本以为不堪一击,友邦虑其不能自救,回顾本会第一届集会汉口之日,敌人方倾其全部兵力以来攻,岂不以为占领武汉则足以亡中国乎?然宁知中国民族,确具抗战到底之决心,并有绝对不可征服之伟力。凡第一届本会第一次大会宣言之要旨,在此两年中,皆证明其正确。敌人今日,野心愈猖,而自信愈少,敌有侵略之悲哀,而我坚自卫之信仰。全世界今日,应皆一致认识中国决不至被征服而灭亡,此即中国精神的胜利,亦即三民主义之胜利,而永拜我抗战军民为国流血之赐者也。而胜利之道无他,其理由至正,其目的至纯。抗战为自卫自救,建国为自立自存,对于世界,除守约崇信外无手段,除自由平等外无要求,以自我牺牲,贯彻抗战目的,以和平正义,接受国际合作。此等方针,根据历史文化之精神,蔚为民族共同之信念,四年血战,不屈不挠,此在今日已证实其明效大验,所愿我国民更笃信弗渝者也。第二,据近时欧战之教训,更证明我自卫抗战方针,绝对正当,惟过去努力之程度标准,犹不足应时势之需求。此次本会开会之日,我全军统帅蒋委员长,特恳切致辞,希望国民有新的认识,新的觉悟,同人详加研讨,深表同情。夫一年以来欧洲战败亡国及不战而丧失独立者,不下十国。考其存亡之道,一言蔽之,能战则存,不能则亡,胜则存,败则亡。而同为文明国家,何以有能战与不能之分?则惟有统一之战志,与充实之战备者,能战亦能胜,反是,则不能战,战亦败亡。现代欧洲为国际政治活动之中心,今则竭尽科学制造及一切组织之力量,集中于战争。世界演变至此,推其根源,与欧美标榜和平政策,诸大国过去放任日本侵略之失策,关系至巨,然今既横决,莫可制止,燎原之火,谁能知其所届。我国在艰苦抗战之中,更痛切接受世界现实之教训,甚愿国民共同觉悟。我国幸而有统一坚强之战志,故能凭借广土众民,长期抗战,疲困强敌。然而世变方亟,祸患无穷,今后务须淬砺战志,永久弗衰,更须建设战备,绝对自保。不观欧洲,有平日困于政争安于现状,一朝应战,不旬日而瓦解者矣,虽有爱国人民及科学工业,倘误时机,尽归无用。且以今日军事技术之进步与战胜国统制之严酷,既亡之国,不可复兴,既奴之民,不可自主。故愿我国民一致接受最高统帅之指示,务使全国更成为统一坚固的战斗体,扫除一切不适于民族战斗之意识理论思想行为,为国防之需要,为万事之标准。凡我国民,务须觉悟今日为中国民族争取百代子孙自由幸福之重要关头,惟有增强战斗力量,建成安全国防,始能独立建国于永久,且亦为争取抗战最后胜利之至道也。

此次大会议决各案,皆以上述两种认识为原则,内容浩瀚不胜列举,惟再简述具体要点,以期共同信行。其一,关于政治者,主张全体国民,更精诚团结,拥护国民政府及其抗战建国之政令,而一切政策,仍以抗战建国纲领为准绳。此次决议之(民国)三十年度政府对内对外重要方针及其他重要决议案,皆期其有效推行。本会同人信赖政府有实行宪政之诚意,并愿协力促成,而同时认识今后必须一致放弃党派之旧观念,而代以民族战斗体之新观念。三民主义中之民权主义、民生主义,皆以国防观念为中心而使之实现。同人根据此种认识,希望中国共产党员实践(民国)二十六年九月之声明,拥护统一与团结,效忠国家,勿有歧异,同时希望政府注重一切政令之效率成绩,善用全体国民所付托之统治大权,使政令皆收实效,并保障民权,使人人各得其所。其二,关于军事者,依据抗战四年之成绩,证明军令军政之绝对统一,为争取胜利之基础条件。今抗战仍在紧要关头而因世界大势之需要,更亟须建设永久国防。是以希望政府更努力整饬军纪,勿令隳废。此诚国家民族兴亡成败所关,不得不郑重言之。至一般建军事业,同人信赖蒋委员长,全力进行,并愿倡导全国一致拥护。其三,关于经济者,我国自抗战第三年起,后方经济始渐受战事影响,故此次大会对于一般物资物价及粮食诸问题,特加讨论,另有决议。同人认识我国之战时经济,与欧洲交战国本质不同,如民生最重要之粮食,即不应有匮乏之虞。乃至其他生活必需品,苟实行节约,亦概能自给。是以物价之演变,虽为战时必然之现象,而管理未善,为其一因。是以同人希望政府妥善运用经济管制之方针,对于调节金融、改进运输、指导产销市场、统一管制机构等,务求切实有效之方法,并严申法纪,期其贯彻。尤望政府指导国民励行物资节约,增进工农生产。一般国民,则务须锻炼刻苦,绝对实行战时生活。其四,关于外交者,自敌人倡言"大东亚新秩序"以来,其危害中国之阴谋愈深,而中国之国际信誉,亦因而愈高。本会同人聆取政府报告之余,钦佩英美与苏联诸友邦对中国之关切,赞同政府方针,随时加强与诸大友邦之联系,以收互助合作之效。同时望政府更切实声明,苟有左袒日本亡华政策,承认汪逆兆铭伪组织之国家,即当认为中国之公敌。以上诸端,粗举大意,平实陈述,期其必行。

最后愿向全体同胞切实声明者:中国抗战,本为历史之宿命,具必胜之条件,最要则为民族战志,四年以来,业已证明其效果矣。然而失地未复,责任未尽,敌军在境,逆奸稽诛,况值世界非常之变局,加重中国抵抗侵略之责任,我国民诚能更坚凝战志,进而努力为战备之建设,以方兴之朝气,击既衰之敌寇,其成功必矣。然而决心一懈,危机随之。故今日实立于兴亡成败之歧路,其时机之重要,盖历史所未有也。本会同人知能浅薄,不能多所贡献,惟掬至诚,尽忠竭力,随全国各界同胞之后,以求贯彻上述之旨趣。谨此宣言。

(原载《国民参政会第二届第一次大会纪录》,国民参政会秘书处编印,1941年10月)

11. 休会期间驻会委员会委员名单

褚辅成　孔　庚　喜饶嘉措　陈博生　黄炎培　林　虎　李中襄
邓飞黄　许孝炎　范予遂　江一平　冷　遹　杭立武　王启江
童冠贤　李　璜　李仙根　刘　哲　傅斯年　沈钧儒　张　澜
梁漱溟　董必武　梁实秋　高惜冰

（原载《国民参政会第二届第一次大会纪录》，国民参政会秘书处编印，1941年10月）

（五）中共参政员不出席会议

1. 毛泽东等七参政员致参政会秘书处删电

国民参政会秘书处公鉴：

关于政府对新四军之处置，我党中央曾有严重抗议，并提出善后办法十二条，如：(一)制止挑衅；(二)取消一月十七日的命令；(三)惩办皖南事变祸首何应钦、顾祝同、上官云相三人；(四)恢复叶挺自由，继续充当军长；(五)交还新四军全部人枪；(六)抚恤皖南新四军全部伤亡将士；(七)撤退华中的剿共军；(八)平毁西北的封锁线；(九)释放全国一切被捕的爱国政治犯；(十)废止一党专政，实行民主政治；(十一)实行三民主义，服从总理遗教；(十二)逮捕各亲日派首领，交付国法审判等项，请政府采纳，在政府未予裁夺前，泽东等碍难出席。特此达知，敬希鉴察。

毛泽东　陈绍禹　秦邦宪
林祖涵　吴玉章　董必武
邓颖超　叩删(二月十五日)

（原载1941年3月10日重庆《新华日报》增刊）

2. 周恩来致张冲公函

淮南先生勋鉴：

迳启者，日来为出席参政会事，与延安敝党中央往返电商，经考虑结果，特提出临时解决办法十二条，附志于后①，敢请转陈蒋先生及贵党中央，倘能蒙诸采纳，并获有明确保证，则敝党参政员届时必能报到出席。谨此函达，至希鉴察，并颂

公祺！

周恩来谨启

（民国）三十年三月二日

（原载 1941 年 3 月 10 日重庆《新华日报》增刊）

3. 董必武、邓颖超参政员致国民参政会公函

国民参政会秘书处公鉴：

关于我党七参政员碍难出席本届参政会事，曾有二月删电通知在案。兹为顾全团结加强抗战起见，必武、颖超特就在渝所见各方奔走之殷，提出临时解决办法十二条附列于后，倘此十二条能蒙政府采纳，并得有明白保证，必武、颖超届时必可报到出席；此点已得延安我党中央附电同意。特此达知，敬希鉴察，并颂

公祺！

董必武、邓颖超同启

（民国）三十年三月二日

附：临时解决办法十二条

一、立即停止全国向我军事进攻。

二、立即停止全国的政治压迫，承认中共及各党派之合法地位，释放西

---

① 临时解决办法十二条详见董必武、邓颖超致国民参政会公函。

安、重庆、贵阳及各地之被捕人员,启封各地被封书店,解除扣寄各地抗战书报之禁令。

三、立即停止对《新华日报》之一切压迫。

四、承认陕甘宁边区之合法地位。

五、承认敌后之抗日民主政权。

六、华北、华中及西北防地,均仍维持现状。

七、于十八集团军外,再成立一个集团军,共应辖有六个军。

八、释放叶挺,回任军职。

九、释放所有皖南被捕干部,拨款抚恤死难家属。

十、退还皖南所有被获人枪。

十一、成立各党派联合委员会,每党每派出席一人,国民党代表为主席,中共代表副之。

十二、中共代表加入参政会主席团。

(原载1941年3月10日重庆《新华日报》增刊)

4.周恩来、董必武、邓颖超致各党派领导人书

任之、表方、问渔、御秋、君励、努生、漱溟、土观、舜生、幼椿、伯钧、庚陶、衡山、慧僧、申府、韬奋诸先生:

敬启者,数日来承奔走团结,钦感无既。敝党代表之碍难出席此届参政会,所有苦衷,早经洞鉴。现为顾全大局起见,特与敝党中央往返电商,改定临时解决办法十二条,具见于与参政会公函中。凡有可以谋团结之道者,同人等无不惟力是赴。今兹所提,已力求容忍,倘能得有结果,并获有明确保证,必武、颖超必亲往参政会报到。考其形,容或有负诸先生之望;察其心,又知诸先生之必能见谅。方命事小,国家事大,惟求诸先生能一致主张,俾此临时办法早得结果,斯真国家民族之福。万一因一时扞格,大局趋于恶化,同人等实已委曲求全,问心可告无愧,而诸先生尤为爱国先进,届时必有更多匡时宏谟,同人等窃愿追随不懈也。延安诸同人闻诸先生之热诚苦心,亦极感奋,

并电嘱转致谢意。特此奉达,敬请公安!

周恩来、董必武、邓颖超谨启

(民国)三十年三月二日晨

(原载1941年3月10日重庆《新华日报》增刊)

5. 国民参政会秘书处致毛泽东等七参政员鱼电

董参政员必武、邓参政员颖超,并转毛参政员泽东、陈参政员绍禹、秦参政员邦宪、林参政员祖涵、吴参政员玉章钧鉴:

三月六日本会大会以全体一致通过决议如下:"(一)本会于阅悉毛参政员泽东等七人致秘书处删电、董参政员必武等二人本月二日致秘书处函件,暨聆悉秘书处关于此事经过之报告以后,对于毛、董诸参政员未能接受本会若干参政员与本会原任议长之劝告,出席本届大会,引为深憾。本会为国民参政机关,于法于理,自不能对任何参政员接受出席条件,或要求政府接受其出席条件,以为本会造成不良之先例。(二)本会连日聆悉政府各种报告之后,深觉政府维护全国团结之意,至为恳切。一切问题除有关军令军纪者外,在遵守《抗战建国纲领》之原则下,当无不可提付本会讨论,并依本会之议决,以促政府之实行。因是本会仍切盼共产党参政员,深体本会团结全国抗战之使命,并坚守共产党民国二十六年九月拥护统一之宣言,出席本会,俾一切政治问题,悉循正当途辙,获得完善之解决,抗战前途,实深利赖。"特此录案电达,至希查照出席为荷。

国民参政会秘书处鱼(三月六日)

(原载1941年3月10日重庆《新华日报》增刊)

6. 毛泽东等七参政员复国民参政会秘书处齐电

国民参政会秘书处转全体参政员先生公鉴:

鱼电诵悉。诸先生关怀团结,感奋同深。四年以来,中共同人维护民族抗战与国内团结,心力交瘁,早为国人所公认,中共参政员对于历次参政会无一次不出席,亦为诸先生所共见,惟独本届参政会则有碍难出席者在。盖中共参政员为政府所聘请,而最近政府对于中共则几视同仇敌,于其所领导之军队则歼灭之,于其党员则捕杀之,于其报纸则扣禁之,尤以皖南事变及一月十七日命令,实为抗战以来之重变,其对国内团结实有创巨痛深之影响。一月十七日命令之后,敌伪抚掌,国人愤慨,友邦惊叹,莫不谓国共破裂之将至。中共中央睹此危局,自不能不采取适当之步骤,以挽危局,以保团结,乃向当局提出善后办法十二条。时逾一月,未获一复,而政治压迫军事攻击反日益加厉,新四军被称为"叛军"矣,十八集团军被称为"匪军"矣,共产党被称为"奸党"矣,延渝道上,"打倒共产党"、"抗日与剿匪并重"、"剿匪不是内战"等等惊心动魄之口号,被正式之政府与正规军队大书于墙壁矣。似此情形,若不改变,泽东等虽欲赴会,不独于情难堪,于理无据,抑且于势亦有所不能。耿耿此心,前有删电致参政会略陈梗概,当蒙洞察。嗣后参政会同人中颇多从中奔走,以图转圜者,泽东等感此拳拳之意,为顾全大计委曲求全计,乃由敝党代表周恩来同志及在渝参政员必武、颖超二人提出临时办法十二条,请求政府予以解决,以便本党参政员得以出席于本届参政会,同时并以此意通知参政会秘书处,然亦希望政府置答。泽东等所提善后办法与临时办法各条,乃向聘请泽东等为参政员之政府当局提出请求解决,以为泽东等决定是否出席此次参政会之标准。政府自有予以解决与否之自由,泽东等亦有出席与否之自由。泽东等爱护参政会之心,今昔并无二致,如能在此次会期内由于诸先生之努力促成,与政府诸公之当机采纳,使泽东等所提各种办法能有一定议及实施之保证,则本次参政会虽已开幕,中共在渝参政员亦必可应约出席,否则惟有俟诸问题解决之日。泽东等接受政府之聘请,为团结抗战也,皖南事变以来,加于国共间之裂痕实甚深重,苟裂痕一日未被消灭,则泽东等一日碍难出席政府所召集之任何会议。盖泽东等在目前所处之环境,与诸公实有不能尽同者焉。专此电复,尚希谅察。

毛泽东　陈绍禹　秦邦宪
林祖涵　吴玉章　董必武
邓颖超叩齐(三月八日)

(原载 1941 年 3 月 10 日重庆《新华日报》增刊)

7. 最近军事政治压迫事件

重庆《新华日报》综述

一、第十八集团军自参加抗战以来,迄未受过"一律爱护,一视同仁"之待遇。抗战于敌后已近四年,除一百二十挺轻机关及数架战车、防御炮外,迄未得过任何武器补充,而子弹医药,亦已十八个月未蒙发给颗弹片药,甚至英国红十字会、伦敦援华委员会及香港中国保卫大同盟捐助给十八集团军之药品,亦被政府阻止而不得运往前方,中国红十字会之国际医生请求往十八集团军服务者亦被政府拒绝,不得已遂自购中药一万八千斤,都在西安不准放行。十八集团军饷项,抗战近四年不仅毫无增加,米津亦从未按规定发给,甚至本身饷项,亦于本年一月起停止发给。

二、目前各地军事进攻情况,概述如下:

(一)皖北李××部队正在涡河流域,向久在该地担任游击任务之彭雪枫部队进攻,已历两旬,近更进占涡阳、蒙城,激战不已。

(二)皖东李××所部近仍存淮南路以东定远地区,向久在该地担任游击任务之张云逸部队进攻不已。

(三)湖北陈××部队近在鄂中地区,向原在大洪山担任游击任务之李先念部队进攻。

(四)鄂豫边莫××部队近在罗山、经扶、黄安、礼山地区向原属该地之地方游击部队进攻,实行清剿。

(五)豫北庞××近率所部,自××地区有进入河北省之大名、南乐、清丰、濮阳地区进攻第十八集团军部队行动。

(六)陕西胡××所部,近在旬邑、淳化地区,向陕甘宁边区保安部队不断进攻,迄今未止。

二月份政治压迫事件

一、《新华日报》自二月起,由于中央特种会报,有"只准印不准卖"之规定,其所遭遇,有过于报馆之被封闭。盖《新华日报》名虽受合法保护,但其文稿,则被扣被删,几无法发表意见;其广告则因商家受国民党部警告,多不敢续登；其订户则因特务机关恐吓，多不敢续订；其报贩因受警宪捕拿，多不敢代售；似此环境，与封闭何异，而其苦痛，则又甚于封闭。

二、第十八集团军驻各地办事处二月份所受之压迫，有下列多件，除最后两件外，迄今未得解决：

（一）第十八集团军驻桂办事处奉军事委员会命令撤消，该处先行遣送一部分员兵及其家属大小共二十九人，并携带武器，乘车来渝。至渝后经正式手续，向军事委员会办公厅请领归队护照，已过两月，犹未蒙批下，致令此项员兵家属，进退两难，耗费极巨。

（二）第十八集团军贵阳交通站久经合法存在，直至今年一月，犹与当地军政官厅公事来往，从无间断。乃一月二十一日，贵阳警备司令部不经任何事先手续，亦无任何理由，突将该站员兵八人捕去，并没收其一切资财。经向军委会办公厅请求释放人员，发还资财，事隔月余，迄未得复。

（三）第十八集团驻渝办事处曾以各办事处所存图书，向军委会办公厅请求颁发护照，送往前方，历时两月有余，初则奉批须被审查，继则检出图书二十余种，令其呈缴后，始得批发护照，及依命如数呈缴，乃仍如石沉大海，一无消息。

（四）第十八集团军驻渝办事处奉命派本军高级参谋边章五护送家属回延，车中同行者有本军高级参谋李涛，持有本军护照遵返前方（李参谋原奉委座命于民国二十八年春调往南岳游击训练班担任教官，任务终了后，在桂林办事处工作年余，此次系奉总部之命北返），乃于二月九日行至中部，竟为该地驻军一〇九师师长扣留，并同时扣有军用卡车一辆，司机两人，押车副官一人，现除该副官已经释放外，其余三人虽经朱总司令电保，迄未得复，并闻李高级参谋已被秘密解往西安。

（五）第十八集团军驻渝办事处之由延回渝军用卡车，于一月十三日行至顺县，其中一车损坏留□修理，竟被当地驻军无理扣留，并捕去押车副官及司机等四人，几经交涉，亦未得复。

（六）第十八集团军驻渝办事处之另两辆由延返渝军用卡车，于二月十六日行至三原，被当地运输统制局检查站扣留，并捕去押车副官及司机等五人。

（数经交涉，始于日前放行。）

（七）第十八集团军驻西安办事处之汽车队、兵站、仓库，于二月二十三日突被当地军宪检查，捕去队长员兵及司机等十三人，并缴去步枪四支、短枪一支，事先事后，均未宣布理由。（经多次交涉，始于本〔三〕月五日释放被捕员兵，但没收之物品尚未发还。）

三、中共在大后方各地所受之摧残压迫，日加无已，最近一月，几已达最高峰，其具体事实，据已知者，有下列数事：

（一）国民党特务机关，已决定一种本年度党派行动工作计划，令各地进行，其主要内容为：

甲、监视各地高级共产党员，秘密进行侦查与打击。

乙、如发现共产党之市委、县委、省委、或团体中共产党党团等组织，则一律破坏，并逮捕之。

（二）军委会办公厅最近密令各地军事机关部队，对中共改称奸党，不再用异党名字。

（三）《中央日报》于二月二十三、二十四日，连续登载奸党名称（见潘公展文章及朱家骅、张继之演说词）。

（四）重庆各学校机关，因共党嫌疑被特务机关秘密捕去之人，已达四十余，均押在川东师范及□舍之内，备受惨刑拷打。

（五）去年在成都被捕之第十八集团军代表罗世文同志及中苏文化协会车耀先先生，久押重庆特务机关，近闻已确被暗害，并经十八集团军朱总司令电询被害真相，亦未得复。

（六）在贵阳被押三年余之共产党政治犯九人，曾经中共代表屡次保释，均未得许，但亦未宣布任何罪状，乃于本年一、二月，竟被先后秘密处死。

（七）湖南省各县已宣布清乡，凡发现藏有共产党者，即实行保甲连坐。

（八）江西西北各县，已实行大批逮捕中共党员及一切可疑分子，其他县份竟有宣布限期自首，逾期仍发现有中共分子者杀无赦。

（九）地方报纸（连重庆某几报纸在内）已公开登载伪造中共分子脱党和自首宣言。

四、一月来,各地摧残爱国分子及民主权利之事实,亦变本加厉,现举其显著者如下:

(一)重庆、成都、贵阳各大学、中学及政府机关,均不断有学生及公务人员失踪绑架,毫无生命保障。

(二)湖北恩施各学校各机关,曾被当地军警,施行大批搜查和逮捕。

(三)成都生活书店、读书生活社,昆明生活书店、读书生活社,均被封闭。

(四)桂林生活书店、读书生活社被限期停止营业,新知书店则被封闭。

(五)其他党派报纸(如香港《国家社会报》、《星岛日报》),均被禁止入口。

(六)各种进步杂志,虽经中央图书审查委员会通过合法出版者,甚至为国民党所领导之《中苏文化》杂志,亦禁止在外埠发行。

(民国)三十年三月

(原载1941年3月10日重庆《新华日报》增刊)

8. 就中共参政员不出席本次参政会问题向大会的报告

王世杰

上月十九日晚,由十八集团军驻渝办事处转到毛参政员等七人致本会秘书处删代电,当以此事关系重要,遂由秘书处托人向该办事处周恩来先生探询真相,并询其是否可以设法撤回。经数日之接洽,均无结果。同时并向政府机关探询是否接到此项条款及其处置方法,嗣悉政府方面并未接到此项文件。因再托人请周恩来先生设法撤回删代电,并于上月二十五日晚请周恩来先生来秘书处商谈处置办法。当时,本席曾说明希望其撤回之理由,并恳切说明共产党与政府之关系,倘不能设法使之善化,即难免恶化,参政会行将开会,如参政会同人一致努力,当可使共产党与政府关系好转,如共产党参政员拒绝出席会议,或不免促成局势之恶化。当时周先生表示彼之认识与本席不同,并称无权应允。谈话约历一小时。本席最后仍郑重表示,谓吾人今夜之商谈,在将来历史上实具有重要性,希望其仍尽最大之努力,使此事得以解决。周先生谓彼只能将此意转达延安方面。此为二月二十五日秘书处与周恩来先生商谈之情形。

当时本席觉此事转圜匪易,因又约请参政员黄任之先生征询其意见。黄先生曾谓参政员中有十四位已准备一种意见,拟向总裁蒋先生请示,期此事获一适当补救,嘱本席代为约定晤见时间。二月二十七日上午,黄先生遂与参政员同人张君劢、左舜生、褚辅成、沈钧儒、张表方五先生同谒总裁蒋先生,面陈书面意见,并讨论许多问题。其中一点,即彼等希望共产党参政员出席。当时总裁蒋先生表示,政府既已选定毛泽东等七人继续为参政员,即是政府希望其出席,且国民政府召集此次会议,对于彼等同发通知,政府意旨与十四位意见,并无差别。当时十四位对于总裁蒋先生复表示希望在本届大会中成立一特种委员会,对于共产党与政府的关系,以及其他若干问题,在开会期间与闭会以后,努力设法解决,该会由总裁蒋先生为主席,共产党方面亦应有人参加,参政员以外,并可请会外政府大员参加。此项意见,总裁蒋先生亦表赞同,并嘱黄先生等与秘书处商详细组织办法,此为二十七日上午本会参政员黄任之先生等与总裁蒋先生谈话之情形。

黄参政员等当时颇为兴奋,认为局面可望好转,因续与共产党方面参政员及周恩来先生接洽。黄先生告知本席,谓共产党方面对于特种委员会的办法,大体赞同,惟出席大会问题,正向延安请示中,须待延安复电,方可决定。此为二十七日下午接洽之情形。

二十八日上午,延安方面,仍无复电。黄参政员等六位再谒总裁蒋先生报告接洽经过,同时褚辅成先生提及参政会主席团可否由共产党参政员或共产党人员参加,当时总裁蒋先生表示,共产党方面参政员如出席此次会议,当无予以歧视之理,自可参加主席团。黄先生等六位,因又与周恩来先生接洽,周先生答复,谓尚未接到回电,出席问题,无论如何须待回电,方可决定。

翌晨,即为三月一日,大会即将开会,尚无回音,本席报告总裁蒋先生后,奉嘱转请黄任之、张君劢、左舜生诸先生代表总裁蒋先生请在渝董、邓两共产党参政员出席。当时董参政员等二人复函申说彼等出席非本人所能自由决定。黄先生等返会商讨,建议将主席团选举,暂为延缓,以待延安回电,本席比即报告临时主席,当经临时主席决定将预备会改至昨日(三月二日)上午举行。

迄昨日上午八时,秘书处接到董参政员必武等必须采纳所提临时办法新十二条,并明白保证,始能出席之来函,当因主席团尚未产生,故未能提出昨日大会报告。本会原负有领导全国团结之责,此事发生后,秘书处虽极力企图本此宗旨尽其职责,终未能达到希望,至以为憾。参政员黄任之先生等对于此事,奔走接洽,夜以继日,亦未得到预期之效果,尤使秘书处感觉不安。兹依主席团之命,特将经过情形,报告如上。

(一九四一年三月三日)

(原载《国民参政会第二届第一次会议纪录》,国民参政会秘书处编印,1941年10月)

9. 政府对中共参政员不出席参政会问题的态度——1941年3月6日在国民参政会上的演说

蒋中正

主席,各位参政员:

今天中正代表政府说明对于中国共产党参政员向贵会所提各种条件的态度。

在报告之先,有一点要声明的,就是政府对于中国共产党的问题,本来不愿做任何公开的报告,但是这次中共参政员对于我们全国民意机关——国民参政会,既然正式用函电提出条件,就与他平时各种言论行动的性质不相同,因此,为国家为民族为抗战以及为建国的前途着想,我们政府与国民参政会不能不有一个正式的表示。

一个国家尤其在受强敌侵略,对外作殊死战的时候,他整个民族的命脉所寄托就是在纪纲与法令。只要纪纲不紊,法令贯彻,无论他国家遇到如何危险困难,都可以转危为安,获得最后胜利!反之,如果纪纲败坏,一切军令不能统一,政令不能贯彻,这样的国家,他虽有怎样强大的武力,亦必归于失败!最后,且必陷国家于灭亡!现在我们全国军民,正拼全民族的力量与日本军阀作生死存亡的斗争,处此千钧一发之时,我们尤其不能不特别注重国家的纪纲与法令,凡事只要于国家纪纲与法令没有抵触或妨碍,无论政治、社会或党派问题,都应开诚布公,莫不可以求得合理的解决。政府对于中共的事情,一向就是采取这个方针与态度,始终是委曲求全,以期团结御侮,达到我们抗战建国最后成功的目的。

但这次据参政会秘书处所接共产党参政员的函电,知中央有先后两次(一)"善后办法";(二)"临时解决办法"各十二条件之提出。我可声明,此等条件,虽然会前在重庆的各位参政员多已接到,而政府方面无论机关或个人,以及本席自己,却没有接到他这样的条件,现在我们在参政会中看到了这两次条件。先看他的题目,就觉得很骇异,再看他的内容,更使人联想到"七七"事变以前,日本军阀对我国民政府与当地驻军所提出的条件,在方式与名称上并无二致。尤其回想到战前敌国屡次提出所谓"三原则"的条件,要求我们政府承认的惨状,更令人悲痛伤心!中国共产党同是中华民国的国民,不料在此对敌抗战作生死存亡斗争的时期,竟向我们本国提出这样的条件,而且对我们全国民意机关的国民参政会,提出这个条件,这岂不是他明明与我们本国政府和国民参政会,立于敌对的地位?其将何以自解于国民?!

因此,我对于他们所提出的两次条件,实不愿多言,也不必逐条有何声辩,而只是概括说明其内容意义之所在。综观他的内容,大概可分为"军事"、"政治"、"党派"三部分。他第一次"善后办法"中之第一至第八各条,与第二次"临时解决办法"中之第一及第六至第十各条,皆可归纳在"军事"范围之内;其第一次条件中之第九、第十二两条,第二次条件中之第三至第五各条,皆可归纳在"政治"范围之内;其余第一次条件中之第十,及第二次条件中之第十一、第十二各条,则皆可归纳在"党派"范围之内。关于这三部分意义之所在,与其对于抗战建国影响之所及,我不能不略加说明。

第一,就军事部分而言,其意义就是要政府对于已经违令抗命的叛变军队,不得明令制裁,否则,就要惩办政府军事当局,而且赔偿叛军的损失。

第二,就政治部分而言,其意义就是要求在国民政府行政系统以外,划出特殊的区域,承认特殊的政治体制,而且要限制政府对于公私社团与个人不法的行动,也不得依法取缔,行使政府的职权。更要承认其所谓"敌后的民主政权"。这个意义充其演变所极,就可以养成借外患深入之机而谋夺取政权之实的大祸乱。

第三,就党派部分而言,其意义就是只有中国共产党要在国民参政会有特殊的地位与特殊的权利,而政府在参政会中对各党派和无党派参政员不得有中共有一律平等的待遇,否则,中共就拒绝出席。

他们这两次条件的内容真意,如果要认真说起来,实在就是如此,我想他们提出这个条件的时候,或者并没有研究到他的性质有如此的严重,但是我们政府如果随便接受他这个要求条件的时候,试问我们中国还成一个国家吗?就是我们国民参政会,也还成一个民意机关吗?

我现在再将我们政府对于这三部分的意见与方针,对贵会明白声明。先对军事部分而言,我们政府一贯的精神,就是军队国家化。换言之,在我们国民政府统辖之下,只有一个国家军队的系统,决不能有第二个私党私人的军队系统。我可对贵会切实声明,国民革命军乃是国家的军队,而不是哪一党的军队,更不能将国民革命军之一部认作共产党一党的军队。因此,我们军令亦只有一个,而不能有二个军令,否则何以自别于汪逆伪组织的伪军事委员会?这不仅是为我们国民政府之所不容,亦为全国国民之所深恶而痛绝,效忠抗战的中国共产党,何忍出此?其次,对政治部分而言,政府对于全国政治就是要使政治民主化。凡在国家法律与政令之下,无论国民个人或团体,只要他各守纪律,各负责任,各尽义务,各享权利,人人皆有其自由;但政权只有一个,一国之内,不能有两个政权!否则如在国民政府之外,另要成立一个政权,例如此次条件之内所谓"敌后民主政权"这一类的名称,如此割裂国家的政权,那有何异于汪逆与伪满的傀儡组织,所谓汉奸卖国的政权?这不但为政府所不容,亦更为全国国民所仇恨,而誓不与之两立。再次,就党派来说,现在国内党派,由于历史演进的结果,事实上虽有执政党与在野党之分,以及各党大小与历史久暂之不同,但其精神是一律平等。尤其在民意机关——国民参政会之内,更应该人人平等。在参政会之内,只有国民的立场,没有党派的立场,决不能让任何一党或任何个人,在会内有特殊的地位,与任何权利之要求,以斫丧我们尚在萌芽的民主政治之根基。以上是政府对于军事、政治与党派之一贯的方针与态度,今天特明白表示,希望参政会诸君一致谅察。

现在,再就军事方面有点补充报告。自从民国二十七年第十八集团军不听统帅部命令,自由行动,擅自撤到黄河右岸,不久又非法强占了绥德等地,政府当时的观察,并不以为这完全是受中共指使,亦不认此为中共有破坏抗战的意思。而该军对中央军令,不能绝对尊重,或亦并不一定是有破坏抗战扰乱后方的整个计划,但是他这一个行动影响所及,竟使我全国人心不安,尤其抗战根据地的大后方,皆受到无形的威胁。而其结果所至,实已造成了牵动全局,破坏抗战,乃至为敌张目,危害国家的极端恶劣影响。因此这两年余以来,我们政府一方面要统帅全军,在前方努力抗战;一方面又不能不在西南和西北大后方的抗战根据地作安定内部的布置,这是抗战期间军事上最感痛苦的一件事!世界各国,每当对外战争的时候,他们政府与国民,只是一致对外战斗,以求最后胜利。而我国现在,在大敌当前,敌骑深入之时,政府既要对外作战,又要加上安定内部的任务,此实为中外革命历史上所未有之悲痛的战史!但是我们政府幸而有过去两年余时间的戒备,卒使前方后方,幸无陨越,实为国家无上之幸事!到了现在,我们不仅对外抗战已有坚强的战斗实力,可操最后的胜利,就是后方安定的力量,亦有雄厚而巩固的基础。否则,二年以前如果政府不及时戒备,也许现在西南与西北抗战之大后方各省,不是早为敌人乘隙侵入,亦将为败类叛徒所破坏、所摇撼,而我大后方的民众,亦要和现在冀察鲁苏各沦陷区的同胞一样,不能得到地方政府和国军的保护,要受敌伪双层的压迫和蹂躏了!然而我们因为要安定后方的关系,致使我们多数的军队本可开至前方作战的,而乃不能不控置于后方,此实为我们抗战力量最大的损失,而尤为全国军民精神上莫大的痛苦!但要解决这种困难与痛苦,其实并非难事,只要中共能够翻然改变他过去的态度与行动,不将第十八集团军当作他一党所私有的军队,不利用其来牵制友军,妨碍抗战,而能依照他自己于民国二十六年九月宣言上所说的:"(一)中山先生的三民主义,为中国今日之必需,本党愿为其彻底的实现而奋斗。(二)取消一切推翻中国国民党政权的暴动政策及赤化运动,停止以暴力没收地主土地的政策。(三)取消现在的苏维埃政府,实行民权政治,以期全国政权之统一。(四)取消红军名义及番号,改编为国民革命军,受国民政府军事委员会之统辖"的四点,切实履行,一本他过去共同抗战的初衷,使与中共有关的军队,依照军事委员会的命令与计划,集中于指定区域,忠实执行抗战任务。那末,全国军队共同一致,向前御侮,我们后方既无牵制,又无任何顾虑,所有国军,乃得尽量调赴前方,如此前方的力量,既可大增,来对此势衰力竭之穷寇,加以猛攻,我相信在短期间内,必能获得最大惊人的胜利,至少亦必可恢复到二十七年秋季以前的战线,这是我们军事当局所确信无疑的!如此,我们已经沦陷的区域,就能早日恢复,而我们各战区受苦的同胞,亦就能早日得到了解放,那就是中国共产党与第十八集团军对国家民族莫大的贡献,而其爱国的精神与功绩,在此次中日战史上,亦必为全国军民所崇敬而永垂不朽了。我们政府对于中国共产党及其有关的军队,目前并无其他要求,所唯一热切盼望的,就是希望他能一贯实行他们自己的宣言,和参政会所一致拥护、全体共守的《抗战建国纲领》并望第十八集团军将领能彻底反省,要以国家民族为重,而打破党派观念,服从军令,严守纪律,遵照指定的任务和地区,与全国友军亲爱精诚,和衷共济,共同一致,抗战到底,使我们国家能早获得自由平等。我们政府所期望的仅止于此而已。

还有,他们两次条件的所提的与军事最有关系的几件,就是中共参政员所谓"制止挑衅","撤退华中剿共军","立即停止全国向我军事进攻"等三条,我于此不能不略加声明。这种信口雌黄,颠倒黑白,混乱视听的恶意宣传,不仅是诬蔑我们政府,有意来破坏他抗战神圣的使命,而且是污辱我们整个民族团结抗战共同御侮的纯洁精神!我今日可以说,我们政府与全国国民,只有一致对倭抗战与铲除民族叛徒的汉奸伪逆,决不忍再见所谓"剿共"的军事,更不忍以后再有此种"剿共"之不祥名词留于中国历史之中。只要他们以后奉命守法,不再袭击友军和到处挑衅,我们政府无不一律爱护,一视同仁,而且我们政府宽大为怀,决不追究既往。否则,如果有抗命乱纪,破坏抗战的行为,如从前的新四军之所为,那无论其为任何部队,我们政府为国家利益,为抗战胜利,不能不依法惩治,而加以制裁,以尽我政府抗战建国的天职。所以政府对我忠实将士,实在是爱护之不遑,岂有如其所谓挑衅进攻,自残手足之理?而且以后亦决无"剿共"的军事,这是本人可负责声明而向贵会保证的。希望参政员诸君本着精诚团结,共同御侮的精神,恳切向毛泽东、董必武等参政员劝勉,使中国共产党能切实改变他过去的态度与行动,各中共参政员能在参政会内共聚一堂,精诚团结,来从长讨论他所要提出的问题,以求得合理的解决。贵会是战时全国一致推崇的民意机关,诸位代表民意,必求《抗战建国纲领》之彻底实现,必求抗战胜利与建国成功,来达成全国国民共同一致的愿望,来安慰一般为抗战而牺牲的军民同胞的英灵。只要中国共产党能尊重贵会民意的劝告,今后一切言论行动,不违反抗建纲领与他自己宣言中所提供的诺言,则贵会为解决这一次事件有所决议,规定政府应如何处理的,政府必尊重贵会的决议,绝对接受,彻底执行,毫不犹豫。总之,政府对于这次事件,只要能达到团结一致,抗战到底的目的,一切问题,皆愿听从我们国民参政会依据公众民意来解决!至于对中共各参政员,更希望其在此敌寇深入,全国军民正与之作殊死战的时候,能本着"兄弟阋墙,外御其侮"的精神,毅然决然接受我们参政会公众的意思,精诚团结,共赴国难,使我们全国团结抗战的精神,不致有丝毫遗憾,而能坚持贯彻,始终无间,这不仅为全国国民所馨香祷祝,亦足予敌人以莫大的打击。我们为爱护中国共产党,为成全他们此次共同抗战的历史,一定要督促他始终一致,团结到底,来完成抗战建国的使命!这是兄弟今天代表政府要向大会恳切声明,并盼参政会诸君,衷诚谅察,实为至幸!

(原载《国民参政会第二届第一次大会纪录》,国民参政会秘书处编印,1941年10月)

10. 拥护我党七参政员拒绝出席本次参政会

延安《新中华报》社论

本报上期刊载消息,本月八日我党毛泽东同志等七参政员复函国民参政会重申不能出席本届会议之理由,词严义正,语重心长。

国民参政会之设立,本为政府与各抗日党派团结抗战之表示。我党七参政员所以接受政府之聘请,也就是为了团结抗战的目的。所以"每次参政会,无一次不出席";每一次出席无不积极提出有利国家民族、关系抗战团结之提案,在参政会通过并得到全国广大人民之拥护。

年来,国内局势之逆转,有加无已。皖南惨变及"一一七"反动命令公布之告,中外震骇,咸以为国民党决心与共产党分裂,因而内战外降之局面将到。我党中央为保持团结,挽救危亡起见,特向政府当局提出十二条公正要求,作为平复事变、挽救时局之具体办法,迄未得复。三月一日第二届参政会在渝开幕,我党七参政员以"皖南事变"未获解决,碍难出席,曾有删电致参政会。后以参政员多人从中奔走转圜,我为顾全大局不惜委曲求全,乃由我党驻渝代表周恩来同志及在渝参政员董必武、邓颖超二同志提出临时办法:(一)立即停止全国向我军事进攻;(二)立即停止全国的政治压迫,承认中共及各党派之合法地位,释放西安、重庆、贵阳及各地之被捕人员;(三)启封各地被封书店,解除扣寄各地抗战书报之禁令;(四)立即停止对新华日报之一切压迫;(五)承认陕甘宁边区之合法地位,(六)承认敌后之抗日民主政权;(七)华北、华中、西北防地均维持现状;(八)于十八集团军之外,再成立一个集团军,共应辖有六个军;(九)释放所有皖南被捕干部,拨款抚恤死难家属;(十)发还皖南所有被捕人枪;(十一)成立各党派联合委员会,每党派出席代表一人,国民党代表为主席,中共代表副之;(十二)中共代表加入国民参政会主席团等十二条,请求政府予以采纳实行,以使我党参政员得以出席本届会议。不料此等公平合理之要求,竟为政府当局所拒绝。

政府当局一再严拒我党所提解决"皖南事变"和挽救时局危机具体办法的意义何在?这是异常明了的:我们要求停止反共挑衅,政府当局表示要继续反共挑衅。我们要求政府停止对华中新四军、八路军的军事进攻,政府当局表示要继续对八路军、新四军实行军事进攻。我们要求政府停止包围封锁陕甘宁边区,政府当局表示要继续包围封锁陕甘宁边区。我们要求政府承认共产党及各党派合法地位,政府当局不承认共产党及各党派合法地位。我们要求政府取消一月十七日命令,发还皖南新四军全部人枪及惩办皖南事变的祸首何应钦、顾祝同、上官云相三人，以便以后不再发生同类事件，政府当局袒护"皖南事变"的祸首罪魁，鼓励反共内战，以便继续实行消灭新四军、八路军之惨变。我们要求释放全国被捕的共产党员和爱国青年，政府当局表示要继续残害共产党员和爱国青年。我们要求政府停止封闭书店摧残文化的行动，政府当局表示要继续封闭书店摧残文化。我们要求政府取消一党专政，实行民主政治，政府当局表示要继续一党专政，反对民主政治。我们要求政府要实行三民主义，服从总理遗嘱，政府当局表示不实行三民主义，不服从总理遗嘱。我们要求政府逮捕所有亲日派首领交付国法审判，政府当局表示不愿逮捕亲日派交付国法审判。从政府当局一再拒绝我党挽救时局的态度看来，更证明皖南事变绝非所谓简单的军纪问题，而是亲日派及政府当局决心反共内战的问题。

政府当局不仅公开拒绝我党中央及参政员为团结抗战的公正要求，而且在实际上更变本加厉地实行反动政策。新四军被称为叛军，八路军被称为匪军，共产党被称为奸党。不宁唯是，著名经济学者马寅初先生被绑架逮捕，进步书店如生活书店、读书生活社等被查封停业，进步书报杂志如《救亡日报》等被迫停刊，《星岛日报》等被禁止发行，进步文化人士如洪深先生等被迫自杀，如邹韬奋先生等被迫出走香港并辞去参政员职务，许多爱国青年在西安、重庆、桂林、成都等地被逮捕、被严刑拷打、被秘密活埋。事实昭彰，情况显然，还空谈什么团结？还谎说什么民主？说的是团结，做的是分裂；说的是民主，做的是反动；说的是抗战，做的是破坏抗战；说的是巩固国防，做的是破坏国防，这就是亲日派和政府当局目前的阴谋诡计，这也就是当前时局危机的公开秘密。此情此景，若不改变，诚如我党七参政员所言："泽东等虽欲赴会，不独于情难堪，于理无据，抑且于势有所不能！"

尤有进者，无论第一届或第二届之国民参政会之参政员，均为政府当局凭一己愿望所聘请，其中国民党员参政员始终占压倒的多数。而在第二届参政员中，国民党员的比例更大形增加。因此，国民参政会绝不能超越国民党及政府当局预定政策的范围。当抗战初期国民党及政府当局犹愿团结抗战之表示，可以容许共产党及其他参政员提出并通过有益团结抗战之提案，但政府对通过之提案实行"决而不行"的办法。因此,当时参政会虽不能起决定政府政策和监督政府工作的人民代表机关的作用,但还可作为体现党派团结和批评政府措施的战时初步民意机关的表示。现当国民党及政府当局决心反共之时,无论共产党参政员出席与否,国民党及政府当局利用参政会作为破裂反共工具的政策绝不会有所改变。因此,国民党员占绝大多数之参政会,此次也绝不能不遵照国民党及政府当局所预定的计划去行事。就是说,参政会此次绝不能不成为政府实行反共计划的御用工具。在这种情形之下,共产党参政员不出席本届参政会第一次会议,不仅是对"皖南事变"及政府反共政策的严重抗议的应有表示,不仅是共产党的独立伟大政党的光明磊落的原则立场的必然行动,而且是提醒全国人民起来注视时局严重危机的正确政策。

让亲日派及政府当局诬称共产党员不出席本届参政会为"破坏团结"吧!中外人士一致明白认识:破坏团结的绝不是被迫不能出席此次会议的共产党,而恰是立意分裂决心反共故意造成共产党员不能出席会议的恶劣形势的亲日派和政府当局!让亲日派和政府当局利用本届参政会作为反共的反动工具吧!全国人民一定能认清:国民党员占绝大多数的参政会绝不能代表全国真正的民意,在一次没有共产党员参加的条件之下,便暴露出了自己是政府附庸的真正面目。这样,就更加一次在中外的人士面前证明了:共产党是团结和民主的核心和灵魂,离开共产党和反对共产党去谈什么团结民主,不仅是历史的滑稽剧,而且是一个为非作恶的烟幕弹。这样,在全国人民面前丧失威信的,绝不是因为不得已而不出席此次参政会的共产党,而是为实行破裂反共政策不惜奸污和毁损这个战时初步民意机关信誉的国民党和政府当局!

(原载 1941 年 3 月 16 日延安《新中华报》)

11. 七参政员事件

重庆《中央日报》社论

二届国民参政会开会,突然发生毛泽东等七参政员不出席事件,并于二月十九日向该会秘书处提出所谓"善后办法十二条",复于三月二日提出所谓

"临时解决办法十二条",以接受要求作为出席的先决条件。参政员王云五等四十余人于六日提出临时动议,劝告毛参政员等勿创恶例,从速出席,共同讨论。经大会全体一致通过后,当已传达。蒋委员长亦于六日代表政府声明对于整饬纲纪,贯彻军令及对于七参政员不出席的见解与态度。言极详尽,意甚惋惜。凡有天良,莫不感动。毛参政员等以不出席为贯彻要求之要挟,实属重大错误,尚能平心静气,以理智考虑是非得失,我们相信毛参政员等必然痛悔其举动过于幼稚。

第一,国民参政会是集思广益,讨论国家大计的机关,既无执行权利,自不能接受任何要求。毛参政员等所提条件,或属于军政范围,或属于政治范围,或属于党务范围,断非参政会权限所能接受的。何况以接受要求为出席条件,此种恶例一开,后患何堪设想。参政会即为民意机关,如毛参政员所提问题,属于参政会权限以内,则该会自可依照法定手续,提出讨论,付诸公决。于理于法,皆属至当。不幸毛参政员等计不出此,提出手续既不合法,要求内容亦不合理,参政会当然无权答复。假使毛参政员等认为此类问题,可在参政会讨论,则更应出席,堂堂辩论,才是民主的精神,才是光明的态度。

第二,毛参政员提出要求的原因,由于前新四军事件。前新四军因不服从军令,不遵守军纪,已由军事当局予以解散。事属军政、军令,不特参政员对此不得过问,即任何人亦无须过问。军令是军队的生命,尤其在抗战时期,军令的严明,是制胜的前提,不但全国军队应彻底服从最高统帅,即全国国民亦应信赖最高统帅,才能发挥统一指挥的效能。前新四军既已解散,毛参政员等何必因此而提出要求?更何必向参政会而提出要求?既无彼我之分,更无党派之别,何以毛参政员等对于过去所解散的各军,并不要求恢复,独对于前新四军采取庇护态度,未免不智。

第三,(民国)二十六年九月中共曾发表宣言,矢誓服从三民主义,拥护国民政府,停止一切破坏及赤化运动,切实抗战,共御外辱。第一届国民参政会第一次大会,陈参政员绍禹亦提出《拥护〈抗战建国纲领〉决议案》,经全体一致通过,举国奉为抗战时期的宪法,当然是我们行动的最高指导原则。言犹在耳,事岂忘心!试问前新四军的行动,曾否抵触(民国)二十六年九月中共宣言？曾否违反《抗战建国纲领》？一言反诘，毛参政员等恐亦无辞以自解。这种反抗军令，违背军纪的军队，为国家计，为抗战计，应该予以解散处理，毛参政员等倘能排除一切成见，当亦首肯。《抗战建国纲领》是国命所托，只有遵守该纲领，才能统一，才能团结，才能抗战，才能胜利。如有撕毁《抗战建国纲领》者，便是革命的叛徒，抗战的罪人！

第四，国民参政会是代表民意的机关，即是目前尚未做到完全民选的境域，但其人选，在社会各方面负有领导地位的人物，是不能否认的。参政员是平等的，不能因有何种背景，或拥有何种力量，便自居于特殊地位，与其他参政员显然有别。要求出席条件，不问其性质如何，亦不问其动机如何，毫无疑义的，是以特殊地位自居的。这种观念，若不根本铲除，民主精神无从培植，民主政治亦无从实现。毛参政员等向以促成民主政治为己任，则歧视其他参政员的行动，更应慎重。我们要在言论与行动两方面，切实实践平等的信念，民主政治才有开花结果的希望。

第五，蒋委员长爱护部属的心理，溢于言表。前新四军事件，蒋委员长引咎自责，这种精神，实在可佩。只要军队能恪守纪律，长官当然爱护。何况值此敌人深入之际，御侮第一，更无自行削弱力量之理。举国军队尽属国军，不特在过去及现在，毫无歧视，即在将来，我们亦敢断言必无其事。服从军令努力抗战的军队，国民必然爱护。破坏军令，抗战不力的军队，国民必然厌恶。我们切望全国军队皆为国民所爱护，不愿有一部军队为国民所厌恶。前新四军事件，可谓为不幸中之最不幸者，因此我们更切望全国军队皆以前新四军为前车之鉴，切实奉行军令，努力对敌作战，使我们抗战早日得到胜利，使我们民族早日得到解放。

根据上述五点，参政会会期虽已无多，我们仍恳切希望毛参政员等从速出席参政会，使一切问题俱能得到合理的解决，使敌伪所制造的谣言，俱能予以根本的扫荡，万万不可使抗战史上留一遗憾。同时我们又希望全国国民俱能认清事件真相，即使七参政员始终不出席，只要中共不脱离抗战阵线，事件不致扩大，而剿共事实亦不至发生。这是我们可以安心的。

（原载1941年3月9日重庆《中央日报》）

12. 国家至上

重庆《扫荡报》社论

本届国民参政会第一次大会开会业已多日,毛泽东、董必武等七参政员先后致函参政会秘书处表示不出席大会,并向大会提出出席会议之条件。经王参政员云五临时动议,经大会决议,对于毛、董诸参政员未能接受各方劝告出席大会引为深憾!对于其所提各项出席条件,亦不予接受,但切盼毛参政员等坚守(民国)二十六年九月拥护统一之宣言并遵守《抗战建国纲领》出席会议。这个案件,颇引起社会各界的注意。毛参政员等对于国民参政会此项决议,能否慨然接受,我人无从预料。愿为国家民族利益计,我们则认为毛参政员等亟应牺牲一时偏激之见,幡然悔悟,出席大会,共赴国难,免受全国舆论之指摘,而贻后世亿万年之讥。谨就团结抗战之旨,为毛参政员等进一言。

"国家至上,民族至上",这是我们抗战建国的无上原则。我们要不做亡国奴,不使世世子孙受异族的宰割,我们必须团结御侮,协力救国,从惨酷残忍的倭寇铁蹄下杀开一条生路。否则割裂分歧,主张庞杂,家破国亡,人为刀俎,我为鱼肉,我们只好一任敌人蹂躏而已,还谈得上什么抗战建国?历史的事实不但证明不能一致团结的国家不能生存,便是战斗精神极强,而意志不能集中的国家也必遭败亡。我全国同胞深明此旨,所以在"七七"事变以后,全面抗战发动之时,莫不捐弃宿嫌,精诚团结,在我领袖蒋委员长统率之下,各就岗位,共同努力从事于神圣的抗战伟业。中国共产党于(民国)二十六年九月亦公布共赴国难宣言,郑重提出四项:(一)中山先生的三民主义,为今日中国之必需,本党愿为其彻底的实现而奋斗;(二)取消一切推翻中国国民党政权的暴动政策及赤化运动,停止以暴力没收地主土地政策;(三)取消现在的苏维埃政府,实行民权政治,以期全国政权之统一;(四)取消红军名义及番号,改编为国民革命军,受军事委员会之统辖,并待命出动,担任抗日前线之责。如果我们能够全国一致的奋勇抗战,那末众志成城,我们的胜利绝对不难达到。

谁都知道国家精神的建立是靠法令与纪纲。没有法令便不能组织国家,没有纪纲便无法执行法令。"一个国家尤其在受强敌侵略,对外作殊死战的时候,他整个民族的命脉所寄托,就是纪纲与法令。"这是委员长极严正的指示。因为"只要纪纲不紊,法令贯彻,无论他国家遇到如何危险艰难,都可以转危为安,获得最后胜利。反之,如果纪纲败坏,一切军令不能统一,政令不能贯彻,这样的国家,他虽有这样强大的武力,亦必归于失败,最后,且必陷国家于灭亡"。哪知,当我们全国军民正在作殊死战与敌人搏斗的时候,新四军竟有一再违反军令,擅移防地,袭击友军等非法行动,中央经再三优容,卒为维持军纪,不得不忍痛处置。但无论意见如何不同,只要于国家纲纪与法令没有抵触或妨碍,能够遵循抗战建国纲领,忠诚地爱国奋斗,我们相信中央必能一视同仁,不加深究。

国民参政会成立于抗战开始以后,这在我国政治上是具有重大意义的事件。根据临全大会通过的《抗战建国纲领》,国民参政会的使命是团结全国力量,集中全国之思虑与识见,以利国策之决定与推行。后来修正组织,国民参政会不特代表民意的成分尤益加多,且在职权上亦尽量的扩大。这个反映民意,决定国家大政方针的代议机关,而各参政员又均为全国声望素著多才多能之士,不避关山险阻,共来为国宣劳,则凡身膺参政之重责者,宜如何捐除私见,各本良心,公忠报国,自己尊重他的崇高地位,自动的贡献其最大的智慧力量,以达成抗战建国的伟大使命。以毛参政员等在第一届参政会内已往为国宣劳的精神上表现,我们实在不明白他们怎样的一念之差,竟然起来袒护毁法乱纪的新四军。毛参政员等忘却了国家至上的原则,忘却了服从中央命令一致抗战的神圣诺言,不恤以地位崇高代表民意的参政员的资格,出为一部分不遵从中央命令者争私利,我们非常惋惜。王参政员云五等的临时动议,词严义正,忠心耿耿,既经大会通过,足见国民参政会全体参政员谋国之诚,我们很是感奋。

我们现在读了委员长昨天在国民参政会为毛参政员等不出席大会问题之政府态度的报告,益知政府对中共的宽厚优容。我们政府与全国国民只有一致对倭抗战与铲除民族叛徒汉奸伪逆。只要中共以后奉命守法,不再袭击友军,和到处挑衅,我们政府无不一律爱护,一视同仁,而且我们政府宽大为怀,决不追究既往,其胸襟之宽大,其言之剀切,无以复加。我们切盼毛参政员等能确认国家至上的真理,接受委员长的劝导与参政会的决议,毅然连袂出席大会,共谋国是。尤盼第十八集团军各将领亦能彻底反省,以国家民族为重,守法重纪,其御外侮,毋使兄弟阋墙,授敌寇以可乘之隙,幸毋自绝于国! 幸毋自弃于民!

(原载1941年3月7日重庆《扫荡报》)

13. 所望于中共者

重庆《时事新报》社评

为中共参政员拒绝出席本届参政会,蒋委员长特于第六次会议中,代表政府,申明一贯的方针和态度,语重意深,凡我同胞,处此抗战四年,胜利在望之际,莫不同感。时至今日,救亡尚恐不逮,奚暇事意见之争乎?

中共自《八一宣言》,直至抗战开始,亦曾屡次声明,为抗日救亡,愿在三民主义政府领导之下,捐弃一切政治党务之争,共同抗日,以挽危亡。不仅国人方庆举国团结,共同御侮,即各友邦,亦认清了我中华民族,终不可侮之事实。乃抗战四年,适当最后胜利的前夕,突然态度有变,是不但以强敌有可乘之机,亦令援助我各友邦,感觉失望。事关整个民族的生死存亡,此不可不详加考虑者一也。

中共借口,不过因为新四军事。夫国家明纲纪,正典型,平时尚且犹然,况军马倥偬,大战方酣,统帅处置,纵使有疵,亦宜忍受,况事迹昭然,以正军纪者乎?且此种事件,并非创举,李服膺,韩复榘,皆为先例。国家处置,宁有失耶?中共当局,果欲以此借口,而引起误会,以至影响抗战,贻误建国大计乎?此不能不考虑者二也。

且国家之军事政治及党务,自有一贯的方针和态度,政策之决定,并非决不可易,集思广益,自有随时事与环境的演变而逐步调整改善之必要。但国家军队,自宜直隶政府,无论任何人或任何组织,皆不得私置军备,擅设番号。政治方面,除力求民主化而外,必须统一于一个政府之下,一切特殊机构与个别组织,皆不宜,亦不能建立或存在。至于党务,在一个民主国家内,无论其为执政党、在野党,均以平等为原则,不论在政府所属任何机构以内,亦无所谓特殊的地位和权利。乃中共当局突然提出种种要求,殊出人所意料,倘因此而影响抗战,咎将谁属,责任所在,此中共不得不考虑者三也。

国民参政会乃政府内唯一民意机构,一切意见,皆可尽量发挥,提供政府,以资采择。在此组织以内,每个分子,地位均等,权利一致,纵使有若干尚未能做到,或未能尽满人意之处,在革命过程中,亦得容其逐步改善,非可一蹴即就。且自成立以来,数度会议,莫不拥护协和,乃在抗战最后关头,突由中共首先异举,提出条件,作为出席之要挟,岂不贻人以讥,此尤不能不考虑者也。

中央对于无论任何党政军事组织,以及其领导人之措施,向以宽大为怀,容人考虑觉醒,即此次对中共举动,亦不例外。蒋委员长以战时最高统帅资格,代表政府,早已三令五申,剀切陈词,希望悔悟。吾人以为,际此四年抗战,牺牲斗争,结果已算光明,利用有利的国际情形,最后胜利,已操左券。趁此时机,正宜同心协力,共挽狂澜,驱逐敌寇,收复国土,方不负举国四万万五千万同胞之期望,绝不能以一党之私,贻误大计。在中央固宜眼光远大,尽力容忍,与人之以觉悟悔改之机会,在他人亦应善体国家艰难。危亡系之旦夕,中共亦我同胞,抗战胜利,无有不可解决之问题,倘因此而功亏一篑,则玉石俱焚,国且不保,党何有耶! 是不但望政府多方容忍,本一向"宽大为怀"的精神,尽力予人以改悔机会;即中共方面,亦切盼详加考虑,实践"抗日救亡","放弃斗争","拥护抗战","服从领袖"的诺言,早日觉醒,共拯危亡,则国家民族,与有利焉。

(原载 1941 年 3 月 10 日重庆《时事新报》)

14. 关于共产党问题

重庆《大公报》社评

这次国民参政会,有一件使社会挂念的事,就是中国共产党七参政员的出席问题。前传中共方面曾对出席问题提出条件,嗣之本月六日参政会讨论此问题,蒋委员长即席有所说明,当时参政会对此问题有两点决议:(一)国民参政机关不能对任何参政员接受出席条件;(二)切盼共产党参政员深体团结抗战的使命,坚守拥护统一的宣言,出席参政会,俾完善解决一切政治问题。

昨天报上发表了毛参政员泽东等所提的"善后办法"及"临时解决办法"各十二条，蒋委员长对本问题的说明也全文披露。我们听过这几个关系文件后，得悉问题的大体轮廓，故略述几点感想及认识如次：

第一，蒋委员长的说明，内容很坚决而明了，其措词虽似严厉，而根本精神则只在希望共产党反省，贯彻团结抗战的初衷，以争取胜利的早临。这种精神是我们完全赞同的。蒋委员长说："只要中共能够翻然改变他过去的态度与行动，不将第十八集团军当作他一党所私有的军队，不利用其来牵制友军，妨碍抗战，而能依照他自己于民国二十六年九月宣言所说，为实现三民主义而奋斗，取消暴动政策赤化运动，取消苏维埃政府，取消红军名义及番号，改编国民革命军，受民政府军事委员会统辖，切实履行。"又说："我们政府对于中国共产党及其有关的军队，目前并无其他要求，所唯一热切盼望的，就是希望他们能一贯实行他们自己的宣言和参政会所一致拥护全体共守的抗战建国纲领，并望第十八集团军将领能彻底反省，要以国家民族利益为重，而打破党派观念，服从军令，严守纪律，遵照指定的任务与地区，与全国友军亲爱精诚，和衷共济，抗战到底，而使国家能早日获得自由平等。"根据这两段话，我们可以彻底了解最高统帅是在恳切希望共产党不背初衷，依照自己的主张，拥护统一，抗战到底。最高统帅如此希望，也正是全体国民的祈求，这精神是向心的，所以盼望这问题始终不失其向心力。

第二，这问题有一个重要之点，就是"军队国家化"，无论如何，国家的军队只有一个系统，而不容有两个军令。这一点是绝对不容撼动的原则。国家的军队不统一，军令有分歧，不用说不能对外作战，根本就不配称为国家。看现在国家颠覆之易，亡国之速，他们大概只是因为国防不够，军队还大都是统一的。我们的国防设备本身就很粗陋，假使军队再不能维持统一，那就太危险了！自民国创建以来，国家分裂日多，统一时少，民（国）十七年统一粗定，至民（国）二十五年底统一大成，我们才配称为一个完整的国家。而这局面，实是经过二十几年的流血牺牲才陶铸成功的。我们凭了这个统一的规模，才能发动（民国）二十六年的抗战。到现在，抗战已近四年，强敌业已半摧，胜利已不在远，难道我们反倒不能维持国家的统一了吗？怎样维持我们国家的统一，最主要的是军队国家化，国家军队绝不允许有两个组织系统。第十八集团军虽是由"红军"改编，自有其历史背景，但自二十六年九月中共宣言取消红军名义及番号，改编为国民革命军，受国民政府军事委员会的统辖，在理论与实际上，与其他军队同为国军，除了国民政府军事委员会外，其背后就不应该再有一个军令系统。过去三年来，事实上未能严格做到这一点，以致使国军在对外抗战中，有意志分歧，步骤参差，甚至自由行动，袭击友军之现象，这是国家的不幸，也是国军的污点。这现象既已演到新四军的被处分，类此之事，决不许其再发生，而军队的统一，军令的尊严，无论如何，必须维持与贯彻。这是国家存亡与废所系，虽在奇艰至危之际，也不容丝毫含糊的。蒋委员长说："我可切实申明：国民革命军乃是国家的军队，而不是哪一党的军队，更不能将国民革命军之一部认作共产党一党的军队，因此，我们的军令只有一个，而不能有两个。"统帅这话，乃绝对真理，亦绝对必要，我们至诚盼望共产党的军队务必接受这个大原则，并且真实执行，表里一致，则其他问题，相信都易于讨论解决。

第三，以上是由军事观点立论，而论到政治观点，有使我们引为遗憾的，就是政府对此在起始时处理方法不够确实，不够明了，假使政府在两年余前河北摩擦事件发生之初，就详尽真相，确定是非，何事可以允许，何事必须纠正，同时将真相公布，使国民洞明症结，那么，事态或者不至于演进到今天这样深刻棘手的程度。政府在过去不发表真相，而在应付上，又张弛不一，且大概是暗中防范，不是公开纠正，于是隔阂日甚，猜忌发生，寸积铢累，至于今日。现在事已至此，除了军队统一必须维持，军令尊严必须贯彻之外，在政治上，务须坦直明朗，开诚心，布公道，而求解决于至当。蒋委员长在参政会席上的说明，精神固极严肃，用心实甚坦直而明朗，他说："只要中国共产党能尊重贵会民意的劝告，今后言论行动不违反抗战建国纲领，与他自己宣言中所提供的诺言，则贵会为解决这一次事件所有决议，规定政府应如何处理的，政府必尊重贵会的决议，绝对接受，彻底执行，毫不犹豫。"统帅这一段话，是很坦直明朗的把这问题交给国民参政会来公议处理，我们也认为这是解决本问题的一个可能途径。我们以为，除了军队统一与军令贯彻应由最高统帅部全权处理,无庸讨论外,其余一切属于政治方面的问题,概可由参政会博采众议,研究方案,以求真正的解决。二届国民参政会首次大会今天就要闭幕了,所幸驻会委员会的职权,业经扩大,可以在大会决议案范围之内自由提出建议案,又可以调查案件。而昨天选举驻会委员,董参政员必武也在当选之列,那么,这个机关,在今后正好负起这个责任,这是我们所殷切盼望的。

(原载1941年3月10日重庆《大公报》)

15. 从"不同"到"和谐"

重庆《新民报》社评

因为属于共产党的参政员拒绝出席这次参政会,颇引起一般人对于团结问题的关心。这固是一件不愉快的事,却并不是严重的问题,过分重视这件事,适给敌伪以造谣的机会,所以首先我们要求国民对此事处以冷静的态度。

至于事件本身,我们也想说几句率直的话。

一、这回的事,不用说,是从解散新四军一事而起的,由军事转入政治,这是很不理智的感情冲动。固然,军事与政治,在有些地方是关系着的,但是处理的手段则截然不同。我们始终以为,政治文化上必须宽容,各党各派的存在,不仅无害,且可以收互相督励共谋进步之益。然在军事上则是绝对的必须统一,必须服从。因此,在政治的意义上商谈合作,是可以的,超过这范围,牵涉到军事上去,则决不是可以奖励的风气。

二、再引伸上面的意思,便可以发现一个团结的轨道,这轨道依我们以前说过的,就是妥当地取舍折衷于民主与纪律之间。我们以为,三民主义的理想本是民主宪政的政治,所以对于一切要求在政治、社会、经济、文化上实现民主制度的努力,我们都不吝予以同情。可是有个条件,行动必须合乎纪律。行动不守纪律的民主,结果是纷乱,就会变成无政府主义的世界,那是非常可怕的;民主加上纪律,则不仅不可怕,而且因为人人都有机会贡献意见与能力,而使行动更为合理更为有力!

这两点,是我们所用以批评是非的标准。我们相信,凡忠于抗战的人,一定也同情这个标准。我们的先哲孔夫子有言:"君子和而不同,小人同而不和。"凡优秀的有良心的政治工作者,自有其独特卓异的见解,自不妨不同;但他们的大目标,既都在利民济世,所以必要的时候,也一定爱国爱民甚于爱护自己的意见,而能获得"和谐"。如罗斯福与威尔基两人的关系,即是一例。没有这种修养与气量的人,我们以为是不配谈"民主"的。

(原载1941年3月8日重庆《新民报》)

16. 以国家民族为重

重庆《国民公报》社论

现在是抗战的最重要时期,也是国家民族的危急存亡之秋,任何人都知道,此时惟有集中全国力量,一致对外抗战,才能求得国家生存民族解放。此时断不可发动内争以抵消抗战的力量,予敌人以乘虚攻击的机会。任何人有此种企图,任何党派有这种倾向,都属不顾大体有碍抗战的错误措施,一定得不到全国人民的赞同,而将遭遇悲惨的失败。所以,任何人任何党派,无论其地位如何特殊,都应该无条件的以国家民族为重,一致在国民政府领导之下对日抗战,争取国家民族的生存,然后才谈得到其他一切。

最近第二届国民参政会开会,毛泽东等七人参政员,为以往之新四军受制裁事,先后向大会提出出席条件各十二条。经大会决议,拒绝接受任何参政员之出席条件,并仍盼七参政员深体参政会团结全国抗战之使命,及坚守共产党民国廿六年九月拥护统一之宣言,出席参政会,俾一切政治问题,得循正途解决。现在此问题尚未了结,今后共产党七参政员竟持何种态度尚不能预断,但即就目前情形而言,全国国民无不十分关切,认此为抗战期中一最不幸事件;今后问题实只应好转,不应恶化,这是有眼光人一致的愿望。兹从三方面略陈吾人之管见。

第一,蒋委员长已于本月六日在参政会说明政府态度,其言剀切明了,综其要点为:(一)军队国家化,即在国民政府统辖下,只有一个国家军队的系统,决不能有第二个私党私人的系统,只有一个军令,不能有第二个军令。(二)在政治上,政治民主化,但政权只有一个,一国之内不能有两个政权。(三)就党派说,各党派在精神上一律平等,在参政会内,只有国民的立场,没有党派的立场,决不能让任何一党或任何个人在会内有特殊的地位与任何权利之要求,以斫丧我们尚在萌芽的民主政治之基础。政府这种态度可谓完全公正严明,合乎抗战时期政治制度的要求,亦合乎时代潮流的归趋,正是三民主义政治原则的施用。全国国民为了期望早日获得抗战的胜利,为了缩短全国军民痛苦牺牲的日期,为了从速拯救沦陷区同胞于水深火热之中,当然拥护一个统一的政权与军权,集中力量,驱逐敌人;而反对任何分裂的企图,致招敌人个别击破或以华制华的阴谋。所以,"国家至上"、"军事第一"是抗战时期的最高原则,不容许以任何方式加以破坏。

第二,共党七参政员用公开电函向民意机关提出条件,这一举动之性质十分严重,蒋委员长在说明政府态度时已经提及。其所提条件本身,蒋委员长亦有综合说明,我们兹再摘取其中数条加以认识。其临时解决办法十二条之第六"华北华中及西北防地均仍维持现状"。第七"于第十八集团军之外再成立一个集团军,两集团军共应辖有六个军"。所谓"防地维持现状",就是不服从最高统帅部调遣的意思。要求另外成立一个集团军,可有两种解释:第一是成立来打日本人,那么多多益善,应该成立;第二是膨胀党派的实力。如果是前者,当然应由最高统帅部根据全盘抗战的军事计划,认为有成立新集团军之必要乃提出成立,且亦不必一定与第十八集团军连结,更不必由七参政员不依提案手续向民意机关提出。如果其目的在后者,则与抗战建国的最高原则——抗战建国纲领适相违背,必不能为政府所接受,亦不能得到国民之谅解。因此,此种条件提出,于抗战军事无益有害,亦足表露提出者内心之企求,□□□□□□处,徒引起国民对已往内战之可痛□□。

□□□□□□再来引用蒋委员长报告中的沉痛词:

"自从民国二十七年第十八集团军不听统帅部命令,自由行动,私自撤到黄河右岸,不久又非法强占了绥德等地……。他这一个行动,影响所及,竟使我国人心不安,尤其抗战根据地的大后方,皆受到无形的威胁……。因此这两年余以来,我们政府一方面要统率全军在前方努力抗战,一方面又不能不在西南和西北大后方的抗战根据地作安定内部的布置,这是抗战期间军事上最感痛苦的一件事。……而我国现在,在大敌当前,敌骑深入之时,政府既要对外作战,又要加上安定内部的任务,此实为中外历史上所未有的悲痛的战史!……我们多数的军队本可开至前方作战的,而仍不能不控置于后方,此实为我们抗战力量巨大的损失,而尤为全国军民精神上莫大的痛苦。"

读了这段沉痛的报告,我们作国民的人,实在非常感动,亦可知局面演变到今天,断非偶然。我们知道,过去中国因分裂、摩擦与内战而弱,现在断不能因同一原因而亡,如果一误再误,究竟是谁之咎?国人对于争权夺利的私欲内争,实在早起反感。国人没有把招致外侮的过失加在过去挑动内战削弱国力者的身上,实在由于我国民族性之淳厚,并非国内无人!这一次共产党七参政员发动内争的表面化,我们深感其危机之严重,有重蹈已往覆辙的倾向,但共产党七参政员尚非共党全体,甚望悬崖勒马,三思而行!并望全国各党派,今后务要以国家民族的生存为重,勿以狭隘的党派成见为重,拥护政府,统一抗战,驱除暴寇,复兴民族,是为全国殷切之期待。

(原载1941年3月10日重庆《国民公报》)

17. 一个合理的临时动议
重庆《益世报》社论

昨天参政会有一个临时动议,语重心长,可谓极为合理,极为纯正。这一动议,是由参政员王云五等五十四人所提出,该会决议,全体通过。原动议内容,包括两点:第一,请以大会决议,对毛泽东、董必武等,拒绝其他若干参政员及该会原任议长劝告,以致未能出席本届大会之行为"引为遗憾";第二,"切盼"具有共产党籍之参政员,深体该会团结全国抗战之使命,并"坚守"该党民国二十六年九月"拥护统一"之宣言,出席该会。动议提出,当经全体一致通过。情形之热烈,为该会成立以来所罕有。

这一动议,极示团结之必须圣洁,里面说:"本会为国民参政机关,于法于理,自不能对任何参政员接受出席条件,或要求政府接受其出席条件"。这是我们的一贯主张。在昨天社论里,我们之所以强调"团结的圣洁性",就是基于这一观点。团结要"绝对",要"圣洁",一有"条件"成分在内,便把一个十分圣洁的事,弄得龌龊不堪!该会对于这一动议的一致决议,加强我们的自信。我们现在，敢以愉悦的心情奉告读者：社会绝对有公论，人心绝对有是非。这就是我们的心理长城，胜利保障。我们对外对内，可说绝对乐观。

这一动议，并对政府过去"恳切"维护全国团结之意，认识极深，它认为：一切问题，除有关军令、军纪者外，在遵守《抗战建国纲领》原则下，当无不可提付该会讨论，并依该会决议以促政府实行。这确是合理的民主精神。民主的绝大优点，就是摒武力，重说服。故任何民主国家，绝没有拥有武力的政党。政见容有不同，军令必须一致，议会的组织，是使大家在意见不同时，彼此"动口"，而不"动手"。我们没有议会，但现在的国民参政会，却是发抒国民公意的参政机关。具有共产党籍的参政员，对于某一事项，果有有力的纯正理由，尽可以说服精神，出席大会，争取该会的多数同意。今乃计不出此，而以拒绝出席为要挟，这将何以自解于该党素所标榜的民主精神？

军队是绝对属于国家的。我们的国民革命军，是中华民国的国军，而不是任何一党的党军。在全国一致——当然共产党也在内——"拥护统一"的今日情形下，任何党派或个人，均不许以军队自私，资为夺取政权的武力工具。这是军人的庄严性。蒋委员长在最近两天两次对参政员正式与非正式的演词里，也曾指出此点。他是国民公认全国军队的最高统帅，所有以国民血汗培养的国家军队，必须对于他所发出的命令绝对服从，否则，便是叛逆，而应加以纠正，加以制裁，新四军的不幸事件，应为国军的重大污点。事涉军纪，如与政治混为一谈，便是共产党愿欲以国家的神圣军队自私。昨天参政会的临时动议特将有关军令、军纪的问题，置于讨论范围之外，也很看出它的庄严立场。

从这一动议的"切盼"两字里，更可看出里面的热烈愿望与博大精神。拥护统一的宣言，发于共产党的自动。初心本极正确，只是"为善不终"。这在该党，是道义上的重大"遗憾"，而在国家，也是政治上的不幸事实。我们为胜利的提早降临，自然也在"切盼"我们"引为遗憾"的事，能够无形消灭。这一关键，只靠共产党的猛省决心，昨天的这一动议已一致通过于国民参政会，便已成为国民一致的要求。该会许该党自新，亦即全体人民许该党自新。该党过去，曾因宣言拥护统一，挽回国民的丰富同情，备受政府的殷殷爱护。这同情爱护都是基于许人改过与"国家至上"的圣洁心理。现在的共产党，不幸在行动上有了背弃宣言的遗憾,只要它能力改,政府与国民,当然还肯以博大精神,广开其自新之途。

"君子之过,如日月之食。"有过不足耻,有过不改才是耻。政府与国民,确已无负于共产党。它在心目中,果有真诚的国家意识,自应悬崖勒马,自赎于政府国民之前。

我们更愿正告读者,共产党之能否改过,绝与我们的抗战胜利无关。我们的精良国军,可安内攘外同时并进。万一不幸,必须内安外攘,充其量,亦仅延缓最后胜利的时日,而无碍于最后胜利的到来。这是我们应以信赖领袖之心,不必存有丝毫疑义的。最后,我们谨以至诚,静待共产党的最后觉悟!

(原载1941年3月7日重庆《益世报》)

18. 中共中央1941年3月政治情报

(一九四一年三月二十二日)

一、从去年十月十九日何应钦白崇禧皓电开始的新的反共高潮现似已告一段落,而走向低降。

二、这一反共高潮可分三个发展阶段:

甲、何白之皓电及齐电要求八路军、新四军撤至黄河以北,并在军事上、政治上、舆论上积极对我进攻,这是此次反共高潮的开端。

乙、"皖南事变"后,国民党发布一月十七日的反革命令,宣布新四军叛变,取消该军番号,并将军长叶挺交军法审判,是这次反共高潮的顶点。但国民党即因此受到国内外各方的非难,而我方则得到国内外广大同情,使我党能在政治上转为攻势,而彼方则转陷于防御地位。

丙、到三月一日第二届国民参政会开幕时,蒋介石曾用极大努力,诱骗我出席参政会,为我方坚决拒绝。彼方乃在参政会通过一个反共决议,以掩饰其面子,实则已为退兵时之一战。

三、顽固派敢于发动这次反共高潮,是依据如下估计:

甲、正在德意日三国同盟成立后,英美苏均在财政上、军火上加强援华抗日,而日本也在经过亲日派及各种表示积极拉蒋,故蒋估计当时国际形势于彼极有利,反共不会遭到英美苏的反对,又可取得日本谅解,不向彼进攻。而到春季后国际形势将生变化,故决定此次高潮要在德意日春季攻势以前结束,而在此期间内将我党在华中力量压到华北去。

乙、因我们佳电(十月九日)所取顾全大局委屈求全的态度,以为我们不敢破裂,可以逼迫让步,并各个击破。他们认为如不在此时压服共产党,将来就无办法了。

丙、这次反共高潮,是在蒋桂(地方反共派)何(亲日派)联盟下进行的。桂系参加反共,是使蒋介石敢于发动此次高潮的实力上的原因。

四、皖南新四军的失败,使反共顽固派冲昏头脑,发布一月十七日命令。蒋介石没有料到我们敢于和他的反革命命令采取尖锐对立的态度,于一月二十日发表中共革命军事委员会的命令和谈话。又没有料到英美两国舆论发生如此大的不赞成的反响。又没有料到华中大举剿共的军队会遭到敌人的扫荡,破坏他原来的计划。又没有料到全国最大多数中间派及进步派人士及海外华侨都站在我们方面来非难政府的举措。上述原因,逼使蒋介石在政治上从进攻转为防御。蒋在一月二十七日演讲,已在力图使事件缩小范围,申明只限于军令军纪,不牵涉党派与政治问题。

五、在第二届国民参政会开会的前夜,蒋曾用了很大的力量来诱骗我党参政员出席参政会,以粉饰"皖南事变"来抗战营垒内存在着的重大裂痕,和减少国内外各方对蒋的非难。为此企图,他曾动员了重庆国民党全体和参政会的八个小党派来包围我们让步。我们则以三月二日的新十二条,打退了他这种企图,坚决不出席,这对蒋是一个严重的打击。

六、中间阶层在这次斗争中的立场,是动摇不定的,但依然处在中间地位。十月十九日以后,他们是站在中间立场,劝我们让步,主观上对我们好,实际帮助了蒋。我们为争取他们及全国人民,采取了佳电的态度。在一月十七日以后,他们完全同情我们,表现了从来没有的好。但在参政会开会期间,曾对蒋允许他们成立各党派委员会,各党派公开活动问题发生幻想,又恢复到劝我让步的立场。这些中间派,可以大体分为三类:一是小资产阶级的代表,如救国会及第三党,与我最接近,是最同情我们的;一是民族资产阶级的代表,如黄炎培、张澜等,对大资产阶级不满,但在紧急关头,便成和事佬;一是失意政客,如张君劢、左舜生等,希望从国共纠纷中谋自己升官发财的利益。得了参政会主席团时,面目就变了。但因他们都反对国民党的一党专政,黄炎培、左舜生、张君劢、梁漱溟等正在发起组织"民主联盟"以求自保和发展,所以仍是一种中间地位。

七、目前国内外的形势,已迫使蒋介石不得不暂时缓和一下这次反共高潮。第一是日蒋矛盾没有解决,不可能同时抗日剿共。第二是国际的压力,不仅英美帝国主义不愿意蒋发动内战,放松抗日,还有苏联援华的力量及态度,也使蒋不能不慎重考虑。第三是我们坚决态度,使他顾虑到全国分裂的危险。第四是蒋部下的政学派幕僚派及某些重要将领如陈诚、汤恩伯、张治中、卫立煌等对今天反共军事行动并不积极赞成。而桂系在这次反共行动中,并未得利,反受损失(一部分地盘被蒋系夺去),蒋桂矛盾正在发展。故蒋表面虽在参政会上发表反共演说,通过反共决议,但参政会仍选董必武同志为参政会常驻会员。蒋并约周恩来同志谈话,表示许多小问题都可以提前解决(如释放被扣人车,可以继续发饷及减轻对《新华日报》压迫等)。

八、在这次反共高潮中,我们以佳电迎接了他的开始,以一月二十日的攻势(老十二条)对抗了他的高潮,以三月二日的新十二条,打退了他在参政会上的最后一战。蒋介石在这次斗争中,遭遇到真正的劲敌与攻不开的堡垒。并由于蒋的直接出面反共,被迫着一改过去隐藏在幕后反共的态度,使广大群众过去对于蒋的幻想开始消失,蒋之狰狞面目由蒋自己大大揭露了。这是蒋的最大损失,他现在已感到有重新改变这种态度的必要。

九、这次国共斗争是两党力量的一次大检阅。"皖南事变"引起全国及全世界人士的注意,中国共产党更加成了中国团结抗战的重要因素,我党的地位已提高了。这次反共高潮的打退,在国内政治生活中,将产生严重的意义。他象征着抗日民族统一战线内部阶级力量对比的变动。蒋介石在这次反共高潮中的失败,使他在今后再要发动这样的高潮更加困难,使他不能不重新考虑他自己的地位与态度。

(选自《皖南事变资料选》,安徽人民出版社)

（六）会议观感

1. 二届参政会的责任
重庆《中央日报》社论

二届国民参政会开幕于太平洋风云紧急之际，国民期望，更为殷切。第一届第五次大会闭会以后，迄今已有十个月之久，在此期间中，不特远东局势有了重大发展，即欧非局势，也有了意外的转变。从过去十个月的趋势看来，我们深切感觉，今年是世界最严重的开头，站在反侵略前线的国家，必须加倍努力，加倍奋斗，才能迅速摧毁侵略集团的暴力，才能迅速恢复世界永久的和平。因此，二届参政会所负的责任比第一届尤为深刻重大，我们不能不略述所感，以告参政员诸君。

第一，国民参政会的设置，是我国在抗战途中，最有意义的建设，是政府决心树立民主政治的表现。抗战建国，同时并进，是我国的最高国策，以抗战完成建国，以建国增强抗战。国民参政会一方面是完成建国的一个阶梯，一方面是增强抗战的一个因素。所以国民参政会的最大目标，在如何树立民主政治的楷模，及表现精诚团结的精神。无论抗战或建国，民主政治与精神团结，二者不可或缺的。政治制度的成败，要视能否创造良好的先例以为断。有了良好的先例，才能保证制度的成功。我们所要建设的三民主义的民主国家，有许多制度，是属于创造的。国民参政会虽为临时机构，与欧美各国的议会不同，但其所负的使命，却非常重大，其成败足以影响今后的民主制度。国民参政会是有代表民意，协助政府的性格，所以一切的先例，直接间接都可以左右以后的国民大会。因此我们切望参政员诸君对于如何奠定民主政治的基础，及如何充分表现精诚团结的精神，是要十二万分努力的。

第二，国民参政会成立于抗战途中，无疑的，是负有协助政府，加强抗战力量的任务。所以国民参政会与政府是一体的，而不是对立的。第一届参政会历次会议所表现的成果,足以证明协助政府是举会一致的精神,不但使政府易于执行国策,并且使政府更勇于执行国策。因为得了参政会的协助,政府更相信其所执行的国策,必然可以得到全国国民的拥护,必然可以彻底推行有效。在过去四十四个月之中,我国之所以能尽量发挥抗战的力量,参政会的贡献,非常伟大。我们相信二届参政会一定可以发扬光大一届参政会所树立的协助精神,来援助政府解决一切问题。况且今年是全世界最紧要的时期,又是我国抗战达到从速争取胜利的关头,则政府所需要于参政会的协助,当然更加广大,更加深刻,更加迫切,所以参政会的地位,也更加重要。参政会能够协助政府解决困难,扫除阻碍,才可以早日得到最后的胜利。我们相信参政员诸君对于这一点,一定有深切的认识,用不着赘述的。

第三,我们要从速争取胜利,则充实经济力量,是最重要的问题。在抗战途中,从事经济建设,当然是不容易的,但是,无论任何国家,当对外抗战的时候,必定要扩大生产力,提高经济力,才能适应战时的需要与战后的善后。在过去四年中,经济建设实在不少。大后方的经济事业,比战前发达,都有了惊人的进展,这是我们可引以自豪的快事。但是,战时的需要,是随战争期间的延长而增加的,为预防今后困难起见,我们非再扩大生产力,提高经济力不可的。现在为环境所限,有许多问题,不易得到彻底解决,但在可能范围内,我们尚大有作为的余地。胜利愈接近,艰辛亦愈多,这是我们早已觉悟的。克服一切困难,是成功的先决条件。而如何克服困难,则有赖于参政会协助政府的,一定不少。尤其经济问题,最为复杂,非上下一致通力合作,不易见效的。在消极方面,应该检讨如何消除一切经济上的障碍;在积极方面,应该研究如何建设重要的经济事业。我们相信这是参政员诸君所应当郑重考虑的迫切问题。

上述三点,虽不免有粗枝大叶之嫌,但是,我们以为这些都是本届参政会必须实践或考虑的问题。我们抗战的胜利,基础虽已奠定,而为争取胜利所需要经过的艰难险阻,依然不少。今后一年间所历的困难,或许远过于过去四年的总和,我们必须加强一切的力量,才能容易克服这些困难,才能迅速得到最后的胜利。太平洋的波涛正在激荡之中。地中海与大西洋的恶流,随时可以影响太平洋的气候。我们对于世界任何角落的气象,不能漠不关心。我们要预测远东命运,必须先审查世界的大势。我们相信世界的大势无论如何转变,结局于我们都是有利的。不但可以援助我们从速排除敌人的侵略,并且可以增强我们战后的地位,这是毫无疑义的。可是,我们对于有利的形势,必须善为运用,才能有利的更趋有利。这是二届国民参政会的责任。

(原载1941年3月3日重庆《中央日报》)

2.国民必须军事化,建设必须国防化

重庆《中央日报》社论

二届参政会开会之日,蒋委员长致词勖勉,提示"抗战必须争取最后胜利,建国必须达到国防安全"。而其所以争取达到之道,则归结于"全体国民必须军事化,建设必须国防化"。真知灼见,语重心长,吾全体国民必须身体力行,方可使我国家我民族渡过此艰苦险恶的难关而永久独立生存于世界。

此次日寇因我国三年半来之抗战,使其对太平洋之侵略野心无由施展,足证明中国之存在为日寇侵略政策之死敌。所以过去日寇无论其北进南进急进缓进之变化多端,亲英反英亲美仇美之五花八门,以及武力威胁与和平利诱之反复表演,其目的均在灭华。此种数十年来日寇上下一致之阴谋处心积虑,盖已为蒋委员长一语道破。故此次战争,实为我民族存亡之战争,不胜利就是死亡,其间绝无犹豫瞻顾之余地。何况此次欧战已昭示现代战争之性质,在利用工业机械与科学精粹,凶猛剧烈,超越前代,国家一旦灭亡,便将不易恢复,平时纵有种种建设,亦若毫无用处。更可见国家之一切建设,务先求国防的安全。所谓建设,就是首先建设国防,不是成了真理了吗?

欲求战争之胜利,自须战队精练,军需品充足,以及军队之运用灵活。但现代战争,不能仅恃第一线之武力,须赖全国国民为之后盾,倾全国之力以为斗争,故全国国民之精神团结一致,战斗意志之坚定,与纪律之整严,尤为致胜之要素。我们看未失败前的法国,军队之素质和其装备以及军需工业,都是承第一次欧战胜利所遗留而加以改良精制的,不能说是毫无准备,马奇诺防线有如铜墙铁壁,不能说是毫无防御能力,但德军一攻,有如风扫落叶,百万战士流为俘虏。推其致败之由,因此种性情之发展,流而为党派倾轧。法

国国内政党政团，大小不下三十余个，互相攻评如仇雠，置国利民福于不顾，内阁更迭，率数月一次，此仆彼起，有如传舍。自马奇诺防线完成以后，有恃无恐，党争更烈，赖伐尔、达拉第、雷诺等各派之斗争，迄于国亡而尚未停止。是以国家大政国防大计，变易靡定，卒之为敌所乘，战争未达四旬而国破家亡。教训凛然，还不能作为我们的炯戒吗？我们看到，中国历史上，宋明两朝之覆亡，均先由剧烈之党争，削弱国力，与此次法国之败亡如出一辙。可知树植党团，入主出奴，为过去政党政治所称道标榜之方式，到了民族斗争激烈之际，已成为不适时代之空架子。我们看美国之共和党，其主要干部如史汀生、诺克斯等第一流人物，均愿为民主党政府效力，而威尔基以一党领袖之尊，亦毅然放弃争夺政权之斗争，而为其反对派政府效力。此种以国家民族为重之雍容大度，与上下一致为国戮力同心之忠荩亮节，使数百年来以互相攻评为能之政党政治焕然开一新方式，辟一新纪元。我们当兹二届参政会开会，集各党派首脑，共同协助政府之际，环顾我民族目下处境之苦险艰恶，自应格外精诚团结。谁无心肝？谁无头脑？今得最高统帅之昭示，而不更益奋励无前，共赴国难，将有何面目以见国人？委员长谓全体国民必须军事化，即全体国民必须有国防之认识与信仰，组织与训练，国民精神必须团结一致，服从国家之纪律；各党各派尤应放弃其个别之独特利益，而拥护国家民族全体之利益；必如此，始能克服艰苦，渡过险恶，而得到战争最后之胜利！

  欲求国防之安全，自非国家之组织与一切设备适合现代战争之要求不可。现代战争之高度机械化与科学化，其破坏力之伟大，迥非前代所能比拟。而此种战力之装备与完成，须尽国家之工业力与科学力，历长期之岁月，始克蒇事。故国家平时之一切工业矿业以及交通运输等各项设备，均须以充实国防适合战争为首要标准。而国家对于国民劳力以及物资之支配，金钱产业之调节，亦均须以国防为基础。所以一切建设必须国防化者，简言之，即一切建设必须以树立国防经济，实施统制计划的经济为目的也。

  总之，生长在现代民族斗争险恶时代，为保民族之自由，须缩减个人之自由，一党一派少数人之利益幸福，必须放弃，而为全体民族幸福为一致之努力。凡吾同胞，均应高瞻远瞩，精诚团结，以求实现委员长所昭示之最后胜利与国防安全。

（原载 1941 年 3 月 6 日重庆《中央日报》）

3. 国民参政会闭幕

重庆《中央日报》社论

第二届国民参政会第一次会议,由本月一日开幕,经过十日的大会,已于昨晨举行休会仪式。十日前参政会开幕之日,本报既举其期望,公之于世。十日以来,全国视线,集中于参政会会议之情况,参政会之行动,亦既由会场议事之进展而公之于世。现今第一次会议已由开幕而闭幕,会议中一切议案,亦皆得到解决,今后实行之责,自在政府与国民共同努力,实事求是。这一次会议的结果是圆满的,这一次会议的一切情形是进步的,十天来国民参政会的检讨,也是同样感到满意的。

论本次参政会议,应当首先注意的,就是政府在这种艰难繁复的环境中,为什么如此重视民意机关?民意机关在这种危难困苦的时局,当怎样行使他的职权?这里面有一个重大的指示。这个重大指示就是说明,抗战中的中国,现在的政治趋势与将来的重大趋势,都是民主的。我们政府当局,在时局愈艰难复杂的时候,愈不忽视民意之重要,普通国家在时局所认为可以权宜处置的事,而在我们还依旧照着经常的道理进行,这都说明三民主义信徒对于民主政治真实奉行的程度。在这一个关头,政府对于民意的态度,真是政府对于民主政治意念的测验。"政府对于全国政治,就是要使政治民主化,凡在国家法律与政令之下,无论国民个人或团体,只要他各守纪律,各负责任,各尽义务,各享权利,人人皆有其自由"。"不违背抗战建国纲领原则,一切问题,参政会皆得讨论"。这种明显的表示,证明我们抗战中政治上的进步,和军事上是同等的。

在本届参政会开幕之日,蒋委员长训词中最重要的部分,在蒋委员长历述外交、军事、政治、经济各项的指示后,特别注重于政治设施的实事求是与经济政策的负责执行,尤可视为国防建设的主要关键。现在我们不必重复申述训词的内容,但是我们今后还须继续唤起全国的注意。国防建设中心的理论,不仅适用于军事,这个理论要适用到政治、经济、社会、文化各方面,且要适用到全国人民的意志。军队国家化与政治民主化，也都是向这个目标进行的。如果今日谈民主政治而忘却国防中心的重要，那就蹈袭了过去欧洲民主政治的弊病。如果今日尚有借口民主政治或误解民主政治而图有狭，以期造成个人或团体的特殊地位，那更是民主政治的罪人，也是丝毫没有了解国防中心的意义。委员长所以要把实事求是勉勖国人，就是希望大家不虚伪，不疏忽，不矜夸，然后国防建设无论在物质上在精神上都可望有成就。在这次参政会中王云五先生等的提案，经过会场一致赞成而通过，这的确表明参政会所代表的民意，是十分健全与理智的。他们所期望的也就是实事求是的团结抗战。民意政治原是常识政治，王云五先生的提案不过表示当前政治上的常识。当前政治问题的经常解决办法，政治问题最简易的解决办法，是运用常识，经由正常的道路。本届会议中大家注意七参政员的出席问题，由常识常理来观察，这实在是不成问题的事件。把不应该成问题的事件想造成问题，这是缺乏常识，离开民主政治不知其若千里！

　　此次参政会会议，出席参政员与额定数的比例，超过历次会议，而其提案数量也较前几次会议为多，提案内容的分析，又以涉及具体问题者比较空洞原则者尤多，这都是非常可喜的现象。我们抗战建国的原则，在抗战建国纲领中早有详明之规定，今后我们的问题，都应该是实际的具体的。全国民众对于本次参政会的经过，大家所感满意的一点，必在于此。相信政府对于此次会议中各种具体提案与决议，必将切实寻求实施，各位参政员散会后散至各处，更希望全力注意各种实际问题，以期随时贡献于政府。胜利日近，建国垂成，所系于民意机关者，至重且大，参政会诸参政员之努力辛劳，应受全国国民之敬爱。谨祝参政会成功！谨祝参政员健康！

（原载1941年3月11日重庆《中央日报》）

4. 国民参政会之后全国上下应有的努力

重庆《时事新报》社评

　　蒋委员长在最近国民参政会休会词中有几句话，值得我们时时相互提督，他的话是：

"自此次会议以后，一切抗战建国事业之进行，由于内外大势而益感紧要，成败利钝，关系更大，吾人除注重精神而外更须特别注重于各部门具体之行动与一切工作事实之表现。尤其对于过去种种经验教训，应宝贵应用。凡事物须实事求是，以求逐步推进，更必须政府人民一致戒慎恐惧，而不可有一事之疏忽与浮夸。"

这真是极端沉痛，极可宝贵的指示！大家都说今年是胜利年，今年之是否可以成为胜利年，全看我们的努力如何，把握到什么程度。照目前的"内外大势"来看，我们真觉得胜利的可能必在全国上下极度戒慎恐惧的条件之下而后可望加强，而后可望实现。所谓内的大势是什么，我们不必指陈，大家必已明了，如怎样加强内部的统一团结是，怎样加强政治效能是，怎样解决粮食物价问题，改善人民经济生活是。至于外的大势，目前日寇的阴谋，我们以为极值得注意。

日寇的对外方针，自从加入三国军事同盟以后，一般地说，固然是缔结于轴心体系。但正如我们在以前社评所不惮费辞一再指出的，日本的外交主要是哄、吓、骗，一味的投机，对于英美，对于德意，一样地不具诚意。德国希望日本从速地南进，但日本除掉胁迫泰越以自肥外，何尝执行了什么有利轴心的工作？把他的伎俩说穿了，是挟德意以为对英美打交道的政治资本，反之又以对英美的张弛不一作为对德意的政治资本。有人说，日本加入三国同盟是投入希特勒的圈套，此说不为无见，在日本对此局中的野心、阴谋欲也不能不引人注意。足以证明我们这样观察的是日本最近对英美的活动。野村使美之初，日本报纸就作出种种丑态。其后松冈的晤谈，虽然内容未详，而日本之必在多方蛊惑，不怀好意，则决无可疑。英国丘吉尔与重光葵的谈话也在举行，这些都是足以说明了日寇有鉴于我国抗战的内外各种情势而在进行一种阴谋诡计。我们固然可以坦然信任英美等友邦，但日本的居心与其措置，是值得密切注意的。

谈到"外的大势"，我们不应对人存在什么奢望和期求，仍应求其归宿于"内的大势"。我们敢于直率的指出英美之对于日本会存什么态度，这乃决定于中国而并非决定于英美自身。过去铁一般的事实告诉我们的是什么，以后仍然是如此。日本与英美主观的见解虽也有很大的作用,但其力量已远逊我们血肉抗战的事实。如其我们坚定抗战到底,集中一切力量争取胜利,则日本的阴谋必然无法进行,英美也一定可以维持其援华的坚定立场。

总而言之,我们应该遵照蒋委员长的指示,切实遵行《抗战建国纲领》,无论做哪一件事,都得切切实实,要使三民主义以及领袖的种种贤明指示都得见于事实,万勿徒空谈,这样我们必然可以使一切内外情势,逢凶化吉,遇难成祥,以至缩短我们取得胜利的日程。

(原载1941年3月13日重庆《时事新报》)

5. 抗战必争最后胜利,建国必达国防安全

重庆《大公报》社评

第二届国民参政会的第一次大会,正在举行,开幕之日,林主席及蒋委员长均亲临致词,尤其蒋委员长的致词,盱衡世界全局,说明抗战大势,剀切指出我们国家民族前途目标及全国同胞的应有努力。这篇致词,内容是经纬万端,见解是鞭辟入里,读之感奋,谨先略述所感如次:

蒋委员长的致词中,提出两个警辟的口号:第一,"抗战必须争取最后胜利",第二,"建国必须达到国防绝对安全"。全篇精议,都可包括在这两句话之内。蒋委员长告诉我们:"须知我们中华民族,不是胜利,就是灭亡;决无任何妥协之余地。"这不特我敌的形势如此,就世界大势言之,尤其如此。敌人与我们在战场上是黑铁赤血的生死斗争;他迭次的政治攻势,也是要摇撼我们的决心,懈怠我们的意志,以辅助他的军事进攻;现在他的南进,也不过是一种手段,而灭华是他的真正目标。无论在形式上,军事直接进攻也罢,政治攻势也罢,经济封锁也罢,南进也罢,其目的皆在于灭华。所以我们无论如何,必须将敌人彻底击溃,其间绝无任何侥幸或妥协的余地。因为我们若不能将敌人彻底击溃,其结果必至演成我们的灭亡。必须争取到最后胜利,我们才可免于灭亡。试看欧战的实例,多少小国大国相继倾覆,法国人会笑波兰只抗四个星期为无用,而自己六个星期也完了。战斗之烈、亡国之速,真是令人惊心动魄!"惟有能战斗能胜利之国家,实得保其独立生存;否则,必被

征服而为奴隶。"蒋委员长这几句话真是痛切极了。将近四年的抗战,已证明中国是能战斗的国家;但还不够,必定要争取到最后胜利,才可确保我们国族的独立生存。

我们抗战的目标是最后胜利,建国的境界是国防安全,这理论是一贯的,故必须同时为此目标境界而奋斗努力。"一个国家如没有充分自卫的决心和实力,决不能生存于这斗争的世界"。这话也可以欧战的实例为证。法兰西因为没有战斗的决心,忽略了国防的准备,所以尽管号称一号强国,因袭战胜余威,一旦战起,便被他屈服二十年忍辱图强的敌人所迅速击溃。色当一声突破,飞机坦克蜂拥狼奔而至,马奇诺坚垒下的百万战士作了俘虏,世界花都之巴黎,变成捕逃一空的死城,二十年来主宰欧陆的雄邦,至此境地。子女玉帛,取求任人,甚至柏林天亮了,巴黎虽尚摸黑也不敢不起床。被征服而为奴隶,法兰西的教训要算最惨厉了。法兰西何以至于今日?我们读法国失败后的新闻报道,真是教训凛然!法国人是最讲自由的,但自由到极点,就纯然成为个人自私与享受,党派倾轧与斗争,国家纪律,工作效率,皆降至极点。人民阵线的妥协局面,并未泯灭了党争,且亦贻误了外交;雷诺与达拉第之争,至于亡国不惜。政治这样腐败,国防成了空壳,所以不堪一击。所以"在政治方面,我国全国同胞均须认识:一切党派观念及所谓左倾右倾之意识理论,已经是陈腐落伍的旧时代空谈,不能适应今天的世局了"。这是蒋委员长给我们的告诫!因此要求"全体国民确认国族至上,国防第一的真理,放弃一切不符合时代的旧观念,而使全国成为一个统一强固的战斗体"。

根据国防第一的观念,我们的政治,须要纯,须要真,须要整饬纪纲,提高效率;我们的军事,须要整训,须要战斗,一切以国防为本,把一切力量军事化;我们的经济,须要是国防经济;一切资源开发、生产建设、交通运输、劳力资本,皆须向国防的一个目标共赴;其他如教育文化国民生活等,皆须战时组织化,以与国防事业相配合而并进。这个目标,"不仅行于现在抗战时期,且必须延长至战后,以达到绝对安全的守势国防之日为止"。

现在抗战虽已将近四年,环境仍极艰苦,前途仍甚危险,我们必须在这艰苦的环境下,树立抗战胜利和建国成功的基础。最后我们谨述蒋委员长的致词,警醒大家:"敌人的失败是已经决定的了,一般的形势也于我国抗战十分有利,但我们还不能不作最艰苦的打算,最险恶的准备,我们不独要在胜利愈近之时,更加戒慎,更加奋斗,而且要对当前世界大局有新的认识和新的觉悟!"

(原载1941年3月3日重庆《大公报》)

6. 参政会开会

重庆《新民报》社评

正当太平洋风涛险恶,战争危机一触即发的关口,参政会在这里举行会议,其意义之重大是无须解释的。

参政会将讨论些什么问题,将有些什么决定,这都可以不必猜测。因为我们知道,自从抗战开始,我们就有了"以不变应万变"的国策,这整个的国策,决定之后,决不轻易改变,正是我们安定团结的象征。

所以今天参政会的任务,与其说是讨论国策,毋宁说是检讨事实,改进事实。

说到事实方面,虽然千端万绪,归总起来,只是如何增强自己的力量。在这个军事和外交当然是很要紧的,但由于国际形势之演变,我们的外交是最可乐观的,军事的进步,更是大家见得到的事,参政会当然要讨论,可是对于方针又是不会有什么问题的,那么,我们现在还须要讨论的是什么呢?依我们的认识,最重要的还是经济与团结两件事。关于经济,我们不怕缺乏,但是办法上,显然还有缺陷,以至发生一些不必有的粉饰,如四川的粮食问题,以及各地的物价问题等。这一点我们最盼望参政会诸君能贡献切实的意见,给政府参考。其次关于如何更加紧动员物资,如何发挥经济力。参政员中有许多位是实地从事建设生产,工业金融方面的人,相信必有良好的意见提出。

至于团结,抗战已到五个年头,实在不应再成问题,我们所以还提出来说,不过是希望已经好的事实,能更加好些!在这里要指出,军事问题是不应涉及团结问题的,因为军事自有系统的分配,不宜与政治缠成一起。所以此处所说的团结,是专指政治上之团结。我们认为,为了更求团结起见,政治的民主是必要的,同时为保证团结起见,政治的纪律也是必要的。今日的问题,是如何适当地折衷于二者之间,求得一个有纪律的民主制度,铲除一切病根。保证今后不再为了一点小的事情而浪费时间。

参政会已经开幕了,我们深切地盼望,能由这一回之检讨,彻底补充我们内部的弱点,加强主观的力量,迎接太平洋的大结局!

(原载1941年3月3日重庆《新民报》)

7. 国民参政会开幕

重庆《国民公报》社论

国民参政会于去年十月改组,现在第二届第一次大会于本月一日在陪都开幕。当此抗战重要时期,又值世界风云紧急之际,参政员诸君各由远道来渝,聚集一堂,商讨国家大事,当然有非常重要的意义。

这次大会开幕之日,国民政府林主席亲临致训,国防最高委员会蒋委员长莅会致词,有剀切明了的指示。综其要点,在号召全国军民一致努力建设强固的国防基础及争取抗战最后胜利。这当然是现阶段抗战建国的天经明义。但站在国民参政会的地位,各参政员主要是民间的代表,是各地的硕彦和各界的领袖,所以应该代表人民并根据现实情形的需要,来发扬元首和领袖的指示,尽量以诸君平素的真知灼见来供献于政府。

我们仅站在人民舆论的地位,提供数点意见以为参政员诸君之参考:

第一,国民参政会应在建设现代化国防一点上对全国人民作有力的精神号召。我们中国百年来为产业落后,没有建设起强固的现代国防,所以招致敌人空前未有的大侵略。过去有许多人只知道喊点标语口号,以为就可当强国家或挽救民族的危险,甚至就自诩为前进,而骂他人落伍,挑起幼稚的无谓纷争。殊不知暴风雨一来,任何空洞的言词都不能抵御,除非有强固的国防准备。何谓强固的国防准备? 就是要有现代化的军队,现代化的工业生产,科学化的技术人才,和坚实巩固的爱国思想。有了这些条件,一遇敌人侵袭,即刻就作全面抵抗,敌人尚未动手之先,全国即在同一目标之下,统一团结作自强自卫的准备。现在我们抗战快到四年了,赖了全国上下的努力,才有今天的成绩,但是,胜利尚未到来,国防的安全还不能视为完满无憾,并且建设安全的国防,谈何容易? 非有全国一致齐心协力,作长期的奋斗,才能达到,所以这要希望国民参政会郑重作精神上的号召。

第二,在政治方面,澄精吏治提高行政效率,在社会方面,改造生活,提倡奋斗的人生观,是目前最大的需要。就抗战以来的经验说,无论法令如何的完善,计划如何的周到,如果执行人员不当,仍然收不到良好的效果。执行国家命令的人自然是各级公务员,所以在整饬政治的大前提下,首先应要求公务员个体的健全,高级公务员尤应有特殊的智能,廉洁的风格,才能充任;一般公务员亦必须受起码的训练,并且特别要注视其道德的根底。这一次国民参政会的提案应该深入到这些方面去。至于一般人或受惯城市的习染,或抵不过社会恶习的侵袭,往往有至今还度着糜烂生活的,非仅有害抗战,抑且贻毒社会,故亦应提倡大加改进,以裨建设吾人精神上之国防。

第三,从积极上促进国防经济建设,从消极上计划解决民食问题,及一般战时民生问题。无论前方作战或后方建设,粮食问题总系首要问题。以四川而言,所产食米及杂粮本够供给,然因种种人为原因及心理恐慌,以致供需不调,实在应该迅即设法谋根本解决。不仅抗战有此要求,参政会如能对此问题提供有效的办法而能见诸实施,实在就是莫大的成就。

此外,精诚团结,拥护统一,乃是一切的前提。蒋委员长指出,那些含党派成见的落伍思想,应该及时放弃,而以"国族至上,国防第一"来代替它,实在是最英明的指示,望参政会对此更加发扬,以促进统一团结之功,而收抗战胜利之效!

(原载 1941 年 3 月 3 日重庆《国民公报》)

8. 健全自身

成都《新中国日报》社论

民主国家与轴心国家之外交战、经济战、封锁战、军需制造战已经到了成熟的阶段。来期的大战瞬息即至,现在全世界人类都震撼和惊叹着大变化之来临。自然在这大变化中,我们要受很大的影响,同时我们对于这空前的变化有我们的使命,所以我们要首先健全自身,以应将来的变化,以尽将来的使命。

三年中来的抗战,现阶段的外交环境,敌国自身力量的枯竭和态度的着急徘徊,件件都指示我们胜利之将近。然而我们知道,敌人的野心并不因此稍戢,乘着世界变化之来,敌人是要孤注一掷的,所以林主席在第二届参政会训词中说"愈接近胜利,困难或许愈多"。蒋委员长在同会中致词亦以此意相勉,"现在要请各位注意的,敌人的失败是自己已决定的了,一般的形势于我国抗战十分有利,但我们不能不作最艰苦的打算,最险恶的准备,我们不独要在胜利愈近之时更加戒慎,更加奋斗,而且要对当前世界大局有新的认识和新的觉悟。"所以我们要健全自身以当胜利前夕的危难。

我们要在抗战中建国,要建国才能抗战。换句话说,我们要健全自身,健全自身是抗战胜利的过程,也是抗战胜利的目的了。

我们在抗战当中,自开始到现在友邦寄我们很大的同情,给我们很实际的援助,最近美国对我们的了解,同情和援助更亲切、更实在,还不是因为我们在正义的目的上,坚决的意志上,长期抗敌的力量上值得援助。罗斯福总统私人代表居里博士的来华,目的在对我作进一步援助之先,作进一步的了解,除对我经济情形加以详细的考察之外,对我抗战决心,政治团结,民主国家基础及一般情形当为此来目的,去后亦必了解于胸也。

健全自身不外政治经济两途,如蒋委员长所指示"对于建国初步工作主要在造成法治,准备宪政,以完成政治建设,同时更加强生产,发展交通,改善民生,实施经济管制,以实行经济建设"。此次国民参政会集议陪都,对于此健全自身之两种建设,定有进一步之研讨与决议。

健全自身以政治为主,而政治建设又以民主政治为依归,国民参政会之创立及各省临时省参议会之召开已经证明我国已踏上了民主大道。不过,第一届参政会在职权上仅供建议,仅被咨询;在参政员产生亦非民选,以此衡之距民主政治之途程尚遥。在此第二届参政员产生之前,条例已经修改,参政会之职权加大,参政员名额亦已增加,参政员之产生,部分已由省市参议会推选。会内议长制改为主席团制,由出席参政员自行推选,此端改革已证明在向民主遥程努力迈进,若能如参政员曾慕韩先生之主张(见二月二十八日本报曾慕韩先生访问记),参政员名额增至五百,职权赋予弹劾及预算通过,则民主国家议会规模庶几粗具矣。

民主政治,除民意机关应赋予强大之职权外,各级民意机关尤宜设立齐全,系统严整。年来各省参议会已次第成立,惟须改进之处有同于国民参政会者。而县参议会已经历次参政会决议设立,各省参议会亦有同样之主张,似宜早期设立也。

（原载1941年3月4日成都《新中国日报》）

9. 本届参政会的观感

黄炎培

——三月十四日晚对上海广播词——

各位上海的老朋友！三年多不见了,我几乎无时不在想念着诸位。今天难得有机会和诸位说几句话,我感到非常的快慰。

现在我来谈谈这次参政会,上海的老朋友们关心这事的一定不少。本届参政会,人数由二百人增加到二百四十人,这次出席的有二百零三人,比以前历届任何一次都要多,全会充溢着新的气象。

这次参政会通过的议案有一百五十余件,其中值得重视的是致电慰劳蒋委员长,慰劳前方各战区将士民众,慰劳东北四省同胞。大会对于沦陷区的同胞,对于在上海等地艰苦奋斗的同胞,都有非常热诚的关切。

政府交议于这次参政会的三十年度对内对外方针,是极其重要的。提案方面,大都集中于粮食和物价问题,决定组织特种委员会讨论,结果提出于政府,不久即可实现。

还有值得报告的是这次参政会,已由议长制改为主席团制,共有五人,蒋委员长亦为其中之一,各党代表也都被列入,还有一位女参政员。这次主席团是用无记名票选的,竟有这样成绩,可见全体参政员的共同志趣。

关于中共参政员毛泽东先生等七人不参加此次参政会的事件,恐怕上海的同胞都很关切,也值得报告一些：在参政会开幕之前,中共方面曾发出一个删电,表示为新四军事件,提出十二条善后办法,希望政府采纳,内容已见报载,谓在没有获得保障以前,中共七位参政员碍难出席。我们参政员同人十余位,本人也为其中之一,商量结果,大家认为国民参政会是为了团结全国力量共同努力抗战建国事业而成立的,应以全国力量的精诚团结为其基础,若是中共参政员不参加,总觉得不大圆满。好在中共参政员也有几位还在重庆,所以大家往返谈商,同时向蒋委员长陈述一切,一面传达彼此意见,一面表示参政员的态度。我们共同意见中最重要的一点,……。办法提出后,先头经过很好,希望……问题解决,中共参政员出席,则在参政会主席团中,对中共参政员亦选出一人。这些都已接洽好。三月一日开会,为等候延安方面复电,直到开会之前,兄弟等真是焦急万分。本来三月一日开幕式后即选主席团,因中共复电未到,改于二日举行。到了二日,中共参政员提出十二条"临时解决办法",希望政府加以采纳。至此,选举中共代表参加主席团事不克实现。

中共参政员不出席本届参政会一事,蒋委员长于六日出席参政会作恳切说明,全文已见报载。其中最主要的,是说一国要有纪纲与法令,尤其是在抗战期间。他把中共条件分析之后,尤望中共方面实行(民国)二十六年七月宣言的四点,并希望参政会向中共代表劝告。那一天,委员长的态度是极其和平、恳切、坦白、严正的。

在闭会以前,照例选举二十五位驻会委员。结果中共一位参政员董必武先生亦当选了,由此可见参政员的希望所在,中共的表示也很好。本人这两天又在奔走这件事,希望不久还能依照原定办法,实现和衷共济。所以关于这件事,希望上海的老朋友们和各界亲爱的同胞们可以放心,我们有一分力还要尽一分的。

最后,我还要和老朋友老同乡们谈谈,参政会中,从年龄来说,最多的是从五十一岁到六十岁的,在二百四十人中,占有五十六人之多。年纪最高的是江苏同乡张一麟先生,这次因事没有出席。年龄相同的也不少,尤其是同为三十四岁的,共有十六人。但是不问老老小小,大家的精神都很健旺,以后对于抗战建国事业,一定会尽更大的贡献的。

(原载《国讯》1941年第264期)

九、国民参政会第二届第二次会议

（1941年11月17日—11月26日）

（一）第二届第二次会议开幕

国民参政会第二届第二次大会于昨（十七日）晨九时举行开幕式，会场布置颇为庄严。晨七时许，各参政员即陆续到会，久别重逢，握手寒暄，状至热烈。报到参政员共一百七十三人。参加开幕典礼者，有国民党中央委员，中央与本市党政军首长暨中外记者三百余人。

九时开会，由主席团蒋主席中正主持。行礼后，全体为殉职抗战将士及死难同胞默念。即由蒋主席致开会词，词毕，全场热烈鼓掌甚久。林主席训词由王秘书长代读，全场肃立恭聆。继由参政员公推张参政员一麟代表致词。至十一时，开幕式于肃静庄严空气中完成。

（原载1941年11月18日重庆《中央日报》）

1. 主席团主席蒋中正开幕词

各位参政员同人：

今天我们第二届参政会举行第二次大会,距离前次闭会已有半年以上了。本会同人在这闭会期间,有担任军风纪巡察团工作的,有担任川康建设期成会工作的,有担任劝募公债工作的,有参加康昌旅行团视察工作,以及在各地担任经济、建设、教育、文化、赈济各方面工作。这种共同努力为国尽瘁的精神,殊堪感慰。今天不辞艰辛跋涉,从海内外远道来会,得以聚首一堂,讨论国事,更觉欣快。回想半年来内外形势,都有激剧变化,和很大的进展。我们政府的工作,是集中于增强民力,增进民生,推进自治,整理财政,巩固经济,增开交通,以加强抗战实力。其具体设施,各位都可就报告中详稽数字,考验实绩。对于上届大会决议案的实施情形,并望详加审核,提出意见,以备政府的采择,本席今天不再申述。现在所要首先对各位说明的,就是我们抗战形势和国际局势的变迁。并且要向各位说明我们的抗战,到今天实已达到了最重要的决定时期。

第一,这半年多来的国际形势,最值得我们注意。自从德国攻苏,英、苏成立同盟,以及英、美两大领袖罗斯福总统与丘吉尔首相海上会议宣言以来,全世界诸国已显然划分为两个壁垒,一个是侵略国家,一个是反侵略国家。一面是纳粹轴心代表着捣乱和黑暗,一面是民主国家维护着正义与光明。欧亚两地的战争,虽是在两个各别的战场上进行,但实质上都是为抵抗轴心国侵略暴力而战,早已打成了一片了。我们中国抗战的力量和我们抗战的伟大意义,已为全世界反侵略国家所彻底认识,东亚与西欧的战争,可说完全是利害一致,成败与共,而有不可分的关系。国际反侵略阵线,于今已经不只是一种理想,而是事实,美国之通过援助各民主国法案,苏联之英勇抗战,太平洋上各友邦防务的连系与布置的加强,以及罗斯福总统一再申言援助中、英、苏、荷的决心,都表示中、美、英、荷、苏五大民主国家业已事实上相互合作,共肩维护人道与正义的使命,而这一个反侵略力量联合发动之时,便决定了侵略者的末日。

至于敌人方面,在这半年来,始而想借三国同盟的力量威胁英、美退出远东,孤立我国。既而与苏联缔结中立协定,妄想离间中苏的友好关系,稳固了他自己的后方,俾得积极南下。又在那时操纵泰、越,以武力迫订日越联防协定。岂知苏联既没松懈对日的防务,英、美且同时对日本禁运物资,封存资金,给日本以经济上的致命打击。太平洋上各友邦军事上、经济上的联系,从此皆已宣告完成,因此,最近敌人不得不高唱"中国事变之世界性"的论调。尤其在这三个月以来,敌寇提议进行日美谈判,对美纠缠,极无赖之能事,但他实际上的行动,着着向扩大侵略的方向进行。自从德、苏战局进展以后,敌人一面在国内成立所谓"全国防卫总司令部",加强军事控制,一面在东北及越南,又不断增加军备,集结大兵。这次东条组阁之初,除了重申"解决中国事变"及"树立东亚共荣圈"为他一贯的基本政策以外,并且公然声言,要"以铁石之意志,闪电之行动",以"根绝中国事变之祸因,打破敌性诸国对日之大包围"。他所谓"解决中国事变",实际就是要"灭亡中华民国",他所谓"树立大东亚共荣圈"实际就是要"独霸太平洋,使太平洋上凡有领土主权之民族,都要成为他的奴隶"。试看他最近改正他的兵役法,要征调到四十岁至五十岁及其三等体格的男子,甚至征调到学期间的中学生和大学生,而他在这四个月中间,又要突然增加三十八万万的军费,可见敌人的侵略政策,不惟不会因美、日谈话有什么觉悟和变更,而且变本加厉,更进一步配合轴心,扩大战祸的野心和准备,于此更充分暴露无遗了。

第二,从我们抗战局势与我们抗战对于世界全局关系来说,可以说敌人现在的力量已被我们打得再衰三竭,他的筋疲力尽的真相,可说已完全暴露。而民主国家在远东的准备,亦因之得以完成。这半年以来敌我之间比较重要的几次战役,如四月间的上高会战,五月以后豫北、晋南的会战,以及九月间第二次长沙会战,敌人无不是偿付了极大的代价,遭受了最大的打击。尤其是他最近两个月之内,在我们湘北及郑州等地,只能作最短距离之攻势,还不能确实占据,而仍要随时被我军击退,受到无上的损失,甚至像福州等重要据点,亦被我军克复而不克据守,所以敌军至今其实力衰弱与空虚的内容,实已到了世人所不能想象的程度。因之可以知道这四年余以来,我南北各战场将士喋血战斗,实在已经消耗了敌人无限的实力,牵制了敌人对世界对东亚的横行。

我们现在从俘获敌军的战利品中,发现他军械质地低劣与品种复杂的事实,想见其国内多年的储藏,在中国战场上消耗之大,亦可知他的军火生产,已经受到各友邦物资封锁严重的影响。我们从敌军俘虏的供词中,更详细知道他们军民自感前途茫茫,急求生路,所以反战厌战投诚来降的情事,又日日增加。敌国军阀虽然还想行险侥幸,以求孤注一掷,实际正是他们极端的苦闷与悲观的反映。试想欧战开始已两年有余,而德国侵苏也已将五月,然而敌阀遇到这样千载难逢的机会,乃始终不敢对南对北对世界对远东有所动作,只举此一端,就可知道我国抗战对于世界战局贡献之大。如果没有中国这四年余抗战的力量,如磁吸铁,使敌人深陷泥淖,无法自拔,使敌人进退维谷,不能主动,那这一个野心狂妄的轴心伙伴,还能够这样坐待到今天吗?我们于此,应该认识我们抗战对世界贡献之重大,同时更不能不自己警惕,自己振奋,以求无愧于保卫远东和平的责任。

最近敌国更换内阁,他显然的想要竭力挣扎,以冲破所谓"敌性的包围",他显然想要以军事进攻,配合着外交活动以求逞。敌国增加军队于越北,扬言要向滇缅路进攻,实际上我们的云南与缅、越、泰、印,或为毗邻,或相接近,日本如向我云南进攻,就是进攻泰国、新加坡,以及南太平洋各国的领土。简单说,这就是日本实现南进的开始。在日本军阀的打算,他进攻云南就是要隔断中国兵力与远东民主各国军事上的联络,以便他可放胆南侵。所以各位同人,不必问日军何时南进,事实上他在去年早已南进了。须知日军此次集中越南,已是其实行南进的第二步。至于我们中国,无论任何方面,凡是寸地尺土,必要全力保卫,决不能放松一步。对于敌军这次行险侥幸的最后一着,我们已有充分戒备,必能予敌人以最后致命的打击,使其一蹶不能复振。我们如果能趁此敌人冒险挣扎的机会,彻底的予以致命的打击,则远东问题,就可随着这一战而得到根本的解决,我们为捍卫国土计,应该如此,为始终贯彻我们保卫太平洋和平的任务,以与反侵略各国的行动配合,我们更不能不加倍努力,以达成我们抗战一贯的目的。大家应该知道,今天反侵略各友邦在远东方面军事的准备,已经是完成了,而各种准备之所以能够完成,完全是我们中国四年余抗战,以四万万五千万同胞血肉之躯掩护而成的,这当然不是敌人所能预想其万一,就是一般世人,也未必完全知道,但英、美人士是知道得很清楚的。说到此点,我不能不唤起各位同人的注意,就是我们中华民族已经替世界尽了最伟大的功绩,这种伟大而无形的功绩,惟有我们中华民族不矜不伐,不自利,不自私,不惜损己利他的传统精神,才能于不自夸张之中达到这十年来预定的目标。我们全国军民必须知道,这种功绩,不仅伟大,且是难能可贵,本会同人就应该本此精神,共同一致,自强不息的来完成这空前无上的历史光荣,且亦唯有这种精神,才能造成今天民主各国反侵略力量的基础。

第三,我们要说到英、美方面对目前的责任和他们应有的决策。近来苏联在他的国境内正在作空前壮烈的抗战,消耗了纳粹侵略的力量,英、美为反侵略集团的主要国家,无疑的要顾到全世界东亚、西欧整个反侵略战争的形势而决不能丝毫放松任何轴心国中的一个侵略者,这是我可以断言的。在这个局势紧张之中,各位一定很注意敌国特派来栖三郎赴美这件事。如果来栖这一次携去条件是自动的脱离轴心,归诚民主,是自动的决心放下他侵略的武器,愿意恢复整个太平洋和平的话,那当另作别论,否则敌人无论用什么诡谲的伎俩,无论存什么妄想与骗术,结果一定是成为水底捞月的梦想,英、美各友邦决不会也决不能抛弃他神圣的责任,而放松了侵略戎首的日寇,我这个断案,有下面的几层理由,可以为各位同人明白的陈述:(一)罗总统、丘首相海上宣言的要点之一,是要"任何国家不得以武力在国境外施行侵略与威胁"。而日本今日不独陈兵于国外,且大量增兵。他驻兵越南,意在扩大侵略,实行南进,迹象显然。他们宣言的又一要点,是海洋自由和贸易自由,亦就是交通自由,而美国实施援助民主国法案,是要以军火物资运送到反侵略国家的前线。现在日本陈兵越北,企图截断英、美与我国唯一的交通路线,阻害其贸易与交通之自由,这岂不明明是破坏海上宣言,存心与英、美为敌,这断为英、美所不容。(二)日本在这十年中间,把国联盟约、非战公约、九国公约,一一都践踏无余了,美国是九国公约的盟主,他不能抛弃他的立国原则,即不能坐视首先撕破条约者之横行,即不能不恢复九国公约之效力,美国毅然宣布为世界上"民主国家的兵工厂",就是表示负起这个义务的决心。而且英、美各国在远东的军事准备最近已完成,他们民主国家无论为实行条约义务,或保全本国权益,断不能背弃这个义务,而违反其一再宣示之神圣的主义。(三)敌阀要指示来栖和野村对美国如何取媚乞怜乃至百般欺骗,我们都可以想象得到。但是我们相信,美国绝不会忘记近卫去年十月在京都的谈话,所谓"太平洋运命和乎,战乎,须视日、美是否能相互理解,如美国不理解日德义之立场则将断然与美一战";美国绝不会忘记日本外务大臣松冈去年十月间所说"美国如欲坚持维持太平洋现状则唯有一战"的狂言。就以最近来说,日本各报固然一致咒诅英、美,而日阀代表马渊逸雄等更不断的声明"日本要粉碎 ABCD 包围阵,与该包围阵之主角英、美,从事一长期战"。从前野村丰田所合唱的一幕,在日本人早就明言是对美侦探与选择战机。现在东条组阁,特派来栖赴美,其背后蓄着如何阴谋,美国岂有不洞若观火吗。(四)我们且不说其他,而只论敌寇侵害侮辱英、美的事实。自从中国抗战以来,英国大使可以为日机炸伤,美国军舰可以为日机轰沉,英美军人在张家口、平津、上海被日军扣押与枪伤,英、美妇孺在平津、青岛、上海各地受到日军无比的凌辱,乃至英、美的无数教堂、医院为日机滥炸而破坏而牺牲,生命财产权益受损害到如此地步,可以说日本在侵略中国之同时,实际就是侵略英、美。因之,我们可以断言,英、美不仅在利害上与荣誉上绝不会与日本作任何妥协;而在他们的主义上与责任上也必然要挺身起来,与中国共同消灭这一个侵略的祸首。不然,所谓正义人道与文明,都将完全失其意义了。我在今日可以确切声言,英、美是绝不会放弃对远东和平的责任,亦不会失掉他制裁日本的时机。

第四,我要说明在今日远东大势和世界全局上最重要的一着是"解决日本事件"。日阀现在大声疾呼以"解决中国事件"为唯一目的,这是他内而激励其疲乏的军民,外而妄想欺骗友邦的惯技。实在说起来,中国抗战今天已与整个反侵略国家成败利害联成一气,便是日本军阀也不能不承认"中国事变的世界性"。所以依我们看来,今天日阀再不要作"解决中国事件"的梦呓狂语,而实在是我们反侵略国家"解决日本事件"最适当的时机。中国古来讲军事一句重要格言,说是"攻敌必先攻弱",这就是打倒敌人必先攻破敌人最弱的一环。现在世界上主张正义反对侵略的力量,要占全世界人口十分之九还不止,当然要趁此时机,加紧努力的把侵略的火焰遏下去。并且现在苏联在欧洲广大平原上,英勇卓绝,坚强抗战,已使其中路战线臻于稳定,更配合着有利的天时,战况日见好转。现在纳粹暴力,正如日寇军队一样,深深的陷入泥淖。尤其自英国击沉德国主力舰毕斯麦号,并最近击灭意大利运输舰以后,英国在地中海上的制海权,业已确立了。所以反侵略国家在今冬与明春之间,正是在远东消灭日寇扫除后患的唯一良机,如果等到了明春以后,让侵略者的德、日,从东西两面夹攻苏联,或待德国势力侵入近东、印度洋,和他伙伴日本在太平洋上发动攻势,竟使他们在陆上或海上有一战线可为他们的联系,而使欧亚两洲的战线打成一片,到那时候,主动之权,又要完全操在纳粹的手中,这是反侵略国家所决不能容许的。美国罗总统预计在一九四三年解决世界战争,我深信他这句话必有根据,他决不能让纳粹逞其在北方打击西伯利亚的妄想,也决不能坐待德国得志于近东,而使日寇在南洋处在主动地位,来夹击民主国家在远东的实力。须知目前在侵略国方面,日本实为最弱之一环,就整个反侵略的军略上讲,必先打倒这最弱一环之日本,才符合军略的原则。如果此时放松日本,便是舍本逐末,缓其所急,后其所先,无论从政略与战略上讲,都可以种下民主国家将来失败的因素。各位同人,试问反侵略各国又如何能放任这一个轴心盟邦,以骑墙两可的伪装姿态,留在我们后方,使他坐大待机,以自贻无穷的后患呢。所以论力量,日本侵略中国四年余,已打得精疲力竭,他这一次未必不想猛烈挣扎一下,而实力已经脆弱到不堪一击。论道理,他这一个横行霸道的国家,侵害我领土已逾十年,蹂躏国际条约已有十年,侮辱友邦尊严与权益,向世界挑衅求战也已经十年了。这种侵略祸首的国家,如不予制裁,则世界尚有何公理可言。至论今日的事势,又是失此不图,后将无及,所谓"稍纵即逝"唯一的时机,这一点更是英美各友邦所详知的。所以我可以断言,日本要与英、美求妥协或谅解,今天已非其时,如他再欲施其已经十年间虚声恫吓或投机取巧的行为,今日更非其时,这个时机,更是早已过去了。

日阀甘心与全世界十分之九的反侵略力量为敌,不只违反了人类的公理,也违反了他本国的民心,长此下去,简直是自趋覆亡,自甘绝灭。老实说:

敌国今日真是处在四面楚歌的包围圈中,且是立在生存与毁灭的歧途之上。到了形势严重的今天,他如果还想虚声夺人,行险侥幸,那就是自甘毁灭。不然,如果还想保持他民族生存的话,那就应该收拾起一切野心和妄念,正视现实,真诚悔悟,老老实实屈服于公理正义之下。然而于此须注意两个要点,必须使其实行,一则应使他放弃侵略政策,撤回他各处一切的侵略军队。须知驻兵于日本国境之外之任何一地,即为侵略整个远东之明证,所以不仅侵略中国各地的军队,必须尽数撤回,而他驻在越南等地军队亦必须完全撤回。否则驻兵东北,即无异驻兵于西伯利亚,而驻兵越南,亦即与驻兵菲岛与马来亚何异。至于中华民国的领土主权不容有尺寸丝毫的放弃,我中国境内不容有敌军一兵一卒的存在,这是我们抗战的目的,更为世界各国所周知。所以日本非撤退其一切侵略军队,放下他侵略的工具,决不能表示他放弃侵略以求和平之觉悟,这一点决不能让他以空言搪塞,而必须有事实证明,必须如此,乃可使太平洋有真正的和平,进而求恢复世界之和平。第二点必须日本脱离轴心,愧过自赎。今天世界上战端扩大,是日本肇其端,而纳粹扬其焰。今天反轴心与轴心国之间正如泾渭不能同流,冰炭不能并存,断无骑墙两可的余地。如果日本国民诚欲起而自救,那必须先打倒他的军阀,使能彻底脱离轴心,参加反侵略主义,与民主各国共同致力于摧毁野蛮势力,扶持世界正义之奋斗,换一句话,就是要他放弃"建立大东亚新秩序"的妄念,而诚意悔过,以"建立太平洋民主集团反侵略阵线"。此时日本如不服从正义与公约,则必就毁灭,如尚欲自免于毁灭,那就必须服从正义,尊重公约,这种存亡祸福的机纽,今天还可由日本国民自己抉择,过此一刻,就更无悔祸的机会。所以今天日本对于英、美要想妥协,要想缓和,要想欺骗,我可断言,决不可能。我以为今日的日本,对于反侵略阵线,只有真心归诚,或公然敌对的两途,决无依违两可的第三条路可走。总之,今天正是太平洋上民主国家要以共同的势力来"解决日本事件"的时候;日本究竟还希望生存呢,还是愿意毁灭呢,这是要看日本国民的自择,而在英、美、苏、荷各友邦,对此一点,我可断言其筹之已熟了。

  由于上面所说,可知今天中日战事与远东局势,世界全局关系的密切,是非顺逆,判然分明,成败利钝,所系至巨。我们抗战到了今天,已与反侵略各国及整个世界祸福安危完全一致,保卫中国和太平洋的自由,是我们神圣的义务。各位同人须知,世界的光明与黑暗,正在作最后的决战,我们与敌人,也正在作最后的决战。现在远东形势已到正义与暴力各下总攻击令作白刃战的时候了,这一回奋斗的紧张严重,各位一定和我有同样的体认,这是千钧一发的时期,要我们使用旋转乾坤的全力,我们中华民族在这个时机,更须尽其最大的努力,以求得最后的胜利。抗战以来,各位对国家的赞襄贡献,自然很大,但目前时局愈紧张了,时期愈重要了,中国的责任更加重了,本会同人的责任亦更加重了。敌人要中国绝灭,我们一定要使中国永生,敌人要太平洋成为黑暗的地狱,我们一定要使太平洋成为光明的导炬。为了替民族复仇,为了替国家雪耻,为了世代的生存,历史的荣誉,为了世界的福利,人类的自由,我们不辞一切苦斗,一定要贯彻我们的国策。而我相信,有我们本会同人和全体人民一致努力,我们一定能贯彻我们的国策,完成我们这一个神圣的使命。

(原载《国民参政会第二届第二次大会纪录》,国民参政会秘书处编印,1942年9月)

2. 国民政府主席林森训词

国民参政会主席团、主席、各位参政员先生:

　　国民参政会第二届第二次大会今天开幕。各位参政员不辞劳瘁,抱着救国热忱,远道而来,或在陪都近处及川康等地体察政情,深思熟虑,趁此大会开会机会,一齐来发抒意见,共商国是,这种急难从公的精神,比前一届前一次格外热烈,格外显著,实在令人肃然起敬。本席一再躬逢盛典,对于参政会的期望,亦一次比一次增进。现在国际风云,更见紧张,抗战最重要日期,更见接近,各位参政员恰在这时候集会一堂,尤其使本席欢欣佩慰,想着全国人民也一定抱着热切期待情绪。

　　国民参政会产生于抗战开始后一年,到今天已有三年零四个多月的历史,可以说,为适应抗战环境而召集,为协赞政府担当抗建重任而诞生,这一事实，就表明了参政会的特殊性质，也就决定了参政会光荣伟大的时代使命。回忆这三年零四个多月的过程中间，参政会开会多次，对于这样重大的任务，适宜因应，值得我们赞佩，也恰合政府和人民的期许。在设计方面，由于参政会的建议，政府得到很多富有建设性的方案和完密周详的计划。在实施方面，又得到各位参政员直接间接很多的帮助。对于政府既定的国策，参政会始终赤忱拥护，对于敌伪强暴卑劣的阴谋奸计，又不断的予以严峻的打击。我们由此，可以体认精诚团结和衷共济的实效，也由此可以收获意志集中、力量集中的成果。民主制度的初基，渐渐树立，民权主义的前程，从兹发轫，使得全世界各友邦人士，对于我国民主的精神，都有了新的认识，这种宝贵的贡献，在我们的抗建史上，定必占着光明灿烂的一页！

从本届上一次大会到如今，又已经渡过了八个多月的光阴。在此期间，世界局势，起了很大的变化。始而苏、日签订中立协定，继而德、苏开战，苏联西南部重要都市次第陷落，巴尔干方面，南斯拉夫、希腊两国，又早被轴心国先后蹂躏，烽火燎原，全球震动。暴日趁此机会，挟制越南，胁迫泰国，南进北进，虎视眈眈。吾国在这风云变幻之中，始终以坚定的立场，遵循着《抗战建国纲领》，依照参政会一致拥护的国策，联合民主国家反侵略的力量，勇往迈进，直到现在，敌人种种阴谋，都归失败。从军事来讲，福州、郑州，相继克复，长沙二次会战，得到光荣的胜利，敌人陷入泥淖，毫无进展，我们作战实力，却一天加强一天。从外交来讲，敌人方面，非但得不到轴心的实际助力，反而招致民主国家的经济制裁，因此资源缺乏，人心恐慌，同时美、英、苏、荷等国，对于我国的援助与联系，不断增加，日见密切。尤其可慰的，现在全世界公正人士，已深切觉悟，我们所抵抗的，不只是中国一国的敌人，而是全世界民主国家公共的敌人。我们四年余血战的结果，业已尽了牵制敌人陆军的最重大任务，我们不能不继往开来，始终如一，勉为太平洋上反侵略阵线安定力之一。但是国际形势，已与前不同，我国责任，亦比前繁重，胜利愈接近，艰难困苦，势必跟着增加，所需于名流硕彦的深谋远略，扶持匡正，因此亦分外殷切，这是本席热切期望于本次参政会的一端。

其次，从内政上检讨，促成宪政，实现民主政治，为建国的重要目标，国民政府在这国难严重期中,抗战不忘建国,而且因为抗战工作的艰巨,愈感觉有迅速促进基层民治组织,适应时代要求的必要。本年八月,接受参政会的建议,公布县《参议会组织暂行条例》以及《县参议员选举条例》,今后对于自治的推进,必然有很好的效果。但是要求得更迅速更美满的进步,尚有待于各位参政员的指教与维护。再就这八个月来财政设施,加以回溯,亦颇有荦荦大者可以申叙。我国田赋,一向是国库主要税源,民国十七年北伐完成,全国统一,颁行国地收支划分标准,将田赋划归地方,因此各自为政,赋则分歧,附加苛杂,名目繁多。本来中央与地方,原属一体,分散办理,远不如统收统支力量雄厚,可以酌剂盈虚,平衡税率,作一合理和适当的分配,即不减少地方的税额,又可增加国库的收入。所以国府此次决心改善,收归中央整理,改征实物,预计产销储运,得以调节,粮价物价可望稳定,军糈民食,都能得到充分的供应,所有重复抵触不合理的苛杂附捐,可以一扫而空,这是田赋方面的革新。还有财政收支系统,亦正在加紧改良,从前各级政府的收支,分中央、省、市、县四个系统,现在只分为国家财政与自治财政两个系统,希望自治基础,愈加巩固,省与直属市,则都纳入国家系统之中。凡此种种,都是由于抗战建国而兴革,为当前财政上必要之措施,但如何领导官民,尽利推行,亦有待于各位参政员的硕划尽筹,这是本席热烈期望于本次参政会的又一端。

总之,在这胜利快要降临,责任格外加重的时候,政府自然是兢兢业业,继续奋斗,以期无负于对国民对世界的伟大使命,同时也希望参政会有精详久远的策划,做政府施政的南针。尤其是团结沟通的工作,就是说,把民众的一切力量,贡献给政府,把政府的一切设施转告于民众,内外熔于一炉,任何困难,都能克服,任何事业,都能完成。参政会在过去已经有了很好的成绩,相信今后必能够百尺竿头,更进一步,表现更灿烂的光辉,获得更卓越的成果。本席特于此敬向各位,致其慰劳与祝颂之微意!

(原载《国民参政会第二届第二次大会纪录》,国民参政会秘书处编印,1942年9月)

3. 参政员张一麟演词

本会成立于抗战之次年，自成立以来，已历三年又四阅月，过去开过大会六次，抚今忆昔，温故知新，我们应该自行检讨与反省。其一，为促进抗战建国各项设施，本会对于政府曾经议决建议案五百余件。此次大会，同人对已往诸建议案，应前后通观，综合检讨，证以政府实施情形，详审有无经政府认为最有价值者，有无被视为不切实际者，一一精密探究，鉴往衡来，以为此次再行建议之张本。其二，我辈既是人民的代表，我辈自问是不是把人民的意见已经尽量传达给政府了？我们有无辜负了人民的期望？其三，同人自抗战以来直接间接参加各项抗建工作，有的是代表政府，有的是代表人民，虽则不无微劳，究竟我们的工作是否切实，有无错误，是否不负人民及政府付托之重？亦望同人各自检讨，并相互检讨，用以益坚自信之心，以为今后益加努力之鼓舞。

本会之设，原在团结力量以救国。历时既经三年有余，同人在会内会外所言动表现者，自问确能达到精诚团结举国一致之崇高精神。过去如是，此后自当益更实践，使此团结精神愈臻于坚确稳实，以此率导全国上下，咸同风气，固民志以御外，舍此莫由。今我国家已到存亡绝续关头，团结则存，涣散则亡，我等对于抗建大计，有所见到，只要不妨于抗战，如有不同的意见，尽可率直向政府陈明，政府亦自不得轻加猜疑，蔽塞言路。但如或不幸，而竟有于言于行，破坏团结，影响抗战，自当以汉奸论，过去如是，今后亦如是，比当尽力制裁，以符抗战建国之纲领。

本会同人，数年以来竭精殚虑，以尽其对于政府施政之辅助，自问所贡献者，虽或微末，要皆出于忠诚谋国之赤忱。政府对于同人所贡献者，大端均能切实筹划，以见于实施。惟亦间有未见采行者，有虽采行而未符原议者，有虽采行而竟无效果者，此等事实，已屡见于历届驻会委员会之检讨报告中。究其未能采行及采行而未符原议，或采行而竟无效果，其所以然之故，据政府报告所述，未尽详明，同人亦多忽略过去，未尽注意，彼此均付诸不复重提之列，既乖实事求是之方，亦虚费当时之诚恳提案与讨论，因此近来颇有"多言不如默尔"之意态，这是极不对的。然同人过去对政府之态度，始终一贯的为和衷共济,政府有不副民意之处,同人大都不避謇直,进行诤议,政府对于同人如发见其言行有不妥当之处,亦甚望政府虚衷涵容,以收互勉交儆之益。

本会之权限,如现行参政会组织条例所规定,同人每觉其对于"民主政治"有不足之感,数年以来,期望政府增加权限甚殷,此固同人企望极度民治早速实现之盛心。然试一环顾当前事实,似亦确有未能一蹴而就之机。然同人即在现有权限之内,如能善尽其思虑,以充分行使此现有之权限,俾无遗憾,则于国于民,将必有莫大之益。循序渐进,成章必达,惟在同人自尽其责,为国民倡率,奠定自治基础,使运用法治,蔚成风习,则会议应有之权限,将不待求之,而政府自不得不与之,吾人诚为促进宪政而致力,斯当深明确应致力之所在,切望勿以权限不足而自阻,而以努力不足自警。总之,参政会即为达到真正民主政治的一个过渡机构,应该循序渐进,故尤望政府根据参政会数年来之经验,早日颁布宪法,实行宪政,以副国民之期望。

兹当第二届第二次大会开会之始,谨为卑无高论之言,以谂于同人,兼贡献于政府。非敢谓当,尚祈教正。

(原载《国民参政会第二届第二次大会纪录》,国民参政会秘书处编印,1942年9月)

4. 会议日志

十一月十七日　上午,国民参政会第二届第二次会议在重庆国民政府军事委员会大礼堂开幕。

下午,举行第一次大会,主席团主席张伯苓、左舜生、张君劢、吴贻芳及参政员一百六十二人出席了会议。国民政府内政部长周钟岳、教育部长陈立夫等也出席了会议。

会议听取了驻会委员会会务报告和二届一次会议决议案实施情况报告,军政部长何应钦作的军事报告,外交部长郭泰祺作的外交报告。

十一月十八日　上午,举行第二次大会。主席团主席蒋中正、张伯苓、左舜生、张君劢、吴贻芳及参政员一百三十五人出席了会议。国民政府考试院长戴传贤、内政部长周钟岳、经济部长翁文灏、粮食部长徐堪等也出席了会议。

会议听取了财政部次长俞鸿钧作的财政报告,交通部长张嘉璈作的交通报告。

下午,举行第三次大会。主席团主席张伯苓、左舜生、张君劢、吴贻芳及参政员一百三十九人出席了会议。

会议听取了经济部长翁文灏作的经济报告,社会部长谷正纲作的社会报告。立法院、司法院、监察院、考试院、川康建设期成会分别向大会提交了书面工作报告。

十一月十九日　上午,举行第四次大会。主席团主席张伯苓、左舜生、张君劢、吴贻芳及参政员一百一十人出席了会议。国民政府考试院长戴传贤、军政部长何应钦、社会部长谷正纲、外交部长郭泰祺也出席了会议。

会议听取了内政部长周钟岳作的内政报告,粮食部长徐堪作的粮食报告。

会议通过了本次会议各组审查委员会委员和召集人名单。

下午,举行第五次大会。主席团主席张伯苓、左舜生、张君劢、吴贻芳及参政员一百二十七人出席了会议。国民政府司法院长居正、外交部长郭泰祺、军政部长何应钦、经济部长翁文灏、粮食部长徐堪、社会部长谷正纲等也出席了会议。

会议听取了教育部长陈立夫作的教育报告,农林部次长林翼中作的农林报告。

会议通过了《慰劳蒋委员长暨前方将士电》、《慰劳各战区及东北四省同胞电》和《慰劳海外侨胞电》。

十一月二十二日　下午,举行第六次大会。主席团主席张伯苓、左舜生、张君劢、吴贻芳及参政员一百六十人出席了会议。国民政府军政部长何应钦、外交部长郭泰祺、内政部长周钟岳、教育部长陈立夫、粮食部长徐堪、社会部长谷正纲、经济部长翁文灏等也出席了会议。

会议听取了交通、经济、外交、军政部对参政员询问案的答复。

会议讨论了第一、二、三、五审查委员会关于军事、外交、内政、教育文化提案的审查报告,通过了其中二十一项提案。

十一月二十四日　下午,举行第七次大会。主席团主席张伯苓、左舜生、张君劢、吴贻芳及参政员一百五十二人出席了会议。国民政府司法院长居正、内政部长周钟岳、外交部长郭泰祺、经济部长翁文灏等也出席了会议。

会议听取了农林部、军事委员会运输统制局对参政员询问案的答复。

会议讨论了第二、三、五审查委员会关于外交、内政、教育文化提案的审查报告,通过了其中二十五项提案。会议审查并通过了行政院报告(外交部分)、内政报告、社会报告、蒙藏报告、赈济报告、卫生报告。

十一月二十五日　上午,举行第八次大会。主席团主席张伯苓、左舜生、张君劢、吴贻芳及参政员一百五十一人出席了会议。

会议讨论了第四审查委员会关于经济提案的审查报告,通过了其中三十九项提案。会议审查并通过了财政报告、经济报告、交通报告、粮食报告、农林报告、水利报告。

下午,举行第九次大会。主席团主席张伯苓、左舜生、张君劢、吴贻芳及参政员一百六十一人出席了会议。国民政府司法院长居正、军政部长何应钦、经济部长翁文灏、粮食部长徐堪等也出席了会议。

会议一致通过了大会主席团提出的《促进民治与加强抗战力量案》,各审查委员会对政府交议的《三十一年度政府对内对外重要方针案》审查意见的联合报告,选举了驻会委员会委员。

会议讨论了第一、二、三审查委员会关于军事、外交、内政提案的审查报告,通过了其中二十项提案。会议审查通过了军事报告。

十一月二十六日　上午,举行第十次大会。主席团主席张伯苓、左舜生、张君劢、吴贻芳及参政员一百四十二人出席了会议。国民政府司法院长居正、内政部长周钟岳、交通部长张嘉璈、经济部长翁文灏、外交部长郭泰祺、社会部长谷正纲也出席了会议。

会议听取了教育部、内政部对参政员询问案的答复;宣布了休会期间驻会委员会委员选举结果:孔庚、褚辅成、黄炎培、董必武、沈钧儒、许德珩等二十五人当选。

会议审查通过了教育报告;讨论了第五审查委员会关于教育文化提案的审查报告,通过了其中十四项提案。

会议结束时,参政员陈复光、王隐三等六十二人临时动议《在美日谈判紧要关头,总裁所示"解决日本事件"之基本原则,本会应一并拥护,并电请罗斯福总统注意,以表示我国国民之坚决立场案》;参政员张一麐等五十三人临时动议《请大会决议拥护蒋委员长最近"九一八"宣言,以重申我全民抗战最后决心案》。大会讨论通过了以上两案,并作出了相应的决议。

随即举行休会式。至此,国民参政会第二届第二次会议休会。

(根据《国民参政会第二届第二次大会纪录》整理)

5. 第二届第二次会议闭幕

国民参政会第二届第二次大会于昨(二十六)日上午十时举行闭会式。出席主席蒋中正、张伯苓、左舜生、张君劢、吴贻芳及参政员王云五等一百一十六人。列席秘书长王世杰、副秘书长周炳琳暨各院部会长官、特别来宾、中外记者等,共五百余人。由蒋主席中正致闭会辞,谭参政员赞致词。迄十二时宣告礼成。

(原载1941年11月27日重庆《中央日报》)

6. 主席团主席蒋中正闭幕词

今天第二届参政会第二次大会举行闭幕典礼。回溯此十日来开会经过,尤其回想到本会成立以来三年间对于国家之贡献,深觉欣慰而感奋。本会无论在精神上、言论上,与负责的态度上,都可作民治的模楷。抗战以来,举国同心,团结一致,完全为了抗战与建国。本会集合全国贤智之士于一堂,领导国民,共同奋斗,对抗战之贡献特为伟大。此次会议,提案之切实,讨论之精详,比之前次都完美而进步,充分表现为国家为人民而努力的精神。大家开诚相见,和衷共济,真有风雨同舟之概。今天通过的关于东北问题的决议,昨天通过的促进民治案,以及"政府(民国)三十一年度对内对外施政方针"更是特别重要,可以告慰于国民,亦可告慰于前方杀敌之将士。

对于政府所提出军事、外交、内政、财政、经济、教育各部门之报告,大会已加以详尽之审查,而有具体的报告,此项审查报告与各种提案,均可供政府之采择,而一方面政府各部会向本会提出之报告或询问案之答复,亦皆忠实坦白,一无隐讳。政府之尊重本会与本会之所以自处,均无愧于先进国家议会中之民治精神,此尤为本届会议中应特别提出之一特点。对于经济方面,各位同人特别注意,苦心研究,提供解决之方案,可见同人注意民生之热诚,特别关心到抗战要计与人民痛苦,实无愧于人民之期望。

目前抗战大业,日见重要而艰巨,各位劳心焦思,对抗战前途,异常关心。此种对于国家艰难之认识,足以促进政府人民一致努力,化忧思而为光明。各位所特别关心者,为财政经济之维持,此在政府及各友邦,亦引为十分关切之事。但须知吾人抗战以前,在国防之准备上,实只有一年有半之基础,较之敌人当时之以三十年准备,发动中日战争日俄战事者,不可比拟。然吾人抗战已逾四年,而敌人之败象日著,我国胜利之把握日增,此在普通国家,为不能想像之事。是以问题全在于吾人之精神,与吾人之努力。目前不独经济问题,值得吾人关心,即军事与内政,亦必须兢兢业业,力求进步,不可有丝毫怠忽。吾人深信天下无不可突破之艰难,愈危险困难,愈足以磨砺吾人之志气,而达到成功。若论吾国经济问题,吾人必须认识二点:第一,吾中国为农业国家,农业国家只要工业机械有供给来源,此外民生基本需要,无不可以自给,四年余持久抗战,已著成效。只须政府措置合宜,人民同心协力,吾人决不愁无衣无食,本席一向即持此观点,且根据此一观点,以决定吾人抗战到底之国策。古语云:"足食足兵",吾国粮食决无缺乏之虞,则经济问题决不足以影响抗战之军事。其次,须知吾人为革命期中之国家,革命之特点,即为创造之精神,换言之,百事均赖赤手空拳,自造基础。只须吾人能用脑筋,想办法,能刻苦力行,能遵奉国父双手万能之遗教,全国一致,矢忠矢勤,努力节约,努力生产,不但抗战军需不忧匮乏,而建国规模亦必于抗战之中同时建立。吾人之脑即吾人之良知,吾人之双手即吾人之良能,竭四万万五千万人之心力,以发挥良知良能,又有何困难不可以克服,有何事业不可以成功。经四年余之抗战,困苦艰难,当然不免,但吾国大多数工农民众之生活,一般的说,并不较低于战前,有若干地区,毋宁说较战前为优裕,此为我抗战最坚实之基础。至于教育界人士、公务人员及前方军官士兵之生活,诚然艰苦,在政府方面,必须苦心设法,予以维持,自不待言。而此等人士,皆国民优秀,抱有为国家牺牲之热忱,忍苦茹艰,毫无怨尤,更为极好之现象。所以总括来说,我国抗战经济,决无可虞之处。本席认为我政府与人民,对于增强经济支持力量,必须劳心焦思,考虑改善之道而实行之。然同时确信我抗战经济决无顾虑,决可乐观。尤其此一年来,以至于最近,抗战前途更见光明。为山九仞,只余一篑之功。唯望吾全国同胞共同一致,为国家为民族竭诚奋斗,以贯彻吾人之目的,则胜利之来,可操左券。

本席参加本会,同时居于政府负责人之地位,更有数义,愿贡献于我同人。(一)政府施政成绩,各位已详加审查,在政府方面,努力或有未尽之处,亦诚有应待改进之处。然本席敢言,政府智虑或有未周,政府负责人员能力或有所限,但其为国为民为革命为抗战而努力之精诚,始终黾勉,未尝或忘。政府同人所持以自勉者,为至诚与至公,至诚无息,至公无私,秉此公诚,为国奋斗,此差可告慰于本会同人,亦必期无负于自身之职责。(二)中国为地大人众之国家。所处之环境与历史之传统,较之近世各国均为特殊。当此抗战期间,吾人任务特别艰巨,以本来基础薄弱之社会环境,而欲达成吾人非常之使命,决非仅赖政令所能为功,必须全国贤智之士共矢精诚,一致协助,乃能有成。(三)政府所特别期望于本会者,为目前努力施行中之各项要政,均赖本会同人热心匡济。举其尤要者,如新县制之实施,如田赋改征实物,如确立国家与自治财政系统,以至推行□□□□,此皆非常繁重而艰巨,必须本会同人在各地方为政府耳目,为政府手足,而对民众热心启迪,热心倡导,一面对各级政府加以督促,加以赞助,以期尽利推行。

更有一点,愿特别提出者。关于实施宪政为国父重要之遗教,亦为国民政府一贯之政策。政府无时无刻不思提早实施宪政,所以国民政府历来之努力,集中于督促地方自治之完成,以培植真正民治之基础。唯有如此,实行宪治才能确实,才能巩固,此乃一定不易之理。本会昨日通过促进民治案,而行政院亦适于同时通过《省参议会条例》,可谓同声相应。总之,政府是希望宪政之实施愈快愈好,愈早愈好,决没有国家已达开始宪政的时期,具备实施宪政的条件,而政府不予实施者。国民政府为有主义、有目的之革命政府,而同时对国家绝对负责,对实行民主政治具有莫大之决心。政府之政策,不能违背三民主义,不但有既定之方针,亦有既定之步骤,所以一定要排除万难,达成宪政,与本会之期望,绝无二致。希望本会同人与全国贤达要监督政府,辅助政府,俾能完成其使命。在此抗战重要时期,吾人所共矢遵循者,为立国原则之三民主义,为《抗战建国纲领》。在此共同目标之下,政府与全国贤达,唯有一切开诚相与,达到全国一致,风雨同舟之目的,以济国家之艰难。政府与我全国真诚爱国之人士,决不应稍存猜忌怀疑之意,而必当以坦白真诚,出以辅助合作之态度,照此做去,抗战建国之力量,定必大见增加,而后吾人乃始无负于国家,无负于民族。

本大会今天结束,各位同人在会期中十分劳苦,会后又即将回到各地,良晤难得,殊有依依惜别之感。唯吾人共同之希望,在使下次会议,比此次更见进步,在使抗战力量随时日而增加,甚望本会全体同人,本三年来一贯之精诚,共为抗战建国而努力,散归各地以后,仍与在会议时同其热烈,鼓励同胞共同奋斗。一面对政府尽量辅助,尤其对本席个人不断指教,同德同心,使政治日见进步,国事日趋光明,以完成吾人之使命。

(原载《国民参政会第二届第二次大会纪录》,国民参政会秘书处编印,1942年9月)

7. 参政员谭赞演词

主席、中央各院部长官、本会各位同人:

本届参政会改选,本人谬承遴选,备位议席,上次大会,因工作关系,未能返国参加,每用耿耿。此次大会,幸能如期返国,得与全国贤俊共聚一堂,本人实觉无上荣幸,且感无限愉快。

本人自入国门,目睹我全国上下精诚团结,在领袖领导之下,艰苦奋斗,一面与日本寇盗作殊死战,保卫我国土,我们愈战愈强,屡挫凶锋,使残暴狂妄之倭寇力殚货竭,进退失据,深陷于泥淖而不能自拔,更使其垄断东亚之迷梦与夫征服世界之阴谋俱不得逞。我们一面全国齐力，从事于后方建设，在极困难之环境中，筚路蓝缕，艰苦缔造，实在是经纬万端，百废俱兴，各种事业突飞猛进。我们此一伟大抗战，对于世界和平以及人类之安宁，贡献甚大。我们这几年来的建设，已经竖立了百年大计，奠定了复兴的基础。本人对此，十分感奋，谨致甚深之敬仰。

我国自清季失政，国势不振，海外侨胞，到处受人歧视，不能扬眉吐气，为日已久。自我抗战以来，世人见全国上下并力御侮，打击扰乱世界和平之倭寇，迭获胜利，不唯捍卫我国土，且为保障世界人类之安宁，拥护公理正义，尽其最大之职责。于是世人视听，一变旧观，对我侨胞，渐加敬重。我侨胞至此，得与世人比肩抗衡。此皆深受我全国同胞奋勇抗战，致使国际地位继长增高之所赐。本人对此，更加衷心感激。惟是各国对我侨胞待遇，尚沿以前旧例，苛刻不合理之处，有待改正者甚多，尚望政府采纳侨胞公意，从速分别向各国交涉修正。这是本人诚恳请求者，务请政府切实办理。

我侨胞远处海外，散在各地，而关怀祖国，则无时或间，虽则各有职业牵系，不能亲身返国，以与全国同胞共赴国难，而爱国热忱，则与国内同胞毫无二致。我侨胞数年以来，出其血汗所得，源源贡献于祖国者，为数确实不赀。已往如此，今后益当奋勉，以期内外协力，共建我复兴民族之大业。

本人此次参加大会，得聆我领袖"解决日本事件"之重大训示，极为感动，得聆我政府当局所提出的各种详尽翔实之施政报告，及本会同仁热忱谋国之伟言谠论，衷心十分安慰。在此大会十日之间，我们议决了许多重要议案，对于外交、财政、军事、实业等等方面，俱有切实可行的建议，以贡献于政府。同人等在审查会中，在大会中，大家开诚相见，热烈讨论，往复熟商，务期于周密详尽，折衷一是。凡所决议，悉以抗战建国之最高目的为依归，绝无偏狭之见，意气之争，存乎其间，充分表现了我抗战时期上下一致团结御侮之最高精神，本人对此，觉得我国家我民族前途，实有无限光明。本人于休会之后，重赴海外，必当以目睹国内同胞艰苦抗战及奋励复兴之实况，尽量宣扬于侨胞，俾其对于国内情形格外明了，坚定其信心，巩固其团结，益尽其力贡献于祖国。本人尤望我国内同胞，贯彻始终，再接再厉，实现最后之胜利，快睹建国之完成。本会蒋主席勖勉同人各点,同人自当敬谨接受,精诚团结,一致努力,完成抗建之重大使命。

本人返国未久,观察多有未周。今天当本会会议圆满完成之休会式,承诸同人公推发言,率尔致词,如有未当之处,尚祈本会同人多与指教。最后敬祝中央政府各位长官健康,敬祝本会主席团及全体同人健康。

(原载《国民参政会第二届第二次大会纪录》,国民参政会秘书处编印,1942年9月)

8. 休会期间驻会委员会委员名单

孔　庚　　褚辅成　李中襄　黄炎培　杭立武　高惜冰　邓飞黄
范予遂　董必武　陈博生　沈钧儒　许孝炎　冷　遹　江一平
李　璜　陶玄林　虎　童冠贤　刘　哲　许德珩　张　澜
李仙根　麦斯武德　王启江　梁实秋

(原载《国民参政会第二届第二次大会纪录》,国民参政会秘书处编,1942年9月)

(二)促进民治,加强抗战力量
——会议重要议案

1. 提案目录

一、关于一般者

(一)(民国)三十一年度政府对内对外重要方针　　　　　　　政府交议

(二)促进民治与加强抗战力量案　　　　　　　　　　　　　　主席团提

(三)在美日谈判紧要关头,总裁所示"解决日本事件"之基本原则本会应一致拥护,并电请罗斯福总统注意,以表示我国国民之坚决立场案

陈复光等提

（四）请大会决议，拥护蒋委员长最近"九一八"宣言，以重申我全民抗战最后决心案　　　　　　　　　　　　　　　　　　　　　张一麟等提

二、关于军事及国防者

（一）为加强兵役推行，请缩减缓役范围，修正兵役法令，并极力倡导有丁出兵，以裕兵源而利抗战案　　　　　　　　　　　　　　孔　庚等提

（二）拟请政府将川省（民国）三十年度欠拨兵额，移于明年按月征补，以充实抗战力量而免粮政治安发生重大影响案　　　　　　朱之洪等提

（三）请提高士兵待遇、厉禁走私以严军纪而励志气案　　王卓然等提

（四）整饬征兵练兵办法及改善士兵生活以固国防基础案　张之江等提

（五）请政府对师管区征送新兵同样发给现品，俾维健康而免逃逸死亡以保国力案　　　　　　　　　　　　　　　　　　　　　　胡若华等提

（六）请设置东北战区并充实辽吉黑热四省政府实力案　　莫德惠等提

（七）请中央政府令辽吉黑热四省政府派员招致东北伪军案　王寒生等提

（八）请将抗日伤残之消极抚恤改为积极抚恤，大规模的对于二、三等轻伤军人施以技术训练，俾其独立谋生而免国家无限之负担案　　张之江等提

三、关于外交及国际事项者

（一）请政府迅派员指导南侨总会一切会务，以促进侨胞团结增加抗建力量案　　　　　　　　　　　　　　　　　　　　　　　　胡文虎等提

（二）请转咨政府向美国交涉改善美国华侨待遇，以示政府德意而利侨务案　　　　　　　　　　　　　　　　　　　　　　　　　谭　赞等提

（三）正式承认自由韩国临时政府及独立阿比西尼亚王国案　陶行知等提

四、关于内政事项者

（一）改善各级公务人员待遇以增行政效率案　　　　　　黄同仇等提

（二）请政府改善公务人员待遇，并统一待遇标准，实行同级同薪、同工同酬，以增进工作效率案　　　　　　　　　　　　　　　　席振锋等提

（三）依照平等原则，改订文武各级待遇及提高士兵给与案　黄范一等提

（四）请提高警宪待遇严肃警纪以巩固地方秩序案　王卓然等提

（五）请政府严格整饬军令、政令，实施一切统制方案，俾加强全国人力、物力、财力之集中，以争取最后胜利案　　　　　　　　　胡文虎等提

（六）请政府严格执行《抗战建国纲领》，根绝一切违反三民主义之理论及行动案　　　　　　　　　　　　　　　　　　胡文虎等提

（七）拟请中央甲：迅速成立各省临时县参议会，乙：修改及补充已公布之（一）《县参议会组织暂行条例》；（二）《县参议员选举条例》；（三）《乡镇组织暂行条例》；（四）《乡镇民代表选举条例》案　　　　马景常等提

（八）请行政院督促各省建立县以下各级民意机关，并令各省省政府派员指导乡民行使选举权、罢免权，以期实现民主监察制度廓清积弊案

　　　　　　　　　　　　　　　　　　　　　　　　褚辅成等提

（九）整饬禁政，肃清烟毒，以利抗战建国案　　　　冷　遹等提

（十）请政府督促禁烟主管机关彻底检讨施禁经过，加强机构扩充，禁烟经费，并继续组织烟毒检查团，用期早日肃清余毒案　　　马　亮等提

（十一）请政府依照本会第一次大会决议及国防最高委员会决议先后通过之调整卫生行政机构案，将中医委员会改隶内政部以符合《国民参政会组织条例》之规定案　　　　　　　　　　　　　　　孔　庚等提

（十二）推行公医制度以解除民众疾苦案　　　　　李中襄等提

（十三）请政府增设并加强各战区省份农贷机构以苏民困案　吴锡九等提

（十四）请剋日厉行裁并骈枝机关，节减不急政令，以节约人力、财力、物力，充实军事需要并增进行政效率案　　　　　　　　张九如等提

（十五）强化监察制度以肃官邪案　　　　　　　　阳叔葆等提

（十六）拟请统一恤政并调整抚恤机构案　　　　　　卢　前等提

（十七）请政府筹拨经费增建市民疏散住房，加修市郊道路及两江便桥，以利交通而便疏散案　　　　　　　　　　　　　　丁基实等提

（十八）积极实施《土地法》之规定，厉行保障佃农政策，以增益农产案

　　　　　　　　　　　　　　　　　　　　　　　　李中襄等提

（十九）积极实施土地政策，改革租佃制度，以期根本解决粮食问题与社会问题案 齐世英等提

（二十）扩充农会经费来源以巩固农会组织案 李中襄等提

（二十一）组织滇缅视察团 黄炎培等提

（二十二）推行国家律师或公设律师，以保障人民福利案 李中襄等提

（二十三）请政府明令各机关不得借故禁用女职员，以符男女职业机会平等之原则案 吴贻芳等提

（二十四）请政府明令警官学校及警政训练班招收女生，以符男女教育职业机会平等之原则案 陈逸云等提

（二十五）请加强沦陷区工作机构及敌后活动以利抗建案 王亚明等提

（二十六）拟请贯彻考试制度，改善考试办法，以广贤路而惠寒士案
陶百川等提

（二十七）高等考试应分省区定名额，以普选人才而宏考试功效案
王公度等提

（二十八）请政府严密监督管理各种民工津贴，以免经手中饱人民嗟怨而惠民工并增加工作效率案 胡若华等提

（二十九）请规定母亲扶助法以保护幼小儿童案 刘蘅静等提

（三十）请政府切实施行提审法案 孔　庚等提

（三十一）请明令对各级参议员尽法保障，以重国家名器而尊民意案
吴道安等提

（三十二）请政府迅即对于言论与研究加强积极领导，修正消极限制，以通民隐而利抗战案 沈钧儒等提

（三十三）设置边民行政机构统筹经边大计，以裕战时人力、物力之资源案 王家桢等提

（三十四）拟请中央设置川康滇三省边区机构，积极经营而利抗建案
马景常等提

（三十五）如何减除民众痛苦加强抗建心力案 黄炎培等提

（三十六）请依照《国民参政会组织条例》第九条扩大调查委员会职权，

以鼓舞民情而利抗战案　　　　　　　　　　　　孔　庚等提

（三十七）请政府恪遵《建国大纲》遗教，加紧推进地方自治，以彻底实现全民政治案　　　　　　　　　　　　　　　　　　胡文虎等提

（三十八）请通令认真推进国民精神总动员工作，振奋国人，俾得迅速争取最后胜利案　　　　　　　　　　　　　　　　胡若华等提

五、关于财政经济事项者

（一）请切实施行统一征粮办法，严厉制止地方驻军各别贱价购粮强夺民食，以纾民困而利抗战案　　　　　　　　　　　孔　庚等提

（二）请策动全国士绅拥护中央既定军粮政策，劝导民众踊跃认购，并竭力协助运输，以裕军事而利抗战案　　　　　　　褚辅成等提

（三）为各省征购粮风弊端百出，苛扰不堪，请政府迅速申明禁令，以纾民困而维系战区人心案　　　　　　　　　　　　梅光迪等提

（四）请严禁湘省非法征购粮食，改善粮政管理，以利民生而固抗战资源案　　　　　　　　　　　　　　　　　　　　　曾省斋等提

（五）河南军粮及征实负担过重，民不堪命，崩溃可虞，请政府速予减轻以维地方而利抗战案　　　　　　　　　　　　　郭仲隗等提

（六）为陕西田赋征实关于军糈民食之调剂，拟请中央兼顾统筹以固国本而利抗建案　　　　　　　　　　　　　　　　　李芝亭等提

（七）平定物价应先改进各事项建议案　　　　　　彭允彝等提

（八）平抑物价案　　　　　　　　　　　　　　　奚　伦等提

（九）控制商业银行游资及发行土地债券，以收缩通货而安定物价案

　　　　　　　　　　　　　　　　　　　　　　　沈钧儒等提

（十）请政府加紧推行节约建国储蓄运动，以吸收游资，发展生产，安定物价案　　　　　　　　　　　　　　　　　　　王志莘等提

（十一）请政府撤销附税征实办法以昭苏民困安定后方案　蒋继明等提

（十二）加强经济统制案　　　　　　　　　　　　齐世英等提

（十三）调整东南各省经济加强对敌经济作战案　　王枕心等提

（十四）请在各战区成立统一强固之经济反封锁机构，专责执行任务，以加强抗战力量案　　　　　　　　　　　　　　　　　　　　黄范一等提

（十五）请政府建立鲁皖交通联络线，以期抢购沦陷区物资而利抗战案
　　　　　　　　　　　　　　　　　　　　　　　　　　吴锡九等提

（十六）发展美洲华侨商务以巩固华侨根基案　　　　　谭　赞等提

（十七）为调剂米荒、盐荒，助成盐粮管制，并奖励民间投资生产事业，以裕国计民生案　　　　　　　　　　　　　　　　　　朱之洪等提

（十八）拟请政府改进青海盐政案　　　　　　　　　　李　洽等提

（十九）拟请政府改进青海水利案　　　　　　　　　　李　洽等提

（二十）拟请政府取消印刷品邮费加价以利文化事业案　王枕心等提

（二十一）提请政府节减开支，紧缩预算，免致影响国民经济误及抗战案
　　　　　　　　　　　　　　　　　　　　　　　　　　赵　澍等提

（二十二）请政府增设并加强各战区省份农贷机构以苏民困案
　　　　　　　　　　　　　　　　　　　　　　　　　　吴锡九等提

（二十三）整理西北公路运输局建议案　　　　　　　　钱公来等提

（二十四）请政府改善公路运输以利抗战案　　　　　　高廷梓等提

（二十五）建议改善桐油统制办法以纾民困而利国计案　阳叔葆等提

（二十六）调整矿产收购价格以维生产而利抗战案　　　黄同仇等提

（二十七）请政府切实奖助民营生产事业，调剂资金，减轻税收，俾便增厚物资而裕国力案　　　　　　　　　　　　　　　　　陈石泉等提

（二十八）请政府调整工业建设举办工业仓库，以利抗战建国案
　　　　　　　　　　　　　　　　　　　　　　　　　　孔　庚等提

（二十九）积极开发西康宁属矿藏充实国防资源案　　　王家桢等提

（三十）拟请政府同意粤东粤西盐务机构，以利配销而济民食案
　　　　　　　　　　　　　　　　　　　　　　　　　　陆宗麒等提

（三十一）中央对西北新创办之各种生产机关，应有成本会计统一设计，以免各部门机厂重复，材料价涨，人工流动，器材浪费案　钱公来等提

（三十二）确定平价业务系统慎重人选，切实执行政令，以利民生案
　　　　　　　　　　　　　　　　　　　　　　　　　　孔　庚等提

（三十三）拟请政府以有效方法扶植民营工业，平衡物价案　　陆宗麒等提

（三十四）拟请政府积极开发理汶茂边陲资源，以安定后方民生，充实抗建力量案

　　　　　　　　　　　　　　　　　　　　　　　　　陈石泉等提

（三十五）抢修中印公路、康藏公路暨青藏公路，发展国际交通，巩固西南国防，并确保中英联系案　　　　　　　　　　　　王家桢等提

（三十六）粮食部陪都民食供应处迳以糙米供给市民案　　钱用和等提

（三十七）解决粮食问题以济民生而固抗建基础案　　　　张之江等提

六、关于教育文化等事项者

（一）请中央切实增筹国民教育经费以利普及案　　　　马宗荣等提

（二）各地方原有教事专产及其生息不得移作他用案　　马宗荣等提

（三）请切实注意改善小学教育待遇案　　　　　　　　谭文彬等提

（四）请政府提高教员待遇案　　　　　　　　　　　　刘蘅静等提

（五）防止各级师范教育发生"生荒"以利抗建案　　　　马宗荣等提

（六）设立中央儿预学园以倡导幼年社会教育案　　　　陶行知等提

（七）请政府积极推行国民体育，增强抗建力量，树立民族万世不拔之基案　　　　　　　　　　　　　　　　　　　　　　　张之江等提

（八）为建议改国立西康技艺专科学校为国立西康农工学院案

　　　　　　　　　　　　　　　　　　　　　　　　　莫德惠等提

（九）切实施行各级学校训导规章，以树立学风而利抗建案　陶　玄等提

（十）乡镇中心学校、保国民学校校长亟应尽量改为专任案　刘百闵等提

（十一）国民学校、中心学校校长应切实实行专任制，其人才缺乏之地亦应以校长兼任乡镇长或保长，以促进国民教育而实现新县制之精神案

　　　　　　　　　　　　　　　　　　　　　　　　　王公度等提

（十二）现时文物之补充应整理应用整个计划以资恢弘案　张其昀等提

（十三）请政府为出征抗敌军人子女实施职业教育，养成其生产技能以增抗建生产力量案　　　　　　　　　　　　　　　　伍　梅等提

（十四）请增筹战区教育经费，扩大战区教育工作，以维国本而利抗战案

　　　　　　　　　　　　　　　　　　　　　　　　　孙佩苍等提
　　(十五)请政府将河南省立河南大学改为国立案　　徐炳昶等提
　　(十六)改进美洲华侨教育案　　　　　　　　　　谭　赞等提
　　(十七)建议于西安设立商学院,并设置俄文、蒙文、回文、(缠文)藏文各系,以造成边疆商业人才案　　　　　　　　　　马　毅等提
　　(十八)改进中等教育以巩固教育基础而利抗建案　钱用和等提
　　(十九)东北沦陷区教育亟待推进,应请行政院宽筹经费,交教育部切实办理案　　　　　　　　　　　　　　　　　　　孙佩苍等提
　　(二十)化除青年烦闷,发挥青年精神,以保全民族元气而增加抗战建国力量案　　　　　　　　　　　　　　　　　　　陶行知等提
　　(二十一)请政府鼓励私立学校加强人才培养,以巩固民主基础而利抗战建国案　　　　　　　　　　　　　　　　　　晏阳初等提
　　(二十二)加紧学校军训,强调尊师重道,以利抗建案　陈希豪等提
　　(二十三)请政府提倡国术体育以健身强种而固国基案　张之江等提
　　(二十四)为挽救目前教育危机,请政府增加教育经费,改善教职员待遇及学生生活,以便培养人才而利抗战建国案　　　　萧一山等提
　　(二十五)学校军训制度应予修正以利抗建案　　　魏元光等提
　　(原载《国民参政会第二届第二次大会纪录》,国民参政会秘书处编印,1942年9月)

2.促进民治与加强抗战力量案

大会主席团提

　　查宪法之制定与宪政之提前实施,原为政府多年之主张,亦全国人民之期望。兹参酌本会同人历来所表示之期望,对于民治之促进,与抗战力量之加强,仅提出左列四项办法,敬请大会公决:
　　一、请政府依照既定政策,在致力抗战之过程中,一面加紧促进地方自治,一面确定于抗战终了之时,即召开国民大会,制定宪法,俾宪政得以早日实现。

二、战时民意机关之组织与职权，应请政府考虑适当方法，俾益加充实，以树立宪政基础。

三、建国工作逐渐开展，各方建设需才至殷，应请政府明令各机关，今后用人，务广揽各方贤才，以力践"天下为公"、"选贤与能"之遗训。

四、人民诸种自由，当予以合法之充分保障，《抗战建国纲领》业已明白规定，应请政府明令各级执行机关特加注意，俾人民之一切合法自由均获维护。

（原载《国民参政会第二届第二次大会纪录》，国民参政会秘书处）

3. 请政府迅即对于言论与研究加强积极领导，修正消极限制以通民隐而利抗战案

沈钧儒等提

理由：

广开言路，为自古以来国家求治之要道。在近代民主国家，政治已由庙堂而扩大至于全国，故言路亦已由一臣一君间之关系而推广为全国人民与政府之关系。国家欲使人人皆有向政府进言之路，则不能不使人人皆有自由贡献意见之机会。且国家苟欲为全国人民谋福利，则其所应求得之意见，必非少数个人之意见，而为大多数人民之意见或全国各种不同意见切磋争辩之结果。故人民贡献意见，尚必须有公开讨论与集体研究之机会。此种机会在一般民主国家即所谓言论、出版、集会、结社之自由。

我国每有人士有意或无意误解人民自由之用意，以为其目的专在方便个人，使人人得以肆言纵行，取快一时，因而以人民自由与国家民族之利益相对立，以人民自由与抗战之需要相违反。殊不知一般宪法之所以保障人民自由，正为欲增进国家民族之利益，其意在使人人皆能发挥其优点因以促进社会之进化。此为各国学者之所早已举述，一般稍习宪法学程者之所耳熟能详。即就本会而言，王秘书长世杰亦早在其所著《比较宪法》一书中，于畅论人民自由之重要时，予以指出。

人民自由在平时为重要，在战时为尤甚。我以半殖民地之国家欲最后战胜帝国主义之日本，必使全国人民发挥其最高之力量，而欲使全国人民发挥

其最高之力量，实必须予人民以充分发表意见之机会，使其一切愿望与需要能得相当之适应。此理实至显明，故中国国民党政纲对内政策早有确定人民集会、结社、言论、出版、居住、信仰自由权之规定，抗战建国纲领又有对于言论、出版、集会、结社予以合法之充分保障之明文，本会蒋主席在本会第一届第三次会议闭会词中复有人民如不能积极参加政治，即不能造成强固国家之指示，本会第一届第四次会议更有召集国民大会制定宪法，实施宪政之决议，中央且旋即有积极筹备之决定，本会本届第一次会议宣言并以政治民主化列为当前急切要求。人民自由为民主政治之最低要求与基本条件，而民主政治则为建立强固国家，取得抗战胜利之无上保证。人民自由之重要，岂不彰彰明甚！

抗战愈久则胜利愈近，而困难亦愈多。目下粮食、物价、运输等各种最严重之问题，其本身虽皆属经济问题，而其关系实无一不为政治问题，非借全国人民之力，不易求得根本之解决。改进政治机构，加强民主政治，实为解决此各种严重问题之根本方案，而保障人民言论、出版、集会、结社等自由实为解决此各种问题之最初步骤。故在今日而反对人民自由，实无异昔日之反对广开言路，其为害何堪设想！

人民自由，不仅于我抗战为重要，即世界大战中各民主先进国家，亦莫不加以特殊之重视。罗斯福总统在六月间之炉边谈话中即已将其重要性郑重指出，且谓言论自由如不存在，则一切自由皆无意义。苏德战事发生以后，英美两国政府对于加强民主，改善民生于争取战争胜利之必要，尤有充分之认识。罗斯福总统于十一月七日在国际劳工大会之演说更强调指出："各国倘不能推行开明之社会政策，则人类之真正自由难以实现。……在今日大战争之要旨所在厥惟人类应享受自由，毫无例外。"英美一般政论家及报纸刊物尤以最广大之呼声主张政府应迅速加强民主与改善民生。兹任举一例，即如英国名作家浦利斯脱莱（S. B. Priestley）在美国势力极大之《生活》杂志上发表《新不列颠》一文，内称："吾人应有目标与计划，吾人应创造一活生生的民主政治，不待战争结束以后开始，而即在此时此地开始，此实有绝对之必要。"该杂志介绍此作家时曾特别指出："浦利斯脱莱氏经过其最近无线电广播之言论,已成为一民族势力,多数观察家认为,其势力之大仅亚于丘吉尔氏一人而已"(见该杂志本年五月十九日之一期),其主张之确足代表民族要求,可以想见。由上所述,可知加强民主之要求,实已成为今日世界广泛之潮流。

环顾我国国内,其情形亦正相同。领袖、政府及参政机关早已倡导于前,如上所述,民间舆论又热烈要求于后,各党各派,亦莫不一致恳切主张。最近中国民主政团同盟发表宣言,复明以实践民主精神,及保护合法之言论出版集会结社列为对时局主张纲领。可见保障自由,加强民主,已成为全国上下最大多数人民之要求,迅速予以充分之实现,除能直接促进最后胜利外,尚可立收加强全国统一团结之实效。

国内向固不乏反对人民自由者,或谓抗战要求人民之意见一致,而倡导人民自由,有使人民流入涣散纷歧之弊,故于抗战为不利。殊不知抗战之所要求者,乃人民意见之真趋于一致,而非人民言论之故作相同,更非人民之缄口不言。后者乃限制人民自由之当然结果,实于抗战为绝对不利,反之保障人民自由,则可使人各尽所欲言,言各得其评价,如此切磋争辩,方能见说服感动之效,收意见一致之功。至言论行动之违犯法纪者,则自有刑法足以制裁,本不在保障范围之内,其发生之可能不足以构成反对人民自由之理由,可不待言。或又有人恐言论苟得自由,则国是将难确定,殊不知言论自由之目的,乃在求得真理与真情,人之言论而是,则我将从之惟恐不速,人之言论而非,则我正可利用其发表之机会,而加以根本之克服,我依国父遗教立言,自可无攻不破,将惟恐人之不言,决不惧其以伪乱真也。

就上述各种理由而论,切实保障人民言论、出版、集会、结社之自由,在抗战已进入最严重阶段之今日,实已刻不容缓,决无丝毫流弊。为此拟具对于言论与研究加强积极领导与修正消极限制之办法,敬希政府迅予实行。办法:

一、加强对于言论与研究之积极领导:

(一)加强或设立机关团体,以研究抗战建国之理论与实践,并经常发表指导文书及参考资料,广泛传播。

(二)编印最完备之国父遗教全集广泛发行。

二、修正对于言论与研究之消极限制：

（一）废止关于审查图书杂志之一切规章与指示，另定规章，专以防止敌伪汉奸之利用为目的。

（二）修正关于检查报纸之一切规章与指示，其目的与上同。

（三）废止关于限制集会结社之一切章则，除刑法已有制裁外，警察之行动范围，以防止敌伪汉奸之利用为限。

（四）修正关于限制学校师生以言词或书面研究与讨论之一切指示，另行指示，专以防止敌伪汉奸之利用为目的。

（五）纠正不经司法程序，而封闭书店、扣押书籍等妨碍出版事业之行动，使之恢复原状。

再有附带提议者：钧儒在本会第一届各次会议中曾有保障人权、身体自由之两次提案，均经本会决议通过，政府公布施行。而至今妨碍身体自由之事件，仍层见迭出，不胜枚举。兹因该项问题与上述各种自由有至密切之关系，特再附带提出，应请政府迅予注意，将上述两次决议查案通令切实执行。

（原载《国民参政会第二届第二次大会纪录》，国民参政会秘书处编印，1942年9月）

4. 如何减除民众痛苦　加强抗建心力案

黄炎培等提

战争本属痛苦之事，抗战事非得已，痛苦尤属当然。全国民众既不愿屈服暴敌，又不愿横受屠杀，则困抗战而受痛苦，自所甘心。五年以来，民众对抗战无怨言，即此心理所表现。但近来发见种种现象，或为非必要之痛苦，或且进而为不堪受之痛苦。则既有伤珍贵之民力，且恐予影响于民心。国民参政员顾名思义，己身本一国民，对象一惟国民，所代表亦为国民政府设参政会方以民之喉舌相期，吾人何可不以知无不言自许。况在全国所拥护的国民政府之下，共立在全民所信仰的三民主义之前，今民众既有非必要，或且不堪受之痛苦，知而不言，在己为失德，在公为失职。本席自来后方，各地奔走，未敢自逸。兹掬近顷所闻所见所接触之事实，胪陈如左：每述一种现象，随提一种办法,以冀当局采行。一般民众,受到物质上之痛苦,当然以公务员与教育界为最甚,政府早已设为种种救济方法,然尚不够,行政人员亲对本席言,初时仅低级职员感受生活压迫,其后渐进于中级,今则虽各部司长阶级,亦感不易支持。盖司长月俸不能超过千元,而以彼之身份,一家试以五口为标准,千元竟无法维持,大学教授通常月薪,不能超过四百元,而就本席亲知,极节约之生活,亦非千元不办。盖食米仅居其一端,所苦在一般物价之上涨,至中小学教员,其苦更可知矣。此仅指陪都(今年六月零售物指数一四九六·五)成都(同上一五〇一·九)及其附近而言。滇省就所知大同小异,黔(同上一〇二一·四)、桂(同上八五七·九)等省略平。然即此已足使人焦虑。兹拟办法:

一、政府对公务员及教育人员一方就可能范围予以救济,一方认定仍须把握物价上涨之主要原因,力求有效之制止。

其次,试述一般劳动者现象,就陪都市上占最多数之车夫轿夫,究其生活状况,一车两人合拉,每人半天可得八元至十二元,车租每日三元,在家办餐,每人四元至五元,如一家三口,已感艰苦。尚须担任修车费,并须受训,遇到国民兵团,或消防队操演,尚须费去若干食力时间(四川省银行有贷金购车办法,令车夫分月还本,大为劳动界所欢迎,惜因空袭停止)。轿夫每日二人可合得十余元,但须临时购食,每人每顿三元,日九元,轿租日一元,则已无所余矣。此皆本席亲问过车轿夫每种五人所得之公共答案。至论乡村劳动者,在巴县四乡,一夫一妇,能租地二三十担(此间以担为单位),则除大春十之八归地主外,其十之二连同小春所获,以及猪鸡鸭等家畜所入,勉可自给。但租地如少于二三十担,人口如多于一夫一妇,生活便大成问题。近年物价上涨,中等农家仅沾小利,其不足者仍感不了。获大利者,则地主耳。此为本席亲得之巴县农村者。此虽仅属一斑,恐各地大同小异。政府将实行民生主义,兹拟办法:

二、政府宜继续努力施行劳动界福利事业,并尽力平亭地主与劳农间之利益。一面仍须把握物价上涨之主要原因,求有效之制止。

所谓物价上涨之原因,当然相当复杂。而通货发行之增加,自属主要。

此其关系,虽非全受事实上之影响,却已大受心理上之影响。只须心理受到影响以后,每人售出时少售些,购入时多购些,供求上价格上立起变化,而况有权有力者起而投机。就陪都言,我所确知,市上药品不多,而囤有大量药品者不少。布匹太缺,而囤有大量布匹者不少。举此一地一物,可概其余。中央及地方政府对此现象,亟从统制下手,冀收成效,迄于今日,成效未见,而流弊孔多。弊之最大,莫如无权无力者,因统制而受法外之欺压,有权有力者,反因统制而助长其投机之行为。本席认为,所谓管理,所谓统制,不外两法:其一,物有来源者,必须就其源头,握定数量,然后控制价格,政府一手掌物,一手掌钞。放钞收物,则价立贵;放物收钞,则价自平,所谓"以有制无"是也。其二,如来源缺乏,或竟断绝,则惟有从多寡上,或竟从有无上控制消费。所谓"均无贫","不患寡而患不均"是也。因此,欲行管理,(一)必先统计准确。(二)必须统筹全局,不得各自为政。(三)执行必须严正公平,任何豪强,皆须接受同等管理。此三者,实为铁则,依此三则,执行二法,欲物价之平,非不可能。至如何利用外汇之增加,使影响于物价之稳定?如何增进日用必需品之内运,如何取得通货回流之实效,愿俟专家提供意见。此时希望于政府者:

三、政府应就上开三原则之下,来取"以有制无""以均治贫"之法,以执行管理物品。

欲从多寡有无上控制消费,同时必须倡导节约生活。节约须从特殊阶级始,政府最高领袖,亦既以节俭朴素昭示民众,民众亦正无力奢侈。其奢侈者,社会中一种特殊阶级耳。如尽节中西餐馆豪贵筵席之资,以养市上饥民,可使全市无乞丐。如尽节郊外豪贵往来汽车所用之油,以充公共汽车之用,可使平民无徒步。政府诚欲实现,亦正不难,请行下列两法:

四、政府宜极度重征筵席税,以此收入,大量增设极度廉价之平民食堂。

五、请最高领袖下令,各机关首长,既由政府给予公费,所有汽车汽油等费,一概不予报销。而以节余之交通用具及其燃料,充实公用交通。但各该机关公用之汽车,其用费仍得报销。

至于一般民众所感受之痛苦,莫过于基层机关压迫敲诈。虽其间亦有贤良,实居少数。官吏之贤不肖,与其职位之高下,几成正比,此为本席前年视察川康与服役川南所得之实况,其他各省大致相同。自施行新县制,举办行政人员训练,其中亦有贤良,而风气所构成,政府之良法美意,其一部分竟为土劣进身之路,于是昔称灭门县长,今乃有灭门乡长之称,受毕训练,以取得资格,组同学会,以互为声援,地方欲控诉而无从,长官欲撤惩而不得。禁政、役政,皆为敲诈之资,如获特别奥援,则更使道路侧目。各地虽不尽如此,而此类实属不鲜。例如兵役,三平原则之实行与否,大成问题。忆(民国)二十九年"一二八"本席参加四川泸县征人家属慰劳会,在座宴饮者,皆征人家属。演说毕,家属代表某叟答复,称我有三子,皆已从军,第四子二年后及龄,如抗战未了,势在必去。为国家牺牲,决无异言。惟今日做主人之绅士先生家子弟,何以不去?闻者悚然。民众心理,一斑可见。凡此地方种种问题,本席身亲目击,尝百思其解决之道,认为根本救治,惟有从速实行国父中山先生所主张之地方自治。盖官为民谋,即使清白乃心,终不如使民自为谋之尤亲切也。鄙见如下:

六、政府宜从速明令规定县参议会组织暂行条例、选举条例、乡镇民代表选举条例之施行日期,务于(民国)三十一年一月起,分别成立县各级民意机关,实行民主监察制度,在执行选举时,省派员监督之。

学校青年,从彼等不断地通讯或谈话中,知其苦闷之所在,举其重要,计得两点:(一)文化食粮之饥荒,日甚一日。青年修学,既达相当程度,如人胃欲正强,而无以果腹,乃至肠鸣。大概内地小学生要求不尽强烈,大学设备,或比较的尚能苟有,最难堪者,中学生耳。尤有一点,彼辈所欲者夺之,所与者不尽合彼之所欲,此不惟量的问题,而尤属质的问题矣。本席尝取陪都各家报纸,统计其内容,雷同者得百分之八十四以上,如移一部分编辑人才于编辑青年欲读之书,而以一部分之纸供其刊布,岂非两得,因此希望于政府:

七、政府宜尽力从事于内地青年读物之供应,并注意调节。对读物之内容,务求正当而合于读者心理。凡合此标准之读物,应尽量予以方便,使之流通,勿加限制。

青年尤感苦痛之一点,则为语言写作,行动之过分约束,勿任自由。原来政府为防止敌伪,与危害国家民族之活动,随处加以注视,本属不得已之举,惟政府只禁止青年勿得走某一条路。至于某一条路以外，未尝不听其自由，以顺人情。而地方执行机关，或曲解上意，过用职权，对青年一切行为，加以严重之监视与拘束，发一语，写一信，乃至购取一书一报，动辄触嫌得咎，于是天真烂漫，意气蓬勃之青年，遭此激刺，弱者流于卑鄙阿谀，以求苟全，强者思想横决，无以自制，或则志气颓唐，不能自振，总之，青年精神上之摧残，即是国家根本上之损失，而实非当局初心也。其在技术名家，或专门学者，政府鉴于后方各地需要之迫切，有勿使远离之表示，然而欲去者仍千方百计以求去，未来者反徘徊观望而不来，求亲而反疏，求聚而反散，又岂当局本意。

八、今后政府宜明令切戒所属，除防止敌伪，与危害国家民族之活动以外，宜寓严正于宽大，予人民以法律所容许之自由。

以上种种，凡以胪陈，皆据事实，凡所建议，纯出至诚。吾民众亦既有忍痛茹苦，争取必胜之决心，吾政府亦自有己溺己饥，勤求民隐之美意。本届大会开幕，蒋主席致词，有"敌方军民自感茫茫，急求生路，在我更不能不自己警惕，自己振奋"等语，尽我可能，为人民减少一分痛苦，即为国家保养一分元气，元气多保养一分，即胜利快到临一步。

（原载《国民参政会第二届第二次大会纪录》，国民参政会秘书处编，1942年9月）

（三）团结一致　抗战到底

1. 本届参政会的任务

重庆《中央日报》社论

第二届国民参政会第二次大会业于昨日开幕。委员长于开会词中，对于国际形势的检讨，特别周详，而判断亦特别深刻，值此时机，尤足重视。自国民参政会创设以来，每次开会，皆有其当时所特有的环境，及其所应当重视的事件。必须对于特有的环境，有透彻的认识，始能决定适当的政策，协助政府解决困难,向前迈进。我们如检讨参政会在过去三年间所决议的事项,便知道其在每一时期,皆有其特殊的表现,故对于抗建工作,贡献甚大。如第一届第一次大会举会一致拥护抗战建国纲领之决议,使世界对于我国因此皆有正确的认识,知道我们四万万五千万同胞一心一德,在领袖领导之下,争取胜利,争取生存,争取自由与独立。又如第一届第二次大会设置川康建设期成会之决议,对于建设后方,开发西北,裨益甚多。又如第一届第三次大会严词痛斥汉奸傀儡,于申大义,正人心,有莫大的效果。凡兹所举,皆足以证明参政会克尽其所应尽的任务,故为内外所重视。

当国家对外作战之际,即素称孕育民主政治的国家,亦往往为适应战时需要,不得不对于民主制度为或种之修正。议会授权政府,使其对于变幻莫测的时局,有充分应付之权限,而后始不至贻误戎机,败坏国事。国家在战时所迫切需要的,莫过于政令与军令的集中与统一。政令与军令能密切配合,然后政与军始不脱节。政令能集中统一,是军令的集中统一的基础。而军令的集中统一,是政令的集中统一的结果。此次法国的失败,论者只知其为军令的不集中不统一所致,而不知其军令所以不集中、不统一的原因,乃由于政令不集中、不统一而来的。我们要避免法国的覆辙,则对于政令的集中统一,必须尽最大的努力,以求其彻底实现。民主国家对于民主制度不适于战时者,必加以若干修正,诚非得已。我国独于抵抗外患正酣之际,对于奠定民主政治的基础,反较战前有进一步的建设,此在世界政治史上不能不谓为特例。我们知道,我国正向民主大道前进,惟尚未达到我们所理想的民主政治境地,无庸讳言。但在抗战时期,尚能于艰难困苦之中,排除一切障碍,确立民主政治的基础,使在过渡时期之内,培育民主的机构得以实现,而且获得试验的机会,则战后所悬以待成的民主政制,必可如期完成,毫无怀疑余地。我们于奠定民主基础之中,不忘配合战时需要,不但使政令与军令不至对立,甚或乖离,而且使政令与军令融为一体,以政令的集中统一,巩固军令的集中统一,以军令的集中统一,保障政令的集中统一,这就是我们四年半愈战愈强的原因;也就是我们必能获得最后胜利的保障。因此,我们联想本届参政会大会所应该特别注意的第一件事,是如何使政令更加集中与统一问题。

本届参政会所应该特别注意的第二件事,是检讨国际形势,研究如何使反侵略阵线更加强化与一致问题。自欧战爆发以后两年间,国际局势的发展,日趋于我有利,是极显然的事实。我们的敌人已陷于四面楚歌的绝境,也是任何人也看得见的。我们友邦所给予我们的援助,无论在精神方面,在物质方面,在技术方面,在金融方面,或是在军事方面,都有极大的效果,这也是举世所周知的。在过去数年间,彼此虽同具有反侵略的信念,惜无切实的联系,所以侵略集团得实施其各个击破的战略。在最近一年间,反侵略国家的看法虽日趋一致,惟对于战略的统一,资源的共用,外交的联系,经济的互助等等基本问题,有待我国努力者不少,所以我们希望本届参政会对于加强反侵略阵线的具体方案,应有所建议,不独因此可以策动政府加紧工作,而且可以唤起友邦注意,使整个反侵略的斗争,得以顺利得到全面的胜利。

本届参政会所特别应该注意的第三件事,是对于战时经济问题,应有具体而且切实可行的方案,提请政府实行。历届参政会对于战时经济问题,皆有建议,但其内容,或嫌过于抽象,或嫌限于原则,其中虽不无数有具体建议者,而政府是否实行,或于实行之后,得何结果,皆未曾有严密的检讨。战争时期愈久,经济问题愈重要。从世界战史而言,战争愈近结束之时,经济问题亦愈困难,是古今中外的通例。如何突破这种难关,是争取胜利的关键。我们相信,我国战时经济问题比较简单,只要有适当方案,而且能够彻底执行,一切难题,皆可迎刃而解。今日所遭遇的种种难题之中,有许多是由于无通盘筹划的弊病所发生的,稍加整理,即可消除,即是有二三比较复杂的难题,亦非绝无解决方法的。但在解决之时,必须人民切实了解政府的意旨,自动地协助政府,始易于收效,故参政会果能看到这点,在政府与人民之间,尽其解释劝导的责任,则事半功倍,不但命令立可推行,而且效果立可表现。经济问题决非一纸命令所可解决的,必须有切实的方法,严密的统制,彻底的合作,才能消除意外的阻力,无谓的争论。除了参政会之外,更无适当的机构可以负得起这种重大责任。首定方案,再谋推动,这是必要的步骤。

本届参政会如能就上述三点,有切实的建议,则第二届参政会的成就,必不亚于第一届参政会,不独政府对于参政会必更加强其尊重的信念,即民众对于参政会亦必更加强其信任的心理,这是奠定民主政治所必要的基础,我们相信参政诸公必有同感的。

(原载1941年11月18日重庆《中央日报》)

2. 民主宪政与抗建

重庆《中央日报》社论

国民参政会此次开会,正值敌人进退维谷,故作盘马弯弓姿势,而反侵略阵线则正加紧合作,共谋制裁之际,故具有特殊的历史意义。敌国临时议会亦恰巧于此时召开,两相比较,相去不啻天壤。我则光明磊落,民意集中,彼则惨淡消沉,实同傀儡。暴日议会虽历时五日,但其唯一任务,即在通过内阁所提三十八万万日元之增加军费案,余则不过应景点缀,无关宏旨。议员官泽稍有论列,即被迫辞职,其他一切,可想而知。至于我国,各方贤俊,荟萃一堂,和衷讨议,成绩斐然。计自开幕以来,瞬已十日,听取政府施政报告,检讨议案实施成绩,更复展舒意见,贡献办法。一方面"知无不言,言无不尽",再方面"精诚团结,风雨同舟"。此种集中全国意志,发扬民主精神之表现,值得我们敬佩。

集中全国意志,发扬民主精神,的确是参政会最大的使命。而此次的收获尤为特别珍贵。我们愿乘今日参政会闭幕之期,指出其最大的收获,以告国人。昨日午后参政会大会通过主席团所提出的四项建议案,其一:"在致力抗战之过程中,一面加紧地方自治,制宪定法,俾宪政得以早日实现。"其二:"战时民意机关之组织职权,应设法益加充实,以树立宪政基础。"其三:关于用人,"务广揽各方贤才,以力践天下为公与选贤与能之遗训。"其四:"人民诸种自由当以合法之充分保障。"故《抗战建国纲领》,应特加注意。此四大决议,合而言之,就是加紧努力,准备实施民主宪政。

民主政治原为国父所毕生致力之遗教,亦为国民党一贯之主张,蒋委员长亦曾屡有昭示,希望其能早日实现。无如暴日入寇,抗战军兴,使"卢沟桥事变"以前所惨淡起草之宪法草案,及功亏一篑之国民代表大会,不得不暂行搁置。然而我们自抗战以来,朝野上下,对于提早实施宪政,仍是不断努力。

本来任何国家,一值战争,便需权力集中,行动迅速,对于平时的传统民主政治,无不迫于时势,略加修正。因苟不如是,不足以应付非常,克服艰危。例如当初罗斯福总统解决美国当前的经济恐慌,一切重要议案,均出其左右之手,而不出自国会。但此对于美国的民主精神与民主政体,丝毫无损。遭遇经济恐慌尚且如此,何况遭遇抗战!而我国对于实现宪政的努力,初不因抗战而稍懈,处处筹划,着着准备。今抗战建国为我们当前的国策,建国是建设现代国家,建设三民主义的新国家。所以不特在中央设置国民参政会,并且在各省市设置参议会。今则法规早已颁布,各县将有其乡镇民代表大会及保民大会。此种基层之民意机关,在抗战时期,既可收集思广益的功效,在胜利以后,亦即奠实现宪政的基础。回忆第一届国民参政会第五次大会,早有召集国民大会,制定宪法之决议,只因全面抗战,戎马倥偬,若干地方交通阻梗,行旅艰难,故此时召集国民大会,实为事实所不许。我们深信国内外有识人士,一定承认我们朝野上下于抗战期中,对于树立民主政治基础的努力,实在是"有过之而无不及"!

昨日参政会所通过的议决案四项,是准备实施民主宪政的南针。我们相信中央必乐于采纳,同时我们更相信全国人士,也一定努力协助。真正的民主,良好的宪政,不在形式而在精神,不在虚名而在实质。例如投票选举是民主政体的必要工具,但仅仅投票选举,未必即能构成真正的民主政体。试看,德意与日本,他们均有投票选举,但他们何尝有民主的精神与实质?因此,实施宪政,固然先要宪法,然而一纸宪法并不就是宪政。民主政治的成败系于民众有无信仰,苟无深入人心的信仰,更不能养成社会的风气,更不能培育良好的习惯,必须有培育有训练,始能使人人对于民主政治皆知,躬行实践,以身作则,感化他人。故民主政治须赖有民主精神,而民主精神则须养成于宪法尚未制定以前,而后宪法乃能行之有效。

复次,要民主成功,理应自下而上。基础不固,等于空中楼阁。换句话说,地方自治是民主宪政的基石,英美民主政治之所以根深蒂固,历数代而弥光者,全因其地方自治有悠久深长的历史;法国大革命后所以三次复辟,九易宪法,历百年而始成立共和者,即因地方上本无民主精神。养成民主习惯,提倡民主风气,应当特别努力。

总之,我国实现民主政治,是中央一贯政策,有其必然性,目前的抗战固然是实现民族主义,但彻底的民族主义,一定尊重民权。同样的,实行民主主义,亦必以确立民主政体为其有效保障,今日第二次世界大战,为反侵略的民主国家抵抗侵略的反民主国家。此非偶然的现象。一国果实行民主,必不会向外侵略,故全世界如均为民主国家,则"永久和平"亦即有望。我们中华民族当然愿意维护永久和平的一支柱。

(原载1941年11月26日重庆《中央日报》)

3. 参政会别记(节录)

《中央周刊》述评

此次参政大会作风大变,三年来六次大会之注意力俱集中于党派问题及民主政治问题,每次大会最精彩之表演,大概不出下列公式:各党各派要求结束党治,国民党主张在战时维持党治;各党各派要求政府承认党派地位,国民党以为应待宪政开始后再谈未迟。因此,党派问题争之不已,故参政会对于政府之报告,民间之疾苦,反多不甚注意。此次因国难严重,党派问题入于休战状态,全体参政员之精力,俱集中于一般庶政问题,而对财政、物价、粮食、交通等尤为关心。政府代表每次报告后,参政员之询问案有时竟使政府代表窘于作答。说者谓参政会之威望从此愈高,官吏之作风亦可因之改善,而民主政治之基础亦可望日益巩固云。

留港参政员邹韬奋、梁漱溟、曾琦三人经公私各方邀请出席,不来,说者谓有政治作用。其实不然,邹氏之同志沈钧儒、王造时、史良诸参政员,曾氏之同志左舜生、李璜、陈启天、余家菊诸参政员,固皆出席,且兴致甚好。共党参政员本不出席,但经蒋委员长派王世杰、张岳军代表劝驾后,延安方面亦知团结之重要,出席之有利,故董必武参政员乃翩然莅会。记者一见即趋前与之拉手,并述欢迎之意。

这次国民参政会,集议十天,通过议案一百多件,其最重要者有三:一是拥护蒋委员长"九一八"十周年纪念告国民书,表示抗战到底的决心;二是主席团提议促进宪政增强抗战力量案。这两案都是全场一致通过,充分表现出全国精诚团结抗战到底的决心。又其一是政府交议的三十一年度施政方针。全体参政员对于国民经济及一般生活都很关心,关于这方面的提案也特多。参政会应在国际间政府间以及民间建立威信,这个愿望可说已渐达成,因为它已尽了政府益友之责,民众喉舌之责,而在国际间充分表扬我们全民族团结抗战的精神。

提案处置的办法:是先付审查会审查,再把审查报告提出大会讨论。议决文之最于强制性的是"送请政府迅速切实施行";其次是"切实施行","办理","采择施行","斟酌办理";最薄弱的是"送请政府参考";而等于打消原案的是"本案保留"。保留案提出大会时,往往有一场热烈的辩论,开始于原提案人与审查会召集人之间而遍及于全体。但由审查会决定保留之案,翻案异常吃力,譬如请政府征用大中学毕业生一案,虽经原提案人刘王立明先生反复说明,五六位连署人又竭力辩护,但结果仍以六七票的多数通过了审查报告。足见审查会对于提案,具有七八分的决定力量,而讨论时最后一人的发言,也多少可以转变形势。

这次会场中还有几个特色:第一,逢着林主席训词和总裁演讲,全体都肃然恭听,而林主席训话时全体都站起来,等到训话完毕才坐下。这表示参政员诸君是如何崇敬礼制。第二,每讨论一个案子,大家聚精会神,就事论事,中间看不出丝毫党派及所谓"阶级"的感情。第三,政府的报告,参政员的询问,无不充满了诚恳坦白的精神,政府当局把施政上的优点缺点统统报告大会,大会各本良知贡献政府,双方都没有丝毫的保留或虚伪。第四,最有趣的,每讨论到妇女利益问题时,不仅女参政员一唱一和,甚为尽力,即男参政员亦相率拥护,中国社会上过去重男轻女的习俗,在参政会内一扫无余。总之,参政会充满了和谐的气象,大家只知道国家民族的利益,只知道抗战建国的重要,不知其他。

(原载《中央周刊》1941年第四卷第十六、十七期)

4. 善处当前时机

重庆《新华日报》社论

蒋委员长在昨日参政会开幕词中,指出敌人所谓"解决中国事变"当然就是要"灭亡中华民国"。正如蒋委员长所说,敌人这种侵略政策,既不会因美日谈话所变更,也不会因自身打得精疲力竭,不想挣扎,而是会更变本加厉,更进一步配合轴心,扩大战祸的野心和准备。证之敌人在南北增兵,证之敌人在晋察冀边区、长沙、郑州失败以后,加紧对我作新的进攻准备,敌人的野心,是充分暴露了。

在敌人新的威胁下,蒋委员长指出:"凡是寸地尺土,必要全力保卫,决不能放松一步。为始终贯彻我们保卫太平洋和平的任务,以及与反侵略各国的行动相配合,我们更不能不加倍努力。"这正是代表了今日全中国人民的真正意志。

我们能否粉碎敌人新的进攻,保卫我们每一抗日阵地,配合反侵略国家的斗争,就要看我们能否打胜仗？能否更好地团结起来？能否实施民主政治？能否及时改善抗日阵营中各方面的相互关系以为断。问题的关键,就在这里。

今年春初,(被删一段)没有旺盛的士气和民气,是不能打胜仗的。同时,没有更好的精诚团结,是不能有旺盛的士气和民气的。

打退敌人,寸土必保,就全靠有真正的力量。大家相信,我们有此力量。大家也不否认,我们的力量,尚未完全集中,我们民力,尚未加以组织,我们物力,更未真正发掘。现代的战争,是拼全力的战争,两年来的欧战,够我们警惕,四年的抗战,够我们猛省。全国军民,现在比任何时候,更迫切地希望当局把全国一切抗日力量精诚团结起来打敌人。希望当局团结抗日各党各派,各军各界各地方的力量,实施民主,组成一个战斗的整体,来应付当前的危机。《大公报》昨日社论说得好:"到这国族对外大决战的前夜,都应该赤诚团结,共济一舟,而不可从事摩擦,以松懈我们的阵营！"

蒋委员长说得对:"今日反轴心与轴心国之间,正如泾渭不能同流,冰炭不能并存,断无骑墙两可的余地。"中国的抗战,早已站在反侵略阵线方面。今日苏英美三大民主国家,是反侵略的主要组成部分。半年来,这些友邦,也比任何时候,迫切希望中国能团结得更好,更生长新的力量,打击敌人。我们于此应该一新耳目,以兴奋国际友人,振奋国际视听,然后才能名符其实的跻于民主阵线之列。

如何才能使全国抗日党派和全国军民更好的团结起来呢?其基本方法就在实施孙中山先生的民权政治,实施宪政,其治标方法,就在迅速解决一些悬案。当局应该权衡情势,斟酌缓急轻重,而有以慰全国军民嗷嗷之望。中国共产党人,一向是呼吁和尊重团结的。中共在渝参政员,又应政府之请,遵全国人民之望,出席此次参政会,这表示共产党人,凡有助于团结者,无不全力以赴。

正如蒋委员长所说:"目前时局愈紧张了!时机愈重要了!中国的责任更加重了!"这次参政会开会,正是处在这千钧一发的时期,参政会诸公,大多为识时务之俊杰,全国军民所嘱托于此次参政会者,是真能代表民意,道出民情,协助政府,提出主张,以善处当前时机,国家民族,实利赖之。

(原载 1941 年 11 月 18 日重庆《新华日报》)

5.团结一致,抗战到底

重庆《新华日报》短评

昨日参政会,通过了参政员张一麟等的拥护蒋委员长"九一八"十周年的告国民书,重申全国人民铁一般的意志,东北失地不完全收复,抗战一日不能停止。这是有重大意义的。这一决议,给了我全国人民,首先给了我东北同胞以极大感奋。它昭示全国,我们抗战到底的目的所在。任何中途妥协,不仅有违背民族领袖的誓言,抑且违背全国人民意志,而为全国人民所坚决反对。同时,它也告诉全世界友邦,中国人民的抗战到底的决心,无丝毫变更的余地,任何与日寇妥协、软化和牺牲中国抗战的举动,必为全国人民誓死反对。

然而抗战到底,争取胜利,是一个艰巨的任务,要达到这一目的,首先是得依靠全国抗日各党各派各阶层的共同努力,乃克有济。蒋委员长在参政会闭幕词中指出:"抗战以来,全国同心,团结一致,完全为了抗战与建国",这道出了全国人民的呼声。希望在此次参政会后,在事实上,真正有以告慰于国民,告慰于前方杀敌将士,告慰于各友邦人士。

(原载1941年11月27日重庆《新华日报》)

6. 回顾二届二次参政会

重庆《新华日报》述评

暴风雨一般的时期过去了,压着当时美日谈判的浓厚的层云,急切需要得到一个开朗,二届参政会的第二次大会,于去年十一月十七日在陪都举行。

解决日本事件

开幕式中,蒋委员长在其开会词里,就代表着全中国人民,发出"解决日本事件"的雄伟呼声。没有出于我们抗战最高领袖的预期,由于全中国人民对于抗战的坚持,太平洋上的浓云是终于豁然开朗了,由于日寇的无止欲望,终至爆发了太平洋的大战,侵略者是一天天更加走进了坟墓。"解决日本事件",今天的确提到民主国家的共同议事日程上来了。

"解决日本事件"首先就需要我们这担负着东亚抗日主力军的中国,充实本身的国力,而充实国力,又首先在于全国的团结与政治民主,正如张参政员一麟在答词中所指陈的:"团结则存,涣散则亡","参政会既为达到真正民主政治的一个过渡机构,应该循序渐进,故尤望政府根据参政会数年来之经验,早日颁布宪法,实施宪政,以副国民之期望"。抱着这种对团结和民主的热望,在上次参政会中,有少数忠厚忠纯的参政员们,表现出忠诚为国的精神,就中如参政员沈钧儒、褚辅成、张君劢、张伯苓、左舜生、张一麟、黄炎培等,有的是宣达民隐,铮铮立言,有的是勤劳工作,始终不懈,的确称得起老成谋国的典型。而我们在参政会里所努力的目标,也就是为了"解决日本事件"。

国计民生

自然要充实国力,"解决日本事件",应该努力的方面和应该解决的问题是很多的,而参政员们也都提出一些透彻的意见,如关系抗战胜利的军心士气的问题,就有褚辅成、李中襄、张剑鸣等参政员,提出"请各地士绅拥护军粮政策"的提案,还有胡若华、王彦桢、张之江、孔庚等参政员,提出的整饬征兵练兵,改善士兵待遇,抚恤伤残的一些提案;关于争取友邦援助确定外交方针,就有沈钧儒、陶行知、胡秋原等参政员,慰问友邦扶助弱小的议案的提起。而最中心的,则莫如关系国计民生最大的财政经济的一些议案的提出。所有参政员莫不以最大的关心来注意这类的问题,从他们对政府报告的询问,以及讨论通过的若干提案,重心都是放在这些问题上。

如在对政府财政询问中,罗隆基等参政员的直言无讳,以及沈参政员钧儒所提"控制商业游资,发行土地债券,收缩通货,平抑物价"的一类,的确是切合时弊,痛切陈词。又如黄参政员炎培所提《减除民众痛苦,加强抗建心力案》,也正是道出了民间的苦辛,具见其谋国之诚。而河南参政员郭仲隗,湖南参政员曾省斋等,对各该省粮政的弊害,更是慷慨陈述,发言盈庭。属于粮食的,还有梅光迪、张宋约、李芝亭等参政员的提案,刘王立明参政员是在发言替抗属呼吁平价米时,更是生动的说出:"巧妇难为无米之炊",引起满场的注意。他如在极现实的物价问题上,则孔庚、奚伦、彭允彝、陆宗麒等参政员,也都以切身的经历,提出了具体而中肯的建议;熟悉华侨情况的宋参政员渊源,则提出发动华侨献物的提案;在陈参政员石泉所提"扶助民营工业"一案上,签署的达四十五人的最多数;也还有黄范一、王枕心等参政员提出关于加强对敌经济斗争的提案。由此可见参政员们对于积蓄国力,减轻民生疾苦的重视。

诚如蒋委员长在开会词中所称赞的:参政员们对经济民生方面的特别注意研究,实在值得钦佩;同时这也还是值得本届参政员们作为参考的。

青年、妇女

由于对充实国力的重视,因此上届参政会也就不能不以很大的注意,放在作为抗战建国的中坚的青年身上,放在一万万以上人数的妇女身上。

在青年问题的方面,陶行知参政员所提的"化除青年烦闷,发挥青年精神"的提案,的确以青年师保的资格,替青年们发出了迫切的呼吁;而类此的如刘王立明参政员的"征用知识青年,动员人力案",以及黄炎培、沈钧儒等参政员的提案,在这些提案里,发言最积极的又是从事教育工作,积有经验的参政员,如许德珩、周炳琳、王造时等。所谓不失"赤子之心",上述的这些参政员们是足以当之了。这里还应该提起晏阳初、徐炳昶、魏元光、肖一山、谭文彬等参政员,关于教育问题的提案,也都是一些最切实的,保证青年求学的宝贵意见。

在妇女问题方面,上届参政会表现了妇女们的团结,无论有关妇女的任何一个议案提出,女参政员们总是一致连署。特别值得提出的,如吴参政员贻芳所提的"不得禁用女职员"一案,更是博得所有参政员的一致同情;而刘参政员蘅静所提的"母亲扶助法",在保护母性上,也的确是非常必要的措置。至如其他女参政员关于教育以及其他方面的提案与发言,也都表示了他们对担当国事的积极负责态度,这种精神正是值得积极发扬的。

西南与东北

也正因为参政会的任务,是为了"解决日本事件"而奋斗,所以参政员们的目光,也不能不集中于关系抗战最密切的开发西南,与收复东北的问题。

在开发西南的问题上,边疆问题专家都纷纷提出了意见,首先目光集中于交通事业,如王参政员家桢所提的"抢修××等几条公路,发展国营交通"一案,以及黄参政员炎培所提的"组织滇缅路视察团案",就都是适应实际需要所提出来的。在这一类经营西南的提案里,还有参政员莫德惠、张君劢、陈石泉、马守常等的发言和建议,他们都是对这些问题夙有研究的。

关于收复东北的问题,没有人更比东北籍参政员还要关心了,所有东北籍的参政员,对于"加强东北四省行政机构","抢救东北青年"等问题,都发出了急切的呼吁,就中如莫德惠、王卓然、孙佩苍、王寒生、马毅等参政员更是斤斤力争。而他们的呼声,也得到了一致同情的反响,这就是大会闭幕前临时动议中全场举手通过的并案讨论的两个提案——"对美日谈判表示民意"与"拥护蒋委员长九一八告国民书"。由此,"解决日本事件"更增厚了精神的基础,同时也宣示了我中华民族坚持抗战到底的决心。

不同凡响的尾声

上届参政会的顺利结束,还包括了一个很重要的因素。那就是不仅宣示了我们"解决日本事件"的决心,也反映了人民对于民治的渴切要求,而这本来就是充实本身国力的必要前提。参政员孔庚关于保障人权的提案,用他切身的经历,绘声绘色的获得所有参政员们的一致同情通过;吴参政员道安也提出了《请明令对各级参政员依法保障,以重国家名器,而尊民意案》,沈参政员钧儒则有《请政府迅即将对于言论与研究积极加强领导,修正消极限制,以通民隐,而利抗战案》,褚参政员辅成则有《请行政院督促各省建立县以下各级民意机关并令各省政府指导乡民行使选举权罢免权,以期实现民主监察制度,廓清积弊案》。有了这些提案作基础,更加上当时那种急迫的民主要求,自然就会产生主席团所提出的《促进民治案》来了。

本来,在《促进民治案》通过之前,议场中是酝酿着一场大雄辩的,然而这争辩终于平静的过去了。临时终止旁听所通过的《促进民治案》,公布出来这样四项具体的办法:"(一)请政府依照既定政策,在致力抗战之过程中,一面加紧促进地方自治,一面确定于抗建终了之时,即召开国民大会,制定宪法,俾宪政得以早日实现。(二)临时民意机关的组织与职权,应请政府考虑适当方法,俾益加充实,以树立宪政基础。(三)建国工作逐渐开展,各方建设需才至殷,应请政府明令各机关,今后用人务广揽各方贤才,以力践'天下为公'、'选贤与能'之遗训。(四)人民诸种自由,当予以合法之充分保障,抗战建国纲领,业已明白规定,应请政府明令各级执行机关,特加注意,俾人民之一切合法自由,均获维护。"这的确是一个不同凡响的尾声。

上届参政会有了这个可贵的收获,这就诚如蒋委员长在闭会词中所指出的:这正是"抗战以来,举国同心,团结一致,完全为了抗战建国","大家开诚相见,和衷共济,风雨同舟"的结果。

(原载1942年10月25日重庆《新华日报》)

7. 促进民治

重庆《大公报》社评

国民参政会昨天通过一大议案,就是主席团所提议的促进民治加强抗战案,内容共有四点:(一)一面加紧促进地方自治,一面确定于抗战终了之时,即召开国民大会,制定宪法。(二)战时民意机关之组织与职权,考虑适当方法,俾益加充实。(三)请政府明令各机关用人宜广揽各方人才,以符合天下为公选贤与能之遗训。(四)请政府明令保障人民之合法自由。这个议案,经全场一致之通过,充分表现出政府与国民和衷共济的精神,使抗战中国更坚定的踏向民主之路。

这项决议案,我们认为很适合国家当前的需要。我们日前曾经说过,我们中华民国先天的就是民主政体,根据建国理论的三民主义,更应该是民主政治。在目前的世界分野上,我们又是民主阵营中的一个重镇,我们所应走的当然是民主之路。怎样到达民主之路？国民党的训政终要过渡到宪政,而宪政则须由国民大会产生。这是国父中山先生《建国大纲》所规定的建国历程。国民大会的召集,并已经过两度的筹备,一次阻于抗战军事之突发,第二次虽在战时所决定,终因战时的困难而延期。查第二次筹备召集国民大会,原系根据二十八年九月国民参政会的决议,及去年九月二十六日中常会决议将国民大会延期,除陈述战时困难的理由外,仅谓:"本会详加考虑,认为国民大会之召集日期,应俟另行决定。"实际是将国民大会无限延期。那固然是由于战时的实际困难,究竟不免给人以若干惶恐。这次国民参政会的集会,团结精神表现得特别好,诚坦诚真之余,更能相忍相谅,到这个促进民治加强抗战案之通过,而达到一个高峰。这次参政会何以能够有这良好的收获？实在是由于外觇世界大局,我们实在已与反侵略的民主诸友邦共存亡与废之命运,内审国情,更非披诚团结以共济艰难不可。民治与宪政,原是政府与人民所共同期望的,而同时深感此事非可一蹴而就,尤其在战时的艰难情况之下,难能达到,于是相忍相谅,而有本案的产生。参政会对此案既如此郑重的提出,又如此隆重的通过,我们相信政府一定诚恳地接受,忠实的执行。

在本案的精神之下:(一)"确定于抗战终了之时,即召开国民大会,制定宪法"。这乃是一个新的誓约,希望政府要以极大的诚心与毅力去履践。

(二)充实战时民意机关的组织与职权,就应该善用国民参政会这个机构,使之能够胜任愉快的负担起民主阶石的庄严任务。借着国民参政会的组织与职权之充实,以团结全国,树立民主楷模;更应积极建设各省县各级参议会,以促进地方自治,奠定民治的基础。这都是政府与国人所应该积极努力的。我们希望此次参政会这个决议为枢纽,使我们国家在民主之路上有进无退。

其次,关于延用人才与保障人民合法自由两点,皆是天经地义之事,现在见诸决议,在参政会可说是一种要求,在政府则是一种保证。抗战建国,需才更殷。目前政府的机构,有人批评谓"机关多于经费,经费多于人才",多的是机关,少的是人才,所以仅有重叠的机关可以减除,而人才则需要广力延揽。这不待宪政的实施,政府就应该确立人事制度,选贤与能,而不以党派限人。至于保障人民的合法自由,这个"法"字非常重要,人民应该遵守国家法纪,而政府也不应该越法授夺人民的自由。人民守法,是天经地义,而政府重法,尤其重要,在此分际之下,才能养成法制的观念与习惯。人民违法,政府有权与能去纠绳,而政府官吏的越法,却还少周密的防范。这一点,应由政府在观念及行为上特别加以谨慎周详!

最后,我们愿再申明一义。在"国家至上"、"民族至上"的大义之下,政府与人民原是相依为命的。政府受人民委托而治国,人民也有权问政。就以这四年多的抗战而论,国民党领导抗建大业,固然功高劳多,而全国人民出钱出力,毁家荡产,以至沙场效命,牺牲之大,忍痛之深,俱足以动天地而泣鬼神。国有大难,天然就是举国团结之时。试看这五年来,国民政府威望之高,与人民赴牺之勇,其根本道理就在共赴国难的一点精神上。为了国难,而团结奋斗;也为了国难,而相忍相谅。在这种热情灌注全国的情况下,才正是政府提携全国为国家奠定巩固基础之时。这个时机,千载不遇,政府当局应该用铁腕把它抓住。怎样抓住这时机? 忠实接受并履践国民参政会这个促进民治案,就是一个关键!

(原载1941年11月26日重庆《大公报》)

8. 参政会的重大收获

重庆《国民公报》社论

每次参政会开会，都有重要收获。这次参政会开会以来，收获尤为重大。例如对于物价财政等问题的热烈讨论，都是证明政府与人民和衷共济的精神，而二十五日全体一致通过的促进民治案，其意义尤为重大。

"议论未定，兵已渡河。"这虽是元人骂中国民族的老话，当第一次欧战时，日寇的唯一权威老记者德富苏峰，又曾引这一千年前的老话来批评现代中国，不过这句话以民主时代的眼光看来，似乎是不能成立了。

但是反观各民主国，如英如美，其战时机构，也与平时绝不相同。不仅战时，就在非常时代，政府的权力，也比平时为大。例如罗斯福总统就任的当初，适当世界经济恐慌深刻化的时候，所以罗氏推行的蓝鹰运动，很多地方都与美国宪法相背驰，但是大多数的美国智识阶级，对于蓝鹰运动，始终拥护，然后美国赖以得救，始再造成今天光辉灿烂，握有世界权威的地位。向使罗氏仅知悉于谨守纸上宪法，而昧于紧急处置，或者今天新大陆上一万万以上的人口，尚在水深火热之中，也未可知，那里更能希望今天光荣的地位。

参政员诸公，深明此义，所以通过促进民治案，非常适合需要。

第一，即在以召集国民大会与制定宪法的事业，付诸战后，因为这种事业，诚属百年大计，但绝不是当前战时的需要。当前的需要，在如何"解决日本"，而其条件，必先抗战胜利，而抗战胜利的因素，则在精诚团结与意志集中。法国以一等强国，其陆军的精良为世界著称，但不数月而屈服于德国铁蹄之下，以数百年之文化古都——巴黎，至今屈居最不幸的殖民地地位。其原因并不是无民意机关，无纸上宪法，其失败总因完全由于政治贪污，党争激烈，以致造成人类史上空前浩劫。今参政员诸公，能以法国为借鉴，牺牲一切不关痛痒的虚浮议论，以适应当前的环境，这不能不说是确能代表民意的要求。

第二，为抗建计，请政府通令各机关，广揽各方人才，这固然也是刻不容缓的要求，但也是政府十几年来一刻不能忘记的事。因为凡当政的人，未有不想把政治弄好，既想把政治弄好，那能不求人才。不过人才的标准，有主观客观的不同,有自负为人才,而社会并不承认,就是同一客观,也未必尽是。民国以来,特殊人才虽不必甚多,但应付的人才,却不为少,而重大原因,则由于风气太坏,所以蒋委员长自提倡新运以来,虽然以致改革风气为事,不能不说是已从正本清源的方法入手。无如社会积习太深,社会风气太坏,今天纵将古今中外的贤明政治家聚于一堂,恐怕要彻底改革今天的风气,也非一世纪或半世纪内所能奏效。不过参政员诸公能有及此以唤起各机关的注意,亦未始不是适合时宜的一种方法。

总之,当抗战进入严重阶段的今天,而参政员诸君子,共聚一堂,各抒所见,本精诚团结的大义,以求抗战胜利的迅速完成,这一点已经是值得我们馨香祷祝了。

(原载 1941 年 11 月 27 日重庆《国民公报》)

9. 参政会应有的课题

重庆《新民报》社评

这几天还是参政会听取报告的期间,听了之后要咨询,但最严重的还不在咨询而在建议。

代表着全民意见的参政员诸公,他们究竟有些甚么建议,我们不得而知,惟吾人以为最重要者不在外交而在内政,不在军事,而在经济。希望大家在内政经济方面,多说几句话。

国际的情势,委员长在开幕词中分析得最清楚,路线已成了不变之局,环境对我们绝对有利。要是友邦仍然观望游移,不起来共同"解决日本事件",其失败的责任,应由大家负之。假使大家都做了纳粹的"屈服者",我们也是"虽败犹荣",否则,胜利绝对属于我们。因此,我们不必再谈外交。至于军事,最高统帅,早有决策,滇缅路的联防办法,亦筹之熟矣,我们更是用不着耽心。

然则我们所最须注意并谋改进者,实为内政与经济。

抗战后的内政问题有一个最大的毛病,是机构尚欠适合"战时体制"。所谓战时体制,是要组织单纯化,权力集中化。但考诸实际,重床叠架的机关是太多了，行政三联制的运用，并未彻底推行，不是互相牵制与推诿，便是辗转蒙蔽与敷衍，而"廉洁政治"基础之未建立，尤为行政上之大害。所以我们希望在这根本上作一个有力的检讨。

其次是经济问题，这个包含着财政、金融、物价与经济建设等等，关系当然特别重要。目前外汇问题，已逐渐走上了合理解决的途径，工业建设也正在设法推进之中，只是对物价问题，还需要作重大决定，和作最后的努力。我们认为目前的粮价和一般物价问题，都堪重视，应该要拟定一个具体方案，理论与事实配合着，作一个整套的打算，不能头痛医头、脚痛医脚。大家对于生活的压迫已经甚感苦闷，我们希望参议员诸公要多提供意见，拿出有效的办法来。

以上应该是这次参政会的重要课题。

（原载1941年11月19日重庆《新民报》）

10. 对于国民参政会之期望

成都《新中国日报》社论

第二届第二次国民参政会已于十七日在渝开幕，国民参政员诸先生多来自海内外各地，不辞跋涉，为国宣劳，此吾人首应表示敬意者也。此次国民参政会的召开，适值德苏酣战，日美谈话重开，敌国召集临时议会，通过巨额临时军事费之际，其使命尤为重大。参政员诸先生皆为富有学识经验之士，定能贡献其伟大卓识，惟吾人希望此次参政会特别致力者有下列三事。

一、参政会为吾国现时代表民意之机关，应乘此时机显示举国一致全民一体抗战到底之坚强决心于中外。无论牺牲如何重大，境遇如何艰难，吾全中国人民决尽最大之努力，求最后之胜利，诚如蒋委员长开会词中所示，中国之领土主权不容有尺寸丝毫之放弃，中国境内不容有敌军一兵一卒之存在。抗战虽已历四年，而全中国人民不但气未稍馁，且愈战而愈奋也。参政会应得将此坚毅不拔之民族精神，固如磐石之国民意志显示于友邦，警告冒险挣扎之敌人。此其一也。

二、敌人最大之失败即为对于我团结力估计之错误。敌人素以无组织之国家视中国,以为中国既有党派的摩擦,复有地域的成见,战端一启,纠纷益甚,而抗战意志随之消失,故不难于三个月内使中国屈膝。不料事实适得其反,不但党派之间因抗战而融洽团结,即中央与地方亦更通力合作。故军事上虽迭受挫折而举国人民则习于战争之艰苦,抗战精神反因之而增强。此敌人所万不及料者也。侵略计划既受打击,乃制造傀儡,分化团结,施以政治阴谋补其军事力量之不足。敌人之阴谋虽未售,但吾人应知胜败关键之所在。巩固统一,增进团结,实为获得胜利之基础。而实行宪政则为巩固统一,增进团结之有效办法。此其二也。

三、抗战以来,各地物价均呈继续上涨之势,多数消费者均感受物价高涨之痛苦,而尤以薪给生活者为尤甚,社会病态相继暴露,直接影响工作效率及民族道德,间接影响于抗战前途。参政员诸先生多来自民间,深知民间之疾苦,应知症结之所在,速作有力之决议,此其三也。

三年余以来,国民参政会之贡献颇多,但议决而迄未实行亦复不少。故望政府对参政会之决议能虚衷接纳,以慰全国人民之热望也。

(原载1941年11月19日成都《新中国日报》)

11. 国民参政会开幕

昆明《云南日报》社论

我国民参政会第二届第二次大会,已于本月十七日在渝开幕。当此敌人积极图我,及太平洋局势愈趋紧张之际,该会所负的责任殊为重大。吾人敢就管见所及,向该会诸君子贡献几点:

军事方面的行动,因系机密性质,吾人未便晓舌。惟如何加强国内之团结,如何沟通政府与人民之意见,如何监督国内政治之施设,如何设法调剂民生,以增进抗战力量等责任,该会实义不容辞。

以国内团结问题而论,诚如郭外长对外国记者所说:"此次会议,各党派代表均有出席,此为中国团结日见增强之有力证明。"惟吾人不应以此为满足,须本"有则改之,无则加勉"之意,更进一步的为团结而努力,各方处处都要为祖国的前途着想,在不违国法与近乎人情之间,更坚定的立下和衷共济的基础,勿再以一党一派的利益为重。须知若国家不存在,党派何能存在？国参会中包括有代表各党各派的人才,大家有什么意见,尽可在会内提出来公开讨论,以求公意的裁判。该会在过去对团结贡献甚大,希望继续努力,以求贯彻。

以沟通人民与政府间的意见而论,参政员虽非直接由人民所选出,然其中多数人确可代表大多数的人民,在过去,能为人民说话敢为人民说话的人确不少,而能为政府宣传政令,以促起人民拥护抗建国策者亦甚多,因为他们的地位比较超然,可同时取得政府与人民的信仰,而不受利害关系所限制。故吾人希望在此次会议中,于此更能有所表现。

以监督国内政治之设施而论。因参政员的地位,一半可以代表政府,一半可以代表人民,虽无直接参预政治之权,但可利用舆论与道德的力量,导致当政者之趋于正轨,在必要时,且可间接施行制裁,因其地位之足以使人敬,亦足以令人畏。对于上述各点,想来是可以做得到的。

至于如何设法调剂民生一事,虽事权操之于行政当局,但参政员既代表人民而来,即有为人民解决疾苦的义务。现在市上物价,尤其是米价,狂涨不已,以本省而言,今年又发生了谷熟米涨价的现象。其原因及补救之方,昨日本报已有所论及,龙主席亦有电呼吁蒋委员长及孔部长,速谋救济。但兹事问题颇大,所牵涉者亦多,云南为今日国防的前线,亦为国际交通中枢,滇省民生安定与否,与整个抗战有直接而重大的关系,望参政员能提出讨论,助政府谋一妥善办法。

再就国际关系而论,对倭继续抗战一事,当然无问题,我们相信绝无人再一想"和平",也绝无人对于最后胜利再会怀疑。在前两三礼拜,莫斯科的局势显得危急的时候,颇有人忧虑到苏军失败之后,整个反侵略阵线,将处于不利地位,而倭寇之南进北进,恐即将见诸实行,中国届时所处的地位,在他们看来,也许极为不利。但不利又怎样,我们的国策是抗战到底,争取胜利,在抗战期中,要以不变应万变,绝不能因国际局势之变化而受影响。蒋委员长说,我们最终的目的,是要敌军无一人留于中国境内,也要敌军无一人再留于越境内。换言之,就是要使中国不再受到敌人的威胁,也要使英、美、苏不再受到倭寇的威胁。我们即使处在最不利的环境中,也要靠自己的力量来对付敌人。有了如此的决心,然后始能善为利用有利的国际局势,否则举棋不定,随风转舵,国家实在受不住几次。

目前的国际问题中心,与莫斯科之战,关系甚大。德军攻势,最近已形逆转,因苏军之坚强抵抗,已迫使德军渐处于被动地位。德军在北路既不能攻下列宁格勒,以切断北海方面的英美对苏的补给线,亦不能自克里米亚长驱直入高加索,以危害英国在中东的地位,更不能攻下莫斯科,以收心理上胜利的效果。英美在精神上,确因此而得到很大的鼓动;在时间上,复能从容准备,且来得及将援苏军火源源运达苏境,使苏军渐占优势。不但如此,英美在太平洋上,声势更盛,对倭包围圈,又自缅甸缩至香港了,加拿大军队之增防香港,是英美对倭有备战的决心的表示,也是英美对倭作战,殊有获胜把握的表示,否则防守香港,是无补于事的。当然,英国之决心保有香港,还有更大的战略作用,就是香港可遮断倭国本部及台湾与越南及海南岛的联络,而且还可利用九龙半岛以进攻粤省。以我国而论,香港英方之防御加强,无异成为我们的外围。英国的一切选措,当然是能得到美国的赞助的。根据这一点,我们就可以相信,在未来的太平洋战争中,倭寇已注定了失败的命运了。我们得到了如此有利的国际局势,须根据既定国策,从速与英美苏缔结同盟,使欧亚战事合而为一,严密地将反侵略阵线联合起来。

我们在最艰难困苦的时期中,犹能不屈不馁,现在有了如此好的机会,更应能善用之以击败敌人,而结束这残酷的战争,想这是参政诸君子都有同感的。

以上是我们对内对外的肤浅之见,以之贡献与参政员诸公作一参考。中国的人民太多了,人民想对政府讲的话也太多了,望参政员诸公知无不言,言无不尽,望政府则虚怀若谷,尽量采纳其意见。

(原载1941年11月20日昆明《云南日报》)

12. 促进民治,加强抗战力量

吴克坚

这次国民参政会,曾通过"促进民治,加强抗战力量"一案,其内容主要为:(一)确定抗战终了之时,即召开国民大会,制定宪法;(二)充实战时民意机关之组织与职权;(三)请政府明令各机关用人,今后广揽各方贤才,力践"天下为公","选贤与能"之遗训;(四)人民之各种自由,政府应予以合法之充分保障。这个议案通过,又一次千真万确地证明一个真理,就是:实行民主政治,确为今日中国之必须,为中国今日应当走的道路。我们现在从几个方面来说明。

第一,中国是一个缺乏民主政治传统的国家。民国成立了三十年,正如孙中山先生常慨乎言之:"徒有民国之名,而无民国之实。"客观实况,正要求我国真正名符其实。

第二,孙中山先生平生所奋斗的是民主主义的实现。为实现中山遗教,需要我国实行民主政治。

第三,国民党临全代会所通过的及第一届国民参政会所拥护的《抗战建国纲领》,明白规定:抗战期间,对于民权,应予以合法之充分保障。为得实现抗战建国纲领,需要我国实行民主政治。

第四,外人认为民主制度为我国内政的"安全瓣"。因为有了民主,纷争可循正轨解决。为得巩固国内团结与统一,需要我国实行民主政治。

第五,抗战已四年多了,大家一致主张有力的准备反攻。但只有民主,才能使民众组织起来,使我国人口众多,地大物博,这两个优越条件,真正为抗战而动员加强起来,而反攻力量乃能真正获得准备。这次参政会关于这一问题的议案,把"促进民治"与"加强抗战力量"联系起来,就是这个道理。所以要准备反攻力量,赶走敌人,亦需要我国实行民主政治。

第六,今日世界大势,为法西斯与民主阵线对立。无论我们的敌人或友邦,都把我国列入民主阵线之中,我们也自称我国是民主阵线的一员。为得名实相符,跻于民主阵线之列,争取更多外援,适应世界潮流,也需要我国实行民主政治。

有人说,我国正在战争,是不能实行民主的,并举欧美各民主国家在战时缩小和限制民主以为证。我们认为:(一)战时一面集中领导,一面发挥民主作用,并不矛盾。领导的集中,只有建立在广泛的民主基础之上,乃能发挥其集中的作用。苏联抗战,一面组织精干集中的国防委员会,同时,充分发挥人民民主精神。观乎苏联人民奋起与纳粹德国血战,前仆后继,视死如归,焦土空野,一物不留的牺牲精神,正是民主精神自觉的高度发挥的表现。这也正是他的长处。欧美其他民主国家,的确在战时是相当缩小了和限制了人民原来的民主自由,这正是人家的短处。我们的任务在于取人之长,不在于取人之短。(二)我们也还不能同欧美民主国家相比。因为像英美民主国家,今日还是基本的保持了原来人民的民主自由,虽然是有限的民主自由。而我国正如《中央日报》所说,此四大决议(指这次促进民治案四点——作者)"就是加紧努力,准备实行民主宪政"。既曰"准备实行",就是说现在还没有实行。所以今日问题还不是我国缩小限制民主问题,而是重在最少限度向英美等民主国家看齐问题。

有人说,英美经过产业革命,人民文化教育要高,可以实行民主,我国落后,没有基础,不能实行民主。我们则认为,我们民族工业已有初步发展,现在的抗战又是空前的民族革命,我们如能利用实行民主政治的过程,正好更容易增加人民政治经验,发展人民文化教育,我们华北敌后的事实,就充分可以证明这点。

虽然如此,估计到我国现时国内条件,实现民主政治,究非一蹴而成,还需经过一些迂回曲折的道路。因此,我国在民族革命中,万一不能一下子实行彻底的民主政治,那么至少也应采取若干民主化的政治步骤,以适应当前客观需要。因此,此次参政会对促进民治案四大要点,虽尚非包括近来各方面要求的民主政治实施原则的全部,但如能真正实行,全国人民当亦估计现实环境,乐予拥护。同时,决议既然一致的通过,政府就应诚恳的接受,人民就应负有监督和帮助政府实行的义务。这是目前这一问题的中心。我们在这里,愿提供一些意见,供大家参考。

关于第一项规定,我们认为召开国民大会,制定宪法,固有待抗战终了时实行,但为得使将来抗战终了之时,能够好好实行起来,对于国民大会与制定宪法许多问题,使广大人民研究讨论,广征各方意见,一则可以借此教育群众,一则可以为将来实施之参考。同时,地方自治的实施,必须以民主政治的观点出发,决不能再以一党政治的观点出发。

关于第二项规定,充实战时民意机关的组织与职权,我们认为战时民意机关的组织与职权的原则应该是:(一)成分要真能包括抗日各党各派各界各省有威信的代表。现在代表的产生,既然不是由人民选举,而由政府聘请,那么代表名额比例,更不应偏重在某一方面。(二)职权必须提高。要做到不只是向政府建议和备政府咨询的作用,而有过问国家大事大计并获得真正决议和审查监督之权。

关于第三项,各机关用人,要广揽各方人才,以符合"天下为公","选贤与能"之遗训。这一点,《大公报》社评说得好:"人才需要广为延揽,这不待宪政的实施,政府就应该确定人事制度,选贤与能,而不以党派限人";同时也不应限制妇女人才的选用,不应该实施现行之考试制度,致使许多有为志士与青年干部,无从获得职业的机会和可能。

关于第四项,保障人民合法之自由,亦即是切实保障人民身体自由,言论、出版、集会、结社、信仰、居住等之权利,乃至通信、阅报、读书、交友、旅行等之自由。关于此等自由,政府公布之训政时期约法中,早已明文规定,《抗战建国纲领》亦明文允许给以充分保障,国民参政会又历有决议,并曾得国防最高会议通过。乃此次参政会又请政府明令保障。可见过去并未见诸实行。现在问题关键,就是要求政府切实保障人民合法自由,保障各党各派公开合法的存在和活动。至于合法之"法"字,正如《大公报》社评所说:"人民应该遵守国家法纪,而政府也不应该越法以侵夺人民之自由。政府重法,尤其重要。"这是恰中时弊之论。我们认为法纪本身,应是全国人民真正意志的反映,人民自然乐于遵守。现在对管理人民,政府立法,可谓无微不至,可是政府越法,事实却少纠正。这种畸形现象,急待有以纠正。

以上所述,并非新的问题,这是国父孙中山先生的遗教,这是《抗战建国纲领》早已明文规定公布要实施的东西,也正是全国人民迫切的愿望。这次参政会通过此案,虽仅四条原则,虽离各方面对于民主政治实施的全部原则尚远,但这已经是会内会外共同努力的结果,也是对于多年来海内外广大人民迫切要求的一个回答。目前在政府,应坚守为政不在多言,而在实践之义。

在人民,审情度势,亦不会有过高奢望与苛求,而只是希望把这些旧的允诺,新的誓言,真正实行起来,不要再"束之高阁","丢之脑后",那就是大家所盼望的了。(下被删一大段)

(原载1941年11月30日重庆《新华日报》代论)

13. 希望参政员特别致力者

陈豹隐

第二届国民参政会自本年三月开会以来,迄今已历半年,照章应于本年冬间开第二次大会。想来参政员诸公必已准备于第二次大会时发挥伟见,为国效劳。笔者愿以政论家的资格,略陈一己的希望。

依国民政府公布的《国民参政会组织条例》而言,国民参政员对于抗战建国时期的凡百国政,皆可建议、决议与咨询,似不应于凡百国政之中,对于某一政务特别致力。但依笔者拙见,在一定的期间及环境中,特别注重政务的某一方面而倾全力以赴之,亦不失为议政之一法,故敢提出"希望国民参政员特别致力者"一命题,以冀识者之一愿。笔者希望国民参政员特别致力者,不是别的,只是近来许多识者所苦思焦虑的一般物价问题。在现阶段上,财政经济问题为国政的中心,而一般物价问题又为财政经济问题的中心,乃是许多识者所公认,同时也是多数忧国爱国者所悬念。虽问题未必不富于圆满解决的希望,然究竟如何始能将此问题圆满解决,目前似尚无定论。笔者认为:此问题的圆满解决,实有待于国民参政员诸公的一致努力,愿陈其理由:

第一,我们必须记得,现今政府所行的关于物价管制的种种法令,皆系国民参政会所建议或系国民参政会所决议者。这些法令,有人以为不尽适当,有人以为不尽完备,有人以为原则虽完备而实施办法不尽美满。不管真理究在何处,总之,政府所行的关于一般物价的种种法令,如果只能奏效于一时,而不能收功于久远,则其尚有遗憾,殆属不可否认。从国民参政会的立场言之,无论这些法令或本身不甚适当,或本身不甚完备,或其实施办法不甚美满。总之,国民参政会既建议或决议于前,即当谋有所补救于后。此国民参政员不可不致力于一般物价问题者一。

第二，国民参政员俱为富于一般学识及经验之人士，而对财政经济富于学识及经验之人士，尤占多数，故宜对于一般物价问题，发挥高瞻远瞩的宏论，政府所期待者在此，国民所希望者亦在此。此国民参政员不可不致力于一般物价问题者二。

第三，国民参政员大抵皆来自民间，深知民间疾苦，同时国民参政员在法理上系代表民意者，应替国民说话。现今一般物价之异常波动，虽为少数拥有物资者所欢迎，实为多数消费者所反对。在另一方面，少数人虽诉说政府法令之繁琐，多数消费者实觉法令之未能周到而彻底。在此种议论纷纭的现状之下，端赖来自民间并且代表民意之国民参政员，作一客观的正确的批判，以解国民意志上的纷歧而统一我国关于此方面的意见。此国民参政员不能不致力于一般物价问题者三。

第四，据许多识者观测，俱认为我国在军事外交政治各方面，俱已踏上胜利之途，毫无问题，唯独战时经济财政方面，因敌伪的作祟及我国经济的落后，尚有功亏一篑的可能性存在。此种观测如果属实，则今日之最大急务当莫过于稳定一般物价。笔者已知政府已注意及此而特揭"三分军事，七分经济"之标语，以警厉民，但在抗战建国期间负辅翊政府领导国民的重大责任之国民参政会及国民参政员，自当对现阶段上惟一重大问题，持其辅翊及领导之责。此国民参政员不可不致力于一般物价问题者四。

依以上种种理由，笔者不能不希望国民参政员全体在冬季开会期间特别致力于一般物价问题之讨论及决议。至于究竟如何补充现行的物价法令，如何填塞既存物价管制设施上的漏洞及如何使物价管制事业不致功亏一篑，则事涉学理经验及事实上之各方面，以笔者之拙陋，自不敢妄有建议，但希望国民参政员诸公开诚布公竭尽全力以赴之而已。

（原载1941年11月17日重庆《中央日报》专论）

14. 民治与青年

黄炎培

中华是民主国家。最近，国民参政会通过了促进民治的重要提案。倡民治,必须从反法西斯入手。谁去努力反法西斯工作？青年是一般民众的前锋。充分给予青年发展心力的机会,联合起世界青年的嘴和手,去消灭奴役人类的侵略群魔。

(原载1941年11月30日重庆《新华日报》,标题是编者加的)

十、国民参政会第三届第一次会议

(1942年10月22日—10月31日)

(一)国民政府修订《国民参政会组织条例》

1. 国民参政会组织条例

(一九四二年三月十六日国民政府修正公布)

第一条 国民政府在抗战期间,为集思广益团结全国力量起见,特设国民参政会。

第二条 凡具有中华民国国籍之男子或女子,年满三十岁暨第三条所列(甲)、(乙)、(丙)、(丁)四项资格之一者,得为国民参政会参政员。

第三条 国民参政会置参政员,总额二百四十名,其分配如下:

(甲)由曾在各省市(指行政院直辖市而言)公私机关团体服务三年以上,著有信望之人员中,共遴选一百六十四名。各省市所出参政员名额,依照附表之所定,各省市参政员不以具有各该省市籍贯者为限。

(乙)由曾在蒙古、西藏地方公私机关或团体服务三年以上,著有信望,或熟谙各该地方政治社会情形,信望久著之人员中,遴选八名(蒙古五名,西藏三名)。

(丙)由曾在海外侨民居留地工作三年以上著有信望,或熟谙侨民生活情形信望久著之人员中,遴选八名。

(丁)由曾在各重要文化团体或经济团体服务三年以上,著有信望,或努力国事信望久著之人员中,遴选六十名。

第四条　国民参政会参政员之选定,依次列程序行之:

(一)前条(甲)项参政员,由各省市临时参议会用无记名连记投票法选举之,以得票较多者为当选。政府召集国民参政会时,各省市临时参议会如在休会期间,且因例会期间尚远,不能于国民参政会召集期限前完成前项选举时,其选举得以通讯方式行之。

(二)在临时参议会尚未成立之省市,前条(甲)项参政员,由各该省市政府会同各该省市党部,按其本省市应出参政员名额,加倍提出候选人,送请国防最高委员会汇提中国国民党中央执行委员会选定之。

(三)前条(乙)(丙)两项参政员,分别由蒙藏委员会、侨务委员会按照应出参政员名额,加倍提出候选人,送请国防最高委员会汇提中国国民党中央执行委员会选定之。

(四)前条(丁)项参政员,由国防最高委员会按照应出参政员名额,提出候选人,提请中国国民党中央执行委员会选定之。

第五条　国防最高委员会设置国民参政会参政员资格审查会,置审查委员九人至十一人,并指定一人为主席,执行下列审查事宜:

(一)对于依第四条第(一)项规定当选之人,如发现其资格与本条例之规定不符时,得提经国防最高委员会核定,取消其当选资格,以各该省市得票次多省补充之。

(二)对于依第四条第(二)第(三)第(四)各项所列候选人,如发现其资格与本条例之规定不符时,得提请国防最高委员会核定,取消其候选人资格。

第六条　在抗战时间,政府对内对外之重要方针,于实施前,应提交国民参政会议决。

前项决议案,经国防最高委员会通过后,依其性质交主管机关制定法律或颁布命令行之。

遇有紧急特殊情形,国防最高委员会委员长得依国防最高委员会组织条例,以命令为便宜之措施,不受本条第一二项之限制。

第七条　国民参政会得提出建议案于政府。

第八条　国民参政会有听取政府施政报告、暨向政府提出询问案之权。

第九条　国民参政会得组织调查委员会,调查政府委托考察事项。

前项调查结果,得由国民参政会(或由国民参政会授权于调查委员会)提请政府核办。

第十条　国民参政会参政员之任期为一年,国民政府认为有必要时得延长之。

第十一条　国民参政会每六个月开会一次,会期为十日,国民政府认为有必要时,得延长其会期,或召开临时会。

第十二条　国民参政会休会期间,设置国民参政会驻会委员会,由国民参政会主席团及参政员互选二十五人组织之。其任务如下:

(一)听取政府各种报告。

(二)促进业经成立决议案之实施,并随时考核其实施之状况。

(三)在不违反大会决议案之范围内,得随时执行本会建议权暨调查权。

第十三条　国民参政会有该会参政员总额二分之一以上之出席,即得开议。

第十四条　中央各院部会长官得出席于国民参政会会议,但不参加其表决。

第十五条　现任官吏不得当选为国民参政会参政员,但各地方自治机关及各教育学术机关服务人员不在此限。各省市临时参议会现任参议员,不得当选为本省市参政员。

第十六条　国民参政会置主席团,由国民参政会选举主席五人至七人组织之,其人选不以参政员为限。国民参政会及其驻会委员会开会时,由主席团互推一人为主席。

第十七条　本条例未尽事宜,由国民政府另以命令定之。

第十八条　本条例自公布日施行。

2. 各省市应出参政员名额表

四川、湖南、浙江、江苏、广东、安徽、河北、山东、河南、湖北、江西,以上各出八人。

陕西、福建、广西、云南,以上各出六人。

贵州、山西、甘肃、辽宁、吉林,以上各出四人。

察哈尔、绥远、新疆、上海市、重庆市,以上各出三人。

青海、西康、宁夏、黑龙江、热河、南京市、北平市,以上各出二人。

天津市、青岛市、西京市,以上各出一人。

乙项八名(蒙古五人、西藏三人)

丙项八名

丁项六十名。

(原载《国民政府公报》渝字第四百六十六号)

3. 国民参政会组织条例第十一条修正全文

(一九四四年四月五日公布)

第十一条　国民参政会每六个月开会一次,会期为十四日,国民政府认为有必要时,得延长其会期,或召开临时会。

(原载《国民政府公报》渝字第六百六十四号)

(二) 第三届国民参政会主席团、参政员名单

1. 第三届国民参政会主席团名单

蒋中正　张伯苓　吴贻芳　莫德惠　李　璜　王宠惠　王世杰
江　庸

(注:第二次会议时蒋中正因当选为国民政府主席,辞去主席团兼职。会议补选王宠惠、王世杰、江庸三人为主席团主席。)

2. 第三届国民参政会参政员名单

（一九四二年七月二十七日国民政府公布）

一、依照《国民参政会组织条例》第三条甲项遴选者

四川省

黄肃方　曹叔实　但懋辛　李琢仁　陈志学　彭革陈
刘明扬　朱之洪

湖南省

张　炯　辛树帜　胡庶华　王凤喈　左舜生　赵君迈
邓飞黄　李毓尧

浙江省

褚辅成　陈其业　胡健中　刘百闵　江一平　何联奎
叶溯中　陈希豪

江苏省

张一麐　冷　遹　江恒源　陈　源　薛明剑　顾颉刚
张维桢　肖一山

广东省

陆宗麒　金曾澄　黄范一　韩汉藩　陈绍贤　杨子毅
高廷梓　胡木兰

安徽省

马景常　陈　铁　梅光迪　吴沧州　光　升　杭立武
王立明　奚　伦

河北省

耿　毅　王启江　刘瑶章　张爱松　张之江　魏元光
梁实秋　马洗繁

山东省

傅斯年　范予遂　刘次箫　孔令灿　李汉鸣　丁基实
靳鹤声　赵太侔

河南省

李汉珍　郭仲隗　王公度　常志箴　李名章　王隐三
刘景健　罗梦册

湖北省

孔　庚　李荐廷　喻育之　居励今　严立三　张难先
李廉方　黄健中

江西省

张国焘　王冠英　李中襄　何人豪　甘家馨　尹敬让
王又庸　伍毓瑞

陕西省

张凤翙　李芝亭　张守约　王普涵　赵和亭　张丹屏

福建省

江　庸　康绍周　王世颖　石　磊　胡兆祥　陈博生

广西省

阳叔葆　黄同仇　雷沛鸿　黄钟岳　蒋继伊　林　虎

云南省

李培炎　赵　澍　张邦珍　王吉甫　杨荫南　陇体要

贵州省

王亚明　马宗荣　黄宇人　张定华

山西省

梁上栋　李鸿文　马　骏　常乃德

甘肃省

罗麟藻　朱贯三　张作谋　王维墉

辽宁省

张振鹭　高惜冰　齐世英　钱公来

吉林省

莫德惠　王寒生　李锡恩　刘凤竹

察哈尔省

张志广　席振铎　童冠贤

绥远省

张　钦　荣　照　赵厉师

新疆省

张元夫　郭任生　盛世骥

上海市

陶百川　奚玉书　陈霆锐

重庆市

龙文治　胡仲实　潘昌猷

青海省

李　洽　张昌荣

西康省

黄汝鉴　张　缉

宁夏省

周士观　于光和

黑龙江省

马　毅　王宇章

热河省

谭文彬　毛韶青

南京市

陈裕光　卢　前

北平市

陶孟和　陈石泉

天津市

张伯苓

青岛市

杨振声

西京市

韩兆鹗

二、依照《国民参政会组织条例》第三条乙项遴选者

蒙古

李永新　金志超　阿福寿　苏鲁岱

迪鲁瓦呼图克图

西藏

罗桑札喜　丁　杰　喜饶嘉措

三、依照《国民参政会组织条例》第三条丙项遴选者

海外侨民

谭　赞　邝炳舜　何葆仁　连瀛洲　司徒美堂

许生理　林庆年　李文珍

四、依照《国民参政会组织条例》第三条丁项遴选者

邵从恩　于　斌　王云五　张　澜　黄炎培　王晓籁　章士钊
李　璜　陈豹隐　章　桐　曾　琦　周道刚　晏阳初　仇　鳌
皮宗石　范　锐　许孝炎　毛泽东　林祖涵　周　览　彭充彝
杨端六　成舍我　张冀枢　秦邦宪　张君劢　钱端升　吴贻芳
钱永铭　陶　玄　周炳琳　张其昀　伍智梅　邓召荫　刘蘅静
陈逸云　谭平山　陈绍禹　吕云章　邓颖超　马乘风　徐炳昶
董必武　余家菊　陈　时　陈启天　胡秋原　许德珩　程希孟
张奚若　萨孟武　谢冰心　罗　衡　李黎洲　达浦生　胡　霖
唐国桢　哈　尔　许文顶　阿旺坚赞

（原载《国民政府公报》渝字第四百八十七号）

（三）坚苦笃实　自强自立

1. 坚苦笃实，自强自立

重庆《新华日报》社论

自上届参政会到本届参政会，快一年了。我们在这国际局势激变的一年中，一面打出了由独立作战到与盟邦并肩作战，使各盟邦认识了我抗战的伟大作用，因之我国的国际地位空前的提高了。另方面，在我们战时实际生活中，也遭逢着空前的全面的困难，要求我国上下，有勇气有办法解决这些困难。本届参政会开幕，正是碰着现时这样一个严重的历史时期。只是国民参政会为对政府的战时建议机关，而本届参政员的变更，又不无遗憾之处，因之我们对于本届参政会，自难寄予奢望。惟际此时会，仍不愿默尔而息。敢本所知提出意见，以供参考。

最值得我们警惕的，是日寇的阴谋。的确，像蒋委员长所说，日寇正在"选择战机"，对我采取"以华灭华，吸血补血"的毒计。我们只要看敌人在浙赣的破坏战，在华北的三光政策，对沦陷区的强化榨取，对我大后方的严密封锁，以及军事上陈兵缅边、汉口和华北各重要据点，我们就可以看出敌人目前对我政策的特点，是采取军事、经济、政治等全面的攻势，来围困着我们，企图使我们士气沮丧，民气消沉，战斗衰弱，经济垮台，企图这样来使我们抗不下去，失败下去。

我们面对着敌人这种阴谋，面对着现时各种困难，也正应如蒋委员长所说，要"坚苦笃实，自强自立"，"非作到彻底解除侵略国的武装不止"。正要我们站稳脚跟，咬紧牙关，拿出勇气与办法来，打破敌人的围困，克服自己的困难。

在军事上，我们要在今日庞大部队之下，力求其精。所谓精，就是要整饬伤员，加紧训练，加强战斗，提高士气，改善兵役，掌握技术，增加军事生产，改善军民关系,这都是今日刻不容缓的事。只有精兵,才能打胜仗。

在经济上,的确如蒋委员长所说,在今日是"军事第一","经济第一"。关于这要义,蒋委员长在其开幕词中,已言之甚详。我们认为,挽救目前经济危机,固然需要政府有某种限度的适应统制,但今日问题症结所在,是在采取正确的使法币回笼,以减少法币的发行额;严惩有势有钱人的投机囤积,以平抑物价;从资金、原料、运输上协助民族资本,以提高工业生产,以拯救灾黎,和增加农贷上,以提高农村经济;并厉行自上而下的节省浪费,减少开支,以便缩减预算。如果能采取这些积极的办法,经济上的严重困难,并不是不可以克服的。

自然,要改善目前军事经济的情形,没有政治上推动的前提,是难收到预期的结果的。我们的盟邦美国副国务卿威尔斯,对美共总书记的备忘录阐明,我们内部的团结一致,是争取抗战胜利的必要前提。这完全是有远见和正确的意见。新大陆的政治家尚如此感觉,我国军民当更具亲切之同感,这是不言而喻的。目前问题是在政府应以天下为公的精神,适当的解决民族团结间一些实际问题,修明内政,改善机构,以配合军事和经济之努力。

国民参政员诸先生,来自各方实际生活中,对现时情况,当有深切体验。而今会议虽限于建议,提案又须有二十人签署,但对目前整个问题的症结所在,必具有同感。甚愿诸先生深长思之,国家幸甚,民族幸甚!

(原载1942年10月23日重庆《新华日报》)

2. 彻底团结,表里一致

重庆《新华日报》社论

第三届国民参政会第一次大会已经结束,蒋委员长以主席资格,亲临致词,以彻底实现三民主义,积极担负抗建重任,与盟邦共负解放全人类的大责,勉励我全国同胞。我们于此,愿表示几点诚挚的期望。

目前大局,的确如蒋委员长所说:"黎明已启","前途困难"。这个时候,"真正是我们国家生死存亡的紧急关头","不兴则亡,不成则败"。我们要能够避亡就兴,避败就成,必如蒋委员长所说:"举国一心,表里一致,彻底的团结,加倍的努力!"

"民国以来军阀割据贻祸国家的痛史,北伐成功以后悲惨痛苦的经验",真是值得大家同忆,大家警惕!蒋委员长说得很对:"本来民国十六年以后,世界各国对我们中国的认识已开始改变,如果没有内忧外患,早可达到取消不平等条约的目的。其间障碍重重,一半是由于日本帝国主义者的阻挠,一半还是由我们自身的不统一,不努力。"正因为我们领受了过去血的教训,懔于现在日本强盗对我民族生存的威胁,故我发动抗战,对外举起反对日本帝国主义的鲜明旗帜,对内达成自身的团结与统一的局面。五年来,我们以数百万的生命,无数财产的牺牲,全国同胞的辛苦,来继续坚持抗战,维护团结统一局面,这在我们是支付了极大的代价的。不错,我们所支付的代价,并没有落空,日寇亡我的计划,已经破产,友邦已表示放弃在华特权,我中华民族更已一伸百年弯曲之腰,负起改造中国、改造世界的重任前进,这是我们可以引为自慰的。然而此种空前未有的国际地位,国内团结局面,"得之甚准,而失之甚易"。就目前情形而论,我们加入了世界反侵略阵线,然而事实上尚未能完全根绝侵略的根源——法西斯的思想。我们坚持着抗战到底的国策,然而事实上尚待发动全线攻势,和加紧准备反攻。我们维护着全国团结的局面,然而事实上,"彻底的团结"的障碍,还挡在我们前面。我们誓要彻底实行三民主义和抗战建国纲领,然而说到实践,还有着许多距离。正因如此,所以蒋委员长勉励全国上下,团结要彻底,政策实行要表里一致。蒋委员长这种正确的启示,不是偶发的,而是根据过去的痛苦经验,现在的迫切需要,有所望于我们的政府和我们的同胞的。

从认识到决议,从决议到实现,这其中的成败关键,就是要实行国父遗教,做到力行,把由经验所体现出来、归纳出来的真理,贯彻到行动中去。这对政府是特别需要的。至于我全国人民的认识,应如蒋委员长所说:"天下事唯有全靠自己","我们要变冷淡为热烈,化消极为积极,易旁观为负责,改责难为互助"。只有大家负责,共同努力,方能争取抗战形势的好转。

(原载 1942 年 11 月 2 日重庆《新华日报》)

3. 本届参政会的使命
重庆《中央日报》《扫荡报》社论

第三届国民参政会已于昨日开幕。各方俊彦，荟萃一堂，讨论国政，充满着庄严活泼的空气，表现出精诚团结的精神，这实在使全国民众感觉异常兴奋。尤其是因为我们与世界反侵略国家并肩作战以来，将届一年，共同胜利，屈指可期，而美英两盟邦最近自动宣布，取消一切在华特权，我们盟邦全体又在加紧反攻暴敌。我们第三届国民参政会恰于此时集会，自然更具历史的意义，更负重大的使命。

我们最深刻的感想，是我们这几年来对于民主政治是如何的认真努力。初不因从事抗战，戎马倥偬，而稍受影响。适得其反，我们抗战建国，同时并进，愈是努力抗战，亦愈是推进民主。此无它，因为民主政治本是三民主义的目标，而争取共同胜利，以及确立集体安全，尤必须以健全民主政治为基础。

回忆自轴心国家实行暴政、崇尚武力以后，民主政治似乎是遭受了打击。殊不知，自人类历史看来，这个现象，不但绝对不足以动摇民主政治，而且还是为民主政治树立更稳固的柱石。因为事实证明，轴心国对内的压迫弱小，毁灭自由，对外的从事侵略，蔑视公法，正和它们的反民主政治具有连带关系。它们的反民主政治，可以说是对内压迫与对外侵略的一个原因，也可以说是对内压迫与对外侵略的一个结果。而我们中美英苏无不以民主为标的。这个事实也决不是偶然。

所谓民主，实在含有两个意义：一是从目的说，一切政治设施，皆为一般民众的福利；一是从方法说，一般人民均有投票选举权。要有彻底的民主，上述精神与形式两因素缺一不可。不过在战争时期，因为事实需要，例如行动必须迅速，领导必有重心，故适于承平时代的民主政治机构，未必适用于战时。此在英美民主先进国家，最为明显。民主的目的虽永久相同，但民主的技术则随时代环境而有变化。例如盛行于十九世纪中过度的个人放任自由，在今日已不复适用。目前这个新时代着重集体福利，需要严格管制。关于经济问题尤其如此！盖不只是战时统制物价、管理生产，不得不然，就是战后国内与国际的经济生活，要合理调整改善，也决非遵循传统的、落伍的"放任"办法所可解决。以上是我们今日对于民主政治的感想。

至于我们对于本届参政会与参政员的期望,简单的说,可提三点:其一,为民主政治的示范。我们自己以及我们的盟邦,既然同样的珍贵民主政治,则是我们此时对于民主政治必须尽最大的努力。所以,过去两届参政员,认真负责,全面合作的精神与成绩,本届必能更加发扬光大。我们目前,省有省议会,市县也已经设立参议会,一切一切,有赖于中央的国民参政会示范。我们相信国民参政会必能实现这个使命。

其二,为提供切实建议。参政员来自各处,对于地方情形,烛察洞知;对于中央需要,亦自研究有素。对于提早共同胜利,设立集体安全,亦必已高瞻远瞩,准备提议。我们希望并且相信,他们必能提纲挈领,针对现实,提出具体方案,贡献政府施行。特别是关于蒋委员长所提示的四点,即如何纠正战时风气,如何平抑物价,如何集中财力,及如何动员人力,值得参政员加以悉心研讨与提出有效的办法。

其三,为协助推行法令。参政员的贡献,不仅在开会期间。闭幕以后,回到各地,他们对于中央法令,亦必能尽量协助推行。因为他们集社会的信望,握舆论的牛耳,只要随时随地,尽力所及为现行的法令宣传与推进,不知不觉之中,必能有良好的收获。本届参政会的使命,较诸以往还要重大。我们相信这个使命定能圆满实现。

(原载1942年10月23日重庆《中央日报》、《扫荡报》联合版)

4. 期望于本届国民参政会者

重庆《大公报》社评

国民参政会第三届第一次大会,昨天隆重开幕,气象异常振肃。当此世局阔大国步艰难之际,这十天的民主集会,在全国团结朝野交孚的情绪下,必能产生匡国济世的好意见,并创造艰苦笃实的新精神。在昨天的开幕盛典中,不仅全体参政员,同时党政军各部门的负责首长,均都恭聆了林主席及蒋委员长的训词。尤其蒋委员长的训词,洋洋洒洒,剀切严明。抗战以来,蒋委员长的文告,常是适切负起指导国运开拓时代的任务,昨天的训词,无疑义的,又是一篇划时代的指示。

　　蒋委员长的讲词,指出盟国必胜,敌寇必败,但是敌人尚有压榨挣扎的余地,所以"战事多半是延长之局,非短期所能终结"。怎样争取胜利?蒋委员长特别指示我们,今后不只军事第一,也是"经济第一"。谈到经济第一,蒋委员长的训词,流露着一种焦忧,充溢一种愤慨。痛斥商界败类的发国难财,激励一般国民的生活道德,而归结于希望参政会协助政府执行战时经济法令,以克服今后的经济难关。对于当前的经济病象,蒋委员长为之历历揭出。为要铲除这种种病象,蒋委员长声色俱厉的说,要"不顾一切,断然处置"。可见其对经济问题的焦忧至于如何程度!蒋委员长的训词,对当前国事的指示太多了,我们预备随时阐述,以期与国人共相策勉。现在谨先就一般问题,敬致我们对本届国民参政会的期望。

　　第一,在当前的世界大战中,我们参加的是民主营垒。中国的政治哲学与传统精神,天然是民主性的,不过政治制度还未完全达到现代民主政治的水准。在大战期中,虽在英美,政府所享权力已较前为大,而中国却于抗战期中逐步走上民主之路。这可见我们对于民主政治的努力。国民参政会的创立,已有四年多的历史,民主的成分逐届加浓,实是可宝贵的现象。大家皆期待国民参政会为民主的阶梯,现在看来,已可居之不疑。国民参政会,可说是我们所以自居为民主国家的象征,我们就应该特别重视这个机关。我们所谓重视国民参政会,一要参政员诸君自己先重视,不卑不随,认真献替。二要政府重视,开诚相见,虚心听谏。张参政员难先的答词中,"希望政府多听忠直之言"的话一出口,掌声随之而起,也正可见一般人心之所向。三要社会重视。一般国民应该确认参政会是人民的代言机关,认真的把意见反映到国民参政会去。这是期望于本届国民参政会的第一点。

　　第二,本届国民参政会集会之期,适值英美两大盟国宣布放弃在华不平等特权之时。旧憾一扫,新约待订。中国从此取得国际平等的地位,尤须对今后世界真能平等负责,平等尽力。我们认为,本届国民参政会应该对英美及其他同样宣布放弃不平等特权的国家作一个隆重表示,作为中国国民代表对盟邦友谊的感谢。同时,国民参政会应该建议政府,加强外交阵容,以亲密对盟邦关系的联系。英美苏之间,差不多皆是第一流政治家任大使;而英美之间更经常不断的有特使往还。威尔基先生绕了世界一周,罗斯福夫人又要访问英国。就以英美对我们的使节往还来说,居里、拉提摩尔、威尔基、魏菲尔,以及不久即将到来的英议会访华团更番来华,也不算寂寞。战时世界,瞬息万变,盟国事务,日益繁多,的确需要彼此的特使穿梭往来,以保持密切的接触。现在我们的外交阵容已不算强,而顾大使回国述职,宋外长在归国途中,听说邵大使也将回国。海外实感空虚。所以我们认为,对英美苏的外交阵容应该加强,还需要不断派遣特使出国。我们想参政员诸君子必有相同的感觉,而作适时的建议。这是我们期望于本届国民参政会的第二点。

第三,在当前艰难情况之下,经济问题的确是一等问题,蒋委员长提出"经济第一"的口号,正是提高大家的警觉而期待得到解决的方策。听了蒋委员长的训词,除衷心了解领袖的忧勤惕厉外,更知悉其将亲自主持经济大计。领袖之明,烛照万里,今后症结,想可爬梳。蒋委员长已指出经济问题的解决之途,参政会应该勇敢接受领袖的感召,协助政府推行经济法令。商界败类的发国难财,以及国民生活之未尽合于战时道德,蒋委员长已痛切言之,参政会应本此指示,以唤醒迷顽,制裁不肖。同时推行战时经济政策,是极端科学的事,要人民守法,也要政府机构有效,官吏奉公。如何革故鼎新,除弊兴利,理论与实际,需要揭发与检讨之处正多。参政会于此时集会,对此类问题必须特予注意,竭诚尽智,以为政府之助。这是我们期望于本届国民参政会的第三点。

以上三点,不过简述所感。我们还准备对当前经济问题继续求教于参政员诸君子。

(原载1942年10月23日重庆《大公报》)

5. 我们对于第三届国民参政会的希望

成都《新中国日报》社论

国民参政会已有四年的历史,这个四岁的民主政治婴孩,便是五年血战的产物。他是中国政治统一,全国精诚团结的象征。他是推动抗战工作,促进建国运动的一个民意机关。这个机关的继续存在及其改进,就是对敌人挑拨离间,造谣中伤的阴谋之一最有力的答辩。

现在第三届国民参政会有一个特点,值得我们注意,那便是初步民选精神的首次表现。这次的参政员,由政府聘请者,为数较少,而由各省参议会选举者多,政府提示了"官方候选人",颇与十九世纪中叶前后法国选举制相似,还不够民主。其实这个比拟是不伦不类的。法国在路易十八,查理第十及路易腓力时代,其所提"官方候选人",从未有政府党以外之反对党,亦未有政府党之反对派,同时又以聘请方式,敦聘地方贤豪及博学多能之士,参与国政,这便是中国在伟大神圣的抗日血战中,完成了真正的统一意识后,所表现出的一种特有的民主精神。我们认为这点精神是至可宝贵的!

兹逢本届参政会开幕之际,各方代表,聚首一堂,集思广益,为抗建大业宣劳,关系国家前途至巨。我们有几点意见和希望,愿意乘这个机会提出来,以供参政诸公及国人参考。

一、这次会议,与过去大不相同。我们应该特别注意到我们此时所处的时代和环境。第一届会议于汉皋,是我们失了首都,准备第二期长期苦战的时代,第二届会议于陪都重庆,是我们失了武汉,奋勇支持,达到敌我相持的时代。现在与过去不同了。现在我们不复像过去单独对敌作战,而增加了二十九个朋友。并且同盟国的局势,已有转机,不久大有反守为攻之可能。在同盟军未发动反攻以前,是我们最艰苦的时代,我们如何努力苦撑?这也是最后胜利的前夕,在盟军反攻胜利之后,我们如何努力争取和平与安全保障?在盟军实行反攻之时,我们如何与友军配合作战,以夹击敌人?我们希望政府及参政诸公要在军事外交方面妥订出具体而有效的方案,以把握时机,为国争光。

二、我们感觉现在国家动员法业已公布,早应积极进行,推动全国人力财力物力智力,以尽量发挥抗建力量,并与盟军配合作战,以争取最后光荣之胜利。为推动总动员计,我们深感参政会及省县市议会尚有扩大民众基础之必要。由中央到地方,务使上下一心,各党各派,无党无派,各种社会阶层,各种经济利益,各种事业组合,都有民选之代议士出席于议会之中。庶几群策群力,众志成城,号令一发,全国响应。譬如,征实工作,过去进行极为顺利,即由各省政府大员及参议员与地方正绅通力合作,躬亲督道之功。今川省一百余县,均已普遍设立县参议会,开地方自治之新纪元,可为抗战中民主运动放一异彩,我们预料今年征实成绩,得地方民众代表之协力必较去年成绩更佳。现代民主政治,本植基于地方自治,故省县议会之民主化与民众基础之扩大,实至关重要。今川省参议会已实行职业代表制,各方职团民选代表,并已咸依合法民选手续选出,今后省议会在组织上必更有力而能代表各方民意。我们希望参政会将来在组织及选举上亦能采取此种精神,逐渐扩大民主基础于社会各阶层之中。

三、最后威尔基先生,以在野党领袖,代表罗斯福总统远来中国访问,英国国会三大政党代表亦正在途中,即将来华访问。我们觉得这是民主精神的一种典范。在抗战期间,在野党与政府本应推诚合作,实行休战,一致对外,政府亦应善于应用在野党之力量以协助政府动员民众,及出国宣传,努力国民外交,广树声援,以增高国际地位,博取深厚广泛之同情与援助而利抗战及将来胜利后和平工作之进行。所以我们希望政府也能派一个参政会各党代表团访美、访英,以报盟国来华访问之厚意,并为祖国宣劳于海外。同时可使中国在朝在野党人士,借出国访问之机会,可以学得许多盟友备战作战及计划和平的优点与心得,回来贡献国家,为革新抗战组织,增高抗战精神之助。苏联之英勇抗战精神,与英美之动员民众增加生产,努力作战,及在抗战中充分表现的民主精神,都值得我们学习和效法。我们觉得这个访问团之派遣,虽消耗财力,然而在增强及改进抗战与建国努力上,是可有极大收获的。

四、经济财政问题,这是大家认为当前最切要的胜败关键。我们希望本届参政会在吸收游资,平抑物价,稳定金融,除民疾苦,巩固抗战的经济壁垒上,多用思考,拟出一个紧急,切要,而立时能行之有效的办法来。我们觉得十月十六日《大公报》社评所提出的"应付当前经济难关的一条坦捷之路",很难切中时弊,一针见血。他们主张由政府隆重具函,特派大员,到各大"都会的巨商显宦"门前,"派销公债,非买不可,例如重庆可得百家或数十家,就分别等第,或派百万或数十万不等。其他大都会仿此而行。这样是国家保障了这群臣富的财产,暂时转移其剩余的购买力给国家延期至战后支付,而国家可以立即得到巨款,收缩通货,稳定物价,弥补预算,一举而数善备!"我们希望各党各派,无党无派参政员诸公少为个人升官发财打算,多为国家民族危急存亡,胜败兴衰的关键着想。同时希望政府贤明领袖,高瞻远瞩,以铁的意志,钢的纪律,大无畏的精神和气魄,俯顺舆情,虚纳良计,为祖国打一个起死回生针。

(原载1942年10月23日成都《新中国日报》)

6. 对本届参政会的希望

重庆《时事新报》社评

三届国民参政会第一次大会现值开幕之期,昨天我们已就当前的两件事,提出了两个问题,就是:(一)物价问题,认为是各参政员所宜悉心研究的重大问题之一。(二)战后新世界建设问题。认为亦是应该提出讨论的一个问题。本届参政员与前两届比较起来,有三个特点:(一)参政会组织条例修正后,丁项员额由一百三十八员减至六十,而由各省市参议会票选的参政员增至一百零五。从这一点上,证明了本届参政会的更民主化。(二)选举时期,竞选极为热烈,且各候选人皆在法律范围内竞争,为将来选举制度树立一种良好风气。(三)新当选的参政员都是地方上富有资望人士,证明他们必能克尽团结力量的任务。现在由各省市跋涉而来,集中陪都,举凡地方利病,民间疾苦,都将本其平日所观察研究,发抒傥论宏议,作最有效的建设,以加强抗战力量,亦即对国家民族前途作最重要的贡献。值兹大会开幕之日,谨祝参政会此次集会的成功。

前届参政员最后一次集会,尚在太平洋大战爆发前夕。自太平洋大战爆发以来,中国抗战已成为整个反侵略战争的一部,亦即中国抗战建国大业,与联合国家抵抗侵略重建和平的共同努力,打成一片。这种形势的发展,证明了我们国策的正确,亦即前两届参政员共同拥护国策的成功。此次参政会集会期间,于听取政府报告而外,自将对于国是,作重大献替,亦所以副国民政府集思广益之意。所以参政会应讨论的问题,虽经纬万端,而扼要来说,无一不是有关政策的问题。关于一国政策,一方面固有不变的原则,另一方面更需要与时势相适应。今天的时势,无疑的,首先要争取胜利,这就是军事第一胜利第一。如何争取胜利?现代战争不仅是决胜于疆场之上,而且是国力的总竞赛。一切市场工厂农场都是整个的大战场之一部。国家总动员的意义,就是全部国力的集中使用。我们试一聆美国罗斯福总统最近发表的《炉边闲话》,关于美国总动员的情形,就可以明了我们必须平行的努力之点。这可以说是当前的政策之中心问题。

不宁惟是,联合国家所以实际战后新世界建设的理想,为经济的全面合作。中国在联合国家间,既以平等地位,共同担负这重建和平的重大责任,即有所取必有所予。今天中国若干重要原料,虽在运输困难的环境下,仍源源外输,以供联合国家共同使用,实践我们对敌使用其全部军事与经济资源的诺言。战后这种合作,不仅必须继续,而且更应扩大。从整个的国际经济全面合作来说,具体的说,或者将是美国联合准备制度的国际化。从中国与国际经济合作的关系来说,中国必须工业化,如国父实业计划所昭示,当然需要国际技术与资本的合作。以上两点,并不是截然分离,而是一事的两面。这就是提出了两个问题:一个是中国如何适应这国际金融制度;另一个是中国建国业如何获得国际有效的合作。综合起来,我们可以说,今天无论是在国内或国际,战时或战后,最重要的问题是一个经济问题。也就是说,我们在三民主义之下,需要一个切实有效的经济政策。无论在平抑物价开发西北乃至于建设战后新世界,种种问题,显然的都是整个经济政策的一部。我们希望此次参政会对于这一个重大的政策有重大的贡献。

(原载1942年10月22日重庆《时事新报》)

7. 贡献给国民参政员

重庆《国民公报》社论

自上次参政会闭幕,至今已将近一年了,在这个期间当中,内外的变化,都是历史以来仅有的局面,现在虽抗战日入艰难,可是盟国战势,已经日见好转,当此第三届参政会开幕的时会,我们甚望诸君子,对于左列问题,多加讨论。

　　一、推销公债。在上次欧战中，各主要参战国的战费，都有五分之四是靠公债。例如美国，在一九一七年（参战前）国债不过十万万美元，参战后美国发行的战债，曾达二百一十万万美元；又如英国，从一九一七年十月一日到次年三月十三日，一百六十四天当中，共募得公债二十八万万二千万英镑，较预定数额，超出很多；又当时美国第四次自由公债，定额是六十万万美元，但在三星期之内，认购总额，已达六十九万万九千三百万美元。这次我们的胜利公债，是用来吸收游资，平衡预算，稳定物价，凡我参政诸君子，想来无不乐于踊跃劝募，以图设法及早完成的。

　　二、完成粮政。今年各省雨易不时，有闹水灾的，有闹旱灾的，但是据农林部估计，除丰收省份外，就是被灾省份，多者仍订七成左右，平均全国收成，仍较去年为佳。照去年的经验，以粮食部的指导，各省地方官的努力，产米区如四川湖南广东等地收成，均在预期以上。今年开征，不及两周，据粮食部所得报告，各省征实征购，均极非常顺利，而四川乐至等县，已报征实完成，假使参政员诸君子，对于这个问题，再能竭尽心力，协助政府，使各省大户，皆踊跃从事，应购应征，那么今年的粮政成绩，也许比去年成绩，还能旗鼓相当，也未可知。

　　三、物价问题。关于物价，上届参政会曾有提案，政府已完全接受，并且已经开始逐步实施，而在若干方面，已收了不少成效，可是物价的刺激，依然时有变化，因为统制物价的工作，还未能达到理想的境界，倘参政诸君子，对这问题能多费脑筋，多提方案，使政府平价工作，更能发生奇效，那于国计民生，关系非小。

　　四、外交问题。我国以最高统帅指导有方，前方将士的用命，抗战五年的结果，在外交上已获得空前的地位，将来重建世界，固已列于重要主角。但若同盟国胜利，我国外交，遂可不加努力，或对国际信誉，皆可置之不顾，那就未免大错特错。因为外交始终是曲线的，是变化无穷的，现在欧美对于战后世界重建问题，均已甚嚣尘上，故我国对于战后外交，究应如何措置，这确是当前很严重问题。上列四个问题，是战时问题，也是战后的问题，希望诸君子本国家兴亡匹夫有责的大义,对于这些问题,多多发表意见,以供政府的参考。

（原载1942年10月22日重庆《国民公报》）

8．"坚苦笃实！"

重庆《新民报》社评

第三届国民参政会第一次大会前天开幕,委员长致词,谆谆于"坚苦笃实"之义,闻者当无不感奋。

中国是一个贫弱的国家,五年多抗战,已牺牲了不少的人力物力财力。战争一天不停息,大家的责任更重,大家的工作和生活环境也只有更难。所以"坚苦笃实"精神,是大家今后支撑抗建的唯一条件。若果仍以安福尊荣,苟且偷生为福,事事都存个讨"便宜"的心理,得过且过；或以为实际环境如此对我们有利,而只期待着随同盟国胜利而胜利,那便是绝对错误的观念。岂仅"缘木"不能得鱼,而且"必有后灾"。因此,坚苦二字,大家是值得反省的。

至于"笃实",也正是对中国政治的病根而发。一般人高谈学理,空发议论,无论讲计划,造统计,都不免有其名不切实际。会议多,招牌多,机关多,成员多,指令多,文章多,多多益善,总不外是裱糊敷衍了事。裱糊便是虚伪,虚伪便是"笃实"之一。政治上这种病态,须得根本予以纠正和铲锄。盖政治之要义,贵能循名符实。但如何才能符实？又贵在一个忠信,行笃敬的"笃"字,委员长特别标举坚苦笃实之义,我们认为系切中肯要之论。

（原载1942年10月24日重庆《新民报》）

9．如何革新政治风尚

少　峰

第三届国民参政会第一次大会,正在举行。全国人民对于国民参政会,虽然都不敢抱过大的奢望,但也切望能够体会时艰,对于过去两届参政会的优点加以继承和发挥,而对于它的缺点,则加以克服,以期不负战时相当民意机关的天职。兹当大会进行之际,大家想提供参考的意见,当然很多,现在我只想就如何革新政治风尚这一点,略作刍荛之献。

全世界反法西斯的斗争,正处在严重的关头。中国抗战第六年虽是接近胜利的一年,然而也是抗战以来存在着更大困难的一年。我们已经坚定全国军民的胜利信心,克服悲观失望的情绪,消除等待侥幸的心理,一切为着抗战的胜利,一切为着反攻的实施而奋斗,才能熬过这个困难的年头,迎接胜利的黎明。这当然需要全国上下各方面的努力,但是,在这里面,改善内政,却是最重要的而且有决定意义的一环。因为战争的经验已经教训我们:只有为正义事业而战的军队和政府,才能得到广大人民的拥护,而这种军队和政府,如果能够得到广大人民群众的拥护和完全信任,就不难把伟大而深厚的政治潜力发掘出来,去完成它所要实现的神圣事业。我们所以认为必须按照三民主义,与《抗战建国纲领》的原则,改善内政,使人民更踊跃的为抗战而服务,才能战胜日寇,并为战后新中国的建设,树立前提,就是根据这样的逻辑而来的。

但是,客观所存在的事实,却离开实际需要很远很远。这一层,蒋委员长在国民党五届八中全会早就提出过:"观察过了三年八个月以来,尤其是半年之间,我们奋斗的精神,缺乏新的生力。这一点就是绝大危机,值得我们惊心怵目。"今年九月二十一日蒋委员长在征粮通电中,又举出政治风尚中许多极端严重的现象。其中最严重的,就是高官大吏自私自利,破坏政府政令的现象:"此次视察各省所得关于征粮之实际情形,竟发现有若干在中央或地方服务之军政高级人员,尚有不脱旧时恶习,对其乡里所有之产业不纳赋税,不缴余粮,甚且以自炫其尊严,而地方政府及乡镇保甲长,亦遂不敢过问,置不追科,如此弁髦法令,玩视国计,不惟玷辱其从公服官之地位,实属丧失其国民之资格,法理两无可恕,耻辱莫遭于兹。"这种利用权位,侵害国家利益,实际上就是贪污行为。这种不法行为,不仅在征粮中屡见不鲜,在役政中及其他场合,亦属司空见惯。例如官吏不能兼营有关职务之营业,政府曾悬为厉禁,民国二十九年七月六日国民党五届中央第七次全会,且曾通过《严防官僚资本主义之发展以免影响民生主义之推行案》,对官僚经商主张严惩。但事实上官吏经商,从事囤积居奇,以致破坏抗建事业的现象,仍不一而足,致今年九月廿五日国防最高委员会又重申前令:"政府各级公务人员不得经营任何商业,并不得担任商业机关之董监事等职务。"可见最高当局,对于澄清吏治,改革政治风尚,是认为有其必要的。

不仅如此,即地方贤明当局,亦深感如不从革新政治风尚着手,则其他一切作法,均难以得及效果。最近我们读到广西省主席黄旭初先生所发表《广西革新政治风气要领》的演讲,觉得这个问题,更有提起重加检讨的必要。黄旭初先生所以公开提出这个问题,是因为他看到目前政治风气方面确实非大加革新不可。他不肯讳疾忌医,所以坦白地向大家指出回想自民国二十年起直到抗战初期,本省在建设广西复兴中国的目标之下,当时的政治风气,何等的蓬勃向上,如今是何等的堕落衰颓;(被删)从前是各级干部紧张踏实,朝气蓬勃的,如今是日趋敷衍,暮气沉沉了;从前是刻苦,耐劳,俭朴,廉洁的,如今是日趋浮惰,贪污迭出了;(被删)从前是省外国外,称誉不绝的,如今是讥评日至,自觉惭愧了;这些都证明本省以前的优良政治风气,已经逐渐消亡,愈趋愈下,现在尚不知其底止。瞻望前途,实在可怕。

其实黄主席所指出来的,正是目前中国的一般现象,并不仅是一省一地的特殊现象。我们试回忆抗战初期全国那种蓬勃振奋的气象,与现在一般麻痹衰颓的情形作一对比,谁也不禁要兴今昔之感。蒋委员长今年国庆日勉词就曾说到这一点:"今日一般社会既无积极紧张之气象,亦无刻苦笃实之风尚,甚至国民生活愈趋施浪费、散漫、怠惰、奢侈之途,即嫖赌烟毒之恶习,亦暗中复炽。曾不念沦陷区同胞水深火热之苦况,亦不思前线将士节衣缩食浴血舍命之艰辛,此种恶习,如不根本觉悟,彻底革除,则不待敌军之深入,而我民族必将自趋于灭之。"要挽救这一危机,首先就要从革新政治风尚着手。因为正像论语所说:"政者正也,子帅以正,熟敢不正?季康子患盗,问于孔子,孔子对曰:苟子之不欲,虽赏之不窃。""其身正不令而行,其身不正虽令不从。"孟子亦说:"德之流行,速于置邮而传命。当今之时,万乘之国行仁政,民之悦之,犹解倒悬也。"

那么,如何革新呢?我们认为第一要着就要做到国父孙中山首先所提示的原则,即"人民有权,政府有能"。因为"政治是众人之事",人民是政治的主体,"国家之本,在于人民"。所以"人民应该有权,俾可直接赖此以尽维持国家之责,间接以维持国民自身之安宁幸福"。政府是替人民办事的机关,所以应该有能。"一国之政治,常观其运用政治之中心努力以为推移;其中心势力强健而良善,其国之政治必灿烂可观;其中心势力脆薄而恶劣,其国之政治必黯然无色"。但国民既然为国家之主人翁,而又能够真正有权,那就可以把无能的政府变成有能的政府。这都不是邪词异说,而是国父孙中山先生的政治学说。毫无疑义的,只要我们能够忠实于这个学说,只要我们能够始终把握着这个指南针,那末我们今后在自己工作中也一定会有成功的。不要认为民众,或者说一般普通人,都是不知不觉的阿斗,他们是智慧的。有时候,"普通人的直觉判断,其智慧不下于专家"。威尔基是美国共和党的领袖,可是当他这次代表罗斯福总统聘问苏联和中国以后,却从实际经验中得到这样深刻的认识。他又说:"我从开罗到莫斯科,到重庆,知道普通人民是自由的爱好者。他们希望行动,立时的行动,普通人认为联合国家以最大的团结力量,在各处采取攻势的时候已经到了。"如果联合国家当局都能接受这种正确判断和智慧,法西斯侵略国的命运就比现在更坏了。当然,关于战略的问题,不是这里讨论的范围,我们只说这种倾听民众意见的政治风尚,实在是我们中国今天最需采取的一着。正像黄旭初主席所说:"民众没有民主精神,则地方自治必是有名无实,而重蹈民国初年的复辙。干部没有民主精神,坏的就会沿袭数千年来官治的恶习,只晓得巩固官权,决不愿意人民有权;好的,亦不能用心去训练人民,行使政权。"这是非常切合实际情形的话。前面说的那许多毛病,不都正是食民众没有民主权利之果吗?我们相信:如果人民真能行使政权,可以监督政府,社会舆论能够发挥应有的作用,那末在"十目所视,十手所指"的情形之下,像前面蒋委员长和黄旭初主席所讲的许多毛病,都是不难克服的。

第二,要革新政治风尚,必须健全政治基层,把下面的基础打得结实,民主政治力量才能无限的发扬起来。老实说,现在基层政治是很糟糕的,我们只要到地方乡村去看看,就可以找得无数的实例。现在我只把民国三十年四月一日国民党第五届中央第八次全体会议通过《奠定国家建设之政治基础案》里面所已公布的事实举出一两件就够了:"恶劣之乡政保长,滥用职权,违反法令,营私舞弊,枉法贪赃,横摊乱捐,鱼肉百姓,真如小朝廷土皇帝一样,可以自由捕人,可以擅自杀人。兵马财赋,生杀予夺之大权,掌握在手中,非小朝廷土皇帝而何?""地方之土豪劣绅,地痞流氓,阻碍法令,乡镇保长不敢惩治。湖南地方有谚语曰:'不怕老虎,最怕老太爷。'家中有为大官者之父兄子弟横行乡里,依势欺人,弁髦法令,乡镇长也无可如何。"实在说,在现在基层政治制度之下,这些现象必然会相继而至,无可如何的。因为现在的乡镇长,"有钱有势者不屑为,有才有学者不肯为,有德有品者不忍为,忠实笃厚者不敢为"(见同上决议案)。那末所剩下者还有谁呢?这个答案只有读者去默想了。

这种风尚必须改变,而且在三民主义与抗战建国纲领指导之下,应有方法可以改变。(被删一大段)

第三,各级政府间以及政府与人民团体间,应该多采取活的具体的诱导,减少"等因奉此"式的旧作风。

我们所谓活的具体的领导,当然不是说要废除一切公文手续,而是说要切实了解情况,估计当时客观可能与主观力量,斟酌轻重缓急,决定具体方针,发布必要政令,施行切实检查,及时纠正错误,指示适当办法,以保证政令实施。要完成上述任务,当然,考察、调查研究是不可少的。但要注意,考察、调查研究的风尚亦必须加以革新。否则,像某处县长报告,平均每日必须接待一个考察团,以及我在西康亲眼看见,某考察团到达荣经县,勾留三日,一共参加十一次宴会的怪现象,则不但劳命伤财,而且简直污辱了"考察调查"四个字,试问在三日之内参与了十一次宴会,连吃油大都来不及,还有什么时间去考察调查呢?!

第四,要革新政治风尚,就必须正确挑选干部,教育培养干部,提拔新的人才,注入新的血液,因为只有这样,才能达到蒋委员长的训示:"出现新的精神,产生新的生力。"

我们说要正确挑选干部和培养干部,当然不是说为自己找得几个代理人和助手,多成立一个什么机关,并从那里发布各种指令。这也不是说滥用自己的职权,毫无意义地把干部从甲处抛到乙处,又从乙处抛到甲处,并举行没有止境的"改组"。我们是说要认识干部和尊重干部，分配他们以适当的工作，使他们能各得其所发挥自己的才能，不要把他造成自己的应声虫。拿一句中国老话来说，就是要选贤与能，而不要用人唯亲。

上述数点，卑之无甚高论，但确是目前革新政治风尚的重要方针。抗战正处严重的关头，我们要自强自立，就必须从革新政治风尚入手。因为抗战所需要的新精神与新生力，是存在于社会大众的创发中，而革新政治风尚，是实现这种创发的重要前提。

（原载1942年10月26日重庆《新华日报》，收入本书时有删节）

（四）第三届第一次会议开幕

国民参政会第三届第一次大会，于昨（二十二日）晨九时举行开会式，会场布置极庄严。晨七时许各参政员即陆续到会，新旧相见，握手寒暄，状至愉快。到会参政员有张伯苓等二百余人。参加开幕典礼者有政府长官、国民党中央委员暨各国驻华使节及中外记者等三百余人。九时正林主席暨蒋委员长莅临大会。典礼开始，首由王秘书长世杰报告到会报到参政员共二〇五人，出席者二百人，已足法定人数。在主席团未经选出之前，大会临时主席经前日到渝参政员全体茶会推定张参政员伯苓为临时主席，当请大会公决，全体鼓掌赞成。仪式开始后，全体为殉难抗战将士及死难同胞默念三分钟，旋由张主席致词。词毕，林主席训词，全体起立致敬。林主席致词毕，蒋委员长致词，历一时许始毕，全场热烈鼓掌。末由张参政员难先代表致词，至十一时，开幕式于肃静热烈空气中完成。

（原载1942年10月23日重庆《中央日报》）

1. 临时主席张伯苓开幕词

今天是第三届参政会第一次大会开会之日。溯自本会成立以来，为时已四载,开会已八次,觉得此次开会,按各方情势与第一届第二届有许多不同处,试简述之:(一)按抗战形势来说,当第一届开会时,敌势猖獗,军事险恶,国家政策重在团结抗战,统一全国意志,集中各方力量,以期联合一致,与敌周旋。到第二届开会时,军事已入第二阶段,我们深信敌人决不能征服我们,又知此次战事系长期战争,为支持长期抗战,必须同时建国。今当第三届,抗战五年余,中日战争变为世界战争,我们得道多助,敌人势穷力蹙,军事确有把握,胜利毫无问题,今后问题当在如何建国,故在第一届及第二届时期,可以说抗战重于建国,今则建国重于抗战,此其一。(二)按国际地位来说,本党总理从事革命四十年,目的在求中国之自由平等,取消不平等条约及脱离半殖民地地位,尤为毕生努力奋斗目标。今因暴日入寇,志在灭华,中国为保卫自由,主持正义,奋起抗敌,独立苦战,五年有余,牺牲至巨,英勇可敬,我们友邦一方承认我民族固有道德及民族精神力量之崇厚,一方承认我对于世界战争、国际秩序贡献之伟大,引我为盟友,侪我于四强,国家荣誉日增,国际地位日高,是中国之自由平等业已得到。最近英美自动放弃在华特权,则不平等条约即可废除,百年耻辱洗于一旦,幸何如之。此其二。(三)按民主政体来说,参政会为民主政治之基础,而民主政治之实施,较前二届更加积极与普遍。按在我国民主思想根源甚古,而民主制度机构则甚新,古书谓"天视自我民视,天听自我民听";"顺天者昌,逆天者亡",此天即民意,言民意之重要也。"民为邦本,本固邦宁";"民为贵,社稷次之,君为轻"。此言人民地位之重要也。在昔为国者深明此理,欲求长治久安,必以"得民心"为归,惟因制度不立,为政在人,民心有向背,国家有治乱,遂致易姓改朝之事,史不绝书。今我国效法英美设立民意机关,在中央设参政会,在省设省参议会,在县市设县市参议会,盖欲本诸我国历史国情,参照欧美先进国家政治经验,以新式政治机构运用先哲政治理想,借以逐渐彻底实施民主政治;置国家于磐石之安,此正中国立国之要道。国人深知此民意机关之重要,各省县市参议会已次第设立,多已按期开会,并均能代表人民公意,发挥人民力量,使民主制度之实施,正在逐步推进中。民主政治之理想,较前已具体实现,此其三。上述三项,系个人对于此次开会觉得与前二届不同之点。我们同人当此国势好转,胜利在望之时,举行会议,定必精神兴奋,心情愉快。但我们同时须一方警惕自己,检讨自己,善用当前局势,把握有利时机,充分发挥我们的精神力量,来完成抗建工作。我们应如何建议政府进行各种建设开发工作,应如何督促政府促进政治改进,应如何领导民众,使全国人民均能刻苦耐劳,加紧努力,为国家民族利益而奋斗,尤其要紧的应如何代表民意,监督政府,实现民主精神,以期完成三民主义之国家,这均是本届我们到会同人所应努力的。特贡愚见,供大会参考。

（原载《国民参政会第三届第一次大会纪录》,国民参政会秘书处）

2. 国民政府主席林森训词

主席、各位参政员先生:

国民参政会第三届第一次大会今日开幕,各方贤俊,济济一堂,这是本席所引为异常快慰的一件事,谨向各位先生表示欢迎的诚意。

国民参政会已经有了四年的历史,三届两次的改选。这个机构,本是适应抗战的需要而产生,自然是随着抗战的进展而进步。从他的组织逐渐变更看来,我们可以知道,政府对于实现民主的决心与真诚。从他的成绩日趋良好看来,我们相信,政府对于实现民主的方法,十分切实。三民主义中的民权政治,固定是我们致力的目标,但是一种制度能否健全发展,要看他的基础是否坚实,而建筑坚实基础的方法,就是要在实行上能按部就班,循序渐进。因为人民对于这种制度的素养,对于这种制度的信心,不是旦夕可以造成,而必须逐渐陶镕,逐渐培植。我们看历次国民参政会会议,讨论尽管热烈,但都是出以公正的态度,没有意气之争,再看这次各省市选举情形,竞争尽管激烈,但都是出以光明的方法,没有任何逾越法轨的情事,这就可以证明国民对于民主的素养和信心,都有了长足的进步。这种进步,固然是由于时代的要求和民智的开展,但也是由于政府真诚的决心和切实的方法所得到的结果。本席相信,照这样继续发展下去,我们不久的将来,一定可以达到三民主义的民权政治的阶段。

国民参政会设立的目的是"集思广益"和"团结全国力量"。现代战争需要动员全民力量,才能取得胜利,而全民力量的发展,靠全国力量的团结。同时现在战争性质复杂,范围广泛,必须全国国民尽量贡献他们的智能,以为政府施政的参考,才能够因应咸宜,筹谋尽善,以前两届参政会,关于这两点,都有卓越的表现,对于拥护国策指斥敌伪诸大端,无不表示全体一致的精神,对于争取胜利,增强国力各方面,并有很多有价值的建议,为政府所采取,而得到不少的收获。即在闭会期间,各位参政员亦多在各地指导民众,匡助政府,有裨于抗战建国之处也很大。希望本届参政会各位先生能够继续这种精神,赓续这种努力,以期有更好的表现,更好的成绩。

本届参政会开会,正值我联合同盟国家抵抗侵略集团将届周年之时,而且适在美英两国决定放弃在华治外法权及其相关权益之后,这表明各位先生的使命较之以前两届还要重大。随着我们抗战范围的扩大,和我们国际地位的提高,我们的责任自然也因之更加艰巨。我们不仅要打倒东亚的侵略国家,而且还要联合友邦彻底消灭侵略主义,重建世界公正的秩序,实现世界永久的和平。这一个空前艰巨的伟业,因我们全国国民,特别是作民众楷模的各位先生,同政府通力合作,一齐兢兢业业,殚精竭虑,才能完成我们在同盟国家中所应当担负的使命,才能达到我们的目的。

各位先生或是素负乡里重望,或是有专门研究的人才,都是一时之选。在这政府特别需要各位赞援的时候,在这人民特别期望各位发挥卓见的时候,聚会一堂,一定会对于军事、外交、内政诸端都能根据平日的研究与见闻,详细讨论,作成方案,使抗战建国的工作得到更大的助力。本届参政会的开幕,应在今年我们热烈庆祝国庆纪念之后,这个巧合,象征本届意义的重大,也预示本届结果的圆满。敬祝各位先生健康。

(原载《国民参政会第三届第一次大会纪录》,国民参政会秘书处编印)

3. 国民政府军事委员会委员长蒋中正致词

各位参政员同人:

今天我们第三届国民参政会开会,各位同人,有前届连任的,有本届由各地方选举而来的;当此抗战已入第六年代,我们争取胜利,正在九仞一篑的时机,济济俊彦,荟萃一堂,对于我们日益艰巨的战时工作,必有很多贡献,对于举国一致的向前努力,定必有所策进,这一次的集会,实在是比前二届更有重大的意义。中正代表政府,对于不辞辛苦远道来会的各位参政员特致恳切的欢迎。

本会第二届第二次大会的举行,在去年十一月的下旬,距离今天将近一年,在前次大会闭幕的时候,正是太平洋上风云激荡晦明未分之时,及至十二月八日,残暴狂妄的敌寇,竟以偷袭我沈阳的故智,对英美属地同时攻击,发动了太平洋的战争。我国接着就对日寇宣战,同时对德义宣战,从此我国就与世界上拥护和平正义的盟邦,并肩作战;我从前所预测的中日战争必将与世界战争联结起来,也于此实现。这一年来内外局势的变迁,就以这一件大事为契机而发展。自那时以后,我们中国是由独立作战而为联合作战了,世界反侵略阵营格外鲜明,而范围与责任更见扩大了。为争取全人类自由,保障全人类文明的努力,非作到彻底解除侵略国的武装不止。因之世界上所有欧亚美非各战场,完全是利害成败绝对一致,而我们中国在东亚大路上担负歼除日寇主力作战的任务,已不止为一国争生存,真是与世界共休戚了。这一年来的内外大势,比之过去五年间乃至欧战发生以来三年间,变化特别迅速,波澜更见壮阔,详细情形,当不待我一一叙述。现在我先将敌我军事力量的消长,和国际关系的演进,以及本会所应特别注意的要务,对各位作一个大概的检讨。

先从敌我军事力量的消长来说:我们这一年来军队整训的加强,军政当局另有报告,我可以对各位说的就是环境尽管艰难,进展却甚确实。关于战略的修正,和编制经理的改进,以及反攻的准确,都在着着进行,不断的加强。这一年间我们除了在苏、皖、鲁、冀、晋、绥、鄂、豫、闽、粤各战区不断进行反扫荡战以外,比较重要的战役,有一月间的长沙第三次会战,有三月间赴援缅甸之战,五月以后有浙赣路的会战,在历次战役中,都可以看得出我们已从守势作战,逐渐向攻击作战,敌人抽调很大的兵力,付出很大的代价,除了海盗式的掠夺以外,他结果是毫无所得。至于在太平洋方面敌寇在开战的初期,猖狂万状,香港、马来亚、新加坡的被占,夏威夷方面关岛、威克岛等的被袭,缅甸的失陷,菲岛的被侵,荷印南洋属地的先后被攻陷,都是在三四个月之内的事,在此一个短短的时期中,不能不说他的声势是所向无前。其实这完全因为敌寇处心积虑,早有预谋,其侥幸得志,只是仗着时间上与空间上的便利,并不是他的实力真正强大。这是早在我们意料之中,我从今年元旦以来,已经迭次明白的报告了。自从六月开始,他就在中途岛、珊瑚海、荷兰港各战役,陆续遭遇了严重的挫折,敌寇的海空军兵力,显然已由顶点逐渐降落下来,以及最近所罗门群岛和新几内亚的战事,我们盟军沉着应付发挥威力,虽然还没有采取主力的进攻,已使敌寇势穷力竭,疲于奔命。在敌寇运输吨位日减,飞机军舰原料无法补充的状况下,遭受了这种强韧的打击,其内心所发生的恐慌是不可掩的。敌寇今日已经警戒他的国民:"不要轻视英美。"一方面承认英美生产力量的不可侮,一方面也自白了此刻还不是南洋方面开始建设的时期;并且向其国民强训战争的持久性,要求更大的牺牲和忍耐。它更一再声言"北边的防卫巩固"以安慰其国民,这就因为苏联虽在欧洲本土进行着对纳粹德国空前猛烈的战争,却没有一些放松对日寇的戒备,因之日寇配置在我东北与朝鲜的兵力,不但不敢抽调,反而暗中增加,现在他正在张皇补苴,选择战机;但是北进的贪欲既不敢尝试,又因为纳粹在苏攻势遭受顿挫,英国在北非力量依然巩固,所以他对于德国会师的企图,也只好置之高阁;他在国内便只有断行军部独裁,加强对民众的欺骗和压迫。大东亚省的设置,便是他不惜置国运于死地以冀营城借一而求生,而在我沦陷区域内所谓"安定工作"和经济榨取是一天一天的加紧,妄想以华灭华,吸血补血。总之敌寇今天是感觉到前途一片渺茫,作战毫无把握,因之不得不收拾起席卷亚洲,和速战速决的大言,只希望以持久战斗延缓其末日的到临,希冀着万一的生路罢了。

再从我们国际关系的演进上说:这一年来可说是最值得纪念的一年。日寇在太平洋上的战事一经发动,我们就进为整个世界反侵略战争的一员,当然在表面上看来,香港的被占,缅甸的失陷,是我们对外交通和物资补给上一个损失,但是英美苏各盟邦对于我国各方面的互助合作,在患难与共的盟谊下,是一天天的增强。我们不只是在国际运输和物资补给方面,开创了新的交通线。不只在军事上获得实际的合作,不只在金融经济以及物资各方面获得了大量的援助;而尤其重要的,是我们苦战五年之余,到了今年,所有的各盟邦更清楚的认识了我们抗战的价值及其对世界大局的重要,尤其更深刻的认识了我们抗战的道德意义和正大目标。自从今年元旦我们签署了二十六国宣言以后,全世界有识人士都认定我们中国应该以平等的地位,尽同等的责任,享同等的权利,都认定我们抗战建国的成功,不仅对远东安全是一个确实的保障,更是对人类文明与世界和平可有特殊的贡献。我们抗战五周年纪念日和本年国庆日所收到各友邦的祝贺之词,其踊跃热烈,皆为前所未有的创例,这决不是盟友泛泛礼仪的表示,而是衷诚的流露。尤其值得我们感奋的,今年适当我国第一个不平等条约缔结满一百年的时候,美国和英国,都趁着我们开国纪念三十一年的国庆日,自动表示立即放弃在华的治外法权,并解决有关的问题,这是英美两国去年五月间和七月间与我换文以后进一步的举动,就是表示废止不平等条约,不必待战事结束之后,而当实现于共同作战之时,这就是我们国父领导全国求取自由平等的革命事业的成功。我们对于盟邦以平等待我们的盛谊,当然是无限的感奋,同时想到国家地位的提高,由于我们全国军民五年余抗战牺牲奋斗的结果,更应该感觉我们今后责任的加重。各位同人:我们必须知道,自助人助,是不易的至理。惟自强才能自由,唯自立才能独立,我们国家既获得盟邦平等相待,我们对于整个反侵略的战争,和对于战后的世界前途,就应该与各盟邦负起同等的责任,自由平等的地位,不是他人所能赋与的,必须自己确实努力,总能够名副其实,总能不辜负盟邦好意的期待。现在欧美各盟邦都在率导全民,发挥其对国家对人类的道德义务,即使是平时最讲个人自由的国家,也提倡一切活动"战事中心化",也都强调牺牲奉公的必要而一致履行。因之我们国民的道德精神和生活行动,也必须和各盟邦的国民同样努力尽职,总能使国家民族真正跻于平等独立的地位,取得真正平等的资格;当仁不让,见贤思齐,我全国国民真不能不十分警惕自勉了!

由于上面的检讨,我们可以断定者有几点:(一)轴心敌寇本身实力,发挥已达顶点,此后即将往下降落,敌寇失败,已属必然。(二)惟其敌寇处境愈危,他行险侥幸的顽强野心,更难戢止:既有占领地可供其榨取,以苟延残喘,所以战事多半是延长之局,非短时期所能终结。(三)盟国方面的生产力和人力兵力,正在加速增强,反侵略的胜利,绝无疑问。(四)这次战争,是最残酷而牺牲最大的战事,亦必为极彻底的战争,战后的世界,一定是绝对平等自由的世界,所有参战国家,愈能在战时自强自立而贡献愈大者,战后所享受之道德上地位必愈高,其民族的幸福与繁荣必愈蓬勃而猛进。从这四点来推论我国今日努力的要道,我以为"坚苦笃实"四个字,应为我全国上下共矢不渝的决心。我从抗战初起即警戒国民勿存侥幸求速的妄想,我始终认为唯有坚忍苦斗总能持久,唯有人人艰苦事事笃实,总能获得彻底胜利。我们的抗战在时间上较之任何盟邦均为长久,现代规模的战争,撑持到五年以上,本来没有不极端艰苦的。所以任何艰苦,均非意外,一切困难,必须克服;何况我们国民今天的处境和生活,还远不及盟邦各国国民的刻苦。我们现在所必须警惕的,目前真是我们成败兴衰转捩的时期,如果我们同胞能一致觉悟,以前线士兵的生活为楷模,以沦陷区同胞的痛苦为借镜,忍苦如艰,积极振作,发动民力,充实国力,那末我们便能持久作战,争取胜利,而国家民族的前途,亦莫可限量!反之如果慑于困难,惮于改革,或因循瞻顾,或交互责难,坐使社会风气长此消沉,经济局势,趋于严重,那必致六载苦辛,前功尽弃,良机一逝,万劫不复,我们对后代子孙便要负起千秋万世永难追赎的责任。因之,我要为我参政员同人,坦直陈述我对于国事的观察和对于政府人民一致协力的期望。

现代战争,本是全面性的战争,决胜因素,不仅限于军事,美国罗总统尝言:"经济战的胜利,其重要性仅次于陆海军的胜利。"而就我们中国来说,抗战到了现阶段,一切人力物力的动员,以及战时经济政策的实施,实与前方作战同等重要。如果我们人力不能动员,经济管制不能彻底,物价无法平抑。物资的分配不能统制,生产的供给不能适合作战的要求,不但要影响到前方的抗战,便是前线节节胜利,国家也难免于危险。我们现在不但是"军事第一",而且也是"经济第一"。关于军事方面,现在情势,比之过去已见稳定。此后只有好转,但是我们国家总动员法令的实施,战时经济政策的推行,如果不能随着当前日益艰难环境而加紧实行,那不但抗战军事要受极大影响而我们国家民族直将无法获得真正的平等自由。我们就拿美国作一例证，美国是国力民力比较我们丰富的国家，他们一切社会组织，也比较我们完备，他们对敌作战虽不到一年，可是他们政府经济方面，在本年四月已提出七项战时经济政策，其中除增辟税源、限制物价、平定工资、收缩信用、鼓励节储以外，还包括主要物品的定量分配，到了九月间，更由国会授权总统，实行抑制生活费用，平定一切物品与农产品的价格，规定每一人民全年的最高收入，雷厉风行，何等彻底。至于在人力动员方面，最近美国政府更是大声疾呼："每一美国公民皆为构成征募制度之一分子"，同时并将应征服兵役的年龄限度，从二十岁降到十八岁，又是如何彻底而普遍。反观我国情形，前线官兵是如何恶战苦斗，而后方兵役工作的征募，一般人民，不但不能自动报效，而且愈是稍有地位的家庭子弟，愈不肯履行战时国民这一个基本义务，能隐匿者便隐匿，能逃避者便逃避，平等兵役制因之不能确实推行，而社会游惰闲废的人力，以及无谓浪费的劳力，还不知有多少。至于经济方面，生产不能增加，消费不能节约，物资不能管制，物价不能平抑，信用和利润也不能统制，对于征税募债和节约储蓄，国民也不知道自动尽职，踊跃输将，一般社会除了少数爱国有识之士以外，多是优游安逸，过其平时的生活，甚至物价愈高涨，享用愈奢侈，纵欲败度，浪费无节，全不念前方将士的艰辛，战区同胞的痛苦，更不想到国家前途的危险，也不知奋发向上，仿效各盟邦国民对国家如何尽义务负责任的好榜样。至于商界败类，更是利用非常时期贩卖私货，囤积居奇，不惜祸国害民，弋取暴利，乃至有所谓发国难财之名称，招摇市井，夸耀乡里，自身不以为耻，社会不以为怪，甚至转辗模仿，如毒菌之蔓延，良莠倒置，邪正不分，真可谓礼义廉耻，荡然无存。此种麻木不仁痛养无关的风气，实在非从速纠正不可。这种病态的存在，固然有一部分是由于政府方面措施未能彻底，督察不够严密，但是战时任何政令的推行，多半是要靠社会基础的健全，和国民爱国的热诚。现在我们社会组织既不健全，国民常识多未普及，一般风气还多半是各为其私，或袖手旁观，政府不管制的时候，批评政府不尽责任，政府实施管制的时候，又要怨怼政府太过严格，遇有限制个人自由，涉及个人利益的事项，更是谣诼蜂起，非难百出，我要说一句痛心的话，今天社会上阻碍战时动员法令和经济政策的实施的不只是囤积居奇和乘机攫取暴利的奸商市侩,实际上凡是不能脱去自私自利观念,不明现代国民责任的一切人士,不知不觉之间,所言所行,无不是足以妨害战时法令和战时经济政策的彻底实施。但是我们为求取生存而战,我们如何能听任这种现状长此蔓延,来危及我们抗战的基础。我想各位参政员同人,对于战时动员和战时经济,一定和我有同样的关切。我们政府已立定决心,务必贯彻我们总动员法令,实行管制物价稳定经济,为了国家民族的利益,政府将不顾一切采取断然的措施,而我个人更将躬亲主持,尽我天职。只是我们中国社会基础太不健全,人民知识不太整齐,要求得法令和方案的圆满执行,必须由社会领导分子,挺身负责,协助政府,率导人民,积极推动,才能有济。所以我今天第一个要求,是希望我们国民参政会毅然担当这个关系国家民族生死存亡的重大责任。我认为我们国民参政会应该以负责协助推动战时法令的实施,为当然的职责。同样在省县地方,省参议会和县参议会也负有同样的职责。

我们认为目前最切要的措施,希望各位同人出而领导的,举其要端,约有四项:第一,改正战时风气,换一句话说,就是倡导人民实行"战时生活"。我国战时最大的缺点,就在于国民生活的不紧张、不严肃、不刻苦,可以说一般社会还是苟且偷安,得过且过,因循怠惰,放纵奢侈,甚至烟赌恶习,正在潜滋暗长,这不但完全违反抗战生活的准则,也足以见得我们社会道德的堕落。我们是物质建设落后的国家,而在享用上要超过我们盟邦的国民,在工作的精勤劳苦还远不及我们盟邦的国民,如此下去,何以支持抗战。我们本会负有领导责任的同人,应该毅然担当这个易风移俗的责任,务必痛斥游惰,力戒浪费,竭诚宣导,使所有国民都能实行战时勤俭刻苦的生活,这是我们效忠抗战最基本的要务,必须如此□能振作人心,进而积极履行战时国民的责任。第二,是平抑物价,这是巩固战时经济、稳定战时基础的第一要义,这个问题如不能解决,不但牵动到作战的胜败,也将影响社会生计和一切工作的效率,所以政府必不辞任何谤怨,不管任何阻力。而必求其贯彻实施。这一件事所包含的事项甚为广泛,举凡调查物价、登记物品、实施限价、禁止黑市、检举偷漏、纠察囤积,以至在积极方面增进生产、便利运输、掌握物资,在消极方面限制消费、实施定量分配，无不需要当地公正士绅与社会领导分子的协助，然后实施顺利，人民也乐于遵从。我们应使所有人民明了必须先受痛苦和限制，乃能得到生活的安定，更须使一般利用物价混乱而乘机牟利的无知奸商，明了物价的无限上腾，最后不仅不能保持其暴利之所得，且必身受其祸，甚至害及子孙，必须多方晓谕，实地督察，群策群力，务底于成。第三，是集中财力，这与平抑物价、稳定战时经济，有密切的关系，也可以说是平抑物价的前提。我们必须使人民明了战时财政基础应建立于征税募债、征收实物和强制储蓄之上，才是稳定可久的办法。所以对于直接税税率的增高，战时公债的征募，军需实物的征收，最高所得的限制，市场利率和利润的统制，以及强迫储蓄的执行，凡是爱国明义的人民，必须热诚拥护，然后通货发行才能节约，金融基础才能巩固，币值不生变动，生活亦趋安定，保全财产，报效国家，此是公私两利之道，必须一致协力以赴。第四，是动员人力，这包含推动兵役和实施征工。我们兵役的实施办法，最近正在改进，我希望各位以身作则，提倡自身亲属和乡里子弟踊跃应征，并且悉心研究，勤加考察，对于防止隐匿逃避以及买卖顶替的弊端，竭诚协助。同时要协同当地社会，解决抗战军人家属的生活。至于在征工方面，各位要将战时服役的大义，晓导民众，使其乐于为国家服务。我们这一年来各种机械的来源，和现代交通工具设备原料的供给，更是艰难，因之我们必须以人力代替机器力，我们要普遍发展驿运，以利军事和民生必需品的运输，我们要提倡输替服工役的办法，以推动地方一切的建设。此外我们更应倡导在学青年和职业分子的业余劳动，鼓励农村妇女的生产劳动，以补壮丁出征后劳力之不足。我们是人口众多天赋独厚的国家，只要尽量发动人力，兵源自然充足，建设必能猛进，前方后方一致努力，共同奋斗，不但抗战必能胜利，而建国大业，也必因战时奋发而得以完成。

各位同人们这次集会，适在我们参加联合国作战将近一周年的时候，又适逢美英两国向我们表示放弃特权，而我们即将真正达到平等自由的时机，我知道各位瞻望国运，必感觉无限的兴奋。但是我们中国今天既受全世界的刮目相看，如何才能不辜负盟邦和世界人士的期望，我们政府和国民的责任实在是异常重大！我们现在不仅应对于本国生存和子孙幸福负责任，同时也要对整个反侵略战争尽到我们所应负的责任。如果我们以天赋独厚的国家,苦战已将六年,到今天因为不能发挥我们的人力物力而使功亏一篑,那真是自暴自弃,对不起军民先烈,也对不起我们的盟邦。我竭诚希望各位同人对于政府的措施,加以充分的检讨,尽直谏的忠言,对于民间的疾苦与地方状况,亦望详实报告,提供意见,以解除人民与社会的病苦。同时并盼望各位接受我上面所说协助政府彻贯战时法令,实施战时经济政策的要求,尽心研究,切实推行。诸位来自各地,深知民间利病,相信同心同德,必能振作民风,开创新运,以共同完成我们对于抗战建国的神圣使命!

(原载《国民参政会第三届第一次大会纪录》,国民参政会秘书处编印)

4. 参政员张难先致词

主席、总裁、各位长官、各位同仁:

今天是我们第三届国民参政会第一次大会。同仁推兄弟代表讲几句话,兄弟本来拙于言词,不过既承同仁等托付,也就义不容辞的讲几句。兄弟这次初到陪都,就所见所闻的,心里受到很大的感动。在五年抗战,戎马仓皇之际,陪都在去年、前年迭遭狂炸,而整个陪都不特没有一点萧条的景象,反而到处显露出蓬蓬勃勃的生气,这当然是政府诸公埋头苦干的结果。这种气象是难能而又可贵的。这次抗战是中国五千余年历史以来所没有的艰巨的战争。规模至大,损失也至惨重。而纵观军事、财政、内政、外交种种方面,都有蓬蓬勃勃的了不起的成就。兄弟今天谨代表本会同仁与全国民众,向政府诸公敬致感谢之忱。在过去五年抗战中,艰难困苦实在是了不起,而各方面的收获也实在了不起。我们的收获是敌人所初料不及的,也是各同盟国家以至全世界人民所初料不及的。在开战之初,他们都以为我们是一个弱国,恐怕不是日本的敌手。然而五年来的悲壮事实,给予他们绝对否定的答案,我们最初由千危万险的时期进到稳定的时期,现在更由稳定的时期进到胜利的时期。他们对中国的观点是完全改变过来了。中国的国际地位是一天天的增高。兄弟看到这种情形,心中有无限的感奋。政府诸公的埋头苦干,不但值得全国民众感慰更值得全世界爱好和平人士的敬佩。在目前,最后胜利必属于我是毫无疑义的了,敌人必须崩溃也是注定了。现在最重要的是无过于建国的工作。大家知道抗战的目的就在建国,政府对于这点非常注意。关于建国的设施,有许多很使我们感奋的地方。譬如对于参政会组织条例的修正,主要的是增加地方参政员名额,这是表示政府延揽人才,集思广益,以求地方建设的诚意,谈到建国必须根据国父的《建国大纲》,我们把建国大纲打开来一看,内容大部分是关于地方的,地方最重要的是自治,现在政府修正参政会组织条例,增加各地方参政员名额,这点实在和建国大纲的精神恰恰符合。我们要建国便要从地方建设起,尤其是从农村建设起。因为中国向来以农立国,农民占全国人口百分之八十以上,如果建设忽略了农村,忽略了地方,那么建设的基础是不稳固的。建国工作也是空的。现在我们吃的穿的住的各种原料无一不从农村来。我们建国工作能够不从农村开始吗,能够忽略农村吗,能够不从地方下手吗。同人等这次受政府付托之殷,更凛于本身责任之大,兄弟认为应该根据《建国大纲》参考政府法令,对于农村建设问题向政府多作刍荛之献,兄弟相信这种贡献是政府所最需要的,而且政府实在已在密切注意农村的建设。

各位同人:我们大多来自民间,目有所视,耳有所闻,无一不是和农村有关,甚至自己亲自耕种过,当然知道得比较亲切,如果我们对政府的贡献不确实,这就是我们有忝厥职,就是有负政府,尤其全国人付托之殷。谈到这里,兄弟记起古人的几句老话,就是"责难于君谓之恭,陈善闭邪谓之敬,吾君不能谓之贼"。这里所谓君,当然不能机械的去解释,可以说明相当于我们的"政府"。我们对政府的态度还是应该依据古人这几句话。我们一方面对政府表示敬佩,另一方面也希望政府能够采纳我们的意见,本席觉得本届会议所负的使命,比第一、二届特别来得重。我们能够尽量把意见贡献政府,政府予以采纳,则日后的收获不但是政府的成就,也就是本会同人的收获。建国和建设是紧紧衔接的,我们不能把抗战工作停顿一个时候再来建国,所以兄弟很希望各位不但继续过去第一、二届对抗战方面的贡献,更希望本届就建国方面多多发表意见。最后恭祝各位健康。

(原载《国民参政会第三届第一次大会纪录》,国民参政会秘书处编印)

5. 会议日志

国民参政会第三届第一次会议于十月二十二日上午在重庆国民政府军事委员会礼堂开幕。

十月二十二日　上午举行预备会议。大会临时主席张伯苓及参政员一百九十人出席了会议。国民政府行政院副院长孔祥熙、监察院院长于右任、司法院院长居正、军政部长何应钦、社会部长谷正纲、经济部长翁文灏等也出席了会议。

会议选举蒋中正、张伯苓、吴贻芳、莫德惠、李璜等为第三届国民参政会主席团主席。

下午举行第一次大会。主席团主席张伯苓、吴贻芳、莫德惠及参政员一百八十七人出席了会议。国民政府行政院副院长孔祥熙、监察院院长于右任、司法院院长居正、社会部长谷正纲、经济部长翁文灏等也出席了会议。

会议主要听取军政部长何应钦和外交部次长傅秉常的军事、外交报告。

十月二十三日　上午举行第二次大会。主席团主席张伯苓、吴贻芳、莫德惠、李璜及参政员一百八十八人出席了会议。国民政府监察院院长于右任、经济部长翁文灏、粮食部长徐堪等也出席了会议。

会议听取了财政部兼部长孔祥熙和内政部长周钟岳的财政、内政报告。报告后,会议讨论并通过了《电军事委员会蒋委员长致敬并慰劳前方将士案》、《电慰各战区及东北四省同胞案》和《电慰海外同胞案》。

下午举行第三次大会。主席团主席张伯苓、吴贻芳、莫德惠、李璜及参政员一百七十三人出席了会议。国民政府交通部长张嘉璈、粮食部长徐堪也出席了会议。

立法院、司法院、考试院、监察院和川康建设期成会向大会提出书面工作报告。随后交通部长张嘉璈和粮食部长徐堪作了交通、粮食报告。

十月二十四日　上午举行第四次大会。主席团主席张伯苓、吴贻芳、莫德惠、李璜及参政员一百七十七人出席了会议。国民政府行政院副院长孔祥熙、粮食部长徐堪等也出席了会议。

会议听取了经济部长翁文灏和农林部次长钱天鹤的经济、农林报告。参政员对经济报告提出了四十六件询问案。

下午举行第五次大会。主席团主席张伯苓、吴贻芳、莫德惠、李璜及参政员一百五十九人出席了会议。国民政府教育部长陈立夫、社会部长谷正纲也出席了会议。

会议听取了教育部长陈立夫和社会部长谷正纲的教育、社会报告。随后通过了主席团所提各组审查委员会委员及召集人名单。

十月二十八日　下午举行第六次大会。主席团主席张伯苓、吴贻芳、莫德惠、李璜及参政员二百人出席了会议。国民政府教育部长陈立夫、内政部长周钟岳、监察院院长于右任、军政部长何应钦、行政院副院长孔祥熙等也出席了会议。

会议宣读了国民政府行政院兼院长蒋中正关于《加强管制物价方案》的报告书，并宣布由第四组审查委员会起草对于本报告之决议案提交大会讨论。随后，会议开始讨论参政员提案。

十月二十九日　下午举行第七次大会。主席团主席蒋中正、张伯苓、吴贻芳、莫德惠、李璜及参政员一百九十七人出席了会议。国民政府交通部长张嘉璈、军政部长何应钦、经济部长翁文灏、社会部长谷正纲、行政院副院长孔祥熙、监察院院长于右任、教育部长陈立夫、立法院院长孙科等也出席了会议。

会议听取了外交部长宋子文的外交情况报告，讨论并通过了《对于蒋兼院长关于〈加强管制物价方案〉报告之决议》。大会主席团提《设立国民参政会经济动员策进会案》，经会议讨论，决定交由褚辅成、冷遹、许孝炎、江一平、邵从恩等五人组成的特种委员会审查。莫德惠、李璜代表主席团召集，秘书处参加。

本日，国民政府行政院兼院长蒋中正作了外交、财政、军事近况的秘密报告。会议还讨论了参政员提案二十八件。

十月三十日　上午举行第八次大会。主席团主席张伯苓、吴贻芳、李璜及参政员一百八十七人出席了会议。国民政府司法院院长居正、行政院副院长孔祥熙、军政部长何应钦、经济部长翁文灏、粮食部长徐堪等也出席了会议。

会议讨论参政员提案六十八件,通过了其中的四十二件。

下午举行第九次大会。主席团主席张伯苓、吴贻芳、莫德惠、李璜及参政员一百七十九人出席了会议。国民政府行政院副院长孔祥熙、经济部长翁文灏、粮食部长徐堪等也出席了会议。

会议讨论参政员提案五十六件。

十月三十一日　上午举行第十次大会。主席团主席张伯苓、吴贻芳、莫德惠、李璜及参政员一百七十五人出席了会议。国民政府监察院院长于右任、行政院副院长孔祥熙、粮食部长徐堪、经济部长翁文灏等也出席了会议。

会议讨论了参政员提案和对政府各院部会报告之决议案共五十五件,通过要案多起。其中包括《对于政府交议〈民国三十二年度政府对内对外重要方针案〉各组审查委员会审查意见联合报告》。

下午举行第十一次大会。主席团主席张伯苓、吴贻芳、莫德惠、李璜及参政员一百八十八人出席了会议。民国政府监察院院长于右任、行政院副院长孔祥熙、教育部长陈立夫、军政部长何应钦、经济部长翁文灏、粮食部长徐堪、社会部长谷正纲、内政部长周钟岳等也出席了会议。

会议首由秘书处报告本次会议休会期间驻会委员会委员选举结果。随后讨论经济、农林、财政、粮食各部报告,均修正通过。会议还讨论通过了主席团关于《设置国民参政员经济动员策进会的提案》,并一致通过第四组审查委员会关于物价问题各案的审查报告。

本日下午国民参政会第三届第一次会议举行闭幕式。

(根据《国民参政会第三届第一次大会纪录》综合整理)

6. 第三届第一次会议闭幕

第三届国民参政会第一次大会,于本月二十二日开幕以来,迄昨十日,除各级审查会外,共开大会十一次。在开会期间,参政员对于提案之研究与审议,极为缜密,讨论亦复热烈,而所通过提案二百五十余件,皆为最切要之建议,大会结果圆满,于昨(三十一)日下午五时举行闭幕式,政府长官暨来宾到会参加者极众。计有于右任、孔祥熙、吴铁城、何应钦、翁文灏、徐堪、陈立夫、周钟岳、张嘉璈、谷正纲、顾维钧、朱家骅、叶楚伧等百余人。参政员到张伯苓、莫德惠、李璜、吴贻芳等二百余人,主席张伯苓。行礼如仪后,由蒋主席中正致闭会词,继由范参政员锐代表答词。六时许,大会于兴奋鼓舞中圆满闭幕。

(原载1942年11月1日重庆《中央日报》)

7. 主席团主席蒋中正闭幕词

各位参政员同人:

这一次大会开会十天,各位同人,不分昼夜,备极辛劳,对于我们军事、外交、内政、经济、教育各部门工作当前的设施,和今后的改进,无不充分检讨,作成详尽的决议。尤对于增强抗战力量的人力物力动员,和物价管制,更为集中注意,为了辅助国家总动员法令和战时经济政策的推行,我们已决议在本会内设置经济动员策进会。从此同心同德,一致推进,必然使全国同胞,闻风兴起,各尽战时国民的义务,以贯彻我们的国策,求得最后胜利。这一次大会充满了实事求是的精神,充满了愈艰苦愈奋发的精神,实在令人无限感奋。今天大会结束,本席特向各位恳切致词,表示几点诚挚的期望。

目前我们同人和全体同胞所最感兴奋的,当然是废除不平等条约问题。这一件事,今天还没有到可以具体报告的时期,但可告慰大家的,就是英、美两国自动提议,出自真诚,一切进行,定能圆满顺利,原则上已无问题。我以为现在重要之点,在国家取得平等地位以后,我们自身应如何奋发自勉,以期毋负盟邦的重视,无愧为独立国家的现代国民。试想百年桎梏,一旦解除,这在民族生存前途上,是何等艰巨的伟业,这在我们中国近代历史上,又是何等空前未有的划时代的大事。今天在座同人,从最年长的到最年青的,可以说没有一个人不是从含垢忍辱的层层国耻之中成长起来的。我们国父领导国民革命目的就在求得中国之自由平等。实现了民族主义之后,民权民生问题自然可以顺利解决,不生阻碍。实际说起来,雪耻自强,乃是我们四万万五千万同胞人同此心,心同此理的要求,不论有没有实际参加国民革命,这一个志愿是人人共具的。而今天我们国家平等自由机运已启，我们整个民族，真应该如何积极振奋，莫把此大好时机，轻轻放过。我们抚今思昔，要回忆民国成立以来，军阀割据贻祸国家的痛史要追溯到北伐成功以后悲惨痛苦的经验。本来民国十六年以后，世界各国对于我们中国的认识已开始改变，如果没有外患，早可达到取消不平等条约的目的，其间障碍重重，一半由于敌寇日本帝国主义者的阻挠，一半还是由于我们自身的不统一不努力。贻人以口实，现在此一大事，既因全国军民五年余血战而获得初步成功，我们此时更宜举国一心，表里一致，彻底的团结，加倍的努力，激发爱国良知，共尽国民天职，每一国民，均应认清楚我们已经步上成功的革命大道，统一其意志行动于国父遗教之下，而彻底以求抗战胜利，三民主义之实现，这是本席希望我们参政员同人领导全国共同努力的第一点。

我们今天既已获得我们盟邦平等相待，在世界上得到平等的地位，我们就应该负起我们时代的责任。我们不仅要对本国负责任，也应对世界负责任。我们要不辞任何困难牺牲，努力尽到联合作战中我们应有的作战任务，而对于战后世界秩序的再造，我们应站在求进步争自由的正义立场之上，与联盟各国共同负起解放全世界人类的大责任。我们中国为亚洲最大最古之国，但我们决不要侈言什么"领导亚洲"。我们的先哲古训："四海之内，皆兄弟也"，所以我们民族，对于世界上一切受痛苦、被压迫的人类，都有应负的责任，对亚洲民族自无例外。但我们只认为患难相扶，是共同应有的义务，而人类平等，乃是国际相处的极则。我们不要妄自菲薄，也切不可妄自尊大。彼日寇军阀以大东亚共荣圈为口号，而实行其并亚洲、独霸太平洋的野心，正是我们所要彻底铲除的公敌。我们这次抗战，动机纯洁，宗旨一贯，绝无丝毫自私之心，只有自救救世之念。所以我们对于世界，对于亚洲，就只有尽义务，担负责任，毫不存有任何权利和自私的观念，绝不可违背我们民族忠恕仁爱，以及我们国父为世界打不平的立国精神。我们国民革命的目的，在国家只求恢复我们固有的领土与主权，在世界要和各民族处于平等自由的地位，最后求得世界臻于大同之治，此外即无任何的希求。我们一般国民应该自知我们国家的地位和分量，要知道我们被华盛顿盟会推重为四强之一，乃是盟邦对我们民族的期许,而我们的建国工作和国家力量,实在还远不如人,说起来真是惭愧万分。现在战争正在一天天的剧烈进展,我们国民必须知道,我们如要对世界尽其责任,就要由近及远,首先增强我国自身抗战的力量,加紧反攻的准备。我们此时要坚定沉着,力戒虚骄,要戒慎恐惧,切勿夸妄,更要严肃紧张,勿得稍有懈怠。这是本席希望我们参政员同人启迪全国同胞一致认识的第二点。

对于战时政治的设施和各级行政效率的提高,我们参政员同人不仅要对政府尽忠言,而且要为政府作辅翼,实在说,我们国家推行战时国策的基础条件,多不具备,人民知识更是高下不齐,这实在是无可讳言的困难和缺点。我们同人要衡度国情审酌实际,此时我们惟有同舟共济,确认除旧布新,充实国力,发动民力的共同目标,而人人努力以赴之。国家之事,大家应引为自己的责任,国家有缺点,或同胞有缺点我们即应认为我们各人自己的耻辱,我们要变冷淡为热烈,化消极为积极,易旁观为负责,改责难为互助。要切认我们国家的地位和前途,与以前不相同。因之我们知识分子和社会领导人士局外旁观,自鸣高洁的时代,早成过去,现在国运要待我们扶持,同胞须待我们启迪,更有无数青年国民,急待我们来领导,所以我们的责任,也格外加重,我所特别希望于我们本会同人者,就是要为国家民族积极负责,热心倡导,树立政治上与社会上的新风气,和现代建国的新精神,矫正浮虚、粉饰、苟且、因循、迟滞、散漫的一切颓风与恶习,要使全国人人知道,今日国家平等地位的获得是五十年革命奋斗与五年余浴血抗战积无数革命先烈与军民头颅鲜血之代价所造成,得之甚难,而失之甚易。假如我们不能发扬勤劳节俭的美德,养成艰苦笃实的习惯,仍如过去一盘散沙,各为其己,沉迷罔返,虚伪自欺,那我们就永远不能置身于现代社会与现代国家之林,仍必为世界人类所鄙弃。而且我们如果不能战胜最后障碍我们复兴的敌寇,彻底打倒侵略的暴力,前功一经隳弃,便将万劫沉沦,世世子孙,仍然陷于奴隶牛马之悲运。所以此时改革恶习,转移风气,实为唯一救国的要图。我们务必要唤起同胞共同警惕,积极督察,凡有足以妨碍国家现代化的一切行动和思想,必须绝对唾弃,凡有违反民族利益,漠视国家命令的封建思想和割据的遗留行迹,必须自动消除。总要鼓舞全国同胞,乘此千载一时的良机,积极振奋,恢复我们民族蓬勃发皇的兴国气象,务使旧染污俗与日维新,以共负抗战建国的大任。这是本席希望各位同人积极负责一致倡导的第三点。

各位同人:我们抗战以来的局势,自以我们本届开会时期为最佳,我们抗战的胜利,建国的事业,可说是黎明已启,然而我们前途的困难,革命的危机,还是障碍重重,横在我们的前面。以我们这样积病积弱的国家,要一旦恢复健全,决不是像我们所想像的那样容易,目前这个时候真正是我们国家生死存亡的紧要关头。我们到此,真是不兴则亡,不成则败。我们大家必须知道:天下事惟有全靠自己,我们民族的生存,国家的命运,都要由我们这一辈人自作主宰,务必刻苦奋斗,自立自强,切不可眩惑于一时的环境和外物,而影响我们的天职。必须我们大家黾勉同心,笃实努力,方不辜负了全国军民五年来血战牺牲的往绩,也才能完成我们先烈未竟的功业。现在我们会议完毕,各位同人回到各地,就要本着我们参政会的职责,推动国家总动员,尤其要达成我们经济动员策进会的目的。当此国运愈见昌明,我们的任务弥见艰巨,希望各自珍重,为国尽瘁,以完成我们共同的使命。

(原载《国民参政会第三届第一次大会纪录》,国民参政会秘书处编印)

8. 参政员范锐致词

第三届国民参政会第一次大会,今日在极端欣幸的情绪中,圆满闭会。会期中本会同人,恭聆林主席、蒋委员长的恳切训辞,各部会长官的工作报告,深幸吾国抗建前途,愈加光明,至感兴奋。同人爱国心长,才力有限,但愿竭诚尽忠以一得之见,贡献国家。提案共有二百数十件,于当前国政的兴革,辄尽其言,用备采择。此次集会,意义特殊,相信世界政治史家,述及中国兴衰转变,必将被认为中国一个新时代的开始,特笔大书。最近一百年中华民族,为要保持固有的文化,同时又认定科学必须吸收,两者之间,不易调和,矛盾百出,因此耗费国家元气,不知若干。积败之余,甚至民族自信,几将动摇,暴敌趁此新旧相持机会,乃不择手段,大肆侵略。我中华民族所受之苦难和羞辱,在历史上殆无其比。何幸百炼千锤,玉我于成,毅然决然,举国团结一致,在抗战建国的神圣国策之下,不惜任何牺牲。皇天不负有心人,今日中华民族的优良德性,已为举世所共认。爱我,敬我,侮我者何敢鄙我。来日大难行百里者半九十,我们的团结,必须加强,我们的精神,必须再加振奋,这是本会同人愿与全国同胞共勉者。

（原载《国民参政会第三届第一次大会纪录》,国民参政会秘书处编印）

9. 休会期间驻会委员会委员名单

（一九四二年十月三十一日）

孔　庚　褚辅成　李中襄　王云五　邓飞黄　陈博生　许孝炎
杭立武　陶百川　江一平　但懋辛　江　庸　王启江　郭仲隗
林　虎　阿旺坚赞　冷　遹　黄炎培　于　斌　罗　衡　何葆仁
董必武　陈启天　许德珩　王普涵

（原载《国民参政会第三届第一次大会纪录》,国民参政会秘书处）

（五）加强物价管制
——会议重要议案

1. 提案目录

一、关于一般者

（一）民国三十二年政府对内对外重要方针　　　　　　　　政府交议
（二）请由本会设置经济动员策进会拟具组织大要提请公决案　主席团提
（三）请由本会组织战后问题研究会以便提出建议供政府采择案
　　　　　　　　　　　　　　　　　　　　　　　　　　陈霆锐等提
（四）请建临潼蒋委员长蒙难纪念碑以示景仰而资纪念敬请公决案
　　　　　　　　　　　　　　　　　　　　　　　　　　马　毅等提

（五）赞助全国文化劳军运动案　　　　　　　　　　　　邓飞黄等提

（六）吁请海内外同胞拥护蒋委员长十月十八日募债通电，踊跃输将，以迎取同盟胜利案　　　　　　　　　　　　　　　　　　孔　庚等提

（七）请改进同人提案手续政府报告及审查之方式，以增加效率案

　　　　　　　　　　　　　　　　　　　　　　　　　　晏阳初等提

二、关于军事及国防者

（一）请政府实施妇女动员，加强抗战力量案　　　　　　唐国桢等提

（二）确定军事委员会战时工作干部训练团学籍案　　　　王寒生等提

（三）请政府通令全国军官学校及全国军队对日兵战术应特别重视实施严格训练案　　　　　　　　　　　　　　　　　　　　张之江等提

（四）改善征兵办法以利抗战案　　　　　　　　　　　　张　炯等提

（五）请政府改善兵役制度并注意弊端，以便征兵顺利而利抗战案

　　　　　　　　　　　　　　　　　　　　　　　　　　王隐三等提

（六）拟请政府力求改善士兵学生之生活及训育，以利抗建案

　　　　　　　　　　　　　　　　　　　　　　　　　　张难先等提

（七）兵农必须兼顾案　　　　　　　　　　　　　　　　居励今等提

（八）国军在发动全面反攻期前对于规复东北四省应有之准备案

　　　　　　　　　　　　　　　　　　　　　　　　　　刘风竹等提

（九）请充实北战场以确保陕洛而奠反攻基础案　　　　　郭仲隗等提

（十）请政府调查统计寇暴行事实、公私损失详情，以便研究如何惩罚战争祸首案　　　　　　　　　　　　　　　　　　　　胡秋原等提

（十一）战后之困难当较战前为多，拟请政府对于各部门工作在可能范围内照顾前后，俾易衔接，以减轻战后困难而利建国案　　张难先等提

（十二）战时交通工具缺乏，行军不便，请设置军粮站，以利军民案

　　　　　　　　　　　　　　　　　　　　　　　　　　陈逸云等提

（十三）切实推行战争国家总动员业务，以增强抗建力量案　何葆仁等提

三、关于外交及国际事项者

（一）请政府早日拟定太平洋安全方案，以树立世界永久和平基础案

陈霆锐等提

（二）英美宣布放弃在华特权，本会宜有表示，谈判缔结新约应有准备，谨拟要点提请公决案　　　　　　　　　　　　　　　　　　陈　时等提

（三）盟国与我举行放弃特权谈判时，请政府注意凡与国际公法平等原则不符之权益均应取消案　　　　　　　　　　　　　　　　马宗荣等提

（四）争取南洋各民族权益平等案　　　　　　　　　　　何葆仁等提

（五）请政府向盟国促请首先击溃日本，以促胜利之提早实现案

高廷梓等提

（六）加强国际合作与宣传案　　　　　　　　　　　　　王亚明等提

（七）请由本会遴选同人组织访问团前往英美报聘案　　　龙文治等提

（八）请提选参政员五人组成本会英美苏三国访问团分赴各该国访问，以资沟通中外朝野情感，加增盟国联系案　　　　　　　　　　王冠英等提

（九）建议政府继续组织回教中东近东访问团，以联络国际情谊，增强抗战力量案　　　　　　　　　　　　　　　　　　　　　　达浦生等提

（十）运用国家力量辅导海外华侨发展海外实业案　　　　连瀛洲等提

（十一）辅导归国华侨发展生产建设事业案　　　　　　　何葆仁等提

（十二）复兴战后南洋华侨事业案　　　　　　　　　　　林庆年等提

（十三）收回航权提案　　　　　　　　　　　　　　　　刘明扬等提

（十四）请于战后在南洋各地设立华侨服务社案　　　　　许文顶等提

（十五）为提高南洋华侨之声誉及地位，请对于今后将欲出国之人民预先施以短时期之训练案　　　　　　　　　　　　　　　　　　许文顶等提

四、关于内政事项者

（一）速成立县以下各级民意机关案　　　　　　　　　　严立三等提

（二）拟再请中央督促各省迅速成立县参议会或临时参议会，以利抗战案

马景常等提

(三)请政府明令定期实施《县参议会组织条例》,以便各省设立案

李培炎等提

(四)请迅速成立各省县参议会以襄地方政务而奠民主政治基础案

王隐三等提

(五)请行政院特准省参议会实行民主监察制度以肃吏政而利抗战案

蒋继伊等提

(六)请照军政训政宪政三期立定标准督促各省切实考核所县乡推行自治之进程以利建国案

严立三等提

(七)厉行法治以清正本定人心案　　　　　　　　黄炎培等提

(八)敦促政府迅速施行提审法案　　　　　　　　陈霆锐等提

(九)加强检查职权检举奸伪贪污及一切妨害抗战建国之犯罪,以安定社会澄清政治案

江　庸等提

(十)慎重县长人选,提高县长地位及健全县政府机构案　严立三等提

(十一)实施公开荐举制度,以杜钻营风气案　　　　王冠英等提

(十二)请整饬吏治,确立人事制度案　　　　　　　许生理等提

(十三)迁移辽宁吉林热河三省政府于西安或洛阳,以便机动工作案

马　毅等提

(十四)请政府于各部院会及省府各委员中划定边远省份名额,以资培养运用各种治权能力之专才案

张作谋等提

(十五)表扬忠义严惩贪顽以振奋人心案　　　　　胡庶华等提

(十六)请政府明令禁止曾有汉奸劣迹者担任国家要职,以振纪纲而励士气案

张邦珍等提

(十七)请政府彻查抗战以来各路办理军事运输不力,致使国家物资遭受重大损失之负责官吏,严加惩处以正法纪案　　　　　　　罗　衡等提

(十八)请政府裁撤赈济委员会,以实行撙节财政开支,划一行政机构案

罗　衡等提

(十九)请大举甄审全国官吏,淘汰冗员,裁撤骈枝,充实省县乡三级地方行政机构,健全省县乡三级地方首长,军民分治,党政合一,厉行统制教育与

经济案 严立三等提

（二十）厉行裁员减政以节开支而利行政效率案 王冠英等提

（二十一）实行战时节约救国案 连瀛洲等提

（二十二）各级各项公务人员之战时生活补助应平等待遇案 黄宇人等提

（二十三）请政府切实实施本会上届决议之：（第二案）请改善公务人员待遇并统一待遇标准,实行同级同薪同工同酬,以增进工作效率；（第十四案）克日厉行裁并骈枝机关,节减政令,以节约人力财力物力,充实军事需要并增进行政效率；（第十五案）强化监察制度以肃官邪；（第二十七案）高等考试应分省区定名额,以普选人才而宏考试功能；（第三十二案）迅即对于言论与研究加强积极领导,修正消极限制,以通民隐而利抗战各案,以慰众望案

韩兆鹗等提

（二十四）请调整各级行政机构,以增加行政而免虚縻国币,并按照目前物价情形,提高公务人员待遇,以符禄以养廉之义而使惩治条例得以彻底执行案 王普涵等提

（二十五）请政府平等补助公务员战时生活,以提高工作效率案

唐国桢等提

（二十六）缩小省区调整战区,以明定中央各部与各省之权责案

严立三等提

（二十七）迅速着手建立地方警察网案 严立三等提

（二十八）请政府积极推行公医制度,以树立民族康健之基础案

伍智梅等提

（二十九）严禁食品掺杂以促国民身体康健案 居励今等提

（三十）公务员及教职员特别医药费拟请由政府支给,以增高工作效率而利抗建案 魏元光等提

（三十一）请设置蒙藏卫生院,以资防治人畜疫病增加后方生产案

李　洽等提

（三十二）请政府即在边疆要冲,以蒙回藏同胞聚居地点各设一社会服务处及救济院,以积极推进其社会福利事业,俾便沦陷区域同胞望风来归以增

强抗战力量案 　　　　　　　　　　　　　　　　　　　李永新等提

（三十三）请普设边疆卫生机构,以解除边民疾病痛苦而利抗战建国案

李永新等提

（三十四）请政府设国立新中药厂达到药物自给,加强民国经济动员案

孔　庚等提

（三十五）请政府迅速实行本会孔参政员庚第一二次大会提议,调整卫生行政机构议决,将中医委员会仍隶内政部案　　　　　　　曹叔实等提

（三十六）动员全国中医设立中央国医院,各机关添设中医治疗所,保障军民健康案　　　　　　　　　　　　　　　　　　　孔　庚等提

（三十七）协调中西医主张,设会研究而使医学健全,以保人类生命案

曹叔实等提

（三十八）请政府迅速实施社会保险,以济民生而裕社会案　林庆年等提

（三十九）请政府早日制定《国民义务劳动服务法》,公布实施,以增进人力动员之效能案　　　　　　　　　　　　　　　　　陈绍贤等提

（四十）社会福利设施宜大众化案　　　　　　　　　　马宗荣等提

（四十一）奖励生育并救济战区及扶助贫苦儿童,以延续民族命脉而固国本案　　　　　　　　　　　　　　　　　　　　　　张之江等提

（四十二）拟请政府增扩童婴教养机关,尽量收容孤苦童婴及抗属子弟加以教养,以重人道而固国本案　　　　　　　　　　　　刘百闵等提

（四十三）请政府从速普设工厂托儿所,以动员妇女参加工业生产案

刘蘅静等提

（四十四）移植难民、难童暨荣誉军人于西北边疆,从事生产案

唐国桢等提

（四十五）浙江战区兵燹水旱灾情奇重,应请政府加紧救济,以解民困案

褚辅成等提

（四十六）此次浙赣会战赣省灾情特重,请转派大员前往灾区抚慰,并从速指拨巨款,办理急赈、工赈、农贷,以苏劫黎而固国本案　　伍毓瑞等提

（四十七）河南灾情惨重,请政府速赐救济,以全民命而利抗战案

郭仲隗等提

（四十八）鲁省灾情惨重，拟请中央加拨巨款迅放急赈，并实施根本救济办法，以拯灾黎而固国本案　　　　　　　　　　　傅斯年等提

（四十九）晋东南旱灾奇重，民不堪命，请速拨款赈济，以救灾黎而维民生案　　　　　　　　　　　　　　　　　　马　骏等提

（五十）湖北省本年春收及秋收荒歉灾情惨重，请中央迅予设法救济，以恤灾黎而固国本案　　　　　　　　　　　　孔　庚等提

（五十一）请拨发巨款购贮民食，以济灾荒，并整理游击队，以安灾黎案
　　　　　　　　　　　　　　　　　　　　　　　　陈　时等提

（五十二）拟请政府对各省水旱灾情派员实地勘察，其灾情重大者分别赈济，有妄报灾情者应予惩处，以示政府重视民瘼之意案　黄钟岳等提

（五十三）请转行政院依照中央拨定粤省侨资三千万元数额，转饬主办侨贷机关迅速举办侨贷，以救侨眷案　　　　　司徒美堂等提

（五十四）救济福建渔民案　　　　　　　　　　　　康绍周等提

（五十五）为开发西北，提请政府迅设专责机构，并制颁奖助条例，切实移民西北案　　　　　　　　　　　　　　李文珍等提

（五十六）请移送灾区难民于西北各省垦殖，以固国本救灾荒案
　　　　　　　　　　　　　　　　　　　　　　　　郭仲隗等提

（五十七）请奖励移民西北，以充实边疆人口案　　　张作谋等提

（五十八）统一公务员战时津贴案　　　　　　　　　钱公来等提

（五十九）请政府厉行裁并骈枝重复机关，以免冗耗而增绩效案
　　　　　　　　　　　　　　　　　　　　　　　　黄　方等提

（六十）请调整政治机构，健全人事行政，以加强行政效率而完成抗建大业案　　　　　　　　　　　　　　　　　　刘明扬等提

（六十一）拟请令饬各省分别划定自治示范，切实推行地方自治，以加强新县制行政效能，及早完成县政建设案　　　黄范一等提

（六十二）依据政府保障人民所有权，令拟具办法请予解决案
　　　　　　　　　　　　　　　　　　　　　　　　韩兆鹗等提

五、关于财政经济事项者

（一）请政府实施统制经济，以安定物价而利抗战案　　　　王寒生等提

（二）稳定战时经济案　　　　马乘风等提

（三）实行积极经济政策，动员资本、人力，增加生产，以平物价案

胡秋原等提

（四）物价问题关系抗战至巨，谨拟标本兼治方法，提请公决建议政府施行案　　　　陈　时等提

（五）调整物价管理机构，改进物资统制方法，以平抑民生日用品价格案

陈绍贤等提

（六）请政府对于统制政策的办法重加厘订案　　　　喻育之等提

（七）请政府与人民彻底合作加强统制安定物价案　　　　薛明剑等提

（八）平定物价办法案　　　　周士观等提

（九）请政府设法平定物价以安定人民生活案　　　　王吉甫等提

（十）请政府严定物价，督促生产，限制消费案　　　　龙文治等提

（十一）请严令全国银行遵守银行营业范围，不得兼营他业，并赋四行以管理金融市场之权，使利率减低以利民生案　　　　王普涵等提

（十二）扩大募债，防止漏税，加强管制，巩固金融，以期紧缩通货而免物价高涨案　　　　魏元光等提

（十三）请管制物资应有统盘筹划，并应注意增加生产，而平定物价更应以生产费为根据，以维持后方生产案　　　　王普涵等提

（十四）平定物价须设特别法庭，制定临时刑章，并发动社会制裁力，始能有效案　　　　徐炳昶等提

（十五）改善统制棉纱办法，以奖励生产而策经济繁荣案　　　　马　毅等提

（十六）拟请政府改进陪都面粉工业管制案　　　　黄炎培等提

（十七）充分发挥国民劳力，增强抗战建国力量案　　　　仇　鳌等提

（十八）请切实规定国营与民营事业之界限，并改进及加强统制，以符发展战时生产之本旨案　　　　薛明剑等提

（十九）拟请动员全国工程人员以增强建国效率案　　　　李鸿文等提

（二十）请改正贸易委员会之贸易目的，以维后方生产而利对外贸易案

邵从恩等提

（二十一）维持并扩大输出品生产基础案　　　　　　黄炎培等提

（二十二）限制公营事业涨价以免刺激物价案　　　　王寒生等提

（二十三）拟请政府加强战区物资管理及抢购工作，以防制倒流现象案

陆宗麒等提

（二十四）拟请政府对于国营、公营各事业机关实行考核严予奖惩，以促进政治效率案　　　　　　　　　　　　　　　　　李鸿文等提

（二十五）筹募公债应特重富户，现行办法尚须强化案　陶百川等提

（二十六）拟请举办财产登录，以利税收而平均负担案　韩汉藩等提

（二十七）拟调整地方财政收支，以纾民困案　　　　张丹屏等提

（二十八）请充裕县乡财政以利自治推行案　　　　　严立三等提

（二十九）发展地方民生实业应以吸收地方社会游资为原则　王亚明等提

（三十）请转行政院改善侨汇办法以利侨汇而资救济侨眷案

司徒美堂等提

（三十一）拟请政府改善侨汇及侨属贷款办法以安侨胞而利抗战案

韩汉藩等提

（三十二）利用生产救济归侨及侨眷而繁荣战时农村案　连瀛洲等提

（三十三）彻底实施田赋征实及公购余粮案　　　　　王亚明等提

（三十四）提请征购、征实搭征杂粮，以纾民困而利抗战，并从严查办收粮人员之渎职案　　　　　　　　　　　　　　　　韩兆鹗等提

（三十五）甘肃土地贫瘠，农产征薄请降低田赋征收标准，并将县级公教人员食粮就已核定征收粮额内统筹支配，不另派购案　　张作谋等提

（三十六）增进农田水利加强抗战建国事功案　　　　彭允彝等提

（三十七）发动民力宽筹基金大举兴办农田水利以固国本案　丁基实等提

（三十八）为拟建议政府振兴西北农田水利，积极移民实边，借以扩大战时生产，并作复员准备案　　　　　　　　　　　　丁光和等提

（三十九）为切实施行兵民屯垦使趋合理化以利抗建案　钱公来等提

(四十)拟请政府在川边雷马屏峨各县主办公营垦场以屯垦为开发之始基案 　　　　　　　　　　　　　　　　　　　　　　　黄建中等提

(四十一)请政府注重小型农田水利,宽筹经费严定考绩,以防旱灾案 　　　　　　　　　　　　　　　　　　　　　　　褚辅成等提

(四十二)恢复棉产调整纱价以维军民被服案　　　　高惜冰等提

(四十三)请调整花纱布管制办法,借维后方纺织工业而裕军需民用,以增强抗战力量案　　　　　　　　　　　　　　　薛明剑等提

(四十四)请政府添种棉种,改善棉纱管理,救济失业工人,以维军服民衣于长期案　　　　　　　　　　　　　　　　刘王立明等提

(四十五)土布棉纱自政府统制收购后,各纱厂因营业赔累,缩小范围,豫西各县农民暨西安许多手工织布厂相率停机,拟请政府在可能范围内变通办法,以利抗建而裕民生案　　　　　　　　　　　李芝亭等提

(四十六)棉花关系军需民用不亚食粮,现因田赋征实暨平抑棉价,粮价激涨棉价萎缩,遂致播种面积骤为减少,影响抗建殊属不妙,拟请政府察酌事实,变通办法,以救棉荒而利抗建案　　　　　　　李芝亭等提

(四十七)拟请提高陕棉价格,以奖励种植增加生产,借军用民衣而利抗建大业案　　　　　　　　　　　　　　　　　王普涵等提

(四十八)请政府改善河南土布统制办法以利民生案　徐炳昶等提

(四十九)请政府维护湘省棉产案　　　　　　　　彭允彝等提

(五十)请限期完成陇海铁路宝鸡至兰州之一段,以奠定西北国防而利抗建之大业案　　　　　　　　　　　　　　　张作谋等提

(五十一)利用现有人才设备及材料,分期建筑贯通西北西南之内线铁路,开发资源并联络国际路线,以利抗战案　　　李中襄等提

(五十二)设立全国公路总机关,负责统筹全国公路事宜,并分期完成国父实业计划中公路里程案　　　　　　　　　李中襄等提

(五十三)请政府对于四川公路增加交通工具,厉行公路权法规,厚遇公路员工,以整路政而利交通案　　　　　　　曹叔实等提

(五十四)开发西北请先建设西北交通,以资发展而利建国案　李鸿文等提

（五十五）改善公路运输统制办法以利运输案　　　　　　　马　毅等提

（五十六）西北公路交通线因管检繁复，减削运输效率，拟请政府切实注意，力图改善以利抗建案　　　　　　　　　　　　　　李芝亭等提

（五十七）请政府彻查中央信托局历年办理各国立校院及研究机关之购置情形，并速谋改善办法案　　　　　　　　　　　　徐炳昶等提

（五十八）请政府对缺盐省份迅速扩充盐源，改善运输，禁止掺杂，取缔附加，以维民食并限期清理盐务报销而整顿盐政案　　　何人豪等提

（五十九）平定盐价，杜绝食盐掺和泥沙，以重民生案　　彭允彝等提

（六十）厉行盐专卖制，应统一机构，限制开支，加强运输组织，改进制造方法，废除行盐地域，以增益国库收入减低人民负担案　李毓尧等提

（六十一）官办、民营工矿业应全面合作，以利生产案　　黄炎培等提

（六十二）为建设在此抗战时期海洋交通断绝，外货不易侵入，致政府应加强和提倡保护一般工业，以建树工业国家之基础而固国本案　李汉珍等提

（六十三）切实推行后方农业及手工业生产，以增强抗建力量案

　　　　　　　　　　　　　　　　　　　　　　　　　　连瀛洲等提

（六十四）指拨专款作为工贷基金，扩展水力工程事业，以裕工农业动力案　　　　　　　　　　　　　　　　　　　　　　　丁基实等提

（六十五）为集训流落机工，翻修旧车、旧料，开发新辟路线以利运输案

　　　　　　　　　　　　　　　　　　　　　　　　　　张一麟等提

（六十六）筹拨专款购存大量生铁，以充实炼钢原料案　　魏元光等提

（六十七）推广钢铁用途，以免生产过剩案　　　　　　　魏元光等提

（六十八）请政府改进运输，发展工矿，以利产销而平物价案　王晓籁等提

（六十九）请政府奖励制造机器工业，以阜物资而利抗建案　薛明剑等提

（七十）改革领料手续，调整限价，以发展炼油工业案　　范　锐等提

（七十一）运集各种合金原料，以省外汇而增物资案　　　范　锐等提

（七十二）请政府设立西北畜牧饭养合作社，以开发西北边省而裕民生案

　　　　　　　　　　　　　　　　　　　　　　　　　　刘凤竹等提

（七十三）积极建设西北奠定建国基础案　　　　　　　　张之江等提

（七十四）请政府积极反战边疆畜牧兽医事业，以解决边疆民生及军马供应等问题而利抗战建国案　　　　　　　　　　　　　李永新等提

（七十五）请政府拟定欢迎盟邦资本技术合作办法，以完成国父实业计划案　　　　　　　　　　　　　　　　　　　　　陈霆锐等提

（七十六）请政府迅采积极政策，鼓励农工矿，增加生产，以利抗建案
　　　　　　　　　　　　　　　　　　　　　　　　　　张　炯等提

（七十七）拟请利用各县原有之废地、荒山，设立保有农场或县有林场，以期地尽其利案　　　　　　　　　　　　　　　　　马景常等提

（七十八）拟请加强川盐运输，严禁采购洋盐及沦陷盐，以杜金融外溢并借以保持场产而备宜沙收复后之军民食用案　　　　黄肃方等提

（七十九）拟请政府组设国家实业信托公司，发行产业债券，以大量吸收游资开发轻重工业案　　　　　　　　　　　　　　陆宗麒等提

（八十）积极增加外销物资生产以裕建国资源案　　　　庶　华等提

（八十一）请政府对于国际贸易确定国营政策以维持战后经济建设案
　　　　　　　　　　　　　　　　　　　　　　　　　　褚辅成等提

（八十二）拟请大量吸收归侨浮资计划，发展各种工业，以应国防需要奠定民生基础案　　　　　　　　　　　　　　　　　黄范一等提

（八十三）为棉花供不应求，纱布来源枯竭，拟请政府迅速抢购运，以维后方纺织工业案　　　　　　　　　　　　　　　　陈　时等提

（八十四）拟建议政府增建公私船只，以利战后船运案　　常志箴等提

（八十五）为发展工业，应使各地工业公会脱离商会另组工业会，以利推行案　　　　　　　　　　　　　　　　　　　　　江一平等提

六、关于教育文化等事项者

（一）大学教育在遵行国家教育方针之下，应给予相当自由，以利进展案
　　　　　　　　　　　　　　　　　　　　　　　　　　梅光迪等提

（二）请政府加强培植法律人才以备将来收复失地及割让地后之用案
　　　　　　　　　　　　　　　　　　　　　　　　　　陈霆锐等提

(三)请政府指定优良工科大学或专科学校,负责训练各级工业学校师资,以利工业教育而裨抗建案　　　　　　　　　　　　毛韶青等提

(四)请政府迅在兰州筹设国立大学以大量培养建设西北干部人才案
　　　　　　　　　　　　　　　　　　　　　　　　张作谋等提

(五)拟请政府将福建原有之三个独立学院合组为国立林森大学,借宏造就并志钦崇案　　　　　　　　　　　　　　　　　李黎洲等提

(六)设立国立水产专科学校案　　　　　　　　　　黄炎培等提

(七)建议政府指定国立各大学添设伊斯兰文化暨阿拉伯语文讲座案

(八)国立各大学应增设东方语文学系,以加强东方各民族在政治、经济、文化上之联系而维世界永久和平案　　　　　　　梅光迪等提

(九)扩充中等以上各公立学校学生名额,增加中等以上各私立学校补助金并加强其管制案　　　　　　　　　　　　　　张　炯等提

(十)建议政府就目前教育上各项重要问题详加考察,并从速设法解决,以期永固国本裨益抗建进行案　　　　　　　　　江恒源等提

(十一)宽筹国民教育经费以利普及案　　　　　　胡庶华等提

(十二)请创建国立西北图书馆以资保存文物发扬文化案　赵和亭等提

(十三)积极推进社会教育以利抗建案　　　　　　马宗荣等提

(十四)扶植边地教育发展案　　　　　　　　　　于光和等提

(十五)边疆文教应早定大计以固国基案　　　　　张其昀等提

(十六)请扩大并加紧边疆学术考察工作俾建国工作早日完成案
　　　　　　　　　　　　　　　　　　　　　　　　顾颉刚等提

(十七)请政府以边疆教育经费全部或三分之二以上用在蒙回藏教育,俾蒙回藏教育得有充分发展机会;兼请即在蒙回藏同胞集中地点各设一完全官费小学,以提高其民知救发其爱国情绪而利抗战建国案　　　李永新等提

(十八)请增加蒙藏教育经费普设蒙藏学校案　　　李　洽等提

(十九)拟请政府切实辅助回胞国民教育以资培植边省人才案
　　　　　　　　　　　　　　　　　　　　　　　　达浦生等提

(二十)战后马来亚华侨教育推进案　　　　　　　林庆年等提

（二十一）为教员生活艰苦请设法调剂以维国本案　　　　杨端大等提

（二十二）请政府拨款整理各地破损校舍，保障员生安全，并补充专科以上学校设备，提高教育程度案　　　　卢　前等提

（二十三）宜改善各级学校学生膳食案　　　　李琢仁等提

（二十四）教育部通令中等以上学校不得任意取消战区学生之贷金，并不得以国家贷金滥给富有子弟案　　　　陶百川等提

（二十五）请政府补助经费改良学校教科书之纸张印刷，以增教学效能，并救济全国数千万儿童与青年之目力案　　　　张维桢等提

（二十六）取消庚子赔款办理教育办法案　　　　胡秋原等提

（二十七）根绝考试漏题之恶习，以照考政而维学风之尊严案

李琢仁等提

（二十八）今后教育应提倡固有学术置重做人案　　　　李毓尧等提

（二十九）请政府统筹编售各级学校教科书及参考书，或资助各大书局减低书价增加产量，以宏造就案　　　　薛明剑等提

（三十）国营印刷事业应尽量扩大以利文化建设案　　　　光　升等提

（三十一）请政府设立规模宏大之国立编印局，以供给当代读物及整理现存文物案　　　　金曾澄等提

（三十二）请政府保护佛教以安民心而固团结案　　　　喜饶嘉措等提

（三十三）请政府迅予创办中医专科学校以改进中医学术，并令卫生署于各省市县区乡镇之卫生所、卫生院、卫生处兼用中医人才，以利病家减少漏卮案　　　　孔　庚等提

（三十四）请政府扩充蚕丝教育，培养技术人才，以供战后从事恢复蚕丝生产案　　　　薛明剑等提

（三十五）请政府迅速设法补充战区中等学校师资案　　　　孔令灿等提

（三十六）请政府调整后方刊物，以节省纸张及印刷原料，并即用此经费以改良纸张印刷质地案　　　　张维桢等提

（三十七）发动全国"贫寒教育金"募集运动嘉惠贫寒子弟促进教育事业案　　　　石　磊等提

(三十八)拟请中央政府饬令教育部及各省市县政府等扩充各级学校学额,以容纳失学青年案　　　　　　　　　　　　　　李琢仁等提

(三十九)请政府切实训练保障会计人员案　　　奚玉书等提

(四十)请政府设立中医学校用示中西教育平等,以重民命而利抗建案
　　　　　　　　　　　　　　　　　　　　　曹叔实等提

(四十一)限期成立国医专科学校造就新中医人才案　孔　庚等提

(四十二)请政府征用知识阶级青年,普遍动员人力,加强抗建力量案
　　　　　　　　　　　　　　　　　　　　　刘王立明等提

(四十三)保全全国孔庙公产以维教学案　　　　彭允彝等提

(四十四)酌免升学考试以体恤青年身心并免其废时失学案　王冠英等提

(原载《国民参政会第三届第一次大会纪录》,国民参政会秘书处)

2. 关于实施"加强管制物价方案"的报告

蒋中正

当前经济事业之严重性及其与抗战建国成败之关系,中正于本会开幕之日,业已举其概要,为我同人恳切详陈。而经济事业内在之病根,足以影响军需民生,使遭受无穷之损害者,尤以物价问题之剧烈波动为最大之症结。今欲障此狂澜,俾复归于安定,则必举全国一切之经济事业皆纳于合理之范畴,而不容其有几微之脱节,使与物价管制相济相成。则以我国地利之饶,人力之充,果能本此准则,全国同心并力以赴,自给自足,决可操券,而致此吾人必具之信念所应奋勉图之者也。

溯自(民国)二十六年"七七"事变,我国发动全面神圣抗战以后,最初二年虽以军需供应骤见浩繁,基于政府之调度得宜,金融之操持稳定,与举国人民之积极奋发,绝鲜乘时牟利之自私行为,上下呼吸相应,内外血脉交通,故其时全国各地之物价,尤以国民生活必需之农产品与生产必需之人力工资,均克保持平时之水准。直至二十八年下半年后,乃以外汇略有变动,暨后方运输更见辽远,于是民生与生产所需之外来物资,遂顺势而趋于上涨。然当此之时,内运物资固尚畅通,后方供应原无匮乏,果能源源应市,市场价格尚

能旋涨而旋落。无如此时,后方各大都市,若干资财雄厚之豪商,竟发战时暴利之邪念:一方倾其全力搜索游资,以争购外来货物,压迫国家外汇支付之负担;一方更将运入货物,囤积隐匿,阻厄市场之需要,促进价格之飞腾。迨(民国)二十九年以后,此种囤积居奇之嚣风,益复愈演愈烈,国内生产物资与农产品,亦次第为所蔓延。彼时中正即已注意及此,亟图有以补救。无如我国社会基础本未健全,有关各方亦多囿于成见,惮于更张,管制进行,倍感艰难,动形濡滞。于是囤积居奇之范围,亦遂变本加厉,由商人而播及都市较有资力之个人,播及散居乡村之地方,甚至生产界之工厂,亦有存料减产,坐待涨价为得计。终且一般消费之人民,鉴于涨价之无度,亦复竭力挪借微资,争购物品,以求本身生活之保护。驯至整个社会,皆于不知不觉之中,随波逐浪,相率为助长物价之行为。夫内外物资之来源与生产有限,而各方取求攫夺之私欲无穷,则供求安得而臻平衡?价格安得而不紊乱?由是递嬗影响,战时军需与国防建设,以及行政教育等经费之支付,更皆因物价之步涨而逐步加甚;其亏短之数额,以影响政府一向苦心维持之发行限度。通货既被迫增加,征税、募债、储蓄又不获悉如预期,遂使社会游资愈多,囤积居奇之风愈盛;生产供应之力愈微,物价与工资脱辐之势愈猛,而节约发行之政策亦愈难于贯彻。彼此循环牵连,互相为因,互相为果,以演成今日物价狂乱之现状,实非我物庶民众之中国所宜有。而其间受困最甚者,则我国防经济之建设,因而障碍其进行是也;受害最酷者,则我数百万疆场战士与数百万从事教育保安警察公务等人员,皆以薪饷收入之固定,因而危及其生活是也。此种状态之推延,我各级政府,秉数千年来政尚宽大之平时观念,不肯雷厉风行,实施统制,固应首负其责;而各大都市之奸商豪猾,囤积居奇,图发国难财之行为,实为导祸之阶。不徒战时经济为其动摇,而且我国民历古相承,重义轻利之固有道德,亦为所荡决。其为可痛,无逾于兹。中正亦知,凡为国民,均有爱国之良知,即在商界,亦无例外。凡兹所言,实不忍我举国商民为少数败类所玷污,希望各自激发其爱国真诚,恪遵政府法令,务使货归于市,利合于法,以努力于物价之安定,则政府必将尽其保障扶持之职责也。

由上所述,物价波动,以与各种经济循环相关之情形而观,则知欲谋战时经济之巩固,必须首对物价为切实严密之管制,尤必须就构成物价因素各部门之经济事业,有整个配合之计划,始克表里协调,仍复互为因果,相辅相成,而收物价稳定,生产激增,物资充盈之实效。中正累月以来,潜心研究,以求契符上陈要旨之方策。业于上月手订"加强管制物价方案",提交总动员会详加讨论,决定实施。其中包含业务,至艰至巨,必赖全国各方,一德一心,共同推进。用将该全案报告本会,并将其精神与要旨,向诸君详为说明,以期集中全体同人之力量,进与全国同胞共为一致之推动。

综举全案内容,统分甲乙两章:甲章为各级管制机构之确定。中央机构则以国家总动员会议负决策督导之全责,以主管经济有关各部部长任执行之主干,而由中正亲自主持,以督励其贯彻。其尤要者,则省县两级管制机体之建立。盖近年中央管制物价工作,非不紧张严厉,徒以与各省县地方之动作,尚欠彻底沟通,往往中央所颁行之管制法令,各省各县初未严格执行;或则都市虽经管制,而外县外乡依然放任;或则集散市场,虽经限价,而生产来源地区之价格,又复毫无约束。此张彼弛,省异县殊,以致囤积物资,有逃避隐匿之尾闾,法定物价,起黑市捣乱之诡变。证诸已往之得失,确知今后管制物价,必须在后方各省普遍厉行,乃能杜绝取巧居奇之漏缝。虽以我国幅员过广,时间与空间,人力与财力,不能立时并举,但各重要都市之组织,必须同时进行,其他次要县镇,则其一切措施,亦必责令遵循中央规定之原则,以期一脉贯通。其次:乙章为"实施管制重要之方针"。全章子目,共分十项,并逐项详举扼要具体之大纲,以为拟具实施办法之准绳。虽分目并列,而全章精神,具有严密贯连之整个性,不可缺一以偏废。语其本末因果,即在采取"实施限价"为制裁取巧居奇之手段,为保障一切经济事业发展之前导,以治其标。由"掌握物资"、"增进生产",以浚供应之源;由"节约消费",以主配给之制;由"便利运输",以畅货物之流,而剂盈虚之平;由"管制金融"、"调整税法",以裕生产之资,而杀游资之势;由"紧缩预算",以节国用之流,而免发行之滥;由"严密组织",以动员全国之人力,部勒各界之团体。而补我国各级机构之粗略,俾为推动以上各项事业之基干。凡此诸端,又皆所以立实施限价,巩固战时经济之本。最末殿以"宽筹经费",规定管制经济费用应占国家岁出预算之标准,以充实省县各级机构施行管制时增产控物之需要。不治其本,则限制物价乏工作不易持久而不坠;不治其标,则一切治本事业之恢张即动感棘手而难图。

惟中正默察时论,尚有若干时彦对于管制物价犹复各报成见,莫衷一是。或谓:年来物价波动,实由管制之过,若能彻底放任,反可归于平稳。为此论者,不惟遗忘二十九年政府本未管制而物价节节波动之经过,尤其昧于眼前事实。现时即有若干都市,尚未施行管制,其物价狂涨程度,反比施行管制之都市尤为剧烈。故谓我国之管制制度尚欠彻底,尚欠完善则可;若谓因管制而助长物价,则欧美各战时国家,因施行管制而获得安定之实绩,事例俱在,又岂能视若无睹。又或者谓:欲求物价安定,只有从增加生产与发展运输着手,不可轻为管制之尝试。不知物价一趋狂乱,则生产事业之设备,原料工食工资均遭牵累,资金不敷周转,成本无从固定,其固有生产能力,必且日陷萎缩,复何增加之可能,迩来各地产业界已显此象,正在呼号求援,可为明征;即运输方面所需工具工食工资,亦与生产事业相同。若物价不能稳定,则本月接受一批货运,迄下月即告亏累,维持尚苦不易,复何发展之可言?且又何不观之美国,其生产能力与运输灵便,皆居世界第一,何以作战才逾半年,即毅然决然推行最高限价政策?故增加生产与发展运输,必赖管制物价为辅翼,尤复彰彰明甚。更有谓:欧美各国政治机构健全,人民知识特高,故克施行统制经济,决非我国所能效颦学步。然机构不健全,可以精神人力强化之,人民知识有参差,可以教训督励辅助之。今当整个经济问题,关系国家民族生死存亡之秋,宁复有吾人因循徘徊之余地?只须我全国同胞,公忠戮力以赴,则无论为管制物价,统制分配,均必能推行有效,又有断言。凡上怀疑管制物价之种种论调,若非不明统制经济之真诠,即为误于豪商巨贾散播流言所淆惑。是以中正此次手订管制物价方案,实溶合各种关连因素为一体,以举整个经济改造之全功。凡军事需要之供应,民生困苦之解救,以及战时经济事业之推进,战后经济复兴之初基,均必由此配合之方针,矢忠矢诚,悉力图维。在实施进程中,无论遇何艰难险阻,皆当坚决克服,以求其贯彻。

本会同人,或选自地方,负一方之物望,或领导各界,执产业之牛耳,报国救民,同具赤诚,对于该方案指陈各端,定必早具深切之同感。现该方案一切实施办法,正由国家总动员会议加紧规划,其间端绪之繁,事功之艰,断非政府一纸命令所能立求贯彻,端赖全国一致,群策群力,方足以见诸施行。诚以我国战时经济现状,积困既极复杂,而社会基础,更未健全,共同认识,犹嫌不足。譬之诸疾处分,病象既积深重,本原亦非坚强,欲求起死回生之道,决无万全兼顾之方。故本方案施行之际,断不能谓无丝毫之缺点,亦不能避免受管制各方之痛苦。不但暴政操纵必受制裁,自由浪漫必受拘束,而在实施初期,即一般国民之正当需求与工商百业之所得利润,亦难免感受困难与限制,至于全国之大,情状万殊,实施技术更非简单。是以阻力之来,疑难之起,应均在吾人意计之中。吾人只有就发现缺点,而随时改进;不可预计或有之困难,求万全而疑及全案。更不可因局部一时之痛苦,小不忍而妨害整个之大计。至于实施以后,关于细目与技术问题之改进,正不妨以至公至平之诚心,为因时因地之补救。政府固已立定决心,断然不移;尤非我社会领导分子倾诚赞助,率导人民,全力推动,不克有济。本会为集思广益,疏导民隐,赞襄国计之机关,如荷特予决议,加以全力赞助,即不啻我全国正当民意之总表现。明诏大号,举国同心,使社会之制裁,为法令制裁之先声,由地方之管制,协成全面全国之管制;然后害群之马,无所逞其幸逸之伎,疑似之论,莫能遂其摇惑之私。利国利民,在此一举,此中正所为特提此案,而不惮为缅缕详尽之说明也。谨此报告。

(1942年10月28日报告,原载《国民参政会第三届第一次大会纪录》,国民参政会秘书处)

附:加强管制物价方案

(甲)各级管制机构

(子)中央机构

一、暂由国家总动员会议常务委员会为管制全国物价最高决策机关,负督导各主管机关执行之全责。

二、充实国家总动员会议之常务委员会,规定行政院副院长、军政、财政、经济、交通、粮食、社会、农林各部部长一律出席常务委员会。

三、国家总动员会议常务委员会每星期开会一次由行政院院长亲临主持,如院长因事未能出席时由副院长代理之,其决议以行政院命令行之。

常务委员会开会时,遇有必要,得指定业务有关之主管人员列席。

(丑)省级机关

各省以省政府负管理物价之责,必要时经中央之决定得设物价管理局长,由主席兼任,副局长由中央遴派,其执掌及组织另定之。

(寅)县级机构

一、县以县政府负管理物价之责,必要时得由省政府在该县设立物价专管机构。

二、多以乡镇之合作社应逐步加强,以为建立基层集中物资与配合物资之机构准备。

(卯)各市机构(特别与普通市)

各市以市政府负管理物价之责,必要时得设物价专管机构。

(乙)实施管制重要方针

(子)实施限价

一、择定军用及民生必需最重要之物品若干种,从某一期间起在后方各省一律分期分区分类(如生产出厂□售零售各阶段)实施严格限价,严禁黑市,如发现市场价格高涨规定限度以上时,主管机关得禁止其买卖或封存其货物,并视其情节按军法惩处,仍将其违法物品没收充公。

二、实施限价之物品,初步就各省各物产之生产与消费要地择定为重要据点,首先集中力量严格管制,其余各地则颁行管制法令,责成各该管理物价机关执行,以建立扩张全面严格管制之基础而塞初步据点之漏缝。

三、各择定实施限价据点之各种运输及工资,一律自命令发布之日起同时实施限制。

(丑)掌握物资

一、凡经管制价格之物品,自生产出厂以及运贩销售一律实施登记管理限价,必要时并得由各级管制机构径行强迫征购。

二、鼓励民商抢购沦陷区内之物资而由政府保障其合法利润,若其成本及利润超过限价时,即由政府按照其应得利润予以收购归政府发售。

三、加紧各地沿战线之封锁,防止敌伪搜购内地必需之物资外溢。

四、关于管制物资以协助指导民营,保护正当工商利益接受政府管制为原则,凡可由民营者政府应尽量协助其发展,管制机关不必直接经营。

五、凡规定管制范围以内之重要物资,必须将每项物价严格规定,由某一机关负责专营,不宜再有其他机关加以牵制。

(寅)增进生产

一、凡经管制之物品属于农产品者,由中央及省县政府设定增产计划,运用各种基层组织督励人民必须按期按量生产,并由政府尽力协助指导,完成水利及技术改良等项设备;属于工矿产品者,由主管机关按照其生产能力严格规定其在一定期间必需生产之数量,并由政府金融机关协助其扩充资金。

二、无论农工产品其能达到政府规定产量或超过者优加奖励,不及此规定之产量者处罚之。

三、依照管制计划必须增加之工矿产品而需增扩厂矿设备者,政府应拨定巨额专款,保本保息,鼓励人民投资经营。

四、关于日用必需品得设定计划,奖励手工业增加生产。

五、省县政府应督导县以下乡镇人员及其管理之民众组织与学校等督令实行生产工作。

六、政府对于限价物资之生产事业,其原料资金劳力及运输应予以便利及援助。

(卯)节约消费

一、各大都市及繁盛城镇应逐步实施凭证购粮购物制度,必使生产量与消费量能相互配合适应,以禁浪费浪购,即囤积备用之行为亦应严格取缔。

二、凡奢侈品与非必需品无论生产运售,均分别性质严格禁制。

三、厉行战时生活并对宴会婚丧年节馈赠等之消耗行为一律取缔禁止。(例如庆吊之绸布联幛及筵席等均属无谓消耗,必须彻底禁止。)

(辰)便利运输

一、加紧完成木炭煤炭及桐油等代汽油炉之改装计划,使国内多数停驶之卡车恢复活动。

二、积极策进民间发展驿运兽力等运输工具。

三、积极简化运输机关与税收机关之交通检查机构,以减少正当商运及抢购物资之流通困难,并杜绝沿途需索之弊,务使检查业务为协助商运之便利,而不得为商运之阻碍。

四、凡运输机构及各省市县乡之驿运设定运输计划与运量,必须按期按地按量运足,应由当地各级政府负设备与督管之责,如不能按时运足所规定之数量应严加处罚。

(巳)严密组织

一、按照新县制规定乡镇基层组织,如中心学校、保国民学校、合作社及壮丁队、妇女会,应由省县政府加紧督责,使其充实健全,俾能共同协助管理物价,增进生产,节约消费等工作。

二、各都市城镇除分别厉行同业公会及产业工会与职业团体之组织外,对于一切采购商、批发商等予以严密组织,形成市场上每种商品只有一个商业组织之局面,此项办法并先从粮食品等大宗农业品实施之。

(午)管制金融

一、管制金融办法仍应继续加强积极紧缩信用控制利率并应与管制物价政策密切配合,对于未经政府管制之商业放款,必须严格断绝,并吸收社会尤其对大都市过剩购买力务使市场供给力与需要量适度平衡。

二、积极发展储蓄事业,并研议使储蓄款项与生产事业打成一片之新办法,以鼓励人民储蓄之信念与兴趣,对于各银行办理储蓄业务严格规定其应达之程度,认真检查其成绩,并扫除其以公款转账,及同业对存为粉饰之弊,施行奖惩。

(未)调整税法

一、对于一时尚难禁绝之非必需品及半奢侈品等货物,税率应尽量提高。

二、对于直接税收如所得税战时过分利得税等之税率,应特别提高,以为限制涨价之助力。

三、有关土地之契税、地价税等应积极推广并提高增收。

四、对于地主富商子弟之借入学或托故避免兵役工役者,应创办新税加重征收。

(申)紧缩预算

一、今后中央与省各级机关之预算支出必须从核实以求安定,从节约以求余裕,决不许再有漫无限制任意追加之现象。

二、中央与省地方各级机关应即切实检讨,对于所属骈枝机关及不急业务必须分别裁并或停止,自三十二年度起,尤应严格禁止增设机构。但关于巩固经济基础及与平定物价有关者例外。

三、各级机关之员工,中央以各院各部会,地方以省政府为单位,由其各主管长官统筹积极裁减员额,使其另就边疆或农村生产事业之工作。自三十二年起只按照规定所以裁减之编制任用,不准再有额外员工之设置。

(酉)宽筹费用

一、凡为贯彻平价政策除政令之执行仍由原主管机关负责办理外,其因事务上所需设立之机构及实施机构、协助生产与协助抢购之各项费用,一经最高机关决定,应予宽筹并尽速拨付,以应事机。

二、关于专为推进平价政策各项实施之费用,在三十二年度之预算中至少应占支出总额百分之三以上之数字。

(原载《国民参政会第三届第一次大会纪录》,国民参政会秘书处编印,1943年8月)

附:对《关于实施〈加强管制物价方案〉报告》的决议

本会对于蒋兼院长关于《加强管制物价方案》报告,奉诵之余,弥感兴奋。目前经济危机,物价狂潮,全国人心至为焦虑。本会同人,亦感认为管理物价,稳定经济,不仅与国计民生关系重大,抑且于抗战前途影响至巨。蒋兼院长于日理万机之余,手订方案,加强管制,复抱最大决心,躬亲主持,以国家民族托命之领袖,负稳定物价之重责,公忠体国,钦敬无已。兹特郑重决议,对此报告,一致竭诚拥护。

本报告列举甲乙两部,因果关系,抉发无遗。凡今日足以构成物价高涨之因素,莫不对症发药,有详密之规定。本会深信今后执行机构,必求统一,施行法令,必求简便,人员必经慎选,赏罚必能严明,良法美意,自能彻底推行。

本报告所提方案实施以后,容有困难,惟我政府人民自将一德一心,共同推进。本会深信政府体察实际上之需要,就本方案所列各项,斟酌轻重先后,亦必能随时随地为必要之措置,以期适应。

此次集会,同人深感本问题之严重,亦有若干提案另行决议。凡所欲陈,皆足与本方案配合无间。同人感奋之余,更愿我全国同胞,群策群力,一致奉行,以求本方案之贯彻。谨以公意,为此决议。

(1942年10月29日通过)

(原载1942年10月30日重庆《新华日报》)

3. 大会关于管制平抑物价各项建议的决议

物价为当前严重问题,行政院蒋兼院长特向本会提出管制方案,案经全体一致决议,竭诚拥护。同人等对于物价问题之提案,凡十有六件,或作全面性之建议,或作个别重要因素之检讨与改进,或注意生产,或注意金融,或注重管理机构与人事问题,或注重制裁监察力量,凡所敷陈,均有至理。爰经逐案讨论,汇制整个决议,并将建议各案,全部送请政府分别采择,以利管制。兹将各案开列如下:(一)王参政员寒生等二十三人提:请政府实施统制经济,以安定物价而利抗战案。(二)马参政员乘风等三十二人提:稳定战时经济案。(三)胡参政员秋原等二十二人提:实行积极经济政策,动员资本人力,增加生产,以平物价案。(四)陈参政员时等二十四人提:物价问题关系抗建至巨,谨拟标本兼治方法,提请公决建议政府施行案。(五)陈参政员绍贤等二十四人提:调整物资管理机构,改进物资统制方法,以平抑民生日用品价案。(六)喻参政员育之等二十六人提:请政府对于统制政策的办法,重加厘订案。(七)薛参政员明剑等二十二人提:请政府与人民彻底合作,加强统制,安定物价案。(八)周参政员士观等二十二人提:平定物价办法案。(九)王参政员吉甫等三十二人提:请政府设法平定物价,以安定人民生活案。(十)尤参政员文治等二十七人提:请政府严定物价,督促生产,限制消费案。(十一)王参政员普涵等四十一人提:请严令全国银行,遵守银行营业范围,不得兼管他业,并付四行以管理金融市场之权,使利率减低,以利民生案。(十二)魏参政员元光等二十二人提:扩大募债,防止漏税,加强管制,巩固金融,以期紧缩通货,而免物价高涨案。(十三)王参政员普涵等四十二人提:请管制物资宜有通盘筹划,并应注意增加生产,而平定物价更应以生产费为根据以维持后方生产案。(十四)徐参政员炳昶等二十四人提:平定物价,须设特别法庭,制定临时刑章,并发动社会制裁力,始能有效案。(十五)马参政员毅等三十人提:改善棉纱统制办法,以奖励生产,而策经济繁荣案。(十六)黄参政员炎培等二十二人提:拟请政府改进陪都面粉管制案。以上十六案,业经合并审查,其抉择整理之标准如次:

一、与蒋兼院长报告之加强管制物价案相配合。

二、各案重见之条文合并为一。

三、重新排列其次序,使比较成为有体系之建议。

根据上述三项之标准,经汇合众意,制为决议。

甲、关于原则方面之建议:(一)各重要城市及次要地区之物价,应一律实施统制,各地情况,虽有不同,施行手续,自可作因地制宜之设施。(二)凡属军需用品及民生日用品之重要物资,应自其生产运输分配,直至消费全般过程加以管制,施行之始,容有阻滞,亦当力求克服困难,以贯彻管制为其主旨。(三)物价与工资互为消长,故管制物价,同时须管制工资。(四)物价管制之定价,应顾及物品之生产成本,加以合法利润,而生产费之计算,应以能使之再生产为标准。(五)物价管制之目的,不仅在稳定物价,必使逐渐树立定量分配制度,使人民生活之需要,不全以购买力为标准。

乙、关于管制机构方面之建议:(一)由国家总动员会议为最高统制机关。(二)财政部所属之专卖机构,经济部所属之管制机构,应分别调整,以期事权统一,指挥灵活,效率增进。(三)各省县之动员机构,亦须一律加强,各省之主持物价管制机构,迅予成立。(四)健全人民团体组织,如同业公会,工会、农会,以供管制机构之指挥运用。

丙、关于统制办法之建议:

(一)财政金融管制:(1)改良租税制度,简化税收手续,统一征税检查。(2)紧缩开支,明年度国家预算,必使从严覆定。(3)统一国库收入。(4)严格管制商业银行。(5)严厉取缔比期存款及其他变相高利借贷。(6)管制游资,使用于生产事业与储蓄。(7)统一售货发票及收据之印制。(8)扩大募债运动,对富户派募相当数额之公债。(9)举行财产登记。

(二)工商管制:(1)民营工厂之机器,在原料与工人许可之范围内,应使用至最大限度,以增加生产;凡置修机器,而无故不充分使用之工厂,可视为以机器为囤积之商品,管理机关应即依法取缔或征用之。(2)严厉取缔工厂之囤积行为。(3)政府应运用民营工业贷款之关系,加强对生产之指导与管制。(4)公营、民营工厂之生产,应有整个计划,莫使偏跛,严限不必要之扩张以节约物力。(5)民营工厂出产出品,由政府给以相当利润,从事收购,以资供应。(6)鼓励人民抢购沦陷区物资,给予较高利润,并由政府收购,以资供销。(7)工资应照物价指数,明确规定,严禁任意增加工资。(8)严密依法取缔怠工。

(三)消费管制:(1)严定战时国民衣食住行节约之标准。(2)实施定量分配,凭证购买制。(3)凡奢侈品及贵重物品,一律禁止。(4)婚丧宴会之应酬,严加限制。(5)私人汽车牌照,完全撤销。(6)大饭店大糖果店等,严加取缔。(7)彻底禁绝酿酒,以节约粮食。

(四)交通管制:整顿交通,剔除积弊,调整运输机关,以货畅其流为运输统制之第一要义。

丁、关于检查与奖惩方面之建议:(一)严格取缔囤积居奇及黑市。(二)严格禁止公务员兼营商业。(三)各级政府对囤积居奇之破获,除依法办理外,应随时公布其姓名与事实,借收社会协助制裁之效。(四)鼓励社会制裁及秘密举发。(五)加强现有监察机关之权力。(六)建立并普设各地经济检查网。(七)提高检查队人员之素质,并严加训练与考核。(八)各级管制机关人员有舞弊者,加重处罚。(九)派廉洁素著大员,举行不定时不定地之调查。

(1942年10月31日通过)

(原载1942年11月1日重庆《新华日报》)

(六) 发展经济　坚持抗战

1. 措理物价问题的一些条件

重庆《新华日报》社论

正当各地人民,苦于物价不断暴腾的时候,本届参政大会通过行政院蒋兼院长所手订的《加强管制物价方案》。这是具有重大意义的事情。

这个方案,统分为甲乙两章,甲章为各级管制机构之确定,乙章为"实施管制重要方针"。在这里,治标方面,采取"适施限价";在治本方面,则有"掌握物资"、"增进生产"、"节约消费"、"便利运输"、"管制金融"、"调整税法"与"紧缩预算"等九项。对于平抑物价所必须采用的办法,基本上都提到了。为了使这一项巨大而严肃的工作,能切切实实的完成,为了使国计民生与抗战前途不致再受物价高涨的打击,我们特提出数义,以与全国上下,共同努力。

第一是执行机构之必须统一。过去之经验,往往新机关成立之后,某些有关之机关,仍执行其应该调整的职权。如以目下无线电器材而言,除军政部或交通部管制之外,同时又有各省保安处及卫戍司令部之管理。机关之不统一,不但使工商各业,有莫知所从之苦,而且互相牵制,互相推诿,互相抵触的现象,一定是不可避免的。在这种情形之下,工作效率,就难免受到阻碍了。要全面的措理物价问题,这是不可不深加注意的。

第二是领导机关对于工矿各业,必须处处采用扶助的态度。一纸命令,是不能济世的,如果轻于处罚,则使从事生产者有无所措手足之感,生产之增加,是难于企求的了。我们知道:中国是一个小生产占优势的国家。在农业,固然如此,在工矿业,亦何独不然？小生产的特点,是散漫的,是虚弱的。对症下药,只有扶助其发展,在经济上刺激其扩大生产的兴趣,资助其扩大生产之能力。这就是"增进生产"之所应有事。

第三是认清措理的对象。促使今日物价暴涨之因素,是通货之膨胀,是豪富巨贾之囤积居奇,是物资之因人口减少与生产沉滞而感到缺乏。这是今日万目共睹的事实。正因为如此,所以参政会所通过的方案里,明白地主张紧缩预算,调整税收,增加生产,便利运输和管制金融。为了平抑物价,这一切,都是必须切实执行的。但在这里,万不能放松我们对于囤积居奇的注意力。消费是必须节约的,可是,在物价重压下的平民,购买力早已大大降低了,浪费财物,早已与他们没有什么联系。暴殄天物的绝不是他们,而是那些神通广大的发国难财者。要取缔,就应取缔这些家伙！否则,执行机关只忙于对付小民之囤积备用,问题的重点,就会看落了。

第四手续必须简练。后方生产是同前线打仗差不多的,要迅速,要灵敏。主管机关如果一秒钟之宕搁,则在其属下的厂矿交通各业,将会蒙受巨大的损失。不容讳言,中国的行政机构,尚充满着迟滞稽延的作风,尚充满着只讲形式的文牍主义。表格越多,手续越麻烦,则拖延得越加利害。在这里,时间人力之损失固不必说,而节外生枝之事,亦就会在微妙之关系中发生出来了。以这种办法来治一厂则影响一厂,来治一业则影响一业。管制物价是全面的,是涉及工矿、农、商、交通各业的,手续如果不尽量简便,则其反作用之大,将不可设想了。

第五是人员必须慎选,机构必须造成廉洁。中国古语谓有治法,还须有治人。在某种意义上说,这是与"干部决定一切"的涵义相近的。尽管方针很正确,尽管计划定得很周详,如果执行不得其人,则这些美好的办法,将不免发生质的变化。所谓"从中取巧",所谓"上下其手",何莫非中国政治上惨痛的教训？这在措理物价问题的时候,更是需要我们警惕的！

物价暴涨是一个严重的问题,解决这个问题是一件精微而艰难的工作。诚如蒋委员长所云:该方案"断言政府一纸命令所能立求贯彻,端赖全国一致,群策群力,方足以见诸实行"。年来措理物价问题之经验,处处证明没有民众之支持，便不能收获应有之效果。故群策群力，必须以动员民众为内容，必须以民众组织为依靠。这是建立基层机构不可忽视的。

（原载 1942 年 10 月 31 日重庆《新华日报》）

2. 为经济第一设想

重庆《大公报》社评

本届国民参政会开会之日，蒋委员长训示提出"经济第一"的口号，促起国人的注意与警觉。军事平稳，外交顺境，惟有经济艰难。我们若能将经济的危机展缓，以至将经济难关克服，则抗战胜利将毫无问题，建国成功也必奠定稳固的基础。本经济第一之义，我们将怎样努力打破这难关，乃是全国上下之所焦忧，也正是本届国民参政会所要研讨的问题。这问题，本是极复杂而也极科学的问题，在我们这政治效能不算太高的情况之下，我们不能悬鹄太高，企图全面解决，而只能就一些行之绝对有利而毫无流弊的要点去设计推行，脚踏实地的做到一点算一点。我们就此观点，为经济第一设想，仅建议以下四点，以供政府暨参政会参考。

第一，整军。我们提出这个问题，首先要声明是对国军抱着至高无上的敬意。抗战五年多来，国军的英勇牺牲，已博得举世的崇敬，而国军的生活艰苦，大家虽有所知，却未必知之逼真。为了国家经济的困难，国军忍受着深度的艰苦，甚至已渐渐睽离了足食足兵的标准。人们忍心看着国军的艰苦，但是国军的负担怎样呢？据财政部孔兼部长昨晨在参政会的报告，军费占国家总支出的百分之七十五。这数目实在不小。据明悉军事现况者估计，若就实额整编军队，大约可将番号缩减一半或三分之一。照现状，国库负担浩大，而士兵不能食饱衣暖。若加以整编，则可士饱马腾，战斗力倍增，正符于精兵主义，国库也可减少三分之一左右的负担。这是解决经济问题的一个要点。与此连带相关的一个问题就是改良兵役。据何总长应钦前天在参政会的报告，自二十六年八月起至本年八月底止，总共征募壮丁一千一百一十二万九千五百七十二名。"七七"当时国军若干万，现在服役士兵若干万，五年多来国军死亡若干万，核以所征壮丁之数，其间有数百万的空隙，就是逃散之数。现在兵役的状况,大概在后方抽征一百名壮丁,而前方未必能得到二十个战斗兵。大批壮丁逃散,影响农村生产,并抬高了工价,均转嫁到经济问题上去。若在精兵主义之下办到精征,一个壮丁就是一个战斗兵,则国库少负担征训之费,农村少损失生产力,财政经济与军事均受其益。

第二,整税。讨论国家财政,最主要的是税收。政府的理财计划,若不能于税收上求得国家收支的平衡,其他任何方法皆是临时补苴之计。甚至若靠发行大量钞票以弥补收支的不足,那不但政府的财政破产,且终将招来国家经济崩溃的惨祸。目前政府的财政,真是难为了巧妇,但我们都认为在整顿税收上尚大有可为。大家要注意,我们这样建议,并不主张政府以加税手段去竭泽而渔,而是主张整饬税政。现在我们可以这样论断,政府所收的一个税款,民间所出的十百倍。政府若能整顿税收,实现精税主义,则国家将倍增收入,民众却大减苦痛。我们敢强调呼吁,政府不必创办新税。因为实施一种新税,就必创造一套新机关,国家先须为这套新机关增印钞票,税收几何则甚难期。譬如专卖,设司设局又设卡,政府花了许多钱,除去行政费所余几何?而加倍转嫁,物价跳涨,实际衡量,得不偿失。近闻全国各县要普设县税局,这要创多少衙门设多少官?国家实在不胜其负担。面对当前经济财政的难局,政府应该下大决心,整顿税收,不必办新税,也不必加税,只要调整机构,提高效率,严防逃税,严禁中饱,税收便可大大增加。我们认为这是国家财政的一个要点,财政当局必须把它当做千秋万世的伟业,精勤清正的去经营才行。

第三,整顿运输。我们目前的经济政策有一个大缺点,在物资上,不问生产,但管分配,已有本末倒置之嫌。我们认为,经济的要领,一要使其有,二要畅其流。我们运输管理的拙劣,实是今天经济问题的一个重伤。最伤心的,是这种伤非尽敌人所加,而大半出于我们自己的残害。货怎么流?人怎么行?有路自行遮断,有车船自行阻害,有货自行损毁,有人自相为难,天下愚拙之事,莫此为甚,而我们竟公然为之!对外路通之时,自行降低了多少运输力?路断之际,又自行葬送了多少物资?现在对外路塞之时,国内运输力为什么又人障重重?弊害太严重了,问题也太明显了,政府应该下大决心。只要管理合理,弊绝风清,运输力必大增加,货能畅其流,经济问题就大大松动。

第四,派销公债。向显宦巨富派销公债,我们认为是应付当前经济难关的一条坦捷之路。把他们的丰厚购买力,以公债转移到国家手里,能收缩通货以弥补预算,能冻结游资以割减投机,能减杀富豪以免压迫物价,更能裁抑暴富以消弭社会不平。这绝对合于战时道德,也绝对有助于战时经济。蒋委员长曾号召巨室富绅认购巨额公债。这所谓巨室富绅,也就是我们所说的显宦巨富,他们若不认购巨额公债,天理人心,两俱不平。蒋委员长对参政会的训词,曾痛斥一般社会纵欲败度,浪费无节;更痛斥奸商败类的弋取暴利,祸国害民,一些豪富,可以一赌百万,每人派给他们几百万公债,是毫不为难的。前天《时事新报》上登着一条广告,出价三千元征购一顶呢帽。请问这还像艰苦牺牲的战时社会吗?这种人还不该请他买几十万公债吗?我们希望本届参政会能够宣布一个显宦巨富的名单,每名系以派购公债的数目,请政府特派大员去照单收款。绝对公道,也绝对于当前经济有益。

最后,我们愿说明一点:军事第一,经济第一,政治也不应第二。政治好了,军事必随之而强。我们今天的经济难关,也大半由于政治的寡欲,许多经济方策,在他国行之有效的,在我国何以流弊丛生?推原其故,还是我们的政治有缺陷。社会罪恶有种种,而行政少效,也有责任。参政会应该帮助政府纠正社会病态,也应该督促政府加强政治效率。同德一心,共求国家的进步,争得抗战的胜利。那才对得起最高统帅的宵旰忧勤及数百万战士的英勇苦战!

(原载1942年10月24日重庆《大公报》)

3."经济第一"

成都《新中国日报》社论

国民参政会第三届第一次大会自上月二十二日开幕,会期十日,于前日圆满闭会,中间计举行会议十一次,通过议案二百五十件。自从开会消息传出,各参政员纷纷赴会之际,各方对于此次中心议案之推测,咸认为经济问题。我们抗战到第六年头,打破了许多的障碍,克服了不少的难关,经济的障碍和难关自然包括在内,可是战争愈到后头,经济的障碍愈大,难关愈多,甚至可以说，我们只有从经济方面才能真正理解战争是甚么。再说，要有经济的胜利，才有整个战争的胜利。上次欧战，德国本土从未遭受敌人攻击，结束战争在德军距巴黎三十英里的地方，她之不能不接受降约，决不是由于军事的失败而乃由于经济的崩溃。此次希特勒有鉴于此，自身早为之备，在战争发动以后，首先攫取欧洲各小国家物资。希特勒非不知苏联之不易犯也，而必冒此大危险者亦无非为马克兰之粮食，高加索之油田，至日本之进占南洋各岛亦以此耳。同盟国家，金融相通，物价相济，以从事大量生产相勉，以无尽资源，尤其是美国，与轴心国家相抗，胜利着眼在于经济，胜利基础和把握亦在经济也。

我国自抗战开始以来，政府即着眼于此，关于增加生产，统制物价，管理金融，平定物价，举凡在战时经济中应有之施政，政府皆制定法规，设立组织，冀将胜利基础奠于经济之上。施行以来，极效甚大，抗战得有今日，赖有此耳。然而立法容有未周，组织容未尽善，而人事行政，社会阻碍，容为政府始料所未及，以致弊端百出，非法横行，结果对民生则百物飞涨，对于抗战则资源财力不为国用，此种危境险象全国上下俱有同感焉。

各参政员领袖群伦，来自各方，对于以上两点自有同样认识，同样感觉，果然开会消息传来，在蒋委员长"经济第一"口号之下，大会中最重要而辩论最热烈之问题为经济问题。大会通过成立经济动员策进会，对于物价问题议案有十六件之多，经整理汇合为一个议案，分别关于原则，管理机构，统制办法，检查与奖惩各方面均详细提出通过。这两个议案恰恰是对着上述两点意义，果能实施有效，乃此次参政会对于国家伟大之贡献也。

然而良洁美意在于实行，中国有"有治人无治法"之古语，在罗斯福总统颁布物价法令之时，某外籍朋友曾问记者，中国物价如是高，中国能不能如罗斯福总统之以法令规定，记者答应之曰"可以"。记者私心固知此关系于民族最高道德也。现在轴心国家集中物力以谋我，同盟国家加紧生产，节制浪费以济我，我当发挥民族最高道德，不在政府法令之外去谋自私取巧的经济办法，而要在政府法令之中谋经济的节省与贡献也。

（原载1942年11月2日成都《新中国日报》）

4. 贯彻战时法令，实施战时经济政策

重庆《国民公报》社论

第三届国民参政会第一次大会，昨天开幕。出席参政员异常踊跃，情绪尤显热烈。蒋委员长特出席致词，剀切说明一年来内外大势，检讨敌我军事力量消长与国际关系之演进，以协助政府贯彻战时法令，实施战时经济政策两点，为大会应特别注重之要务。委员长的演词，恳切严肃，读后令人倍加振奋，谨述所感如次：

第一，蒋委员长说明敌我军事力量的消长，明白宣示我军事上：（一）修正战术战略；（二）改进编制经理；（三）准备反攻。这一年中"已从守势作战逐渐转向攻势作战"。而敌人则"不惜置国运于死地，以冀背城借一而求生"。只希望以持久战斗延缓其末日的到临。领袖既明告我们大家，在军事上，我军已由守势逐渐转向攻势作战，我们的一切准备，都要配合军事，用攻势作战的姿态，以打击敌人，准备愈充实，则反攻力量愈强大。要问今天我们的反攻力量，那就要看我们自己的努力如何？领袖又说明我国际地位已经提高，美英废弃在华特权，盟邦以平等的资格对待我，认识我们抗战价值对世界大局的重要，认识我们抗战的道德意义和正大目标。这是我们五年奋斗牺牲的结果。试思若无五年多的牺牲，岂能有今日之收获。有过去的努力，才有今日的地位。现在大家更应加倍努力，忍受更艰苦的生活，以充实国力彻底解决日寇，与盟邦负起同等的责任。

第二，大家要认识，盟国必然要胜利，日寇必然要失败，毫无疑义，但是日寇必要行险侥幸，冀图挣扎，而我们抱定要彻底解决日本，战事绝非短时期所能终结，而且更是残酷的战争。领袖说："这次战争是最残酷而牺牲最大的战争，亦必为极彻底的战争，战后世界，一定是绝对平等自由之世界，所有参战国家愈能在战时自强自立，而贡献愈大者，战后所享受之道德上地位必愈高，其民族的幸福与繁荣，必愈蓬勃而猛进"，领袖并提出"坚苦笃实"作为我全国上下共矢而不渝的决心。这大家要彻底反省，痛自警惕，每一个人应该反躬自问，自己的生活，自己的行动，是否真正做到"坚苦笃实"的工夫。

第三，当前大局形势，于我抗战不但有利，更使我国际地位更提高，上文

已说过。但我们检讨这一年来我们的社会风气日趋消沉,经济局势日趋严重,在今天可谓无兵不足深忧,无饷不足痛哭,只恐人心不振作。以物价来说,战时物价本是上涨,但以我国情形,除通货与物资外,加以政治及社会种种方面,形成心理作用,而刺激物价更跳涨。这是大家所知道的事实,为了抗战胜利,非但要军事第一,经济也要第一,领袖说得极明白也极痛心:"今天社会上妨碍战时动员法令,和经济政策的实施的,不只是囤积居奇和乘机攫取暴利的奸商市侩,实际上凡是不能脱去自私自利观念,不明现代国民责任的一切人士不知不觉之间所言所行无不是足以妨害战时法令和战时经济政策的彻底实施。"这是领袖给全国同胞的恳切告诫。

国民参政会已到第三届,过去两届协助政府推行国策,成绩昭著,本届大会,适在参加联合作战快到一周年,又逢美英放弃在华特权,我们国运大转的时机,我们切盼参政员诸君子,本领袖的告诫,领导国民,协助政府贯彻法会,实施战时经济政策,以答领袖惕厉忧勤!

(原载 1942 年 10 月 23 日重庆《国民公报》)

十一、国民参政会第三届第二次会议

(1943年9月18日—9月27日)

(一)坚持团结抗战　反对发动内战

1.朱德总司令致电蒋委员长等呼吁团结避免内战

连日以来,西安军事当局突然尽撤河防之兵,向边区周围开进,准备进攻边区。据查,第一军第七十八师、第一六七师由华阴、渭南开抵邠州、淳化;第二十八师、五十三师由韩城、郃阳开抵洛川;五十七军之第八师由西安开抵中部;驻守河防之炮兵旅以及十六军之重炮营已分别开抵耀县、淳化。第一师已撤离河防,其他部队亦正由河防阵地西开北开中。连日兵车运输络绎不绝。并在若干邻近边区地区,建筑机场,储备油弹。反共宣传亦日益肆无忌惮,日寇第五纵队托派汉奸西安特务分子张涤非辈竟敢伪造民意,要求取消共产党,交出边区,此种宣传,实为军事行动之所谓"舆论准备",内战危机,空前严重,抗战前途,千钧一发。十八集团军朱总司令有鉴于此,特电蒋委员长呼吁团结,要求制止内战。电文如下:

万万火急,重庆蒋委员长,参谋部何总长,军令部徐部长钧鉴:

自五月以来,边区周围友军,不断向职部进迫,职部均一再退避,所有经过情形,均经呈报,并电胡副长官宗南制止在案。自六月十八日胡副长官到洛川召开军事会议后,边境突呈战争景象,河防大军,纷纷西调,粮弹运输,络绎于途,道路纷传,中央将乘共产国际解散机会,实行大举剿共,慨自抗战以来,职军奉命改编,驰赴战场作战,六年于兹,虽毫无补给,而未尝稍懈。陕甘宁边区为职军唯一后方,少数留守部队亦安分守己,保境息民,从事生产与教育,陈、周、徐、郭诸联络参谋,久驻延安,以及胡副长官派来胡、侯二联络参谋等,实所目睹,备致赞美。讵意近日形势突变,南线友军已作发动内战之积极准备。沿固原、平凉、长武、邠县、栒邑、淳化、三原、耀县、宜君、洛川、宜川之线,除原有封锁部队十余师外,近复由河防阵地调动增加之兵力不下六七个师,声言大举进攻,消灭边区,打倒共产党。边区军民闻此意外事变,莫不奔走相告,骇异莫名。窃思当此抗战艰虞之际,力谋团结,犹恐不及,若遂发动内战,兵连祸结,则抗战团结之大业势将破坏,而使日寇坐收渔利,并使英美苏及各友邦之作战任务亦将受到影响,心所谓危,不敢不告。除电胡副长官呼吁团结外,谨电奉陈,敬乞明示方针,不胜屏营待命之至。第十八集团军总司令朱德叩午鱼(七月六日)。

(摘自 1943 年 7 月 8 日延安《解放日报》)

2. 质问国民党[①]

毛泽东

近月以来,中国抗日阵营内部,发生了一个很不正常很可骇怪的事实,这就是中国国民党领导的许多党政军机关发动了一个破坏团结抗战的运动。这个运动是以反对共产党的姿态出现,而其实际,则是反对中华民族和反对中国人民的。

首先看国民党的军队。国民党领导的全国军队中,位置在西北方面的主力就有第三十四、第三十七、第三十八等三个集团军,都受第八战区副司令长

[①] 毛泽东为延安《解放日报》写的社论。

官胡宗南指挥。其中有两个集团军用于包围陕甘宁边区,只有一个用于防区从宜川至潼关一段黄河沿岸,对付日寇。这种事实,已经是四年多了,只要不发生军事冲突,大家也就习以为常了。不料近日却发生了这样的变化,即担任河防的第一、第十六、第九十等三个军中,开动了两个军,第一军开到邠州、淳化一带,第九十军开到洛川一带,并积极准备进攻边区,而使对付日寇的河防,大部分空虚起来。

这不能不使人们发生这样的疑问,这些国民党人同日本人之间的关系,究竟是怎样的呢?

许多国民党人肆无忌惮地天天宣传共产党"破坏抗战"、"破坏团结",难道尽撤河防主力,倒叫做增强抗战么?难道进攻边区,倒叫做增强团结么?

请问干这些事的国民党人:你们拿背对着日本人,日本人却拿面对着你们,如果日本人向你们的背前进,那时你们怎么办呢?

如果你们将大段的河防丢弃不管,而日本人却仍然静悄悄地在对岸望着不动,只是拿着望远镜兴高采烈地注视着你们愈走愈远的背影,那末,这其中又是一种什么缘故呢?为什么日本人这样欢喜你们的背,而你们丢了河防不管,让它大段地空着,你们的心就那么放得下去呢?

在私有财产社会里,夜里睡觉总是要关门的。大家知道,这不是为了多事,而是为了防贼。现在你们将大门敞开,不怕贼来么?假使敞开大门而贼竟不来,却是什么缘故呢?

照你们的说法,中国境内只有共产党是"破坏抗战"的,你们则是如何如何的"民族至上",那末,背向敌人,却是什么至上呢?

照你们的说法,"破坏团结"的也是共产党,你们则是如何如何的"精诚团结"主义者,那末,你们以三个集团军(缺一个军)的大兵,手持刺刀,配以重炮,向着边区人民前进,这也可以算作"精诚团结"么?

或者照你们的另一种说法,你们并不爱好什么团结,而却十分爱好"统一",因此就要荡平边区,消灭你们所说的"封建割据",杀尽共产党。那末,好吧,为什么你们不怕日本人把中华民族"统一"了去,并且也把你们混在一起"统一"了去呢?

如果事变的结果,只是你们旗开得胜地"统一"了边区,削平了共产党,而日本人却被你们的什么"蒙汗药"蒙住了,或被什么"定身法"定住了,动弹不得,因此民族以及你们都不曾被他们"统一"了去,那末,我们的亲爱的国民党先生们,可否把你们的这种什么"蒙汗药"或"定身法"给我们宣示一二呢?

假如你们也没有什么对付日本人的"蒙汗药"、"定身法",又没有和日本人订立默契,那就让我们正式告诉你们吧:你们不应该打边区,你们不可以打边区。"鹬蚌相持,渔人得利"、"螳螂捕蝉,黄雀在后",这两个故事,是有道理的。你们应该和我们一道去把日本占领的地方统一起来,把鬼子赶出去才是正经,何必急急忙忙地要来"统一"这块巴掌大的边区呢?大好河山,沦于敌手,你们不急,你们不忙,而却急于进攻边区,忙于打倒共产党,可痛也夫!可耻也夫!

其次看国民党的党务。国民党为了反对共产党,办了几百个特务大队,其中什么乌龟王八也收了进去。即如中华民国三十二年,亦即公历一九四三年,七月六日,抗战六周年纪念的前夕,中国国民党的中央通讯社,发出了这样一个消息,说是陕西省的西安地方,有些什么"文化团体"开了一个会,决定打电报给毛泽东,叫他趁着第三国际解散的时机,将中国共产党也"解散",还有一条是"取消边区割据"。读者定会觉得这是一条"新闻"吧,其实却是一条旧闻。

原来这件事出于几百个特务大队中的一个大队。它受了特务总队部(即"国民政府军事委员会调查统计局"和"中国国民党中央执行委员会调查统计局")的指令,叫一个以在国民党出钱的汉奸刊物《抗战与文化》上写反共文章出名,现充西安劳动营训导处长的托派汉奸张涤非,于六月十二日那天,就是说还在中央社发表消息这天以前二十五天,就召集了九个人开了十分钟的会,"通过"了一纸所谓电文。

这个电文,延安到今天还没有收到,但其内容已经明白,据说是第三国际既已解散,中国共产党也应"解散",还有"马列主义已经破产"云云。

这也是国民党人说的话儿呢!我们常常觉得,这一类(物以类聚)国民党人的嘴里,是什么东西也放得出来的,果不其然,于今又放出了一通好家伙!

现在中国境内党派甚多，单单国民党就有两个。其中有一个叫汪记国民党的，立在南京以及各地，打的也是青天白日旗，也有一个什么中央执行委员会，也有一批特务大队。此外，还有日本法西斯党遍于沦陷区。

我们的亲爱的国民党先生们，你们在第三国际解散之后所忙得不可开交的，单单就在于图谋"解散"共产党，但是偏偏不肯多少用些力量去解散若干汉奸党和日本党，这是什么缘故呢？当你们指使张涤非写电文时，何以不于要求解散共产党之外，附带说一句还有汉奸党和日本党也值得解散呢？

难道你们以为共产党太多了呢？全中国境内共产党只有一个，国民党却有两个，究竟谁是多了的呢？

国民党先生们，你们也曾想一想这件事么？为什么除了你们之外，还有日本人和汪精卫，一致下死劲地要打倒共产党，一致地宣称只有共产党是太多了，因此要打倒；而国民党呢，却总是不觉得多，只觉得少，到处扶植养育着汪记国民党，这是什么缘故呢？

国民党先生们，让我们不厌麻烦地告诉你们呢：日本人和汪精卫之所以特别爱好国民党和三民主义者，就是因为这个党这个主义当中有可以给他们利用的地方。这个党在第一次世界大战后，只有在一九二四年至一九二七年时期，孙中山先生把它改组了，把共产党人接收进去，形成了国共合作式的民族联盟，才被一切帝国主义者和汉奸们所痛恨，所不敢爱好，所极力图谋打倒。这个主义，也只有在同一时期，经过孙中山的手加以改造，成为载在《中国国民党第一次全国代表大会宣言》中的三民主义，即革命的三民主义，才被一切帝国主义者和汉奸们所痛恨，所不敢爱好，所极力图谋打倒。除此而外，这个党，这个主义，在排除了共产党、排除了孙中山革命精神的条件下，就受到一切帝国主义者和汉奸们的爱好，因此日本法西斯和汉奸汪精卫也爱好起来，如获至宝地加以养育，加以扶植。从前汪记国民党的旗子左角上还有一块黄色符号，以示区别，于今索性不要这个区别了，一切改成一样，以免碍眼。其爱好之程度为何如？

不但在沦陷区，而且在大后方，汪记国民党也是林立的。有些是秘密的，这就是敌人的第五纵队。有些是公开的，这就是那些吃党饭，吃特务饭，但是毫不抗日,专门反共的人们。这些人,表皮上没有标出汪记,实际上是汪记。这些人也是敌人的第五纵队,不过比前一种稍具形式上的区别,借以伪装自己,迷人眼目而已。

至此,问题就完全明白了。当你们指示张涤非写电文时,所以绝对不肯在要求"解散"共产党之外附带说一句还有日本党和汉奸党也值得解散者,是由于不论在思想上,在政策上,组织上,你们和他们之间,都有许多共同的地方,其中最基本的共同思想,就是反共反人民。

还有一条要质问国民党人的,世界上以及中国境内,"破产"的只有一种马克思列宁主义的,别的都是好家伙么?汪精卫的三民主义前面已经说过了,希特勒、墨索里尼、东条英机的法西斯主义怎么样呢?张涤非的托洛茨基主义又怎么样呢?中国境内不论张记李记的反革命主义又怎么样呢?

我们的亲爱的国民党先生们,你们指示张涤非写电文时,何以对于这样许多瘟疫一样,像臭虫一样,像狗屎一样的所谓"主义",连一个附笔或一个但书也没有呢?难道在你们看来,一切这些反革命的东西,都是完好无缺,十全十美,惟独一个马克思列宁主义就是"破产"干净了的么?

老实说吧,我们很疑心你们同那些日本党、汉奸党互相勾结,所以如此和他们一个鼻孔出气,所以说出的一些话,做出的一些事,如此和敌人汉奸一模一样,毫无二致,毫无区别。敌人汉奸要解散新四军,你们就解散新四军;敌人汉奸要解散共产党,你们也要解散共产党;敌人汉奸要取消边区,你们也要取消边区;敌人汉奸不希望你们保卫河防,你们就丢弃河防;敌人汉奸攻打边区(六年以来,绥德、米脂、葭县、吴堡、清涧一线对岸的敌军,炮击八路军所守河防阵地没有断过),你们也想攻打边区;敌人汉奸反共,你们也反共;敌人汉奸痛骂共产主义和自由主义,你们也痛骂共产主义和自由主义;敌人汉奸捉了共产党员强迫他们登报自首,你们也是捉了共产党员强迫他们登报自首;敌人汉奸派遣反革命特务分子偷偷摸摸地钻入共产党、八路军、新四军内施行破坏工作,你们也派遣反革命特务分子偷偷摸摸地钻入共产党、八路军、新四军内施行破坏工作。何其一模一样,毫无二致,毫无区别至于此极呢?你们的这样许多言论行动,既然和敌人汉奸的所有这些言论行动一模一样,毫无二致，毫无区别，怎么能够不使人们疑心你们和敌人汉奸互相勾结，或订立了某种默契呢？

我们正式向中国国民党提出抗议：撤退河防大军，准备进攻边区，发动内战，这是一种极端错误的行为，是不能容许的。中央社于七月六日发出破坏团结、侮辱共产党的消息，这是一种极端错误的言论，也是不能容许的。这两种错误，都是滔天大罪的性质，都是和敌人汉奸毫无区别的，你们必须纠正这些错误。

我们正式向中国国民党总裁蒋介石先生提出要求：请你下令把胡宗南的军队撤回河防，请你取缔中央社，并惩办汉奸张涤非。

我们向一切不愿撤离河防进攻边区和不愿要求解散共产党的真正的爱国的国民党人呼吁：请你们行动起来，制止这个内战危机。我们愿意和你们合作到底，共同挽救民族于危亡。

我们认为这些要求是完全正当的。

（原载1943年7月12日延安《解放日报》）

3. 对中国共产党问题之指示
——在中国国民党第五届十一中全会上的讲话

蒋中正

本席听取中央秘书处关于中共案件之报告，及各委员所发表之意见后，个人以为，全会对于此案之处理方针，要认清此为一个政治问题，应用政治方法解决，如各位同意余之见解，则吾人对共党之言论，无论其如何百端诬蔑，其行动无论如何多方捣乱，吾人始终一本对内宽容之旨，期达精诚感召之目的，当仍依照十中全会之宣言："凡能诚意信仰三民主义，不危害抗战之进行，不违背国家之法令，无扰乱社会之企图与武装割据之事实者，我政府与社会应不问其过去思想行动之如何，亦不问其为团体为个人，一体尊重其贡献能力，效忠国家之机会。"本此方针，始终容忍，竭诚期待该党之觉悟，并应宣明中央对于共党亦别无任何其他要求，只望其放弃武力割据，暨停止其过去各地袭击国军，破坏抗战之行为，并望其实践二十六年共赴国难之宣言,履行该宣言中所举之四点,即(一)为实现三民主义而奋斗。(二)取消一切推翻国民党政权的暴动政策及赤化运动,停止以暴力没收地主土地的政策。(三)取消现在的苏维埃政府,实现民主政治,以期全国政权之统一。(四)取消红军名义及番号,改编为国民革命军,受国民政府军事委员会之统辖,并待命出动,担任抗日前线之职责。共党果能真诚实践,言行相符,则中央可视其尚有效忠抗战之诚意,自当重加爱护,俾得共同努力,完成抗战建国之大业。

(1943年9月13日)

(原载《国民参政会第三届第二次大会军事委员会军事报告之一部》,军事委员会办公厅)

4. 中国国民党第五届中央执行委员会第十一次全体会议关于中国共产党破坏抗战危害国家案件总报告的决议

本会议听取关于中国共产党破坏抗战,危害国家案件总报告之后,备悉中国共产党对本会十中全会决议所采宽大容忍之态度,不但毫无感动觉悟之表现,反变本加厉,加紧进行其危害国家破坏抗战之种种行为,殊深惋痛。

我神圣抗战,历六年余之艰苦奋斗,举国一致所企待之伟大胜利业已在望,中央为争取国家民族永远之自由幸福,把握抗战之最后胜利,深感非先谋巩固国家之统一,即无以完成抗建之大业,所以对中国共产党只冀其不破坏国家统一,不妨害抗战胜利,不惜再三委曲求全,加以涵容,兹仍当本此一贯精神,交常会负责处理,详为开导,促其觉悟,希望中国共产党能幡然自反,切实遵守其在二十六年九月二十二日所宣言"(一)为实现三民主义而奋斗。(二)取消暴动政策与赤化运动。(三)取消苏维埃政府期全国政权统一。(四)取消红军,改编为国民革命军,受国民政府军事委员会之统辖"等四项诺言,以拥护国家民族之利益,军令政令之贯彻,俾抗建大业,确获胜利成功之保障,庶慰国民热切之企望。至于其他问题,本会议已决议于战争结束后一年内召开国民大会,制颁宪法,尽可于国民大会中提出讨论解决。本会议于贯彻执行完成国家统一,把握抗战胜利之坚决的意志之中,不惜寄予最殷切之期待也。

（1943年9月13日）

（原载《国民参政会第三届第二次大会军事委员会军事报告之一部》，军事委员会办公厅）

（二）改革政治制度　实行民主宪政

1. 对三届二次国民参政会的期望

重庆《新华日报》社论

第三届国民参政会第二次大会已于昨日开幕。根据客观形势的发展，更具体的说，根据反法西斯侵略战争的发展，每次参政会的召开都有它的特点。这次参政会开会时的特点是：整个反法西斯战争已有全面的开展，希特勒在东战场上已受到了一蹶不振的打击，在它的西线上，虽然由于墨索里尼的被它劫持，对盟军的胜利进军平添了一些障碍，甚至或许还可能有相当大的障碍，但时至今日，盟军在各方面的力量上都已对纳粹匪军占了绝对的优势，只要能够在战略上乃至政略上和苏联取得适当的配合，在进军上有无所踌躇的决心，其必能很快的克服障碍，从西面打破希特勒的"欧洲堡垒"，以至很快地打垮它，可以说已没有问题。在太平洋上，盟军的加强对日作战也在逐步的积极起来。这就是说，世界反法西斯战争的胜利在望是已一天天的接近，而法西斯集团则在走着下坡路。在这样的世界形势中，中国的抗战当然不应当除外。就是说，中国抗战的胜利在望也应当是日益移近。在这个意义上来说，我们今日应该及时奠定建国的基础，（遵检一大段）但我们还应说到另一方面，那就是加强我们的对日作战——多打几个胜仗，多在各方面加强战略反攻的准备，来争取我们自己的最后胜利。（遵检一大段）不管是为奠定建国基础也好，是为加强作战也好，都须要在政治上充实民主生活。充实民主生活，一方面可以说是战后实行宪政所必需的准备工作，另一方面也是动员一切人民力量来奔赴"胜利第一"这个总目标的最好保障。

根据这样一个特点,我们对于这次参政会的期望就只有一个(当然不是说,这次参政会只要讨论这样一个问题),就是:对于如何充实政治上的民主生活这个问题能有一些具体的决定。对于这个问题,(遵检)我们就希望这次参政会能够(遵检)作进一步的具体决定。(遵检)民主自由的政治生活,它在动员各种人民力量上作用之大,非常显著,这里且不多讲。就拿准备实行宪政来讲,它也是必需的。如果说,要实行宪政首先要训练人民使他们有使用民权的能力,那么,(遵检)那些民主自由的政治生活就是最好的训练所。(遵检一大段)这道理,和训练游泳最好的方法是投身游泳池一样的简单而明了。

现在大家都谈要实行宪政,这种准备工作自应及时做去。因此,我们敢对这次参政会提出这样一个期望。

(原载1943年9月19日重庆《新华日报》)

2. 所望于此次参政会者

重庆《中央日报》社论

第三届国民参政会第二次大会于"九一八"开幕。开幕之日,蒋主席亲临致训,对此次大会致殷切的期望。四天以来,参政员诸君已陆续听取政府各部门的工作报告,并将审议政府施政方针和交议事件;同时,也要讨论提案,作成决议,提交政府。参政会的工作,今后数天将进入最审慎的研究和最热烈的讨论阶段。我们除在开幕之日,表示祝贺之忱以外,愿再贡数言。

参政会自成立以来,对于促进统一和集思广益,尽了很重大的使命。而历届参政会,无论就组织的方式或讨论的内容而言,都一次比一次精进。自上次闭幕以来,业已十月。在这一期间,国际和国内都有很显著的进步。就国际而论,中美英新约之签订,是百年来最令人兴奋之事。而这十几月来,整个反侵略战场,同盟国均已反守为攻。就内政而言,最重要的事,当无过于最近本党十一中全会对于战后国家建设方针的确定。今后可说是反攻和建国的时期。现在开会的参政会,也就应该是一个表率人民,协助政府,以致力于反攻和建国的参政会。

又此次参政会开幕于"九一八",意义也特别深长。开会之日,蒋主席郑重表示收复东北的一贯政策,参政会诸君也同申此神圣决心。我们的反攻,必以收复东北为目的,而我们的建国,没有东北也是不能算为完成的。在这沉痛回忆和坚定决心中开幕的参政会,正表示全国的意志集中和力量集中。

因此,这一次反攻和建国的参政会的使命,也就特别重大。这就是说,此次参政必须竭尽智能,协助政府,动员国力来完成反攻和奠定建国基础的任务。

蒋主席说,全国军民六年余的抗战,在四千公里上牵制了三十余师团的寇军,现在更要再接再厉配合盟邦执行反攻,以竟六年余牺牲奋斗的全功。这是我们的第一任务。要达到反攻的目的,必须全国加紧团结,加强动员;同时,自然也应该检讨我们的缺点,集中我们的力量,上下一心,解决各种困难。过去参政会对于国家的统一与动员,确已尽了表率和劝导的责任,当此胜利在望决战期近之时,无论在大会之中或大会以后,必能更发挥亲爱精诚的精神,协助政府的政令。由大家的楷模和感召,使全国所有的力量用于反攻和收复失地的目的。同时,要反攻必须健全自己。参政员多来自民间,过去对于民生疾苦和政府施政的得失利弊,颇多献替。蒋主席早经表示政府有采纳嘉言的虚怀,参政诸君自当本其所知所信,报告研讨,并在检讨之后,制定切实可行的方案。年来参政会对于政府施政,不仅止于消极批评,而且必有积极建议,这是参政会的一个光明的传统精神。这一种精神,一定能在这次大会中有更充分的表现。

蒋主席说,建国规模须在此时奠设。这是我们的第二任务。关于战后的政治建设,本党已接受上届参政会的建议,决定于战争结束后一年内召集国民大会。这可见本党大公无私的精神和对于民意的尊重。胜利在望,宪政也在望。唯其宪政快要实现,我们必须加紧准备真正宪政的准备工作。我们希望参政会对于实施宪政的各种准备工作,有详尽的研究,并且在大会以后,各位参政员对于地方自治工作,尽量从旁协助,同时更以身作则,发扬法制的精神。其次,对于国家根本大法的五权宪法草案,亦当作彻底的研究和有价值的建议,务使将来宪政,立于健全基础之上,同时,使我们的宪法,成为一个最理想而同时最有实效的宪法。本党对于实施宪政既有一贯方针,复有参政会诸君之努力,中国民权政治的前途,一定是万分光明的。

关于战后经济建设,参政会过去颇复筹划。最近本党对于工业建设奖励外资以及战后救济问题,都有了根本的方针。我们相信这些方针是不错的。但还有许多具体问题有待确定,而一定也还有许多地方可以补充。本党希望全国同胞都能参加意见,尤其希望参政会诸君本其学识经验,尽量贡献,使政府得以集思广益,制定更详细的方案和法令,达到国家工业化和人民生活提高之目的。

据闻此次参政会除过去所分国际、外交、内政、经济、文化五组外,另成立两特别委员会,专门研究有关物价和社会的问题,此次所有提案,亦以关于宪政和战后经济问题为多,而此次提案处理方法,亦不如过去逐一讨论,而是将性质相同的归纳为一整个提案再来讨论。这表示此次参政会更能把握重心,而因讨论方式的改进,所得结论必更为精粹。我们相信而也希望,此次全国硕彦之深思远虑,必能对于不久将来的反攻和建国,有重大裨益。敬祝大会的成功。

(原载1943年9月21日重庆《中央日报》)

3. 促进宪政培养民主
—— 这次参政会的一大任务

重庆《大公报》社评

第三届国民参政会第二次大会,于九一八事变第十二周年纪念日开幕于重庆,这几天正在听取政府各长官的施政报告。这次参政会集会,正值轴心开始崩溃,盟军节节胜利,我国民政府蒋主席新告膺选,中国国民党第十一中全会决议筹开国民大会促进宪政实施之时。胜利在望,政治进步,乃是这时期的特征。

国民参政会的诞生,其先天的使命,是作为民主政治的阶梯。上至政府,下至民间,皆有此期望,而参政会亦如此自许。国民参政会自民国二十七年成立以来,已有五年多的历史,其成绩若何? 影响多大? 我们不愿意作空洞的恭维,也不愿意作苛刻的批评。但无论如何,参政会的存在,必须对民主政治的阶梯这一任务有所贡献,应无疑义。现在国家抗战已六年多,大局好转,形势乐观,最后胜利已豁然在望;虽然如此,国家于久战之余,国力不损亦损,民力不疲亦疲。当此之时,胜利的曙光照耀于前,中央更恢宏政风,一面准备实施宪政,一面宣布共产党问题为政治问题,决以政治方法解决。激扬人心,团结国力,鼓勇迈进于最后十里的百里行程。我们做国民的,在这时候,真感到无限的兴奋,同时也愿意贡献出最后的力量,帮助政府争取国家的最后胜利。国民参政会虽然还不是民选的议会,参政员诸君多来自民间,我们也愿意承认他是我们的代表。这次参政会在这个划时代的时期集会,因此我们也希望他能有划时代的贡献。

那么,我们毕竟对国民参政会有什么希望呢? 一句话,我们希望他切实做到"民主政治的阶梯"。在这时候,应该努力促进宪政的实施,并多方培养民主的风气,这是中央的方针,国民的期望,也是参政员诸君的责任。根据这个观点,我们有几点意见,愿向参政会建议。第一,蒋主席前天在国民参政会席上的训话曾说:"在三十三年度施政方针之中,已规定后方各省之县参议会应于一年内一律成立;同时对于完成地方自治及召集国民大会之准备,亦当督促主管机关确实筹办。"领袖这一点指示,就给参政会以很多的工作。地方自治本是实施宪政的基础,这几年政府在锐意实施新县制,使地方的行政多由人民参与。这一工作,已很有成绩,但未完成。参政会是民意机关,今后对地方自治的事情,应该多多过问,多多参与。尤其对于各级民意机关的树立,如县参议会、乡镇民大会之类,应该多多尽力,促其早早完成规模。第二,民主政治的精髓在于言论自由。这一点,我们以为这次参政会先要试行。我们虽不必一定像英美议会中那样吵架怪闹,但若大家能够多红着脖子讲几句话,对于民主风气的培养,也就要有很大的贡献了。国民参政会对于政府的重要施政,原有决议建议及质询之权。若不充分运用,乃是参政会溺职,政府与国民皆不谓然。我们希望参政员诸君善用职权,多发言论,以帮助政府施政,并培养民主风气。第三,说到言论自由,在抗战时期,怎好毫无限制? 但若完全限制掉了,则民主政治就无从萌芽。因此,怎样使言论出版不妨害国家的利益,而又不窒息民主政治的生机,实在是一个值得推敲考虑的问题。我们虽然是做报的,但并不完全为自己的利益谋,而且是赞成战时言论受检的。现在我们有一个建议,希望参政员诸君考虑:我们的新闻检查与图书杂志审查已实行多年,检查标准与审查标准也因袭了多年,且有各上级机关的随时指示,日久年深,积累起来,也相当繁多了。因此,请参政会考虑,是否可向政府建议,将现行的新闻检查标准及图书杂志审查标准,以及关于言论出版的一切指示,加以审定。其有事过境迁者,删去之;其有不甚适合于现情者,修正之;其有重复牴牾者,调整之;甚至为现法所无而事实需要者,也不妨补充几条。自蒋委员长在十一中全会开幕时宣布促进宪政的主张,我们就闻风感奋,且自然想到政府将对言论自由的尺度放宽。但成法既在,执行检查的人,自不敢擅为伸缩。所以我们愿乘此时机向参政会提醒一句,请你们对这问题加以考虑。我们以为言论出版的限制,除非军事外交之涉于绝对机密者外,应该尽可能的把尺度放宽,不必作过分的取缔。举一个极小的例,比如这次参政会在九一八开会,而在九一八那天的报上还找不到参政会开会的消息。这事何必如此机密?再如在后方的报纸上看不见一只蝗虫,也没有一点儿水旱偏灾,或许也是不必要的讳饰。至于纯学术的讨论及历史的研究,实应不加限制。近年来学术思想很有复古的倾向,以文化的眼光看,是很可虑的现象;但若作积极的讨论,有时或会感到不方便,无形中也会阻碍学术研究的进步。我们举这些例,虽不免近于婆婆妈妈的,夸大了说,或于培养民主风气有关。

不多说了,祝诸位参政员健康,并善达其任务。

(原载 1943 年 9 月 20 日重庆《大公报》)

4. 国民参政会开幕献词

重庆《时事新报》社评

国民参政会第三届第二次大会于昨日开幕。此次大会适举行于中央十一中全会闭幕数日以后,又值国内外形势绝对可以乐观之时,其意义之重大,自尤逾于往昔。本届参政会第一次大会于去岁十一月二十一日举行,距今逾十月。在此十月中,情势变化甚大,尤以百年以来国人所受奇耻大辱的不平等条约已于今年一月取销,使中国能以真正自由平等的地位,与盟邦并肩作战,以争取这即将来临之最后胜利,实更具有划时代的重大意义。现在国人不仅要努力争取胜利,并须加紧完成建国,以建立一个名实相符之自由平等的中华民国。任务之艰巨,工作之繁重,自不待言。我们相信,此次大会,必能站在代表全国民意的立场,认清时代及环境的需要,贡献最切实的意见,协助政府完成此一伟大的神圣使命。

关于此次大会所将讨论之重心问题,蒋委员长于开幕训词中,已有重要的指示,对于战时经济之稳定,战后之经济建设,以及胜利后实施宪政,促进民主各项,尤有详尽的说明,归纳起来,大致不外经济建设及实施宪政两个问题。我们觉得,这两个问题实际上,就是一个整个的建国问题,从经济方面说,必须加紧建设,从政治方面说,则必须实施宪政。十一中全会对此两大问题,在原则上,已有最确切之指示,自更便于此次大会之研究与计议。兹愿略抒所见,贡献数点意见,以表吾人对大会诸君欢迎之忱!

第一,国民参政会对于抗战最大的贡献,是精诚团结,共赴国难,这种各党各派精诚团结的精神,不仅表示中国乃是一个业已达到高度水准的现代国家,无形中提高了中国在国际上的地位,并且表现一种无比的伟大力量,帮助政府从事最艰苦的抗建工作。六年以来,我们所以能够转败为胜,造成目前光明局势,这是一个非常重要的因素。际此最后胜利即将来临之时,我们希望,此次大会更能发扬这种崇高的精神,以最大的热忱与毅力,帮助政府,完成此一神圣的使命。参政会是代表民意的机关,故大会应该代表国人郑重表示,周内任何个人或团体之言行,凡足以危害此种精诚团结之精神者,均将自绝于国家与民族。我们觉得,这种精诚团结的精神,乃是实施宪政的一个最基本的条件。此其一。

第二,以中国现在人力物力财力之缺乏,我们既要抗战,又要建国,其困难艰苦的情形,真是不堪想像。故我们希望此次大会能够特别注意及此,顾到目前实际情形,拟具切实建议,少谈原则,多提办法。例如实施宪政,如何完成地方自治,以奠定宪政基础,自更较侈谈宪法条文为重要。又如经济建设,如何稳定战时经济,发扬民营实业,自较拟具庞大工业计划更为迫切。大会诸君,多数来自民间,熟悉实际情形,苟能具体有所建议,自必大有助于中央政令之设施。此其二。

第三,中央十一中全会,业已明白决定:"于最短期间完成施行宪政之一切准备,务于抗战结束后一年内,召开国民大会,制颁宪法,实现总理所主张之民权政治。"故此次大会实负有另一特别重大之使命。国民参政会虽是战时的临时机构。同时也是宪政过渡时期之最高国民代表机构,故如何于短期间完成施行宪政之一切准备,不仅是政府的责任,亦是代表民意的参政会所必须负担的一种使命。我们希望,此次大会讨论宪政问题时,应本蒋主席的指示"以实事求是的精神,为迅速积极的推进","不可苟简从事,亦不可拘泥因循",务使将来所实施的宪政,是一种名符其实之三民主义的宪政。此其三。

以上是我们所能贡献的粗浅意见,作为对大会的献词。此次大会开幕之日,正是中国最沉痛的一个国耻纪念日。但是我们有绝对的信心,湔雪此一奇耻大辱之日,即将来临。国耻之日举行大会,正充分表示全国同胞,虽于胜利日已接近之日,仍未稍懈复仇雪耻之念!大会诸君自亦必能体会到中央选择此一节日召开大会的深长意义。

(原载1943年9月19日重庆《时事新报》)

5. 期待于参政会二三事
重庆《新民报》社评

第三届第二次参政会于昨晨开幕,这是紧接着国民党十一中全会而来的政治集会。在性质上,十一中全会以党政府的地位来讨论国策,而参政会则以民间的立场继续商讨,所以在本届参政会中,我们预料十一中全会所决定的国策,都将再度为参政员讨论或接受。

十一中全会在政治上最重大的成果,是主席改制与战后实施宪政两案。国民党蒋总裁被推担任责任制的主席,是适应时代众望所归的事情,已不须多说，这事在参政会中亦将获得全体一致的拥护，也是可以断言的。既然如此，我们相信参政会必知道应该怎样用郑重热烈的方式，拥护名实兼归的领袖，表现我们民众拥戴元首的热诚，并将此次主席改制的民意基础，昭示给世界各邦。

关于实施宪政的决议，在国民党是实行主义完成革命的理想，而在参政会，这才是有关本身的最大问题。宪政的基础在民意，参政会如今正是代行的民意机关，对于今后如何督促宪政之实现，如何消除宪政的障碍，以及健全民治，放宽言论诸项问题，本届参政会必须有切实而具体的建议，以答复国民党政府的期待。我们认定，过去进行宪政的工作是国民党独负其责，今后势将由朝野合作，而至于逐渐由民间继承担负大部的责任。因而本届参政会对此问题有无贡献，不仅将决定未来宪政的命运，且亦为我民众，有能力实行宪政的测验。

谈到宪政，我们联想到最近许多人关心的中共问题。根据十一中全会的决议与蒋总裁的指示，宪政实施之日，各党派均将有合理的存在，就在目前对共产党也纯取政治的方法保持和谐。这种指示最可以见出国民党的谦让和诚意，我们认为这事的彻底澄清，不应留待战后各党各派的合理存在与关系，在目前就应该确立轨道，以为宪政的准备工作之一。这关系的基本原则，是将躁急的政治行动纳入合法的政见讨论，政治军事必须彻底统一，言论自由，不妨尽量宽放，养成民主国公平竞争的风气。惟有这样，战后的党派，始可建立合谐的合作，始不妨碍到宪政的大本。因此，我们特别希望，本届参政会能对蒋总裁"以政治消除政见"的指示，有所努力，同时，更诚恳地盼望各党各派领导人物，重视国家的未来，珍护宪政的萌芽，放弃一时的便宜主义，建立纯政党的民主作风。

（原载 1943 年 9 月 19 日重庆《新民报》）

（三）第三届第二次会议开幕

国民参政会第三届第二次大会，十八日上午举行开会式，报到参政员达一百九十二人，主席团主席除吴贻芳因公在美外，张伯苓、莫德惠、李璜都到会。蒋主席亲临致训，政府各院部会长官，中央委员和各国驻华使领人员等二百多人，及大会秘书长王世杰、副秘书长周炳琳都到会。八时许，各参政员陆续到会，久别重逢，握手言欢，状至欢忭。九时大会揭幕，由莫德惠主席。蒋主席步入主席台时，全体参政员及政府长官与来宾一致起立致敬，大会仪式开始。首先为林故主席暨"九一八"以来全国抗战阵亡将士及死难同胞默哀三分钟。莫氏致开会辞，先对蒋委员长荣膺国民政府主席特致崇高的敬意，参政员和政府长官与来宾，至此一致起立，掌声雷动，历久不绝。莫氏辞毕，蒋主席训词，继由褚参政员辅成代表全体参政员答词。各参政员于"九一八"十二周年纪念日集会陪都，际此胜利在望，失地收复可期，莫不倍感兴奋。十时半大会在热烈情绪与庄穆空气中宣告礼成。

（原载1943年9月19日重庆《中央日报》）

1. 主席团主席莫德惠开幕词

今天第三届国民参政会第二次大会开幕，正逢"九一八"一十二周年，在这"殷忧启圣、多难兴邦"的日子来开会，我想在座诸君一定都感其意义的深远重大。

本会今天开会，承蒙蒋主席亲临指导，不胜荣幸！蒋主席领导全民抗战，功在国家，誉满人寰，现在荣膺国民政府主席，我们在十二分热烈欢迎之下，谨致崇高之敬意。

本会于二十七年七月在武汉开会以来，已历三届，经过八次大会，在这八次大会之中，有几件最值得我们记忆的伟大成就：

第一件：是第一次大会一致拥护"抗战建国纲领"，使全国军民都有了一致的趋向，竭力以赴。

第二件：是第二次大会一致拥护持久抗战国策，加强了国民信心，奠定了抗战基础。

第三件：是第七次大会一致拥护蒋委员长的"九一八"宣言，重申全民收复东北的决心，使暴日特使来栖在美的外交阴谋，归于粉碎。其余各次大会的成就，其性质与程度虽然各有不同，但确有一共同之点，就是民族至上、国家至上。大义之下，精神一致，团结无间。本席追随蒋主席与同仁之后，对于这些成就，真不胜引为欣幸。

"七七"全面抗战以来，前方将士的英勇奋斗，前仆后继，艰苦不辞，沦陷区的同胞，在那水深火热之中，无怨无尤，尤其是那东北三千七百万同胞，自二十年的"九一八"起，不见天日，已经十二年了，他们盼望祖国旌旗，如饥似渴，至于后方民众于公教人员，在三民主义领导下，或者出钱出力，或者黾勉从公，像这些为国尽忠，为民族尽孝的同胞们，真值得我们感慰。同时，更应以庄严而热切的心情，向他们致敬。

本会同仁为求有效的完成任务，还愿对政府表示一点希望。我们多来自民间，对人民的接触较多，对民情的体认尤切，自然都愿以实际的见闻，贡献政府，求能有利国家，有裨抗建，这是本会同仁的庄严责任。同仁又多半一直连任到五年之久，关于国际的情形，政府的处境，也都有了同样深切的认识，虽对政府建议，不免还有陈义稍高，与一时难行的地方，但皆筹虑已深，用心甚苦。我们很知道，凡具有实施价值的建议，复要得之于缜密讨论之中，但是各院部会长官施政的详明报告，也为同仁善尽职责的一大帮助。所以各位长官，对于事实的剀切说明，更为同仁所愿虚心听取与接受。

本会上次大会是在去年十月间。在这不满一年之中，世界透出曙光，而吾民族之复兴，也都有显著之征象。意大利的无条件投降，使轴心的三条腿砑了其一，而德日的崩溃，已经成了注定的命运，在各战场上的主动权，已落到联合国家之手，我国的鄂西大捷，又与同盟国的胜利相映交辉，中美、中英与许多的平等条约已成立了，百年大辱一朝湔雪。凡此使我们感到兴奋的事实,都可证明我们拥护政府,拥护国策的成功,因此在这最后胜利的前夕,同仁等想到已往的成就,更想到当前与未来任务的艰巨与烦难,真不胜以喜以惧。我们要打算一洗"九一八"的奇耻大辱,我们要打算完成共赴国难的初衷,就必须在这次大会最宝贵的十日光阴中,根据建国方略、实业计划,对于国际的合作,战时的民生经济,战后的宪政实施诸大端,竭尽我们的思考与力量为一切有效的贡献,以期完成三民主义的新中国,而奠定全世界永久的和平。

(原载《国民参政会第三届第二次大会纪录》,国民参政会秘书处编印)

2. 国民政府主席蒋中正训词

各位参政员先生:

今天我们第三届国民参政会第二次大会开会,适值"九一八"的十二周年纪念日,我们回溯十二年前国家所受的奇耻大辱,我们怀念着东北同胞在日寇蹂躏压迫之下,为时最久而痛苦最深。我愿与我全体参政员同人对东北三千万男女老幼同胞,致其沉痛深挚的慰问。我在前年"九一八"十周年纪念的时候,曾经明白申言:"我们全国同胞要从敌人劫持之下来拯救我东北的同胞,恢复我东北的失地。我们若非使东北同胞获得真正的自由,东北失土完全收复,则我们神圣的抗战决不会停止。我们东北同胞与全国同胞生命是整个的,东北四省与全国的土地亦是完全整个,不容有寸土分割的。"我又申言:"抗战的目的,自始至终就是要保障我们中华民族的独立生存和领土主权与行政的完整,亦就是誓万死,排万难,要恢复我们东北的失地,拯救我们东北的同胞,湔雪九一八以来的仇恨与耻辱",我又曾指出:"东北问题乃是一个关系整个国际局势的问题。"而"中国的抗战,在时间上,尤其在最后问题的解决上,一定要和世界整个问题一起来解决"。我今天对各位参政员重复申述这几段话,我要郑重说明,这是我一贯的方针和决心。由于战局的开展,我们达成这个决心的时期已不在远,我们定可将东北失地完全收复,并且要不避任何牺牲使东北失地完全收复,东北同胞全体获救。乘今天开会的机会,我更要与我们参政员同人热烈唤起我们东北全体忠贞卓绝的同胞,积极奋起,从

速准备与我全国军民共同参加我国和同盟各国摧毁日寇在亚洲大陆最后堡垒的光荣战斗。(鼓掌)

参政会这一次集会,距离上次开会已有十个月。当此反侵略战争日见光明开展,而我们中国任务更艰巨,职责更重大的时机来举行大会,各位远道跋涉而来,洞悉各地实际情形,必能对政府有重大的贡献。这十阅月以来,驻会委员会的负责尽职以及经济动员策进会常会和各区办事处的认真督导,不避劳怨,不仅本席所感慰,也是全国国民所赞佩。这一次开会,我们又将集合一堂,讨论国计民生有关的问题,相信各位对于政府抗战建国的要政,一定多所匡助。关于三十三年的施政方针,政府已经制定,要提出这一次大会,请各位作精详的讨论。其他军事、外交、内政、财政各部门的实施经过,亦将由主管机关分别报告,本席今天不必赘述。现在只就我们抗战建国最重要的几点,向各位概括叙述,并附带说明本席对各位的期望。

先就军事情形来说,这十个多月以来,我们同盟国军队在世界每一个战场都取得了主动的地位,造成各处辉煌的战绩,而轴心军队在世界各战场上,则是处处受创,节节败退。到了本年七月初,有意大利法西斯首领墨索里尼的倒台,最近意大利海军且已全部归顺于盟军,这一件事更使反侵略战争的基地和前线联络贯通,成为一体,地中海上安全的航路缩短了盟国军事运输的航程。同时地中海上盟国的海军,可以抽调到东方来作战。现在东西各战场的全般战局,各位必已了如指掌,我只概括的说一句:"意大利全部海军归顺的一天,就是决定了日寇最后崩溃无可挽回的命运。"日寇军阀自九一八以来,在他国内实行了六年的"准战时体制"和六年的"战时体制",不惜以暴力榨取他的民众,破坏其原有的政治组织与经济机构,以期追随他的轴心伙伴,作背城借一的尝试。殊不知他的法西斯纳粹政权甫告完成,而德国的纳粹已告挫败,意大利的法西斯不崇朝而崩溃。日寇军部的彷徨和他国民的怨怼,绝不是他召集一次两次的"重臣会议"所能挽救,也不是他故作镇定的虚伪宣传所能掩饰的。我们全国军民六年余的抗战,在四千公里的战线上牵制了三十余师团的寇军,现在更要再接再厉,配合盟邦执行反攻,以竟六年余牺牲奋斗的全功。胜利的时机愈接近,我们的责任愈艰巨,希望各位参政员格外要激励国民,竭尽一切的忠诚,增强作战的力量,以从事于最后最大的决战而达成胜利的目的。

其次就国际关系来说,中英、中美平等新约的订立,是我们参政会上次大会闭会后的一件大事。这半年多来,更有许多友邦同样作放弃特权重订新约的表示。世界上爱好和平正义的国家,不论在东半球,在西半球,对于我国无不是睦谊日益增进,关系日益密切,诚足使吾人十分感奋,至于我们和英、美、苏及一切联合国家之间,今后相互的关系必然日趋巩固,尤其对于作战上的密切配合和互助合作,这半年来也在一天天加强,我们这一次战争必能求得彻底的胜利,同时亦必能求得彻底的和平,这是可以确信无疑的。

现在再提到我们战时经济的稳定和战后经济建设的问题。关于战时经济的稳定,我在上一次大会中,曾对各位提出"经济第一"的要义,并提出管制物价方案,经上次大会一致接受,这十个多月以来,我们经济动员策进会各位常委和分区办事处负责诸君,在各地方协助政府,领导民众,以期这个方案能贯彻执行,可以说异地同心,实已竭尽应有的努力。在政府方面,亦无时无刻不以此事为首要之务。但就整个情形而言,我们实在也不能讳言管制物价方案的执行,还未达到我们所预期的程度,我可以告诉大家的,政府对于控制物价,具有坚确的决心,只是在管制方法上要依据过去十个月来各地的经验,尽量改进。这一点,希望参政员同人充分研讨,务实我们的抗战军事,因战时经济的稳定而加强。

至于在经济建设方面,我个人认为战后经济建设的开展,应该在战时即有充分的准备。我们要完成建国大业,必须实行国父的实业计划,使我们中国得以工业化,同时使我们国民生活得以提高。我更认为我们中国经济建设的完成,有关世界的安宁和幸福,因为欧亚大陆的面积占世界陆地总面积十分之二,而亚洲腹地未能充分开发的地区不下二千二百万方公里,几等于北美全洲的总面积,在这二千二百万方公里之中,我们中国西部北部的地带,实居其三分之一。我们中国只就这一片广大的土地来说,其蕴蓄的资源和尚待开发的力量,也就不可胜计。这一个力量如果能发挥功能,以贡献于人类,定必使世界经济焕然为之改观,这还是仅就西部北部而言,至于我们东部南部比较繁庶的地带，一旦经济建设完成之后，足以供给丰富的资源，而成为广大的市场，更是人尽皆知。而且在这次抗战六年之中，我们过去产业分布偏枯畸形的趋势，已有改正，西北西南，日就繁荣，轻重工业，平衡发达，国营民营，各有成就。因此这一次十一中全会决定了工业建设纲领案和奖励外资的方针，政府认为战后的经济建设，应该以自力更生与国际合作同时并进，而一切规模必须及早奠立。这件事关系重大，经纬万端，也希望参政会同人注意研讨，贡献意见，并鼓励全国同胞与有志青年，共向建设的大道而努力迈进。

最后要向各位报告实施宪政的问题。关于促进民治，实施宪政，本为国民政府多年一贯的主张，自第一届国民参政会以来，五年之间，政府既屡次表示，参政会亦迭有建议，宪政期成会诸君之热心努力，实为切望建国完成的表现。现在十一中全会对于提早完成宪政已有具体决议，规定于战事结束后一年内召集国民大会，制颁宪法；并决定施行日期。政府自当依此方针，悉力以赴。在三十三年施政方针之中，已规定后方各省之县参议会应于一年内一律成立。同时对于完成地方自治及召集国民大会之准备，亦当督饬主管机关切实筹备，本席以为凡事豫则立，不豫则废，我们对于实施宪政既不可苟简从事，亦不可拘泥因循，总要以实事求是的精神，为迅速积极的推进。因此更希望我们参政会同人领导各级民意机关和全国职业团体，纠正我们国民散漫因循的积习，推进各级地方自治的工作，务使民志团结，民力发扬，然后我们抗战胜利之日，即是开始宪治之时。这是国家百年大计之所赖，也是本席对于各位热烈的期望。

各位参政员先生：这一次大会举行于我们国家转危为安、转败为胜的重要时机，我们确实已临到了胜利的前夕，但我们必定要经过一段比以往六年更艰难、更困苦，甚至更危险的时期，而后能获得彻底的胜利，在这种千钧一发的时期，我们全国同胞真应该万众一心，公而忘私，国而忘家，只有大我，没有小我，亲爱精诚，协同奋斗，而这就有赖于我们国民参政会为之表率，为之楷模，希望各位在这次大会之中，对于当前要计，充分研讨，尽量贡献，务使六年抗战克竟全功，而建国规模亦于此时奠立。政府自必虚衷采纳，以利国家。本席个人亦伫待嘉言，借资匡正。总期同德同心，努力奋斗，湔雪九一八耻辱,达成我们驱除敌寇、收复失土及拯救东北与沦陷区同胞的使命。敬祝贵会的成功。

（原载《国民参政会第三届第二次大会纪录》,国民参政会秘书处）

3. 参政员褚辅成致词

国民参政会第三届第二次大会于本日开会,同人情绪与以前任何一次会议不同:第一,此次集会适在蒋主席当选为国民政府主席,同人情绪当然特别感觉兴奋。第二,于恭聆蒋主席训词之后,欣闻恢复东北失土为期不远。东北失土不久既可恢复,全国失土之恢复当亦为期不远。有此两种原因,故同人情绪与以前历次会议不同,自是当然之事。

本日开会适值"九一八"十二周年纪念日,回忆民国二十年"九一八"事件发生之时,不禁有所感触。当时大家心理可分为两种:第一种心理以为日本强盗是一强国,处心积虑准备数十年,我们为一弱国,军事装备不如远甚,一旦抵抗将如何以取胜,不抵抗固将亡国,抵抗亦将亡国,我们与其抵抗而徒然牺牲,不如不抵抗而保存实力。第二种心理以为敌人诚然是强国,但亦有其弱点,如不抵抗一定亡国无疑,抵抗可望不亡,与其不抵抗而亡,不如抵抗以图存,希望死里求生。时至今日"九一八"已十二周年,在此十二年中,前六年为准备抵抗时期,后六年为实行抵抗时期,吾人战至六年之后,不但立于不败之地位,而且联合民主国家一致争取胜利,此最后胜利不久即将来临。在此六年之内,全国上下一致努力,充分证明"不抵抗固亡抵抗亦亡"之为谬论,而且足以证明不抵抗必亡,抵抗必不亡也。

吾人应认识吾人已经艰苦作战六年,自今日起到未来一年之内,即为我们总反攻的时期。在总反攻时,吾人能否顺利得到最后胜利,首须视吾人武装同志能否一致向前拼命杀敌,如此点可以办到,吾人相信到"九一八"十三周年之时,东北失土乃至全国失土定可恢复。时至今日,吾人希望全国的武力,精诚团结,一致杀敌,只要政府一下总反攻命令,不论属何种部队,要一致对准敌人进攻,切不可稍有差池,如此可以断言总反攻一定可以马到成功,此为本会同人对军事方面唯一之希望与要求。

顷聆蒋主席训词有二事值得吾人注意：一点关于经济，一点关于宪政。关于经济者，希望同人协助政府，稳定战时经济。过去本会经济动员策进会协助政府，求稳定战时经济，获有相当效果，但尚未完成预期之成效，使负责同人，深感抱歉。现在政府希望同人继续努力，同人自当接受，中国下级政治机构，无可讳言的尚不够健全，完全靠政治力量管制物价确有困难，希望政府能将政治力量与经济力量配合，政府必须掌握日用必需品物资，物价定能平抑，否则平抑物价，自较困难。最近十一中全会决议准备运用二万万元美金所购进之黄金，平抑物价，此项政策如方法细密一定有效。我们对政府此种政策，极表赞同，但如何运用此项黄金，得收预期之效果，尚望政府注意，本会亦应贡献意见。蒋主席训词曾诏示制颁宪政日期，中央决定在战事结束后，一年以内，此事尤为国人殷殷所盼望。自"七七"敌人入侵以后，使我原定实施宪政日期延缓，现中央既经决定在战后一年以内，距今最多亦不过二年，即可召集国民大会，希望政府主管机关切实推进各级民意机构，以巩固宪政基础。

（原载《国民参政会第三届第二次大会纪录》，国民参政会秘书处）

4. 会议日志

九月十八日　上午，国民参政会第三届第二次会议在重庆国民政府军事委员会礼堂开幕。

下午举行第一次大会。主席团主席张伯苓、莫德惠、李璜及参政员一百五十九人出席了会议。

会议听取了秘书处会务报告和驻会委员会报告，主席团关于"本会主席团主席蒋公，近当选为国民政府主席，函辞主席团兼职"的报告，以及经济部长翁文灏、内政部长周钟岳的经济、内政报告。

九月十九日　上午举行第二次大会。主席团主席张伯苓、莫德惠、李璜及参政员一百六十八人出席了会议。

会议补选王宠惠、王世杰、江庸为主席团主席。宣读主席团所拟《上蒋主席电文》。听取了财政部次长俞鸿钧，外交部次长吴国桢的财政、外交报告。

下午举行第三次大会。主席团主席张伯苓、莫德惠、李璜、王世杰、江庸及参政员一百三十人出席了会议。

会议听取了立法院、司法院、考试院、监察院的书面工作报告和驻会委员会《检讨政府对上次大会建议案实施情形》的报告,以及教育部次长顾毓琇和司法行政部长谢冠生作的教育、司法报告。

九月二十日　上午举行第四次大会。主席团主席张伯苓、王宠惠、莫德惠、王世杰、李璜、江庸及参政员一百六十一人出席了会议。

会议听取了交通部长曾养甫和农林部长沈鸿烈的交通、农林报告。

九月二十一日　上午举行第五次大会。主席团主席王宠惠、张伯苓、莫德惠、王世杰、李璜、江庸及参政员一百四十九人出席了会议。

会议听取了粮食部长徐堪和社会部长谷正纲的粮食、社会报告。通过了主席团所提各组审查委员会及召集人名单。

下午举行第六次会议。主席团主席张伯苓、莫德惠、王世杰、江庸及参政员一百五十三人出席了会议。

外交部次长吴国桢出席答复参政员询问案九件。军政部长何应钦出席作军事报告。何应钦在报告中指责八路军、新四军"煽动叛变,分化军力,实行割据,擅立政权,反抗政府,破坏政令,残杀人民,残害官吏"。何应钦报告完毕,共产党参政员董必武提出质问,据实反驳。何应钦无言以答。会议无法进行。董必武当即向大会主席声明退席,并表示不再出席本次会议,以示抗议。

本日,国民政府发布命令,宣布国民参政会第三届参政员任期自本年十月一日起延长一年。

九月二十三日　下午举行第七次大会。主席团主席王宠惠、张伯苓、莫德惠、王世杰、江庸、李璜及参政员一百五十人出席了会议。

会议听取了国家总动员会议秘书长沈鸿烈的管制物价报告和经济动员策进会驻会常委冷遹的经济动员策进会会务报告。主席团宣布:今后经济动员策进会继续存在,会长仍由蒋中正担任。

会议讨论了第一、第五组审查委员会对部分参政员提案的审查报告。

九月二十五日　下午举行第八次大会。主席团主席王宠惠、张伯苓、莫德惠、王世杰、李璜、江庸及参政员一百七十五人出席了会议。

会议继续讨论各组审查委员会对参政员提案的审查报告。国民政府主席蒋中正到会作《内政和外交的方针和实施经过》的报告,建议"由参政会设置宪政实施筹备会和经济建设期成会两机构"。

九月二十六日　上午举行第九次大会。主席团主席王宠惠、张伯苓、莫德惠、王世杰、李璜、江庸及参政员一百五十一人出席了会议。

会议讨论并通过了主席团所提《慰劳前方将士电》、《慰劳各战区及东北四省同胞电》、《慰劳海外侨胞电》、《慰劳抗战军人家属电》。讨论各组审查委员会提案审查报告。讨论并修正通过了《政府交议〈民国三十三年度国家施政方针案〉审查意见联合报告》。

下午举行第十次大会。主席团主席王宠惠、张伯苓、莫德惠、王世杰、李璜、江庸及参政员一百四十八人出席了会议。

会议讨论并通过了主席团所提《设置宪政实施筹备会及经济建设期成会案》。继续讨论各组审查委员会对政府各院部会报告和参政员提案的审查报告,通过了《关于军事报告中涉及第十八集团军部分之决议案》等案。

九月二十七日　上午举行第十一次大会。主席团主席张伯苓、王世杰、李璜、莫德惠、江庸及参政员一百五十九人出席了会议。

会议继续讨论各组审查委员会和第一、第二特种审查委员会对提案的审查报告,通过了政府交议的《战后工业建设纲领》、《确定战后奖励外资发展实业方针》及其他议案多件。

下午举行第十二次大会。主席团主席王宠惠、王世杰、张伯苓、莫德惠、李璜、江庸及参政员一百二十九人出席了会议。

秘书处报告本会休会期间驻会委员选举结果。随后,会议继续讨论提案审查报告和临时动议。会后,举行国民参政会第三届第二次会议闭幕式。

（根据《国民参政会第三届第二次大会纪录》等资料综合整理）

5. 第三届第二次会议闭幕

国民参政会第三届第二次大会历时十日于昨（二十七）日下午五时举行

休会式。出席参政员一百七十三人,来宾到政府各院部会长官计居正、戴传贤、于右任、朱家骅、刘尚清、何应钦、白崇禧、周钟岳、程潜、张厉生、曾养甫、谷正纲、徐堪、翁文灏、刘峙、陈仪、贾景德、谢冠生、吴忠信、陈树人、顾毓琇、黄伯度、薛笃弼、吴国桢、胡世泽、贺国光、吴铁城、邵力子、陈布雷、张道藩、梁寒操、潘公展、刘纪文、徐恩曾、马超俊、鹿钟麟、石敬亭、雷法章、洪陆东、闻亦有、陈大齐……及外宾比国大使纪佑穆、苏联大使潘友新、美国大使高思、英大使薛穆爵士、波兰大使扑宁斯基、荷兰大使罗芬克等二百余人。由张伯苓主席并致休会词,继由王参政员云五致词后,大会宣告休会。

(原载1943年9月28日重庆《中央日报》)

6. 主席团主席张伯苓闭幕词

本会第三届第二次大会,在同人情绪热烈之中闭幕。此次开会,聚议十日,议决提案一百八十余件,同人精神均较历次大会更特别兴奋,始终不懈。一则以开会时适逢蒋委员长膺选为国民政府主席,深庆国家元首得人,从此国运必更为昌荣。一则以会前闻知意大利投降,轴心根本动摇,民主国家的共同胜利,为期已经不远,侵略的凶焰,快要从此熄灭,和平自由的基础,从此得到保障。不过胜利愈益接近的时候,国家尚须经过一度最艰难的时期,而同人的责任,因此愈益加重。故举凡宪政之促进、经济之建设、奠定战时及战后复兴的种种根本计划,同人莫不深切注意,详加讨论,期有所献替,不负政府与国民对于本会所具殷切的期望。

关于宪政之筹备,本会已有决议,行将商同政府,设立宪政的筹备机构,以便战时即能将宪政的预备工作做得很好,战后宪政的实施更能够圆满的表现出来,在此,本席不能已于言者,本会为抗战期中协助政府的一个民意机构,本会即应努力树立民治的模范,蒋主席于此曾一再致其诚恳的愿望,故同人对于民主的基本精神从不敢有所忽略,在讨论之时,则悉本知无不言,言无不尽之旨,期举集思广益之实,在决议之前,则对于政府报告,无不虚心听取,对于事实真相,无不竭诚研讨。五年以来,本会通过之决议虽多,但自信从无故意好高骛远,或抹煞事实之弊,今后自当本此精神,益加奋勉,至于团结全国一致抗敌,协助政府,宣达政情,解决民困,在过去数年之中,同人更是不敢疏忽责任,有所努力。今后为促进宪政起见,当更加倍的努力做去,期不负于模范二字。

关于经济建设,本会先后曾有川康建设期成会及经济动员策进会的设立,对于战时的经济政策,协助政府有所推进,此次大会既通过交议之工业建设纲领,又将设立经济建设期成会,则今后同人全体对于战时经济困难的克服,与战后国家经济的复兴,当更能本其一贯精神,各尽所能,多所贡献。

此外政府此次交议之三十三年度施政方针,内容亦较过去为详尽,对战时战后的庶政设施,均能一一顾到。本会既悉心详为研讨,加以必要补充,深望政府于接受同人意见之后,按照方针认真进行。

本会同人际此国家艰危,而来预闻国家政事,颇觉责任重大,能力不胜。政府今又明令延长本届会期一年,以宪政筹备与经济建设相期勉,则今后一年之中,同人或聚商会议,或分别工作,其责任均较过去为更重大,主席团同人愿与全体同人共勉之。

(原载《国民参政会第三届第二次大会纪录》,国民参政会秘书处)

7. 参政员王云五致词

过去几年中,本会同人,曾经好几次建议政府,希望能早日实施宪政。但是因为抗战的关系,交通不便,国民大会不容易召开,所以就把同人等的期望,暂时停顿下来。现在蒋主席以中国国民党总裁和国家元首的地位,很切实很坦白的告诉我们政府实施宪政的决心,这一点充分说明了领袖大公无私的精神,也充分说明中国国民党还政于民的诚意,我想这不独是本席,也不独是本会同人,就是四万万五千万同胞,没有一个不钦佩的,不但是国内人人钦佩的,连各盟邦的人士也没有不钦佩。

刚才说过,从前我们所以不能提早实行宪政,是因为最后的胜利还不能有确定的时期,现在蒋主席是我们的最高军事领袖,坚定的表示可以提早实行宪政,这不但说明中国民主政治可以早日实现,同时也说明了最后胜利一定可以早日来临,这是我们的双喜——喜上加喜。但是我们一方面固然欢喜，一方面也有些恐惧，恐惧什么呢？就是我们大家肩上担了一个比从前更重的担子了。

我们同人，没有一人不希望早日实施宪政的，现在有机会担任筹备实施宪政的主体责任，我们一定义不容辞，人人都全力担起这种责任。但是诸位都明白，宪政不是一蹴成功的，我们算一算距离抗战胜利的时候，说得快一点要一年，照预算胜利后一年内召开国民大会，实施宪政，那么就不过是两年时间，这两年时间，不能说短，也不能说长，在这两年中，我们负着筹备实施宪政的责任，同人的担负也就不轻了。实在说一句，责任是很重大的，本席时常想：我们要做一件事情，仿佛登楼，自下而上，要一步一步的上去，不能跳过一级，实施宪政也是如此，是要一步一步上去的。现在本会同人，是要为实施宪政来搭楼梯，大家来做搭楼梯的工人，大家以全力来作这件苦工，今天本会同人就担负这种责任，所以本席的意思，我们不独对如何实施宪政要加紧研究，还要作充分的适当的行使我们已有的职权的基本原则，使本会做成议会的一个雏形。各位知道：我们无论做什么事，不是靠形式，是要注意精神。民国初年我国不是没有国会，表面上民初国会还是一个宪政的重要机构，但是那时候没有充分的适当表现出宪政精神，所以结果没有成功。我们再看英国的宪政史，他们的议会，对于宪政的实施，是一步一步演进的，尤其是完全着重在发挥宪政精神。因此本会对于将来实施宪政的准备，主要的是尽我们自己的力量，来做实施宪政的模范。同时我们很希望，也很相信，贤明的政府领袖，看见我们精神的表现，以及我们的成就，或者还能将本会职权扩大一点，使本会同人对实施宪政有更进一步的贡献。

关于国内经济，以我国经济的薄弱，能够维持六七年的抗战，不能不使我们表示满意，同人读政府施政报告，觉得政府对于经济设施，煞费苦心，已尽很大努力。蒋主席指示本会组织全国经济策进会或期成会，以协助政府的经济建设事业。本人观察国内经济建设，要一件件分开来看，很少可以非议，但是联合起来，便觉得中间少了一个连锁，就是缺乏适当的配合，这未免是美中不足。我并觉得整个经济建设，犹如一个机器，犹如一个人体，机器上只要有一部分损坏，便整个失其灵活，人体有一部分不适，便周身感到痛苦。所以经济建设的措施,应有整个适当的配合。因此本席一方面希望政府当局对于今后经济建设,除了使各部门有很好成就外,还要注重全盘的配合,同时希望本会将来组织的经济建设策进会或期成会,对于这一点同样的注意到。

(原载《国民参政会第三届第二次大会纪录》,国民参政会秘书处)

8. 休会期间驻会委员会委员名单

林　虎　褚辅成　孔　庚　王云五　冷　遹　杭立武　陈博生
但懋辛　许孝炎　许德珩　江一平　李中襄　罗　衡　陶百川
王启江　阿旺坚赞　王普涵　郭仲隗　黄炎培　朱贯三　李永新
何葆仁　范　锐　陈启天　董必武

(原载《国民参政会第三届第二次大会纪录》,国民参政会秘书处)

(四)国民党利用参政会反共
共产党参政员退席
——会议重要议案

1. 提案目录

一、关于一般者

(一)民国三十三年度国家施政方针案　　　　　　　　　政府交议

(二)战后工业建设纲领案

(三)确定战后奖励外资发展实业方针案

(四)参政会宜组织战区视察团对党政军民诸方面作总的研讨,以在战后复兴大计之裨助案　　　　　　　　　　　　　刘风竹等提

(五)拥护政府促进宪政政策并组织国民参政会宪政实施研究会案

程希孟等提

二、关于军事及国防者

（一）各地荣誉军人休养院址应速确定以励士气案　　　　张丹屏等提

（二）请政府积极提倡国术，充实人民质量，奠定抗建基础，增加抗战建国实力，并拨给专款增加经费以利进行案　　　　张之江等提

（三）为建议改善军用粮秣减轻人民痛苦案　　　　王吉甫等提

（四）请政府改善军事征用案　　　　王普涵等提

（五）建议中央设立特种训练班训练各校军训教官以宏效用案

陈希豪等提

（六）请政府提高驿运军运运价以恤民难而利运输案　　王隐三等提

（七）严令各地驻军体恤民艰慎勿以细故增民忧而肇祸乱案　韩北鹗等提

（八）请维持军食并严厉实行征兵条例以巩固抗战力量而苏民困案

吴沧洲等提

三、关于外交及国际事项者

（一）交涉废止华人入境案　　　　马景常等提

（二）请组织日本军阀罪行调查委员会，俾于战后将直接组织与领导罪行的敌酋提交国际法庭审判案　　　　王冠英等提

（三）统一研究战后华侨复员机构案　　　　连瀛洲等提

（四）加强商务行政机构，将侨务委员会改组为侨务部案　　连瀛洲等提

（五）确定战后侨政实施纲领以增国力案　　　　胡木兰等提

（六）请政府迅速规划战后南洋华侨经济复员案　　　　何葆仁等提

（七）请政府切实鼓励华侨回国参加建国工作案　　　　何葆仁等提

（八）拟请由本会组织战后国际问题研究委员会案　　　　黄建中等提

（九）为加强全国同胞对于抗战建国新阶段之认识与努力，以速抗建大业之胜成，并促进友邦人民对于新中国之了解与同情而增联合国间之合作，拟请本会适应历史要求发布时代宣言案　　　　罗梦册等提

（十）即与盟邦共同促进"自由日本"运动以安东亚秩序案　　胡秋原等提

四、关于内政事项者

　　(一)准备实行军民分治案　　　　　　　　　　　　　　　　胡秋原等提

　　(二)维护正当舆论案　　　　　　　　　　　　　　　　　　胡秋原等提

　　(三)请政府设立东北战区机构俾积极准备以利反攻案　　　　王寒生等提

　　(四)加强监察机构以澄清吏治案　　　　　　　　　　　　　石　磊等提

　　(五)为解决土地问题奠定建国基础请政府统一地政职权充实地政机关案　　　　　　　　　　　　　　　　　　　　　　　　　　　　　何人豪等提

　　(六)请政府于内政部或社会部内特设管理全国各宗教专管部门,并延聘熟悉各宗教人士,制定保护及取缔办法案　　　　　　　　　　钱公来等提

　　(七)请政府切实管理各宗教团体案　　　　　　　　　　　　严立三等提

　　(八)请确实建立地方警察制度并撤销保安团队案　　　　　　朱贯三等提

　　(九)请改善警政充分发挥警察职权以保护安宁秩序培养国力案
　　　　　　　　　　　　　　　　　　　　　　　　　　　　　陈逸云等提

　　(十)请增设蒙藏委员会副委员长一人并指定由蒙籍人士担任以利蒙政案　　　　　　　　　　　　　　　　　　　　　　　　　　　　金志超等提

　　(十一)拟请政府从速规定礼制以发扬民族文化改良社会风气案
　　　　　　　　　　　　　　　　　　　　　　　　　　　　　马　毅等提

　　(十二)各省市应普遍成立临时参议会以促进宪政之实施而加强建国之工作案　　　　　　　　　　　　　　　　　　　　　　　　　魏元光等提

　　(十三)请政府严格审核公教人员之随任住所直系亲属之实际人数,实行计口授粮,并对家庭负担较重人口众多之公教人员特予救济、津贴、补助,安定其生活案　　　　　　　　　　　　　　　　　　　　　　　张之江等提

　　(十四)建议政府规定办法通令各省改善县政工作人员待遇,以期吸收优秀人才,健全县政机构,树立建立基本案　　　　　　　　　　江恒源等提

　　(十五)请政府彻底改善公教人员待遇,并划一各部院会及其附属机关薪给,以昭平允案　　　　　　　　　　　　　　　　　　　　胡庶华等提

　　(十六)请改善县长待遇,提高薪公各费以资养廉,一面加强监察制度,以防贪污而杜奸邪案　　　　　　　　　　　　　　　　　　王吉甫等提

（十七）请政府慎重各机关之增设裁并及更改名称,以重国家制度而增行政效率案 张定华等提

（十八）请政府迅速施行本会上届决议,请调整并裁并骈枝重复机关,划清权责,以增绩效而免虚縻案 许文顶等提

（十九）缩小省区以川省为示范案 李琢仁等提

（二十）改善省制以利建国案 马　毅等提

（二十一）请政府加紧民权训练准备实施宪政案 王冠英等提

（二十二）请废除国内不平等条约及官厅或官吏对人民种种不平等待遇,以孚民权政治之实案 孔　庚等提

（二十三）为积极促进并奖励全国国民节约献金,以实践有力出力,有钱出钱,而增强抗战建国经济力量案 张之江等提

（二十四）为训练可法人才及优待在职法官以提高司法水准案
　　　　　　　　　　　　　　　　　　　　　　　　刘风竹等提

（二十五）请推行蒙藏地方司法制度,提高边远省区司法行政人员生活待遇,以实施法治精神增进工作效力案 阿福寿等提

（二十六）拟请改进川省司法诉讼手续以宏法治而轻讼累案　黄肃方等提

（二十七）请依法征用民物以培养民力,并注意国家立法之程序而免法令繁杂抵触,期纳政治于常轨以固国本案 常志箴等提

（二十八）政府应速召集全国司法会议,讨论战后司法问题,提供政府采择施行案 陈霆锐等提

（二十九）请政府限期普遍设立各地卫生院、所、公立医院,并取销医师开业法制案 张定华等提

（三十）请补助边远省区卫生经费,以利卫生事务而重边民健康案
　　　　　　　　　　　　　　　　　　　　　　　　阿福寿等提

（三十一）请政府注意学校卫生改善学生生活案 刘蘅静等提

（三十二）请政府从速加强培植医事卫生人才,积极推行公共卫生设施,以保民命而固国本案 伍智梅等提

（三十三）改良法检应速栽培法医人才创建检验机构案 张作谋等提

（三十四）拟在卫生署设立中西医两委员会，分别整理中西医务，并以公正人才为署长，执行之始无偏私方能齐头并进以维民命案　　曹叔实等提

（三十五）请政府积极扩增儿童福利设施以培养民族幼苗而固国本案
　　　　　　　　　　　　　　　　　　　　　　　　　　　卢　前等提

（三十六）请政府设置生育贷金以维护婴儿生命案　　孔　灿等提

（三十七）提议举办儿童保健以期复兴民族请公决案　　刘蘅静等提

（三十八）为闽浙赣三省连年鼠疫流行，死亡枕藉，迄无根本扑灭办法，请由中央政府筹拨巨款设立东南防疫处，遴派大批技术人员限期彻底扑灭鼠疫，以重民命而维国本案　　　　　　　　　　　　　　康绍周等提

（三十九）请修改《国民义务劳动服务法》，加入妇女部分，以增强抗建力量而符实际动员全国人力之要义案　　　　　　　　唐国桢等提

（四十）请增拨巨款培养黄汜新堤以安灾黎而固国防案　郭仲隗等提

（四十一）河南连年灾荒情形惨重，军民交困，危机潜伏，请政府详查事实迅谋救济，以拯垂死孑遗，巩固前线基地而利抗建大业案　　郭仲隗等提

（四十二）请政府派员调查粤省灾情并筹善后办法案　　连瀛洲等提

（四十三）广东沿海各地灾情惨重应请政府迅拨巨款救济案　伍智梅等提

（四十四）拟请中央迅拨巨款救济淮北水灾并派遣水利专家根本治理案
　　　　　　　　　　　　　　　　　　　　　　　　　　马景常等提

（四十五）请政府救济绥西黄河水灾以维民生而利抗战案　张钦荣等提

（四十六）刷新内政以奠建国基础案　　　　　　　　　张守约等提

（四十七）政府应设立战后复员委员会并应重视东北四省复员工作之特殊性质案　　　　　　　　　　　　　　　　　　　　刘凤竹等提

（四十八）请政府迅即妥拟战后复兴建设计划分别缓急厘订程序积极准备实施案　　　　　　　　　　　　　　　　　　　　李永新等提

（四十九）再请从严惩办贪污以利抗战建国案　　　　韩北鹗等提

（五十）请明定旧历元旦为民族节，并厘定公私节祀典，以重报本反始之义案　　　　　　　　　　　　　　　　　　　　　严立三等提

（五十一）请政府从速修正《省临时参议会组织条例》，以促进民治而肃

清吏治案　　　　　　　　　　　　　　　　　　　　蒋继伊等提

　　(五十二)提高新闻工作人员待遇,强化宣传工作效率案　　刘景健等提

　　(五十三)奖励士节严戒奢风案　　　　　　　　　　　李琢仁等提

　　(五十四)请调整各省机构名称分别隶属,并加重省主席及专员县长权责,以增进效率而杜纷乱案　　　　　　　　　　　　　陈志学等提

　　(五十五)战后国都究应何在乃我国国防建设与经济之先决问题,拟请政府于此我国抗战最后胜利日益接近之际,广集专家缜密研究,俾能早日有所决定,以便所有国防、经济之建设计划之设计与实施有所本源案　罗梦册等提

　　(五十六)请政府确定长安为国都案　　　　　　　　　胡庶华等提

　　(五十七)战后建都北平案　　　　　　　　　　　　　王寒生等提

　　(五十八)请建议政府增订条文鼓励告诉被迫行贿以期尽量惩治贪污案

　　　　　　　　　　　　　　　　　　　　　　　　　　黄建中等提

五、关于财政经济事项者

　　(一)解决钢铁工业目前危机办法案　　　　　　　　　但懋辛等提

　　(二)请改善钨锡管制办法以维生产案　　　　　　　　阳叔葆等提

　　(三)请政府对于棉花管制重加厘定案　　　　　　　　但懋辛等提

　　(四)请在鄂东、鄂北、湘鄂等区设置机构疏通物资来源案　居励今等提

　　(五)加强对敌经济封锁并奖励商民抢购物资案　　　　马　毅等提

　　(六)请救济陕西纺织业,以维军需民用而增强抗战力量案　马　毅等提

　　(七)请花纱布管制局合理统制河南土布,俾增加生产以裕军需民用案

　　　　　　　　　　　　　　　　　　　　　　　　　　刘景健等提

　　(八)请对战后新设之小型纱厂特予优待,俾能于战后扩充为大型纱厂以巩固纺业基础案　　　　　　　　　　　　　　　　薛明剑等提

　　(九)请迅事增加后方纱布生产并预筹战后纱织工业复兴案　高惜冰等提

　　(十)改进对外贸易政策以利民生而维国本案　　　　　龙文治等提

　　(十一)请政府将管制物价成绩列为各级政府首要考成,俾物价管制方案彻底执行,以挽救目前经济危机案　　　　　　　　　王普涵等提

（十二）请政府对于限制物价及专卖收买力求合理化，以恤商艰而杜弊端案　　　　　　　　　　　　　　　　　　　　　　　　　　陈志学等提

（十三）请建议政府对于重庆屠业股份有限公司被社会局主管业务人员把持操纵，假公济私，造成黑市肉荒种种恶劣现象；加以亏折公币至八十余万元之巨，报该公司收益情况殊难置信，至有无贪污违法情实，应请监察院、审计部彻查清算以明究竟案　　　　　　　　　　　　　孔　庚等提

（十四）请严肃取缔重庆市肉荒情形，责成市社会局饬令重庆屠业股份有限公司按日负责供应，取缔军警拦购强买造成黑市以维民食案　　孔　庚等提

（十五）广东经济恐慌请政府迅施对策案　　　　　　　　高廷梓等提

（十六）合理调整盐价，促进生产，以裕民食而利抗建案　　龙文治等提

（十七）救济川北盐业案　　　　　　　　　　　　　　　萧一山等提

（十八）请调整西北食盐运销以济民食案　　　　　　　　张丹屏等提

（十九）拟请政府彻底改善青海盐政案　　　　　　　　　李　洽等提

（二十）提议改革盐务积弊以裕国币而利民生案　　　　　张振鹭等提

（二十一）请改进财政政策及经济统制办法，稳定战时公私经济，争取最后胜利，并为战后民生主义建设建立其基础案　　　　　刘明扬等提

（二十二）均衡发展前后方生产，迅予指拨工矿业贷款一万万五千万元，俾维河南省内工矿事业案　　　　　　　　　　　　　　徐炳昶等提

（二十三）请政府厉行工业标准化以奠工业基础案　　　　王亚明等提

（二十四）请改良征收田赋军粮办法案　　　　　　　　　罗麟藻等提

（二十五）云南农民对于征实征购遭受特殊惨苦，拟请政府亟图挽救以苏民困案　　　　　　　　　　　　　　　　　　　　　　　李培炎等提

（二十六）请政府规定征购起点以保障小农生活案　　　　王普涵等提

（二十七）改进蚕桑以裕农村经济而树建国基础案　　　　常志箴等提

（二十八）请设灭蝗研究所督导根本消灭蝗灾以维国本案　徐炳昶等提

（二十九）重请限期完成陇海路宝兰段干线，以资开发西北而巩固国防案　　　　　　　　　　　　　　　　　　　　　　　　　　张作谋等提

（三十）请提早将黔桂铁路修达贵阳案　　　　　　　　　王亚明等提

(三十一)请赓续修筑滇缅铁路以利抗建案　　　　　杨荫南等提

(三十二)请重修甘肃公路以重运输而利抗建案　　　阿福寿等提

(三十三)适应战后复员与经济建设航运需要确立发展航业计划案

　　　　　　　　　　　　　　　　　　　　　　　黄炎培等提

(三十四)发展水运以利航业复员案　　　　　　　　陈石泉等提

(三十五)国府林主席遗爱在人,拟请政府于战后修建陪都嘉陵江及扬子江两桥以垂纪念,并立即从事设计工作以期早观厥成案　　李中襄等提

(三十六)请政府确定驿运行政经费,并严限各省停征驿运管理费,以杜苛扰而恤民难案　　　　　　　　　　　　　　　　　　王隐三等提

(三十七)修正运输章则及检查权限以利交通案　　　马景常等提

(三十八)请政府按照电政亏损情形指拨的款,并提高电局员工服务精神,切实改善电信业务,以利军事而重电政案　　　　魏元光等提

(三十九)改订各种直接税法法规,使工矿业与商业之税率分别计算,减低工业税率,以期诱导商业资本转为产业资本,以利建设而裕生产案

　　　　　　　　　　　　　　　　　　　　　　　马　毅等提

(四十)请中央体念四川人民负担之重,减轻繁苛,以安定后方而维国本案

　　　　　　　　　　　　　　　　　　　　　　　但懋辛等提

(四十一)请于交通困难驻军较少之县赋粮折收法币,以济军用而轻民累案

　　　　　　　　　　　　　　　　　　　　　　　张丹屏等提

(四十二)请缓办财产租赁出卖所得税,以恤民难而固国防案

　　　　　　　　　　　　　　　　　　　　　　　陈志学等提

(四十三)以增税政策代替专卖政策案　　　　　　　胡秋原等提

(四十四)请政府彻底改善专卖制度以裕税收而纾民困案　　卢　前等提

(四十五)请政府彻查专卖真相如有弊贪依法惩处各级负责人员案

　　　　　　　　　　　　　　　　　　　　　　　傅斯年等提

(四十六)限制饮酒与增加酒税以裕国库而节粮食案　马景常等提

(四十七)统筹自治财政以利政务而均负担案　　　　张丹屏等提

(四十八)请举办西北民生贷款以促进西北各省人民生计充实建国力量

案 达浦生等提

（四十九）请政府迅速革新海关俾能负起其对国家之时代使命案

刘王立明等提

（五十）为积极吸收存款供应建设资金，拟请增加甘肃省银行资本以利开发西北案 张作谋等提

（五十一）拟请政府严令储藏物资之仓库，注意保护品质之常态，勿使蒙受损失案 薛明剑等提

（五十二）取缔高利贷案 胡秋原等提

（五十三）为加强经济建设促进工业发展，应请政府妥定原则，重新订定中外合资经营条例，俾便大量吸收外资以裕民生而固国本案 李汉珍等提

（五十四）积极筹划战后国防工业建设实现国父实业计划案 龙文治等提

（五十五）为配合中央开发西北政策，今后拟请四联总处对于甘肃省工农贷款专案办理以利进行案 张作谋等提

（五十六）拟请政府改进工贷办法案 薛明剑等提

（五十七）请亟谋挽救当前棉荒并准备实施复兴棉产计划以格衣被原料案 高惜冰等提

（五十八）请改善贸易政策以安后方而杜纠纷案 彭革陈等提

（五十九）请政府调整生产部门限制或取缔非必需品暨奢侈品之制造，集中人力物资于国防民生必需品之生产，以增强抗战力量稳定人民生活案

王普涵等提

（六十）调节工商业稳定物价案 居励今等提

（六十一）加强货物进口地区之海关力量，取消内地设关，借以增加税收节省开支，而免苛扰案 马　毅等提

（六十二）请政府迅予制定工业会法案 薛明剑等提

（六十三）积极实行国父实业计划以加速建设而奠国基案 李琢仁等提

（六十四）请政府有效挽救民营工业危机，并积极扶助其发展，以增加战时生产而利抗建案 王冠英等提

（六十五）维护战后内地工厂案 薛明剑等提

(六十六)保护战后贸易案 薛明剑等提

(六十七)拟请政府协助工商实业界人员出国考察访问,以利战后经济建设与生产复兴案 冷　通等提

(六十八)请政府严厉禁止米粮夹杂稗子沙石以维持民族健康案

胡庶华等提

(六十九)请决定禁宰耕牛范围以免影响国民生计案 达浦生等提

(七十)公务员食米应予保障案 吕云章等提

(七十一)请政府倡导救生运动以安水上行旅案 卢　前等提

(七十二)请政府大量增购并整修现有水陆交通工具,以应复员需要而利建国案 马　毅等提

(七十三)改进直接税征收方法以培养税源而平民怨案 马　毅等提

(七十四)请政府改善非常时期过分利得税征收办法,以抒商难而利税收案 王公度等提

(七十五)拟请将纸辅币悉数收回以维法币信用案 黄钟岳等提

(七十六)各机关薪公旅杂各费用请政府随时注意维持,俾能养廉而重公务案 张丹屏等提

(七十七)为严格训练国立银行服务员俾改善私生活并洗涤官场习气案

刘风竹等提

(七十八)请政府修改《中央银行法》与《县银行法》,改组各省省银行为县乡银行,以便建立自治金融系统奠定民主政治基础案 孔　庚等提

(七十九)拟请政府迅速详细调查东北四省及北方各省各沦陷区敌伪经济、交通、财政、金融情形以备反攻复员案 马　毅等提

六、关于教育文化等事项者

(一)提高各级学校教师待遇,并优给各种米贴以资鼓励而维持教育案

张作谋等提

(二)建议政府请确定师范教育制度加紧培养各级师资案 江恒源等提

(三)重申拟请政府切实援助回胞国民教育以资培植边省人才案

达浦生等提

（四）请政府在湖北增设国立师范学院一所训练中等学校师资案

　　　　　　　　　　　　　　　　　　　　　　　　孔　庚等提

（五）建议政府请特别重视大学专科训育，规定各校设置学生生活指导部，并慎重导师人选以期养成学生健全人格，训练学生处世知能案

　　　　　　　　　　　　　　　　　　　　　　　　江恒源等提

（六）政府对于法律教育应与其他教育平等提倡不得歧视案　陈霆锐等提

（七）设大学出版部案　　　　　　　　　　　　　　王冠英等提

（八）请推广蒙藏文宣传刊物以利抗战案　　　　　　阿福寿等提

（九）请增设蒙藏中学以提高蒙藏族文化水准案　　　阿福寿等提

（十）请政府确定普及教育政策并予以切实执行，务期无一地方，无学校，无一人不受教育，庶几整个中华民国之国民均成为极有教化的国民案

　　　　　　　　　　　　　　　　　　　　　　　　雷沛鸿等提

（十一）请政府切实资助各学术团体向国外购置图书仪器，以提高文化水准而救济文化饥馑案　　　　　　　　　　　　王世颖等提

（十二）请政府对于私立学校学田除田赋征实外豁免征购，以利学校进行而维教育事业案　　　　　　　　　　　　　　王公庶等提

（十三）加紧招训战地青年以增强抗建力量案　　　　黄范一等提

（十四）请政府从速规定华侨教育复员案　　　　　　许生理等提

　　（原载《国民参政会第三届第二次大会纪录》，国民参政会秘书处）

2. 设立宪政实施筹备会和经济建设期成会两机构案

大会主席团提

　　蒋主席在本大会中宣示内政及外交方针，对于宪政之实施，谓当设置一宪政实施筹备会，对于经济建设之促进，谓当设置一经济建设期成会，集朝野人士合力以赴。其所责望于本会同人者，尤为殷切。兹提议本大会对此宣示竭诚予以接受，并由主席团暨驻会委员会与政府协商办法，务期早日组织成立，切实推进宪政筹备与经济建设工作，以副政府与国民殷切之期望。

　　　　　　　　　　　（原载1943年9月27日重庆《大公报》）

3. 对于国民政府军事委员会军事报告的决议(摘要)

本大会听取军事报告,关于第十八集团军与中共之报告,对于第十八集团军未能恪守军令政令统一之义,深致痛惜。最近蒋主席在中国国民党十一中全会宣示中共问题应以政治方法解决之旨,重申十中全会宣言所云:"凡诚意信仰三民主义,不危害抗战之进行,不违背国家之法令,无扰乱社会之企图与武装割据之事实者,政府与社会应不问其过去思想行动之如何,亦不问其为团体或个人,而一体尊重其贡献能力效忠国家之机会",而中国国民党十一中全会之决议,亦表示殷切之期望,希望中国共产党切实遵守其在二十六年九月二十二日所宣言:"(一)为实现三民主义而奋斗。(二)取消暴动政策与赤化运动。(三)取消苏维埃政府,期全国政权统一。(四)取消红军,改编为国民革命军,受国民政府军事委员会之统辖"等四项诺言。凡此表示,所以达成意志集中,力量集中之目标,以贯彻军事第一,胜利第一之大义,风声所播,举国翕然。本大会竭诚拥护,深望政府本此方针,切实执行,以完成我神圣抗战之任务。同时更盼中国共产党及第十八集团军,痛念我国六年余来全体军民抗战牺牲之重大,与今后建国任务之艰巨,实践诺言,严守纪律,不再有妨碍统一,影响抗战之举动,悉力杀敌以竟全功,此实国家前途所利赖,亦举国同胞之殷望也。

(1943年9月26日通过)

(原载《国民参政会第三届第二次大会军事委员会军事报告之一部》,军事委员会办公厅)

4. 国民党利用参政会反共,共产党参政员退席

延安《解放日报》述评

国民参政会第三届第二次大会于本月十八日在渝开幕。在开幕前,各方面盛传国民党反动派准备利用此国民党员占绝大多数之所谓"民意机关",通过反共决议,发动反共运动。共产党留渝参政员董必武同志,事先早有所闻,本不拟出席,国民党于开会前夕,派该党中委、参政会秘书长王世杰,前往敦劝报到,并声明决无利用参政会反共之意,董必武同志乃于开会之日报到出

席。开会之第四日,何应钦竟在作军事报告时,百端诬蔑第十八集团军及中国共产党,颠倒是非,信口雌黄,历时一小时。何报告毕,董必武同志依会议规则,向何氏提出质问,据实驳斥其造谣诬蔑,何应钦无言以对。国民党已理屈词穷,仍不惜破坏议会规则,由 CC 分子王普涵、王亚明等叫嚣捣乱,无所不为,使会议无法进行。董必武同志立即向主席团声明退席,并不再出席本次大会,以示抗议,并指破国民党利用参政会反共之阴谋。全场非国民党之参政员,对国民党此种捣乱行动,亦极端表示不满。事后国民党方面,一面封锁董参政员退席及抗议之消息,另一方面则挟其在参政会中之指定圈定的压倒多数,继续制造反共决议,于二十七日强迫通过所谓《关于十八集团军之决议》,诬蔑共产党"破坏政令军令之统一"。按国民参政会本为表示团结抗战而设立之机关,今竟在国民党反动派操纵之下,对国民党之种种倒行逆施,不加批评,反而通过反共决议,破坏抗战团结,殊堪惋惜。惟此乃国民党十一中全会所预定之发动新的反共高潮之一幕,其全部责任应由国民党负之。今后国民党反动派种种反共反人民的阴谋,益将层出不穷,而每一个这种阴谋,是与妥协投降分不开的。全国人民必须极度警惕起来,注视局势之发展。

(原载 1943 年 9 月 29 日延安《解放日报》)

(五)评三届二次参政会

1. 评国民党十一中全会和三届二次国民参政会

延安《解放日报》社论

九月六日至十三日国民党召集了十一中全会,九月十八日至二十七日国民党政府召集了三届二次国民参政会。两个会议的全部材料现已收齐,我们可以作一总评。

国际局势已到了大变化的前夜,现在无论何方均已感到了这一变化。欧洲轴心国是感到了这一变化的;希特勒采取了最后挣扎的政策。这一变化主要地是苏联造成的。苏联正在利用这一变化:红军已用席卷之势打到了德涅泊河;再一个冬季攻势,不打到新国界,也要打到旧国界。英美也正在利用这个变化:罗斯福、丘吉尔正在等待希特勒摇摇欲坠时打进法国去。总之,德国法西斯战争机构快要土崩瓦解了,欧洲反法西斯战争的问题已处在总解决的前夜,而消灭法西斯的主力军是苏联。世界反法西斯战争的问题的枢纽在欧洲;欧洲问题解决,就决定了世界法西斯和反法西斯两大阵线的命运。日本帝国主义者已感到走投无路。它的政策也只能是集中一切力量准备作最后挣扎。它对于中国,则是对共产党"扫荡",对国民党诱降。

国民党人亦感到了这个变化。他们在这一形势面前,一则以喜,一则以惧。喜的是他们以为欧洲解决,英美可以腾出手来替他们打日本,他们可以不费力气地搬回南京。惧的是三个法西斯国家一齐垮台,世界成了自有人类历史以来未曾有过的伟大解放时代,国民党的买办封建法西斯独裁政治,成了世界自由民主汪洋大海中一个渺小的孤岛,他们惧怕自己"一个党,一个主义,一个领袖"的法西斯主义有灭顶之灾。

本来,国民党人的主意是叫苏联独力去拼希特勒,并挑起日寇去攻苏联,把个社会主义国家拼死或拼坏,叫英美不要在欧洲闹什么第二第三战场,而把全力搬到东方先把日本打垮,再把中国共产党打掉,然后再说其他。国民党人起初大嚷"先亚后欧论",后来又嚷"欧亚平分论",就是为了这个不可告人的目的。今年八月魁北克会议的末尾,罗斯福和丘吉尔叫了国民党政府外交部长宋子文去,讲了几句话,国民党人又嚷"罗丘视线移到东方了,先欧后亚计划改变了",以及"魁北克会议是英美中三强会议"之类,还要自卖自夸地乐一阵。但这已是国民党人的最后一乐。自此以后,他们的情绪就有些变化了,"先亚后欧"或"欧亚平分"从此送进历史博物馆,他们可能要另打主意了。国民党的十一中全会和国民党操纵的这次参政会,可能就是这种另打主意的起点。

国民党十一中全会污蔑共产党"破坏抗战,危害国家",同时又声言"政治解决"和"准备实行宪政"。三届二次国民参政会,在大多数国民党员把持操纵之下,通过了和十一中全会大体相同的对共决议案。此外,十一中全会还"选举"了蒋介石作国民党政府的主席,加强独裁机构。

十一中全会后国民党人可能打什么主意呢?不外三种:(一)投降日本帝国主义;(二)照老路拖下去;(三)改变政治方针。

国民党内的失败主义者和投降主义者,适应日本帝国主义"对共产党打,对国民党拉"的要求,是一路来主张投降的。他们时刻企图策动反共内战,只要内战一开,抗战自然就不可能,只有投降一条路走。国民党在西北集中了四十至五十万大军,现在还在其他战场把军队偷偷集中到西北。据说将军们的胆气是很豪的,他们说:"打下延安是不成问题的问题。"这是他们在国民党十一中全会上听了蒋介石先生所谓共产党问题"为一个政治问题,应用政治方法解决"的演说,和全会作了与蒋所说的大体相同的决议之后说的话。去年国民党十中全会亦作了与此相同的决议,可是墨汁未干,将军们即奉命作成消灭边区的军事计划;今年六、七两月实行调兵遣将,准备对边区发动闪击战,仅因国内外舆论的反对,才把这一阴谋暂时搁下。现在十一中全会决议的墨汁刚刚洒在白纸上,将军们的豪语和兵力的调动又见告了。"打下延安是不成问题的问题",这是什么意思呢?就是说决定投降日本帝国主义。一切赞成"打延安"的国民党人,不一定都是主观上打定了主意的投降主义者。他们中间有些人也许是这样想:我们一面反共,一面还是要抗日的。许多黄埔系军人可能就是这样想。但是我们共产党人要向这些先生们发出一些问题:你们忘了十年内战的经验吗?内战一开,那些打定了主意的投降主义者们容许你们再抗日么?日本人和汪精卫容许你们再抗日么?你们自己究有多大本领,能够对内外两面作战么?你们现在名曰有三百万兵,实际上士气颓丧已极,有人比做一担鸡蛋,碰一下就要垮。所有中条山战役、太行山战役、浙赣战役、鄂西战役、大别山战役,无不如此。其所以然,就是因为你们实行"积极反共"、"消极抗日"两个要命的政策而来的。一个民族敌人深入国土,你们越是积极反共和消极抗日,你们的士气就越发颓丧。你们对外敌如此,难道你们对共产党对人民就能忽然凶起来么?不能的。只要你们内战一开,你们就只能一心一意打内战,什么"一面抗战"必然抛到九霄云外,结果必然要同日本帝国主义订立无条件投降的条约,只能有一个"降"字方针。国民党中一切不愿意真正投降的人们,只要你们积极地发动了或参加了内战,你们就不可避免地要变为投降主义者。如果你们听信投降派的策动,把国民党十一中全会的决议和参政会的决议当作动员舆论、准备发动反共内战的工具,其结果必然要走到此种地步。即使自己本来不愿意投降,但若听信了投降派的策动,采取了错误的步骤,结果就只好跟着投降派投降。这是十一中全会后国民党的第一种可能的方向,这个危机极端严重地存在着。在投降派看来,"政治解决"和"准备实行宪政",正是准备内战亦准备投降的最好的掩眼法。一切共产党人、爱国的国民党人、各个抗日党派和一切抗日同胞,都要睁起眼睛注视这个极端严重的时局,不要被投降派的掩眼法弄昏了头脑。须知正是在国民党十一中全会之后,内战危机是空前未有的。

　　国民党十一中全会的决议和参政会的决议可以向另一个方向发展,这就是"暂时拖,将来打"。这个方向和投降派的方向有多少的差别,这是在表面上还要维持抗日的局面,但又绝对不愿放弃反共和独裁的人们的方向。这些人们是可能采取此种方向的,那是因为他们看见国际大变化不可避免,看见日本帝国主义必然要失败,看见内战就是投降,看见国内人心拥护抗日、反对内战,看见国民党脱离群众、丧失人心,自己已处于从来未有的孤立地位这种严重的危机,看见美国、英国、苏联一致反对中国政府发动内战,因此迫得他们把内战阴谋推迟下去,而以"政治解决"和"准备实行宪政"的空话,作为推迟下去的工具。这些人们历来的手段就是善于"骗"和"拖"。这些人们之想"打下延安"和"消灭共产党"是做梦也不会忘记的。在这一点上,他们和投降派毫无二致。只是他们还想打着抗日的招牌,还不愿丧失国民党的国际地位,有时也还顾虑到国际国内的舆论指责,所以他们可能暂时地拖一下,而以"政治解决"和"准备实行宪政"作为拖一下的幌子,等待将来有利条件。他们并无真正"政治解决"和"实行宪政"的诚意,至少现时他们绝无此种诚意。去年国民党十中全会前后,共产党中央派了林彪同志去重庆会见蒋介石先生,在重庆等候了十个月之久,但是蒋介石和国民党中央连一个具体问题也不愿谈。今年三月,蒋先生发表《中国之命运》一书,强调反对共产主义和自由主义，把十年内战的责任推在共产党身上，污蔑共产党、八路军、新四军为"新式军阀"、"新式割据"，暗示两年内一定要解决共产党。今年六月二十八日，蒋先生允许周恩来、林彪等同志回延安，但他就在这时下令调动河防兵力向边区进攻，下令叫全国各地以"民众团体"之名，乘第三国际解散机会，要求解散中国共产党。在这种情况之下，我们共产党人乃不得不向国民党和全国人民呼吁制止内战，不得不将国民党各种破坏抗战危害国家的阴谋黑幕加以揭发。我们已忍耐到了极点，有历史事实为证。武汉失守以来，华北华中的大小反共战斗没有断过。太平洋战争爆发亦已两年，国民党即在华中华北打了共产党两年，除原有国民党军队外，又复派遣王仲廉、李仙洲两个集团军到江苏、山东打共产党。太行山庞炳勋集团军是受命专门反共的。所有这些，我们过去长期内连事实都没有公布。国民党一切大小报纸刊物无时无刻不在辱骂共产党，我们在长期内一个字也没有回答。国民党毫无理由地解散了英勇抗日的新四军，歼灭新四军皖南部队九千余人，逮捕了叶挺，打死项英，囚系新四军干部数百人，这是背叛人民、背叛民族的滔天罪行，我们除向国民党提出抗议和善后条件外，仍然相忍为国。陕甘宁边区是一九三七年六、七月间共产党代表周恩来同志和蒋介石先生在庐山会见时，经蒋先生允许发布命令、委任官吏、作为国民政府行政院直辖行政区域的，蒋先生不但食言而肥，而且派遣四五十万军队包围边区，实行军事封锁和经济封锁，必欲置边区人民和八路军后方留守机关于死地而后快。至于断绝八路军接济，称共产党为"奸党"，称新四军为"叛军"，称八路军为"奸军"等等事实，更是尽人皆知。总之，凡干这些事的国民党人，是把共产党当作敌人看待的。在国民党看来，共产党是比日本人更加十倍百倍地可恨的。国民党把最大仇恨集中在共产党；对于日本人，如果说还有仇恨，也只剩下极小的一部分。这和日本法西斯对待国共两党的不同态度是一致的。日本法西斯把最大的仇恨集中在中国共产党，对于国民党则一天一天地心平气和了，"反共"、"灭共"两个口号，于今只剩下一个"反共"了。一切日本和汪精卫的报纸刊物，再也不提"打倒国民党"、"推翻蒋介石"这类口号了。日本把其在华兵力百分之五十八压在共产党身上，只把百分之四十二监视国民党；近来在浙江、湖北又撤退了许多军队,减少监视兵力,以利诱降。日本帝国主义不敢向共产党说出半句诱降的话,对于国民党则敢于连篇累牍,呶呶不休,劝其降顺。国民党只在共产党和人民面前还有一股凶气,在日本面前则一点也凶不起来了。不但在行动上早已由抗战改为观战,就是在言论上也不敢对日本帝国主义的诱降和各种侮辱言论做出一点两点稍为尖锐的驳斥。日本人说:"蒋介石所著《中国之命运》的论述方向是没有错误的。"蒋介石及其党人曾经对这话提出过任何驳斥吗?没有,也不敢有。日本帝国主义看见蒋先生和国民党只对共产党提出所谓"军令政令"和"纪律",但对二十个投敌的国民党中委,五十八个投敌的国民党将领,却不愿也不敢提出军令政令和纪律问题,这叫日本帝国主义如何不轻视国民党呢！在全国人民和全世界友邦面前,只看见蒋先生和国民党解散新四军,进攻八路军,包围边区,诬之为"奸党"、"奸军"、"新式军阀"、"新式割据",诬之为"破坏抗战"、"危害国家",经常不断提出所谓"军令政令"和"纪律",而对于二十个投敌的国民党中委,五十八个投敌的国民党将领,却不执行任何的军令政令,不执行任何的纪律处分。即在此次十一中全会和国民参政会,也是依然只有对付共产党的决议,没有任何一件对付国民党自己大批叛国投敌的中央委员和大批叛国投敌的军事将领的决议,这叫全国人民和全世界友邦又如何看待国民党呢！十一中全会果然又有"政治解决"和"准备实行宪政"的话头了,好得很,我们是欢迎这些话头的。但据国民党多年来一贯的政治路线看来,我们认为这不过是一堆骗人的空话,而其实是为着准备打内战和永不放弃反人民的独裁政治这一目的,争取其所要的时间。

时局的发展是否还可以有第三种方向呢？可以有的,这在一部分国民党员、全国人民和我们共产党人,都是希望如此的。什么是第三种方向？那就是公平合理地用政治方式解决国共关系问题,诚意实行真正民主的宪政,废除"一个党,一个主义,一个领袖"的法西斯独裁政治,并在抗战期内召集真正民意选举的国民大会。我们共产党人是自始至终主张这个方针的。一部分国民党人也会同意这个方针。就连蒋介石先生及其嫡系国民党,我们过去长期地也总是希望他们实行这个方针。但是依据几年的实际情形看来,依据目前事实看来,蒋先生和大部分当权的国民党人都没有任何事实表示他们愿意实行这种方针。

实行这种方针，要有国际国内许多条件。目前国际条件（欧洲法西斯总崩溃的前夜）是有利于中国抗日的，但投降派却更想在这时策动内战以便投降，日本人和汪精卫却更想在这时策动内战以利招降。汪精卫说："最亲善的兄弟终究还是兄弟，重庆将来一定和我们走同一道路，但我们希望这一日期愈快愈好。"（十月一日同盟社消息）何其亲昵、肯定和迫切乃尔！所以，目前的时局，最佳不过是拖一下，而突然恶化的危险是很严重的。第三个方向的条件还不具备，需要各党各派的爱国分子和全国人民进行各方面的努力，才能争取到。

蒋介石先生在国民党十一中全会上宣称："应宣明中央对于共产党并无其他任何要求，只希望放弃武装割据及停止其过去各地袭击国军破坏抗战之行为，并望其实践二十六年共赴国难之宣言，履行诺言中所举之四点。"

蒋先生所谓"袭击国军破坏抗战之行为"，应该是讲的国民党，可惜他偏心和忍心地污蔑了共产党。因为自武汉失守以来，国民党发动了三次反共高潮，在这三次反共高潮中都有国民党军队袭击共产党军队的事实。第一次是在一九三九年冬季至一九四○年春季，那时国民党军队袭占了陕甘宁边区八路军驻防的淳化、栒邑、正宁、宁县、镇原五城，并且使用了飞机。在华北，派遣朱怀冰袭击太行区域的八路军，而八路军仅仅为自卫而作战。第二次是在一九四一年一月。先是何应钦、白崇禧以《皓电》（一九四○年十月十九日）送达朱、彭、叶、项，强迫命令黄河以南的八路军新四军限期一个月一律开赴黄河以北。我们答应将皖南部队北移，其他部队则事实上无法移动，但仍答应在抗战胜利后移向指定的地点。不料正当皖南部队九千余人于一月五日遵命移动之时，蒋先生早已下了"一网打尽"的命令。自六日起十四日止，所有皖南国民党军队果然将该部新四军实行"一网打尽"，蒋先生并于十七日下令解散新四军全军，审判叶挺。自此以后，华中华北一切有国民党军队存在的抗日根据地内，所有那里的八路军新四军无不遭受国民党军队的袭击，而八路军新四军则只是自卫。第三次，是从本年三月至现在。除国民党军队在华中华北继续袭击八路军新四军外，蒋先生又发表了反共反人民的《中国之命运》一书;调动了大量河防部队准备闪击边区;发动了全国各地所谓"民众团体"要求解散共产党;动员了在国民参政会内占大多数的国民党员,接受何应钦污蔑八路军的军事报告,通过反共决议案,把一个表示团结抗日的国民参政会,变成了制造反共舆论准备国内战争的国民党御用机关,以至共产党参政员董必武同志不得不声明退席,以示抗议。总此三次反共高潮,都是国民党有计划有准备地发动的。请问这不是"破坏抗战之行为"是什么?

中国共产党中央在民国二十六年(一九三七年)九月二十二日发表共赴国难宣言。该宣言称:"为着取消敌人阴谋之借口,为着解除一切善意的怀疑者之误会,中国共产党中央委有披沥自己对于民族解放事业的赤忱之必要。因此,中共中央再郑重向全国宣言:(一)孙中山先生的三民主义为中国今日之必需,本党愿为彻底实现而奋斗;(二)停止一切推翻国民党政权的暴动政策和以暴力没收地主土地的政策;(三)改组现在的红色政府为特区民主政府,以期全国政权之统一;(四)改变红军名义及番号,改编为国民革命军,受国民政府军事委员会之统辖,并待命出动,担任抗日前线之职责。"

所有这四条诺言,我们是完全实践了的,蒋介石先生和任何国民党人也不能举出任何一条是我们没有实践的。第一,所有陕甘宁边区和敌后各抗日根据地内共产党所施行的政策都符合于孙中山三民主义的政策,绝对没有任何一项政策是违背孙中山三民主义的。第二,在国民党不投降民族敌人、不破裂国共合作、不发动反共内战的条件之下,我们始终遵守不以暴力推翻国民党政权和没收地主土地的诺言。过去如此,现在如此,将来亦准备如此。这就是说,仅仅在国民党投降敌人、破裂合作、举行内战的条件下,我们才迫着无法继续实践自己的诺言,因而只有在这种条件下,我们才失去继续实践诺言的可能性。第三,原来的红色政权还在抗战第一年就改组了,"三三制"的民主政治也早已实现了,只是国民党至今没有实践他们承认陕甘宁边区的诺言,并且还骂我们做"封建割据"。蒋介石先生及国民党人须知,陕甘宁边区和各抗日根据地这种不被国民党政府承认的状态,这种你们所谓"割据"不是我们所愿意的,完全是你们迫得我们这样做的。你们食言而肥,不承认这个原来答应承认了的区域,不承认这个民主政治,反而骂我们做"割据",请问这是一种什么道理？我们天天请求你们承认，你们却老是不承认，这个责任究竟应该谁负呢？蒋介石先生以国民党总裁和国民党政府负责人的身份。在其自己的《中国之命运》一书中也是这样乱骂"割据"，自己不负一点责任，这有什么道理呢？现在乘着蒋先生又在十一中全会上要求我们实践诺言的机会，我们就要求蒋先生实践这个诺言：采取法令手续，承认早已实现民权主义的陕甘宁边区，并承认敌后各抗日民主根据地。若是你们依然采取不承认主义，那就是你们叫我们继续"割据"下去，其责任和过去一样，完全在你们而不在我们。第四，"红军名义及番号"早已改变了，早已"改编为国民革命军"了，早已"受国民政府军事委员会统辖"了，这条诺言早已实践了。只有国民革命军新编第四军现在是直接受共产党中央统辖，不受国民政府军事委员会统辖，这是因为国民政府军事委员会于一九四一年一月十七日发表了一个破坏抗战危害国家的反革命命令，宣布该军为"叛军"而"解散"之，并使该军天天挨到国民党军队的袭击。但是该军不但始终在华中抗日，而且始终实践四条诺言中第一至第三条诺言，并且愿意复受"国民政府军事委员会之统辖"，要求蒋先生取消解散令，恢复该军番号，使该军获得实践第四条诺言之可能性。

国民党十一中全会关于共产党问题的文件上除了上述各点外，又称："至于其他问题，本会议已决议于战争结束后一年内召集国民大会，制颁宪法，尽可于国民大会中提出讨论解决。"所谓"其他问题"，就是取消国民党的独裁政治，取消法西斯特务机关，实行全国范围内的民主政治，取消妨碍民生的经济统治和苛捐杂税，实行全国范围内的减租减息的土地政策，和扶助中小工业、改善工人生活的经济政策。二十六年九月二十二日我党共赴国难宣言中曾称："实现民权政治，召开国民大会，以制订宪法与规定救国方针。实现中国人民之幸福与愉快的生活，首先须切实救济灾荒，安定民生，发展国防经济，解除人民痛苦，与改善人民生活。"蒋介石先生既于这个宣言发表之第二日（九月二十三日）发表谈话，承认这个宣言的全部，就应该不但要求共产党实践这个宣言中的四条诺言，也应该要求蒋先生自己及国民党和国民党政府实践上述条文。蒋先生现在不但是国民党的总裁，又当上了国民党政府（这个政府以"国民政府"为表面名称)的主席,应该把上述民主民生的条文和一切蒋先生自己许给我们共产党人和全国人民的无数诺言,认真地实践起来,不要还是把任何诺言都抛到九霄云外,只是一味高压,讲的是一套,做的又是一套。我们共产党人和全国人民要看事实,不愿再听骗人的空话。如有事实,我们是欢迎的;如无事实,则空话是不能长久骗人的。抗战到底,制止投降危险,继续合作,制止内战危机,承认边区和敌后各抗日根据地的民主政治,恢复新四军,制止反共运动,撤退包围陕甘宁边区的四五十万军队,不要再把国民参政会当作国民党制造反共舆论的御用机关,开放言论集会结社自由,废止国民党一党专政,减租减息,改善工人待遇,扶助中小工业,取消特务机关,取消特务教育,实行民主教育,这就是我们对蒋先生和国民党的要求。其中大多数,正是你们自己的诺言。你们如能实行这些要求和诺言,则我们向你们保证继续实践我们自己的诺言。在蒋先生和国民党愿意的条件之下,我们愿意随时恢复两党的谈判。

总之,在国民党可能采取的三个方向中,第一个,投降和内战的方向,对蒋先生和国民党是死路。第二个,以空言骗人,把时间拖下去,而暗中念念不忘法西斯独裁和积极准备内战的方向,对蒋先生和国民党也不是生路。只有第三个方向,根本放弃法西斯独裁和内战的错误道路,实行民主和合作的正确道路,才是蒋先生和国民党的生路。但是走这个方向,在蒋先生和国民党今天尚无任何的事实表示,还不能使任何人相信,因此,全国人民仍然要警戒极端严重的投降危险和内战危险。

一切爱国的国民党人应该团结起来,不许国民党当局走第一个方向,不让它继续走第二个方向,要求它走第三个方向。

一切爱国的抗日党派、抗日人民应该团结起来,不许国民党当局走第一个方向,不让它继续走第二个方向,要求它走第三个方向。

前所未有的世界大变化的局面很快就要到来了,我们希望蒋介石先生和国民党人对于这样一个伟大的时代关节有以善处,我们希望一切爱国党派和爱国人民对于这样一个伟大的时代关节有以善处。

(原载1943年10月5日延安《解放日报》)

2. 参政会闭幕以后

重庆《中央日报》社论

第三届国民参政会第二次大会,开幕于"九一八"第十二周年纪念日,已于昨日闭幕。十二年前的"九一八",我们的东北四省为日寇所侵占。这是我们的沉痛纪念日,但因将近六年的忍辱负重,又继以军民六年多的壮烈牺牲,它已成为我们"殷忧启圣多难兴邦"的显著象征。这次参政会选定在"九一八"开会,自足表示我们朝野一致必须收复东北四省的重大决心。

蒋主席于大会开幕时莅会演说,曾以决心收复东北,促成宪政实施,并加强经济建设,为演说的三大重点。在大会的第八次会,蒋主席又亲自莅会,以谈话方式,重申此旨,以示其历次的有关文告,均将以重大决议,促其完成。现在建立东北战区机场案,已经大会通过;蒋主席指示以国民参政会为主体,并延揽国内贤达,设置宪政实施的筹备机构及促进经济建设机构,亦经大会接受,并已全体决议,即待实施。这充分说明了这次参政会的主要任务,同时也说明了全体国民的时代使命,而会后各参政员更应负起较重的责任。

实施宪政,是总理建国的终极目标,经济建设,是抗战建国的首要工作。欲使宪政不徒为形式,而经济建设能够顺利完成,其必须集中政府国民的心思才力,合流奔赴,自为必然之义。政府要有"能",国民要有"权"。能的发挥,权的行使,总理在五权宪法的讲演中,不惜反复说明,冀其相成而不相轧,相助而不相侵。这是五权宪法精义之所在。随胜利的接近,今后宪政的实施,已经近在目前。蒋主席在迭次训示中,尝于培养良好的民主风气一点,再三致意,而于国民行使四权的训练,并谆嘱须以厉行地方自治奠其初基。但就各地方的事实所昭示,这种训练与培养,显距理想的标准还远,政府对此有责任,国民于此更有责任。我们瞻望前途,深觉在宪政实施上,犹有许多应做而未做的事,有待于国民与政府之协力进行。

参政会诸君,类为一时俊彦,社会名流,或代表地方,或代表社会的职业团体,在社会的各基层里,都素负物望。这物望,就是一种民力,不仅为民意的表示而已。宪政的实施,是本党的终极鹄的,是国民的一致要求。在实施的准备过程中,当然需要有民力参加。故参政员诸君,在国民委托与政府期许之下,自应共同肩起这个庄严的责任。大会闭幕以后,预料参政员诸君,必利用休会期间,把宪政实施的准备工作,认为自己的课题,先立定目标,再立定计划,然后兼程迈进,计日课功,务使培养良好的民主风气,提高国民的自治精神。具有领导社会基层资格的参政员,要坐而言,还要起而行,要造福国民,还要为政府辅助。这无疑须深入社会基层,始克完成宪政的准备工作。时代的巨轮,已把这一责任加在参政员诸君的两肩。我们殷切盼望宪政之圆满实施,在参政会闭幕后的今天,愿对全体参政员致其诚挚深厚的希望。

一种良好的民主风气的养成,必须人民与政府都有诚恳的态度,负责的精神;必要时,更须有牺牲成见服从正义的气概。有错误,要坦白认错;有欠缺,要率直纠正。政府须广纳嘉言,人民须善尽责任。我们不否认政治为一种斗争,更不否认政治为力的对比。但以力胜,不如以理胜;以辩胜,不如以诚胜。总理革命一生,宣传主义,领导举义,无时不显示他的诚恳负责,所以他不但具有革命的大力,而且本乎他的至理,出于他的至诚,终以此感动志士,号召国民,而建立了民国。总裁奉行遗教,又以此肃清军阀,完成国家统一,接着领导抗战,又使国家走入独立平等的复兴之域,或可看出诚恳负责的莫大成功。再有牺牲成见的宝贵精神,便已具备政治成功的主要条件,其反映在一般社会的,便是良好民主风气的养成。参政员诸君,即将献身为实施宪政的国民前锋,辅助政府。将欲把这种风气,播植在民间,就必须本先哲"身教"之义,以身示范。

东北与台湾的必须收复,我们已有全国一致的重大决议。这已无须我们再在这里赘叙。关于经济建设,本党十一中全会,已有了广泛妥洽的指导纲领,这次参政会,又已决议设置经济建设期成会,以国民的力量及其集思广益,协助政府的实施。我们目睹政府国民之通力合作,惟有在精神上深感欣慰,也不愿在这里多所指陈。而促成宪政的实施,是本党全力以赴之重大课题,经过这次参政会,它已得到政府国民的通力合作,我们瞻望前途,真不觉顿感欢欣,所以愿在今天,对于闭会后的参政员诸君,不惜词费,致其诚挚的希望。

历史将会证明,这次参政会,将是我们划时代的一条分界线。现在胜利不远,也就是宪政的实施不远,希望政府与国内贤达,认清自己的当前责任,勿忽略了宪政实施的准备与领导。

(原载1943年9月28日重庆《中央日报》)

3. 可喜的民主风度

重庆《大公报》社评

第三届国民参政会第二次大会,已于昨天闭幕。这十天会议,无论是参政员的自觉,或会外的观感,皆觉得这次会比历次的会有进步,有精神。我们若分析其原因,一因胜利在望,大局乐观;二因蒋主席初告膺选,中央宣示了实施宪政的决心与步骤。而最可喜的是在这次会中已可看出了民主的风度。

在这次参政会的实际议事中,有几点可珍贵的现象:(一)政府把施政方针全盘提出讨论,听取参政会的意见与决议。这是民主作风。(二)参政员的确也凭着良心讲话,不客气的讲话,在感情激越的时候,也肯红着脖子吵几句,不怕得罪人。这也是民主作风。(三)在讨论"培养法治精神、厉行军民分治、改善战时言论出版集会结社管理办法"一案时,大家争论,表现出进步的精神与进步的力量。值得赞佩。(四)粮食部答复询问案的文字有欠妥之处,全场鼎沸,力争参政员的地位,徐部长堪旋即到会,声明"抱歉",文字有"欠斟酌"之处,取回修改,博得大会的掌声,这就是民主风度。(五)这次参政会有"彻查专卖真相"及"改革盟务积弊"两案,帮助政府施政,甚有贡献。就在参政会开会期间,卷烟大跌价,菜油的供应也丰裕了。只此一点,就可看出民主政治的作用了。这一点政治道理极简单,就是:公开比秘密好,多数比少数好,民主比专制好。假使说,登高必自卑,行远必自迩,而民主政治的高远程途,已由国民参政会迈开卑迩之步。这是我们所最认为可喜的现象。

民主风度,实是一种优美的人性。民主政治的原则,就是 sportsmanship(运动家风格)的精神,作有礼而合法的竞争。我们古代竞争本来也有"揖而升,下(而)饮"的精神,那种雍容有礼的竞争,也正是优美人性的表现。民主政治的精神是公平,民主政治的灵魂在言论自由。在这次参政会的议事中,参政员的言论很自由,并提有"维护正当舆论"一案,也令人闻之滋慰。防民之口,原是一件极难,甚至不可能的事;让大家讲讲话,尽管嘴上激昂,心里反倒消了火;议会上的舌剑唇枪,可以抵消沙场上的实弹射击。民主政治就妙在得此诀窍。由这次参政会的情形,我们已看出言论自由的生机,言论出版的管理方针可望放宽了。我们如此希望,也如此相信。

国民参政会业已休会,它应该已为民主政治播下了肥硕的种子。国民参政会本负有"民主政治的阶梯"的任务,现在胜利在望,宪政实施有期,蒋主席又殷殷的把实施宪政的筹备工作付托给国民参政会,各位参政员的肩头上都加了重量,今后自然要特别用力气,而朝野上下多方培养并学习民主的风度,尤其要紧。

(原载 1943 年 9 月 28 日重庆《大公报》)

4. 本次参政会之意义

重庆《国民公报》社论

国民参政会开幕以来,连日大会议程极为丰富。政府的施政报告,坦白鲜明,大会对施政报告的决议案,简要中肯,非仅有助于今后的行政事宜,更使一般国民了解政局动态,各参政员的提案,据报上所发表的及本报旁听记者的报道,大多数针对时局的需要而发,内容充实,审查慎重,讨论热烈,各案的分量较以往续有增长,这在促进宪政期中,是最可喜的现象。尤其蒋主席两次莅会报告军政大局及提示大会方针,有极重大的意义,蒋主席根据十一中全会的提案,促起参政会注重宪政实施与经济建设之进行,并希望大会对此两者设置机构,协助推进;大会已于昨日表示接受蒋主席指示,成立此两项机构,由此中国战后政治经济两大建设,最先有一种出自民间的组织,负其推进促成之责。

我们纵观全局,今天中国最根本的问题,确系宪政实施与经济建设两大问题;所以十一中全会提议于前,国民参政会影应于后。在英美民主国家,凡政党政策,一定要反应于议会。我们虽还在训政期间,没有制颁宪法,实行民选的议会制度,但是政府指定的人民代表,亦当反应政党的意见,所以从首次参政会响应临全大会的议案为起点,历次参政会对于国民党的政策都有显著的响应。这次参政会如此重视十一中全会的议案,正是说明国民党政策影响的深远普遍,而象征国家的统一团结。老实说,我们要实施宪政与建设经济,首先必须获得胜利;要获得胜利,又必须加紧统一团结。所以统一团结,是一切建设的前提;因此,政党与舆论,无不一致重视集中意志,集中力量,以获取胜利,除非丧心病狂者,决不愿有意无意破坏国家统一,分散抗战力量之任何政党、军队或个人。当此实施宪政的准备时期,国民参政会对此问题有确切的表示和呼吁,于政府的施政自有裨益。国民参政会是由训政到宪政的桥梁,而一个国家能否施行宪政,除了要他的人民充分了解行使政权的意义而外,更要他们的统一团结,所以希望参政会对这两方面同时尽力,多多促成,俾使我们的国家在战时打定战后的基础,使参政会本身为未来国会的雏形。

此次参政会,今日即将闭幕,大会的议程已过其顶点,其所注意的问题,大抵亦为一般国民所注意,故此次大会对民间的影响极大。民间虽注意战后问题,但决非放弃战时问题之谓,譬如战后经济建设一项,设非目前解决战时物价问题,渡过困难,其前途实不可想象。因此,参政会对物价物资问题的提案特别多,而大会又设置特种审查委员会审查,今天当可通过提察,足见参政会决不放弃现实问题。于是,更要附加一句:一般人对于谈战后问题,多有莫不相关之感,并非这些人一定短视,而是因为现实问题亟待解决,故无暇考虑战后。我们希望十一中全会及此次参政会闭幕后,社会的注意力,仍应回到战时问题上来,以俾集中力量,战胜敌人,至于战后问题,政府尽可指定专门负责机关及人员妥为筹划即可。此外,参政员挺身为人民讲话的力量还不够,仗义直言的地方还太少,这样将使政府与人民之联系松懈,而对政府的贡献亦必为之减色。然参政会历次大会及此次大会,对民治促成之功绩,乃不可湮没,兹值大会闭幕之日,谨祝其圆满结束,前途光明!

(原载1943年9月27日重庆《国民公报》)

5. 参政会重大收获

重庆《新民报》社评

群贤聚集之参政会,经十日之辛勤工作,已于昨日圆满闭幕。

此次大会,对政府施政报告,检讨极详,而提议各案,亦多切实有力。所谓"民主精神"之涵意者,更于各项辩论与议题中,充分表现,实令国人深致无限景仰之忱!

蒋主席所谆谆召示国人者,为促进宪政与经济建设。大会复秉此意旨,特设两种机构以督成之。吾人鹄望胜利之到来,必将速睹宪政之实施,瞻念前途,不胜欣慰!

至如对财政经济之建议,及对外贸易政策之改进,专卖事业之改善等,切中时弊,尤洽舆情。政府果能本此竭力推行,则此次参政会之成就,岂有涯欤,吾人谨拭目以观其成。

(原载1943年9月28日重庆《新民报》)

6. 从这次参政会看政治前途

重庆《国讯》社评

抗战已到了第八个年头,无论在朝在野,除了些贪官污吏、奸商汉奸以外,没有一个不受到生活的压迫,和精神的烦闷,而一致的感觉,政治配不上军事。我们试站在任何一角窥测国事,经济呀,财政呀,内政呀,粮政呀,乃至军政、外交等呀,几无一件可以使人完全满意。一言以蔽之,政治问题不解决,一切问题都不会彻底改善的。三年以前,领袖早诏示我们,以后抗战的条件,要"七分政治,三分军事"。政治是多么的重要。可是三年以来,领袖多么的励精图治,而政治还是不满人意,甚至还要友邦人士的关怀评论,这是抗战期中最令人担心的一点,也是最严重的一个问题。"否极泰来",从这次参政会大会中,透露了政治前途的曙光。

这次参政会大会,举行于暴敌深入,争取最后胜利之严重关头,各位参政员鉴于使命之重大,一本发扬民意,爱护国家之热诚,的确已尽其"知无不言,言无不尽"之言职,情况之热烈,态度之真诚,说者赞为历次所未有,不是宣传的空话。而这次会议所议决的,如对于加强团结,促进宪政,改善士兵生活,加强中苏合作,以及严惩贪污,整饬学风等重要之案,都是表现各位参政员要求刷新政治之决心,也反映人民望治的殷切。尤其值得大书特书的——开会前二天最高领袖莅会的宣示。他不但坦白诚挚的检讨了过去政治之缺漏,并且接受了人民的要求,考虑提早结束训政。

民主为我中华早定之国体,宪政为国父手订军政、训政后之政纲,也为近几年来,领袖既定之政策。现在世界潮流正奔向民主;这次世界大战,同盟军的目的也是为了保障民主。我们中国虽然觉得民主程度还有不够的地方,但决不可"妄自菲薄",甘心落伍,自外于民主的大圈。所以,民间要求民主,政府也说要民主,甚至友邦人士替我们着急希望民主。民主实在不成问题了,现在的问题是时间问题。就是要实行民主,必须制定宪法,颁布宪法,要制定宪法必须召开国民代表大会,要召开国民代表大会,在目前事实上确有几分困难。因之民间要求实施宪政愈快愈好,政府对于实施宪政要郑重考虑。所差者仅为时间而不是原则。

前面说过,世界的大潮流正奔向民主,我们决不可在潮流中落伍。现在我们天天叫民主,政府也天天说要民主,假如不在此时此际毅然决然力争上游,那末,所谓"不进则退"必至落伍无疑。这还是以适应潮流而说。若我们逐一彻底检讨几年来政治,尤其是最近几年(抗战下半期)的政治,贪污之风盛行,枉法之事迭见,纪纲不振,士气消沉,一切一切都由大法未立,民意不申。再进一步说,国内思想之分歧,团结不够,一部分原因,也由于宪政之未施。凡此种种,我们以为必须在此时此际,政府要本革命的精神,果敢的勇气,断然的手段,提早实施宪政,方足以新天下之视听,振全民之志气,全国上下一德一心,以泱泱大国崭新的姿态,向民主前途迈进,迎接最后之胜利,造成旷世之大业。重病要投重剂,不如此不足以挽颓风而振国势。我聪明睿智者的最高领袖,已明烛万里,向参政会明白宣示提早实施宪政,这是何等欣幸的一个好消息。以此看政治前途,必能于短时期内扫阴霾而见光明了。现在的参政会仅为一个具体而微的民意机关,他的产生和职权,与纯民主的民意机关,还有相当距离,这次在民主呼声中已经声施灿然,得了前所未有的成就,一旦实施宪政,实现十足的民主政治,其成就当不可同日而语。我们因此对这次参政会诸公表示十分崇敬,对于政治前途更抱无穷的希望。

(原载《国讯》第三百七十七期,1943年10月1日出版)

十二、国民参政会第三届第三次会议

（1944年9月5日—9月18日）

（一）要求民主　广开言路

1. 今日之国民参政会

重庆《新华日报》社论

第三届第三次国民参政会大会开幕了。就目前大势说，国际反法西斯战争已走上决定的阶段，因而今天也正是国民参政会受到最后考验的时机。

欧洲第二战场开辟，美苏英法盟军从东西南三面夹击并粉碎纳粹德国阵线以后，击溃希特勒的时间正大大缩短了。同盟国这种军事上的伟大胜利，主要是由政治民主与进步战略而来。苏联是社会主义的民主，是世界上最广泛而进步的民主，它的军事战略战术也与日更新，所以能够在短短的三年当中，几乎独立抵抗法西斯德国的军队，从防御转到反攻，从收复失地到出国杀敌，现在正援助东欧和巴尔干各国人民的民族解放。英美的民主政治，也能适应战争的需要，所以在欧战和太平洋战争的几年中，才能从退却转到反攻，能在北非、意大利和法国登陆,发展到今天的胜利局面。而欧洲各被占领国家的人民,则在极端残酷的法西斯压迫下,实行艰苦斗争,生长抗战力量。若干国家的人民,已创立了新民主主义的政权和纲领,实现了各党派各阶层人民所共同拥护的民主政治,所以就能够从地下挺起身来,争取民族解放。

几年反法西斯战争所给我们的宝贵教训,就是人民的战争必须动员广大人民群众起来干,必须让人民有踊跃参加抗战的自由,同时也必须让人民有监督政府和决定自己命运的权利。不实行民主政治,不彻底动员人民,不使人民由被动而变为主动,反法西斯战争决不会胜利。这个浅显的道理,不仅由苏美英法等国人民解放战争所证明,同时在中国敌后广泛地区的人民解放战争,也可以得到充分的体验。要不是中国共产党第某某集团军某某军,名符其实的把孙中山先生的三民主义即新民主主义付诸实施,那末在敌寇极其毒辣的扫荡烧杀政策之下,不要说收复失地、建立政权、发展生产的奇迹难以实现,即要打退敌寇进攻求得生存也没有可能。

在欧洲战争接近最后胜利,太平洋战争进入大举反攻的今日,我国的首要任务是切实准备反攻,配合盟军作战,驱逐日寇出中国,以恢复中国领土与主权之完整,并求得民族和人民的独立解放。这个任务极其艰苦,这个使命极其重大,这里必须在政治、经济、军事、文化政策等方面,实行彻底转变,毅然改弦易辙,把一切不能适应抗战要求以至阻碍抗战进行的政策和行为,勇敢加以革除,把各种有利团结抗战的进步方针和办法,采纳实行起来。这是能否实践反攻的主要关键,也是中国人民决定民族命运前途的紧急时机。

国民参政会在这样的历史条件之下集会,来受考验,其负担自极其沉重。我们不忍在此责难参政员诸公,因为在参政员之中,固多忠诚谋国之士,亦有民间代表,然而巧妇难为无米之炊,英雄须有用武之地。我们旷观世界各国之各种类型的民意机关,程度尽有不同,运用亦有差别,但必须具备几个基本前提,即议员须经选举而产生,职权不限于询问,才能多少发挥其积极作用。以彼语此,就国民参政会来论国民参政会,我们不能不体念其际遇之艰辛。插在花瓶里的花木,不能生根结实,因为它缺乏应有的营养土壤,也缺乏生长发育的广大天地。我们希望真正的民意机关及早产生,并善尽其扶助民主权利之正常发展,就该懂得如何努力,并从那方面去努力。

可是,我们也不是因此就说,今日之国民参政会,已没有丝毫作用和意义。须知国民参政会虽有其先天的弱点,但也曾经被赋予"集思广益,团结全国力量"之使命。如果参政员诸公真能看清国内外大势,把握时代之脉息,善于努力运用,也未始不可对目前时局稍尽推动之责。我们不愿徒托空言,也不愿遮蔽人民耳目,故如实著论如上,以与国人相共勖。

(原载1944年9月6日重庆《新华日报》)

2. 国民参政会这时开会

重庆《大公报》社评

国民参政会第三届第三次大会定今晨开幕。国民参政会已有六年多的历史,过去曾经开过九次大会。这次大会于此时此际开会,我们觉得特别不同寻常。近一年来,大家常常说"胜利在望"。到此时此际,实在是胜利逼人,而且逼得人着急!好消息自四面八方拥抱而来:德国可能在两三个月内解决,进攻日本也在着着准备。我们怎么办?我们的反攻工作准备了多少?世界的大潮流,在流向胜利,在流向民主;我们国家不可在胜利中沉沦,我们国家尤其不可在民主的队伍中落了伍!我们国家应该民主化。我们的立国主义是民主的,政府方针也是民主化,而实际上我们还需要向民主方面努力。国民参政会是具体而微的民意机关,应该是象征民主的,但国民参政会六年来究竟为国家作了多少民主的功夫?更有多少成就?实在难以匆匆作答。但到参政会又在开大会的今天,诚如褚参政员辅成说:"抗战已迈入最后五分钟,而参政会的存在也到了最后五分钟。"此时此际,一般人民对参政会只有一个简单而笼统的希望,就是:国民参政会应该有所表现,参政员们也应该有所表现了!

这次国民参政会开会,政府交议些什么呢?参政员们提议些什么?整个参政会要讨论些什么?我们未曾打听,本文也不想研究。现在只就原则方面对此时此际开会的国民参政会提出几点希望:

一、参政会到现在既已到了最后五分钟,而且大家都眼巴巴的希望参政会及参政员有所表现,参政员诸君都应该特别打叠一番精神,知无不言,言无不尽!尽管参政会的权限还不够,尽管诸君所作的决议对政府的拘束力很小,但我行我素,我尽我心,既然列身议坛,自己就应该十足尊重自己是一个应该为国家发言替人民讲话的议员。一般社会并不奢望参政员说话必有效,但却绝对希望你们把应谈讲的话讲出来!

二、这次参政会的会期定为十四天,较往常增加了四天会期。我们希望这四天应该加在议事方面,而不可加在政府长官报告方面,甚且希望这次大会的报告会要比以前少开。近年来重庆开各种全国性的大会,照例先来一串疲劳报告,临到议事时则时间不够了,于是只见议案如飞,举手如林,匆匆通过,以赶日程。我们希望这次参政会莫再蹈此覆辙。讨论的议题不必太多,莫把问题弄得琐碎如毛,要集中在几个当前大问题上,尽量讨论,一定要使它得告段落。至于这几个大问题是什么?参政员诸君都知道,不待我们来说。

三、过去参政会开会,我们会外观感,实在觉得"秘密"太多了,今天秘密报告,明天秘密会议,一册册印刷品上印着"密件"。其实何必如此秘密?我们希望这次参政会要尽可能的少开秘密会,多容人旁听,多让报纸登载些开会内容,以公开唤起社会对国家当前问题的注意。果能如此,则使报纸显些活气,既替国家做了宣传,也可让我们做国民的间接上一堂议会的课,岂不甚好?

四、抗战已迈入最后五分钟,参政会的存在也到了最后五分钟,假使说参政会还可存在一年,我们希望把停会期间缩短,改为每半年召集一次,俾使参政会能够多开两次会,多"集思广益"几次,想参政员诸君必不辞劳。同时也希望加重驻会委员会的权限,把地方性的经常性的问题多让驻委会注意。

五、最后一句话,希望这次参政会多有些民主的气象。参政员的风度,政府的雅量,都要够民主的气象!

(原载 1944 年 9 月 5 日重庆《大公报》)

3. 国民参政会开幕

重庆《国民公报》社论

国民参政会第三届第三次大会于今日在陪都开幕,特为文以祝,并志所感。

一、此次大会开幕，距上次大会闭幕，时间上算来，刚届一年。在此期间，我们盱衡全局，只觉得国际情势，一天天有利于盟国，胜利的消息，从欧亚大陆及太平洋上三面合拢起来，墨索里尼早已不在话下，可置不论，希特勒眼见自己用德意志人民心血夺取来的赃物，仍一块块双手拱还原主。在东线，苏军以秋风扫落叶的姿态将纳粹强盗驱逐出国土以外，现大军一面正深入东普鲁士，一面威逼华沙，一面又直趋罗保，大势所趋，华沙与索菲亚的解放，只是时间问题。在西线，自盟军在法国北部与南部相继登陆以来，势如破竹，不到三月，巴黎解放，比京布鲁塞尔亦重见天日，其他沦陷国家，将次第获得自由。德国人一向以未在本土作战自傲，而今竟强敌压境，真不知何以自处！至在远东，密支那克复，滇缅路复通有望，塞班岛、关岛相继为美军收回，超级堡垒迭炸日本，战争正走向敌国本土。这许多事实，归总起来，就是告诉我们一点，轴心崩溃期间不远，最后胜利即可到来。我们是四强之一，在认识此重要时机以后，务必憬知当前任务之重大与工作之艰巨，此次大会集合于胜利纷纷之今日，实有重大意义。

二、在此种优势的情形下，我们要检讨自己。我国抗战迄今，七年有余，外交政策始终一贯，就是联合世界盟邦，争自由，抗强权，铲除横暴，伸张正义。现在胜利的战争即将结束，来日胜利的和平如何赢得，实在是我们当前最迫切需要研讨的问题。不过今日国家所遭遇的，以及将来国家所希望的，在予取之间，问题并不全在人家，而关键却在加强自己。"天助自助者"，我们要盟邦看得起，首先要我们自己挺得住，站得稳。所以我们衡论国事，其核心不在国外，而在国内。际此准备全面反攻期间，国内问题，军事仍属第一，当无疑义。大部分参政员准备在这方面提出之建议，为实行精兵政策，此说甚是。国家拥兵，本不在多，而在求精，精则可以一当十，以百当千，冲锋陷阵，无不用命。我们认为实行精兵政策有两个起码条件，即刷新兵役行政与整饬军队风纪。当局对于改进役政，异常重视，而至今仍未满人意者，原因故多，其未能尊重士兵人格一端，实为主因。我们不容讳言，新兵入伍后，无论衣食方面，大多难得最低限度的解决。服兵役原属国民光荣义务，至少应该使他们吃饱穿暖，精神痛快，方足以为国效命。因兵毕竟还是人，应该享有人的待遇，这是最基本的一点。其次，我们认为有少数军队风纪太坏，道途传言，固不足信，而其中亦有不少为人所身临目睹者。如日前湖南前线枪决的第四军各不法军官，利用权责，枉法贪污，就是一例。类此的事情，恐还有不少，这些恶棍一日不去，军队风纪便一日不能整饬，军风纪一日败坏，精兵政策也一日无法实现，这如何是好？我们是陆军国家，在反攻期间，至少要在大陆上有些表现，方能显示出我们的力量，而在胜利的和平中昂起头来。所以要达到这个目的，第一在刷新兵役行政，第二在整饬军队风纪，迅速建立反攻的实力基础。

国内问题的第二方面为实施宪政与经济建设。此两端均属立国的根本。一年以来，政治民主化，日有进展，战时新闻检查办法的修正及保障人民身体自由办法的颁布，均可视为政府实施宪政之具体表示。今年五月间十二中全会通过《加强推行地方自治案》，限民国三十四年年底以前，除有特殊情形地方外，各县市民意机关应一律完成，保民大会及乡镇民代表会应依法实施选举，其完成自治条件者，得举行县市长选举。由此可知中央对于实施宪政，推行地方自治，期望至为殷切。查宪政实施之重心在民意机关的是否健全建立。国人无政治经验，因系事实，当今宪法通过颁布实施以前，我们认为是国人学习参政的最好机会，县各级民意机关应及早普遍成立，实为促进宪政过程中刻不容缓之图。在实施上，目前难免有若干困难，惟其能增加经验，使人民获得一轮廓认识，对于未来宪政之推进，实有莫大裨益。参政员诸公均来自地方，望各就所见，贡献国家，以期推行尽利。次再谈经济建设。此项问题，在材料、技术均感困难的现况下，大家总觉得有些不容易谈，也是事实。惟经建为建国基干，大规模之建设，容有待于战后，而在本国条件可能完成时，其应努力施设，似无可置疑。借应目前之迫切需要，况胜利在望，一切均待早日规划，用观厥成。我们今日所感到最不安者，不在材料与技术的缺乏与否，而在彼此间之不能配合，生产建设，漫无计划，剩余不足，浪费消耗，实在应该彻底祛除。

三、参政会自二十七年七月成立以来，已历三届，先后集会九次，议决案达一千一百三十八件之多，论件数不能算不多，论性质，诸凡军事、外交、内政、经济、教育无不具备。此等议案,已否全部实行,实有一加以清算的必要。我们认为议案不在多,而在能行之有效,不在空洞理论,而在能提出具体切实的办法,送请政府采择施行。同时更望本届大会少作"保留"的案子,通过与否,全凭公意。民主政治的可贵就在不讲面子,而决诸大众的意见,参政会为全面民意机关,至望能率先倡导之。

(原载1944年9月5日重庆《国民公报》)

4. 希望于国民参政会者

重庆《时事新报》社评

国民参政会第三届第三次大会,今天开幕。前天(九月三日),该会主席团曾招待来渝各参政员茶叙,交换意见。当时,褚参政员辅成发言,谓:当此胜利愈已接近之际,抗战已迈入最后五分钟,而参政会存在也到了最后五分钟。唯其抗战瞬即胜利,故吾人对于国家重要问题应拿出勇气来,有话即要讲,不要讲空话,盖此即为尊重自己,以善尽其代表民意机关之任务也。黄参政员炎培发言,也主张:好好利用职位,要有知无不言,言无不尽的精神。"有话即要讲,不要讲空话","知无不言,言无不尽",这的确是每一个参政员应有的精神,是整个参政会应有的表现,我们希望这次大会能够把他充分发挥出来。

本来参政会的设立,其作用就在"团结全国力量,集中全国之思虑及识见,以利国策之决定与实行"(《抗战建国纲领》第十二条)。如果不能"对国家重要问题,有话即讲,不讲空话",如果不能"知无不言,言无不尽"则将何以收"集中全国之思虑及识见"之效?政府应给予参政员以充分发言的机会;参政员自身更不应放弃发言的职权责。年来,参政员们曾痛感参政会职权过小,不足以发挥代表民意,协助政府的作用,颇主张扩大其职权。十二中全会大会宣言也宣示将健全各级民意机构,酌量扩大其职权。这次大会讨论的中心问题,据说,扩大该会职权的问题也是其中之一。在各参政员的提案中,已有人提议:修改民意机构组织法,市国民参议会及省市县临时参议会检举失职官吏之权,简单说,就是要有监察官吏之权。又有人提议:给予国民参政会初步审校国家预算之权,俾能借此对政府之政策,有所批评与建议。这些提议据闻原已在宪政实施协进会讨论过,而且已获得非正式的相当结论。审趋势,经过这次大会,是可能实现的。职权扩大,则责任加重,而对于国家重要问题也就更需要拿出勇气来讲话。

目前,整个国际形势对我们是有利的。但无庸讳言,我们自身也还存在着许多必须克服的困难。这些困难,政府已在力谋克服中;参政会自应站在代表人民,协助政府的地位,发表其批评与建议。这有两方面,第一方面,是对于政府所采取的政策,所颁布的法令以及所实行的办法,如果发现有不适当或有弊害之点,就应该不客气地指出来,并提出积极的修正意见。我们知道,政府对于自己的政策,法令和具体办法,也并不是认为无论在任何时候,任何地方,任何条件之下,都完全正确,必须坚持。恰恰相反,倒是常常根据执行的经验,适应事实的需要,而不断加以修正的。关于物价管制问题,不就是一个显著的事例吗?只要参政会说得对,政府应该能够虚怀接受。第二方面,是对于执行政府的政策、法令和具体办法的机关和个人,如果发现其不能尽职甚或违法扰民,也应该毫无忌惮,毫不隐讳,尽量揭发出来,要求政府惩处。这事情,比在政策、法令和具体办法上着眼更重要。政策、法令和办法都要人去执行;不得其人,则纵使政策、法令和办法的本身完妥无疵,而执行起来,也会变质。近来,政府已经注意到这一点,参政会的尽量揭发,只要是事实,政府当不致认为多事,置之不理。

最后,尤其重要的,是关于推进民主运动,促进实施宪政,更要不敷衍,不躲闪,不说空话,提出具体的意见,有效的办法,俾理想中的宪政早日实现。这是克服一切困难的基本条件。没有这条件,则尽管你想出种种办法,都属枝节,都会落空。作为民意机关的参政会,关于这事,必须勇敢地负起责任。

这一切,就是我们希望于参政会者!

(原载 1944 年 9 月 5 日重庆《时事新报》)

5. 对参政会的希望

重庆《新民报》社评

在此迎接胜利,高唱民主之今日而国民参政会开幕,大家都寄以无限的热情和希望。

在预备会议席上,我们已经知道了各位参政员是要有一番精采表演的,他们的情绪很为紧张,似不愿再作哑口观音。这点,我们很欣慰。尽管参政会的职权有限,但职权是可以随时改订的,政府既然有诚意实行宪政,既然要以大无畏的精神去实现民主主义,为什么还要多所顾忌?还怕大家纠弹检举?还不肯给他们以较大应有之职权呢?

蒙蔽、粉饰的政治现象,已经为时代所不容许了,而且当局者也深知此种弊象之须彻底铲除,因此,第一,我们希望参政员诸公要红着脖子知无不言,言无不尽。第二,历史上民主是争来的,不是恳求来的,而争的东西必须具体简单。大家要有一个共同目标做争的对象。第三,譬如各级民意机关该有决定预算之权,有检劾贪污而付诸法律审判之权,都是起码的要求,我们希望参政员不避嫌怨,为自己的职权争,也就是为民主政治的前途争。第四,目前的财政设施,兵役行政,在制度的本身上,尤其是机构的设置上,都有从新检讨之必要,最好能作些硬性决议,而政府也幸勿视为参考具之。第五,抗战快要结束了,关于今后的建国方案,复员计划,也应该有些原则上的贡献。

(原载1944年9月5日重庆《新民报》)

6. 参政员张澜、褚辅成、黄炎培发表谈话

张　澜:政治问题是整个的,要是枝枝节节地说,枝枝节节地去做,这不是解决问题的态度,乃是应付的态度。这种态度,应为我们所不取,因为这只是枉废精力。

今天国际形势确实好,我们的国际地位也很高。但是倘若因此而懈怠了去把我们的外交办好,把内政革新,把民主实行,那时,时机是不等人的。国际地位要靠自己的努力才撑得住。我们哪里能够把一切问题都等到战后去解决?

今天的问题在于:(一)如何集中全国人才。要政治清白有为,必须集中全国英才,不存党派畛域。(二)民意必须自由反映。今天多的还是党意与官意,民意太微弱了。(三)党争必须和平解决。所有这三点,归根结底,关键是

在民主。只有民主是中国唯一的道路,只有实行民主才是国家人民之福。

褚辅成:我所注意的是团结,打胜仗!现在是最后五分钟的时候了,我们需要的是团结,需要的是军事上有办法,前线上能打胜仗,我注重的就是这两件事情。

黄炎培:希望有关人权的几种自由首先实行。参政会这次大会对宪政与经济两问题,或仍将为各方面注意所在。希望有关人权的言论、出版、集会、结社、居住等自由能首先实行。

(摘自 1944 年 9 月 5 日重庆《新华日报》)

7. 参政员李璜、左舜生发表谈话

李　璜:我们历年来一贯的目标是实现民主,并且一贯认定实现民主的前提条件是言论真正的自由,集会结社的真正自由,特别是政治结社的真正自由,在各级参议会中,真正做到各党派人士都能提候选人,参加竞选。

民主若没有党派的合法公开地位以及公开竞选的自由权利,那就不能有真正民主,即使有也是一种形式而已,是假象而已。

我们盼望各党派团结,因为这个问题并非简单只是党与党的问题,而是关系全国人民祸福的问题。

左舜生:国际战局是好,但是,国内的抗战真是到了最重要关头,我们国家的国际令誉和将来,要靠我们反攻真正有力量,有成绩,许多重大的政治、军事、财政、经济问题,迫切需要解决,再也不能拖了!

说说空话是无济于事的,今天的问题是要具体的解决问题,民主与团结必须有具体的办法。中国人民是绝对不允许战后还要内战的。

对(本次)参政会提案,并未想到什么,现在找人联署也不容易呀!

(摘自 1944 年 9 月 5 日重庆《新华日报》)

8. 参政员张君劢发表谈话

为政的人应该有相信别人的这种精诚,要相信别人的言行都是为国为民的,不要一味只是想着别人的一切就是专跟我捣蛋。没有这种精诚,就难有

互信。因此,团结就无巩固基础。

(摘自 1944 年 9 月 5 日重庆《新华日报》)

(二)第三届第三次会议开幕

国民参政会第三届第三次大会,五日上午九时在陪都军事委员会大礼堂隆重开幕。到会参政员、政府长官、各国使节和中外新闻界总计五百多人。九时振铃开会,国民参政会邵力子秘书长报告参政员共到一百六十四人,已足法定人数。主席团张伯苓、莫德惠、吴贻芳、李璜、王宠惠、王世杰、江庸陪同蒋主席莅临大会主席台,众一致起立致敬,并热烈鼓掌欢迎。仪式开始时,主席团由张伯苓主席,全体肃立,唱国歌。主席宣读国父遗嘱后,全体并为抗战阵亡将士死难同胞默哀三分钟。旋由主席致开幕词,继蒋主席在掌声热烈中致训,最后由参政员代表林虎致答词,开幕式在十时完成。

(原载 1944 年 9 月 6 日重庆《中央日报》)

1. 主席团主席张伯苓开幕词

蒋主席!主席团!全体同仁:

今天是国民参政会第三届第三次全体大会,同时也是参政会成立后跨进了第七个年头的一次大会,我想全体同仁在精神上一定感觉振奋,同时在责任上格外显得严重。

回想国民参政会成立的时期,是在抗战一周年的时候。那时正是我国家处于风雨飘摇,艰难困苦的时际。第一次大会在汉口举行,有一次在蒋委员长召集的茶会上,苓曾经说过:"中国现时正在'难'与'险'的环境中挣扎图存。这个'难'字,好比是一只木船在从宜昌到夔府的一段川江途中,波涛汹涌,逆流上行,拉纤的人多到五六十人(不像下江纤夫只有三五人),必须大家一齐出力,把纤绳拉得笔直,朝着一个方向用力拉,然后才能渡过难关。这个

'险'字,好比是下水行船,水急滩多,万一不慎,随时有触礁遭沉覆之祸。此时必得掌舵的舵工很有经验,同时全船客人皆能信任舵工,服从舵工,不干涉他,不牵制他,然后舵工才能运用他的丰富的经验,发挥他的高度智慧,来拿稳船舵,渡过险滩。现在中国的环境正是如此,必须全国统一,拥护政府,服从领袖,然后中国方有渡过这空前国难的希望。"六年所说的一段话,今天完全实现了。我们的艰苦作战,踏上了胜利大道,主要原因在有领袖的英明领导,将士的忠勇效命,与夫国人之精诚团结,贡献力量之所致。至于参政会全体同仁,七年以来始终在国家民族的立场上,意志坚定,步伐齐一,来拥护领袖,辅助政府,支持抗战国策,推动建国大业,对于抗建大政,不无多少贡献。这是我们全体同仁所可引以自慰的。

我们的抗战可以分为三个时期:第一期是中国独立作战。在这时期,我们对于世界的贡献最大。假使当年我们对敌屈服,或是中途与敌妥协,那么暴日的实力未消耗,暴日的为害将更烈,整个世界将另是一种局面,绝无今日盟国联合反攻之顺利。第二期是中国与世界共同作战。因为我们自身国防工业的落后,反因为沿海封锁,外援完全断绝的缘故,我们的贡献自不能算大。第三期是中国与世界共同建设永久和平。因为我国地大人众,天产物相当丰富,并且这许多资源大半还没有开发。加之中国民族性酷爱和平,绝对没有侵略他人的意思。这许许多多的立国的优越条件,足以保证吾人对于世界和平能有很大的贡献,并且足以鼓励吾人对于世界和平应当担负起更多更大和更光荣的责任来。

再,我们立国的最高指导原则,是包括民族、民权和民生的三民主义。民族主义目的在求得国家在国际上地位的平等。七年多的英勇抗战,废除了百年来的不平等条约,国际地位提高不少。现在胜利在望,光复在即,民族独立自主的工作,可以说做得非常圆满。说到民权主义,目的在实行宪政,把中国建设成一个民主国家。自从去年国防最高委员会成立宪政实施协进会以后,倡导国人研讨宪章,该会同仁均能善尽职责,推进宪政,成绩可称满意。至于民生主义,目的在推动国民经济建设,以提高国民生活水准。参政会设立经济建设策进会,负责计划与推动之使命。惟以建设事业,万绪千头,目前工作尚在研讨计划之中，将来定可有完善之计划，一一付诸实施。

从上面各点看来，我们七年多的艰苦抗战，实给国家打出了一条光明大道，替世界铺出了一条康庄坦途。现在盟国胜利在望，全国光复在即；抗战结束后之一年内，政府当另召集国民大会，制定国家大法，完成宪政大业，以实现国父所留给我们的重大建国遗命。

此次大会中心议题，大半不外促进宪政与经济建设两大问题，实以二者均为立国之根本大政。但吾人希望此次大会，乃是参政会最后的或是接近最后的一次大会。希望我全体同仁一心一德，开诚布公，对于国家重要问题，各抱知无不言，言无不尽之精神，尽量发表意见，作成扼要、切实、简单可行之议案，贡献政府，辅助政府，以求提早胜利之来临，奠定建国之基础。这一点是苓愿与全体同仁共同勉励的。

（原载《国民参政会第三届第三次大会纪录》，国民参政会秘书处）

2. 国民政府主席蒋中正训词

各位参政员先生：

今天我们第三届国民参政会第三次大会开会。自从第二次大会闭幕以后，到现在已经十一个月。在这将近一年之间，无论国内国外，皆有很大的变迁与进展，而整个局势都是向着我们抗战胜利之途演进的。各位关怀国事，留心世局，对于我们今后抗战建国的工作，和我们努力奋斗的方向，自必筹之有素。此次相聚一堂，共同商讨，必多宏谋硕见，足以辅助政府，匡济当前的艰巨，策进国民贡献国家的努力。中正代表政府对于远道而来的各位参政员诸君，谨致欢迎，对于在各地方努力实际工作或分区负责督导的诸位，以及对于贵会驻会委员暨宪政实施协进会与经济建设策进会诸同人一年来工作的辛勤，特致恳切的慰劳。

我今天所要首先对各位提出的报告，就是最近中国战场军事演进的情形。日寇自从近几月来在太平洋上塞班岛与关岛等基地连续被我盟军克服以来，他自知失败命运已无挽救，反不能不作死里逃生之计，所以要在我们豫湘战场上作疯狂的挣扎，妄冀苟延其残喘，吾人决不否认这半年以来军事的失利,更不能不认我中国抗战在这一时期是特别困苦艰辛,即以此次平汉线上的战斗而言,官兵的牺牲,民众的流离,中正无不时加怀念而引为自身所应负的全责。然而吾人所欲告于大会诸君者:(一)中国战场的最后决战今方开始,到今天正是我以前屡次所说的"最后胜利以前最艰苦阶段"开始之时;(二)日寇无论如何决不能在整个反侵略战争一片光明中,幸逃其覆灭的悲运。今天抗战的形势实与五年以前绝不相同,日寇最近在中国战场上所表现的,不仅已成为强弩之末,而且他的军事行动,无不到处显露其穷途末日回光返照的情景,他妄想在中国战场上侥幸求逞,实无可能;(三)我们七年余的抗战,所凭借的就是以革命精神和道义的力量,补充我们物质的贫乏和装备的劣势,只要我们革命精神始终一贯,屹立不摇,秉着我们七年前抗战初期所定的国策与战略,刻苦努力,誓死奋斗,我可以保证在军事根本上决没有危险,因为这危险早已过去了。我们要自省本身的缺点,我们也要发扬本身的优点。要知道我们中国战场七年余困苦艰辛的战斗,实为亚洲大陆与太平洋整个局势由阴郁化为光明的基本条件。我们抗战自始即为世界上单独负起维护正义和平的重担。在这几年以来,我们与联合国并肩作战,更重视自身的职责。无论我们战斗条件如何艰危,工业生产如何困苦,军事装备如何落后,我们中国对世界整个战局,对国际盟友,总是没有一刻不尽到我们的职责,没有一些辜负了盟谊,宁使忍受艰辛,甚或牺牲自己的一切,而于盟谊道德,决不稍有亏损。这就是我中华民族的传统精神,是抗战以来最足以自慰,亦可以告慰于全国同胞和参政员诸君的。我们本次精神与盟邦互助合作,以造成今天反侵略战争光明的局势,我们中国军民的困苦艰辛,可以说已获得宝贵的代价。今后的问题,就是如何承接这一个七年余军民同胞牺牲奋斗所得光明大势,而加强战斗力量,来掌握我们最后的胜利。这就要希望我们全国军民,能够再接再厉,一致努力,不惜最大的牺牲,以完成这最后一段的行程。

我还要为大会诸君说明的,我们切勿忘了我们中国本来是一个革命尚未成功的国家,我们民族本来是处在存亡绝续的关头,不能与别的国家建国久已成功者同日而语。正惟我们是在革命建国过程中的国家,所以艰难挫折,乃是应有之事。国父领导革命以来五十年间,所经历的艰难挫折,不可胜数,而且其严重的程度,更有过于今日的。今天军事或经济上的困难,实在是我们农业国家在七年长期抗战后必然之势。因为我们国家一切向无基础,这种现象实在不足为奇。就军事上来说,我们抗战开始以来,每年都有这种失利的事实,而且其失利的程度,或有较今日为甚的,我们大家只要返观过去,体认现实,从大处远处观察全局,我可以说,从世界各国革命建国的历史来看,我们中国今天所处优厚的环境,还是世界各国革命史上所少有的。这种危险艰难和困苦,我在几年以前早已预为计虑而累次申告我们的国民。我曾经屡次说过:"我们抗战最痛苦艰难的时期,是在抗战快要结束临到争取胜利的时期。"因为我国这三十年以来,军事、政治、经济与社会,尤其是科学,都没有基础;我们又是一个长久处在次殖民地的国家,一切建设未经开始,就遇到强寇的侵略,因之决不能与其他国家已有深厚基础者可比。例如在经济方面,别的国家轻重工业都有基础,科学发达,随时可在战争中改良进步,而我们则素无基础,反遭战争残破以后,陆海交通完全封锁,更难得有补充修复的机会。在社会方面,别的国家教育普及,社会有组织,而我们中国则是社会组织,还是农业国之旧,旧的日趋崩坏,新的还没有形成。一般社会又不习于近代组织,动员格外困难。至于在军需物资方面,因为封锁的关系,交通运道减少,国外的补给迄今还是有限。由此种种,所以人家凭借工业经济与社会基础可以愈战愈强。而我们长期抗战到七年以上,只有精神强固如一,在有形的条件上,当然是愈持久愈困难。到了最近,可说是最艰难时期的开始,一切缺点弱点都随着时间而产生而暴露。我们于此不仅不可加以讳饰,而且必须尽量抉发,尽量检讨,方能求得进步。今后只要我们政府与人民,齐心一志,从艰难挫折之中奋勉自强,体认这次宝贵的教训,共同一致,忍辱负重,以突破这一个必然应有的艰苦时期,达到最后的胜利,那我可以说,我们军事这一次的失利,无论对于我们国家对于政府对于人民,都是有莫大的益处。要知道世界万事不患挫折,患在不能自觉自强。我们这一次所受的挫折,无宁说是今后抗战建国胜利成功的契机。我要重行痛切告诉大家一句话,胜利不是轻易可求得,复兴不是可以没有代价的。今天我们的艰苦,还算不得艰苦,今后的艰苦还将随胜利逼近而日益增加,我们身当这样历史上未有的大责重任,非经过十月艰难困苦,决不能得到十分完满的成功。我们全国同胞从前对于这种应有的艰难困苦和最后胜利以前的责任,还不能够体认得十分深刻。这半年来,经济和军事的演变,应该可以供我们全国同胞真切体认的材料。要知道敌寇今后无论如何疯狂挣扎,断不能像过去七年间那样再有危害于我们国家的危险。敌人所加于我们的危险,到今天实在已成过去,今后的危险乃在我们本身不觉悟不努力,不共同一致以求进步。这一点,我们参政员诸君应当特别注意。

我今天对参政按诸君还要郑重提出的,就是我们国家今后安危成败所系的一点,这无论对抗战、对建国都有极大的关系。这就是我们国家绝对需要统一,要争取抗战的胜利必须由统一的中国来争取,要战后建国以及世界合作,更必须由统一的中国来负责。

国父革命数十年,毕生奋斗的目的,是为了国家统一。我们第一期国民革命,出师北伐,打倒军阀,是为了国家统一,而今天对日抗战,要完成第二期国民革命,也是为了国家的统一。因为日寇自甲午以来五十年间,无不是处心积虑,要分裂我们,脔割我们,来危害我们国家的生存,所以有济南事变、九一八事变,以至于七七卢沟桥事变的爆发。我们全国国民对日寇同仇敌忾势不两立,遂乃举国一致奋起抗战,不顾任何困难和牺牲。所以,对日抗战,固然是为了保障国家民族生存与国际正义,也实在是为了保障国家统一。国民政府要求国家统一,实在是代表全国国民真正意志的要求。我们国家所辛苦奋斗的,就是要求国家的统一,我们国家如果军令不能统一,就不能得到抗战胜利,我们国家如果政令不能统一,更不能达到建国成功。我们国家决不能有任何反统一的迹象。这是现代国家的一个基本条件,也是现代国民的基本责任。要知道军队如不能真诚执行国家统一的军令,不仅削弱我们自己的力量,而且无异增加敌人的力量。国民如果不能切实尊重国家的法令,不仅不能抗战,而且也不能建立为一个现代的国家。我这几句话意义的痛切,诸位必能体认。同时诸位亦必明了我们国民政府统一下的任何省份,是并没有什么不统一的,国民政府统辖下的任何军队,也并没有什么不统一的,而且我们相信,凡是明了世界大势,认识国家大义的任何军民,都没有不精诚拥护国家统一的。然而我们要真正贯彻抗战的胜利,还必须全国共同面对着敌寇的全体国民,无论团体或个人,真正从精神上求得名副其实的统一,有了国家真正的统一,才能有同生共死精诚无间的团结,我们国家民族也才能有光明的前途。这一点要请各位特别注意,必须多方提高国家观念,与责任观念,以保障我们国家的统一,巩固我们国家的基础。为了国家的统一,凡是中华民国的国民,都应捐弃任何私见成见,牺牲任何局部利益,总期同德同心,统一团结,以告慰我们抗战牺牲的军民同胞在天之灵。

我希望在这一个大前提之下,我们全国上下都要各尽其能,各负其责,来增进国内军事政治经济和社会的力量。在目前增强我们反攻的力量,迅速击退敌寇,争取抗战胜利;战争结束以后,要完成我们建国的工作。这中间事项繁多,我不及一一列举,我只将各位最关心而与贵会工作最有关系的,扼要叙述如下:

其一,是实施宪政问题,也就是推行民主政治问题。我要告诉各位,三民主义的民主政治,本来是我们中国五十年来革命建国的一贯目标。我们惟有达到实施宪政之日,才是国父和先烈遗志完成之时。我们中国如果不为了实行民主,何以有五十年来国民革命的牺牲奋斗。自从十一中全会决议"战后一年内召集国民大会制颁宪法"以来,到了去年十一月有宪政实施协进会成立。政府的设施和方针,一本此行,一方面于战时情况许可之下,实施人民的自由保障。诸如出版品与新闻审查标准的改订,如保障人民身体自由办法的公布,政府皆已切实督责实行,总期人民克尽其战时国民应尽的义务,克享其战时国民应享的权利,树立法治规模,培养民主教范。至于加紧宪政实施的准备,则是遵奉国父遗教,着重于民意机关的普遍设置和基层地方自治的充实,详细情形,主管部门另有报告,这里只谈几个数字,以资对照。一是县市参议会,在去年贵会二次大会时成立者为三百余单位,现在已增至九百余单位。二是各省已成立乡镇民代表会的有五百余县市,成立保民大会的有一千余县市。当然,因战事与交通等影响,推行还觉不够,但是政府决心向充实民意机关这一方面做去,我们必须为国家负责,为人民尽职,实事求是,以求民权主义切实的实行,与宪政之治的如期实现。

其次，关于经济问题，这是于民生国计以及军事进展都有很大的关系，也是各位所关切的。经济问题实际是包含两项：一是稳定经济，二是发展经济。今天所谓稳定经济，主要的是指物价问题，自从去年冬季贵会经济建设策进会成立以来，对这一点曾有深刻的检讨与积极的建议，本年十二中全会通过《加强管制物价方案紧急措施案》，其中就是大部分采取经济建设策进会的建议。这几个月以来，国家总动员会议切实执行，已经收到相当稳定的效果，加以我们是农业国家，今年到处丰收，现在国外运道可望增辟，物资输入将见增加，这不但有助我们物价的稳定，而且可以帮助我们解除经济建设上的困难。这半年来，对于工业生产，我们政府已尽其可能的力量予以扶助与救济，今后仍将秉此方针，更予加强。在经济政策上我们政府所已确定的就是财政与经济政策业已配合，国营与民营事业决定并重，人民负担应使大体平均，人民生活应尽可能与以改善。我们的经济设施，必当恪尊国父的民生主义以逐步达到节制资本平均地权的目的。

但是上面所说的两点，要能切实见效，最后仍归结于巩固国家统一的基础。国父常说："要个人自由，必先要国家有自由。"国家没有自由，一切都无所寄托。换言之，不能独立自由的国家，决无民主自由和经济自由可言。我们七年来的流血抗战，就是要保障我们国家的独立，争取我们国家的自由，以进行我们国家整个的建设。所以各位必须共同唤起国民，昌明"国家至上，民族至上"与"意志集中，力量集中"的大义，以全力来巩固我们国家的基础，必须在事实上行动上表示我们尽忠于国家，尽孝于民族。有了国家的统一，才有国家的独立；有了国家的独立，才有国家的自由；有了国家的自由，才能谈到民权自由和民生自由。在这个全人类为自由而战斗的时代中，决没有任何国民不尊重自己国家的利益，不维护自己国家的法令，而能和人家讲平等自由的。这一点真是十分重要，我所以不惮重复，要为各位郑重说明。

最后，我认为在此争取最后胜利之时，我们要率导同胞为国效忠，必须尽量解除人民的痛苦，我们要策励同胞努力奋发，首先要国民认识所处的时代。我们经此七年抗战，各地行政督察难周，而若干省份最近经大战以后，流离伤亡更是本席所日夕怀念而不能自安于心的。务望我各位参政员诸君，宜达民隐,关切民瘼,对于抚辑流亡、救济伤病,以及军政弊害的革除、兵役工役的改善、管制物价的推行、人民动员的奋起,都希望在大会中根据事实,发抒谠言,贡献政府,以利推行。同时我们必须认识这一次战后的世界其进步与变迁。较之战前差不多要超过一个世纪,想到国父"迎头赶上"的教训,真使吾人感到责任的重大。我在今年七七告同胞书中有两句话:"自古以来,不论个人或国家,凡是因人成事的,决不能有真正独立的资格;凡是坐享其成的,将必受淘汰而无疑。"今天我要为各位参政员重述这几句话,我相信我们中国七年抗战的流血,已经奠立了国家远大的前途的基础,也已经恢复了民族复兴与自信心。我恳切希望我全国同胞,高瞻远瞩,奋发黾勉,总要使我们中华民族能够在这次长期抗战以后,真正能够得到独立自由,做到像国父所说的与当世文明各国并驾齐驱,而后我们才对得起国父和革命先烈,对得起为抗战殉国的军民同胞。敬祝贵会成功和各位健康。

(原载《国民参政会第三届第三次大会纪录》,国民参政会秘书处)

3. 参政员林虎致词

从去年大会到现在,恰好一个年头。这一年来,我们政府对于抗建的凡百设施,以及我们国民配合抗建的种种努力,从中央看到地方,又从地方看到中央,所看到的,总而言之,都比以前进步,这是值得欣慰者。

但是年来我们盟军在欧洲各战场,以及在太平洋各岛屿的着着胜利,遂使各国的军事外交政治经济都有显著的变化,有显著的进步,而我们的一切一切,在这个大时代中,仅只像现在这样的进步,来适应今日的局势,我们感觉得不够,而且十分的不够。我们回顾国内,瞻念前途,不但不敢稍有乐观,而且抱有杞人的忧虑。因为当这个国家兴衰存亡的关头,如果我们能奋发振作,痛涤旧污,革除积弊,即是兴国之机。不然,若将现状拖延下去,前途是不堪设想的。

这并非我们故作危言耸听,种种事实,都摆在我们面前,为大家所共见共闻的。这也用不着隐讳,也用不着一一列举,试请大家想一想,现在国内各战场作战的部队,能服从命令,忠勇杀敌的固然是多,而有些坏的是糟到怎么样。各级政府之用人行政,能尽职能合理的固然多,而那些渎职的、颠顸的,是闹成怎么样。这些情况都是使我们对于抗战建国前途发生隐忧的。

我们参政会自二十七年到今天,所开的已是第十次大会了。检讨过去,我们对于政府抗战建国诸端,固曾有些贡献,但当盟军在欧洲与太平洋着着的胜利,欧洲战事或可望在今年结束,太平洋方面的盟军正在准备展开强大的攻势,是整个战局的胜利已在目前。然而我们抗战八年,人力物力的牺牲,已是不可胜计,在这整个战局胜利之中,我们应格外努力来争取主角之一的地位,然后能收得一切牺牲的代价,万不可专靠同盟各国的胜利做胜利,致贻我们中华民族之羞。所以我们今日对于政府抗战建国大计,应该知无不言,言无不尽。方才我们元首训示我们,也希望我们对抗建大计有所贡献,这就是我们同人今日努力的机会。

(原载《国民参政员参政会第三届第三次大会纪录》,国民参政会秘书处)

4. 会议日志

国民参政会第三届第三次会议于九月五日上午在重庆国民政府军事委员会礼堂举行开幕式。

九月五日　下午举行第一次大会。主席团主席张伯苓、莫德惠、吴贻芳、李璜、王宠惠、王世杰、江庸及参政员一百六十七人出席了会议。

会议听取了大会秘书处,驻会委员会会务报告和驻会委员会检讨第三届第二次会议建议各案政府实施情形报告。会议还听取了军政部长何应钦的军事报告。

九月六日　上、下午,举行第二、三次大会。主席团主席张伯苓、莫德惠、吴贻芳、李璜、王宠惠、王世杰、江庸出席了会议。出席上午大会的参政员一百四十二人,出席下午会议的参政员一百三十一人。

上午,行政院、立法院、司法院、考试院分别向大会提出书面工作报告,监察院提出了施政概要。经济部长翁文灏、国家总动员会议秘书长张厉生作了经济和国家总动员会议报告。

下午,参政员就经济和国家总动员会议报告提出询问案多件。会议听取了粮食部长徐堪的粮食报告。

九月七日　上午举行第四次大会。主席团主席张伯苓、莫德惠、吴贻芳、李璜、王宠惠、王世杰、江庸及参政员一百三十六人出席了会议。

会议听取了财政部次长俞鸿钧的财政报告。

下午,举行第五次大会。主席团主席张伯苓、莫德惠、吴贻芳、李璜、王世杰、江庸及参政员一百五十人出席了会议。

参政员对财政、军事报告提出质询案多件。

九月八日　上、下午分别举行第六、七次大会。主席团主席张伯苓、莫德惠、吴贻芳、李璜、王宠惠、王世杰、江庸出席了会议（下午江庸未出席）。出席上午大会的参政员一百二十八人,出席下午会议的参政员一百四十八人。

上午,会议听取了内政部长周钟岳、农林部次长雷法章的内政、农林报告。下午,交通部长曾养甫作了交通报告。

参政员许德珩、周炳琳指出：一个政府报告所占的时间等于二十四个参政员询问的时间,建议：缩短政府报告的时间,增加参政员提问的时间。

九月九日　上、下午,分别举行第八、九次大会。主席团主席张伯苓、莫德惠、吴贻芳、李璜、王宠惠、王世杰、江庸出席了会议。出席上午大会的参政员一百四十三人,出席下午会议的参政员一百五十七人。

上午,会议听取了社会部长谷正纲作的社会报告。

下午,会议听取了外交部长宋子文、司法行政部长谢冠生的外交、司法行政报告。

九月十日　上午,举行第十次大会。主席团主席莫德惠、吴贻芳、李璜、王宠惠、王世杰、江庸及参政员一百四十九人出席了会议。

会议听取了教育部长陈立夫的教育报告,并通过了各组审查委员会及召集人名单。

至此,本次会议政府各项施政报告进行完毕。连日来政府报告冗长繁琐,参政员称之为"疲劳报告"。

九月十三日　下午,举行第十一次大会。主席团主席张伯苓、莫德惠、吴贻芳、李璜、王宠惠、王世杰、江庸及参政员一百七十人出席了会议。

会议讨论了《三十四年度国家施政方针案》。讨论之前,国民政府中央设计局秘书长熊式辉对该施政方针作了说明。

九月十四日　下午,举行第十二次大会。主席团主席张伯苓、莫德惠、吴贻芳、李璜、王世杰、江庸及参政员一百六十三人出席了会议。

会议讨论了第一和第三审查委员会审查报告,通过议案多件。

九月十五日　上、下午,分别举行第十三、十四次大会。主席团主席张伯苓、莫德惠、吴贻芳、李璜、王宠惠、王世杰、江庸出席了会议。出席上午会议的参政员一百七十人,出席下午会议的参政员一百七十一人。

上午,会议讨论了第三审查委员会和第一特种审查委员会对内政、外交和物价等提案的审查报告。参政员林祖涵代表中国共产党中央委员会作《关于国共谈判经过的报告》。林祖涵在报告中指出,挽救危局准备反攻,应采取的急救办法是"立即结束一党统治的局面","召开各党各派、各抗日部队、各地方政府、各人民团体的代表,开国事会议,组织各抗日党派联合政府"。

下午,会议听取了国民政府代表张治中《关于国共商谈经过的报告》。随后,会议通过了主席团所提《组织延安视察团案》。视察团由无党派参政员冷遹、胡霖、王云五、傅斯年、陶孟和组成。

九月十六日　上午,举行第十五次大会。主席团主席张伯苓、莫德惠、吴贻芳、李璜、王宠惠、王世杰、江庸及参政员一百六十五人出席了会议。

会议听取了国民政府行政院兼院长蒋中正所作的《一年来军事外交政治及经济等情形的报告》,重申用"政治方法"解决"中共问题"。

九月十七日　上、下午,分别举行第十六、十七次大会。主席团主席张伯苓、吴贻芳、李璜、王世杰、江庸出席了会议。莫德惠出席了下午的会议。出席上午会议的参政员一百四十九人,出席下午会议的参议员一百五十人。

会议讨论了军事、国防、财政经济等案多件。下午,会议讨论并通过了褚辅成等八十人所提"对于国民政府蒋主席在本会之报告请由大会通过决议拥护"的临时动议。

九月十八日　上、下午分别举行第十八、十九次大会。主席团主席张伯苓、莫德惠、吴贻芳、李璜、王宠惠、王世杰、江庸出席了会议。出席上午会议的参政员一百五十人,出席下午会议的参政员一百五十八人。

会议选举了本次会议休会期间驻会委员会委员。通过了刷新政治,改善公务、教育人员待遇,加强中苏友好合作等案。会议还通过了各组审查委员会对政府报告的审查报告。

下午,第十九次大会结束后,举行了国民参政会第三届第三次会议闭幕式。

(根据《国民参政会第三届第三次大会纪录》综合整理)

5. 第三届第三次会议闭幕

国民参政会第三届第三次大会,自九月五日开幕,经过两周的集会,已于十八日下午五时闭幕。闭幕典礼举行于"九一八"十三周年之日,由主席团中东北籍的莫德惠主席并致闭幕词,胡参政员健中致词后,大会遂于五时四十分宣告闭幕。

(原载 1944 年 9 月 19 日重庆《中央日报》)

6. 主席团主席莫德惠闭幕词

各位先生、各位同仁:

本会第三届第三次大会开会两星期,今天已是休会的一天。回想本届第二次大会,是在"九一八"第十二周年纪念日开幕。此次举行休会仪式,又在"九一八"的第十三周年纪念日,其意义的深长与重大,不消我来细说,在座的诸位同仁一定都是很清楚的。

明白人早已看出"九一八"是世界大战的开始,这话已经证实了。"九一八"是我们"殷忧启圣,多难兴邦"的一天,这话已快要完完全全的证实。我们在今天举行休会仪式,对外要让世界人士知道谁是世界大战的祸首,对内要使全国人知道我们今后应如何迎接逼人而来的胜利,以策将来。

事实很显然,我们军事的危机已成过去,而暴日"多行不义必自毙"的报应就要临头。这次罗、丘在魁北克会议的主题,就是如何进攻日本本土,如何去轰炸东京。敌国首相小矶已在高呼"疏散"。被疏散的人口,一来就是六十万。罗斯福总统的代表,现正在重庆与我们会谈,这都说明了日寇崩溃的日子,已经不远。最近英国外相艾登先生声明,要与日本算总账。各位同仁!日本欠我的血债,比他欠英国的多得多。我们预定在今天举行休会仪式,也就在表示我们政府人民,要与暴日彻底清算的决意。

我今天太兴奋了!相信在座的诸位同仁,也与我同样的兴奋。我们溯本穷源,应该承认,这是七年来我们全国同胞为正义而牺牲的代价,是英勇将士浴血杀敌的成果,更是蒋主席精诚领导之所致。在本会休会的今天,我们应首先向蒋主席致敬!并向前方将士表示诚恳的感谢与慰劳。

各位同仁,回顾我们自汉口开会到今天,已逾六年。多数同仁已经连任三次,为时不为不久。可是我们对于政府的贡献如何,据本席个人检讨的所得,感觉有几点还值得说一说。

我们担负着战时议会的责任,尚能本着共赴国难的精神,做到"知无不言,言无不尽"的地步。在前后十次大会中,我们通过了建议案一千三百件,提出了询问案九百余起。提案数量的多少,诚然不足作为我们已否尽职的定评,可是,我们绝没有因为职权不够,便看轻自己的庄严使命。

全体同仁在此十四天的会议期中,共商国事,尽管驳辩很激烈,却毫无意气之争。七十以上高龄的各位同仁,也一样不辞劳瘁,都以行动表示其忠于国家的赤诚。说到这一点,我们对于"集思广益,团结全国力量"的任务,也可以说差堪自慰。

在这次大会里,有值得我们指出的,政府各部会长官,在出席报告或口头答复的时候,都很开诚而详尽。关于错误的地方,更有坦白接受同仁纠正的襟怀,这一点,很值得我们重视。我们认为这是民主政治的一大进步。希望政府能尽量接受我们的建议案,尤于改进赋税政策和整饬官箴两点,要特别注意,尽力实行,以慰全国嗷嗷之望。

尤其值得指出的,就是这次大会决定组织的延安视察团。我们还记得曾有个川康视察团,又有个赴英访问团。这两个组织,一次是对内协助抗战建国的大业,一次是对外实行富有意义的国民外交。两次都对国家有了贡献,而且贡献都很大。这次延安视察团,为国家治乱兴衰之所系,全民瞩目,举世关心。该团的五位同仁,素为社会所敬景仰,同仁所推崇,相信在全国的殷切期望中,必都能不辞辛劳,竭尽忠智,完成这历史上永久不朽的伟业。

回想我们每次开会都有庄严重大的表现,我们曾经通过《拥护抗战建国纲领决议案》、《拥护持久抗战国策决议案》、《拥护蒋委员长"九一八"宣言决议案》,表示朝野一致的决心,内以集中志力,外以纠正观听,终于对内对外都已发生了极端满意的成果。这次开会,我们又通过了改善官兵待遇的建议案,其重要性也与以前各案完全相同。我们现在最迫切的要求,是提早最后胜利的完成。因此,我们必须以最大的关切与努力,改善我们官兵的待遇,使他们都能得到较好的生活。这是我们的良心表现,但决不是"表现",我们必须发挥我们的所有力量,唤起国人,协助政府,同仁会明白本案的实施,非钱莫举,但一提到钱,就必须取之于民,这一点如不为大家所理解,则我们的这一提案,便完全失掉意义。

古人说:"晦明风雨。"对于这次开会的情形,我已体认了一点:同仁与同仁之间,同仁与政府之间,政府与同仁之间,都已有了互尊互信的精神,相忍相让的襟度。这是我们胜利复兴的保证,也就是实行民主政治的根基。今天是"九一八",沦陷十三年的东北同胞,会很自然的引起我们的怀念,在我们脑海里现出一个白山黑水雄壮而灿烂的行影。再想到全国沦陷区的同胞,都在期待我们解救。现在胜利在握,相信在不久将来,失地必完全收复,沦陷区的同胞,必会与我们协力同心,在政令绝对统一之下,完成三民主义的民主政治,建起康乐而强盛的新中国,并发扬中华民族的传统精神与三民主义的伟大思想,来保持世界的永久和平。

(原载《国民参政会第三届第三次大会纪录》,国民参政会秘书处)

7. 参政员胡健中致词

主席、各位先生:

今天是本会在连续开会十四日完成任务后举行休会式的一天。健中承主席团与各位同仁的谬举,于此略贡数言,实深荣幸。

在本会十四日的开会期中,我们听取了政府各部会长官的许多报告。

蒋主席在本会开幕之日，莅临致训，中间又以兼行政院长的资格莅会，对军事政治经济外交有所报告。同人听了蒋主席的训示和报告，深为感奋，而尤其使我们感动不忘的，是蒋主席以他伟大恳挚的衷诚，向本会宣示，决以政治解决的方针，求取国家的真正统一与团结。蒋主席这一恺切的宣示，语重心长，每一字每一句我们都听得很明白很真切，全国国民也都一字一句听得很明白很真切。这不仅是本会同人一致殷切的企望，也是全国国民一致热烈的期待。同人以为欲求抗战的胜利及建国的迈进，国家统一的维护和国家法纪的遵守，是颠扑不破的两个原则。这两个原则，同时也是真理，可以说行之百世而不变，施之各地则皆然。因此同人对于蒋主席在本会的报告，昨天特郑重决议一致拥护。我们在闭会之后，自然还需要本着这个决议的精神，竭全力促其早日实现，庶几不负本会所负促进全国统一与团结的历史使命。此其一。

其次，在本会的开会期中，我们通过了许多重要的提案。这些决议案，对于国计民生，都有裨益。在这许多决议案中，我们首先讨论通过的是改良士兵生活案，这是本会开宗明义的第一案，也是国家当前最重要的一件大事。在过去若干次大会，对于此种案件都有讨论，也有类似的决议，然六年以来，对士兵生活改良迄未获得解决。这次同人以百余人共同签署和临时动议的方式在大会提出通过，已得到一个解决的方案。我们觉得此事关系重大，大义所在，全国地主富户，在余粮余财方面，必能踊跃捐输。益以政府对各部队的核实缩编裁汰冗滥，这一方案决可顺利付之实施。我们中国古时有"三军挟纩"之喻，我们前方将士对聆悉之余，在身体上和心理上所造成的温暖和鼓励，当匪浅鲜，对于抗战胜利必能收到预期的效果。此案之外，大会还修正通过了政府交议的三十四年度施政方针。大会在时间秩序上首先讨论通过改良士兵生活案，而对施政方针之讨论则费时最久。依照本会过去习惯，政府施政方针均先付审查，再提大会。此次以主席团处理之适宜，先交本会，再付审查，审查完毕之后，连同审查意见，更提大会讨论。同人对此案，反复切磋，不厌周详，政府有关各部会代表出席说明，也都探原究委，巨细毕陈。同人对本案所以发言独多，有时且率直加以批评，固属实事求是，要亦为区区慎重国策之微意。本会此次通过要案甚多,而上述两案所系尤大,渴望政府早日切实执行。国家前途,实所利赖。此其二。

复次,在此次大会中,同人对政府各部会报告所提口头或书面的询问,不下数百起,这表示同人对于凡百庶政无不深切关怀,而政府各长官的答复,也都掬示真象,坦白无讳。我们曾经对政府某些方面的缺点或积弊,尽量提出检讨,我们诚知这些缺点和弊病在战时所不能免,然而我们又觉如果我们大家来共同作进一步的努力,必能有所改革。这一点上,政府各部会长官所表现开诚布公坦然无隐的精神,实在令我们钦佩。参政会的地位,不啻是政府朋友的地位,我们居恒窃自比于孔子所谓"益友",孔子谓"益者三友,友直友谅友多闻"。同人来自民间,于民间疾苦,见闻较广,差可拟之多闻。我们批评政府,似亦可以谓之为直,而批评政府,责备政府之外,更进而维护政府,协助政府,则谅之为喻,庶几近之。直谅多闻,为民主精神之结晶,此种民主精神,本届大会,朝野双方均充分表现,实为最可珍贵之收获。记得第一届第一次大会二十七年在汉口开幕时,蒋委员长希望我们树立民主政治楷模,奠定民主政治基础。现在政府已决定将本会职权扩大,人数加多,而本次大会复表现此种良好民主精神,我们可以说我们没有辜负蒋委员长当年的期望。我们本届大会所表现的精神,实与政府民主的措施相互辉映,后先媲美。我们对于民主政治实又跃进了一步。此其三。

今天是"九一八",上届本会在此日开幕,本届则在这天闭幕,此其意义的深刻和沉痛,适才主席已再三言之。我现在只有一句话可说,便是我们要刻骨铭心,相喻于无言之中。最后谨祝蒋主席健康,并祝各长官和同人努力进步。

(原载《国民参政会第三届第三次大会纪录》,国民参政会秘书处)

8.休会期间驻会委员会委员名单

(一九四四年九月十八日)

褚辅成　林　虎　孔　庚　王云五　冷　遹　左舜生　董必武
杭立武　李中襄　王启江　张君劢　陈博生　许孝炎　胡　霖
钱公来　郭仲隗　江一平　王普涵　许德珩　李永新　罗　衡

陈启天　朱贯三　胡健中　黄炎培

（原载《国民参政会第三届第三次大会纪录》，国民参政会秘书处）

（三）国共两党代表报告谈判经过
——会议报告和重要议案

1. 目录提要

一、政府交议者

（一）三十四年度国家施政方针　　　　　　　　　　　政府交议

（二）为改善部队官兵生活筹措专款来源咨询大会意见请赞助案

　　　　　　　　　　　　　　　　　　　　　　　　行政院提

二、关于军事及国防者

（一）迅速改善士兵生活案　　　　　　　　　　赵　澍等提

（二）改善国军官兵人马待遇应请政府统筹财源以免加重人民重复负担案　　　　　　　　　　　　　　　　　　　　　　王亚明等提

（三）改善征兵办法案　　　　　　　　　　　　褚辅成等提

（四）改善役政案　　　　　　　　　　　　　　但懋辛等提

（五）改善兵役办法案　　　　　　　　　　　　陈逸云等提

（六）彻底改善兵役案　　　　　　　　　　　　张　炯等提

（七）建立统一的现代国防军确立军人不干政治之制度案　胡秋原等提

（八）拟具整军意见案　　　　　　　　　　　　马乘风等提

（九）力行建军事业并早日完成与建军配合诸计划案　陈云逸等提

（十）整理军事预备反攻案　　　　　　　　　　王普涵等提

（十一）严明赏罚并加强军民合作案　　　　　　韩兆鹗等提

（十二）申明军令严惩失机将领案　　　　　　　郭仲隗等提

(十三)确实加强沦陷区(战地)军政工作案 　　　　　　　　赵厉师等提

(十四)速派专员分别潜入东北四省联络伪满军民以利反攻案

　　　　　　　　　　　　　　　　　　　　　　　　王寒生等提

(十五)训练东北四省所需之各级干部案 　　　　　　王寒生等提

(十六)简选熟悉东北地理与语言之军队予以特别编制。提早集中训练案 　　　　　　　　　　　　　　　　　　　　刘风竹等提

(十七)训练寒地作战部队案 　　　　　　　　　　　王宇章等提

(十八)相机策动伪军反正配合反攻案 　　　　　　　席振铎等提

(十九)于江西设置战区或将全省于一个战区管区管辖之下并对辖区之国军充实整训案 　　　　　　　　　　　　　　　李中襄等提

(二十)设立台湾军政机构加强准备收复工作并速定台湾施政大计案

　　　　　　　　　　　　　　　　　　　　　　　　林庆年等提

(二十一)提早扩充海军案 　　　　　　　　　　　　何葆仁等提

(二十二)肃清川湘鄂三省边区巨匪案 　　　　　　　范　锐等提

(二十三)川省各县筹垫驻军副食马乾赔累过巨速谋改善以轻民累案

　　　　　　　　　　　　　　　　　　　　　　　　邵从恩等提

(二十四)赶速调整陕省军事给予标准案 　　　　　　李芝亭等提

(二十五)陕西拨补二战区军粮运杂等费赔累过巨拟请中央改发代金由二战区自行采购案 　　　　　　　　　　　　　　李芝亭等提

(二十六)提高空军作战人员待遇案 　　　　　　　　韩汉藩等提

(二十七)切实改善对抗战阵亡将士遗族抚救办法案 　程希孟等提

(二十八)加强总动员工作以保卫西南案 　　　　　　李中襄等提

(二十九)由本会发动各地民众团体及各界人士组织新兵(壮丁)服务社案 　　　　　　　　　　　　　　　　　　　　薛明剑等提

三、关于外交及国际事项者

(一)加强中苏友好关系案 　　　　　　　　　　　　魏元光等提

(二)加强对苏国民外交活动案 　　　　　　　　　　王冠英等提

（三）派遣苏联访问团案　　　　　　　　　　　　　荣　照等提

（四）战后应发展南侨经济案　　　　　　　　　　　何葆仁等提

（五）迅设华侨复产准备委员会案　　　　　　　　　胡木兰等提

（六）加强战后侨务筹划委员会组织案　　　　　　　连瀛洲等提

（七）请令各有关侨务机构尽量罗致录用各属华侨人才案　许文顶等提

（八）从速承认韩国临时政府案　　　　　　　　　　胡秋原等提

（九）奖励及便利旅居国外及内地新疆人士返乡案　　哈的尔等提

（十）确定处置倭寇之基本原则送交各盟邦参考案　　王冠英等提

四、关于内政事项者

（一）实施保障人民身体自由办法应请注重督导与检举之普遍案

　　　　　　　　　　　　　　　　　　　　　　　　张丹屏等提

（二）请即实施民主案　　　　　　　　　　　　　　韩兆鹗等提

（三）请刷新政治案　　　　　　　　　　　　　　　钱端升等提

（四）凡已成立临时县参议会之省份其临时省参议会应改为正式省参议会，变更选举方式并加重其职权案　　　　　　　　马景常等提

（五）令后方各省迅速完成县临时参议会，并择地方自治成绩优良县份限期成立正式县参议会，试行县长民选案　　　　　王普涵等提

（六）扩大省临时参会职权案　　　　　　　　　　　赵和亭等提

（七）实施民主监督制度，俾民意机关或舆论机关尽量举发贪污违法殃民案件案　　　　　　　　　　　　　　　　　　　徐炳昶等提

（八）明定各级民意机关得实施检举官吏之权案　　　阳叔葆等提

（九）战后复员应注重人才使用人力之培养与人口之增加案　唐国桢等提

（十）彻查中国茶叶公司颟顸诳报并严办职员舞弊案　黄炎培等提

（十一）彻底澄清税吏案　　　　　　　　　　　　　王晓籁等提

（十二）严惩贪污案　　　　　　　　　　　　　　　张丹屏等提

（十三）为澄清吏治与民更始惩处贪污以儆官邪案　　钱公来等提

（十四）多方防止贪污案　　　　　　　　　　　　　刘瑶章等提

（十五）请政府以最大之决心严厉之方式肃清贪污案　　　　　席振铎等提

（十六）请监察院切实负责纠劾官吏贪污失职案　　　　　　赵太侔等提

（十七）边远地区县以下地方自治建设经费无力自办请中央统筹补助案

　　　　　　　　　　　　　　　　　　　　　　　　　　　赵厉师等提

（十八）彻底肃清烟毒案　　　　　　　　　　　　　　　　张之江等提

（十九）彻底禁绝烟毒案　　　　　　　　　　　　　　　　但懋辛等提

（二十）从速拟定整顿全国警察具体计划，并大量训练优秀警察干部案

　　　　　　　　　　　　　　　　　　　　　　　　　　　胡庶华等提

（二十一）建议政府决心调整行政机构厘定行政职务以明责任案

　　　　　　　　　　　　　　　　　　　　　　　　　　　刘百闵等提

（二十二）调整土地行政实行土地政策案　　　　　　　　　王普涵等提

（二十三）速拨巨款办理豫战善后案　　　　　　　　　　　郭仲隗等提

（二十四）推动成立新疆省县各级民意机关案　　　　　　　哈的尔等提

（二十五）废除公务员服务提红给奖办法案　　　　　　　　喻育之等提

（二十六）遵限完成地方自治案　　　　　　　　　　　　　龙文治等提

（二十七）请预行编派各沦陷省市之行政交通工矿教育人员以利复员工作，并以东北四省首先试行案　　　　　　　　　　　　李锡恩等提

（二十八）速设东北复员机构案　　　　　　　　　　　　　莫德惠等提

（二十九）从速决定东北四省复员计划案　　　　　　　　　马　毅等提

（三十）为促进妇女参加各部门工作以增国力案　　　　　　唐国桢等提

（三十一）请通饬各机关不得歧视或拒用女性职员案　　　　吕云章等提

（三十二）湖南寇灾惨重请迅速救济案　　　　　　　　　　胡庶华等提

（三十三）请迅派大员查勘湖北光化等二十县旱蝗灾害并立拨巨款救济案　　　　　　　　　　　　　　　　　　　　　　　　　张难先等提

（三十四）晋省新绛等十七县蝗灾惨重请速拨巨款以赈灾黎案

　　　　　　　　　　　　　　　　　　　　　　　　　　　李鸿文等提

（三十五）军法司法当局此后对于法院判处徒刑之本团军事政治人犯归监狱执行者改为徒流制度案　　　　　　　　　　　　钱公来等提

（三十六）加强司法权之运用案　　　　　　　　　　　王亚明等提

（三十七）充实陪都中医院令速设置病室案　　　　　　曹叔实等提

（三十八）从速切实推行县市乡镇卫生工作案　　　　　伍智梅等提

（三十九）请政府广开贤路登用人才案　　　　　　　　张之江等提

（四十）请组织汉奸罪行调查委员会案　　　　　　　　奚　伦等提

（四十一）请颁布东北四省伪官吏自赎条例案　　　　　刘凤竹等提

（四十二）请财政军政两部将政府改善官兵及公教人员待遇之具体办法提交本会讨论案　　　　　　　　　　　　　　　　　　黄宇人等提

（四十三）为公教人员生活日益艰困应请政府采取有效办法以资补救案
　　　　　　　　　　　　　　　　　　　　　　　　　唐国桢等提

（四十四）请对负担直系亲属五口以上之公教人员实行以无代价发给超额人数米量以资救济案　　　　　　　　　　　　　　　张之江等提

（四十五）彻底改善公教人员生活，实行发给实物，并对子女众多之人员予以补助津贴案　　　　　　　　　　　　　　　　　　张之江等提

（四十六）设法救济家口众多之公教人员生活案　　　　李永新等提

（四十七）改善大学教授待遇提倡学术研究案　　　　　陆宗麒等提

（四十八）组织新疆宣慰团案　　　　　　　　　　　　哈的尔等提

（四十九）由本会组织新疆视察团案　　　　　　　　　周士观等提

（五十）宪政实施协进会增加女委员二人案　　　　　　刘蘅静等提

（五十一）国民参政会关于宪法决议案将来由中央交国民大会审查案
　　　　　　　　　　　　　　　　　　　　　　　　　马景常等提

（五十二）修正《五五宪草》案　　　　　　　　　　　马景常等提

（五十三）普及宪草研究以唤起民众注意案　　　　　　达浦生等提

（五十四）缩小省区案　　　　　　　　　　　　　　　王隐生等提

（五十五）扩大举行备用县长甄审及考试以储备县政建设人才案
　　　　　　　　　　　　　　　　　　　　　　　　　张之江等提

（五十六）请继保障人民身体自由后速颁布保障人民财产自由办法案
　　　　　　　　　　　　　　　　　　　　　　　　　光　升等提

(五十七)请制定社会礼法改善人民习惯养成文明国民风度案

　　　　　　　　　　　　　　　　　　　　　　　　黄建中等提

(五十八)提高检察官职权案　　　　　　　　　　　刘蘅静等提

(五十九)请改订乡镇组织奠定宪政基础案　　　　　喻育之等提

五、关于财政经济事项者

(一)紧缩通货别筹的款弥补预算之不敷案　　　　　褚辅成等提

(二)重订国际贸易政策并调整贸易委员会组织案　　黄炎培等提

(三)确定对外贸易政策筹设战后对外贸易行政机构案　龙文治等提

(四)积极扩大外销物资增产基础案　　　　　　　　胡庶华等提

(五)简化稽征酌减税率案　　　　　　　　　　　　喻育之等提

(六)统一税务行政机构公定税额案　　　　　　　　韩汉藩等提

(七)整理国营事业案　　　　　　　　　　　　　　王普涵等提

(八)督促中央银行切实履行职员案　　　　　　　　黄钟岳等提

(九)从速成立中央合作金库案　　　　　　　　　　靳鹤声等提

(十)早日订定及公布战后复员期间货币整理政策及管制金融政策之原则案

　　　　　　　　　　　　　　　　　　　　　　　　奚玉书等提

(十一)积极推行简易人寿保险及提倡国民节储案　　刘百闵等提

(十二)确立我国保险政策案　　　　　　　　　　　王冠英等提

(十三)改善食糖征实办法案　　　　　　　　　　　曹叔实等提

(十四)乡镇公益储蓄之推行应遵照蒋主席之手令办理不应偏就市区工商界摊派案

　　　　　　　　　　　　　　　　　　　　　　　　王晓籁等提

(十五)减缓乡镇公益储蓄并改善劝储办法案　　　　邵从恩等提

(十六)规定公营机关及发动社会组合任用荣军并改善荣军管理制度案

　　　　　　　　　　　　　　　　　　　　　　　　席振铎等提

(十七)限制财政部长不得兼任银行董事长或总裁案　黄宇人等提

(十八)制颁限制私有财产法案　　　　　　　　　　王隐三等提

(十九)请明令确定数位以万万为亿案　　　　　　　张伯苓等提

(二十)粮食管制应以军粮民食兼筹并顾为原则请对今后配运军赋各粮及调节民食分别改善案　　　　　　　　　　　　　张丹屏等提

(二十一)田赋征实后陕省地方预算不敷甚巨,请中央将拨付百分之十五赋粮仍留实物或按市价拨付代金,并将拨补地方营业税提增至百分之五十案
　　　　　　　　　　　　　　　　　　　　　　　　李芝亭等提

(二十二)将田赋正附征实项下留拨地方百分之十五实物案　王普涵等提

(二十三)请对陕西省田赋征实仍照原有赋额办理其随粮征收百分之百之附加应请免除案　　　　　　　　　　　　　赵和亭等提

(二十四)核减本年度浙江省之征实征借数量案　　　　　褚辅成等提

(二十五)从速举办西北民生贷款案　　　　　　　　　　达浦生等提

(二十六)奖励西北开垦荒地案　　　　　　　　　　　　张作谋等提

(二十七)健全民用航空管理机构及加强其准备工作案　　胡庶华等提

(二十八)组织民航机构案　　　　　　　　　　　　　　薛明剑等提

(二十九)继续修筑黔桂铁路案　　　　　　　　　　　　张定华等提

(三十)战后航业政策亟应确定,沿海及内河航业应奖励民营并从速公布案　　　　　　　　　　　　　　　　　　　　　钱永铭等提

(三十一)充实湖北航运工具以为复员准备案　　　　　　喻育之等提

(三十二)加强东南陆空交通案　　　　　　　　　　　　何人豪等提

(三十三)救济煤矿童工案　　　　　　　　　　　　　　张之江等提

(三十四)扶植机器生产事业案　　　　　　　　　　　　李芝亭等提

(三十五)对于小型纱厂机器设备之折旧于战事结束前折尽应迅即实施案　　　　　　　　　　　　　　　　　　　　　薛明剑等提

(三十六)确定战后实施纺织工业方针案　　　　　　　　薛明剑等提

(三十七)农业建设案　　　　　　　　　　　　　　　　居励今等提

(三十八)加增陕省水利贷款案　　　　　　　　　　　　马　毅等提

(三十九)迅即确定农业政策推行农业合作案　　　　　　赵太侔等提

(四十)调整财政经济粮食各部职权及其所属机构案　　　李中襄等提

(四十一)关于沦陷区华商纱厂之保护与敌国纱厂之接收请政府预案
　　　　　　　　　　　　　　　　　　　　　　　　薛明剑等提

(四十二)提高棉价按时收购案　　　　　　　　　　　李芝亭等提

(四十三)提高陕棉价格并发现款案　　　　　　　　　韩兆鹗等提

(四十四)管制花纱布办法应注意实际情形及管制能力案　薛明剑等提

(四十五)财政部花纱布管制局对于西北棉产管制失当,请行政院切实查究严办,亟谋整顿案　　　　　　　　　　　　　　　　王普涵等提

(四十六)改革花纱布管制局业务以清积弊案　　　　　彭革陈等提

(四十七)迅予合理供应甘宁青绥四省花纱布匹案　　　张作谋等提

(四十八)迅予改善鄂棉管制方法案　　　　　　　　　喻育之等提

(四十九)改进收购鄂棉办法应筹措的款并利用棉商资力及时抢运案
　　　　　　　　　　　　　　　　　　　　　　　　陈　时等提

(五十)收购物资与分配物资原有办法应予改革案　　　喻育之等提

(五十一)提高收购羊毛价格案　　　　　　　　　　　罗麟藻等提

(五十二)请于粮价下跌声中保护农村利益并调整各物限价情况案
　　　　　　　　　　　　　　　　　　　　　　　　奚玉书等提

(五十三)裁并西北各地检查机关案　　　　　　　　　朱贯三等提

(五十四)扶助煤焦生产改善管制方式案　　　　　　　但懋辛等提

(五十五)对经济检查人员明令加以限制案　　　　　　孔　庚等提

(五十六)计划战后赶筑四大系统铁道配设四大国防军区案　张　缉等提

(五十七)划分公营与民营企业之范围案　　　　　　　王晓籁等提

(五十八)在战期中后方新兴各工厂为战后工业建设之始基该管机关对此当前问题应有重新检讨之必要案　　　　　　　　　钱公来等提

(五十九)加强农贷工作案　　　　　　　　　　　　　马　毅等提

(六十)改善土法开采煤矿厂添置机器设备并增加岚炭生产案
　　　　　　　　　　　　　　　　　　　　　　　　卢　前等提

(六十一)对于《节约计划大纲案》实施结果切实检讨并加强推行案
　　　　　　　　　　　　　　　　　　　　　　　　刘瑶章等提

(六十二)请改食盐就场征税案　　　　　　　　　　　曹叔实等提

(六十三)改善商业银行承兑业务案　　　　　　　　　靳鹤声等提

(六十四)川省府明定公称斗使用费为地方收入正式科目,各县渐有采行标包制度,苛细弊民,请政府令川省通令制止并取消该项收入科目案

但懋辛等提

(六十五)确定战后经建方针案　　　　　　　　　　刘明扬等提

(六十六)管制物价物资应注重人民生计案　　　　　张丹屏等提

(六十七)请裁撤经济检查队案　　　　　　　　　　靳鹤声等提

(六十八)计口授盐及凭证购食办法请从缓普遍推行并取消公卖店办法恢复零贩自由购售制度案　　　　　　　　　　但懋辛等提

六、关于教育文化等事项者

(一)初中外国文课程宜厉行分班分别教授案　　　　徐炳昶等提

(二)改变学制或课程应先期编制适当教材以资配合案　李芝亭等提

(三)缩短大中学校修业年限,研究重订必修课程之教材,并普遍推广训练班案　　　　　　　　　　　　　　　　　　奚玉书等提

(四)专科以上学校行政系统中请明定体育组织以加强体育训练案

魏元光等提

(五)设立边疆语文学院以配合战后边疆复员工作案　席振铎等提

(六)恢复国立北平师范大学案　　　　　　　　　　马　毅等提

(七)国民教育实施改善案　　　　　　　　　　　　李琢仁等提

(八)请通令全国学术刊物必须具有本国文字始准印行,以促进学术独立案　　　　　　　　　　　　　　　　　　　　　　徐炳昶等提

(九)对国内出版业比照公用事业予以救济案　　　　胡庶华等提

(十)对于大学教育应从大处着想不必规定细节案　　梅光迪等提

(十一)设立东北师范学院案　　　　　　　　　　　王宇章等提

(十二)沟通中国与南洋文化案　　　　　　　　　　林庆年等提

(十三)宽筹边教经费积极推广蒙藏中小学校教育与提高员生待遇案

李永新等提

(十四)切实援助同胞国民教育案　　　　　　　　　达浦生等提

(十五)对于公私立职业学校一律实行公费待遇案　　　　　江恒源等提

(十六)中央考选国外官费留学生按省区分配举行案　　　赵和亭等提

(十七)扩大招致战区青年工作案　　　　　　　　　　　刘次萧等提

(十八)从速设法救济河南战区青年案　　　　　　　　　郭仲隗等提

(十九)战后加强东北四省之文化教育工作案　　　　　　谭文彬等提

(二十)训练大批人员以备随同国军前往日本工作案　　　梅光迪等提

(二十一)请明令以十月六日为先师孔子诞辰,是日各级学校并举行释奠礼案　　　　　　　　　　　　　　　　　　　　　　　　卢　前等提

(二十二)各机关学校应设特别救济金以救济贫病之公务人员案
　　　　　　　　　　　　　　　　　　　　　　　　　　金曾澄等提

(二十三)公私立专科以上学校教职员进修研究办法及学生公费待遇应求一律平等案　　　　　　　　　　　　　　　　　　　余家菊等提

(二十四)筹拨巨款为普遍扫除文盲之用案　　　　　　　陈希豪等提

(二十五)高中毕业会考拟请分区由大学专校会同省市教育行政机关举行加考若干科目即作为入学考试案　　　　　　　　　　　黄建中等提

(二十六)大学专门毕业学生应即量才使用案　　　　　　居励今等提

(二十七)严格取缔私立中学限制立案成立禁止滥收费用广设国立中学增添班次尽先录取战区生及贫苦生案　　　　　　　　　　张之江等提

(二十八)培养专门人才案　　　　　　　　　　　　　　吕云章等提

(二十九)奖励教育文化事业提高学术文化水准案　　　　王冠英等提

(三十)加强培养体育师资尽量增设体育馆充实体育机构案　张之江等提

(三十一)建立三民主义学术体系案　　　　　　　　　　金曾澄等提

(三十二)各国立大学(理工各院)宜创设造兵学系案　　 王宇章等提

(三十三)整理国乐案　　　　　　　　　　　　　　　　王晓籁等提

(三十四)设立抗战史实编纂机构案　　　　　　　　　　马乘风等提

(原载《国民参政会第三届第三次大会纪录》,国民参政会秘书处)

2. 关于国共谈判的报告

林祖涵

各位先生：

国民参政会主席团要我报告国民政府派张文白、王雪艇两先生与中共中央派本人双方谈判的经过，本人对此感到十分兴奋。

国共两党关系应该公平合理的调整，在现政治情况下为十分紧要的事情，不仅参政会同人注意这一问题，全国人民也十分关切。我今天要报告的就是我们与张、王两先生四个月来谈判的过程。在这个过程中，大致有七十重要文件，主席团已印发各位，可请参考。

这次谈判，本人从延安出来，抱着满腔热诚，希望能够解决问题，并很高兴在西安，与张、王两先生不期而晤。我们的谈判在原则上存在着很大的距离，虽然我们的谈判尚未最后决定，但四个月来，还无结果可以报告。

谈判的重要问题

我们所要求于国民党中央的，第一个是全国实行民主政治的问题。在今天民族敌人正深入国土，抗战尚在艰巨时期，必须全国军民团结一致，必须全国人民都动员起来，才能坚持抗战与争取抗战胜利。日寇是一个工业发达的国家，它是有力量的，它正在我国境内作最后挣扎，我们必须重视这一严重形势。中国有四万万五千万人民，战胜日寇的力量是有的，不过没有团结起来，没有充分的发动起来，今天非常迫切需要将这全部力量团结起来，发动起来。用什么方法来团结全国力量，来发动全国力量呢？我们认为应该在抗战中实行民主政治，只有民主政治才能团结全国一切力量，动员全国一切力量，以拯救我们民族国家的灾难。我们主张实行三民主义，《抗战建国纲领》和中共提出的《十大纲领》；这三大纲领真正实行，就能团结全国力量。蒋委员长在抗战初期曾说过："地无分南北，民无分老幼，无论何人皆有守土抗战之责。"我党中央在抗战初期就主张实行民主，动员人民，实现全面全民的抗战；不应该是政府和军队片面抗战。我们对立即实施民主以增强全国团结抗战力量的意见,抗战以来是一贯如此主张,这次谈判也是这样提出来的。

其次,我们从国共两党关系上说,希望解决一些悬案。这些悬案主要是有关军队、政权与党三方面问题。我们在敌后抗战八年,军事政治形势有很多变化。在抗战初期,当时八万红军,政府只承认编了三个师,奉命出动,渡河入晋作战,并得到最高统帅部的命令,要我们组织些敌后游击挺进队,挺进敌后作战。我们自己看来,几年来在敌后艰苦作战做得还好。十八集团军、新四军在晋、冀、察、热、绥、辽、鲁、豫、苏、皖、浙、鄂、粤等省敌人占领区作战,粉碎了许多伪组织,建立了许多抗战政权,使青天白日满地红的国旗能够飘扬在敌人后方。我们经过七年的作战,正规军已增加到四十七万七千五百人,并组织了民兵二百二十万人。我们要求政府先给我们五个军十六个师的番号。同时我们在敌后已建立了十五个抗日根据地,人民选举了自己的政府,管辖了八千八百万人口。我们希望政府承认这些抗日民主政权,管理和指导这些抗日政权。在党的方面,我们要求政府给中共以公开合法的地位,对其他党派也是如此。我们希望政府撤销对陕甘宁边区政府的军事封锁与经济封锁,使边区的人员商旅能够有行动、交通、往返上的自由。

谈判的重要分歧

我们党向政府与国民党中央提出了这样的意见,国民政府曾有一个提示案给我们,张、王两先生要我们照中央提示案来办理。但这两者中间的差别距离很大,以至谈判到今毫无结果。本人现在仅略举几个较大的分歧之点来加以说明。

首先从军事问题来说。中共所领导的在敌后作战的正规部队四十七万五千五百人,八年来在异常艰苦的敌后环境,坚持与发展了华北、华中、东南敌后三大战场,抗击了绝大部分侵华日军与伪军,并成为将来总反攻的先锋部队。为了准备反攻的需要,政府应当奖励它,增强它,首先应该全部编成四十七个师才是合理。西安谈判时我提出请求政府暂编六军十八个师;张、王两先生表示碍难接受。我党中央六月四日提案请先给五军十六师的番号,而政府仍不愿答应,只允许编四军十个师。

特别是政府提示案中的编余部队"限期取消",及已编者"限期集中"二点办法,未能顾到抗战需要与敌后游击战争的环境。因为这些部队是敌后不愿当亡国奴的人民组织起来保卫家乡的抗日武装,他们正是执行了蒋委员长"地无分南北,民无分男女,人人皆有守土抗战之责"的号召,限期取消就等于不要敌后人民抗战,把敌后游击区再交给敌人,这自然是不应该的。

再从对敌后民选地方政府的分歧之点来看。敌后的各抗日政府,全是民权主义性质的。我们在敌后各抗日根据地除汉奸外,一切人民和抗日团体均享有一切自由和权利,政府由人民选举,领导着敌后人民团结一致,坚持抗战,是有很大成效的。我们要求国民政府承认这些敌后解放区民选政府为其所管辖的地方政府,而中央提示案则要取消。这是从抗战利益上不可理解的。

再次,关于党派的公开合法地位,与人民言论集会结社身体自由的保障等问题,依目前情形而论,并未见有何改善。我们略举几例来谈:言论自由问题。政府已表示言论尺度放宽,在实际上我们敌后近几个月来打了不少大胜仗,攻克了很多县城,这战报每月呈送军令部,始终未能发表,进《新华日报》也是被扣;再如人民身体自由,政府自八月一日宣布实行保障的规定,但是实际上,我们一再要求释放叶挺将军,他既非共产党员,去新四军更为政府所劝请,不应该拘禁他。我们要求释放自香港沦陷返粤被捕的廖仲恺先生的公子廖承志。此外还有许多政治犯身囚监中,我们也要求释放,但都未能做到。

七年前的"四项诺言"我党信守不渝

还有,张、王两先生给本人的信中也曾责备我党不实行"四项诺言",这一点也要加以说明。我们去年十二月曾在延安开会认真检查,检查结果,更证明我党对四项诺言确实完全做到了,信守不渝。譬如拿第一条:"孙中山先生的三民主义为中国今日之必需,本党愿为其彻底实现而奋斗"来说,我们对民族主义之实行表现在努力抗战,齐心合力打击日寇,以及对边区境内各民族平等地位的尊重上面;我们对民权主义的实行,表现在边区和敌后各根据地民选政府,实行三三制,保障人民言论集会结社身体等一切自由上面;我们实行民生主义,正表现在陕甘宁边区军队和机关的生产运动,减轻人民的负担,由前年二十万担公粮减到今年只征十六万担,我们不把公家的负担,全部压在老百姓头上。第二条:"取消一切推翻国民党政权的暴动政策及赤化运动,停止以暴力没收地主土地的政策",七年来我们坚守不渝。在农民与地主的关系中,我们是一方面保证交租交息,一方面实行减租减息;我们帮助私人工业的发展,并发展合作社,做到公私兼顾,公私两利。我们也早已实践了诺言,从无也从未曾想过要推翻国民党政权的事情。第三条:"取消现在的苏维埃政府,实行民权政治,以求全国政权之统一",这在各抗日根据地已经切实在实行民权政治,我们并不曾另立中央政府。我们只要求政府承认陕甘宁边区与敌后各抗日民选政府为它所管辖的地方政府。我们是赞成统一的,中国也必须统一,但统一必须是民主的统一。第四条:"取消红军名义及番号,改编为国民革命军,受国民政府军事委员会之统辖,并待命出动,担任抗日前线之责",我们对此也是实行已久,我们的军队在敌后艰苦作战的成绩就是证明。我们的部队几年来从未得到粒弹一饷的接济,而仍坚持敌后战争,拥护国民政府蒋委员长。凡此事实都足以说明我们已经实践了诺言。张、王两先生曾指责我们立法监察的不独立。但是我们在司法方面已做到切实保障各阶层人民的人权财权和地权等等;我们完全依靠人民来执行弹劾政府。所以我们那边绝少贪污渎职事件发生。

虽然,双方的距离还如此远,可是本人可以再度声明:中国共产党是一贯坚持团结抗战方针,耐心的期待政府观点的改变。

谈判经过真相

现在,本人再来说明一下自西安到重庆与张、王两先生谈判的经过。自从国民党十一中全会决议对国共关系采取政治解决方针以后,我们在延安,听到了很高兴,非常赞成。因为自民国二十九年新四军事件后,两党关系很僵,我是参政员,也因封锁而不能出来。我们请军委会驻延联络参谋打电报出来,表示我们愿来重庆,继续谈判,经政府复电同意后,本人因负边区政务,尚需布置春耕关系,直到四月底才能动身。在西安与张、王两先生一共会谈五次。本人初见张、王两先生,主要先请示政府的政治解决究竟是如何解决法？以及向他们报告边区情形。张、王两先生一再要我提出具体问题来谈，我当时提出以本年三月十二日国父诞辰日周恩来同志的演说作谈判基础，张、王两先生不赞成。他们提议先谈军事及边区问题，我认为也可以。因先报告了中共领导下军队的数目，并问中央可以答应给我们编多少？张先生要我讲。我说请先给六个军十八个师；张、王两先生认为太多，只同意四个军十二个师。以后会商几次，到最后一次会面时谈话，商定将历次会谈双方意见整理成纪录，双方签字，各报告其中央，由两党中央作最后决定。当时我就照我们双方原先约定的首先在这纪录上签字，但张、王两先生未签。纪录系综合双方意见而成，张、王信里说只是我个人意见，显然不是事实。

到重庆以后，我党中央即来电报提出二十项意见，由我于五月二十二日交张、王两先生，请其转陈国民党中央。张、王两先生认为有些条件这样提法无异宣布国民党罪状，不肯接受。本人为尊重张、王两先生意见起见，向我党中央请示，将二十条改为十二条，其余八条改为口头要求，由本人于六月五日送交张、王两先生。张、王两先生同时将政府提示案交给我，但对我党中央提案则不允收转，一直争执到六月十五日，才复信称已转呈政府，但解决办法仍照政府提示案不能变更，谈判遂呈僵局。

当时国民党中央宣传部部长梁寒操先生曾对外国记者发表谈话说，谈判停顿，中共要觉悟才好。有记者跑来问我，我于七月二日有谈话发表在《新华日报》，表示我党的态度是只要对于抗战团结与促进民主有利，我们都可商量。七月二十六日，梁部长又发表不合事实的谈话英文稿，我党周恩来同志于八月十三日曾发表谈话，说明谈判并无结果，并解释此事责任并非在我。但我党中央仍希望谈判能有结果，曾来电请张、王两先生赴延安继续谈判。张、王两先生说此事可以商量。两党谈判的经过情形大致如此。

挽救危局准备反攻应采急救办法

最后，我应当声明：中国共产党很盼望把问题解决，我们所提的意见都是正确的合理的，希望政府能一切从抗战民主团结利益出发，接受我们的合理要求。现在日寇正在作垂死前的挣扎，我们中国的抗战要保持今天的国际光荣地位,要打败日寇,要得到永久和平,都不能坐待盟友的奋斗,需要更靠我们自己的努力,需要团结与动员全国的力量,才足以停止敌人的进攻及准备力量配合盟邦的反攻,我们认为,挽救目前抗战危机,准备反攻的急救办法,必须对政府的机构人事政策迅速来一个改弦更张。这几天参政员诸先生的各项询问,也正说明了我们政府的机构人事到政策都有很多毛病,不能适合今天抗战的要求。因此我坦白的提出,希望国民党立即结束一党统治的局面,由国民政府召开各党各派、各抗日部队、各地方政府、各人民团体的代表,开国事会议,组织各抗日党派联合政府,一新天下耳目,振奋全国人心,鼓励前方士气,以加强全国团结,集中全国人才,集中全国力量,这样一定能够准备配合盟军反攻,将日寇打垮。

(1944 年 9 月 15 日)

(原载 1944 年 9 月 17 日重庆《新华日报》)

3. 关于国共谈判的报告

张治中

一

关于中共问题商谈的经过,国民参政会诸位先生要求提出报告,治中奉命代表政府,只把这一次商谈经过,简明扼要,报告如下:

在本年一月间,据军事委员会派在十八集团军之联络参谋郭仲容给军令部子筱电,说:"本月十六日毛泽东先生约谈,表示目前中共拟于周恩来、林祖涵、朱德总司令中择一或三人同行到渝,晋谒委座请示,并嘱报告请示可否。"二月二日,军令部复郭联络参谋一电:"朱、周、林各位来渝,甚表欢迎。来时请先电告。"嗣接郭联络参谋二月十八日电:"毛泽东先生谈,中共决先派林祖涵先生赴渝。"至四月间,又接郭联络参谋来电,谓据朱德、周恩来、林祖涵先生说,林定四月二十八日起程。中央据报后,于五月一日派治中和王世杰先生到西安先与林祖涵先生作初步会谈。我们与林先生同于二日先后到达西安。计自五月四日至十一日,在西安会谈五次。会谈中关于林先生表示的意见,都记录下来,作成一个记录,送给林先生看过以后,经林先生增减修改,当面交给我们,并签字于记录上面。当时林先生询问我们可否也在上面签字,我们以为这是林先生所提出或同意我们一部分的意见,自只应由林先生签字,至于中央的意见,我们当于返渝请示之后,正式提出。现在将林先生签过字的记录原文录下:

自五月四日至同月八日的会谈中所表示的各项

(甲)关于军事者

(一)第十八集团军暨原属新四军之部队,服从军事委员会之命令。

(二)前项部队之编制,最低限度照去年林彪所提出四军十二师之数。

(三)前项部队经编定后,仍守原地抗战,但须受其所在地区司令长官之指挥,一俟抗战胜利后,应遵照中央命令移动,以守指定集中之防地。

(四)前项军队改编后,其人事准由其长官依照中央人事法规呈报请委。

(五)前项军队改编后,其军需照中央所属其他军队同样办法,同等待遇。

(乙)关于陕甘宁边区者

(一)名称可改称陕北行政区。

(二)该行政区直隶行政院,不属陕西省政府管辖。

(三)区域以原有地区为范围(附地图略),并由中央派员会同勘定。

(四)该行政区当实行三民主义,实行抗战建国纲领,实行中央法令,其因地方特殊情形而需要之法令,可呈报中央核定施行。

(五)该行政区预算,当逐年编呈中央核定。

(六)该行政区及第十八集团军等部队,经中央编定发给经费后不得发行钞票,其已发之钞票,由财政部妥定办法处理。

(七)该行政区内,国民党可以去办党办报,并在延安设电台;同时国民党也承认中共在全国的合法地位,并允许在重庆设电台,以利两党中央能经常交换意见。

(八)陕甘宁边区现行组织,暂不予变更。

(丙)关于党的问题者

依照《抗战建国纲领》之规定,予中共以合法地位,停捕人、停扣书报、开放言论、推进民治,立即释放因新四军事件而被捕之人员,及一切在狱中之共产党员,如廖承志、张文彬等,并通令保护第十八集团军及新四军之军人家属。

(丁)其他

(一)中央表示继续忠实实行"四项诺言",拥护蒋委员长领导抗战,并领导建国,国民党表示愿由政治途径公平合理的解决两党关系问题。

(二)撤除陕甘宁边区之军事封锁,现在对于商业交通,即先予以便利。

(三)敌后游击区的军事政治经济问题,服从国民政府及军事委员会的领导,一切按有利抗战的原则去解决。

林祖涵
五月十一日

附:去春林彪师长所提四条

(一)党的问题,在《抗战建国纲领》下,取得合法地位,并实行三民主义,中央亦可在中共地区,办党办报。

(二)军队问题,希望编四军十二师,请按中央军队待遇。

(三)陕北边区照原地区改为行政区,其他各地区另行改组,实行中央法令。

(四)作战区域,原则上接受中央开往黄河以北之规定,但现在只能作准备布置,战事完毕,保证立即实施,如战时情况可能,——如总反攻时——亦可商承移动。

二

因林祖涵先生已有具体意见表示,我们遂于五月十七日同林祖涵先生回重庆。当时中央正要开十二中全会及全国行政会议。虽在百忙之中,仍然将在西安谈话经过及林祖涵先生所表示意见,报告中央,由中央考虑解决此项问题之具体方案。于六月五日约林祖涵先生晤面,即将《中央对中共问题政治解决提示案》文件一种,面交林祖涵先生,其原文如下:

三十三年六月五日中央对中共问题政治解决提示案

兹以林代表祖涵在西安所表示之意见为基础,作以下之提示案:

（甲）关于军事问题

（一）第十八集团军及其在各地之一切部队，合共编为四个军十个师，其番号以命令定之。

（二）该集团军应服从军事委员会命令。

（三）该集团军之员额，按照国军通行编制（由军政部颁发），不得在编制外另设纵队支队或其他名目，以前所有者应依照中央核定之限额取消。

（四）该集团军之人事，准予按照人事法规呈报请委。

（五）该集团军之军费，由中央按照国军一般给与规定发给，并须按照经理法规办理，实行军需独立。

（六）该集团军之教育，应照中央颁行之教育纲领教育训令实施，并由中央随时派员校阅。

（七）该集团军之各部队，应限期集中使用，其为集中以前，凡其在各战区内之部队，应归其所在地战区司令长官整训指挥。

（乙）关于陕甘宁边区问题

（一）该边区之名称，定为陕北行政区，其行政机构为陕北行政公署。

（二）该行政区区域，以其现有地区为范围，但须经中央派员会同勘定。

（三）该行政区公署直隶行政院。

（四）该行政区，须实行中央法令，其因地方特殊情形而需要之法令，应呈报中央核定实施。

（五）该行政区之主席，由中央任免，其所辖专员、县长等，得由该主席提请中央委派。

（六）该行政区之组织与规程应呈请中央核准。

（七）该行政区预算，逐年编呈中央核定。

（八）该行政区暨十八集团军所属部队驻在地区，概不得发行钞票，其已发行之钞票应与财政部妥商办法处理。

（九）其他各地区，所有中共自行设立之行政机构，应一律由各该省政府派员接管处理。

（丙）关于党的问题

（一）在抗战期内依照《抗战建国纲领》规定办理；在战争结束后，依照中央决议，召开国民大会制定宪法实施宪政；中国共产党与其他政党，遵守国家法律，享受同等待遇。

（二）中国共产党，应再表示忠实实行其四项诺言。

在中央提示案面交林祖涵先生之后，并经声明中共如将以上办法实行后，则中央对于撤去防护地区之守备队，可予考虑，并可恢复该地区与其邻地之商业交通，及中共人员违法被捕者，亦可从宽酌予保释。林先生随从口袋内取出一函，附有《中国共产党中央委员会向中国国民党中央执行委员会提出关于解决目前若干急切问题的意见》文件一份，交与我们阅看，其原文如下：

中国共产党中央委员会向中国国民党中央执行委员会
提出关于解决目前若干急切问题的意见

国共两党合作抗战已历七年，中共谋国之忠诚，抗战之英勇，执行三民主义，实践四项诺言，拥护国民政府及蒋介石先生抗战建国，始终如一，均为有目所共见。惟目前抗战形势，极为严重，日寇继续进攻，而国内政治情况与国共关系，尚未走上适合抗战需要之轨道。为克服目前困难，击退日寇进攻，并认真准备反攻起见，中共方面认为，惟有实行民主与增强团结一途。为此目的，中共希望政府方面，解决以下紧急万分问题。这些问题，有关于全国政治方面者，有关于两党悬案方面者，兹率直胪陈如下：

（甲）关于全国政治者

（一）请政府实行民主政治，保证言论、出版、集会、结社及人身之自由。（二）请政府开放党禁，承认中共及各抗日党派的合法地位，释放爱国政治犯。（三）请政府允许实行名副其实的人民地方自治。

（乙）关于两党悬案者

（一）根据抗日需要、抗战成绩，及现有军队实数，应请政府对中共军队，编十六个军四十七个师，每师一万人。为委曲求全计，目前至少给予五个军十六个师的番号。（二）请政府承认陕甘宁边区，及华北根据地民选抗日政府为合法的地方政府，并承认其为抗战所需要的各项设施。（三）中共军队防地，抗战期间维持现状，抗战结束后，另行商定。（四）请政府在物质上，充分接济十八集团军及新四军,自一九四〇年以来,政府即无颗弹片药分钱粒米之接济,此种状况,请速改变。(五)同盟国援助中国之武器、弹药、药品,应请政府公平分配于中国各军,十八集团军及新四军,应获得其应得之一份。(六)请政府饬令军政机关,取消对于陕甘宁边区及各抗日根据地的军事封锁与经济封锁。(七)请政府饬令军事机关,停止对于华中新四军及广东游击队的军事攻击。(八)请政府饬令党政机关,释放各地被捕人员,例如皖南事变时,被俘的新四军官兵叶挺等,广东的廖承志、张文彬等,新疆的徐杰、徐梦秋、毛泽民、杨之华、潘邰等,四川的罗世文、车耀先、李椿、张少明等,湖北的何彬等,浙江的刘英,西安的宜侠父、石作祥、李玉海、陈元英、赵祥等。此等人员均系爱国志士,请予恢复自由,以利抗日。(九)请政府允许中共在全国各地办党办报;中共亦允许国民党在陕甘宁边区及敌后各抗日民主边区办党办报。

  以上各条谨举其主要者。中共方面诚恳希望我国民政府,予以合理与尽可能迅速之解决。诚然西方反希特勒斗争,今年可胜利,东方反攻日寇,明年必可开展,而且日寇正大举进攻,威胁抗日阵线。若我国共两党不但继续合作,而且能对国内政治予以刷新,党派关系予以改进,则不特于目前时局大有裨益,且于明年配合同盟国举行大规模之反攻,放出坚固之曙光。愿我政府实利图之。

中共中央代表 林祖涵
民国三十三年六月四日

  此时我们曾对林祖涵先生说:上次于五月二十二日先生所提出之二十项,因内容与在西安所表示的意见出入甚大,未便接受,当经先生收回。此次所提出之十二项,项目虽较前减少,但内容并未改变,本来不能接受。惟不欲过拂先生的意思,仅允留下,但不能转呈。当时林先生说就留在你们两位处参考亦好。

三

  到了六月六日,我们接到林祖涵先生的来信,对于中央提示案,提出两点声明:第一,认为提示案与中共六月四日正式提出的意见,相距甚远,除将提示案报告中共中央请示外,并请将中共提出的十二条,转请中央作合理解决;第二,对于提示案开头所说的"以林代表祖涵在西安表示之意见为基础"一语,认为与经过事实不符。他认为西安的记录是"最后共同作成的初步意见",他同意"约定各自向其中央请示,再作最后决定"。因此,他还是希望中央考虑中共最近正式提出的意见。我们当即在六月八日回林先生一封信,就他所声明的两点,提出答复:第一,林先生六月五日交来的函件,因为前后出入太大,曾经声明未便转呈,林先生最后说:"就留在你们两位处参考也好",所以当时仅允留下,但仍声明不能转呈;第二,在西安谈话中记录下来经过林先生增减修改,另自缮清再行签字的意见,我们回来以后,已经转呈中央。所以中央提示案,就以林先生的意见为基础,并且尽量容纳了林先生的意见,希望林先生能够完全接受。

四

六月十一日,又接到林先生来信,他对我们六月八日的回信,认为"有两点甚难理解":第一,说我们已承认他是中共的代表,就不应该不把中共正式提出的意见转报中央,而只片面要求他个人接受中央提示案,他个人如何能够做主;第二,他承认六月五日面交的中共所提的十二条,诚与西安商谈的意见"略有"出入,但中央提示案和西安商谈的意见亦有出入,他以为这种谈判过程中的出入,双方都有,不足为异。他现在已经将中央提示案电告中共中央,我们就不应该拒绝将中共正式提出的意见,转呈中央请示。

其实林先生说不能理解的两点,事实是很明显的。正因为林先生是中共的代表,所以他所表示的意见,当然可以作算的。至于中共随后所提的十二条,内容与林先生的意见大有出入,而且中共对于服从军令政令的根本观念,并无表示,只是提出片面的要求,所以我们当时郑重声明不能转呈,是不难理解的。但我们因为希望问题早日得到解决,尤不愿大家因此发生误解,所以仍将林先生交来的十二条转呈中央政府。随奉中央指示,以"中央六月五日已以提示案交林代表转达中共,凡中共意见,中央政府所能容纳者,该提示案已尽量容纳,希望中共方面接受"。

六月十五日,我们就将中央的指示,函达林先生,并申述此次商谈之基本精神,须本统一国家军令政令之原则,为改善现状,增强团结的前提。而中共所提十二条的内容,对于如何实行中央政府的军令政令,和改善措施、整编部队各点,均未提及。至于整编部队的数字,在西安时我们说可能的数字是三军八师,现在中央提示案决定为四军十师,比较我们所说的数字还增加了两师,可见中央尽量迁就的意思。

五

六月十五日我们回复了林先生的信以后,经过十几天,中共方面,对于中央提示案仍无答复。至七月三日,林先生约我们会面,口头提出,对中央提示案有两点商量:第一,关于政治问题,希望中央将"民主"尺度放宽;第二,关于军队问题,希望按五军十六师扩编。同时又说,延安有电报,欢迎你们两位到延安商谈。当时我们就说明:关于民主问题,政府已在采取各种措施,促进民主政治的实现,例如废止图书事先强制审查办法,严令后方各省完成县参议会之设置,及中央即将公布保障人民身体自由的法令,和其他正在拟议中的很多关于民主的措施,不必列举。至于军队扩编数目的问题,中央现在正在励行精兵政策,尽量的紧缩单位,对于中共的要求,已经尽最大限度来容纳,如果拿抗战初期国军数额和现在增加数额来作一对比,就可以了解中央委曲求全的苦衷。最后我们认为这样谈下去,有点像故意拖延,似乎应该将中央提示案作一全面确切的答复,来作具体商讨的基础;不宜再在口头上空言往返,讨价还价,徒增枝节。并表示,如在重庆能得到结论之后,我们可以考虑去访问延安的问题。

六

至七月十三日,林先生又来会面,当时他请中央对他们所提的十二项有所"指示",而对于中央交给他们的提示案如何答复问题,他并未提及。当时我们以林先生所提各项问题过去多已经加以说明,殊不必再加辩驳,仅答林先生:来意已明,我们再另订期商谈而散。

七

到了七月二十三日，林祖涵先生又来一信，内容仍系问及我们对他所提十二项的意见，是否已请示答复，并请我们到延安去。

七月二十五日，我们再与林先生见面，对于他所提十二项内列各项问题，在口头上曾有较详细之解释，并告以中央所提出之提示案，即系中央具体意见，乃中共延久未予答复，并且我们曾说中共如此态度，很像有意拖延，不愿意来解决这个问题的。

八

我们在这个期间，曾继续研究这个问题，并且考虑在上一次口头答复之后，应该再有一个书面答复，才比较具体，又于八月五日同林祖涵先生见面一次，曾说明我们预备将上一次口头答复的意见，变成一个书面答复，同时并等你们对中央提示案有确实答复之后，那时我们再考虑进一步商谈，和是否去延安的问题。在此次谈话后，于八月十日根据前意见写成一信，送给林祖涵先生，其要旨如下：

从五月三日在西安晤面起，已逾三月，自六月五日面交中央提示案以后，亦两月余，迄未得中共切实答复，殊出初料之外。此次政府提示案之内容，不但对去岁林彪师长所请求各款，几已全部容纳，即对先生在西安表示之意见，亦已大部容纳，中共既表示拥护团结与统一，请即促其接受。

关于中共之十二条意见，第一至第三条，政府提示案中，已剀切申示：在抗战期内励行中共及一切党派所已接受之抗战建国纲领；在抗战结束后一年内实行宪政，予各党派以同等地位。意义明皙而具体。若于申示以外，标举若干毫无边际之抽象文句，徒为异日增加纠纷。现在中央政府已定之政策，在依抗战进展、胜利接近与夫社会安定，逐渐扩大人民自由范围，促进地方自治；一方面政府希望中共接受提示案后，随时提出关于励行《抗战建国纲领》之意见，并积极参加参政会及宪政实施协进会之工作，期彼此观点渐趋一致，国家真正统一团结，可以实现，此为政治解决之根本意义。

十二条中关于军队编制、数额、军队驻地、军饷、军械者四条。十八集团军原来编为三师,现在允许扩编四军十师,在政府励行精兵政策裁减单位之时期中,自属委曲求全之至。关于军队驻地,提示案一面指示集中使用之原则,一面规定在集中前整训指挥系统,实已面面兼顾。至于军饷,则已规定与国军享受一律待遇;军械则政府当随时依需要与所负之任务为合理之分配。

十二条中,要求政府承认"陕甘宁边区"及"华北根据地民选抗日政府"之一条,在陕北边区问题,政府提示案中已提出十分宽大之办法,至其他任何地区之行政机构,自当依照提示案,由各该管省政府接管,以免纷歧。

其他尚有若干要求,或则与事实不符,或则与事理不合,均已向先生口头说明,兹不赘述。

九

以后接到林祖涵先生八月三十日来函,以奉中共之命答复我们八月十日的去信,大意是:

(一)认为我们八月一日的信上,含有责备中共无理拖延之意思,系完全不合事实与错误的见解。因为政府提示案与中共所提之书面十二条与口头八条,原则上相距太远,并举出:(1)提示案对于实行民主政治、承认各党合法、释放政治犯等一字未提;(2)编军的数目和编制外军队取消及军队集中使用;(3)只要求边区政府实行中央法令,而不提实行三民主义,不承认现行各项设施与法令;(4)取消敌后抗日根据地的人民选出之民主政府等,承认为距离太远的事实。

(二)认为根本解决问题的障碍,由于中央政府与中共及"全国广大人民"的观点,有着很大的距离;因为政府始终不愿意立即实行三民主义和民主制度。

(三)希望中央政府在解决全国政治问题与国共关系问题,应把整个国家民族的利益放在第一;应从有利全国抗战,有利促进民主的观点出发。后面又重复提到上面已经列举过的"政治问题"、"军队问题"和"边区"及"华中、华南、华北各抗日根据地"等问题,重申第一项各点所持的态度,同时扩大了许多范围。

(四)申述中共始终忠实执行"四项诺言",忠实实行三民主义,坚持民主团结与政治解决的方针,证明中共不愿使谈判破裂。

我们看了林先生八月三十日来信之后,使我们感觉诧异,其中所举各项情形的真实性,究竟到如何程度?想各位都会有一个很确当的判断,用不着多加说明。我们是奉命商谈具体问题,从去西安到现在,已经把问题愈谈愈远了。所以远的原因,诸位从以上的文件里,可以看得出,我们不能不引为惋惜。但是我们并不绝望,为了使中共方面,能够确实的明了我们的意思,所以随后就复了一信(九月十日)。大意是:

申述中央政府命我们与先生商谈,在求全国之真正统一,亦即求中共切实履行"四项诺言",切实拥护全国政权的统一;如先生所说中共始终执行"四项诺言",则中共对各地国军何致有许多侵犯之事实?中央何致今日尚须命我们与先生商谈服从军令政令等问题?

中央命我们与先生商谈统一,原为未来之宪政与整个三民主义之实施,树立强固的基础。关于民主政治及党派问题,中央提示案已有剀切条文,我们八月十日函内复有详细的申说,何以说是"一字不提"?来函所说的中共在边区及敌后各抗日根据地彻底实行了三民主义,又说在中共的一切地区内,一切人民和抗日团体,均享有一切自由和权利,但有许多事实,迫着我们否认。即如民主与自由,国父遗教,欲以五权分立为民主的正轨与人民自由的保障。中共区域内可有司法权监察权独立的事实?中共区域内的人民乃至共产党员,可有言论自由、身体自由的保障?我们前函希望对于民主自由等问题,勿提出毫无边际的抽象要求,并请中共随时与中央政府、国民参政会以及宪政实施协进会等切实商讨各项问题的解决办法,不惟至当,且属必要。

说明来函所提种种问题,早已一一奉告,其中一点,即中央提示案对于去岁林彪师长和最近先生在西安所提意见,已经"大部容纳",确系绝对真实。但先生依然强调"距离太远",可是距离远的原因,不外是因中共的要求与时俱增:先生在西安所提的较去年林师长所提的多,中共所提的十二条又较先生在西安所提的多,此次来函又于十二条以外,加上所谓"口头八条"。要求即与时俱增,距离乃不能不远。例如陕北边区和所谓"其他抗日根据地"问题,林师长所提为

"陕北边区原地区改为行政区,其他各地区,另行改组,实行中央法令";先生在西安签字的文件,并未列入"其他抗日根据地";中共所提十二条中,则要求承认"陕甘宁边区及华北根据地民选抗日政府";先生来函则更以"陕甘宁边区政府及华北、华中、华南敌后各抗日根据地民选抗日政府"的承认为言。此种逐渐变化、逐渐扩大要求的情形下,倘商谈不能接近,其责任究在谁方?

说明中央政府与国民党决不将一党一派的利益置于国家民族利益之上,切望中共能够同守此旨。

最后说到,只要于事实有益,我们赴延安一节,亦所乐从。兹问中共能否派负责代表来重庆解决本问题,并派何人代表偕返重庆。

十

这一次商谈的经过和来往有关文件的重要内容,一一报告如上。今日中共问题,为了国家统一团结及争取抗战胜利、建国成功,全国的人民都热切希望早日得到合理的解决。我们受中央政府之命令,负着商谈的任务,当然更抱着最大的热忱和希望。中央政府所求的,只为军令与政令的统一。必须如此,乃能有确实的团结,乃能以举国军民一致的力量,打击敌寇;更必须如此,乃能有利于抗战建国。在这一个大前提之下,中央政府无不根据事实,委曲求全,尽量容纳中共的意见,这在中央提示案上,都可明白看出来的。至于民主自由问题,中央政府一向重在实事求是,实在去做,不欲徒托空言。在《抗战建国纲领》原则之下,如开放言论、保障人民自由、扩大民意机关职权,都在着着进行;今后自仍本此方针,继续致力,使战争结束之后,能够顺利推行宪政。那时候,党的问题,自然可以解决。现在中共方面,虽然还没有接受中央提示案和实行遵守国家军令政令的表示,但是我们希望中共当能本诸团结抗战的真义,以事实和行动来践履诺言,实现国家真正统一。中央政府决不变更政治解决的方针,而且竭诚期待中共修正其所持的观点,早日解决这一问题,以慰全国同胞的期望。因为诸位先生对这一问题之关切,特来报告关于本问题商谈经过,并郑重说明中央政府的态度和愿望,还请诸位先生赐教。

(原载 1944 年 9 月 16 日重庆《大公报》)

4. 对国共谈判的意见

王云五

本席以参政员资格,在开会前一天写了一封信给主席团,请求转请政府把和中共商谈的经过和结果向大会报告。我们的请求动机有三点:第一,本会以团结全国力量为最大任务,对于任何阻碍团结的因素都不能不想办法去消灭。第二,现在已经接近抗战最紧张的关头,当然需要集中全国力量,尤其是兵力来抗战。我们知道,中共方面是拥有相当的军队,同时政府在防护地区也保有相当的部队,假如团结问题能够早日解决,这两部分力量,都可用在抗战和反攻上面。第三,本会同人都是人民代表,我们对于执政的国民党,一个很有力的政党,和中国共产党不结合携手,这点是我们所最关怀的。

由于上述三个动机,所以我们才有上述这一个建议。现在很高兴,我们的建议被主席团接受了,也被政府接受了。对于今天的情形,本人感到十分感动。因为我今天想不到这个会可以公开,这一个公开的精神,就足以象征这个问题可以得到解决。向来像这一类问题解决的进行,都是秘密的,而现在居然能够公开,这可以使我们钦佩政府的坦白,同时上午听了林参政员的报告,和现在政府代表张部长的报告,都充分表现其诚恳及政治家的风度。他们把内容坦坦白白的说出来,在这种情形下,尤其使我们感到得问题实在有解决的希望。

现在说到个人的意见,我是没有党没有派的一个人,我的意见,是纯粹站在国民一分子和国民代表的地位,本着良心来说的意见。

今天听了林参政员和张部长的报告,我把他们归纳起来,虽然说问题很不少,但是最重要的问题,也是问题症结所在的地方,却只有两个:一个是政权公开,一个是军令统一。政权公开,是中共所提的。其实不但是中共所主张,我想全国人民也同样的主张。而国民党和政府,也是一再宣布他们还政于民的决心。军令统一,是政府所提出的,当然,这也不但是政府的主张,也是全国人民的主张,就是中共也是赞成的,因为中共"四项诺言"中的第四项也是明白申言:十八集团军愿意在军委会管辖之下,接受军委会指挥;在林师长彪的四个条件之中,也有服从中央的字样;在西安中共代表所提的意见中,也有这一条。今天还听到林参政员恳切坦白的申言,中共决心实践"四项诺言"。这就是说,军令统一也不成问题,今天已由林参政员口中恳切的表现出来了。在这两大原则之下,一个政权公开,一个军令统一,双方都同意,都没有异议,从这两个原则上去求解决,哪有不能解决的问题。

现在再引申说明如下:

就政权公开来说,已经由国民党,由政府,由领袖再三申明。在抗战完结后实行宪政。对于这点,我们很钦佩国民党和政府的大公无私的精神。不过问题在哪里,在时间问题。大家都盼望它很快实现。现本席当然也同样盼望它很快能够实现。但是有一个事实问题,就是要实现宪政,就还须宣布宪法,宣布宪法就是召开国民大会。现在要召开国民大会,当然有困难,但是我们想,所谓宪法有两种:一种是有形式的,就是颁布召开国民大会宪法;一种是无形式的,不必颁布宪法,自然慢慢走上宪政的路上。后者现在很可以做。假使政府真正能把训政约法去执行,假使政府能够扩大各级民意机关的职权,那么即使是不具形式的宪政,也可以走上真正的宪政的轨道,而我们的政权公开,也就更推进一步了。

其次,就军令统一来说:刚才说过,中共承认军令应该统一,政府和全国人民也是同样的看法。刚才听到两个报告,说差多少军多少师的话,我想在军令统一的大原则下,这是很简单的,没有问题的。现在反攻正要用兵的时候,双方一两师的差别,完全是枝节的问题。大问题在军令统一。假使军令真能统一,所有军队都是国家的军队,没有彼此之分,界线之别。为了反攻,我们需要大量的军队,我想这个问题应该不成问题,希望在不久的将来,就可以得到一个解决。

此外,我对于整个问题还有两点意见:

第一,我希望政府和中共能够继续的加速的商讨。我们向后(指会场所写的标语)可以看见两个标语:"国家至上,民族至上"。我们希望政府和中共都要把这八个字时刻放在心上。本着这八个字的精神去解决,相信没有不可解决的问题。更希望政府和中共都本着互让的精神,加速的求得问题的解决。

第二,我们希望过去的事情不必谈,谈起旧的事情纠纷越多,感情越坏,我们必须忘掉过去,赶快准备反攻的工作。

对政府方面,我愿意提出下列两点:

第一,刚才听张部长报告,政府对这个问题的解决,确实是采用宽大的政策,我个人很希望政府在宽大之中更能宽大一点。

第二,现在即便不能实行宪政,但是希望能够进一步向宪政的路上走。

对于中共方面,我们也有两点意见:

第一,中共所提出的各项意见,有许多在原则上我都赞成,但是我个人的意见,很希望中共在实际上能有事实的表现。刚才张部长的报告说:军令统一是一个大问题。照我在上面的申述,这个问题实在不成问题,不过我们很希望多多在事实上表现出来。

第二,我很希望双方商谈之后,能够一个结子一个结子的解开,不要一个没有解决又增加另一个。关于条件问题,我还没有把这些资料细细看过,不过总希望结子不要增加。

以上是个人良心上的主张,最后要说一说对于我们同人的意见。今天听了双方坦白诚恳的报告,希望大家本着精诚团结的精神,多用点脑筋,想想办法,对本问题的解决贡献其意见。当然,这个问题不是很短时间可以解决的,尤其不会在本会会期中间可以解决。不过,我总希望大家能够提出意见,贡献政府,给中共朋友。我本人本来就是有一些意见,不过刚才我说过不愿意增加结子,自己不敢相信这些意见可以使双方同意,所以且不提及。如果大家有意见,贡献政府和中共朋友,使这个问题得到解决,使全国精诚团结,那么不但是国家之福,也是国共两党之福。

(1944年9月15日)

(原载《国民参政会第三届第三次大会纪录》,国民参政会秘书处)

5. 对国共谈判的意见

胡　霖

本会开会的时候,本席同王参政员云五发起,要主席团向政府商呈在大会公开报告与中共商谈经过。今天上午听到林参政员同张部长关于本案的报告,觉得非常快慰。因为从这里看来,中国已经走进民主宪政第一步。发动这个提议,虽只是我们两个人,但是本席声明,绝对不是我们两个人的意思,因为背后有许多人要知道这个事情,现在事实可以证明:就是今天会场的情形,恐怕自有参政会以来,没有这样热闹。从此可知大家对这个问题非常关心。以此情形,又证明我们两个人为什么提出这个案。我们觉得中国已走上民主道路。这个潮流,没有什么办法可以抵挡得住的。但是我们晓得中国是一个农业社会,老实讲,对于现代化的民主政治的运用,实在没有习惯,所以第一要养成民主政治精神,发挥宪政精神。今天这个很大的问题,能够公开,就看得出来,已经有了民主精神,已经表现民主的状态。今天上午林参政员祖涵的报告,下午张部长的报告,非常确实。参政会同仁都是在中国政治界多少年的战士,到参政会报告,要以公开坦白的态度,因为理论宣传到参政会没有用,政治界战士的参政员,不是宣传可以动摇的。每一位都有独立判断,我们不是审判,但都有判断能力。抗战以来,一般老百姓知识程度增加很多,所以老百姓也不是可以欺骗的,不是理论与空洞好听的话可以欺骗的,一定要看事实,根据这一点,本席感觉快慰。就是今天能够知道许许多多事实,我们将根据这一些事实——文献,作详细之研讨,同时本席在今天会场里,有一个感想,就是双方的意思,双方的报告,各有重点。政府要求军令政令统一,这个不仅是政府的意思,可以说四万万五千万人公共的意思;中共的要求是促进民主政治,这个也不仅是中共的意思,而是四万万五千万人的意思。假使立刻实施宪政,这个"立刻"是要有相当的时间,因为必须经过相当的过程,同时军令政令的统一,也是绝对不是很快可以做到的,中共举出许多事实,这也是不能抹煞的。但是我们知道,中央并不是要立刻集中待命,中间有伸缩的余地。的确中央是有恕道的。双方如都能拿出诚意,能够讲恕道,中共问题是不难解决的。现在仿佛看到双方的意见距离很远,但是中共声明绝不愿破裂,愿意根据原来的意思,向前走。政府方面,刚才张部长声明,也说政治解决的方针,决不变更,还是继续下去。所有中间枝节的问题,如果我们就事论事,用政治解决,就要用快刀斩乱麻。我们不失望,更没有绝望,要知道民主政治最重要的就是忍耐,我们不是求痛快,一定要忍耐,以参政会来讲,同仁都是对于政治相当努力的。如果双方用得着我们,愿意以国民的地位来帮助,我想同仁一定不吝为国家努力。

(原载《国民参政会第三届第三次大会纪录》,国民参政会秘书处)

6.关于组织延安视察团的决议

参政会于十三、十四两次大会中,聆悉林参政员祖涵及张部长治中关于中共问题之报告后,即于十四次大会中由主席团提议:"请大会决议组织延安视察团,赴延安视察,并于返渝后,向政府提出关于加强全国统一团结之建议;兹推荐冷参政员遹,胡参政员霖,王参政员云五,傅参政员斯年,陶参政员孟和,为该视察团团员。"经付表决,在场参政员共一百四十人,赞成者一百三十八人,以绝对大多数通过。冷、胡、王、傅、陶五参政员在教育界、出版界、新闻界夙具时望,且无党派关系,全体参政员相信五氏必能完成使命,以加强全国之统一团结,咸报以热烈掌声。

(原载1944年9月16日重庆《大公报》)

7.一年来军事外交政治及经济等情形(节录)

——在国民参政会第三届第三次会议上的报告

蒋中正

最后要提到中共问题,政府一贯秉持去年九月间决议,政治问题应以政治解决的方针。我认为政治解决的基础,在乎拥护国家统一,尊重国家法纪。我们任何国民,都应该发挥其爱护国家的一片忠诚,而政府应该以大公无私的态度,就事实上公平衡量,以求得各个问题最有利于国家的解决。大家都知道,政治以法律为基础,无论个人与军队,都不能离开法律和纪纲,这是国家立国的基本。要知道遵守法纪和尊重国家统一,对于提高国家地位与争取抗战胜利,有莫大的关系。凡是爱国的国民,与为国负责的政府,应该是任何成见都可以捐弃,任何私利都可以牺牲,而绝不可有丝毫妨碍国家统一,毁坏国家法纪的行动。在遵守这个共同信条之下,任何问题,任何意见,只要有利于国家,有益于抗战,政府是没有不尽量容纳,使问题能顺利解决的。关于中共问题商谈经过,昨天林参政员祖涵和张部长治中已向贵会报告其内容,贵会也已有决议。我觉得林参政员昨天在会场的报告,其观点与主张如何,姑不具论,但其态度很好,我甚为佩慰。政府对于中共的要求,其具体部分,可说已大部分容纳了,例如陕北边区行政区域和组织、职权等问题,可以说已经照从前林彪师长所提的完全容纳,余下的具体问题,只有十八集团军的问题。我今天向各位表示两点重要意见:第一,关于军额问题,中央政府提示案中本已准其增编为十个师,如果因为兵额多,实有困难,就照林彪师长所提的增编为十二个师,亦可以斟酌的,只希望十八集团军不要再擅自扩充编制,更不可在正规军以外另立其他如支队等名目,就地筹饷派款。政府只求军政军令统一,就照原来中央政府提示案以外增加一师两师,是没有什么不可以的。第二,关于饷械问题,十八集团军依照中央政府扩编以后的部队,其军饷枪械当然与国军一律待遇,绝不歧视。该军一经完成依法核编的手续,就一定照常接济其应得的粮饷弹药和医药用品,这是不成问题的。而且将来实施之后,还盼望我们参政员可以调查有无偏颇之处。我们中央屡次表示,只求军令统一,政令统一,除此以外绝无所求。所以待遇一律,还要希望真正做到法纪一致。因之十八集团军必须实际服从军事委员会调遣作战的命令,才能表示十八集团军真是效忠于国家,真是效忠于抗战。也必须如此,才不负七年抗战的牺牲,才对得起死难的军民先烈。关于这个政治解决的方案,各位参政员有何意见,尽可提供政府参酌。

(1944 年 9 月 16 日)

(原载《国民参政会第三届第三次大会纪录》,国民参政会秘书处)

附:对"一年来军事外交及政治经济等情形"报告的决议

本会同人于九月五日开会式恭聆蒋主席训词,复于九月十六日聆悉蒋主席以兼行政院长资格向本会所作之报告,全体同人至为感奋。

蒋主席领导全国军民抗战八年,经历万难,艰苦卓绝,保卫国家民族,尽力最大,为全国上下一致爱戴之领袖。本会兹谨代表全国国民致其慰劳,并重申热烈拥护之忱。关于蒋主席之宣示,本会愿以次列意见提供于政府。

一、加强中美英苏国际关系，匪惟为击溃共同敌人所必需，亦实将来共维世界和平所绝对必需，而中苏壤地邻接，彼此关系自应特别加强。政府于此，不惟特别注意，亦正多所努力。本会同人引为深慰。切望政府继续致力，俾四国之合作随战事胜利之接近而益趋密切。斯固不仅本会同人所热望，亦实我全国人民所一致期待者也。

二、改良军队官兵生活，提倡智识青年从军，久为整军建国之要图，亦实对敌大反攻前之必有准备，财政政策与经济政策之配合，为稳定目前经济情形之必要手段。在此次大会中，政府于此数事既有方案，本会亦有周详之讨论与郑重之决议。切望政府主管机关群以最大之决心与努力，切实施行，本会同人愿以同样之决心与努力协助其推行。

三、政府决定加紧实施宪政，扩大本会之职权与名额，并对结束训政实施宪政问题，准备考虑提前其期限。凡此三事，全国上下聆悉之余，当必一致兴奋。本会同人尤必竭智尽能，共同进行，以期政府之此项愿望与计划，完满达成。

四、蒋主席以伟大诚挚之忠诚向本会申示，决以政治解决之方式与宽大之态度，求得国家真正统一与团结。本会亦以为我国家欲求抗战之完全胜利，建国工作之推进，则国家军政之完全统一，实属刻不容缓，誓愿竭其全力，协助政府，俾政治解决之方案能于最短期内底于成功，而本会所负促进国家统一团结之基本使命获以早日完成。

(1944年9月17日通过)

(原载1944年9月18日重庆《大公报》)

（四）成立联合政府　挽救时局危机

1. 欲挽救目前时局的危机必须改组政府及统帅部

——延安权威人士评国共谈判

此间权威人士顷就国共谈判经过及国民参政会派遣视察团来延一事，发表评论如下：

自林伯渠同志与政府代表张治中、王世杰两氏在西安开始谈判以来，已四月有半。在此长时期中，虽中共中央及其代表十分宽容忍耐，委曲求全，但由于政府方面对错误政策之顽固不化，对谈判缺乏诚意，玩弄手段，以致谈判毫无结论，任何一个具体问题，即使最微小的问题，都没有得到解决。现在谈判经过已在参政会报告，参政会并决议组织视察团来延，四个半月来之国共谈判由此告一段落，因之，可以把过去的谈判加以概括的评论。四月下旬，林伯渠同志赴渝之时，正是日寇在中国大陆发动攻势之始。观乎历年来国民党之错误的误国政策：军事上消极观战，依赖盟国打日本，政治上专制独裁，经济上垄断专卖，文化上压迫钳制，中国共产党中央预见到中国抗战阵营在日寇新进攻之前，将遭遇到严重的军事失败及政治经济各方面的重大危机。为避免此项危险局面计，中共中央派林伯渠同志赴渝。中国共产党在谈判中之立场与方针，明显的表现于六月五日提交国民政府的意见书中，该意见书开头即说："为克服目前困难，击退日寇进攻，并认真准备反攻起见，中共中央认为惟有实行民主与增强团结一途，为此目的，中共希望政府方面，解决若干急切问题。"从意见书中可以清楚地看到，中共对于局势的冷静清楚的认识，对国家民族的重大责任感及大公至诚的态度。至国民党政府方面则相反，对于目前危局，熟视无睹，轻率乐观，对于贻国家民族于如此危急之局，毫无引咎自责之意。在整个谈判中，抱着自大与武断之精神，企图以国民党一党一派之私利，超越于民族利益之上，而强调他人服从之。一看六月五日政府之提示案，就可知道。提示案没有一个字提到当前的艰危之局，没有一点表示改弦更张放弃误国政策之意。该提示案要把敌后抗战卓著功勋，抗击了敌伪军六分之五的武装力量的五分之四以上，"限期取消"。即是说，该案允编十个师，依国民党编制每师约一万人，不过十万人，其余三十七万正规军都要"取消"，而且要快快"取消"，试问，这不是日本人的腔调吗？日本强盗千方百计用残酷的战争方法所不能取消的，现在经过国民党政府诸公一纸提示案，假如真正"取消"了，那岂不是要受到天皇陛下的头等奖赏吗？该提示案又要把由中国解放区人民民主选举出来的，与敌后人民血肉相关，甘苦与共，坚决领导抗战的民主政权"一律由各该省政府派员接管处理"。但这些所谓"省政府"也者究在何处呢？谁也不知道他们逃在什么角落去了。它们究竟与人民及其艰苦卓绝的斗争有什么关系呢？如果有一天查明了它们的所在地,这些所谓省政府的老爷们,只应该给他们一种公平的待遇,就是"撤职查办"四个大字。何况还有许多卖国贼暗藏在这些所谓省政府里面呢？卖国贼庞炳勋、石友三不都是过去这类省政府的主席吗？至于委员们之投敌叛国者更不可胜计了。总之,这个提示案总是有利于日本侵略者,只是那些为着私利而忘掉国家民族的人们之意旨的反映。说得明白一点,所谓提示案,正是今天一小群只图私党利益,不知民族大义的国民党法西斯分子之卑鄙意识的结晶,是每个真正爱国者所不可能与不应该接受的,因为谁要接受这种提示案,就无异于帮助日本侵略者。

论到谈判中双方的态度,中共方面一贯真诚与委曲求全,而国民党政府方面则夜郎自大,要些无赖手段。他姑不论,即举中共中央意见书之提出而论。中共中央于五月二十一日电林伯渠同志提出二十条,二十二日林送张、王,张、王称:"如此写法无异暴露国民党之罪状",拒绝接收。中共中央得悉后,减为十二条,而以其余八条作为口头要求。六月五日,张、王仍拒绝转达政府,经多方争执,始允转达。即此一端,足见中共中央为尊重双方代表之意见,不惜委屈求全,酌量减少了正式条文,而政府代表则充分暴露了无赖面目。因为如实转达对方之意见于所代表之机关,是任何谈判中充任代表者之起码的责任和义务,已经谈判而又拒绝转达对方之意见,这是任何谈判中鲜见之事例,此种态度,除称之为无赖或流氓手段外,无以名之。

此外,政府代表张治中氏及蒋介石氏本人在参政会中一再声言:"中央政府所求的只是军令政令之统一。"(张)"我们中央屡次表示只求军令统一政令统一。"(蒋)关于这一点,我们应该声明:我们是最坚决地拥护政令军令的统一的,但是这政令必须是代表人民意志的政令,这军令必须是有利抗战的军令。相反,如果这政令是引导国家走向法西斯暴政的政令,这军令是导致抗战失败的军令,则为中国任何爱国者和民主战士所决不能服从,亦决不容许其统一的,中国人民是严肃的鄙视这种反革命的"统一"滥调的。问题的核心就在国民党政府今天的政令军令正是这么一种东西,政令是法西斯的政令,军令是失败主义的军令。要用这么一种军令去统一一切,非特是缘木求鱼,而且如果统一了,那就会招致亡国大祸。远姑不论,即以谈判进行期间之事实为例,蒋鼎文、汤恩伯、胡宗南、薛岳,都是可谓忠实服从国民党政府的政令军令的,结果是不战而溃,或一触即溃,丧师失地,涂炭生灵,贻笑天下。反之,被国民党诬为"破坏军令政令统一"的八路军新四军,却在天天打胜仗,天天收复失地,这就是真正有利于民族国家的统一。这种鲜明的对照,证明了国民党政府"军令政令"之毫无价值。因之,今日欲谈军令政令之统一,必须彻底改变军令政令之性质,必须彻底改变国民党政府执行的军事、政治、经济、文化等项政策,必须彻底改组政府与统帅部,把那些投降派、失败主义者、专制主义者与法西斯分子赶出去,由真正能代表人民利益的人去掌握政令军令,使其能代表全国各方面的力量及人民的意志。必如此方能真正挽救目前的危机及争取抗战胜利。必如此,方能谈得到军令政令之统一。必如此,军令政令之统一才与国家民族有利。关于改组现在抗战不力腐败无能之国民党寡头专制政府这一点,林伯渠同志于其在参政会报告中提出,可谓恰合时宜。林同志八月三十日致王世杰、张治中两氏信对于国民党政府提示案之批驳,亦完全是合乎抗战、团结与民主原则的。延安人士仍希望张、王二氏来延视察与谈判。至参政会推选三五位参政员来延视察,交换意见,是很好的,我们表示欢迎之意。

(原载1944年9月20日延安《解放日报》)

2. 中共问题之公开　民主统一的进步

重庆《大公报》社评

　　昨天上下午国民参政会的两次公开大会,呈现了自该会成立以来所未有的盛况。所有报到的参政员大致全体出席了,旁听席都坐满了,又在隙地加凳,还有坐不下的就站着听。雨后的凉秋九月,会场里扇着电扇,却仍是一片热烘烘的雾团笼罩着会场里所有的人的身体与心灵。

　　中共问题,在我们的内政上,真是关系国运的大问题,也是多年来缠绵在全国人的心灵上而迄未解决的问题。这个大问题,有的说是国共两党的问题,其实是绝对属于国家全体的问题。这样的大问题,始终为全体国民所关心,也常为全体国民所痛心疾首。但是一般国民通常却很少可能发表意见,自然更难说到由国民来过问。但是,一个奇迹出现了,也可说是一道光明出现了。就在昨天,这个大问题走上了民意代表机关的国民参政会的议程,由政府代表及中共代表分别作长时间的报告,直率坦白的把全国人如坠云里雾中、世界人同感真相莫明的这个大问题的内容实情公开了。好!公开了好!无论什么事只要肯公开就好!公开可以使真相大白于天下,公开可以照见无限的隐征,公开可以消灭无形的罪恶,公开更可以潜化可能的危机。尤其这个多年只由有力的两方争执的大问题,现在用口头公开在大庭广众的议场上,这就是民主国家动口不动手的民主作风。这一公开,太好了,真美丽!这个大问题,昨天公开在议场上,今天公开在报纸上,以后自然继续公开,在公开中求得其解决。公开政争,公开党争,这一个公开的关头,就是国家的大喜事,也是国家的大进步!

昨天的公开大会,紧张热烈,结果大家是愉快的,一贯洋溢着民主议场的风度。上午林祖涵先生的报告,以中共代表的身份,向象征代表全国朝野各方的议会,侃侃而谈,实是有中共以来的第一次。林氏的报告,热烈坦白,有感情而不刺激,虽略略带有宣传的气息,而无害于民主风度。下午张治中部长的报告,直率坦白,虽略略带有责问的口吻,也不大伤感情。最难得的是,林祖涵氏要求再发言,不作辩驳,而只补充文件中的一句话,同时国民党方面的参政员也没有人要求发言。这就充分表示了彼此的容忍。容忍,是运用民主政治的一个要素,也是排难解纷的一个要着。在容忍的作风之下,就能团结全国,就能统一国家,就能实行民主政治,自然更能解决国共关系。容忍太好了,容忍更是美德!我们老祖宗曾教训我们"相忍为国",现代的民主精神更非容忍不可。这宝贵的容忍精神,就在昨天的议场上公开表现出来了。这真是国家的大喜事,也是国家的大进步!

以上是我们对昨天那幕盛会的观感。至于触及问题的内容,则双方的报告及往来文件均已发表,全国人士于读过报纸明析真相之后,自然都会有其评判与感想。我们报人,今天遇到公开这个大问题的机会,自然更是感想无限。这问题当然可以随时讨论,我们且先发表一些基本的观点如次:

第一,民主是世界的大潮流,宪政是国家的必由之路,这都是不可抗也必须走的前途。我们以纯国民的立场,有一个基本的认识。我们要做一个民主宪政国家的国民,这样的一个国民应该要求些什么?我们要求三件东西:(一)国家的统一,(二)政治的自由,(三)经济的平等。根据这三点要求,我们可以看看国家的现状,也可以衡量当前的国家问题了。(一)国家的统一,是国民政府的立场,也是全体国民所拥护的。这所说的国家统一,由国家形体、政府形式、以至军队组织,都包括在内,都要求其统一,凡属反统一的现象都要其消除。(二)政治的自由,原是国父民权主义的实体,训政是须结束,以走上宪政时期,还政于民。蒋主席所领导的国民政府本是如此向前做,中央也曾有过召开国民大会实施宪政的决议。现在当然做得还不够,问题是国民政府应该有计划的向前做。国民政府应该本着国父遗教及建国方针把政治自由给出来,而不待人民或他党来争。(三)经济的平等,这本有民生主义做根据,这理想当然非一朝一夕所可实现,而也不可讳言,目前还无此象征。由此现状,我们以国民立场,(一)要求中共尊重国家的统一,服从国民政府的军令政令。(二)要求国民政府给人民以政治自由(中共区域也不例外),放宽言论自由的限制,严格保障人民身体自由,扩大民意代表机构的职权,所已做的更要认真做,所待做的要赶快做。政府还得确订一个计划,在召开国民大会制颁宪法之前,限日计月,一步步的做些什么事情,而这些事情一步步做去就是一步步走上宪政之路。我们要求有这样一个计划,并认真推行。(三)要求国民政府认真准备实行民生主义,而目前就应该从赋税政策上,从整饬官箴上,逐渐纠正财富偏在苦乐殊悬的不平现象。这是我们的根本主张。

第二,目前的抗战时期,我们需要统一,需要团结,需要把一切力量用在抗战上。尤其在目前胜利在望而敌人向我穷攻之时,我们要求国家的一切军队统筹调遣,一致抗敌。在这一点上,老实说,我们对于编军数额问题认为次要,而最紧急的是自己不对消力量,要在国家的大需要急需要的重点上,划一军令,统筹调遣,赶快打击敌人,抢救湘桂线。

第三,参政会大会议决推冷遹、胡霖、王云五、傅斯年、陶孟和五参政员组织一延安视察团,于观察返渝后提出关于加强国家统一团结的建议。参政会不仅公开了中共问题,而且实际负起协助解决这个大问题的任务。我们虔祝由此启开解决之门,做到国家统一团结的加强,以加速胜利的争取,展开建国的坦途,那参政会对国家的贡献真太大了!

最后,我们再重述本报日前对参政会所讲的几句话,以供大家警惕:"世界的大潮流,在流向胜利,在流向民主,我们国家不可在胜利中沉沦,我们国家尤其不可在民主的队伍中落了伍!"

(原载1944年9月16日重庆《大公报》)

3. 一个基本的认识

——为国共谈判进一言

重庆《国民公报》社论

中共问题在中国政治上扰攘了二十年,麻烦了国人,也惊动了盟邦。在过去,国共两党似乎各在肚子里做功夫,大家既讳莫如深,中外人士也就不明究竟了。此次参政会开会,国共两方代表均有关于国共谈判的报告,事实真相,乃大白于天下,不能不说是一件快人之事。

我们读罢双方报告,以纯国民的立场,细细作客观的玩味,深觉国共两党都希望彼此间之关系,有一公平合理之调整,这是我们国民最感欣慰者。国共两党是今日中国政治上的两大政党,过去虽免不了有些误会,但今后为加强抗建力量,该把一切争点都去归档,来作诚恳的商谈,俾解决所有问题,不必去翻旧案算旧账。两党代表自开始谈判到现在,我们国民,真如大石椎心,莫不以最关切的心情,来注意这一问题的发展,希望谈判早日成功。经过五月的期间,在西安重庆,都有过接谈,而消息传来,双方意见一说:"还不能趋于一致。"一说:"相距甚远。"这样下去,实令人万分悬念不安。

国共关系,我们只有一个看法,也就是对本问题一个最基本的认识,我们探本溯源,应该从立国的根本谈起。当代国家存在与繁荣的前提,是内部的统一与政治的民主。中国是一个具有四千余年光荣历史的国家,因此需要内部的长久统一；中国是当代联合国家的一员，因此也需要政治的完全民主。我们认识国共问题，便是对于这个最根本的了解而立论。我们认为此点十分应该，十分必要。兹综合《中国共产党中央委员会向中国国民党中央执行委员会提出关于解决目前若干急切问题的意见》，及《中央对中共问题政治解决提示案》看来，问题的重心，也只此两个。一面坚持国家的统一，一面要求民主的实现，此为全国人民一致的希望，并不是局限于两党间的问题。中国需要统一，这是立国最起码的条件，我们要绝对拥护国家的统一，尊重国家的统一。蒋兼院长于两代表报告谈判经过后，即重申参政会开幕时所说："国民革命的目的在求得国家的统一"，除要求军令统一政令统一外，绝无所求。此种宽大而坦白的启示，殊令国人起无限之敬佩。中共中央于六月四日的意见中要"请政府承认陕甘宁边区"，及其他等等，而不愿循中央的提示案改为陕北行政公署，我们认为这是绝对违反政令的统一。请问中共中央一句，这个"边区"的成立，究竟根据国民政府何项法令，没有法令作依据，则是不是违反国家之统一？是不是有政权之统一？二十六年九月间中共申述之四项诺言，第三项称："取消现在的苏维埃政府，实行民权政治，以期全国政权之统一。"这意思多正大，辞句多堂皇，乃此诺言墨迹未干，而边区政府即行成立，更有所谓华北华中华南敌后各抗日根据地民选抗日政府的散布，请问"边区政府"事实上与"苏维埃政府"又谓什么不同？所谓"八年来，这'四项诺言'已完全实践了，而且至今信守未逾"（见林祖涵先生八月三十日复函），又将作何解释？"充分事实可以证明"，这"事实"又在哪里？这许多都是我们国民追切的疑问。如此说下去，话将愈说愈多，疑义也将越问越多，我们只需要指出一个基本的认识就够了，即立国的先决条件是内部的统一。我们深望中共中央对此点作深切的考虑及认识。

次说实行民主，在原则上我们与中共中央实有同感。中国需要民主，这是天经地义的事，不特中共有此企求，国民党中央以及全国同胞更有高度的希望。中山先生的民权主义，便是中国民主政治的理想。从抗战七年余所经过的迹象来看，我们平心而论，中国去此民主的理想固远，而中央政府与国民党人士的不断努力促其实现，则为极显著的事实，当不可一笔抹煞。这个未完成的艰巨任务,正需要所有党派及全国人民共同协助,齐力推进,这是我们与中共一致的见解。中共所称"只有循民主的途径,才能公平合理的解决国共关系",这不容说,正是蒋兼院长的指示,"政府一贯秉持去年九月间决议政治问题应以政治解决的方针",是极为正确的。不过我们有一点,是与中共有极端相反的认识,中共八月三十日复王、张两代表中谓"我们拥护统一,是拥护建立在民主基础上的统一",这话只说了一半,是一种不完全的看法,应该再加上"我们拥护民主,是拥护建立在统一基础上的民主",那就完妥无疵,成为十全。有民主而不统一,民主无法生根,有统一而无民主,则统一的基础不会稳固,这是我们最基本的认识。试看英美先进的国家,那一个是实行民主而国家不统一的,就拿苏联来说,也是于统一的建国工作完成后始有民主政治的出现。现在我们一面求统一,一面讲民主,可谓双管齐下,面面俱到。如果舍近就远,则无异自毁立场,贻人口舌,明达如中共中央诸公,当不会忽视此种事实。总之民主不是自立政府,自建军队,民主不是割裂国土,独居一方。这种推理,我们国民自认为是一种"公平合理"的看法,当不视为偏废之论。深望中共中央对此亦作深切的考虑与认识。

现在谈判正在继续进行,我们做国民的仍以十分关切的态度来注意本问题的发展。谨提出这一个最基本的认识来贡献双方参考,甚望谈判早日成功,国共合作前途光明!末了我们高呼国家的统一!政治的民主!

(原载1944年9月25日重庆《国民公报》)

4. 中共问题解决瞻望

重庆《时事新报》社评

昨天报上没有把中共问题商谈经过在参政会的报告登载完毕,今天仍继续登载各项文件,记者特将数点感想留待今天发表。

第一点自然是颂赞大国风度。说也奇怪,次殖民地的时代,人民自然现着一副次殖民地相,处处小气,处处失态,你争我夺,无所不为;而今是盟国的中坚了,你小气么,你失态么,你争夺么,旁边自有三十几位盟兄弟等着看你的笑话,你自然而然地表现大国风度了。林参政员祖涵,张部长治中,以及会场中的各位参政员,以及全国各地的民众,他们对于这事的态度,都是值得颂赞的。

第二点是中共问题的追溯。我国自有革命以来,每值革命势力分化时期,革命事业必然衰退,革命势力团结则反是辛亥革命时期,国民革命时期,此次抗日时期或称国民革命后期,均可证明此一原则。

国民党是革命势力的中坚,他是一个源远流长的革命党。所谓源远流长者,必须时时刻刻保持革命精神,没有一分一秒的松懈,然后才能团结国内乃至国外的一切革命势力,向着革命的前途迈进,以永远维护其中坚地位于不堕。

革命势力有时分化,革命事业有时衰退,这是事实,不用讳言。何以分化,何以衰退,原因复杂,无须细表。但社会是有机体,当分化衰退时期,自有新革命势力潜滋暗长。要防止新革命势力的潜滋暗长,惟有使已分化的团结起来,已衰退的振作起来。

中国共产党也自有他的贡献。他在学理上原有国际性,但在实际工作中,事势推移,尤其在抗战开始以后,至少在理论上已处处以国家民族的福利为前提。我们读商谈经过的报告,便丝毫不见原则上或主义上的歧异,所谈全属具体问题,我们站在国民的立场上看,觉得实在没有什么不能解决的盘根错节。

如果不追溯这一原委,以为两党先有主导学说的不同,引发而为施政事实的差别,因而商谈未必获得成果,那是不免错误的。

第三点是注重事实必能解决问题。我们读商谈经过的报告,虽说也不免有实行民主、统一军令等一类原则性的语句,但大体上注重的却全是事实。我们诚然认为相差几个军几个师,释放这个人那个人是小事,不过,解决的途径,我们希望就能在这些小事上。因为一件一件的个别的小事的解决,合起来便是整个大问题的解决。注重事实是解决问题的开端。

敌人在垂死的时期,还要做拼命的挣扎。这挣扎必须用大力予以打击,而大力必须从团结统一得来。国民是清醒的,是重视国家民族的利益的。如果不幸而竟有人因党派的私利而不惜害及国家民族,国民对于他们是肯轻易放过的吗？

（原载 1944 年 9 月 17 日重庆《时事新报》）

5. 国共问题之前瞻

重庆《新民报》社评

昨天参政会有两幕惊人的表演，那就是国共两党负责人在大会中所作的国共两党谈判经过之报告。

大会的情形非常热烈而紧张，会后舆情也没有一个人不感到十分满意。一句话说完：就是公开报告的本身，是象征着"民主精神之发扬"。公开报告的后果，是象征着"统一团结之有望"。

无论旁听与未旁听的人们，对于他们商谈经过和其参商距离都很远，当已十分明了，我们对于这个"闷葫芦"问题的剖解，大家也用不着再有什么猜测了。于是，一切离开事实的宣传，已属无用，所谓"是非得失"在各个人的脑海中也有一个公道的批评了。因此之故，无论在野在朝，无论执政与旁观的人，今后只有拿出最真实，最合理的一套东西来给大家看，才会得到同情，才会得到拥护。这样，只有促进大家努力进步的，只有促进彼此开诚协商，携手合作的，可说对于国家民族之前途，有百利而无一害。

今后国民党所要求的军令统一，与共产党所强调的民主问题，这乃是中国人民的共同愿望，哪里算是什么国共两党之争，而且这两个前提，双方都并没有异议，只是在实行的程度上或程序上尚有问题，所以才形成一种政争。经此公开报告，并公诸社会人群以后，因而全体国民外而国际视听，他们都将以此作为衡量双方是非得失之尺度。那吗，妨害军政令之统一的，不能不逐步走上统一之路，对民主不努力不彻底的也自然会急起直追了。这样一来，大家的要求都能达到，民众的期望也如愿实现，这不是国家之福是什么？

不容讳言，国共纠纷，是中国历史上一件最可痛心之事，今有此一线曙光，事事开诚协商，事事公诸社会，以是非得失公诸社会舆情，以社会舆情来促进双方之努力与团结，这岂仅两党前途之事，亦实国家民族无疆之休！

（原载 1944 年 9 月 17 日重庆《新民报》）

6.评此次国民参政会

延安《解放日报》社论

国民参政会三届三次大会九月六日开幕于重庆,十八日闭幕。这次国民参政会大会与历届历次大会比较起来,可以说是一次不平常的会议。它表现了国民党寡头专制统治在军事、政治、经济各方面的深刻危机,反映了全国人民对于国民党误国政策之愤怒,暴露了国民党内部各集团之互相倾轧和斗争,也揭破了国民党统治集团玩弄"民主"伪装"民主"的卑鄙伎俩。

国民参政会此次大会开会于中国正面战场处在濒于崩溃的深刻危机之时,继中原、长沙、衡阳三次败战之后,在开会期间,两星期内,日寇沿湘桂铁路从祁阳窜抵兴安前进五百八十华里,在湘粤桂三省失守了祁阳、零陵、东安、新宁、道县、全县、资源、高明、开平、鹤山、四会、新兴、肇庆、连江、怀集等十六县城,平均日失一城而有余。西南重镇桂林已极危殆。这种悲剧式的溃败,不能不引起全国人民之严重愤懑。在政治上,国民党的统治也陷于深刻的危机中。在国内团结上,国共两党谈判虽已继续四个半月,但由于国民党之顽冥不化与缺乏诚意,而毫无结果;在国际上,由于消极观战与暗中反苏,以致国际声望一落千丈,国际舆论抨击日烈,虽置身盟国之林,而外交上却十分孤立。与参政会同时开会以决定进攻日寇之战略方针为主题的魁北克会议,中国竟至没有被邀参加。在经济上,则三月至七月物价高涨了两倍,达战前之四百倍至一千二百倍。以致士兵及公教人员"待遇低微,饥寒交迫,骨形菜色,时有饿莩"。至工农大众的生活,更不必说了。在文化教育上,是"学生成绩低落,体力衰退,教师待遇菲薄,学校量增质减"。总之,由于国民党之误国政策——其具体体现,就是国民党政府的政令军令——的结果。国民党中国目前所遭遇的严重的军事政治经济危机,是谁也看得见,谁也无从掩饰的了!

这种严重的危机,不能不在国民参政会上得到某种反映。虽然,国民参政会历来是国民党员占绝对多数,非国民党参政员少到几乎连提案都提不出的程度,虽然蒋介石氏在参政会开幕之日讲话中,粉饰太平,轻浮乐观,企图以武断词句抹煞严重危机,和以充满杀气的寡头统一论封住参政员的口,但是他并没有成功,老参政员林虎氏给了他当头一棒,痛斥轻率乐观论,号召"发奋振作,痛涤旧污,革新积弊",要国民党政府及蒋介石氏"万不可专靠同盟国胜利做胜利,致贻我中华民族之羞"。接着在政府各部长报告时,参政员纷纷质问,问题之多,辞气之严,为历届所未见。尤其集中于对豫湘败战,通货膨胀,贪污舞弊,钳制舆论,反动教育诸项上。更于政府报告期中,提出临时动议"请财政军政两部将改善官兵及公教人员待遇之具体办法,提出本会讨论案",猛烈攻击何应钦、孔祥熙。至审议提案时,政府交议之《三十四年度国家施政方针》一案,参政员严厉批评其空洞不切实际。黄炎培氏称之为"一篇空洞之策论"。许多参政员均要求参政会有决定国家预算之权。施政方针案实际上是被参政会拒绝了。其后国内政治上之最重要问题:关于国共关系问题,由王云五、胡霖两参政员之要求,由中共代表林祖涵同志及国民党政府代表张治中在参政会上作了报告,并决议组织延安视察团。在参政员的许多提案中,又特别通过了"加强中苏合作"一案。所有这些质问,讨论,以及国共关系,在会上公开提出,是部分地反映了全国人民对于国民党政府腐败无能的愤怒,对于要求加强全国团结改善国共关系的热忱,要求民主自由权利的热望,要求加强与盟国,尤其是与苏联合作的殷切。

但是,正因为国民参政会是国民党员占大多数的"国民"参政会,而不是真正的"战时民意机关"和"革命时期的临时议会",所以它只能部分地反映民意,而决不能真正代表民意。例如在本届大会上,真正代表全国人民公意的要求,结束一党专政,召集各党各派,各抗日部队、各地方政府、各人民团体的代表,开国事会议,组织各抗日党派联合政府的主张,虽然由中共代表提出来了,但是由于国民党之阻挠,甚至没有在会议上郑重讨论。这就足以揭露国民党及蒋介石氏企图把国民参政会粉饰为"革命时期的临时议会",是何等虚伪和无聊。

其次,本届大会值得注意的是,随着国内危机之深刻化,国民党内部各集团各派别之间的倾轧与斗争,也尖锐化了。本届大会对政府批评质问之热烈,除了反映人民之不满外,也反映了国民党内部的派别斗争。国民党内部的每一派,都想打击别人来抬高自己。尤其 CC 团,利用其在参政会中的人数众多,展开了对何应钦、孔祥熙之攻击。声名狼藉的 CC 分子黄宇人,领衔提出《请财政军政两部将改善官兵待遇具体办法提交本会讨论案》及《限制财政部长不得兼任银行董事长及总裁案》,就充分暴露 CC 的企图。而对教育部长陈立夫的质问达四十六点之多,足见国民党内其他派别与集团对 CC 的反攻。CC 分子又在会议上攻击败战将军汤恩伯,要求枪毙他;蒋介石则极力庇护汤恩伯,反映了 CC 团与复兴社冲突的表面化。所有这些实在是对于高唱寡头统一论的蒋介石及国民党的一种无情的讽刺。寡头统一非但统一不了全民族,而且也统一不了他们自己的党与派。

更值得注意与重视的,是国民党及蒋介石应付这次参政会的卑鄙手腕。开会之初,国民党是想以骗与压的方法来驯服参政会,甚至使参政会来歌功颂德,粉饰太平。开幕时蒋介石之演说,足以表明此点。他一方面高唱敌人无害论,一面在狂呼寡头统一论。但是危机是如此严重,愤怒是如此激昂,蒋的演说遭到林虎氏的痛驳及其他参政员不出席的抗议。而粉饰太平的各部长的报告,受到猛烈的非难。许多腐败现象,终于因无可掩饰而暴露了出来。国共关系问题,被迫地不能不提交大会。这时候,国民党便决心伪装民主,以破坏民主。它怂恿其党徒跟在公正人士之后去"揭露"若干尽人皆知的腐败情形,提出若干词严意宽的质问;它发表修正的《国民参政会组织条例》,表示"扩大"名额,"扩大"职权;它命令其机关通讯社对大会经过大肆渲染,描画得好像真的是"议会"一样。最后,蒋介石复于闭会前夜去讲话,承认"中国战场……处在最艰危的时期",恭维参政会为"战时民意机关","革命时期的临时议会",空口允许"考虑提早结束训政"之类。凡此一切,都是国民党伪装民主以破坏民主的手法。其目的是在全中国人民中间造成一种幻想,以为国民党今天开始实行民主政治了,以为经过国民参政会就可以走向民主政治的道路了,而不需要立即废止国民党一党的寡头统治,立即改组政府和统帅部,立即建立普选的、真正代表人民的民意机关。

但是,伪装终究只是伪装,偶一不慎,就会暴露狐狸尾巴的。在大唱其放宽言论、保障人权的呼声中,林祖涵同志在参政会的报告,被中央社妄加篡改，面目全非。十六日《新华日报》发表的林同志报告提纲，又被删得七零八落。外国记者关于桂林危急的消息，依然被扣。叶挺、廖承志及无数爱国志士，依然关在牢里。非法逮捕，依然层出不穷。尤其重要的，是依然高唱寡头统一，并且以这种寡头统一为实现民主的先决条件。依然要以法西斯主义的政令，失败主义的军令"统一"一切。拆穿了这个伪装之后，所余者仍旧是那个"应万变"的"不变"，即保持国民党一党专政，保持寡头专制统治及其一切法西斯主义的"政令"与失败主义的"军令"。

我们要正告国民党及其总裁蒋介石：伪装、欺骗即使一时能蒙蔽若干人，但是决不能挽救今日的危局的。更何况正如胡参政员霖所说："抗战以来，一般老百姓智识程度增加很多，所以老百姓也不是可以欺骗的，不是理论与空洞好听的话可以欺骗的，一定要看事实根据。""不变应万变"，固然不行，"万变保不变"，亦一样不行。现在需要彻底的一变，即将寡头专制变为真正的民主政治。而其具体办法，就是立即召集各党各派各界各军的紧急国事会议，彻底改组政府及统帅部，以民主的新政策代替独裁的老政策，以民主的积极抗战的新人物代替那些反动的失败主义的法西斯主义的老人物。这个问题，已经在此次国参会上提出来了。虽然没有得到解决，但是，历史的发展必将会解决和实现这个提案的，因为这是挽救危局的唯一办法。愿国民党人及蒋介石氏有以善处之。

（原载 1944 年 9 月 24 日延安《解放日报》）

7. 国民参政会上政府各部报告掩盖错误参政会严厉抨击

延安《解放日报》述评

本届国民参政会出席人数已较历届为少，自第一日蒋介石氏作了很不妥当的致辞之后，参政员们对其顽固跋扈大为不满，这表现于出席人数的更加减少。第一日出席者为一百六十四人，第二日仅一百四十二人，减少了八分之一。至此以后，中央社对于出席人数即不作报导。自第一日下午至第七日，为政府各部的施政报告及参政员的质询。据连日中央社及合众社电：军政、外交、经济、财政、社会、内政、教育、交通、司法行政等十部的报告，都是罗列日常琐事,对当前严重危机及全国人民的民主要求,毫无反省与检讨,对以后如何配合盟国进行反攻,亦无只字提及。如军政部长何应钦,当此豫湘大败,全国愤激之时,还在自欺欺人,胡说"各战场攻守兼施,随时予敌以重大消耗",对于今后办法,唯一指望就是"将来打通海口,中印公路开通以后,使国军得到应予需要的装备",而对于增加抗战官兵伙食费一事,则谓因消费甚大,"如何筹措,尚在研究中"。财政次长俞鸿钧文过饰非,对于贪污盛行,财政濒于破产,一字不提,反说在财政特别是田赋征购借方面"务求做到公平,除弊,便民,省费之原则"等骗人的话。这些空洞的报告,自然引起参政员们不满。周炳琳氏要求"各部会长官于报告时应着重于政策方面"。各参政员在严厉的批评和质问中,更表露了这种情绪。一百二十一个参政员在"请财政、军政两部将政府改善官兵及公教人员待遇之具体办法提交本会讨论"的提案中说,"近数年来物价飞涨,前方将士待遇低微,饥寒交迫,骨形菜色,朝不保夕,仰事俯蓄,均感不济,其生活之艰苦,非身处其境者殊难想像于万一。反视财政部之金融及花纱布管理等机关,则以最低级之职员,其津贴等项,每超过其他各部之次长……同在国民政府所属之机关服务,而待遇如此悬殊,个中理由,令人莫测。抗战以来,凡谓军事第一……而数百万与敌浴血苦战之士兵,其生活水准,更不如后方大户人家之猪狗(编者按:中央社后又发电,要各分社将此句删去)。古今中外不平之事,恐无有过于此者。政府对于目前官兵及公教人员,明知其不足以维持其最低限度之生活,而不予以有效之改善,洁身自好之士,除改业外,唯坐以待毙。而一般奸狡之徒及意志薄弱者则营私舞弊。上行下效,无恶不作,影响所及,致使军纪官箴日益废弛,社会风气,日益败坏,此实为目前最严重之问题。"合众社重庆八日电说:"国民参政会各会员,猛烈抨击政府的腐败内政。"质问内长周钟岳的参政员称:现在可以经过私人关系在政府中取得位置,而警察机关中存在的贿赂情事及负责征收实物的地方官员实行敲诈等,结果使农民遭受不应得的痛苦。前几次会议中何应钦所报告的军事政策及孔祥熙所报告的财政政策,亦遭激烈批评。豫籍参政员郭仲隗氏对河南战争所见所闻向大会作生动之报告,全场对河南国民党军队不战而溃无不愤懑异常。在社会部长谷正纲报告后,参政员周炳琳氏将在昆明所见路毙之事提出报告,认为社会救济机关对此不予救济处理,其人类最低之同情心,实已泯灭殆尽。最后他又质问:重庆都邮街一带有青年馆,励志杜,社会服务处等三组织之存在,究竟青年馆与社会服务处发生什么关系,究竟他们对民众作了什么实际工作？江一平氏则质问社会部:是否可将扫除社会病态如拜金主义,依靠权势等列入三十四年度施政计划之中,积极推行。此外,黄炎培、王云五、左舜生、王立明等氏关于保障人身自由问题,也提出了询问。在政府各部的施政报告和各参政员的质问中,表明了国民党当局企图在正面战场空前危急的时间,依然原封不动地维持其寡头专制的统治,同时也部分反映了全国人民和国民党内部对国民党统治人士的强烈愤怒。国民党对于此种愤怒,无法可施,现在企图使其若干特务分子亦装着与政府对立,以便把人民的愤怒引到次要问题上,而对于改组政府实行民主的根本问题,则分散人民及参政员的注意力。

(原载 1944 年 9 月 12 日延安《解放日报》)

8. 读者的话

重庆《新华日报》短评

参政会上揭露了一些贪污,也只是一些不大不小的贪污。军事上的问题,并不顶热闹。教育问题那么平静无事。

有些读者来信,觉得管他贪污大小,说说出来,报上登登,总是透了点缝。似乎说了算数,不问下文。有些人又不同,觉得有点德谟克拉西(英文"民主"的音译——编者)的气息了,不免高兴起来。但是,也只是欣赏之余,轻松一下而已,不问其他。主管人员那么"谦虚",在那儿开花结实了。

还有许多读者,却觉得光是在会场上开个缝还不够,要平时能"打开窗子说亮话",而且"大众可说"。这还不算,既然毛病那么多,正本清源,也须着整一整才行。一位读者的结论是应该"穷则变,变则通"。

(原载 1944 年 9 月 15 日重庆《新华日报》)

9. 挽救危局,准备反攻

重庆《群众》周刊社论

西欧反法西斯战争着着胜利,希特勒德国崩溃在即。罗丘举行第二次魁北克会议,筹划迅速击溃日寇的方针,罗斯福总统并派私人代表纳尔逊与赫尔利两氏来华,与中国当局面商怎样才能合理运用中国抗战力量,以挽救东方反法西斯战争的危局。这个危局的迫切表现,就是五月以后豫湘战事的失利局势,今天又重演于湘桂线战争。在这个期间,虽有腾冲的收复,密支那中美联军的会师,而在中国有决定意义的战场上,则依然未能阻遏日寇的进攻。这种军事上的严重状态,一方面是过去沉闷政局的结果,同时又必然起反作用于政治经济与所谓精神信誉之丧失,使爱国人民无法再加容忍,负责当局亦不得不承认是空前危局。国民参政会恰在这个时候集议,客观上不能不把上面这种复杂而又严重的局势反映出来。我们如果明白这一点,就可知道这次国民参政会大会所以出现某种特征,实在是事所必至的。

中国国民参政会在其诞生之初,原本规定是一种战时准民意机关,参政员的产生既没有经过民主选举,其配置又有偏右之弊,职权则限于调查询问。这在世界政治史上,可以说是一种很特殊的体制。这种特殊的体制,又复经过过去数年的特殊运用,要说它能够解决什么实际问题,早已成为奢望。但本月十八日闭幕的国民参政会第三届第三次大会,却又好像出现了一些新景象:有许多在过去不许说的话,这次政府居然允许参政员侃侃而谈了,在大会上,大家对于贪官污吏底罪恶,作了忍无可忍的揭发;对于失职殃民的将领,作了严厉的谴责;对于政府交议的施政方针,提出了许多不客气的批评。而执政当局,也好像变得比以前谦虚些,多少提出了一些自我批评,甚至像粮食部徐堪部长自己也说:"好人不进粮食部。"在这种气压下,当局也允许了国共问题的公开报告,使大家多少能根据铁的事实来判断是非真相。在决议方面,如象"改善兵士生活"、"增进中苏邦交"、"将中国贪官污吏在美国存款三万万美元提充军费"等等,果能一一见诸实施,对抗战自有相当补益。

固然,比之英美苏法与中国敌后抗日根据地所建立的真正民意机关来说,这次国民参政会所表现出的所谓民主气息,实在还是微乎其微,而且根据过去经验,好的决议都很难变成事实,所以现在就欢欣鼓舞,从最好的方面去解释,也只能说是天真得可爱而已。当然我们很能体谅"饥者易为食,渴者易为饮"的心境,又如在一个被窒息得久无声息的人群里,忽然能够发出一两声低微呼声,也往往能使人起一种空谷足音之感。

但是,清醒的人民应该处处从客观事实出发,不应该被虚幻的色彩所炫惑,也不应被镇定神经的针所麻痹。中国今天最紧急的现实问题,是如何停止敌人进攻,如何迅速生长力量,如何配合盟国反攻,以便迅速打败日寇,求得抗战胜利与民族独立解放的问题。这里关涉到政策、机构与人事,范围普及于政治、经济、军事与文化。现在高唱入云的中国要不要民主的问题,实际上也就是要不要抗战胜利,与抗战胜利之后,能否建成三民主义新中国的问题。我们纵观中外政治史,都无例外的告诉我们:任何一个国家民族,要在危局之前,渡过难关,求得新生,必须要有正确的政策,健全的机构与得力的人事,并使其密切衔接。如果政策有错误,应马上改正政策;如果机构人事有毛病,应马上健全机构与人事。如果三者都有问题,那就应该当机立断,根本改弦易辙。在这种紧急的时候,如果还是枝枝节节,舍本逐末,必然要偾事误时,噬脐莫及。

因此,我们认为挽救目前危局的中心环节,就是召集国事会议与组织联合政府。这不仅是世界潮流的所趋,抗战的迫切需要,就是这次参政会上及其周围大众意志的表现,亦都恰恰证明非根本改弦更张,决无其他解决方法。我们不愿危言耸听,更不愿抹煞事实。林祖涵同志的报告和呼吁,所以能够得到最广大的同情,决非偶然。而且我们这一根本主张,有很深切的历史根源和根据。在七年前抗战初起时,我党领袖毛泽东同志就曾指出:"现在急务在谋三民主义的实现,放弃个人及小集团的意气与私见,改变过去老的一套,立刻实行符合三民主义的抗战纲领,彻底与民更始,这是今天唯一的出路,再要推延,就后悔之无及了。然而要实行三民主义与抗战纲领,需要一个实行的工具,这就提出了改造政府与改造军队的问题。"中华民族经过这七年的苦难磨炼,毛泽东同志这个光辉的指示,一天一天更加证明其正确,再要推延,就要悔之无及了。

(原载《群众》周刊第九卷第十八期)

10. 参政会划时代的成就

重庆《中央日报》社论

在国民参政会第三届第三次大会开会之日,我们预期这次大会将成为国民参政会过渡到国民大会的永远值得纪念的桥梁。今日是这次大会休会的日期,我们试一展望这次大会整个的进程,我们可以看得出大会的成就,不但恰符我们的预期,并且超过我们所预期者以上。这次大会,乃是"一次划时代的会议"。这次大会在中国民族政治史上有划时代的意义。

从会议的精神来说,这次大会的特点是"一面批评政府,一面拥护政府"。而批评之直率,拥护之热烈,真能够使我们引为欣慰。我们欣慰的是从此以后,政府在除弊的方面更能洞达国民的隐情,在兴利的方面更能得到国民的助力。

从会议的收获来说,这次大会不但使政府与国民"加强中国必能实现民主的信心",并且使中国民主制度向前迈进了一大步。从这次大会以后,国民参政会的职权扩大,名额加多,最切要而具体的一点就是预算初步审议权将属于国民参政会。我们可以说,不待国民大会召开,而国民参政会即将构成议会政治的初基。尤使我们兴奋的是,蒋主席以行政院兼院长的地位向大会宣示中央之"提早结束训政"的决心:"实行宪政,愈早愈好。"这次大会之所以具有划时代的意义者,乃在于比。

从会议的环境来说,这次大会是在世界反侵略战争进入最后决战阶段的时期开会。中国抗战是在最后胜利之前的非常艰苦的关头。这次大会对于战争的检讨,对于整军的建议,极透辟、极切实,尤与最高军事当局既定的方针与既定的方案,两相吻合。诚如蒋主席之所指示:"只要大家以国家利益为前提,以拥护国家利益为根本,就没有不能解决的事情。"这一点就是我们中国克服一切艰难,渡过任何危险,达到最后胜利的保证。

民主政治是"依于讨论的政治"。民主政治所需要的讨论,首先是以国家利益为前提。民主政治所需要的讨论最后是以国家利益为归宿。因此,民主政治的讨论是由一致的论点而出发,更以一致的协议而结束。惟其如此,民主主义与民族主义无论是在理论上或是在实际上都是相成而决不是相反的。惟其如此,在民族国家里面,国民的意见愈多,讨论的内容越富;政治的讨论愈是热烈,国家的基础愈是巩固。惟其如此,民主国家愈是在艰难困苦之中,愈能加增其政府的力量,愈能表现其政治的效能。这次大战里面,各民主国家所以能转守为攻而转败为胜者在此。我们国民参政会这次大会的精神所以能够加强我们抗战必胜建国必成的信念者亦在于此。

国民参政会这次大会的休会,选定了九一八,更有一悉意义。我们中国国民收复失地的决心,已经著明于开罗会议的公报而为世界民主国公认,今年此日,我们对此无须再作申述。我们今年此日所当申述者,"胜利的次晨比胜利的前夕更为危险"。换句话说,战争的善后比作战更是艰难。因此我们在最后决战的阶段,必须筹划战后和平的争取与维持。世界民主国家的协同一致,特别是英美苏中四国的协同一致,在贯彻战争,获得胜利,争取和平,维持和平于永久,这几种意义上,都是切要之图,我们从蒋主席的报告里面,欣悉我们政府的外交方针,即以此一切要之图为重点。我们深信我们政府今后的外交活动对于世界战争的结束与永久和平的建立,必能有伟大的贡献。

"外交的基础在内政"。国民参政会这次大会对于内政与外交两方面都有显著的成就,而其成就实具有划时代的意义。我们敬祝这个划时代的会议的完成,并敬祝参政员诸君健康。

(原载 1944 年 9 月 18 日重庆《中央日报》)

11. 参政会的伟大成就

重庆《新民报》社评

这次国民参政会整整开了两礼拜,真是够辛苦,也够热闹,这现象太好了,大家都一致称道。昨已功成圆满,又将分别言旋,一般关心国事的人皆有不胜依依之感,因为再听不见这些热烈的正义的呼声了。究竟不免是一种损失。此次参政会成就之多与大,社会已有公论。尤其是那种民主气氛的充分发扬,真是象征着国家确有朝气,宪政确有前途。八年的硬仗打苦了,沉闷的心情经过这一次"准代议士"的发抒,大家都透了一口气来,再拿这一口气去迎接胜利,相信抗战胜利之后,已不难步入建国必成之途。

就全般议程加以检讨,如国共两党之公开报告,与蒋兼院长之宣示施政方针,这都是具有历史性的重要价值。因为公开报告,开诚协商之结果,国共两党的历史纠纷,可能逐步得到合理解决,而蒋兼院长重申政治解决中共问题之意见,并考虑到要提早结束训政,同时对增进中苏邦交一事,亦复恺切言之。这都是值得大书特书的重要事件。

我们根据这次会议经过,认为有两大成就,那就是"建军"与"建政"。所谓"建军"即对于改善士兵待遇,采取精兵主义,与建立统一之现代国防军之议题,已震动了国内外,获得无数人之同情。不仅可以励士气,壮军心,实在可以奠立建军前途之基础。至于"建政",这是一个杜撰名词,不过我们见着国共团结有望。议会民主精神之发扬,当然是政治上的好现象。尤其揭发贪污,尊重舆论,把过去"不许暴露弱点"的错误观念改正了。这是对澄清吏治一个有力帮助。吏治澄清,言论自由,使国家步入一个现代化的民主的康洁政府,那不是"建国"之起点是什么?因此,我们认为建军与建政,真不愧为此次参政会之两大成就。

他们这次集议,真对得起国家,亦即对得起国民。再见吧,今后的职权更大,他们的责任更重。聚而共议国政,散而领导各方,我们更祝福他们为国珍预!

(原载 1944 年 9 月 19 日重庆《新民报》)

12. 几点意见

纪 魏

国民参政会到今天为止,整整两个礼拜了,各参政员不远千里而来,逞稳公忠为国的心,在野的人民,除了感佩以外,我感觉到有些地方还有美中不足的地方,这里有几点意见:

一、国民参政会,是中国现阶段最高的民意机关,他是在抗战中产生的,希望大家和衷共济的在一起,共谋国事,这当然是对的,可是我不明白,为什么参政员要由政府圈定？我的理想最好废除国定参政员的法则,同时便应扩大组织,多包括各党各派和其他无党派的人。除了按期开会外,赴会参政员要不避免危险地执行任务,真正做到来自民间,为人民出气、说话,这个想来不是困难的问题罢。

二、我国的外交当然是多元外交,可是中美,中英的邦交倒还不错,为什么中苏邦交反不如抗战初期呢？以现在来说,更不能和英美两国相比了。近来国际人士都非常关心中苏的邦交的改善,但是我政府是否有此同觉呢！我知道苏联和我国无论在政治上、地理上都有密切的联系,当推倒满清时,苏联已曾给我们莫大的鼓舞,首先废除在华治外法权是苏联,在苏德战争未爆发前,帮助我抗战最力的是苏联(现在也同样地帮助),但为什么还会同他疏远呢？我深深地感到中苏邦交不改善,也许会造出更多不幸的事件。

三、目前青年失业失学的比比皆是,社会都天天在喊救济,但被救的青年在哪里？社会中有许多不好的事情,我承认有局部是青年造成的,但是说句良心话,还是社会制度和政治制度不善的原因。

(原载1944年9月9日重庆《新华日报》)

13. 对参政会的意见

金　喔

我是一个普通老百姓,也可说是国家公民之一。政治既是要走向民主,那么,我以国家公民之一的资格,就责无旁贷,应该说话的地方,就应该斗胆说。

参政员提案要人联署,照道理说,是慎重的事。可是这次左舜生先生想提议找不到联署人,足见联署文有毛病。毛病的来源,在敝人想来,不是参政会规定的人太多,那就是除了政府党以外的人,其他党派的人太少。否则为什么找不着联署人？

国民参政会,除了政府党之外,究竟包括哪些党派？这些党派有多少人。敝人不大知道,如果就左先生找不到联署人一事来看,似乎不大多,似乎合乎参政会联署人名额这样的数目都没有。前几天见《新民报》载,政府党宴请国民党参政员于中央党部,到的有百余人。这次到会参政员,直到最近两天才一百八十余人,除了国民党员百余人而外,其他党派(除无党派的以外)的参政员是不足联署人名额,我这想法,是不会错很远的,而左先生慨叹找不到联署人,那也是必有的现象。

国民参政会既是民意机关,而这种不是由民选而来的民意机关里,政府党竟占了绝对多数,要反映真正的民意,要成立真正由民意所作的决定,是不是有可能呢？这一点,与会的参政员诸公考虑到这一点没有？

试想左先生在会里都找不到署名人,那么像共产党林祖涵、董必武两先生更会找不到署名人了吧？

其次,每届参政会拟定的日程,都是报告在前,讨论在后。报告拖得长长的,弄到参政员精疲力竭的时候,才开始讨论,结果,小事吵一顿,大事马马虎虎,或者无机会解决,交给驻会委员。这样的开参政会,是不是会使人民满意呢？依鄙人看,这作风要改才成。报告要紧凑精干,讨论要多,要周详,如果你把参政会当作出气筒,那真有点劳民伤财。张君劢先生提议扩大参政会职权,鄙人很赞成,不仅职权方面,我看参政会也需改组一下,政府党方面的人,不要占据半数以上的议席,多容纳其他党派和在野党名流、正绅,及各工农商团体的人,或者让各党派、各团体、各公民代表公开提出候选人名单竞选也要得。总之,一个民意机关,总不要形成垄断包办才好,才能表现出真正的民主精神。报载,张君劢先生的提议,竟被政府党方面的参政员十余人表示异议,这是使鄙人奇怪的地方,不知他们作怎样的想法。

以上敬陈浅见,以尽公民一己之责而已。

(原载1944年9月18日重庆《新华日报》)

十三、国民参政会第四届第一次会议

(1945年7月7日—7月20日)

(一)国民政府修订《国民参政会组织条例》

1. 国民参政会组织条例

(一九四四年九月十六日国民政府修正公布)

第一条　国民政府在抗战期间,为集思广益团结全国力量起见,特设国民参政会。

第二条　凡具有中华民国国籍之男子或女子,年满三十岁暨第三条所列(甲)、(乙)、(丙)、(丁)四项资格之一者,得为国民参政会参政员。

第三条　国民参政会置参政员,总额二百九十名,其分配如下:

(甲)由曾在各省市(指行政院直辖市而言)公私机关团体服务三年以上,著有信望之人员中,共遴选一百九十九名。各省市所出参政员名额,依照附表之所定,各省市参政员不以具有各该省市籍贯者为限。

(乙)由曾在蒙古、西藏地方公私机关或团体服务三年以上著有信望,或熟谙各该地方政治社会情形信望久著之人员中,遴选八名(蒙古五名,西藏三名)。

(丙)由曾在海外侨民居留地工作三年以上,著有信望,或熟谙侨民生活情形，信望久著之人员中，遴选八名。

（丁）由曾在各重要文化团体或经济团体服务三年以上，著有信望，或努力国事，信望久著之人员中，遴选七十五名。

第四条　国民参政会参政员之选定，依次列程序行之：

（一）前条（甲）项参政员，由各省市临时参议会用无记名连记投票法选举之，以得票较多者为当选。

政府召集国民参政会时，各省市临时参议会如在休会期间，且因例会期间尚远，不能于国民参政会召集期限前完成前项选举时，其选举得以通讯方式行之。

（二）在临时参议会尚未成立之省市，前条（甲）项参政员，由各该省市政府会同各该省市党部，按其本省市应出参政员名额，加倍提出候选人，选请国防最高委员会汇提中国国民党中央执行委员会选定之。

（三）前条（乙）、（丙）两项参政员，分别由蒙藏委员会、侨务委员会，按照应出参政员名额加倍提出候选人，送请国防最高委员会汇提中国国民党中央执行委员会选定之。

（四）前条（丁）项参政员，由国防最高委员会按照应出参政员名额提出候选人，提请中国国民党中央执行委员会选定之。

第五条　国防最高委员会设置国民参政会参政员资格审查会，置审查委员九人至十一人，并指定一人为主席，执行下列事宜：

（一）对于依第四条（一）项规定当选之人，如发现其资格与本条例之规定不符时，得提经国防最高委员会核定，取消其当选资格，以各该省市得票次多者补充之。

（二）对于依第四条第（二）、第（三）、第（四）各项所列候选人，如发现其资格与本条例之规定不符时，得提请国防最高委员会核定，取消其候选人资格。

第六条　在抗战期间，政府对内对外之重要方针，于实施前，应提交国民参政会议决。

前项决议案经国防最高委员会通过后，依其性质交主管机关制定法律或颁布命令行之。

遇有紧急特殊情形,国防最高委员会委员长得依国防最高委员会组织条例,以命令为便宜之措施,不受本条第一、二项之限制。

第七条　政府编制国家总预算,应于决定前提交国民参政会或其驻会委员会作初步之审议。

第八条　国民参政会得提出建议案于政府。

第九条　国民参政会有听取政府施政报告暨向政府提出询问案之权。

第十条　国民参政会得组织调查委员会,调查政府委托考察事项。

前项调查结果,得由国民参政会(或由国民参政会授权予调查委员会)提请政府核办。

国民参政会或其驻会委员会,对于政府某种施政事项之真相,认为有调查之必要时,得提请政府调查,向国民参政会或其驻会委员会报告。国民参政会或其驻会委员会于听取报告后,得提出建议,请政府核办。

第十一条　国民参政会参政员之任期为一年,国民政府认为有必要时,得延长之。

第十二条　国民参政会每六个月开会一次,会期为十四日。

国民政府认为有必要时,得延长其会期,或召开临时会。

第十三条　国民参政会休会期间,设置国民参政会驻会委员会,由国民参政会主席团及参政会互选三十一人组织之,其任务如下:

(一)听取政府之各种报告;

(二)促进业经成立决议案之实施,并随时考核其实施状况;

(三)在不违反大会决议案之范围内,得随时执行本会建议权暨调查权。

第十四条　国民参政会有该会参政员总额二分之一以上之出席,即得开议。

第十五条　中央各院部会长官得出席于国民参政会会议,但不参加其表决。

第十六条　现在官吏,不得当选为国民参政会参政员,但各地方自治机关及各教育学术机关服务人员,不在此限。各省市临时参议会现任参议员,不得当选为本省市参政员。

第十七条　国民参政会置主席团,由国民参政会选举主席五人至七人组织之,其人选不以参政员为限。

国民参政会及其驻会委员会开会时,由主席团互推一人为主席。

第十八条　本条例未尽事宜,由国民政府另以命令定之。

第十九条　本条例自公布日施行,但第七条、第十条第三项及第十三条,均自第四届起施行。

参政员名额表

甲项一百九十九名:

四川、湖南、浙江、广东、安徽、山东、河南、湖北、江西,以上各出十人。

江苏、河北、陕西、福建、广西、云南,以上各出八人。

贵州、甘肃,以上各出六人。

山西、辽宁、吉林、新疆、重庆市,以上各出四人。

察哈尔、绥远、上海市、青海、西康、宁夏,以上各出三人。

黑龙江、热河、南京市、北平市,以上各出二人。

天津市、青岛市、西京市,以上各出一人。

乙项八名:

蒙古五人,西藏三人。

丙项八名:

海外八人。

丁项七十五名:

由中央遴选七十五人。

(原载《国民政府公报》渝字第七百一十一号)

2.《国民参政会议事规则》第十七条修正全文

(1945年7月6日公布)

第十七条　参政员之提案,应详具理由,并由参政员五人之连署提出之。

（原载 1945 年 7 月 6 日《国民政府公报》）

（二）第四届国民参政会主席团、参政员名单

1. 第四届国民参政会主席团名单

张伯苓　王世杰　吴贻芳　莫德惠　李　璜　江　庸　王云五

（原载《国民参政会第四届第一次大会纪录》，国民参政会秘书处）

2. 第四届国民参政会参政员名单

（1945 年 4 月 23 日国民政府公布）

一、依照《国民参政会组织条例》第三条甲项遴选者：

四川省

刘明扬　廖学章　傅　常　陈铭德　但懋辛
余际唐　黄肃方　甘绩镛　朱之洪　王国源

湖南省

胡庶华　余楠秋　左舜生　刘　兴　许孝炎
丘昌渭　张　炯　邓飞黄　谭　光　唐国桢

浙江省

褚辅成　罗霞天　胡建中　吴望伋　叶溯中
越　舒　陈其业　朱惠清　骆美奂　刘百闵

广东省

黄范一　陆宗骐　陈绍贤　韩汉藩　何春帆
邹志奋　刘宪英　官　祎　王若周　张良修

安徽省

马景常　陈　铁　光　升　常恒芳　奚　伦

翟　纯　刘启端　金维系　吴沧州　刘真如

山东省

范予遂　傅斯年　刘次箫　孔令灿　丁基实
庞镜塽　王立哉　赵雪峰　王仲裕　赵公鲁

河南省

王隐三　张金鉴　燕化棠　李汉珍　刘景健
田培林　张雨生　翟仓陆　王芸青　姚延芳

湖北省

李荐廷　李四光　孔　庚　杨一如　石信嘉
张难先　喻育之　饶凤璜　黄建中　刘叔模

江西省

张国焘　李中襄　王冠英　王又庸　甘家馨
熊在渭　王枕心　王德舆　吴健陶　杨不平

江苏省

冷　遹　江恒源　陈　源　薛明剑
顾颉刚　张维桢　肖一山　汪宝瑄

河北省

耿　毅　刘瑶章　张之江　王启江
魏元光　马洗繁　何基鸿　王化民

陕西省

张凤翙　高文源　李芝亭　张丹屏
赵和亭　张守约　王维之　杨大乾

福建省

石　磊　康绍周　李　钰　林学渊
叶道渊　梁龙光　江　庸　郑揆一

广西省

黄钟岳　林　虎　雷沛鸿　阳叔葆
苏希洵　蒋培英　程思远　廖兢夫

云南省

李培炎　范承枢　严　铸　李鉴之

赵　澍　陈赓雅　张邦珍　伍纯武

贵州省

王亚明　黄宇人　张定华　周素园　商文立　尹述贤

甘肃省

寇永吉　何与参　段　焯　张作谋　陆锡光　马元凤

山西省

梁上栋　李鸿文　武肇煦　潘连茹

辽宁省

高惜冰　张振鹭　钱公来　齐世英

吉林省

李锡恩　王寒生　张潜华　陈纪滢

新疆省

哈的尔　刘文龙　桂　芬　乌马尔

重庆市

潘昌猷　邓华民　胡仲实　陈介生

察哈尔省

张志广　乔延琦　李毓田

绥远省

焦守显　苏　珽　李树茂

上海市

奚玉书　陈霆锐　陶百川

青海省

李　洽　马腾云　李德渊

西康省

张　缉　黄汝鉴　格桑泽仁

宁夏省

马兆琦　于光和　周生祯

黑龙江省

马　毅　王宇章

热河省

谭文彬　王维新

南京市

陈裕光　章　桐

北平市

陶孟和　陈石泉

天津市

张伯苓

青岛市

张乐古

西京市

韩兆鹗

二、依照《国民参政会组织条例》第三条乙项遴选者：

蒙古

迪鲁瓦　李永新　金志超　齐木棍旺扎　勒拉卜旦　荣　照

西藏

罗桑札喜　阿旺坚赞　拉敏益喜楚臣

三、依照《国民参政会组织条例》第三条丙项遴选者：

邝炳舜　何葆仁　司徒美堂　连瀛洲

林庆年　李文珍　陈荣芳　冯灿利

四、依照《国民参政会组织条例》第三条丁项遴选者：

邵从恩　于　斌　王云五　张　澜　黄炎培　王晓籁　章士钊

李　璜	陈豹隐	曾　琦	周道刚	晏阳初	仇　鳌	范　锐
毛泽东	林祖涵	周　览	杨端六	成舍我	张翼枢	秦邦宪
张君劢	钱端升	吴贻芳	钱永铭	陶　玄	周炳琳	张其昀
伍智梅	刘蘅静	陈逸云	谭平山	陈绍禹	吕云章	邓颖超
马乘风	徐炳昶	董必武	余家菊	陈启天	胡秋原	许德珩
达浦生	胡　霖	许文顶	胡　适	莫德惠	梁实秋	常乃德
陈博生	彭革陈	杨振声	江一平	胡木兰	王世颖	王普涵
席振铎	郭任生	喜饶嘉措	何鲁之	郑振文	周谦冲	周恩来
吴玉章	卢广声	梁漱溟	章伯钧	冷曝东	端木恺	吴蕴初

（原载 1945 年 4 月 24 日重庆《新华日报》）

（三）国民党"六大"通过关于中共问题的决议

中国国民党第六次全国代表大会关于中共问题的决议

大会听取中央关于中共问题之报告，深以中央以往所采政治解决之方针为适当，本党领导全国军民艰苦抗战，无时不尽力于团结御侮，以求中国之自由平等。中共在民国二十六年九月，亦曾有四项诺言之宣告，虽频年以来，中共仍坚持其武装割据之局，不奉中央之军令政令，而本党始终宽大容忍，委曲求全，其苦心已为中外人士所共见。现值国民大会召开在迩，本党实施宪政，还政于民之初愿，不久当可实现。为巩固国家之统一，确保胜利之果实，中央自应秉此一贯方针，继续努力，寻求政治解决之道。所愿中共党员亦能懔于民国缔造原非易事，抗战胜利犹待争取，共体时艰，实现宿诺，在不妨碍抗战，妨碍国家之范围内，一切问题可以和谈解决，斯则国家民族之大幸，本党同志应共喻此旨，以促成之。（1945 年 5 月 17 日）

（原载 1945 年 5 月 18 日重庆《中央日报》）

(四)中共中央声明不参加第四届国民参政会

1. 中共中央负责人声明不参加第四届国民参政会

(一九四五年六月十六日)

新华社记者就国民党政府定于七月七日召集新的国民参政会,中共方面是否有人出席一项问题询问中共中央负责人,承其答复如下:

国民党政府决定于今年七月七日召集所谓国民参政会,中共方面没有什么人去出席。这是因为:

一、从去年九月以来,中共与中国民主同盟及其他广大民主人士,一致要求国民党政府迅即取消一党专政,召开各党派及无党派代表人物的会议,成立民主的临时的联合政府,发布民主纲领,实现民主改革,以便动员与统一中国人民的抗日力量,有力地配合同盟国战胜日本侵略者;并由此种联合政府依据民主原则,于全部国土获得解放之后,实行自由的、无拘束的人民选举,召开国民代表大会,制定宪法,选举正式政府。此项主张,实为中国人多数人民公意之反映。但在本党代表与国民党政府代表几次谈判之后,已被国民党政府所拒绝。至于恢复团结与建立联合政府之一些起码的条件,例如取消镇压人民的自由的法令,取消特务,释放被捕的共产党员及一切爱国分子,承认中共及其他民主党派的合法地位,承认中国解放区,撤退包围与进攻中国解放区的军队等项,一项也不愿实行,反而变本加厉,增强了破坏团结与破坏抗战的反动措施。

二、此次所谓新的国民参政会之召集,国民党政府当局事前并未与本党协商,亦未与其他民主党派协商,仍和过去的国民参政会一样,完全由国民党一手包办。依据国民党政府的法令,中共及其他民主党派至今没有合法地位。即就中共方面的参政员而论,亦为国民党当局所指派,并非中共自己所推选。而中共所领导的抗日力量,现已成了战胜民族敌人,解放中国人民的中心力量。国民党政府此种对待中共的态度,不但与民主原则相违背,亦与中共在抗日战争中的地位不符合。

三、尤其重要的,是国民党的第六次全国代表大会,不顾中国人民、中国共产党及其他民主党派的一切反对意见,一意孤行地决定于今年十一月十二日召集那个由国民党一手包办的分裂人民的准备内战的所谓国民大会,而在行将开会的国民参政会上,就要强迫通过许多具体办法,以便实行国民党的反动决议。而如果这样做,就将铸成大错,反民族反人民反民主的大规模内战就会爆发。很明显,这样做的结果,只是帮助了日本侵略者。根据上述各项理由,中共方面已决定不参加此次国民参政会会议,以示抗议。

(原载 1945 年 6 月 17 日延安《解放日报》)

2. 褚辅成等七参政员致电毛泽东、周恩来

延安毛泽东、周恩来先生惠鉴:

团结问题之政治解决,久为国人所渴望。自商谈停顿,参政会同人深为焦虑。月前经辅成等一度集商,一致希望继续商谈。先请王若飞先生电闻,计达左右。现同人鉴于国际国内一般情形,惟有从速完成团结,俾抗战胜利早临,即建国新奠实基。于此敬掬公意,伫候明教。

褚辅成 黄炎培 冷遹 王云五
傅斯年 左舜生 章伯钧

巳冬

(原载 1945 年 6 月 30 日延安《解放日报》)

3. 毛泽东、周恩来电复褚辅成等七参政员

褚慧僧、黄任之、冷御秋、王云五、傅孟真、左舜生、章伯钧诸先生惠鉴:

来电敬悉。诸先生团结为怀,甚为钦佩。由于国民党当局拒绝党派会议、联合政府、及任何初步之民主改革,并以定期召开一党包办之国民大会制造分裂、准备内战相威胁,业已造成并将进一步造成绝大的民族危机,言之实深痛惜。倘因人民渴望团结,诸公热心呼吁,促使当局醒悟,放弃一党专政,

召开党派会议,商组联合政府,并立即实行最迫切的民主改革,则敝党无不乐于商谈。诸公惠临延安赐教,不胜欢迎之至,何日启程,乞先电示。扫榻以待,不尽欲言。

毛泽东　周恩来
巳巧

(原载 1945 年 6 月 30 日延安《解放日报》)

4. 褚辅成等六参政员抵延

褚辅成、黄炎培、冷遹、傅斯年、左舜生、章伯钧六先生于昨日下午一时偕王若飞同志飞抵延安(王云五先生因病未克成行)。毛主席、朱总司令、周恩来、林伯渠等十余同志前往机场欢迎。褚先生等现下榻交际处。

(原载 1945 年 7 月 2 日延安《解放日报》)

5. 中共中央举行盛大晚会欢迎褚辅成等六参政员

中共中央于昨日下午六时,设宴欢迎甫从重庆飞抵延安的褚辅成、黄炎培、冷遹、傅斯年、左舜生、章伯钧等六先生。宴后并举行盛大欢迎晚会。

当毛主席、朱总司令、周恩来同志等,偕同六位先生进场后,热烈欢迎的掌声震动全场。李富春同志宣布开会后,即由周恩来同志致欢迎词。首称:我代表中共中央欢迎六位在大后方为抗战、民主、团结奋斗多年的我们的老朋友。他们奋斗的业绩我们大家都是知道的,因为不仅中共中央的同志,就是全延的人民,全解放区的人民、军队、共产党员和其他团体,对六位先生能冲破种种困难飞达延安,表示亲切的欢迎。恩来同志继述及:自从抗战以来,我们党坚持抗战、团结、民主的方针,和敌后解放区全体军民八年来始终如一的和敌寇搏斗,曾经得到各位先生的鼓励与赞助。去年国民参政会上,林伯渠同志代表我党提出成立联合政府的方针后,也深得他们的赞助。特别民主同盟诸先生,他们赞同召开党派会议,成立联合政府,打倒日本侵略者。恩来同志最后称:中国抗战民主的事业,应该是中国人民自己起来解决的。我们相信六位先生求抗战胜利、谋全国民主团结的精神,是和我们一致的。中共中央的愿望——也就是全解放区人民的愿望,是树立一个独立、自由、民主、统一与富强的新中国,我们希望六位先生把这个愿望带回给大后方各阶层的人民去。

恩来同志致词毕,黄炎培先生登台讲话。黄先生满面笑容,精神愉快,言词洪亮,无旅途劳顿之色。他首先谈及此次来延的主要目的(黄先生称之为正目的),为促成全国团结。他说,这不是少数人的目的,而是全中国同胞的目的。黄先生继称:时至今日,环顾全球,一种新的趋势,正在日益增长,世界上每个角落,每个国家,都由分而合,走向团结,就是国与国之间也形成大联合,因此产生了五十国参加的旧金山会议。这是今后世界的潮流,是不可抗拒的力量,那一国家顺着这个潮流就有生命,反之,将会失去生命。事到如今,不容许中国不团结,而我们来延就是想促成这个团结。其次第二个目的(黄先生称之为副目的),是想来看看延安,以实现多年的愿望。黄先生说,在延安的一天半中,曾到市上散步,看见了延安的老百姓和商铺,会见了许多新旧朋友,有几点感想:第一,看不到一块荒废的土地;第二,看不到一个游手好闲的人民。其次,中共中央和政府的领袖生活很刻苦,而老百姓的新建筑增多,生活很好。黄先生提到最近毛主席的《论联合政府》报告,说,这报告所提出纲领表示共产党是要实干,而不是说空话的。至此,黄先生从上述的几点感想中,得出一个结论:共产党是进步的,踏实的。他并以"心心相照"的语句,来叙述他对解放区军民的亲切之感。最后他说:有一个延安的老朋友告诉我一句话说:"这边的政府,对于每一个老百姓的生活和生命都是负责的。"这句话很使我感动,因为政治上的事,只要做到了这一点就成功了。

左舜生先生继黄先生被邀讲话,首称:在延安的一天半,超过了我未来以前的种种理想。继即简述民主同盟的成立经过,及对于目前中国局势的各种主张。左先生最后谈及:中国需要团结,但只有实现民主才能保障团结,也必须团结才能保障民主。在走向民主团结的大道上,虽然会碰到曲折迂回,但我们的目标很准,同心同德一齐向前,我们相信一定能够达到这个目的。黄、左两先生的讲话,博得到会者的热烈共鸣,二先生的讲话,时被雷动的掌声所中断。讲话毕,在"解放区打胜仗,大后方民主运动正高涨"欢迎歌声中,晚会启幕。晚会共分三部,音乐、秧歌剧、话剧。直至十二时,宾主始尽欢而散。

(原载1945年7月3日延安《解放日报》)

6. 延安会谈纪要

(一九四五年七月四日)

来延六参政员和中共方面同意下列两点:

一、停止国民大会进行。

二、从速召开政治会议。

中共方面之建议:

为着团结全国各党派及无党派代表人物,共商国是,以便在民主基础上动员、统一和扩大全中国人民的一切抗日力量,配合同盟国,最后打败日本侵略者,建立独立、自由、民主、统一与富强的新中国起见,并在国民政府停止进行不能代表全国民意的国民大会之条件下,中国共产党同意由国民政府召开民主的政治会议,并提议在召开前须确定下列各点:

(1)政治会议之组织由中国国民党、中国共产党、中国民主同盟三方各自推出同数之代表及由三方面各自推出三分之一(其数等于每一方面代表数)并经他方面同意之无党派代表人士共同组成之。

(2)政治会议之性质:公开、平等、自由、一致、有权。

(3)政治会议应议之事项:一、关于民主改革之紧急措施;二、关于结束一党专政与建立民主的联合政府;三、关于民主的施政纲领;四、关于将来国民大会之召集。

(4)政治会议召开以前,释放政治犯。

(5)为使政治会议顺利进行起见,在政治会议召开前,应由各方面先作预备性质的协商,以便商定上述四点及具体内容。

(摘自金城:《六参政员的五日来去》,1985年1月25日《人民政协报》)

7. 褚辅成等六参政员离延返渝

褚辅成、黄炎培、冷遹、傅斯年、左舜生、章伯钧诸先生在延商谈已毕,于昨日下午一时离延返渝。毛主席、朱总司令、周恩来同志、林伯渠同志均赴机场欢送。

（原载1945年7月6日延安《解放日报》）

8. 六参政员赴延安

重庆《大公报》社评

褚辅成、黄炎培、冷遹、傅斯年、左舜生、章伯钧六参政员，应毛泽东、周恩来两氏之邀请，于本月一日自重庆启程赴延安。计算飞机行程，此时已达。

六参政员为什么去延安？因为六参政员暨王云五氏共七人于上月二日曾电毛泽东、周恩来二氏，希望继续国共商谈，以期从速完成团结。毛、周二氏于上月十八日电复七参政员，无来重庆之意，表示"请公惠临延安赐教，不胜欢迎之至"。六参政员即缘此而往。六参政员的延安之行，其用心自在促进团结，同时也敦促中共参政员来重庆，出席本月七日开幕之第四届参政会。盛暑长途，六参政员不少高龄体弱之人，此行不易，而其热心国事，实至可感。我们切盼六参政员此行之不徒劳，并略述我们的感想。

中央与中共间的商谈，绵延经年，其间经过，经几度公开，已为国人所共晓。其详情细节，不必备述，而最大的原则是，政府主张统一，中共要团结。统一与团结，在我们国民的眼光看来，实在是并无矛盾冲突的一件事。统一与团结这两个名词，在字面上看来，实在神圣庄严，而在老百姓的理解上，实在没有什么神秘。由今日的情况言，以国民的心情，来理解统一与团结的问题，也实在是卑之无甚高论。我们一个最低调的看法，就是：只要自己不打仗，只要自己不内乱，就是统一了，就是团结了。假使有人说：这看法太低调了，仅仅不打仗，不内乱，还不算尽了统一与团结的能事。那么，我们皆不可为此心浮气躁。只要我们第一步做到自己不打仗，自己不内乱，就已做到统一与团结的大半；由此再进一步做到自己永不打仗，自己永不内乱，那就十足而又十足的做到统一与团结了！我们不必唱高调，只要自己不打仗，自己不内乱，就一切有办法。

若分开来说，要统一，都是中国人，有什么不统一？只要中国人自己不打仗,只要中国人都和平相处,还不就是统一了吗?要团结,一个前提必须妥协。谁都坚持成见,谁都要占上风,谁都不肯妥协,那还讲什么团结?所以我们的看法很简单,只要自己不打仗,大家能妥协,我们就做到统一与团结了。

参政会就要开会,此次参政会的最大问题是关于召开国民大会种种有关问题的研讨。国民党决定今年十一月十二日召开国民大会,结束训政,还政于民,但关于如何召开的种种有关问题,并未作硬性的规定,给参政会留有自由讨论的余地。我们觉得这一点很重要。因为国民大会的召开,实在关系重大,要它开得好,开得有效,就必须集合各方面的意见,使之得到一致的结论。我们曾经说过,这第一届国民大会,是造法的议会,而它的本身却是政治性的,所以它的本身必须建筑在政治妥协的基础上。因此,我们希望在这次参政会中,关于国民大会的问题,政府只须主张本年十一月十二日召开,此外关于代表选举等种种问题则不必提案,同时党团也不作关于这类问题的活动,任听参政会作白纸式的讨论。只要参政会综合各方面的意见,得到一致的结论,政府即准备采纳。果能如此,则国民大会可能开得好,可能开得有效。此外,政府在一切庶政上,尽量公开,尽量合法,尽量开明,尽量民主,则国民党与国民政府的信用必能大大的增高。

我们也与六参政员赴延安的心情一样,恳切希望中共参政员能够来重庆出席参政会。关于这一点,为国家大局计,我们自然如此希望;同时为共产党设想,他们也应该来。一个政党,当然有它的政治主张。就凭它的政治主张,争取人民的信任,而达到主张的胜利,这是政党斗争的常轨。因此为中共计,其政治主张,与其只在《解放日报》上发表,只在延安电台上广播,何妨来重庆在参政会席上发表,岂不更多一次发表政治主张的机会?这可算最低调了,为中共计,也还值得。再说六位参政员,盛暑长途,殷殷而往,代表参政会的期望,也代表人民的期望,为人情计,延安也该给他们六位一些面子,请几位中共参政员陪他们回重庆!

(原载 1945 年 7 月 3 日重庆《大公报》)

（五）第四届第一次会议开幕

国民参政会第四届第一次大会，于七日在军委会大礼堂开幕。中枢抗战建国八周年纪念会亦合并举行。参加之中枢首长、各国使节、参政员及来宾共八百余人。仪式于九时开始。大会主席张伯苓陪同蒋主席步入主席台时，受热烈之鼓掌欢迎。行礼时并为抗战阵亡将士与死难同胞默念三分钟。

主席张伯苓致开会辞，盛道八年来全国在领袖贤明领导与军民用命，用能克服艰难局面之成就。蒋主席在热烈欢迎中致词达二十五分钟，对国际形势、对日军事及政府实施宪政之决心，阐述甚详，并希望参政会站在国家民族利益之立场，提出合理之主张。参政员周炳琳致答词，旋即礼成。

（原载1945年7月8日重庆《中央日报》）

1. 主席团主席张伯苓开幕词

蒋主席、诸位长官来宾、全体同人：

今天是国民参政会第四届第一次全体大会，也是参政会成立以来的第十一次全体大会，恰恰在抗战第八周年纪念日举行。我们在这世界光明国运好转的时会，来召开此次大会，其意义之重大和责任之艰巨，可想而知。

回忆国民参政会最初成立之时期，在抗战后一周年纪念前一日，目的在集思广益，共赴国难，作为抗战时期，沟通民意，协助政府的中心机构。七年以来，参政会中经三届改造，十次大会，同人多能意见一致，精神奋发，对于拥护抗战建国纲领，支持抗战到底国策，协助宪政实施工作，以及促成国内和平团结，加强作战军事力量等，无不兢兢业业，善尽职责。其于抗战大业，不无多少贡献，此为全国人士所尽知，亦我全体同人所可引以自慰者也。

从第一次参政会开会以后至本届大会召集以前，为时已历七载。在此期间，无论从国内大局或从世界形势看来，变化虽有多少，但结果无不于我有利。当战争开始的时候,暴日多年阴谋,一一暴露,举国上下,都感觉到亡国灭种之祸,迫在眉睫。当时伯苓曾谓中国所处局面,异常"难""险",其"难"有如一只木船,在川江途中,逆流上行,苟拉纤之人力量分散,不能齐一步骤,必难渡过难关;其"险"有如下水行船,水急滩多,苟同舟之人不信任舵主,不能向一定方向迈进,必遭沉覆惨祸。七年以来,我国家日在此"难""险"交迫的环境之中,挣扎奋斗,备尝艰苦。幸上有贤明领袖之领导,下得忠勇军民之用命,卒克服困难,化险为夷。兹当第四届大会开始之时,国家力量日在强大,反攻计划正在展开,各地捷报如雪片飞来,今后军事前途虽尚有一段艰难险恶之路程,但胜利已定,目的在望,苟能上下一心,齐作最后之努力,定可达到彼岸,获得光荣胜利,这是可以完全自信的。

再从国际形势来看,当第一届大会开始之时,我国沿海被敌封锁,国外援助无法获得,其时我国乃系孤军抗日,独立作战,后西方纳粹德国掀起了第二次欧洲大战,不到十个月,全欧几被征服。而东方日寇为着配合西方侵略起见,终于偷袭珍珠港,发动了太平洋上大战。经联合国数年合力作战,德国现已无条件投降,欧洲战事已胜利结束,轴心三国已倒了两个。从现阶段的大势看来,日本强盗之投降,只是时间迟早问题。至于最近在旧金山召集之联合国会议,经过五十国代表的一致努力,和六十二天的诚恳会商,业已制成联合国大宪章,作为战后建立世界和平与安全及人类文明进步之伟大工具。是则吾人于此次世界大战中,不特可以赢得战时军事的胜利,并且可以赢得战后和平的胜利。我国因领导反侵略战争在先,贡献世界最大,业已获得联合各国之一致钦佩,而公认我为世界五强之一,国家地位提高不少,民族声誉大为增进,推厥原因,皆我全国军民八年来英勇牺牲,流血流汗,所得来的宝贵收获。

综观参政会自第一届大会至此次第四届大会,七年当中,国内和国际局势变化至多,展望世界大势,实令人兴奋,反观我国前途,更光明无量。但吾人现时急应努力者,尚有二事:

一、加强和平团结。欧战胜利,得助于盟国团结,世界和平,更有赖盟国合作。此次旧金山会议,出席者有五十国家之多,彼此语言、宗教、生活习惯完全不同，但以各国对于团结合作，维持永久和平，具有共同信心及共同决心，遂能制订联合国大宪章造成了辉煌的功绩。以世界环境复杂如斯，尚能和平团结，而我国至今日，尚有内部和平团结问题，实属令人痛心。但只要人人有信心、有决心，抱定国家民族至上之目标，则团结御侮，和平建国之目的，也不难达到，此为吾人今后应行努力之第一点。

二、实行民主政治。本年十一月十二日，政府已公布召集国民大会，结束训政，开始宪政，此后中国政治将步入民主正途，于国家未来之命运，关系至为重大。惟是国民大会之职权、代表之资格、宪法草案以及其他一切有关宪政实施事宜，均有待我同人审慎检讨，周密规划，此为吾人今后应行努力之第二点。

总括言之，自参政会第一届大会以来，世界从黑暗中走到光明，国家由难险中步入坦途，整个世界在变化，整个国家亦在变化，世界是新世界，国家是新国家，吾人对国家、对世界，责任较前更为重大。为着配合时代的好转，为着适应国家的需要，希望我全体同人一本过去合作精神，对此加强团结，实行民主等问题开诚布公，殚精竭虑，制一妥善方案，厘定实施办法，借以奠定国家百年之基业，此为全国人士所希望，亦为本届我参政会同人应尽之责任也。

（原载《国民参政会第四届第一次大会纪录》，国民参政会秘书处）

2. 国民政府主席蒋中正致词

主席、各位参政员先生：

第四届国民参政会今天开始集会，正是我们中国抗战的第八周年纪念日。从八年前的今天起，我全国同胞拥护政府抗战的国策，信任政府建国的方略，一致奋起，不辞任何牺牲，争取民族自由，维护国家的独立。在这八年之间，我们经过了无数的艰险，我们遭受了不可估计的损失，直至今天抗战进入第九个年头，我们确已奠定了最后胜利的基础，望见了独立自由的曙光。我们在今天，还不能说是"痛定思痛"之时，但是，本席相信在座诸君，都不能不深深感觉到争取民族自由和维护国家独立，确是千辛万苦空前无比的艰巨工作。贵会在这个庄严的纪念日开会，各位一定会回忆到八年来我们所共同经历的艰难困苦,发抒忠言议论,加深我们全国上下的责任心,加强我们全国上下的自信心与团结精神。

在目前的阶段中,政府负有二大任务:一为善尽我们在抗战最后阶段中应尽的责任,以加速敌寇的崩溃,一为树立宪政规模,以奠定国家百年不拔的根基。这是政府目前努力的最大目标,至于提供宏谋硕画,促其实现,则是本届参政会所特有的责任,亦是各位参政员对时代重大的使命。

贵会上一次集会,是在去年九月,在过去九个月中,国内国外情形都有重大的变化,这些变化都显示着中国的抗战与世界的局势都已接近了黎明时期。

现在本席首先将国际形势向各位作一个简略的说明:我国在八年以前毅然决然起而抗日之时,只是我们一国单独抗战。日寇当时的种种企图,在防止中国得到任何与国援助,这是我们最孤危的时期。后来经过了四年以上的恶战苦斗,到了民国三十一年一月一日华盛顿联合国宣言成立之后,这种情形才完全改变。自此以后,敌人没有一天不希望联合国的分裂,敌人的种种宣传亦只在企图造成联合国的内部冲突。可是在十天以前,五十个国家又在旧金山一致通过了一个联合国的宪章,于是敌人的希望和企图又被粉碎。从今以后,敌人的任何企图必归泡影,决无成就之可能,这是本席所深信不疑的。

旧金山会议所通过的《联合国宪章》,与许多人的理想,诚然尚有若干距离,但欲建立未来和平,一方面需要一个近乎理想的国际约章,一方面需要一种能促成理想的合作精神。在旧金山会议中,联合国之间虽有重大的争执,毕竟合作精神控制了彼此歧异的意见。这种合作精神的存在和继续发展,便是《联合国宪章》成功的保证。中国代表参加这次旧金山会议有一个指导原则,这就是尽我的能力促进联合国的合作,尤其是促进美、英、苏、法、中五国的合作,为国际一切合作的基本,同时我们无时无地不坚守我们的道义的立场,而决不肯有丝毫的轻忽。因为我们唯有重视国际正义,为世界舆论作代言人,我们才能成为国际合作的真正动力,这是我们在旧金山会议中所采取的方针,这也是我们未来对国际政策始终一贯的方针。本席相信,各位先生对于政府的此项方针亦必赞同。本席并且希望我朝野一致的热烈拥护这个行将产生的国际和平组织，因为无论中国或世界都不能任令这个"联合国"像国际联盟一样，亦告失败。

其次，本席要向各位说明的，是对日军事的全面形势：纳粹德国既经投降，同盟国自然可以用其全力打击日寇。实际上盟国原来用在欧洲的或准备用在欧洲的一部分武力，已经东移。美军自从占领菲律宾与琉球岛以后，在太平洋上已经切断了日寇海上的运输线，获得完全制空权。日本本土已遭受猛烈轰炸，并且还要继续遭受着更猛烈的轰炸。中、印陆路交通，已因中、美、英、印军队十余月的苦战而开辟。日寇经过半年以上的恶战所打通的"大陆运输队"，亦因为南宁、柳州等地为我空军收复而被切断。这是最近几个月来对日军事的概况。本席还可以告慰各位的，是我们反攻准备工作在最近半年之间是均能照预定计划推进。军队的单位多已经过一番调整，各军师的兵员多已较前充实，官兵的待遇多已陆续改善，装备和训练亦已积极的加强。尤其使我们宽慰的，在军事方面，中美双方的合作更为完满。

从整个的军事形势观察：我们现在可以十分肯定的说，我们一定可以得到最后胜利和完全胜利。但是，我们必须深深的明白，我们的地位和责任：第一，胜利虽然有了把握，胜利到来的迟早，却与我们今后努力的程度，有极大的关系，这是我们必须明白体会的一点。第二，在中国战场的主要责任，无论在道义上讲或实际上讲，我们都是责无旁贷的。我们决不可存有丝毫推诿之意，更不存丝毫侥幸之心，我们必须用自己的血汗来收复我们自己的失土。

此外，各位所最关切的当为今日的经济问题，本席亦愿说明其概略：抗战期间，国家支出的扩张，乃为无可避免之事。本年度国家总预算数字较抗战前一年约增一百九十倍，将来反攻军事发展，实际的支出当然还要超过此数。今半年来政府为应付如此庞大的需要，在开源、节流、管制以及生产各方面，不得不采取严厉的办法。在开源方面，主管当局正在力谋税收捐献的增加，一面更奖励储蓄，出售黄金，以吸收大量游资，同时并调整财政机关，简化稽征手续，废除苛杂税捐，撤销查缉机构，以减少人民实际的负担与不便。在节流方面，则在不影响作战努力的范围之内，对于普通支出，继续厉行紧缩原则,因此,财政所属的单位和军事所属的单位,在最近数月内,被裁并者总计已达二千个单位以上。在生产方面,则凡作战所必需的物资而可利用盟邦的援助,由我自行生产者,最近数月来,已逐渐增加其数量。但是物价问题,至今严重未减,政府虽在信用紧缩与银行管理方面尽其全力,使之平定,而国库收支终难达到平衡状态。政府应如何更进一步克服一切困难,尚望各位多所指述,尽量策划。各主管当局当必乐闻诸君的伟论,进而为一切必要的努力。

最后,本席必须郑重向各位表示的:就是政府对于宪政问题的决心。中国国民党秉承国父的遗教从事于建国,对于结束训政,实施宪政,虽在战时,没有一天不引为自身应尽的责任。这几年以来,国民党党员以及全国的舆论,都认为训政必须及早结束,宪政必须及早实现。但在战争状况之下,沦陷区域势必无法举行任何普遍的选举,因此在两年以前,国民党中央全会乃有于战事结束后一年以内召开国民大会实现宪政的决定。若干方面对于这个决定,当时曾肆意攻击,认为宪政应立即实现,不当迟至战争结束以后。本年一月,本席鉴于战事的完全结束,为时容或延长,即使战事结束,各地秩序亦未必能于短时期内恢复,所以主张战局转入稳定之时,即行召开国民大会,颁布宪法,结束训政。本年五月国民党第六次代表大会,因而有于本年十一月十二日召集国民大会之决议。至于与国民大会有关的各项问题,在未曾听取诸君宝贵意见以前,政府将不作任何决定。因为国民大会的召集,即在结束训政,还政于民,则大会日期自应由国民党来负责决定。至于与国民大会的召集有关的各种问题,在现况之下虽不易得到理想的解决,但若各人如能虚怀讨论,政府自将虚心采纳,当亦不难觅得相当满意的方案。不意一年以前反对延长宪政实施至战事结束以后的人,而今天反而对政府提前实现宪政的决定,又肆意攻击,政府对于与国民大会召集有关的问题,拟不提出任何具体的方案,可使诸君得以充分的讨论。政府准备以最诚恳坦白的态度,聆取诸位对于这些问题的意见。这是关系国家百年大计的根本问题。本席所要求各位的,在排除一切党派的意见,纯然站在国家利益的立场,提供合理的主张。

至于宪政的筹备工作,虽在军事紧张状态之下,我们政府亦无不尽量设法推进。宪政实施协进会成立以来,参加该会的各位参政员,尽力最多。对于各县市临时参议会的设置、人民自由的增进,以及宪法草案的研讨,他们的贡献尤大。现在政府正依照中国国民党第六次全国代表大会的决定,采取若干措施,以期预立宪政的规范。军队党部业经决定完全取消了,学校以内亦经决定不设党部了,后方各省县市的参议会并经决定于六个月内依照业经公布的选举法规实行民选,国民党以外的政治团体,行将依照法律可以取得合法地位了。如何使这些措施推行尽利,此外尚应争取何种措施,以完成宪政实施的准备,自然还需要各位予以缜密的考虑和精详的研讨。

国民参政会成立以来,已经整整七年了。在此七年之中,参政会的誉望和责任不断的在增高,参政会的职权以及民主的规模亦是不断的在成长之中。本届参政会的名额,较诸首届参政会已经约略扩充了二分之一,现时的参政员并且大半出自各省市民意机关的选举,这样的一个民意机关,能够在战争的期间成长出来,实在使我们对于中国政治前途感觉兴奋。各位先生在如此炎热的气候和交通不便的情况之下,不辞劳苦,跋涉远来,为人民尽职责,为国家策大计,这种精神,一定可以鼓励政府同人,益加振奋,以副各位参政员和全国国民的期望。本席谨以至诚,祝贵会的成功和各位的健康。

(原载《国民参政会第四届第一次大会纪录》,国民参政会秘书处)

3. 参政员周炳琳致词

我们这次集会,大家有一个共同的认识,就是目前军事得盟军之合作,正在逐步接近胜利,而国内意见依然未能趋于一致。在此种局势之下,我们确实有一种焦虑之心。我们今日聆悉了蒋主席对同人的训词,于感奋之余,愿利用这个机会表达同人等对于时局的几点意见:

第一,同人等愿首先提醒的,还是军事第一的原则。半年以来,政府若干机构的改组、人事的调整、各项措施的决定,都收到相当成效,同人等对政府此种决心,备致钦佩,惟目前一切与配合盟军作大规模的反攻行动之需要,尚相去甚远,各位准备工作仍感不够,同人等深望政府能积极加强军事准备,改善军事形势,以求把握胜利,如反攻军事确有把握,当可促致其他问题之顺利解决。

第二,同人等要趁这个机会为人民申述疾苦。抗战八年来,人民极能了解国家需要,对政府决策一向绝对拥护,此为国民革命最大之收获,应受政府之极端重视,我们必须知道人民目前所遭遇的苦痛,达到了怎样的程度。

第三,同人等对外交方面,也想提供一点意见。从此次旧金山会议观察我代表团的各种表现,确有泱泱大国之风,始终能保持不亢不卑的态度,用能促成联合国的团结。此种成功,要算是中国外交史上最辉煌的一段。此种成功,也恰好表现中国是一个大国,现在每个联合国的政府和人民,都承认中国是一个大国,我们要知道联合国今日对中国的看重,此实抗战以来全国人民无论朝野牺牲奋斗的结果,同人等深望政府在"联合国"成立以后,积极倡导,从各方面努力,使中国真正成为一个现代的民主的进步的国家,这是保障人民牺牲的代价最有效的途径,也是奠立强国基础,保持荣誉最有效的途径。英国、美国是我们抗日的盟国,尤其是美国,以其伟大资力支持我们抗战期成于胜利,其给予吾人以道德上正义上的声援,尤使我们感怀不已。美国是民主国家,英国是民主国家,我们中国要走上民主的途程,凭我们伟大的潜力,建立起一个富强的国家,以期确能和人民携手在世界和平机构上成一支柱。就对苏联说:目前我们虽尚未和苏联成一抗日的联盟,但在此次世界大战中,苏联已早是我们的盟国,多少年来,苏联国家所努力的种种改革,已有辉煌的成就,在人类历史上,苏联和中国有长久的友好关系,中国方在自一个古老的国家建立成一个现代的国家过程之中,必有不少地方可自苏联借鉴,中苏之间,无论如何,必须加强相互邻善的关系,所以很期望政府对于中苏合作,应积极推进,不断努力。这是我们在外交上所欲贡献的一点意见。

末了,对于国内意见不一致,有四点提请注意:第一,关于统一与团结问题。我们站在人民的立场认为,我们需要统一,同时也需要团结。换言之,人民所需要的是举国一致。我们感觉国内政治上纠纷,应该可循虚衷相见,共同讨论之途径,来求解决。我们诚恳希望,还是由政府首先采取动作,使国内各种政治组织都能贡献其对于国事之意见。第二,关于国民大会问题。召开国民大会,结束训政,还政于民,政府已有决定。不过召开国民大会仅仅决定一个召集日期,自然是不够。必须根据这个决定,作种种实施宪政的准备工作,而且要连串地工作。同人等以为政府于此,应立即作若干必要之措施,使人民了解政府在走向宪政之途,走向举国一致的宪政之途。提到准备工作,便想到政府对人民的几种基本自由,亟须完全解除其束缚,停止其限制。其次,国民大会之构成,当然希望全国各方面都参加。我们诚恳希望政府先积极做些准备工作。现距政府所宣示之召集日期为时甚迫,尤望立即采取动作。本席受同人之嘱托,代表致答词,答词要点曾经六七人之商量,惟陈述仍由本席个人负责。

(原载《国民参政会第四届第一次大会纪录》,国民参政会秘书处)

4. 会议日志

国民参政会第四届第一次会议于七月七日上午在重庆国民政府军事委员会礼堂开幕。共产党参政员没有出席。

七月七日　上午开幕式后举行预备会议。大会临时主席张伯苓及参政员二百二十人出席了会议。

会议选举张伯苓、王世杰、吴贻芳、莫德惠、李璜、江庸、王云五为第四届国民参政会主席团主席。

下午举行第一次大会。主席团主席张伯苓、王世杰、莫德惠、江庸、王云五及参政员二百二十人出席了会议。

会议听取了大会秘书处、驻会委员会会务报告和驻会委员会检讨上次会议建议各案政府实施情形报告。

会议还听取了军政部长陈诚的军事报告。

七月八日至十二日　举行第二至第十次大会。

会议先后听取了经济部长翁文灏的经济及战时生产报告、财政部长俞鸿钧的财政报告、外交部次长吴国桢的外交报告、教育部长朱家骅的教育报告、兵役部长鹿钟麟的兵役报告、司法行政部长谢冠生的司法行政报告、交通部长俞飞鹏的交通报告、内政部长张厉生的内政报告、农林部次长钱天鹤的农林报告、粮食部长徐堪的粮食报告和社会部长谷正纲的社会报告。

参政员对政府各部门施政报告中关于民营工业倒闭、通货膨胀、黄金舞弊、贪污腐化以及士兵和教职员待遇等问题提出质询案多件。

第十次大会讨论并通过了主席团提出的各组审查委员会委员及召集人名单。

七月十四日　上、下午,会议分别举行第十一、十二次大会。主席团主席王世杰、莫德惠、江庸、王云五出席了会议,张伯苓出席了下午的会议。出席上午会议的参政员二百二十人,出席下午会议的参政员一百八十一人。

会议集中讨论了主席团所提《国民大会问题案》。本次会议的中心议题为国民大会问题,有提案二十四件。今天大会只对这些提案作一般性讨论,然后交付由邵从恩等三十六人组成的国民大会问题特种审查委员会审查,最后提出审查报告交付大会表决。

会议还讨论了政府交议的《三十五年度国家施政方针草案》。中央设计局秘书长熊式辉代表政府作了说明。会议决定,该草案交付由各组审查委员会召集人组成的特种审查委员会审查。

七月十六至十八日　会议举行第十三至十五次大会。会议讨论了部分审查报告,通过议案多件。

七月十九日　上、下午分别举行第十六、十七次大会。主席团主席王世杰、莫德惠、江庸、王云五出席了会议,张伯苓出席了上午的会议。出席上午会议的参政员二百一十五人,出席下午会议的参政员一百八十七人。

会议继续讨论各组审查委员会审查报告,对国民大会问题引起激烈争辩。最后会议通过了请政府确定国民大会召集日期、妥定代表产生办法、实施国大产生的宪法以及国大召集前继续求取统一、团结等内容的决议。

会议还讨论并通过了对部分政府报告的审查意见。

七月二十日　上午举行第十八次大会。主席团主席张伯苓、王世杰、莫德惠、江庸、王云五及参政员二百二十二人出席了会议。

会议继续讨论各组审查委员会对政府报告的审查意见。

国民政府行政院院长宋子文出席,对战后复员、经济建设计划以及正在进行中的中苏谈判等问题作了简单说明。

下午举行第十九次大会。主席团主席张伯苓、王世杰、莫德惠、江庸、王云五及参政员二百零六人出席了会议。

会议听取大会秘书处关于本次会议休会期间驻会委员会选举结果的报告。继续讨论各组审查委员会的审查报告,通过了对军事报告和政府交议的《三十五年度国家施政方针草案》的审查报告。

本次会议共通过议案四百六十五件。

第十九次大会结束后,举行了国民参政会第四届第一次会议闭幕式。

(根据《国民参政会第四届第一次大会纪录》综合整理)

5. 第四届第一次会议闭幕

国民参政会第四届第一次大会,自七七开幕,经两周之集会,业于二十日下午五时半第十九次会议后举行休会式。中枢首长于右任、吴铁城、朱家骅、俞鸿钧多人参加。由莫德惠主席致闭会词,参政员仇鳌致答词,历时三十分钟,礼成。

(原载1945年7月21日重庆《中央日报》)

6. 主席团主席莫德惠闭幕词

今天本会举行休会式。承主席团同人临时推本席致词,兹以时间所限,仅略述个人之一点感想:

本会从在武汉开会迄今,已满七年,计开大会十有一次,时间不为不久,开会次数亦不为不多,惟本会同人究对国家有几何贡献。据本席所闻,各方对同人之批评,或谓参政员尚能不辞劳苦,每次开会均有重要建议数百件,可谓已尽"知无不言,言无不尽"之责任,或谓参政员亦能不避嫌怨,每次开会,对政府长官必多严正坦率之询问,可谓已相当发挥我会之权能,同人对此好评,想皆逊谢不遑,惟在本席视之,此犹就形式言之耳,同人对国家之贡献,不仅在形式,而尤在精神。

本会每次大会,同人等或冒险来自沦陷区,或远道来自非沦陷区,虽皆赤手空拳,要皆携一民族五千年威武不屈之传统精神以俱来。此一精神,融洽于一堂,凝结为一体,影响所届,足予敌人以致命之打击。易词言之,即敌人征服中国之迷梦,已为同人等此一大无畏之精神所粉碎。本席尝谓参政会同人对国家形式上之贡献关系尚小,而精神上的贡献关系实大,此实可告慰国人。而同人亦可引以自慰者,抑更有进展。每次大会开会时,类有一二严重问题,面临同人之前,而为国家之兴衰沉沦所关,因自感责任之大,本会同人,莫不以临事而惧之心,本冷静之判断,作良心之主张,因之意见虽有不同,争辩不无激烈,惟经详加讨论之后,终能牺牲小我而就大同,获得最后之一致决议,似此代议士之良好风度,实足为将来民意机关之真正楷模。如此次关于国民大会之讨论与决议,即最显著之一例。

同人在此次开会期间,本于爱国报国赤诚,所贡献之心血与所为之努力,应不待本席赘述,希望政府各院部会长官咸能共鉴此心,于同人之建议,务予审慎考虑,迅付实施,借慰国人喁喁之望。

此次休会之后,同人重集,未卜何时,惟同人之任期一时未满,即同人之责任一日未完,尚望同人于会后归去,仍本威武不屈之精神,将民间疾苦,及国家地方应兴应革事宜,随时建议政府,或以建议寄交本会驻会委员会,而驻会同人,尤应念大会委托之重,根据驻会委员职权,以最大最善之努力,督促政府完成历届大会未竟之功,此实为全国同人所应共勉者。

在大会开幕之前,本席受全国慰劳总会之托,曾到湘西劳军,亲临战地,目睹所获战果之辉煌,对我忠勇效命的前方将士,真不觉肃然起敬。民间可歌可泣之事迹,就耳目所及,尤难尽数,推见当地同胞所受敌人蹂躏之惨,则又不免感然而忧,恨不生食胡虏肉,至今回想,亦不胜感慨万千。我有数百万不惜牺牲之英勇战士,我有四亿不顾生死之忠义同胞。在军民之血肉交织中,因能换来国家跻身于四强之一,因能换来在旧金山会议首先签字于联合国宪章之空前荣誉,惟虽不在名而在其实。我将如何为真正之一强,我将如何永保此空前荣誉于不坠其道固多,要必从速制定完善之宪法,实行民主政治而后可。窃意同人今日之最大责任,莫若以建国必成之信心,向民主政治前途勇往迈进,并应一心一德,号召全国人士,共同努力,使三民主义的民主政治之新中国,早日实现,俾以东亚之安定力,维持世界之永久安全与和平。

抑此次本会开幕,适当"七七"抗战之第八周年,甚愿明年此日,与本会同人欢聚于卢沟桥边,更进而一看黑水白山之伟大与其取用无尽之宝藏,当此时也,定当以东北顶上之高粱酒,与同人共伸黄龙痛饮之壮怀,瞻望前途,弥增感奋。

今日本会举行休会式,承各位来宾、各院部会长官于百忙中亲来参加,本席谨代表同人,特致谢意,并祝健康。

（原载《国民参政会第四届第一次大会纪录》,国民参政会秘书处）

7. 参政员仇鳌致词

本会从七月七日开幕,到今天休会,本席被推代表同仁说几句话。

本会自汉口开会以来,现在已开过十一次会议了,本会的职权,是一次一次的扩大,本会的人数,也一次一次的加多,提案已由两百件加到四百五十余件,从此可见同仁对于自己的职责,是尽了很大的力量,尤其是我们从一届到现在连任的同仁,看得更清楚。我们回顾历次的议案,没有一句一件是为了自身利害,而完全为的是解除人民疾苦。我们说的话,就是人民要说的话,所以希望政府认识这一点,接受本会的建议。这次参政员同仁多有来自各地方,提案中所再现的地方色彩也特别浓厚,几乎全国任何一省、任何一个角落的情形,都有提到,这真是最好的现象。因为同仁来自地方,对地方情形看得清楚,由于地方上有许多实情,令人感觉不安,才向大会提出,以促请政府的注意。这种精神很重要,我们一定要继续下去,从各件提案反映出地方政治的不良。今天,地方政治,与我们理想距离太远,盖以我国幅员广阔,中央耳闻难周,今由来自各地的同仁将地方情形,一一陈说,这真是中央政府体察地方实情一个难得的好机会,希望政府对这个机会能充分利用,对同仁贡献的意见,能详细研究。

我们来自地方的同仁,会毕返乡后,还要继续努力,及时将当地人民的疾苦,地方政治的缺点,提送驻会委员会,同时也希望驻会委员会诸位同仁继续负责。本会同仁一致承认改革政治的一条大路,即是民主政治,昨天本会通过有关建立民主政治的国民大会案。我们希望这种民主精神,自中央推及至省县市,乃至于乡镇保甲,必须做到这一地步,我们的民主政治才能有基础。现在省县市临时参议会,大都有名无实,未能充分发扬地方民意,此在临参会本身,固不能负大责任,实属非人民自己意思所构成也。总之,我们以为民主政治的基础,一定要在地方做起,希望政府努力促成,我们知道,欧美各国的民主政治,是自下而上的,而中国在开始实施民主政治,是要自上而下,就是说,要由政府定出很周到的方法,不留余地的使人民能够表达他们的意思。这一点,恐怕在一二十年中,都应该这样去做,才可以实现真正的民主。我们不要自瞒自欺,民意不是用正当的方法去领导指引,不容易表现的。这一种工作,政府要努力,我们同仁也要努力,一方面督促政府,一方面帮助政府,同向这条大道迈进。此次本会开会两周,今天已圆满休会,稍感遗憾的,就是中共同仁没有出席,但如昨天大家很诚恳的通过国民大会问题一案,全场起立,表现严肃和谐的精神,中共同仁知悉谅亦发生同感。中国在很艰难困苦时期,全国人民在国家民族利益之下,总应合作团结。须知人民与政府应该合流,正如一条大河,合流则力强,分流则力减。将来治权机关,一定从政府机关产生出来,才有力量,才能表现民主政府的精神。本会虽非完全政权机关,但国民大会却是完全政权机关,国民大会即将召开,由大会产生治权机关,才是民主政治的正道,此则同人与政府诸公所深切注重的。

(原载《国民参政会第四届第一次大会纪录》,国民参政会秘书处)

8. 休会期间驻会委员会委员名单

(1945 年 7 月 20 日)

林　虎　孔　庚　左舜生　褚辅成　冷　遹　傅斯年　黄炎培
董必武　陈博生　王普涵　范予遂　张君劢　罗　衡　胡　霖
胡健中　许孝炎　许德珩　王启江　奚玉书　陈绍贤　钱公来
李中襄　荣　照　何葆仁　余际唐　陈启天　马元凤　马　毅
武肇煦　尹述贤　周炳琳

(原载 1945 年 7 月 21 日重庆《国民公报》)

（六）关于国民大会问题
——声明、评论和重要议案

1. 关于不参加国民大会问题讨论的书面声明

黄炎培　冷　遹　江恒源

（1945年7月14日）

炎培、遹、恒源对于国民大会问题，素抱一种主张，以为此事诚发于国民党结束训政，还政于民之善意，其唯一先决条件，即必须在全国和谐之空气中进行，则一切问题，庶可迎刃而解。盖国民大会，责在制定宪法，树立中华民国百年大计。若各方主张，尤其是有组织者之意见尚未融通，而遽欲仓卒召集，仓卒制定，则其后患将不堪设想。欲完统一，而适召纠纷，以善意而获恶果，以百年大计，而演成百年大害。在此存亡生死千钧一发之间，实私心深忧大惧，而不敢苟同时论，偷取一日之安者也。何以造成全国之和谐空气，则以为群策群力，凡在国民，皆当有以自效。恒源艰于行动，在养病中，炎培、遹追随诸同志后，略供奔走，即此本意。行前行后，已将前项意见恳切面呈蒋主席矣。今闻本会将讨论国民大会专题，在同会诸君子自可各抒所见，而论国家利害关头，则一出一入，何去何从，苟念及国家至上，请君子善为国谋，必能审慎决择，舍小己而策大公，抑感情而伸理智，民国前途，将决于诸君子之一念。炎培、遹、恒源区区之诚，言尽于此，不拟复参加此项讨论。尚乞主席团将此意见分致同人，曷胜感幸。

（原载1945年7月15日重庆《新华日报》）

2. 章伯钧发表谈话主张停开国大，立即召开政治会议

中国民主同盟负责人之一，第三党领袖章伯钧氏，昨发表谈话如下：

"在全世界一切民主国家对远东法西斯的日本，共同进行最后的总攻时

期,中国已因长期抗战的结果,获得领导国家的地位,其本身需要真实的民主化的政治和真正统一与团结,早为全国各方人士所主张,并努力奋斗,以求其完成。惟团结与民主的问题能否获得顺利的解决,就目前的实际政治而论,当以国民大会的问题为重要的关键。在本届参政会内,各方主张民主统一的贤达,莫不站在国家的立场,对于政府当局原定召开国民大会的成议一致要求变更,另商临时过渡办法,如召开政治会议之类,以打开僵局,争取民主统一之政治解决的途径。中国国民党在三民主义总原则之下,即以发动对日抗战号召全国统一,更应以实行民主政治,完成统一。国民党负责当局,历来宣示中外,谓以政治解决方式,以求国内政治纠纷之消除。在今日,即当顺适世界民主趋势,容受人民的要求,以壮士断腕之决心,作悬崖勒马之毅行,实施民主改革,放弃原定举行国民大会之决定,迅速召开政治会议。假如错认时机,对于相忍为国之美德,不能充类至尽,固执成议,则此后纠纷益增,演成分裂,将难以邀国人之谅解。中国民主同盟有鉴及此,早经提供改善时局之主张,对于国民大会一举尤为重视,希望当局予以适当之采纳。此次民主同盟之参政员,无论出席与未出席参政会,皆受爱护国家之良知的驱使,以坚决的态度,为此共同主张作一致的奋斗。

(原载1945年7月19日重庆《新华日报》)

3. 请先实现民主措施从缓召集国民大会以保团结统一而利抗战建国案

左舜生等提

本年三月一日,蒋主席曾于宪政实施协进会表示,将于本年十一月十二日召开国民大会。本年五月,国民党第六次代表大会,复依据此项提示,作成决议。蒋主席于本会此次大会开幕致词,又表示与召集国民大会有关各项问题,政府愿听取本会同人之意见。凡此均足征政府之慎重将事。本提案同人以此事关系国家前途甚大,曾就事实与理论多方考虑,认为必须先行实现民主措施,协调全国意见,始可再行定期召集国民大会。否则,不仅于国事无益,且可能造成不必要之纠纷,甚至促成分裂,引起内战,而影响八年抗战以来全国军民艰苦奋斗所获得之成果,谨将理由与办法略举于后。

理由:

一、国民大会召集之目的,在国民党为结束训政,还政于民。但今日全国人民散居沦陷区及国民政府政令所不能到达之区域者,实居半数以上,还政于民之对象既不完整,即还政于民之目的无从实现。且此等人民对国民大会之代表既无法选举,对宪草之意见亦无从表示。前法国以有三百万被俘之人民不能参加选举,即不能成立正式国会。今我有半数以上之人民无从选举,乃欲召集一必须具有全国性之国民大会,在手续上宁不太嫌草率?

二、国大代表在二十五六年间,原已产生一大部分。当时此项选举,系由国民党一党所主办,其他党派概未与闻。承认旧代表有效,在国民党立场容有其事实上之需要。然反对旧代表有效,在国民党外之各党派,亦自有其极坚强之理由。无论何种勉强补救之办法,决不能解决此一大难题。在国民党之理论,国民大会之召集,本在还政于人民,并非还政于党派,各党派即不参加,似亦无不可召集之理。但为国家制定一百年大计之宪法,除国民党外乃不能得任何一党派之支持,此在宪政之基础上宁不十分可虑?

三、希望国民党提早结束训政,实行宪政,此为吾人十余年来一贯主张,即在本会,亦屡有提案。但吾人所要求者,为宪政之实质,绝非宪政之空名;所期待者,在先有一适宜于宪政滋长之民主环境,而不在一纸白纸黑字之宪法。各党派之合法地位,至今未被承认,是人民尚无集会结社之自由也。目前尚有若干思想犯罪者,小之则入劳动营,大之则或突告失踪,生死莫卜,是人民尚无生命安全之保障也。言论出版自由,迭经本会呼吁,目前虽号称改善,但一切检查机关仍得曲解条例,任意删削,甚至将整篇原稿扣留,不予发还,亦不说明任何理由,是人民尚无言论之自由也。惟甘受和,惟白受采,环境之不适于宪政如此,政府不汲汲以谋改造,乃斤斤于国民大会之召集,宪法之制颁,宁不近于本末倒置?

四、目前之党派形势,除执政之国民党为全国第一大党外,其人数与实力次于国民党者,则有中国共产党。凡有关国家之重大措施,事前必求得各党派间之协调,此本为一切民主国家之常轨。今国民党既有于本年十一月十二日召集国民大会之决定,中共除公开表示不能赞同外,闻已着手于解放区人民代表大会之筹备,并闻其召集日期亦有在本年十一月十二日之拟议,万一事实果不幸演变至此,试问国家尚复成何景象?国民参政会本为抗战发动以后之产物,政府召集此会之目的,在团结全国人才,合力从事对外,七八年来吾人苦心调护,时以国家分裂为忧,虽至丛谤集诉,亦所不惜。今如期召集国民大会,既有此事实上之困难,如吾人轻予附和,则是以参加团结始,而以促成分裂终,此实为吾人之政治立场所不许。本会同人之爱护国家,关心团结,决不后人,为吾人之所深信,对此一问题之如何决定,吾人不能不期待本会同人作深长考虑也。

办法:

一、由政府正式承认各党派之合法地位,听其公开活动。

二、尊重人民之身体、言论、出版、集会、结社等之基本自由,解除一切不合法及不必要之束缚。

三、由国民政府从速召集全国各党派及无党派人士所组织之政治会议,解除一切重大问题,包括政府改组,并重订召集国民大会之时期与具体之办法。

(原载《国民参政会第四届第一次大会纪录》,国民参政会秘书处)

附:左舜生等对提案的说明

(1945年7月14日)

主席、各位同人:

本案系由左舜生、何鲁之、陈启天、余家菊、常乃德、郑振文、周谦冲七人提出。我们是主张先实行民主措施,从缓召开国民大会的。本提案所举的四点理由、三项办法,已经印出,我们不愿意在这里多加说明。现在所要声明的,只是提案之外的一些未尽之意。要在本年十一月十二日召开国民大会,这是本年三月一日蒋主席在宪政实施协进会首先提出的。本年五月,国民党的第六次全国代表大会,又根据这个提示作了一个决议。我们现在主张缓开,好像是增加了政府与国民党一种困难。但是我们经过一番审慎的考虑,觉得我们提出本案的动机,不仅不增加政府的困难,刚刚相反,却意在减少政府的困难。

国民党过去五十年的历史,推翻满清,打倒军阀,其路线本来是一贯的走向民主的,经过这一次的世界大战,为配合世界的民主潮流,要赶快结束训政,实行宪政,其用意与我们多年来所希望的原也没有什么不符合。本来,召集国民大会的日期,国民党在过去原有过好几次决定,似乎是特别的郑重,加以世界的友邦,又无一不希望中国走上民主与团结的道路。自从这一次的决定发表以后,一部分对中国的实际情况不完全明了的国际朋友,也曾加以多少的好评。假如又不能如期召集,也可能引起国际的多少误会。更从另一方面看,结束训政实施宪政,这在国民党方面看,不能不说是一个重大的措施。政府既已郑重加以决定,一经反对,便又改弦更张,从好的方面看,于政府的威信也不无有损。凡此种种的情况和困难,当我们提出本案以前,我们已为政府筹之烂熟。换言之,确实有种种困难,我们并不是不承认的。

可是实践诺言,保全威信,自然是很重要;但是比之于保全国家的和平与统一,比之保全八年抗战以来全国军民的生命与血汗所换得而快要到手的成果,则所谓诺言与威信的意义,便似乎比较地轻微了。在现在的情况之下,在现在的条件之下,一定要如期召开国民大会,在全国有不少的人不能赞同,确系事实。如果政府一定要如期召开,而所得的结果,使国家统一发生了不可补救的裂痕,使国家的和平发生了不易恢复的事实,到那时全国国民对政府的心理又是怎样呢?所谓国际的好评,是不是会发生新的变化呢?我想这些都是不难想象而知的。

还有一点,我们的民国已到了三十四个年头,实际算起来,我们在这三十四年中,真正没有宪法的时候是很少的。这些宪法,无论叫做临时约法也好,叫做旧约法新约法也好,或者正式的叫宪法乃至训政时期的约法也好,总而言之,都不失为一种宪法的形态。可是说到实行的成绩,却是无一可以令人满意。为什么我们过去有了种种宪法都不能实行呢?简单的回答,正是因为我们全国未能做到真正团结之故,正是因为我们全国的意见未能达到相当的和谐之故。我们只能期待在团结与和谐的空气中可以产生一部良好的宪法,却不能希望一经有了宪法,便可得到团结与和谐,我们只能期待在统一的条件下可以使宪法推行顺利,却不能希望一经有了宪法便可得到真正的统一。以往三十四年的教训是值得我们思索的。

因此,我们主张在国民大会召开以前,必须求得各方面的协调,必须先有若干民主的措施。主要的办法是例如我们在原案中所举的三点:即(一)由政府正式承认各党之合法地位,听其公开活动。(二)尊重人民之身体、言论、出版、集会、结社之基本自由,解除一切不合法及不必要之束缚。(三)由国民政府从速召集全国各党派及无党派人士所组织之政治会议,解决一切重大问题,包括政府改组,并重订召集国民大会时期与具体办法。自然,在这一方面我们希望各位同人有更好的意见,能提出其他有价值的补充。

最理想,我们自然希望我们七个人的提案能得到多数同人的赞同;即不然,我们也希望关于召集的日期一点,不在本会仓促之间就作出硬性决定。假如各位认为这个问题关系国家的前途太大,主张由主席团召集一个小组会议,再从事详细的研讨,我们也决不反对。如果这种种都不能办到,而认为国民大会非在本年十一月十二日召开不可,那末,我们依于我们对这个问题的看法,依于我们对国家的责任感,我们便只好采取另一步骤,保留提出另一最后声明。

(原载1945年7月15日重庆《新华日报》)

4. 召集国民大会以前应先召集一预备性质之会议案

邵从恩等提

理由:

政府为实施宪政,定期召集国民大会,还政于民,此举本为全国人民最极欢迎之事。但宪政之企图,在谋国家之统一与团结,尤其在国难方殷,盟邦扶助之际,而行宪政,更须于统一团结,有确切之把握,始不影响于国际地位,然后最后之胜利,乃有可期,所制定之百年大法,乃能维持于不敝。此次召集国民大会,果能于国家之统一,与精神之团结有益无损,尚复有何可议?设不幸而不能得如预期,或反得相反之结果,则权衡缓急轻重,与其贻悔于事后,毋宁审慎于事前。先总理北伐宣言中,于召集国民大会一事,即主张先召集一预备会议,决定国民会议之基础条件,及召集日期、选举方法。盖兹事体大,必先网罗各方面有力之见解,而后全民意向乃得有所借以发抒,此等宏识孤怀,为我全国人民所应永远遵奉者。本年春间,政府曾一度组织政治会议,召集国中贤达,各党各派人士,并有盟邦好友参加其间,经多次商讨之后,已拟具体方案,国人深相庆幸,以为解决有期,和平可望。不幸会议中辍,议案亦未见付诸实行,政府于此时希望宪政之及早迅速施行,遂有召集国民大会及召集日期之拟定。自此以后,全国舆论,颇现分歧,对于大会基础议论者有人,对于选举方法议论者有人,对于召集日期议论者有人,报章杂志,均可复按,虽言人人殊,各是其是,然此等大会基础、代表人选、及召集日期,尚未能共同讨论,衷于一是,则无可讳言,若因此而使国民代表大会,不能圆满进行,甚或于国家国民之统一团结稍生妨碍,则非我先总理主张民权之遗志,亦有失我主席主张提前召集之初心。我国家议宪已四十余年,屡经筹备终无一成,致使三民主义久不成功,民生水火益深益热,此我全国人民所当共引为咎励者。际兹千钧一发之时,应共同图拔本塞源之计,爰本此心,提出此案。

办法:

一、建议政府于召集国民代表大会以前,遵先总理遗教,召集一预备性质之会议。如求迅速而易于集事,则请将本年春间拟议召集之政治会议,继续会商召集,务期议而能决,决而能行。

二、国民大会之国家基础问题,不外政治军事财政外交等项,本年春间拟议之政治会议,均准备讨论,此后赓续会议,应各本天下为公同舟共济之精神,互让互助,为公平之决定,以表示诸先觉实心爱国宽博容与之襟度,以为全民倡导。

三、国民大会选举问题。此项选举已经于前数年举行,但时隔多年,国家情势变动者不少,又经此次大战以后,则国民之意识与其需要,不尽同于战前,所有此次选举,除旧的选举外,更应增订补充办法,以便收罗新兴民意。

四、原选国民代表问题。此项代表,选出已经数年,因战事期中未能如期召集,政府既未明令废除,即人民方面亦未尝不予承认,此中除死亡沦陷变节者应予剔除外,余者应宜仍旧,此为国家威信所关,望能曲为体念。

(原载《国民参政会第四届第一次大会纪录》,国民参政会秘书处)

5. 请政府展期召开国民大会案

王又庸等提

理由:

国民政府蒋主席曾于本年三月间宣告,定期本年十一月十二日召开国民大会,实施宪政。至本年五月,中国国民党六全大会复将此项宣告予以追认。具见现政府提早结束训政,还政于民之决心,多数人民亦均认此为政府适应时代要求之贤明措施。惟是值此抗战最后关头,政府正宜倍加努力,配合盟军,对敌施行总反攻。在此期间,所有政令军令,不应有一息停顿,或丝毫松懈,其理至明。是否可能于此种千钧一发之紧张时期,改组政府,从容更张,而不致予军事上以恶劣影响,实值得国人之缜密考虑。加之吾国文官制度尚未健全建立,政务事务及其人事,未能截然划分。一旦改组政府,必牵一发而动全身,亦为事实之无可避免。更未可与先进法治国家政权转移并不影响政务进行者同日而语。

次则自今距十一月十二日,为时只有四个月,而极其繁复的召开国民大会之一切准备工作,尚未开始。其他辽远而广阔之沦陷区域姑不具论。即以东南半壁苏浙皖赣闽粤六省之目前交通情况言之,一电报之往复,动须一个月以上之时间,而召开国民大会之一切准备工作,尚有待于中央制定法令,传达每一地方,依照实施,决非可由陪都一隅为之包办。故时间上决不可能于预定之日期开会,亦至明显。

至于国内外对于国民大会召开之时间与办法,尚有若干不同之意见,应否酌量采纳,以为政府实践"容忍"态度之起点,亦似值得考虑。

根据以上三点,拟请政府考虑,可否仍依本年元旦蒋主席曾经声明于军事稳定时期召开国民大会之原则,而宣告展期。

(原载《国民参政会第四届第一次大会纪录》,国民参政会秘书处)

6. 请明令召开国民大会实施宪政以奠民主政治基础案

李鸿文等提

理由：

1. 制定宪法、实施宪政，为国父所订之建国大纲及历次宣言中所明白昭示，其遗嘱中对召开国民会议，主张早日实现，尤具有殷切之期望。

2. 总裁在宪政实施会及此次六全代表大会均有本年十一月十二日召开国民代表大会之表示，本会历届同人，亦殷殷以早日实施宪政为请者，无非欲使民主政治基础早日奠定，借以慰全国人民喁喁之望。

3. 国民大会代表，各省已于民国二十五年遵照中央命令分别选出，虽尚有少数省市，因特殊关系，未及举行，然此时早为着手，尚有补救办法。

4. 制宪行宪，为民主政治之基本条件，值此抗战胜利即将来到之时，政府对内对外，亟须有民主政治之表现，则召开国民大会，尤属不容再缓。

办法：

一、请政府对于本年十一月十二日召开国民代表大会制定宪法实施宪政一节，即日颁布明令，以息群言，而昭大信。

二、速即成立国民代表大会筹备处，筹备开会一切事宜。

三、对东北四省及冀察等省市未及选出代表者，速定补救办法，早日推选，以便届期莅会。

（原载《国民参政会第四届第一次大会纪录》，国民参政会秘书处）

7. 对于国民大会问题审查意见的声明

钱端升　周炳琳

（1945年7月18日）

关于国民大会的意见，有若干点端升、炳琳未能与多数一致，谨列举如下，并请提出大会作为委员会之少数报告。

一、国民大会召集日期之先后，为次要问题；首次国民大会之职权，限于制宪亦兼及行宪，亦为次要问题。主要之点在代表人选必依立宪国家通例，由普选产生。在普选有可能以前，国民大会如须召集，关于大会召集有争执之问题,各方须以协议先求解决,求大会勉能反映广遍之民意。

二、协议可采取设立政治委员会之方式。在实际政治上,关于国民大会召集之争执与其他争执彼此牵连,不能分离。为便于前一种争执之解决起见,政治解决委员会应对一切政治争执均有讨论协议之权。

三、无论国民大会何时召集,如何召集,人民身体自由、言论自由及政治结社自由,政府务须立即作最确切最有效之保障。

(原载1945年7月20日重庆《新华日报》)

8. 关于国民大会问题的决议

(1945年7月19日通过)

本审查会审查关于国民大会的提案二十四件,经郑重研讨,认为政府召集国民大会以实现还政于民之意愿,全国人民深感钦佩。本会同人对于国民大会问题所提意见,彼此虽不无出入,然宪政之必须从速实行,宪政筹备工作之必须加速推进,国民大会之必须具有完满代表性,全国统一团结之必须继续求其实现,则为本会同人一致之期望。本会谨请大会作次列四项之决议:

一、关于国民大会之日期,本会同人意见未尽一致,本会兹不提出具体建议,由政府斟酌情形决定。

二、关于国民大会代表问题,请政府参照本会各参政员提案,衡量法律与事实,妥定办法,务使国民大会具有极完满之代表性。

三、宪法制定时,应即予实施,俾政府还政于民之旨,早获实现。

四、国民大会召集前,请政府从速采取次列各种措施:

(一)继续采取可能之政治步骤及协调之精神,求取全国之统一团结。本会同人并盼中共方面,亦深体统一团结之重要,使政府今后所采之政治步骤,获得其预期效果。

(二)保障人民身体、言论、出版及集会结社之合法自由。

(三)对于各政治党派,依法予以承认。

(四)依限完成后方各省各级民选机关之设置,以树立地方自治之基础。

(本会同人原有各提案及本审查会各审查委员所提之意见,连同本决议案并送政府。)

（原载《国民参政会第四届第一次大会纪录》，国民参政会秘书处）

9. 关于国民大会问题的提案目录①

一、请政府恢复本届国民大会行宪权并修正国民大会组织法选举法设立筹备处案　　　　　　　　　　　　　　　　　　　　朱惠清等提

二、《五五宪草》专采区域代表制不合时代精神拟请并采职业代表制案
　　　　　　　　　　　　　　　　　　　　　　　　　　朱惠清等提

三、请政府遵从国父遗教奉行主席诺言明令召开国民大会实施宪政案
　　　　　　　　　　　　　　　　　　　　　　　　　　李鸿文等提

四、请政府修改国民大会选举法增加东北四省（辽、吉、黑、热）国民大会代表名额案　　　　　　　　　　　　　　　　　　　王寒生等提

五、增加东北四省国民大会代表名额案　　　　　　　　张振鹭等提

六、国民大会之职权应为制宪兼行宪案　　　　　　　　奚玉书等提

七、国民大会代表缺额应即遴选补充案　　　　　　　　奚玉书等提

八、台湾应有国大代表案　　　　　　　　　　　　　　马景常等提

九、为确定本年十一月召开国民代表大会资格应请兼顾理论与事实案
　　　　　　　　　　　　　　　　　　　　　　　　　　伍纯武等提

十、增加国民大会海外各地华侨代表名额案　　　　　　许文顶等提

十一、请于国民代表大会增设台湾代表案　　　　　　　胡秋原等提

十二、扩大国民代表大会职权案　　　　　　　　　　　王晓籁等提

十三、请政府增加国民大会女代表名额案　　　　　　　刘蘅静等提

十四、集中全国人才成立举国一致政府并迅速召集国民大会案
　　　　　　　　　　　　　　　　　　　　　　　　　　胡秋原等提

十五、请先实施民主措施从缓召集国民大会案　　　　　左舜生等提

十六、请大会详讨召开国民大会办法案　　　　　　　　范予遂等提

---

① 本次会议共有议案四百六十五件，为了节省篇幅只列关于国民大会问题部分，其余从略。——编者

十七、国民大会代表区域选举项下应请限制冒籍人士充选案

席振铎等提

十八、请增加西南边疆夷苗各族之国大代表名额案　　　王冠英等提

十九、请由本会决议,请政府指定本会非国民大会代表之参政员一律为国民大会代表,如期召开国民大会,依照初次规定职权、制宪、行宪同时并举,期得早日实现还政于民之政策,俾各党各派均得享受平等合法地位,发挥政治效能,俾吾国民安宁康乐永享太平幸福案　　　孔　庚等提

二十、请政府展期召开国民大会案　　　王又庸等提

二十一、依据国内政治现势提供召开国民大会前应有之各项措施案

张潜华等提

二十二、召集国民代表大会以前,应遵先总理遗教先召集一预备性质之会议或即赓续本年春间拟议之政治会议案　　　邵从恩等提

二十三、请政府规定国民大会代表暨各省市县参议会参议员妇女名额应为总数百分之二十案　　　唐国桢等提

（原载《国民参政会第四届第一次大会纪录》,国民参政会秘书处）

10. 如期召开国民大会

重庆《中央日报》社论

参政会闭幕以后,有许多人问:国民大会是否如期召开？我们相信,国民大会一定如期召开。第一,召开国民大会为过去参政会一再主张之事,亦为国民党和政府一再宣布之事,只有日期以外的问题,交由参政会讨论。第二,参政会对于国民大会召集日期未作具体决定,然一致郑重决议希望及早完成宪政,而既将日期交政府决定,至少并非不赞成如期召开。各方舆论甚至对参政会没有明白主张如期召开表示不满。我们觉得,参政会之决议在参政会立场是对的,而政府之如期召开必能得参政会之赞助,也是不成问题的。

然我们知道,有极少数的人,怀疑如期召开国民大会之必要。有人说,训政还未成功,不能实现宪政。不错,训政还未成功。不过,训政宪政不是有一个一刀两断之界线的。我们实施宪政,正好促成训政未完工作。也有人说,

目前既不能普选,就不能开国民大会。不错,目前不能普选,然宪政是成长的。各先进国做到普选,也还是第一次欧战以后的事。如要以欧美现在才达到的水准来衡量中国开始实行宪政的情况,尤之我们天天要建筑十层高楼而不屑于由一层楼开始一样。

我们知道,最后反对召开者,是中共同胞。他们宣传,政府所以要召集国民大会,目的在于将国民党党治合法化。其实,政府领导抗战八年,除了伪组织,凡属国民,包括中共在内,固无有不承认政府合法者,全世界友邦,亦无有不承认政府合法者。此早为不争之事实。要是为了这一点,还用得着多此一举吗?

他们又宣传,政府开国民大会就是"内战",如"内战"指政府进攻中共,则是断不会有的事。政府既宣布政治解决的方针,国民大会以后尤其不能变更。打开窗子说亮话,唯有国民大会迅速召集,一切政治问题才可在会前会中会后迅速解决,才可永绝中国一切"内战"的潜因。不过,假如中共要制造"事变"以作反对国民大会之借口,那实在是无可不必的事。

政府之所以必须如期召集国民大会,理由是很简单的。政府对于实施宪政有一贯决心,它本来不以为目前非实施宪政不可。不过许多人既然要求早日还政于民,政府为表示其大公无私的态度,就决定了召开国民大会。在政府宣布之初,大家是一致赞成的。不久,忽然有人反对了,然反对的只是少数人,而理由又并非十分正大,政府当然无法加以考虑。还有一点是不妨指出的,政府决非无意广延各方人才参加政府,然如无国民大会这一形式,要延揽党外人士,在训政约法上是不能许可的。

实际上倒是不赞成如期召开国民大会之故,甚难索解。以我们看,如期召开国民大会,应该是任何人都赞成的,尤其是各党派应该赞成的。首先,各党派在国民大会中将有比在参政会更大的发言权和决定力。而如果他们相信他们的意见,他们的人望,能得国民的尊重,无疑这是最好的机会。他们怕国民大会中国民党员太多吗?国民党是绝对多数党,这是五十年奋斗的结果,无法抹煞的事实。但看看参政会好了。在国民党员占多数的国民参政会中,决不是政府所能控制的,而少数人,就是一个人,在其中也决不会感到有什么压力。国民大会将更为不同。如怕开国民大会,不是怕国民党,而是怕国民;不是怕国民党政府合法化,而是怕不合法的行为大白于天下而已。然而,为了什么,不愿国家的宪政前进一步呢?

我们相信政府对如期召集国民大会是有绝对诚意与决心的。至于此外的代表问题,职权问题,参政会已有原则建议。此虽无拘束之力,但凡在参政会代表的各种意见,以及各方的舆论,一定能得到政府郑重的考虑。

至于参政会所建议的以一切可能政治步骤解决中共问题,保障言论自由问题,承认各党派地位问题,或已在政府努力之中,或正在准备进行。我们希望政府对于应做之事,必须大刀阔斧的去做,勇敢坚决的做。然各党派亦很了解今天是反攻前夕,了解当前国家艰难,提高对国家民族的责任感,对政府的民主措施采取合作态度,避免妨害者的作风。或者有人以为,反对党总是"凡政府之所是,我必以为非,凡政府之所非,我必以为是"。其实,这不是一个"忠心于国的反对派",而在对敌激战之中,尤其未可如此。

(原载 1945 年 7 月 26 日重庆《中央日报》)

11. 国民大会的准备工作

重庆《时事新报》社评

关于国民大会问题,本报曾屡次提请政府及早准备,免得再起纠纷。现在这个问题提交参政会讨论,已成为全国注意的中心。参政员中有的赞成如期召开,有的主张改期举行,各有理由。而黄炎培等三参政员则声明不参加关于国民大会的讨论。黄、冷二氏对于民主团结曾热心奔走,会前曾至延安有所商洽,则对于国民大会的种种困难问题,其了解必较其他参政员为清楚。我们因为不知道延安之行究竟如何,未便列论。但有一个要点我们可以说明的,即国民大会在召集之前必须有充分的准备工作。所谓充分的准备工作,又可分为三点:一是团结问题,二是功能问题,三是代表问题。

参政员们现在所热烈讨论的,是国民大会的日期问题。在我们看来,这其实并不是问题的核心。如果没有充分的准备工作,国民大会在今年十一月十二日召开不会有结果,在十年以后召开也照样无结果。准备工作做够了,随时可以召开。为了一个日期而互相争论,忽略了更重要的工作,这是没有多大意义的。

国民大会的第一个先决条件是举国团结一致。顾名思义,既称国民大会,必须是能够代表全国民意的会议,因此国内各党各派,无党无派的人士,对于这个会议,事前必须有一个共同的了解,进而求得一致的协议,才能使这个会议合理而健全,发挥真正的民意,负起宪政的责任。如果事前意见庞杂,临时草率从事,则必将引起无穷的纠纷,贻国家以大患,甚至会有不可想象的严重的后果。这一点,国内有识之士是早已认清了的,如果要如期召集,则时不我待,我们应该赶紧觅取各党各派无党无派人士的一致意见,不能再松懈泄沓了!而努力加强团结,是这个工作的先决条件。

其次,国民大会的功能与性质,必须确定。这应该是参政会里一个大议题。这个国民大会,究竟将做些什么事?它将颁布宪法呢?还是实施宪政?这二者有很大的分别。若只是通过和颁布宪法,则在宪法颁布以后,到宪法实施以前,仍有一段过渡的时期。这一个过渡政府应该如何产生?如果宪法颁布以后立即实施,则如何由国民大会产生宪政政府,也大费研究。而国民大会本身的功能尚确定,当然一切更谈不到了。所以参政会的第一件大工作是确定国民大会的功能,究竟应该颁布宪法,还是实施宪政。其他枝节问题,都是无关宏旨的。

至于代表问题,也是国民大会的一个重心。以前选的代表,问题太多,应该分别重加检讨。例如,按区域选出的代表,凡是到后方来从事抗战工作的,都应该仍有代表资格。至于按职业团体选出来的,这十年以来变动太大,改行的太多,自己不复能代表其本行的意见,应该重选。各党各派的代表,应该有合理的比例,现在参政员和国民党的中委,其产生方法既与国民大会选举法所规定的不同,似乎不能作为国民大会的代表。

上述三点,都是国民大会的先决问题。要合理的解决这些问题,却不是短期内可以咄嗟立办的。所以如果想如期召开国民大会,现在有关各方必须迅速准备,各党各派尤须蠲除成见,推诚合作。凡一切勾心斗角,纵横捭阖,以及貌似诚恳,暗藏险诈的行为如果不扫除,这个国民大会再等十年也开不好的。没有充分准备而草率召集,也断断不会有好结果的。

(原载 1945 年 7 月 17 日重庆《时事新报》)

(七)中共评蒋介石在参政会上的演说

1. 赫尔利蒋介石的双簧似将破产

——评蒋介石参政会演说

延安《解放日报》述评

以粉饰蒋介石独裁统治为目的而召集之国民参政会,七月七日在重庆开会。第一次会议到会者之少,为历届参政会所未有。不但中共方面无人出席,其他方面亦有很多人不出席,定数二百九十名参政员中,出席者仅有一百八十名。蒋介石在开幕词中说了一通话。蒋介石说:"政府对于国民大会召集有关的问题,拟不提出任何具体的方案,可使诸君得以充分的讨论,政府准备以最诚恳坦白的态度,聆取诸位对这些问题的意见。"新华社记者评论称:所谓今年十一月十二日召集国民大会一件公案,大概就此收场了。这件公案,也和帝国主义者赫尔利有关系。原来这位帝国主义者是极力怂恿蒋介石干这一手的,蒋介石的腰杆才敢于在今年元旦的演说里稍稍硬了起来,至三月一日的演说而大硬,说是一定要在十一月十二日"还政于民"。在蒋的三月一日的演说里,对于组织一个所谓有美国人参加的三人委员会"整编"中共军队,则吹得得意忘形。蒋介石竟敢说:中共必须先将军队交给他,然后他才赏赐中共以"合法地位"。所有这一切,赫尔利老爷的撑腰是起了决定作用的。四月二日,赫尔利在华盛顿发表声明,除了抹杀中共的地位,诬蔑中共的活动,宣称不和中共合作等一派帝国主义滥调而外,还极力替蒋介石的国民大会等项臭物捧场。如此,美国的赫尔利,中国的蒋介石,在以中国人民为牺牲品的共同目标下,一唱一和,达到了热闹的顶点。从此以后,似乎就走上了泄气的命运。反对者之多,在中国人与外国人中,在国民党内与国民党外,在有党派人士与无党派人士中,到处皆是,不计其数。其原因只有一个,就是:赫尔利—蒋介石一套,不管他们怎样吹得像煞有介事,总之是要牺牲中国人民的抗日利益,进一步破坏中国人民的团结,安放下大规模内战的地雷,从而也破坏美国及其他同盟国反法西斯战争与战后和平的共同利益。赫尔利以一个同盟国的大使,蒋介石以一个四强之一的"元首",如此儿戏地决定有关几万万人民命运的政治问题,未免表现出他们的不老成,无常识,与缺乏政治家风度。到了今天,赫尔利不知在忙些什么,总之是似乎暂时地藏起来了,却累得蒋介石在参政会上说些不三不四的话。三月一日蒋介石说:"我国形势与他国不同,在国民大会召开以前,我们便无一个可以代表人民、使政府可以咨询民意之负责团体。"既然如此,不知道我们的委员长为什么又向参政会"咨询"起"意见"来了。按照委员长的意思,中国境内是并无任何"可以咨询民意的负责团体"的,参政会不过是一个吃饭的"团体"而已。今天的"咨询",于法无据。可是不管怎样,只要参政会说一声停开那个伪造的"国民"大会,就说违反了三月一日的圣旨、犯了王法,也算做一回好事,积一件功德。当然,今天来评论参政会,为时尚早,因为参政会如何回答委员长的"咨询"还要等几天才能看到。不过有一点是确实的,自从中国人民群起反对之后,就是热心"君主立宪"的人们也替我们的君主担忧,劝他不要套上被称为猪仔国会的那条绞索,谨防袁世凯来找替死鬼。因此,我们的君主就此缩手也未可知。然而我们的君主及其左右,是决不让人民轻轻巧巧地获得丝毫权力而使他们自己损失一根毫毛的,眼前的证据就在他将人民的合理批评,称之为"肆意攻击"。据说,"在战争状况下,沦陷区域势必无法举行任何普遍的选举,因此在两年以前,国民党中央全会乃有于战争结束一年以内召开国民大会、实行宪政的决定。若干方面,当时曾肆意攻击",以为迟了。及至他"应于战事的完全结束为时容或延长、即使战事结束后各地秩序亦未必能于短时期内恢复,所以主张在战局稳定之时即行召集国民大会",不料那些人们又"肆意攻击"。这样一来,闹得我们的君主很不好办。但是中国人民必须教训蒋介石及其一群:对于违反人民意志的任何欺骗,不管你们怎么说和怎么做,是断乎不许可的。中国人民所要的是立即实行民主改革,例如释放政治犯,取消特务,给人民以自由,给各党派以合法地位等项。对于这些,你们一件也不做,却在所谓国民大会的时间问题上耍花样,这是连三岁小孩子也欺骗不了的。没有认真的起码的民主改革,任何什么大会小会也只能被抛到茅坑里去。就叫做"肆意攻击"也罢,任何这类的欺骗,是必须坚决、彻底、干净、全部地攻击掉,决不容许保留丝毫的。这原因不是别的,就是因为它是欺骗。有无国民大会是一件事,有无起码的民主改革又是一件事,可以暂时没有前者,不可以不立即实施后者。我们的委员长及其一群,既愿"提早""还政于民",为什么不愿"提早"实施若干起码的民主改革?我们亲爱的国民党先生们,当我写这最后几行时,你们得承认,中国共产党人总算不是向你们"肆意攻击",仅仅提出一个问题,难道你们可以置之不答?

(原载 1945 年 7 月 11 日延安《解放日报》)

2. 内战危险空前严重,国民参政会的决定绝不会改变这一形势,唯有三个条件可以制止内战

新华社记者评论

中国政治形势在最近半年内,被赫尔利—蒋介石政策推到了内战的边缘;希腊的黑暗局面威胁着全中国人民,威胁着抗日战争与国际和平。这一危险形势,在中国解放区人民面前,在国民党统治区的一切民主派及各界人民面前,也在英、美、苏三同盟国面前提出了严重的任务。这个任务,就是纠正赫尔利—蒋介石政策与制止内战危机。大家明白,要打倒日本侵略者与建设国际和平,决不能容许中国打内战,决不能容许赫尔利—蒋介石政策继续推行下去而不被制止。在赫尔利鼓励之下,蒋介石于一月一日与三月一日宣布了实质上是准备内战的计划。这个计划采取了召开国民大会"还政于民"的形式。这个计划,近日虽然受到了某些阻碍,不得不在国民参政会上略为修改所谓"国民"大会的办法,但是内战危机依然在继续发展。对于赫尔利—蒋介石的这个反动计划,中共自始即表示了坚决反对的立场。其他民主党派,包括国民党民主派在内,也表示了反对态度。此次参政会开会的前夜,中共发表声明不派人出席,这一行动鼓励了许多民主党派参政员在参政会内与

会外反对"国民"大会的勇气。褚辅成、黄炎培等六参政员来延时,中共当局和他们交换了意见,表示了同样的态度。参政会开了两星期,已于二十日闭幕。整个会议所讨论的中心问题是国民大会问题,在几次的激烈辩论中,独裁派与民主派均表示了自己的立场。十九日,通过了一个决议案。新华社记者指出:这个决议包含了某些妥协性,但是并未改变国民党的反动计划。这个决议说到了四个问题:(一)国民大会的日期;(二)国民大会的代表性;(三)国民大会的职权;(四)某些民主要求。关于日期问题,决议说"本会同人意见未尽一致,本会兹不提出具体意见,由政府斟酌情形决定"。所谓"日期",在反动派看来,决不只是一个事关"政府威信"的问题,而是一个独裁与内战的问题。他们一定要保持一党专政即独裁的权力,不允许有非国民党人参加的国民参政会在国民大会的日期问题上作决定。在内战问题上,国民党反动派在一切军事布置上都是为着向陕甘宁边区及敌后各解放区"收复失地"与消灭中共这个具体目标的。而要打内战,没有国民大会固然一样可以打,有了国民大会则更加好打。日期"由政府斟酌情形决定",他们将斟酌些什么情形呢?当然是斟酌最有利于保持国民党独裁的时机,尤其是斟酌发动大规模内战的时机。要说这一条有它的一点积极意义,那就是以十分委婉的语调没有承认今年十一月十二日开国民大会这个威胁人民的确定的日期。这就是说,国民大会这个威胁人民的法宝仍然拿在独裁者手里,他想什么时候使用都由他,不过为了应付人民的坚决反对,日子或者会稍为更动一下。中国政治发展到这样一个局面:中国独裁者争着要"还政于民",时间越早越好;中国人民却坚决反对。这件事看来好像奇怪而且滑稽,实际则是表现了中国独裁者与中国人民所处的从来没有的新环境。这件事不可能出现在第二次世界大战与中国抗日战争的初期与中期,因为那时还没有造成中国独裁制度遭受到如象现时这样严重的危机,也没有造成中国人民如像现时这样巨大的民主力量,也没有造成现时这样有利于中国人民解放斗争的国际条件。七月十九日的参政会决议,没有赞成独裁者今年开国民大会的"还政于民"的反动计划,对于独裁者说来,无损独裁制度的毫末,对于人民说来,没有增加丝毫的权利。必须记着:"国民"大会这个法宝仍然拿在独裁者手里,而且即使没有"国民"大会,仍然可以打内战,中国人民绝对不可稍有疏忽与大意。中国的独裁派是很狡猾的,他们善于在政治上耍花样与善于组织对人民的突然袭击。他们一群的下一手是什么,中国人民,首先是各民主党派,必须十分注意。新华社记者说:参政会决议的第二条也是极其含糊的,反动派很可以利用这一条。这一条说:"关于国民大会代表问题,请政府参照本会各参政员提案,衡量法律与事实,妥定办法,尽使国民大会具有极完满之代表性。"这里所说的"政府",是独裁派的政府,这里所说的"法律",是独裁派的法律,现在写上了决议案,将来他们"衡量"一番的结果,依然不外强迫人民承认十年前的那一批国大"代表"依然有效。独裁派也会"衡量""事实",其结果不外加"选"或加派一批人。这样他们就会说:已经"具有极完满之代表性"了。但是中国人民与民主党派应该这样来看问题:所谓"政府"必须是一个由各党派及无党派代表人物组成的举国一致的民主的联合政府;任何由现在的国民党独裁政府所召集的"国民"大会,我们都反对。所谓"法律",必须由联合政府来重新制定;任何由国民党独裁政府所制定的反动的代表选举法,国大组织法等等,我们都反对。"事实"是十年前的所谓国大代表,是由国民党一手伪造的,必须全部否定它;在敌人未完全消灭,国土未完全解放,人民无完全自由的全部时间内,不许可办理国大代表的选举。只有全部否定旧代表,并在一切必要条件具备下重新选举新代表,才能称之为"具有极完满之代表性"。我们完全赞成"极完满代表性"这几个字。从今以后,谁要召开什么绝无代表性及代表性不完满的"国民"大会,必将受到坚决的反对。第三条:"宪法制定时,应即予实施,俾政府还政于民之旨早获实现。"这一条表现了国民党独裁派的反动计划,依然坚持着。历来只唱"制颁"宪法,反对"实施"宪法的,现在他们唱起"即予实施"的好听的调子来了。这是什么意思呢?就是"选举"大总统,仿效袁世凯做皇帝。今天中国的独裁派即帝制派很需要这一条,他们急于要以帝制(一名大总统)来镇压人民,发动内战,以维持其自己的反动统治。第四条列举了几项要求。"采取可能之政治步骤",这一项,独裁派必然要耍新花样,对于民主派所主张的召开党派会议,废止一党专政,成立联合政府一项要求,仍将深闭固拒。第二项,保障人民自由,加了"合法"二字,第三项,承认各政治党派,加了"依法"二字,在独裁派看来,一切都好办了。第四项,"各省各级民选机构之设置",也是独裁派需要的。因为所为"民选",实际上都是党选,有了这些"机构",他们的宝座就更稳当了。综合第四条各项,对于独裁派,并不会损失什么东西。仅有一点稍有意义,就是规定这些措施,应在"国民大会召开前"做到,表示国民大会今年或者不会开。新华社记者结语说:独裁制度丝毫未变,内战危险空前严重,现有各种铁一般的事实,包括陕甘宁边区周围的军事行动在内,证明国民党反动派正在较前更加积极地准备发动一个极大规模的内战,借此以援助日本侵略者。国民参政会对于国民大会问题的决定,绝不会改变这种危险的形势。新华社记者说,只有三个条件可能改变中国的政治形势:第一个,解放区军民一致团结起来,坚决地扩大解放区,缩小沦陷区,坚决制止内战;第二个,国民党统治区的人民民主力量一致团结起来,坚决反对内战;第三个,英美苏三国在东方问题上团结一致,反对中国的内战。中国人民应该为争取三个条件,反对内战危险而奋斗。

(原载1945年7月23日延安《解放日报》)

十四、国民参政会第四届第二次会议

(1946年3月20日—4月2日)

(一)国民党推翻政协决议　共产党重申不参加会议

1. 中国国民党六届二中全会对于政协会议报告的决议

甲、抗战胜利以后,和平建国为举国一致之蕲求,尤为本党继承总理遗志,实现三民主义应完成之历史使命,爰由国民政府召集政治协商会议,冀从政治方式消除一切纠纷,保障和平统一,完成建国之大业,故在协商进程中,凡属国家民族利益所在,本党均不惜以最大之容忍为多方之退让,委曲求全,俾底于成。其所协议诸端,本党秉为国为民之夙愿,自当竭诚信守,努力实践。惟是体察当前之形势,与立国永久之大计,关于左列各点,特致殷切恳挚之愿望:

一、国民政府既须改组,容纳各党派分子参加,各党派均应一本忠诚为国家之和平统一民主建设而共同努力。尤其属望中国共产党切实依照协议,在其所占区域内,首须停止一切暴行,实行民主,容许人民有身体、思想、宗教信仰、言论、出版、集会、结社、居住、迁徙、通讯之自由及各党派公开活动使政治民主化之原则,不致因任何障碍,而不能普遍实现。

二、军队国家化,乃和平建国之先决条件。此次军事小组所定之军队整编及统编中共部队为国军之基本方案,中国共产党务须切实履行,尤其目前一切停止冲突,恢复交通之成议,必须迅速实现。封锁围城,征兵扩军及军队之调动,必须即刻停止,俾全国秩序得以恢复,人民痛苦得以苏解,"军队国家化"之障碍得以首先扫除。

三、三民主义为建国最高原则,早为全国所遵奉,以为此次政治协商会议所共认。而五权乃三民主义之具体实行办法,实有不可分离之关系,权能分职,五权分立,尤为五权宪法之基本原则。本党五十年来领导革命,悉为实现此最进步之政治制度,以建立国家而奋斗,绝不容有所违背,所以对于五五宪章之任何修正意见,皆应依照建国大纲与五权宪法之基本原则而拟订,提由国民大会讨论决定,庶宪政之良规,得以永久奠定。

总之,此次政治协商会议以和平建国为目的,则于各项协议之实施进程中,凡有足为和平建国之阻碍者,胥必力为排除,乃能措国家于磐石之安,而跻人民于康乐之境,本党矢以贞恒勉尽职责,至愿各党各派共体时艰,相与开诚协力以赴之。

乙、对于此次国民大会制定宪法之言论主张所应根据之原则,以期齐一意志,增强力量案,经过由全委会授权常务委员会负责处理,原文如下:

本案应请大会为左列各项之决议,交中央常会通令全党同志遵照:

(一)制定宪法,应以《建国大纲》为最基本之依据。

(二)国民大会应为有形之组织,用集中开会之方式,行使建国大纲所规定之职权,其召集之次数,应酌予增加。

(三)立法院对行政院不应有同意权及不信任权,行政院不应有提请解散立法院之权。

(四)监察院不应有同意权。

(五)省无须制定省宪。

(1946年3月16日通过,原载1946年3月17日重庆《国民公报》)

2. 关于国民党六届二中全会的谈话

周恩来

诸位先生：

在政治协商会议之后召开的国民党二中全会，我们曾寄以很大的希望，但二中全会的结果实令人失望，因二中全会的决议动摇了政治协商会议的决议。国民党内为数不少的顽固派利用二中全会，通过了很多重要的违反政协决议的议案。这不足为怪；而可怪的是这两个会议的决议既如此相反，却都是在蒋主席主持和领导之下通过的。

一、关于保障人民权利问题

在政协开会时，蒋主席曾作了保障人民权利的四项诺言，但在政协开会后就连续不断的发生了沧白堂打人、较场口事件、捣毁各地新华报馆、捣乱西安十八集团军办事处，一直到捣乱执行停战决议的北平执行部事件。这许多事件至今没有一件得到解决。如言论、出版自由问题，限制言论自由的法令，名义上虽已废止，但实际上仍限制重重，并且采用消极不平等的限制办法，如像中共在北平出版的《解放》三日刊受到非法的禁止，而别的新出版的报纸在上海则得到许可；又如释放著名的政治犯，除叶挺、廖承志外，不论中共与其他党派及无党派被捕的人和青年学生，至今仍毫无消息。现在的政府仍然是国民党一党政府，这些违反保障人权的事件，国民党负有责任，但二中全会对这些问题一字未提，所有决议案中没有一字谴责这些妨害人权的罪恶行为的。

二、关于改组政府问题

改组政府是件大事，究竟是否结束训政走向宪政，在此过渡期间成立举国一致的各党派合作的政府？二中全会无明确态度，它不仅避开结束训政不谈，反而要把各党派推选的国府委员拿到国民党中常会去选任，这是完全违反政协决议的。这不能不令人怀疑到二中全会后将要"恢复"的中央政治委员会的性质，很可能"恢复"到从前指导国民政府的政治委员会去。果如此，国府委员由国民党中常会选任，中政会又要指导国民政府，这说明政府仍是一党的政府，决不是民主的，各党派合作的政府，与政协会议各党各派、社会贤达、全国人民以及友邦的期望完全背道而驰。

三、更重要的是关于宪草问题

宪法关系中国今后是民主或仍是一党独裁的大问题。政协修改宪草的原则，是各党派及无党派代表全体起立通过的，对这些原则如有任何变动，一定要经过政协各方代表的一致协议。国民党中有些人特别指责宪草修改原则不合于五权宪法，我们且不说这些修改原则是在蒋主席主持下，经政协代表（包括政府代表在内）全体起立赞成通过的；就从五权宪法本身来说，五权宪法第一是主张五权分立，孙先生是反对中央集权于一人或一院的；第二是地方均权，某些权应归中央，某些权应归地方，故孙先生主张实行省自治并得制定宪法，可见政协的修改原则是与孙先生的五权宪法原则完全符合的。至于根据这些原则，如何规定政府组织，那就要因时间与条件而定，过去的办法不一定适合。现在，如说孙先生遗教的一个字也不能修改，那么，国民党今天所做的就违反了建国大纲，根据建国大纲的程序，先实行县自治，然后实行省自治，在全国有过半数省自治后，才可以召开国大，实行宪政。现在政府并没照这程序做，可见政府的组织程序是可以变动的。虽然如此，我们还是与国民党协商，为了减少国民党内主张民主和平、团结统一的人士在其党内所遇到的困难，最近各方又商得了三个协议，但这种让步反而增加了顽固派的嚣张。二中全会对于宪草通过了五项修正原则，所以增加之两点，关系至大，其目的就是推翻政协修改宪草的原则，不受政协拘束。另外，吴稚晖先生又提出了三点反对意见，立即在二中全会上成为决议。他主张五五宪草、政协协议事项、二中全会决议……一并提交国大参考，这是与政协决议完全相反的。按政协决定只能将宪草审议委员会的修正案提交国大，并无其他国大代表个人的自由。但各党派要负责约束其自己的党员，使这个民主的宪草得以通过，这样包括十年前一党包办的旧代表的国大，就不是重要的了，重要的还是要保证能通过一个真正民主的宪法。所以在国大问题上，各党派曾向国民党作了极大的让步。但今天国民党却想利用各党派承认的国大，反转来反对政协决定的宪草修改原则，来动摇民主宪法的产生，这种违反民主的做法，是任何人不能忍受的。

四、国大问题

国大代表中地区代表还未最后确定，国大组织法也还没有修改。根据政协决议的职权，只限于制宪，而宪法要有四分之三的多数才能通过，但国大组织法如再迟迟不改，或改而不当，就很有可能被利用，只有三分之二的多数，就可以通过决议，来做更多其他不利于民主的事情。这样，将来的国民大会就会更便于做一党专政的保镖。

五、整军问题

在政协会议中，军政部次长林蔚氏报告，政府军队现有三百八十万，要减到一百八十万，编为九十个师。但在二中全会中，同一人的报告，则说政府军队及机关学校现有四百九十万，将来只减到三百四十七万，仍编九十个师。这和在政协报告中的数目比较，多出了一百六十七万。即去掉机关学校，仍然会多出很多，那就是所谓兵工总队成为正规军的后备队或补充队。这是违反政协决议和整军方案中复员计划的，因这既不能减少国库开支，并且将保持额外的一部分队伍，完全与复员精神相反。

六、停战问题

国民党二中全会在宣言上要求中共部队即速停止继续攻袭，但实际上究竟是谁不遵守停战命令，实行继续攻袭？只要听到方才林、郑两位关于广东、湖北情形的报告，就很清楚了。在山西，任何人都可看到太原、大同的日军到现在还没有被解除武装，因为阎锡山氏还在利用他们攻打中共和解放区的人民。在华北、华中其他地方，继续进攻和蚕食中共地区的村镇的事，还在不断发生。

关于东北的情形，马歇尔将军在两个月前曾提议派遣执行小组去东北调处军事冲突,当时我们立即赞成,政府却在最近才同意了这个提议,可是又发生了执行小组的任务问题。我们曾提出了两个解决办法:一个是无条件派遣执行小组去,立刻停止一切军事冲突,并调查当地实际情况,把问题带回来提供三人会议解决,另一个更好的办法,是先在重庆谈好关于军事政治问题解决方法的一般原则,然后再派遣执行小组根据已经谈好的原则去具体执行。这两个办法都还没有商得结果。我们向来主张东北的内政与外交问题应分开解决,外交问题过去一直是政府负责的,现在依然如此。但是,内政问题大家都有责任,必须用政治方法和平解决。这不仅是中共的意见,这也是其他民主党派和东北人民的意见。

以上所说的,绝大部分都是国民党二中全会所表现的。国民党内顽固派有意识的破坏政协整个决议,并不奇怪。但是亲自主持政协的蒋主席,竟以顽固派的要求得在国民党二中全会中通过,实使我们奇怪。虽然国民党二中全会的决议中也有表示要执行政协决议的话,但是容许了上述反政协的决议存在,实际上就等于取消了前一可能。同时国民党二中全会的决议又着重于反共,说中共如何如何。中共愿意坚决实行自己签了字的停战协定、政协决议和整军方案,也愿意朋友们善意的、而不是恶意的来督促我们,但是我们要求反转来问问国民党朋友,你们这一方面要求人家来做,另一方面又把违反政协决议的东西写在国民党二中全会的决议上,这不能不说其中包含了欺骗,就是想模糊过去。要是在这种情况下,各党派参加了政府、国大,制成宪法,照二中全会的要求通过,中国不就是民主了吗?然而这是不可能的。我们不受骗,也决不去骗人民。我们要向人民说真话,做真事,一定要先弄清楚国民党二中全会的决定是想做些什么,这不是一个人或一党的问题,而是要不要欺骗老百姓的问题。我们不能把没有完全和平,而对人民说有了完全和平,还没有民主而说成有了民主,还没稳定说成已经稳定。

我们同意马歇尔将军说的,中国在今后九个月内,将是一个极严重的时期。照国民党二中全会决议发展下去,将会更加严重,不能像某些国内外舆论那样的乐观。但情势不是不能更改,还须要全国人民的努力,友邦的帮助,特别是政协各方代表都要努力来维护政协决议。

此外,亦如马歇尔将军在华府招待记者席上所说,国民党当权一派,不愿把大部分权力交出来。其实,政协决议并未要求国民党交出大部分的权力,只是要求人民能有自由权利,如各党派在政府中能有充分代表性。现在国民党无论在中央政府、在各省、乃至在国大中,仍占第一大党地位。可是就是这一点点民主,顽固派还是不愿意让人民享有,只是压迫和打击人民与其他党派的民主运动。而且照杜鲁门总统的声明及三国外长会议公报所指的内容来看,也可见政协决议还没达到那样的民主要求。现在军队整编统编方案是有了,但是组成一个有充分代表性的政府仍未做到,就连政协决定的这样一点点民主,国民党还不愿意实行,还要由国民党中常会去选任国府委员。

因此,我觉得政协的一切决议不能动摇和修改,这是由五方面代表起立通过的,应成为中国的民主纲领。谁要是破坏,谁就是破坏今天中国的民主和平、团结统一。对三人会议关于停止冲突,与军事小组关于整军方案的协定,也是一样的。人权若无保障,就无法改组政府成为真正的民主合作的政府,修改宪草,各党派如不受约束,如不照五方通过的修改原则制成修正案,国大一定开不好。军事冲突若不在全国范围停止下来,和平也无保障。我们要的是一个真和平、真民主、真稳定的中国。

我们愿意号召全国人民、盟邦朋友、各党派朋友一致来拥护并监督政协全部协议的实现,特别希望国民党内主张民主团结的朋友,在蒋主席领导之下来纠正和推翻党内这种反政协的企图,且这种企图现在已成为决议快要实行了。我们应提醒国民党的朋友,因为国民党对今天的政治是负有最大的责任。由于这一缘故,在国民党二中全会开幕之后来做这一声明是有必要的,我们不愿意蒙蔽舆论,而愿诉诸舆论。

(1946年3月18日在中外记者招待会上的谈话,录自《国民党二中全会面目》,晋察冀日报社编)

3.董必武声明中共参政员决不参加本届参政会

我们预料本届参政会对政治协商会议一切决议,因会中某集团占极大数量,一定会在各种掩饰下加以动摇,一如其在国民党二中全会中所为。本届参政会有极大可能重复国民党二中全会之各幕活剧,以谋不利于团结。大家均深知参政会之组成与职权如何,尤其是各方面成分之比例如何。在上述情形下,我们认为出席本届参政会会议定将无补于事。至意料中之各种造谣污蔑,我们准备在会外加以答复。

(原载 1946 年 3 月 21 日重庆《新华日报》)

(二)第四届第二次会议开幕

  国民参政会第四届第二次大会,于昨日上午九时半假军委会大礼堂举行开幕典礼。开幕典礼开始时,邵秘书长力子报告:截至前日为止,参政员报到人数二百一十二人,本日出席一百九十九人,已足法定人数,及参加典礼之中枢首长及各国使节,共计三百余人。蒋主席亦亲临大会致词。

  主席团王世杰、莫德惠、李璜、江庸、王云五宣布开会后,即由莫德惠领导行礼,并致开会词。词毕,蒋主席于全场热烈掌声中步入主席台。主席身着戎装,微笑点首,旋即席致词。主席致词后,参政员代表何基鸿致答词,词毕,十时半开幕式礼成。

(原载 1946 年 3 月 21 日重庆《中央日报》)

1. 主席团主席莫德惠开幕词

  今天国民参政会第四届第二次大会开会,这是在抗战胜利后首次集会,同人聚晤一堂,实有无限的愉快和兴奋,决非偶然,更不是侥幸的,而是英勇将士不顾生死,忠义同胞不惜牺牲,经过八年奋斗争取来的,这全赖我们蒋主席精诚感召,英明领导之所致。所以,我们在抗战胜利后,首次集会的今天,应该代表全国民众,谨向蒋主席致其崇高的敬意,同时,并向英勇将士和忠义同胞,表示酬功报德之忱。同人们在这八年艰苦抗战的过程里,也都是几经患难,倍历艰辛,今天能够亲眼得见国家胜利,民族复兴,亦可引以为自慰。

回想本会在武汉开会以来,为时已历八年之久,开会也有十次之多,每次的会议,都有重要的使命和收获,但是,这次集会的意义,更为重大。因为,从前工作重心,是以争取胜利为前提,今后工作目标,要以如何建国为对象。抗战的工作固属不易,建国的工作尤其困难,凡百措施,都是至艰至巨,千头万绪,转觉不知从何说起,本席仅就个人感想所及,认为当前最迫切的最紧要的约有两点:

第一是宪法。宪法为国家根本大法,在抗战胜利期间,我们已经特别注意,曾于第五次大会组织了宪政期成会,对于宪法草案,不但讨论非常的热烈,尽量的发挥了意见,而且提出了修正案。到第九次大会,又成立宪政实施协进会,讨论宪章,更为详尽,并且推进宪政实施工作,向政府也提出不少有关于宪政筹备的建议。就是这次政治协商会议,也是拿宪政实施协进会对于五五宪草研讨的结果,作为有力的参考资料,足见同人对于宪法之关切。今年五月五日为开始制定宪法的日子,由今天算起,只有一个半月时间,很急迫了,所以,我们在这次集会,更应聚精会神,悉心研讨,不厌求详,作最后的努力。本席以为制宪固难,而制可行之宪法更难,万勿再蹈民国初年的覆辙,制法毁法,引起无数的纠纷,人民受其痛苦,国家受其损害。我们绝不能再忘掉过去失败的经验与教训。前事不忘,后事之师,今后国家的制乱兴衰,就在此一举,因此,我们要在三民主义之下,不违背五权制度的原则,平心静气,审情度势,要顾虑周详,来制定一个适合国情的优良宪法。我们不但要制宪,而且要行宪,行之而能顺利,这才是唯一的希望。

第二是经济。经济问题,关系国计民生至重且大,战时要紧,战后更要紧。本会同人向来是特别注意,看看每次大会,听取政府各部门施政报告之后,所提出的询问案,关于经济方面者为最多,所有通过的建议案,其中属于经济部门者几乎占全部提案十分之三四。我们的工作,不但见于言论,并且见于行动。在第八次大会的时候,鉴于战时经济极为严重,曾设置国民参政会经济动员策进会,推行经济动员业务;迨第九次大会,为了经济工作的进展,又改设经济建设策进会分区办事,协助政府,倡导人民,以期奠定战时经济建设的基础。我们虽然不敢夸张有什么了不得的成就,而在我同人确是尽了最大的努力。现在经济问题的严重性,仍未减于战时,若不急图补救,则国计民生,必将受到无穷的损害。国际经济学者,常常在讲战后经济,各国必有一番最困难的阶段,我国亦当能例外,所以,当今战事刚告结束,而建国前途,经济第一,凡我同人,尤其同人中的经济专家,更应多多偏劳,本着素日报国救民的宏愿,尽量发挥富国利民的主张。本席认为,我国地利之富饶,人力之充实,果能遵照国父实业计划,树立适合国情的经济政策,彻底普遍实行,使地尽其利,货畅其流,以调剂物资,配合民生,增加生产,不难使人人自给自足,这是吾人必具之信念,亟应淬励,亟应奋勉,督责政府来完成任务。

以上两点,乃是检讨既往,策励将来,而在此次的集会,是继往开来,负有光荣伟大的时代使命,我们应该继续本着抗战胜利的精神,谋建国必成的远景,那么关于内政方面,应当如何运用行政上的一切力量,才能得到地方的安宁。所有措施,又应当如何整饬刷新,才能得到修明的政治。关于外交方面,应当如何促进国际合作,增强友好关系。即如东北地区,应当如何加紧进行交涉,才能迅速圆满接收,以解除东北同胞之痛苦。关于当前复员工作,救济问题以及军政、财政、教育、交通诸大端,又应当如何来建设,才能尽善尽美。这都要我们尽其知无不言,言无不尽之责,以更大的努力,求得更卓越的成果,才不负八年前共赴国难之初衷,才不负全国同胞殷切的期待。此外,还希望各部会长官,对于施政报告,务要胪叙事实,剀切说明,使同人得有依据,以为建设之考虑,并望舆论界人士多多予以鼓励的批评,使我们能作更有效的贡献,以期三民主义的民主政治新中国,早日实现,得以维持世界的永久和平。

(原载《国民参政会第四届第二次大会纪录》,国民参政会秘书处)

2. 国民政府主席蒋中正致词

主席,各位参政员先生:

今天是第四届参政会第二次大会集会的一日,经过了多时的阔别,本席又得与各位聚首一堂,甚为快慰。我们参政会对于拥护抗战国策,协助抗战成功,其贡献是特别伟大。我在今天要向贵会首先表示的,我们八年抗战,全国同胞和全体官兵，流血牺牲，对于国家民族的贡献，固将永垂于不朽。此外，有两点是达成我们持久抗战成功的重要因素：第一，就是我们参政会在抗战期间，团结意志，集中力量，不辞任何艰难，拥护抗战到底的国策，始终不渝，以底于成。其次，我不能不提到抗战重要的根据地的四川，所贡献的人力最多，物力最大，而重庆的男女老幼同胞，忍受敌寇最猛烈的轰炸，不惜牺牲一切生命财产，与政府同生死共甘苦，百折不挠，再接再厉，其可歌可泣的志节，真足以动天地而泣鬼神，这都是将来抗战史上值得大书特书的功绩，亦是本席所亲身经历而没齿难忘的。因此，在抗战胜利结束以后的今天，我要表示对四川省同胞的感佩，我更要对参政会致崇高的敬意。

上次参政会大会，举行于去年七七纪念日，本席当时曾以争取民族自由，维护国家独立，加速敌寇崩溃，树立宪政规模的重大使命，对贵会致深切的希望。上次大会开会不久，日本投降了，我们终于得到胜利的结果。现在所尚未完成的就是复员善后，恢复交通，安定地方，解除人民痛苦，和实施宪政，完成建国工作的问题。这次贵会集会于抗战胜利结束之后，又正在召开国民大会制颁宪法实施宪政以前，意义是特别重大，任务也特别艰巨。

政府各部门的行政措施，主管各部门当向贵会报告，本席所要向贵会提出的，是国家在战后所处的环境与复员工作的进行。本席在抗战结束以前，就常说：战后的工作较作战时将更为艰难，我们作战时间这样长久，作战地带的损害如此惨重，一旦复员，要将战时体制改变为平时，要将经过大破坏大损害的人力物力地方复苏过来，要将久受敌伪蹂躏的地方回复秩序，已是千头万绪，工作纷繁，何况还要遭遇内在的各种障碍和困难。首先是军令政令不能完全统一，其次是复员要件的交通设备，胜利前后都受了严重的破坏，而其间不了解政府处境和苦心的，又用种种方法阻挠复员工作的推进，又加上复员所需要的人才准备和物资准备不无欠缺，致使复员工作旷日持久，不能圆满进行。我们全国人民，在战后所受的痛苦，诸如灾荒遍地，物价高涨，地方不安宁，生活无保障，流离的不能还乡，有业者不能乐业，在若干地带，竟较之战时更为严重，真所谓如水益深，如火益热，这实在是最可痛心的现象。政府为了拯救人民的痛苦，确保胜利的成果，认为复员和建设，需要有和平安定的环境,需要有全国一致的努力,因之一方面在人力万分困难的情形之下,竭尽一切可能,排除一切障碍,来推动复员工作;另一方面,尤其不得不委曲求全,容忍退让,用政治的方法,达成国家的和平统一,使各方面的意见趋于和洽,人为的困难和障碍得以消除。更因为鉴于抗战期内痛苦之深,牺牲之重,情势之危,以及战后立国的艰难,政府深深觉得应该以剑及履及的精神,于最短期内,开始一切建设,使中国成为一个和平统一民主富强的现代国家,非如此不足以厕身于国际社会之林。政府这种对整个国家整个民族负责任的苦心孤诣,必为今日在座各位先生所得以深切领会而衷诚维护的。

基于上述的目标,政府在抗战结束以后,就致力于和平统一的工作,尤其着重于团结意志,集中力量的工作,使各党各派及社会贤达,均有参加国政的机会,同时对于国民大会的召集,务使其圆满进行。政府本年一月间有政治协商会议的召集,对于政府组织、和平建国纲领、整军方案、宪草及有关国民大会召集事项等五大问题,都有了开诚的商讨,就是要开启和平建国的途径。停止军事冲突,恢复交通命令的颁布,军事调处执行部的成立,以及军事三人小组关于军事整编及统编共军为国军的基本方案的订定,也无不循着这一个目标。还存在着不少的困难,但是,如果我们中国要独立生存于世界,要保持艰苦抗战的成果,本席敢言上述的方针,是与当时持久抗战的国策同等重要,必须全国一致,以最大的忍耐,最大的诚意,排除万难,以促其成功的。

中国今日最大的要求和全国人民最迫切的需要,无过于复员善后之完成与建设工作之开展。抗战胜利到现在,已经有七个月了,复员善后建设工作,绝不容再有任何的阻碍和耽误,人民的痛苦和地方的扰乱,更必须迅速予以解除,因之政府现时所欲致力之重点在对内方面是:(甲)恢复全国秩序,解除人民痛苦,稳定经济,安定民生,以开始经济建设。(乙)力求停止军事冲突,及恢复交通命令之全部贯彻,与军事三人小组所商定整军基本方案之实施,使军令政令得以统一,全国同胞得有休养生息之机会。(丙)五月五日召开国民大会,必须如期举行,以达成我们多年来实施宪政的夙愿。至于对国际关系上说,我们必须贯彻抗战初志,力求国家与领土主权行政之完整,诚为履行与各盟邦已定立之条约,拥护联合国宪章,促成国际合作,以巩固世界和平。凡此四者,皆系针对国内外情势之发展,与夫根据全国上下普遍一致的要求而决定。贵会在宪政实施以前,实为全国最高的民意机关,亦是最能表达人民公意的唯一机关,希望体察国家当前的环境,对于上述各点,予以一致的协助。

　　本席还要特别提出的,在贵会上次开会后这八个月中间,驻会参政员实有最大的贡献。在战事结束以后,国内外形势均有极大的变化,政府在这期间的一切肆应,也就特别的繁重而艰巨,但参政会与政府之间的密切联系,却是始终一贯,不但丝毫没有间隔,而且始终匡辅政府,补正不少的缺点。在贵会闭会期间,各位驻会参政员对于政府的措施,随时作客观而真切的检讨,贡献宝贵的意见;政府方面,也常将施政上的重要事项,向驻会参政员提出报告,听取批评。此种密切合作真诚孚洽的精神,已为我国将来实施宪政奠定了良好的规模,比之西方各国议会与政府之间的关系,可谓已无愧色,实在应该保持而发扬光大的。

　　最后,本席要恳切地同各位提供几点具体坦白的意见。检讨历次参政会的建议,政府方面凡是可以采纳的,无不切实执行;这一次会议正在战争结束复员未完的期间来举行,国家的建设和地方秩序有待改进和恢复的事实,必不在少。各位参政员此次集会陪都,来自各方,闻见较切,所要建设的事项,也必更为宏大,政府准备接纳嘉言,以济国家的艰危,解人民的痛苦。政府希望贵会的一切决议,全部见之实施,因此,本席希望于本次大会的:(甲)把握重点,多作积极具体的建议。(乙)注意现实,以贡献实际可行而行之必成的办法。(丙)地方困苦的解除,惟有从全国安定发展中求之。参政会是全国性的民意机关,各位不仅是代表一个地区或一种职业,而实是代表全国的人民,所以,关于解除地方痛苦与增进地方福利的一切建议,都要顾及国家整个利益与实际情况,权衡其轻重缓急之所宜,而抒发议论,提供方案。以上三事,本席特代表政府转达此种诚恳的希望,亟待各位贡献其宏谟,并望指陈缺失,俾政府各部门得以洞悉民隐,力求改进,而善尽其职责。谨祝贵会成功和各位先生的健康。

　　(原载《国民参政会第四届第二次大会纪录》,国民参政会秘书处)

3. 参政员何基鸿致词

主席，各位先生，各位同人：

本会这一次大会是成立以来的十二次大会，也是抗战胜利以后的第一次大会。我们回想过去的九年当中，正是中华民族生死存亡的关头，我政府以大无畏的精神，发动神圣的抗战，虽受过惨烈为人类历史所仅见，然抗战必胜之心迄未动摇。举国一致在蒋主席领导之下，将士忠勇效命，为国捐躯，公教人员含辛茹苦，黾勉服务，人民国而忘家，不惜牺牲，卒能博得盟邦的同情与援助，驱逐了残暴敌寇，光复了锦绣山河。我们刚才已向高瞻远瞩指挥若定的元首谨致崇高之敬意，同时，对于全国军民和世界的盟友，也谨致慰劳和感念之热忱。

本会同人，八年以来，以风雨同舟的精神，对于政府应兴应革之事，靡不竭忠衡虑，知无不言，言无不尽，对于国家民族亦略绵薄之力，这也是我们可以自慰的地方。不过，抗战虽已胜利的结束，而建国正待着光荣的开始，我们需要建设一个庄严灿烂的三民主义的新中国，这是全国人民一致的愿望。现在，正当政府以全力执行这个任务的时候，刚才又听到蒋主席的训词，本会同人极感兴奋，愿趁此机会表达同人等对于时局的几点意见。

一、我国抗战八年，地方备受摧残，人民痛苦已达极点，加以疾疫流行，饥馑存臻，死亡相继，惨不忍言，而接收敌伪物资和产业的人员，又复不能尽如民意。同人来自民间，触目惊心，此次仍当本已往不避劳怨之精神，据实检讨，立请施行，以解倒悬。

二、久战之后，无论战胜战败的国家，都有疮痍未复民困待苏的现象，尤其在工业幼稚产业落后的中国，更属难关重重，险象环生，必须国内求得和平，然后民生方能安定。倘有任意破坏，继续以痛苦加诸人民者，无论来自何方，决非本会同人及全国民众所能忍受。东北各省，以及边疆现状，最为全国人民所关怀，甚望政府一本亲仁善邻之旨，依据中苏友好条约，切实交涉，以确保领土与行政主权之完整，尤宜将全部真相随时公布，以安人心。

三、政治协商会议系政府对训政时期过渡于宪政之一种办法，在国民大会尚未召开，宪法尚未颁布之前，本会为全国最高民意机关，对于协商事件之检讨与审议，实有无可旁贷之责。

四、国民大会之行将召开,同人认为宪法为国家百年根本大法,实施宪政尤为举国迫切要求,本会上次大会关于国民大会建议案之精神,政府似未多予采纳。事关国家民族前途,同人忝为人民代表,对此问题至为关切,拟请政府将国民大会有关问题提交大会审议,以期合理决定。

总之,此次大会实较以前历次会议,尤为重要,同人当再尽为民喉舌之责,以慰全国人民之望。蒋主席刚才指示各点,本会同人敬谨接受,敬祝蒋主席健康,此次大会成功。

（原载《国民参政会第四届第二次大会记录》,国民参政会秘书处）

4. 会议日志

国民参政会第四届第二次会议于1946年3月20日上午在重庆国民政府军事委员会礼堂开幕。共产党参政员没有出席。

3月20日　下午举行第一次大会。主席团主席李璜、江庸、王云五及参政员一百七十人出席了会议。

会议听取了秘书处会务报告、驻会委员会会务报告、第四届第一次会议议案实施情况报告、交通部长俞飞鹏的交通报告。

3月21—26日　举行第二至第十二次大会。

会议先后听取了经济部长翁文灏的经济报告、行政院长宋子文的行政院施政报告、军政部长陈诚的军事报告、外交部长王世杰的外交报告、农林部长周诒春的农林报告、司法行政部长谢冠生的司法报告、社会部长谷正纲的社会报告、财政部长俞鸿钧的财政报告、粮食部长徐堪的粮食报告、教育部长朱家骅的教育报告、内政部长张厉生的内政报告,和邵力子关于政治协商会议的报告,张群关于停止军事冲突、恢复交通暨军队整编及统编中共军队方案的报告。

参政员对政府各部的报告,特别是经济方面的报告,纷纷提出质询。会议还通过了主席团提的各审查委员会和召集人名单。

3月29日　举行第十三次大会。经济部长翁文灏和交通部长俞飞鹏出席答复参政员的各项质询。

3月30—31日　举行第十四至第十七次大会。

会议讨论通过了教育、内政、交通、农林、财政、外交等方面的部分提案。

4月1日　举行第十八、十九次大会。

国民政府主席蒋中正作了题为《东北问题的发展,伊宁事件解决的办法,宪法草案讨论的经过》的政治报告。随后大会通过了《拥护政府处理以上各问题之方针》的决议。

下午,继续讨论提案,通过了主席团提出的《组织接收工作调查团》等议案。

4月2日　举行第二十、二十一次大会。

会议继续讨论提案,通过了关于政治协商会议、停战整军报告等决议。会议选举了休会期间驻会委员会委员。

本次会议通过各种议案四百五十三件。

下午,第二十一次大会结束后,举行了国民参政会第四届第二次会议闭幕式。

(根据《国民参政会第四届第二次大会纪录》等综合整理)

5. 第四届第二次会议闭幕

国民参政会第四届第二次大会,于昨日下午七时圆满闭幕。大会于上月二十日开始举行,历二星期,共开大会二十一次,通过议案达四百五十三件,为历届大会所未有。

闭幕式由主席团王世杰、吴贻芳、李璜、江庸、王云五领导行礼。江庸主席致词,谓本大会之成就,乃在重视建国工作,并具有极大信心。本次大会通过提案甚多,且着重:(一)救济收复区人民,安定民生。(二)改善财政经济政策。(三)澄清吏治。(四)拥护实行和平民主,为本届大会之特色。继由陈参政员裕光致词,略谓:各参政员在此次会议中,对政府施政多加检讨与建议,已善尽言责,所决议各案,当有利于政府之措施,并希望政府切实采择施行。词毕,大会于热烈掌声中闭幕。

(原载1946年4月3日重庆《中央日报》)

6. 主席团主席江庸闭幕词

我们参政会这一次大会,是抗战胜利以后的第一次开会。我们参政员同人,在这种交通极端困难的状况之下,由各地远道而来,比以前更加踊跃,人数已到了二百四十多人,真可说是盛会。

这次大会,同人们的提案有四百五十件,临时动议还不在内,比以前任何次大会的提案都多,从这里可以看出我们战后的问题,真是千端万绪,而大家对于战后各项问题,比战争期间更为重视,更为关切。大家对于各项重要问题,讨论之热烈,争辩之认真,真可说是知无不言,言无不尽,更可见大家对于我国建国的前途,具有莫大之希望与信心,这是我们建国必成的象征。

就我们这两个星期的集会所讨论的问题,可以看出当前的几个急迫的中心问题:第一是大家一致要求火速救灾,及收复区域的民生安定;第二是要求财政经济政策之改善;第三是要求政治上澄清吏治;第四是要求和平团结统一民主的切实实行。

以上所说,是说明此次参政会所尽之任务。想起蒋主席昨天晚餐席上说到参政会虽闭会,还要对于国事继续努力有所贡献。我们不可辜负蒋主席的厚望。以上所说的四项,驻会委员及分散各地之同人,皆要检讨政府对于决议案采择施行到如何程度,并催促其实行。这是不用说的。此外,有二事在当前应当努力的:第一,是希望政协决议案能彻底施行。政治民主化,与军队国家化两大纲,皆是全民所希望的,参政员既代表人民,就不能不希望并促成其实行。第二,我们已决定组织接收工作调查团。接收工作不过是最近政务之一,何以值得如此慎重提起呢?这因为接收工作,是政府在收复区政权发动的开宗明义第一章,不可开头就失掉人心,调查团是为政府收拾收复区人心的。我既代表人民,不能不尽一点责任,检考接收工作,匡正错误。

(原载《国民参政会第四届第二次大会纪录》,国民参政会秘书处)

7. 参政员陈裕光致词

主席,各位同仁,各位来宾:

今天,本会休会式,本人被推讲话略述感想:

十四、国民参政会第四届第二次会议

参政会由武汉成立以来,迄今已是第十二次大会,本席从第一次参加到现在,有一个感想,同仁也有此感想,就是同仁所提议案,每次大会均有增加,最初不到二百件,现在连同临时动议将近五百件,假定每次平均以二百五十件计算,十二次会议合有三千件之多。同仁来自各地,这三千件提案,是代表各地民情民意,也是代表同仁心力才力一得的结晶。这些提案,有的是讨论性质,有的是检讨性质,有的是建议案,同仁不敢说这些提案有如何伟大的贡献,但至少可以说在抗战八年当中,这些方案都是有助于抗战建国的,也许这就是一个最大的贡献。

还有一个现象,在十二次大会中,每次的询问案,一次加多一次,会议的日期,也由十天加到十四天,秘书处上次合计统计,询问案有五百八十件,从此推算,十二次大会也不下三四千件。这些询问案,有的是建设性质的,有的是检讨性质,尤其这次,询问很多,属于检讨性质的也很多。为什么会有许多检讨,无非是因八年苦战,各地民众受尽了艰苦,望胜利后果若大旱之望云霞,过去是望不着,现在望着了,民间疾苦又不能表达。八年抗战,同仁们也同政府一样,一切以胜利第一,所有的讨论,大多数是建议,讨论的很少。现在胜利已经到临,正是我们新时代到来的时候,应该有一个检讨,检讨既往,以策励来兹。有时候检讨认真一点,也是因为期望将来的殷切。政府各长官,虽然认为检讨多一点,感觉得良药苦口,忠言逆耳。同仁等所感觉的,每次会议都引到的话,就是知无不言,言无不尽,这几句话的意思,就是同人等不能不言,以尽言责,而且忠言是向知己者而言的,既是向知己者而言,又有什么芥蒂的地方呢?

此次提案很多,不必列举。希望这些提案有利于八年来久病的中国,有利于政府诸位施政的措施,本席也没有旁的话可以代表来说,只用一句平常审查意见的口吻,希望政府"切实采择施行"。

本席常想,同仁们也愿意做本会的自我检讨。本会在武汉第一次开会时,曾提出一个目标,就是要奠定民主政治的基础。同仁每次开会,无论溽暑严寒,自朝至夕总是认真参加,也许勤劳有余,力量或有不及,但同仁所建议的,所检讨的,都是本着各方面的事实,竭尽各人的理智,到今天我们可以向全国宣告:在第一次大会所说的民主政治基础,已在八年来十二次的集会中建立了。

在历届开会期间,常有国内外人士,尤其是新闻记者,到席旁听,同仁深表欢迎。

刚才说的民主政治,愿意补充一句,以告关心中国政治的人士。中国的政治,并向着民主政治的大道迈进,在这个过程中,同仁有建议,有检讨,这种建议或检讨,都是为国家的进步。我们知道,一个人的自己检讨,越检讨他的前程越光明,人品越伟大。今天我们为国家民族前途而检讨,其意义与结果,自亦不能例外。我们越检讨,越建议,国家越能安定,前途就更光明。

友邦人士常说,中国的安定,是亚洲的安定;亚洲的安定,即是国际的安定。同仁们所建议与检讨,其目标与友邦人士所期望者,正同我们所谋虑的,是中国的安定,中国的安定,即是亚洲的安定,也是国际的安定。

(原载《国民参政会第四届第二次大会纪录》,国民参政会秘书处)

8. 休会期间驻会委员会委员名单

林 虎	马乘风	孔 庚	钱公来	褚辅成	李 洽	苏 珽
罗 衡	傅斯年	彭革陈	何基鸿	荣 照	席振铎	武肇熙
范予遂	尹述贤	郑揆一	伍纯武	左舜生	王普涵	许孝炎
薛明剑	何春帆	刘真如	陈启天	董必武	胡 霖	达浦生
甘家馨	汪宝瑄	张君劢

(原载1946年4月3日重庆《国民公报》)

（三）关于停止军事冲突实现政协决议问题
——会议报告重要议案

1. 对国民参政会第四届第二次会议的政治报告

蒋中正

各位参政员同人：

日本投降，抗战结束，至今已愈半年，政府在此半年之中，争取国际与国内和平的措施，可分为下列的六项：

一、为世界的和平与安全，与各友邦共同签署《联合国宪章》，促成联合国组织，参加安全理事会，以期重建国际正义与法律的秩序。

二、为求国家四邻亲睦，四境安全，与有关各国共谋边疆悬案的解决，尤以中苏友好同盟条约的订立，使边境毗连的两大国家，获到和平合作之道。

三、为求国内各民族的自由平等，对于省区以外各民族，具备自治的能力与独立的意志，而在经济上、政治上达到了可以独立程度之时，扶助其独立自治。对省区以内各民族，在政治上、法律上一律予以平等，在信仰上、经济上亦予以充分自由。

四、为求国内社会秩序的安定，党派分争的止息，并提早训政的结束与宪政的实施，本于"政治问题应以政治方法解决"的一贯方针，召集政治协商会议，共商召开国民大会的方法，研讨宪法草案的原则，并决定在宪政实施之前，扩大国民政府的基础，要求各党派人士及社会贤达，共同参加，更拟定和平建国纲领，以为此过渡时期施政的准备。

五、为停止国内军事冲突，颁发停止冲突、恢复交通的命令，并设立军事调处执行部，以贯彻停战命令。

六、为实施军事复员计划，并统编中共独立军队，使其加入国军，以确保国家编制与军令统一，由军事小组会议订定整编及统编方案，政府对于方案信守不渝,而其中有关国军的部分,已依其所定的步骤,切实执行。

上述六项都是为寻求和平统一的道路而努力。和平统一的方针如能贯彻,建国的大业就可以顺利的进行;和平统一的努力如遭挫折,国家民族的危机,也就日甚一日。各位对于这些关系国家存亡的问题,自必予以深切的关怀。外交方面已由王部长向大会报告了。政治协商会议的开会,已由邵秘书长报告各位。本席现在要就东北问题最近的发展,新疆的伊宁事变的过程,以及其解决的办法,和政治协商会议,宪法草案修正原则的商讨经过,简单说明。我们知道,东北与新疆问题,对于国家的和平统一,皆有重大的影响,而宪法是国家组织的根本大法,这三个问题是今日中国外交政治最重要的问题,本席认为有向大会剀切陈述的必要。

一、东北问题最近的发展

东北问题在本质上,是一个外交问题,问题的焦点,在我们中国国民政府依照中苏友好同盟条约的精神及附件的规定,接收中国在东北的主权。东北主权接收的经过,已由外交部王部长另作报告,此刻无须重述。本席要特为补充的,就是最近中苏两国政府交换的文件,苏联大使于上月二十二日照会外交部:"苏联政府通知中国政府,苏军依照政府的决定,本年四月底,将自满洲撤退完毕。"外交部已于上月二十七日,照复"中国政府为谋便利苏方起见,对于苏军于本年四月底,自满洲撤退完毕,可予同意,请苏方将苏军自各地点撤退之日期通知我方,并于撤退时根据中苏友好同盟条约的精神,对中国政府接防军队,予以便利与协助"。外交部王部长又于同日面告苏联大使,现在距离苏军撤完日期尚一月有余,且东北铁路纵横,交通便利,中国政府军队,足能于苏军撤退以前到达苏军所要撤退的各地区,请苏联政府电知东北苏军司令部,迅与我军事代表团董彦平中将商订交接各地防务的办法,以便我军能于接防时获得苏方之协助。这就是中苏关于东北接收主权问题最近交涉的经过。

本席深信各位同人在见了这个报告以后,对于东北情势的澄清,一定怀抱着很大的希望。我们始终认定中苏两国和平合作,不独是两国共同的需要,而且是远东和世界安全的基本条件。本席更确信苏联之需要和平,以利建设正与我们中国相同,我们中国必能获得苏联的和平合作。至于一地一事的波折,都不能动摇我们的信心。中苏两国和平合作的根据,就是中苏友好同盟条约及其附件,我们惟有遵守条约及其附件的精神,并期望苏联共同践履条约及附件的精神,这是中苏两国和平合作的基础,也就是我们两国对于远东和平世界安全宝贵的贡献。

其次,说到东北内政问题,我们可以说,东北九省主权的接收没有完成以前,没有什么内政问题可言。如果有人在东北主权没有收回,外交问题没有解决期间,提出内政问题,作为对中央交涉的条件,在这时候必要妨碍我们主权的接收,加重外交的困难,那就不知道他们的用意何在了。如果在这种外交形势之下,而国内党派之中有借着外交这样困难的局势来要求政府,必要承认他非法的地位和特殊的权利,求得其私人党派的利益,而置国家生死存亡于不顾,这种害国殃民的工作,是万万做不得的。我们中央对于东北的职责,现在只有接收领土,恢复主权行政的完整。这不仅是政府的责任,而且是国家民族的要求。东北人民在日本侵略军队和伪满统治之下,离开了祖国长达十四年之久,他们现在唯一的希望是中华民国的主权行政能够在东北九省完全行使,让他们重新受本国法律的保障,做中华民国自由的公民。东北人民在国家主权恢复行政完整的时候,自能依国家的法令,当然享有地方自治之权,但是,现在东北真正爱国的同胞,谁都不愿在这个时候,借地方自治的名义,来阻碍政府的接收主权,分裂东北的领土,这是出于他们爱国至诚的愿望,我们万不能辜负他们的。

十四年来,东北军民在中国国民党党员领导之下,武装反抗日本侵略和压迫,因而牺牲者,自九一八至日本投降之日止,这十四年之间,死亡与被囚的人数除了十余万军队官兵不计外,而中国国民党员牺牲的干部张涛(吉林省党部委员兼书记长)、于仲和(东北党务办事处委员)等乃达一千四百三十二人之多。当时日满和伪满的控制,是一天一天的加强,民众武装活动和同志们地下工作,也一天一天的困难。但是,到了日本投降的时候,吉林长春哈尔滨的日伪监狱出狱的中国国民党党员还有二千七百人。试问共产党籍的党员究有几人。东北人民对于中国国民党的信任,中国国民党党员在东北艰苦奋斗的成绩,这些数目字就是最确切的证明。

在日本占领控制东北的时期,共产党并没有什么武装力量。自日本投降以后,东北才有中共部队的发现,从热河方面开进东北的中共部队,乃持有少数武器,而从烟台渡海的中共部队,那都是徒手过去的。这几种部队合起来,就是他们所谓"民主联军"。现在他们唯一的工作,就是妨害政府军队接收主权,要求特殊化的政治局面。要知道,阻碍国家主权的接收,就是妨害中苏友好同盟条约的实行,也就是威胁远东和平与世界安全。我们国民政府为了国家主权,为了国际和平,对于共产党所谓"民主联军"这样阻碍接收主权的行动,和他所谓"民选政府"的非法组织,我们政府和人民决不能承认的。如其果能照整编与统编方案实践履行,而不妨碍政府接收主权的行动,那我们政府自以与人为善之心,应予以正大光明的出路和效忠祖国的机会。这是我们对东北问题必须明白认识、确实把握的一点。

本年一月十日,政府代表与中共代表在马歇尔将军协助之下,会同声明停止冲突恢复交通的办法,规定"停止冲突命令第二节对于国民政府军队为恢复主权而开入东北九省,或在东北九省境内调动并不影响",这个条款,就是根据上述的认识而成立,至今仍然有效果。然而,东北的中共部队,现在,在东北各地阻碍政府接收主权的行动,层出不穷,引起武装冲突,破坏地方社会秩序,损害人民的生活财产,这是我们非常痛心的事情。国民政府顾念地方的疾苦,希望军事调处执行部慎选执行小组派赴东北,停止当地的军事冲突。

自上月十一日,马歇尔将军向军事三人小组会议提议开始,至上月二十七日止,经过多次会议,乃成立协议,在下列条件之下,由军事调处执行部慎选执行小组前往东北,①小组之任务,仅限于军事调处工作。②小组应在政府军队及中共军队地区工作,并避免进入仍为苏军驻留之地区。③小组应前往冲突地点或政府军与中共军密接地点,使其停止冲突,并作必要及公平之调处。

各方另同意关于东北军事问题,由三人会议继续商谈;关于政治问题,则另行商谈,迅求解决。

我在此要加说明的,就是中共代表在最后几次会议之中,他特别提出其要求纪录事项的"政府应保证依照政治协商会议所定方式,与中共商谈有关东北政治事项过渡时期之办法,政府承认目前民选之地方政府,不加干涉或阻碍,以待政治问题之解决"。据此,就可以明了中共代表之意见,显然要使他东北共党部队,所谓"民主联军",及其非法制造的所谓"民选政府"的名义,来阻碍政府接收主权的企图,取得他合法的根据。政府代表自不能予以同意,并且已予以断然的拒绝,这是会议经过重要之点,故有向大会申诉的必要。其次,就是政府对东北问题所取的方针,政府对于东北九省,只有接收主权,推行国家的行政权力;军事冲突的调处,只在不影响政府接收主权行使国家权力的前提之下进行。至于违背东北人民意志,妨碍东北主权行政的一切非法政权,更不是国民政府和全国人民所能承认。我们对于东北的中共部队,希望他们停止蹂躏民众,强制民众,伪造民意,妨碍国家主权行政的行为,尤希望他们接受统编方案,加入国军,为国家民族努力服务。我们始终确信,爱国家、爱人民的心情为中国人所同具,我们以和平奋斗团结一致的精神,来处理东北中共部队的问题。我们深信,这是解决东北问题唯一正确的方针。

在政治协商会议五项协议案中,宪法草案修改原则一项,具有特殊的重要性。宪法是国家的根本大法,而宪法的最后决定权,当然在国民大会,但是,在宪法没有制定以前,全国人民无论何人如有良好的意见,都可以提出来作为决定宪草的参考。政治协商会议宪法草案小组,既已汇合出席各方代表的意见,更央定组织宪草审议会,其开会时间定为两个月。在这两个月中,宪草审议委员会的工作是:"根据协商会议拟定之修改原则,并参酌宪政期成会修正案,宪政实施协进会研讨成果,及各方面所提出之意见,汇综整编,制成五五宪草修正案,提供国民大会采纳。"

中国国民党二中全会,对于宪法草案修改原则,予以周详矜慎的审查。在审查报告提出大会以前,国民党出席宪草审议会的代表,将于本党多数中央委员的意见,向宪草审议委员会提出讨论,于是上月十五日宪草审议委员会与政协综合小组的联席会议,就下列三项获得协议:(一)国民大会为有形之国民大会。(二)宪草修改原则第六条第二项取消(宪草修改原则第六条第二项规定：如立法院对行政院全体不信任时，行政院或辞职，或提请总统解散立法院，但同一行政院长不得再提请解散立法院）。（三）省宪改为省自治法。

上月十六日，二中全会才接受宪草修改原则的审查报告，决定授权中央常务委员会处理，审查意见为下列五项：

（一）制定宪法，应以建国大纲为最基本之依据。

（二）国民大会应为有形之组织，用集中开会之方式，行使建国大纲所规定之职权，其召集之次数应酌予增加。

（三）立法院对行政院不应有同意权及不信任权，行政院亦不应有提请解散立法院之权。

（四）监察院不应有同意权。

（五）省无须制定省宪。

二中全会对政治协商会议的协议案所成立的决议，明白宣示了中国国民党竭诚信守努力执行的决心，而全会根据国父遗教，对于宪法原则提出意见，态度是极为谨慎。事先既由本党代表提出宪草审议委员会与综合小组，得到协议，事后复授权中央常会处理，以期获致各方的谅解。凡此都是表现其容忍退让委曲求全一贯的苦心。不料中共代表团发表声明，指责二中全会"造成违反政协决议之混淆情形"，这究竟是什么人造成混淆情形，究竟什么人造作这种混淆是非的宣传，明眼人自然了解，不待多言。但是，我们政府，仍本忍让为国的方针，和他们继续虚心研讨，静候解决。不料中共代表前几天在综合小组中，突然又提一议案，使我们非常诧异，他们主张"由训政到宪政过渡时期，训政时期约法应即废止，由各党派依平等合法原则，共同参加的国民政府，其组织法应依照政治协商会议关于政府组织的协议制订"。本席对于这一重大问题，有略予说明的必要。

训政时期约法，是民国二十年国民会议制定的国家组织法。这一部约法，只有国民大会制定的宪法才能够代替，在宪法尚未颁行之前，训政时期约法是根本有效的。要知道国家不可一日没有政府，政府不能一日没有法律，尤其是国家与政府所依据的根本大法——约法。我们国民政府，就是根据训政时期约法而成立的,而且,根据训政时期的约法而行使其职权,倘若宪法尚未颁行,而约法先行废止,中国就没有合法的政府,国家就要陷于无政府状态。

我们政府,以及二中全会都尊重政治协商会议,持有最大的决心要实行政治协商会议的协议案,但是,我们要说明政治协商会议的性质。政治协商会议在本质上,不是制宪会议;政治协商会议关于政府组织的协议案,在本质上更不能够代替约法。结束训政的步骤,只有召集国民大会,若要代替约法而为宪政时期国家组织所依据的根本大法,那只有国民大会所制定的宪法,所以,国民政府在政治协商会议开会时,再三宣示此次扩充政府的组织,是在国民政府现有的基础之上,要求各党派人士及社会贤达共同参加,来扩大政府的范围,而决不是推翻现在国民政府的基础,另外来组织一个政府,这个道理几乎是中外皆知的。因之,可以明了我们此次扩大政府组织的目的,乃在使政府在于此由训政到宪政的过渡时期,汇合全国的意见,集中全国的力量赢得和平的胜利,共商建国的方案,准备国民大会的召集,树立宪政实施的基础,而其中还有一种委曲求全的苦心,就是要把现在国内许多非法的事实,导入合法的轨辙,倘若宪法尚未颁行,而约法先行废止,则政府六个月之力所得到的结果,乃不是和平而是混乱,不是统一而是分裂,不是人人可以共循的合法轨辙,而是人人可以造乱的非法祸胎,这与我们召开政治协商会议的宗旨,是完全违反了。如政治协商会议,果真成为这样一个性质的会议,我们政府与全国人民是决不能承认的。否则,中国国民党五十年革命努力的结果,对于全国国民应得的政权没有一个交代,而我全国同胞八年抗战的牺牲亦没有一点意义了,这不仅是政府所不能接受,也是全国人民所万万不能容许的。

各位先生,上面所说,是国民政府六个月来,为和平建国而努力的经过。国民政府对外,则遵守国际公法,崇尚条约的信义,对内则采取忍让为国的方针,凡有利于和平建国的措施,必要委曲迁就,期其实行。政治协商会议的协议,军事冲突调处的办法,整编国军及统编中共军队的方案,都是政府忍让为国的精神所产生的,政府持有最大的诚意和决心,使其一一见诸实施。现在最迫切的一件事,就是协商会议所议决的国民政府委员会的成立,我们正在期待各党派提出名单,使国民政府扩大范围,集中各方意见和力量的愿望,及早实现。

(1946年4月1日报告,原载1946年4月4日、5日重庆《中央日报》)

2. 关于政治协商会议情况的报告(节录)

邵力子

在政协会议以前,参政会为谋国内团结统一,几经积极努力,并决定采取可能的政治步骤与协调的精神,以求全国的团结。后因团结发生问题,然政府仍坚定以政治解决之决策,三次电毛泽东氏来渝商讨。去年八月底,毛氏来渝,旋政府代表与中共代表即进行商谈,及至双十节,发表会谈纪要,曾商定召开政协会议,讨论和平建国方案。同时,因全国人民对于和平之要求,甚为迫切,政府为顾及时代需要,乃决定于本年一月十日召开政协会议。由此也可了解政府坚持政治解决,实为抗战以来之决策,故政协会议,并非突然产生,而其产生,实又系根据国民参政会之决议。

宪法修改原则,皆属重要问题。过去许多人对三民主义及五权宪法均不甚了解,然今已承认五权宪法应当尊重,现宪草审议会尚在进行中,最近已由协商小组决定修正政协原则三点。先是,于宪草审议会中,中共与民主同盟虽各有其主张,但均表示对宪草修改原则,不拒绝协商,青年党曾琦氏,原主张内阁制,后亦未坚持其议,而赞同修正之三点,此种精神至可钦佩。

(1946年3月23日报告,原载1946年3月24日重庆《中央日报》)

3. 国民参政会对于政治协商会议情况报告的决议

本大会聆取政府代表对于政治协商会议之报告,并审查本会同人有关之提案,并作下列之决议:

苦战八年,民亦劳止,确信非和平无以建国,非建国无以图强。本届上次大会,讨论国民大会问题时,曾建议政府:"继续采取可能之政治步骤,及协调之精神,求取全国之统一团结",并建议:"保障人民各种自由,承认各政治党派地位,完成各省民意机构,俾国民大会得以早日召开"。今政府本此意旨,召开政治协商会议，以谋和平建国之实现，凡所协议诸端，倘能一一忠实履行，亦足出人民于水深火热之中，致国家于太平。聆悉之余，尚有不能已于言者，特为郑重提出如次：

一、国家法统不容中断。在国民大会召开以前，政府扩大组织，选贤与能，使成为坚强有力之政府，以肩负建国之大任。此项措施，亟盼早日实现，以慰人民渴望。惟参加政府人选，不仅代表其党派主张，尤应以国家利益为重，蠲弃成见，精诚合作，庶力量可以集中，而庶政之推行，乃能无阻。

二、和平建国纲领，既以遵奉三民主义为建设之最高指导原则，并承认蒋主席之领导，与其所倡导之"政治民主化与军队国家化"，则以此项纲领，在宪政实施前，自宜彻底普遍实施。惟实施以后，中共"解放区"内之特殊组织，应予取消，以收统一团结之实。

三、军队属于国家，军人责任在于"卫国爱民"，此为建军之先决条件，实行军党分立，军民分治，尤为整军之重要脊干。凡此原则，皆为中国今后选到"军队国家化"必由之道径。至于以政治军及整编办法，亦当前切需之图，除整编统编问题，已于军事报告中，另有决议外，甚盼政府对于上述原则及办法，迅速实施。而中央亦应体念国权民命，切实遵行，以期战后军事早入常轨，劫余人民共庆复苏。

四、本会同人对于国民大会代表人数之增加，原无成见。惟以中国之大，人口之多，应为顾及将来宪法能得举国一致之拥护起见，认为对于绝大多数之无党派人士，以及民意机关，文化实业各界，边疆海外妇女同胞，均有广为延揽之必要。

五、宪法为国家根本大法，其制定原则，固应根据三民主义五权宪法，并合符国家需要与世界潮流，而宪法条文不宜过于繁复，讨论不厌详尽，又为本会同人共同之主张。现宪草审议委员会正在和谐情绪中进行商讨，希望按此原则，虚心采纳各方意见，折衷至当，以期拟定一宪法草案，以备五月五日国民大会之采择。

总之，此次政治协商会议，为和平统一而召集。其所协议，又关建国之计，本会同人谨代表全国人民，一致赞助。惟建国之前提，必须保持国家领土主权之完整,所谓"皮之不存,毛将焉附",抗战之目的如是,建国之要求更为迫切,各党派人士及社会贤达,必能协力一心,舍小我,而就大我,共图贯彻一切协议,俾"军队国家化","政治民主化"之目的,不致成为空言,而统一独立自由民主之新中国,亦得早日实现。此本会同人与举国同胞所拭目以候,并愿共同努力者也。

(1946年4月2日通过,原载1946年4月3日重庆《中央日报》)

4. 关于停止军事冲突等问题的报告(节录)

张 群

自从政府代表与中共代表,在去年双十节签订商谈纪要以后,中共军队仍然在华北各省进展扩充,并且破坏各铁路的交通,阻止中央所派受降部队北上。政府代表迭次向中共代表提出严重抗议,并于去年十月二十六日,提出铁路交通无论如何必须恢复,中共军队须退出铁路线外,并请中共允派的军事代表早日来渝,依照双十商谈纪要,举行小组会议,商谈中共军队的整编问题及驻地问题。经过四次商谈,毫无结果。自十一月八日以后,商谈遂告停顿。去年十二月二十七日,商谈继续进行,先后又谈了四次,至本年一月五日,商定了三条办法。以上是政府代表与中共代表商谈停止军事冲突的时期中所最后商定的办法。后来,本人奉政府命令充任代表,与中共代表及马歇尔将军的会商,称为三人会议,自本年一月七日起至十日止,共开会六次。以上述政府代表与中共代表最后所商定的办法为根据,一共签订了四个文件:(一)停止冲突命令草稿。(二)了解事项。(三)设置军事调处执行部。(四)共同声明。在共同声明之中,列举三个文件的要点,并商定于十日上午发表,政府对各军停止冲突的命令,当日午后也就发出,并依照与中共代表所商定的时限,规定一月十三日晚十二时以前,不分何地,一律实行。在三人会议通过全部议案之后,本人曾经建议政府代表与中共代表所商定之军事小组,应速成立,进行中共部队的整编,因为,停止冲突,还没有将问题真正解决,必须做到此次所定执行停止冲突命令的机构及办法不再存在,那才算是真正解决了问题。马歇尔将军认为重要,愿为三人会议之一分子,作迫切的建议,催促军事小组从速进行,中共代表也无异议,马歇尔将军并表示愿意贡献意见,所以,政府后来请马歇尔将军充任军事小组的顾问,参加会议协助一切。

关于商定恢复交通办法之经过

二月七日,军事调处执行部执行组负责人白鲁德准将,由北平带来军事调处执行部美方委员所拟恢复交通方案(包括下达华北及华中全体国军及中共部队指挥官的命令)、呈委员长备忘录(请指派负责修复交通人员及机构),及恢复交通具体办法(即公字丙号文件),二月九日上午十时,由三人会议开会讨论通过。翌日,即由白鲁德准将带回北平公布。当时查明华北各条铁路待修部分,共计约一千公里,初步修复达到通车程度,若无故障,至少需要时间三个月,全部修复,恐需要一年半之时间。在下达各指挥官之命令中,规定"各指挥官须立即移去或销毁在沿交通线上一切妨碍物、防御工事或其他军事工程"。中共坚持必须拆毁一切碉堡,即已通车各线之碉堡,亦须拆除,政府则以为阻碍交通之障碍物自应拆除,至于保护交通之军事建筑物,应予保留。此次参加三人会议的三位代表,赴华北各地视察时,决定修复交通为当前最急切的工作,不得因枝节问题而使其迟滞。并已命令北平执行部从速执行,故目前修路工作,已有进展。

关于铁路管理问题。以前中共在各路各段,成立路政管理局,现中共代表已承认将予以撤销。惟中共已委派之站长,则不允撤销。三人会议,则对于路政管理人员问题商定之办法,为由执行部内之铁路管理科,会同交通部代表机关会商决定,并作一原则上之规定,"凡是以妨碍交通统一行政管理而设置之路局,应由中央尽量予以撤销,但中共已派用之技术员工,可由中共向交通当局保荐,如确系技术工作者,当不分畛域,重新加委,予以继续任用。"

关于商定军队整编及统编中共部队为国军之基本方案的经过

军事小组于二月十四日午后四时,开第一次会议,政府代表为张文白部长,中共代表为周恩来先生,马歇尔将军则以顾问的资格参加讨论。张部长与周恩来先生同意马歇尔将军所提的方案,逐条讨论。以后二月十五日、十六日、十八日、二十一日、二十二日又经过五次商讨,全部获得协议,乃于二月二十五日午后四时,在国民政府参军处签字。关于军事整编及统编中共部队为国军之基本方案,共分八条,凡二十三号。其中若干最为紧要之点,政府方面为获得和平,曾以最大之让步。例如,本方案规定,中华民国国民政府主席为中国陆海空军最高统帅。依理最高统帅自然应有完整之人事权,不受任何限制,但本方案为避免整编期中为人事而发生困难,此项统帅权依第一条第二节及第二条第二节之规定,实已受了限制。

兵力比例方面,在双十会谈过程中,中共最后希望中共部队编为二十个师至二十四个师,中央最后应允编为十六师至二十个师。当时政府军队为三百五十四个师,所以,此次讨论,张文白部长向周恩来先生说:"兵力比例姑不必以三百五十对二十为标准,记得去岁周先生曾提议政府与中共兵力应为六与一之比,当时政府不曾同意,经赫尔利将军提议改为七比一,政府亦未同意。现在政府不妨让步,即定为六比一如何?"周先生不肯同意,坚持最后中国保留六十个国防师时,中共须有十个师,于是张文白部长最后让步,承认第一期(十二个月)改编,政府保留九十个师,中共保留十八个师;第二期(六个月)改编,政府保留五十个师,中共保留十个师,即是始终保持五比一之比例,中共的要求达到了最高的目的。

统编问题,本方案第四条第四节规定十二个月后之六个月内,"政府军队应更统编为五十师,中共应更统编为十师,合计六十师,编为廿军。当讨论此条时,张文白部长提议编成六十个师后,应完全"混编",以完成军令统一,军队国家化的目的。周恩来先生对此不能同意,坚持等待十二个月以后,方能以师为单位"统编"。几经讨论,终以"统编"代替"混编",第四条第四节仍未修政。而第五条之统编,仅规定十二个月内,统编为四个集团军,集团军以政府军与中共军各一军编成,十二个月以后,始以师为单位,统编为军。换言之,即国防军二十个军中,有六个军系由政府军队及中共部队合编而成。此虽较政治协商会议所期望之军令统一,军队国家化相去甚远,然政府一本容忍退让的精神,同意统编的过渡办法,希望年久相安,逐渐由人事统一及征兵实施,以达军队国家化之最终目的。

总之,政府以忍让为国的精神,尽量使和平统一得以实施,俾人民得以生养休息,国家得以和平建设。现在,政府不待中共之平行整编,业已下令将二十七个军,六十六个师,改编二十七个师,于四月底完成,这完全是以事实来说明政府的诚意。

(1946年3月23日报告,原载1946年3月26日重庆《中央日报》)

5. 国民参政会关于停止军事冲突、恢复交通暨军队整编及统编中共军队方案报告的决议

一、本会同人,聆悉停止军事冲突、恢复交通暨军队整编及统编中共军队方案,并阅读政治协商会议协商事项第三项。关于军事方面之决议,对于政府忍让为国之苦心,与三八小组互信互助之成果,深表钦感。盖八年抗战,全国人民流离琐尾,死里逃生,今日复员所迫切要求者,厥为地方安定,故和平统一之原则,固为政府所主张亦全国人民所想望。

二、惟自一月十日停战令颁发以来,迄今两月有余,军事冲突迄未停息,攻城略地,时有所闻,永年县城被围半载,困守饥民,死亡盈万,调处小组亦感困难。以言恢复交通,各省铁路,迄仍分段占据,难于修复,而各县变通虽称开放,实仍封锁,遂使留居各地人民,受无家可归之苦。凡此现象,实为本会同人所不忍言,故对协议事项执行之未能贯彻,实感莫大遗憾。目前东北接收正在开始,三人小组已赴沈阳,调处工作即将着手,应本停止军事冲突原则,进行调处,俾东北接收工作,得以顺利完成。

三、本会同人,鉴于当前情势,深信非"军队国家化",不足以保障和平,非彼此相见以诚,不足以达此目的。惟此项工作,至为艰巨,故殷切企望政府与中共及其它各党派,务以全国人民为重,推诚相见,勿诈勿欺,彻底执行决议各案,并须限期实现,俾全国人民得以安居乐业而和平统一,建国大业亦得早日完成。

(1946年4月2日通过,原载1946年4月5日重庆《中央日报》)

6. 有关政治协商会议和停止军事冲突问题的提案目录[①]

一、请政府迅速取缔"解放区"政府案　　　　　　　　张志广等提

二、请政府转饬共军遵守停止冲突命令即日撤去冀鲁被围各城镇案

庞镜塘等提

三、请政府确定时限停止军事冲突案　　　　　　　　马乘风等提

四、建议政府速谋制止共军暴行之有效办法案　　　　赵雪峰等提

五、建议政府饬共军撤退铁路公路沿线并督饬主管当局赶工修复案

庞镜塘等提

六、请政府迅即采取有效措施借以澄清山东局势案　　刘次萧等提

七、请政府迅筹安定东北而利和平建国案　　　　　　褚辅成等提

八、如何进行和平建国案　　　　　　　　　　　　　雷沛鸿等提

九、建议政府迅即协商实施宪法办法案　　　　　　　范予遂等提

十、省得制定实施条例案　　　　　　　　　　　　　张翼枢等提

十一、请政府尊重国民大会制宪权案　　　　　　　　朱惠清等提

十二、请政府修正国民大会组织法第一条之规定案　　王普涵等提

十三、请政府转军事调处执行部严令中共军立即解除河北省永年及其他各城之围案　　　　　　　　　　　　　　　　　　　　王化民等提

（原载《国民参政会第四届第二次大会记录》，国民参政会秘书处）

（四）评参政会四届二次会议

1. 国民党企图通过参政会阴谋推翻政协决议

新华社评论

新华社记者对此次在渝召开的参政会发表评论说：第四届第二次国民参

[①] 本次会议共有议案450件，为了节省篇幅，只列关于政治协商会议和停止军事冲突部分，其余从略。——编者

政会已在渝开幕,中国共产党参政员并未出席。按参政员的一部分系由国民党当局直接指定,另一部分则由国民党所控制的各省参议会"遴选"产生,纯为国民党一手包办。本届参政会的产生,国民政府事前并未与中国共产党协商,亦未与其他各党派协商。中共及其他党派人员是以所谓"文化经济团体"人士的名义,直接由国民党当局指定为参政员的,而国民党员在参政员中占百分之八十六以上。在政协会中各党平等的民主解决国事,它的五项决议公布后,得到全国人民一致拥护,和各友邦舆论同声赞佩。这次国民党当局之所以要召集国民参政会,就是企图把一党包办的参政会当作"全国最高的民意机关,亦是最能表达人民公意的唯一机关"(见蒋介石氏之开幕词),来否定各党派平等协商的政协会,并企图把国民党二中全会中修改政协会决议,特别是推翻政协会关于宪草修改原则决议的各种不合法的手法,在参政会中通过。(据路透社十九日重庆电,参政会议事日程中,有讨论政协决议)全国人民对于国民党当局阴谋推翻政协会决议,力图保持独裁的手法,是坚持不同意的。

(原载1946年3月23日重庆《新华日报》)

2. 驳蒋介石

延安《解放日报》社论

四月一日,国民政府主席蒋介石在国民党内法西斯反动派所包办的、为中共所拒绝出席的国民参政会上做了一个长篇的政治报告,四月三、四两日中央社发表了这个报告的长约六千字的"要点"。根据中央社发表的材料,蒋介石报告的真正"要点"是两个:一是撕毁东北停战协定,重新向全国宣布大规模的内战;一是撕毁政治协商会议决议,重新向全国宣布独裁,并企图经过国民大会使这个独裁得以宪法的形式加以确定。

关于第一点,即东北停战问题,蒋介石说:"东北九省在主权的接收没有完成以前,没有什么内政问题可言。"又说:"军事冲突的调处,只在不影响政府接收主权,行使国家行政权力的前提之下进行。"蒋介石在这里一连撕毁了两项诺言:第一,蒋介石军在东北联合敌伪,进攻东北民主联军,屠杀东北人民,这不叫军事冲突,而叫"接收主权,行使国家行政权力",这样他就撕毁了东北停战协议中关于执行组"应前往冲突地点或政府军与中共军密接地点,使其停止冲突并作必要及公平之调处"的诺言;第二,蒋介石党用武力推翻东北人民的地方自治政府,推行法西斯恐怖统治,这叫做"没有内政问题可言",这样他就撕毁了东北停战协议中"关于政治问题则另行商谈,迅求解决"的诺言。蒋介石在这里完全显出他的一付嗜杀成性的狰狞面目,而使他所说的"顾念地方的疾苦,希望军事调处执行部慎选执行小组派赴东北,停止当地的军事冲突"云云,成为令人作呕的伪善。本来全世界都知道:坚持要求军事调处执行部停止东北的军事冲突的是中国共产党。蒋介石及其一群是竭力反对东北停战,并一再声明东北不在军事调处的范围以内的。二月二十日蒋介石的发言人在对外国记者招待会上曾明白答复外国记者的问题:"问:北平军事调处执行部任务范围是否包括东北?答:否。东北并不包括在内。"这是中央社重庆二月二十日电讯所正式公布,而为任何谎言所不能涂改的。仅仅由于中共根据停战协议中全国一切军事冲突均须一律停止的明文,再三敦促蒋介石承认停战,蒋介石才在三月二十七日完全虚伪的接受了东北停战协议,而在仅仅五天以后的四月一日讲演中,他就连忙公开撕毁了它。蒋介石对他在东北用外国火箭炮与坦克所进行的残杀同胞的凶恶内战,取名为"接收主权,行使国家行政权力",这当然丝毫也不能博得东北人民的宽恕,因为刽子手任何美妙的口号,都不能帮助东北人民从外国火箭炮与坦克下面免于惨死。何况中国人民特别记得:蒋介石在任何地方的内战中都曾宣称是为了"接收主权",为了"行使国家行政权力",蒋介石对于中国人民从日本侵略者手中恢复国家主权而建立的任何地方政府,都曾宣称是"主权的接收没有完成"。在他看来,中华民国的主权并不属于全国人民,而只属于他个人及其一群,因此只有他的独裁政权,才能接收主权,而人民与一切民主党派是绝对不能过问的,一过问就叫做"威胁远东和平与世界安全",好像远东与世界也都是他的私产,远东与世界的友邦也都是他私人的侍从一般。中国人民又特别记得:在日本侵占东北与华北华中华南的大片土地的时候,蒋介石从来不忙于从日本手中保护国家主权,蒋介石从九一八事变直到日本投降的十四年间的工作,一句话说完,就是从黑龙江退到贵州省。在那些危难的岁月,他所指挥的军队好象指南针一样,总是向南跑的,他跑得这样远,以至直到今天他还在把大量的军队从越南、云南、贵州、广西、广东向东北开,而埋怨坚持东北华北抗战的共产党为什么站在他的前面。蒋介石特别可耻的是他竟如此不顾名誉,捏造了一大篇所谓国民党一贯坚持东北抗战的可笑"历史"。蒋介石假装健忘,好像他并没有在九一八以来一贯坚持不抵抗主义与中日亲善,直到至今还未释放的张学良采取了一个步骤不许他再这样做为止。为了恢复他的记忆力,我们不能不劝他把自己过去的作品全部温习一遍,并且在这姑且少许作一些味如嚼粪的征引。民国二十二年四月七日,蒋介石在江西的抚州对"进剿军"中路军高级将领讲"最近剿匪战术之研究",他说:"我们革命的敌人,不是倭寇,而是土匪。东三省热河失掉了,自然在号称统一的政府之下失掉,我们应该要负责任,不过我们站在革命的立场说,却没有多大关系。这回日本占领东三省热河,革命党是不能负责的,失掉了是与革命无所损失的。如果在这个时候只是好高骛远,侈言抗日,而不能实事求是,除灭匪患,那就是投机取巧,是失了我们革命军人之本色了。"这段话载在中国国民党中央执行委员会宣传委员会民国二十四年七月编印的《剿匪之理论与实施》一书第七十五页至七十七页。民国二十三年七月,蒋介石在庐山军官训练团讲演《抵御外侮与复兴民族》,他说:"我们有什么方法来抵抗敌人复兴民族呢?是否现在这时候竭全力来准备国防,拼命的来制造飞机大炮,就可以和他来作战呢?各位将领一定也知道,不仅是我们现在临时添置武器,整顿国防,已来不及,不能和他抵抗,就是从现在起,大家同心一致专在这一方面努力三十年还是不够。如此我们有什么方法可以来整顿国防?可以来和他真正作战?没有这个时候!没有这个可能!我们不要梦想!现在我们整个国家的生命,民族的生命,可以说都在日本人的掌握之中,没有方法可以自由活动一点!"这段讲演有单行本,民国二十七年曾遍载全国各国民党报纸,并收入委员长侍从室编《蒋委员长训词选辑》,见于该书第一册四三一至四三二页。民国二十四年九月,蒋介石在日本的杂志《经济往来》上发表一篇《中日关系的转回》,他说:"中日两国,无论自哪一方面看,都应该提携协力,以图亚细亚的繁荣。今日虽在严重的困难之中,我们应念中日关系在过去的悠久历史,确信今日所发生的纠纷,结局必能依两国国民的诚意与努力而获解决,实现我们所不断理想的中日间的真正提携亲善。"这段话载在上海国泰书局出版的《蒋委员长全集》第三编第六十九至七十页。在抗战以后,民国二十八年十一月十八日蒋介石又在国民党五届六中全会第六次会议讲演"中国抗战与国际形势",他说:"所谓抗战到底,究竟是怎么讲呢? 我在五中全会说明抗战到底,要恢复七七事变以前的原状,是根据以中国为基准的说法。"这段话,载在委员长侍从室编《蒋委员长训词选辑》第五册第十六页。仅仅这些零碎的材料,就已经足够证明蒋介石及其党羽丧失东北有罪,收复东北无功的铁案。当然,蒋介石将来对于他自己的这类杰作不免有焚毁窜改之一日,以便使全国幼稚园的儿童都能相信他在今年四月一日讲演中的童话,都能相信他在"九一八"以后并没有下过不抵抗与中日亲善的命令,并没有签订过淞沪协定、塘沽协定、中满通车通邮协定等等,在抗战后并没有进行过出卖东北以求投降妥协的外交活动,在日本投降后也没有委派东北的伪军并勾结日本法西斯残余去"接收东北主权",但是不幸今天他还没有来得及做到这一切。蒋介石造谣说日本投降以前东北没有中共的军队,这只能证明蒋介石之毫无国家民族观念,因为任何稍有国家民族观念的中国人就决不忍心抹煞全世界闻名的东北抗日联军十多年的英勇历史,也就决不忍心抹煞全世界闻名的冀热辽边区八年的英勇历史,也就决不忍心抹煞八路军之一部李运昌、吕正操、方毅、张学时等部在日本投降以前的八月十一日就奉命首先进入东北,增援抗日联军与冀热辽边区,协助苏联红军以消灭东北敌伪,解放东北人民,恢复国家主权的英勇历史。蒋介石为了一党一派一人的私心,不惜以国民政府主席资格任意厚颜造谣,实使中国人民为之羞愧无地。

关于蒋介石演说的另一个目的,即维持独裁的目的,蒋介石说:"政治协商会议在本质上不是制宪会议,政治协商会议关于政府组织的协议案,在本质上不能够代替约法。……如政治协商会议果真成为这样一个性质的会议,我们政府与全国人民是决不能承认的。"大家知道,政治协商会议的任务,按国共会谈纪要所规定,是为了"结束训政,实施宪政",按杜鲁门声明是"中国国内各主要政治派别的代表举行全国会议,从而商定办法,使他们在中国国民政府内得享有公平和有效的代表权。美国政府认为此举需要修改中华民国国父孙逸仙博士所建立作为国家向民主进展之临时办法的一党训政制度"。试问,如果政治协商会议还不是为了或还不能够结束一党专政的所谓训政以及所谓训政时期约法与国民政府组织法,那么,这个会议还有什么必要,还有什么意义呢?所谓训政时期约法,乃是民国二十年五月蒋介石的傀儡会议"国民会议"的产物,蒋介石在这个傀儡会议的开幕词中曾经公开鼓吹法西斯主义而反对民主主义。他说:"法西斯蒂之政治理论,本超象主义之精神,依国家机体学说为根据,以工团组织为运用,认定国家为至高无上之实体,国家得要求国民任何之牺牲,为民族生命之绵延,非以目前福利为准则,统治权乃与社会并存而无后先,操之者即系进化阶段中统治最有效能者。……自由民治主义之政治理论,本以个人名义为出发点,附以天赋人权之说,持主权属于全民之论,动以个人自由为重。英美民治,本其长期演进之历史,人民习于民权之运用,虽有时不免生效能迟钝之感,然亦可以进行;若在无此项历史社会背景之国家行之,则意大利在法西斯蒂党当政以前之纷乱情形,可为借鉴。他邦议会政治之弱点,已充分暴露,而予论者以疑难。自由必与责任并存,自由乃有意义,否则发言盈庭,谁执其咎,此事之最可痛心者也。……挽救迫不及待之国家危难,领导素无政治经验之民族,是非藉经过较有效能的统治权之行施不可。况既明定为过渡之阶段,自与法西斯蒂理论有别。"这就是说:中国应该明定法西斯主义为过渡之阶段,其与法西斯主义理论有别者,则因为中国是由法西斯主义的蒋介石训政过渡到一种蒋介石宪政,这种宪政至少不是"迟钝"而"最可痛心"的"英美民治"即"议会政治"。在这种法西斯主义指导下产生的所谓训政时期约法,一方面"依法律"剥夺了人民的一切自由(约法第八、九、十、十二、十三、十四、十五、十六、十八、二十七各条)。另一方面宣布"训政时期由中国国民党全国代表大会代表国民大会行使中央统治权","中国国民党全国代表大会闭会时,其职权由中国国民党中央执行委员会行使之"(约法第三十条),赤裸裸的确定了一党专政。根据这个约法制定的国民政府组织法第十五条规定:"国民政府五院院长副院长由国民政府主席于国民政府委员中提请中国国民党中央执行委员会选任之。国民政府主席对中国国民党中央执行委员会负责,五院院长对国民政府主席负责。"在这里,国家最高权力机关只是一个国民党的中央执行委员会,而这个委员会的每个委员,按照国民党六届一中全会决定,又必须宣誓"誓以至诚,服从总裁命令,如有违背誓言,愿受本党最严厉之处分"。因此,他的所谓"国家根本大法"就是这样:全国人民都要"依法律"服从国民政府,国民政府要服从主席蒋介石,主席蒋介石要服从国民党中央执行委员会,国民党中央执行委员会的每个委员又都要誓以至诚服从总裁蒋介石。也就是说,全国人民都要做蒋介石个人独裁的第四级奴隶!蒋介石在四月一日讲演中就是要全国人民继续承认他的这个神圣不可侵犯的训政时期约法与国民政府组织法,就是要各民主党派这样来参加他的国民政府,以便经过"最有效能"的法西斯主义训政的"过渡阶段","过渡"到他的法西斯主义宪政,否则他的政府就"决不能承认"政治协商会议,因为在他看来,离开了法西斯主义,"国家就要陷于无政府状态"!蒋介石之所以坚持现在必须维持法西斯独裁,当然不是争五五以前仅仅一个月的什么法统,而是为了在长远的将来一直继续保存这种独裁。这个阴谋,明白表现在他关于宪法问题的论点中。蒋介石及其一群坚持要推翻政治协商会议关于宪草原则的决议,把它描写成为对于在政协会上一致起立通过其决议的蒋介石与国民党都没有丝毫约束力量的"参考"文件。蒋介石及其一群违反政协决议而坚持宪法应以什么建国大纲为"最基本之依据",坚持反对有一个最高权力机关的国会,坚持国会(立法院)对于内阁(行政院)不应有同意权及不信任权,坚持监察院也不应有同意权,坚持省无须如孙中山所主张的制定省宪,但是他却说这就是对于政协决议"竭诚信守努力实践的决心"与"容忍退让委曲求全一贯的苦心"!蒋介石所用的字典,就是这样与众不同的!蒋介石所坚持的国民党二中全会的五条原则,显然都是为了反对"最可痛心"的议会政治,以便他经过行政院的无限集权与国民大会的无聊装饰,不受立法院监察院与各省的任何牵制,永远保持他所谓"操之者即系进化阶段中统治最有效能者"的法西斯独裁,除此以外,再没有别的意义。

　　国民党内法西斯反动派一开始就反对停战协定,反对政治协商会议,反对整军方案,而这些成就也无一不是战胜法西斯反动派的抵抗而获得的,所以法西斯反动派在事后力图推翻这些协定,是丝毫不足为奇的。值得注意的,是蒋介石过去一个时期在表面上曾经表示支持这些协定,而现在却亲自站到法西斯反动派的立场上来攻击和撕毁这些协定了。法西斯反动派觉得这种反动可以得到某种国际的援助,因而在东北则大量增兵,放肆地扩大战争,在全国其他地方,例如冀中、苏北、山西、豫北等地,也正在进行着重大的挑战,不但不恢复交通,而且公然增修碉堡,不但不解散伪军,而且公然继续收编伪军,在山西还继续使用武装的敌军,不但不进行任何复员,而且公然宣称所谓"复员就是动员的开始",宣称几个月以后就要进行全国的内战,完全不把北平执行部和三人委员会放在眼里。在政治上,则放肆地破坏政治协商会议的一切决议,继续在全国各地实行恐怖,阴谋秘密地处死重要的政治犯,公开表扬万恶的特务机关的"丰功伟绩",特别是公开要求在国民大会通过独裁的宪法,使中国的局面恢复到今年一月以前的状态。这个局面,不能不唤起全国人民的重大警觉。中国人民不能不在此严重时机警告蒋介石与法西斯反动派:你们过去被迫接受停战协定、政治协商会议决议和整军方案,以为主要的是由于国际的压力,只要这个压力暂时的减轻了,你们就可以故态复萌。你们这种想法是错了,不但是因为你们没有真正认识国际的大势,而且因为你们没有足够估计人民力量。中国人民已经决心为反对增兵东北,为制止东北的内战和其他地方的内战,为坚持东北人民与全国人民的民主权利,为坚持结束独裁训政即国民党的一党专政,为坚持政协决议的百分之百实现,为坚持民主的宪法即坚持国会全权制,立法院对行政院的同意权与不信任权,监察院的同意权与省的制定与国宪不相抵触而中央法律不得予以变更的省宪,为坚持国民党军队的彻底缩编与彻底国家化,而准备作不屈不挠的奋斗。凡此一切都是中国人民根本利益所关,人民绝对不能让步。中国的和平与民主,根本上是中国人民奋斗得来的,不是也不能是任何中国人或任何外国人所恩赐的,而奋斗得来的东西,只有经过也一定能够经过继续的奋斗来加以保持和巩固。如果法西斯反动派非要反动到底决不甘心,那么中国人民已经知道应该怎样正确应付的了。

(原载 1946 年 4 月 7 日延安《解放日报》)

3. 参政会大会闭幕

重庆《中央日报》社论

国民参政会四届二次大会,开会历十四日,定于今日闭幕。在这由抗战到建设,由训政到宪政的过渡时期,国民参政员诸君,在会议席上,对我国当前的内政外交诸问题作全面的检讨,对国民政府容忍退让,以开辟和平建国之途的方针,予以确认;并通过提案四百余件,对国家民族尽了极大的贡献。我们谨对出席大会的参政员诸君,特致敬慰之意。

国民参政会至今已历四届,对八年来艰苦的抗战事业,曾尽了最善的努力。现在抗战虽已结束,而如何收获战胜的果实,不使其流产,当为举国上下所迫切关心的问题。参政员诸君于抗战期间既以民意代表的身份,协助政府,坚持到底,对战后的迫切问题,自然也不忍恝置。诸君道义的责任,在今日实在还没有完毕。为收获成果,仍有待于诸君站在全国人民之前,继续奋斗。

怎样收获抗战的果实?扼要言之,对内是为建设复兴工作的顺利进行,而争取全面和平,对外是在国家主权独立完整的条件下,共谋国际安全。蒋主席在昨日参政会的致词中,已为明白指出,争取国内和平和共谋世界安全,实是抗战结束后六个月来,政府的重要措施与目标。在此期间,我政府为这目标努力的诚意与成就,已为全世界人所共见共钦,无容我们在这里赘述。可是我们不忍讳言,在走向这目标的途中,过去已遭逢到种种障碍,将来亦必有无数困难需要克服。一种显然的反动力量在牵制我们,阻挠我们,使我们十分的努力,只能换取一分的成效,使我们于前进两步之后,又不得不暂时停顿或甚至倒退一步。我们诚知和平建国的伟业不能一蹴而就,可是这种反动力量的蓄意破坏,却使我们深感痛心。

就对内方面说,战争结束已过半载,即连全国最重要的交通路线,都未能恢复,致使建设事业大都陷于停滞。回顾全国人民,死者未葬,伤者未起,痛苦未获解除,生活未获保障。在恶势力活跃的地区,国土分裂肢解,人民水深火热,更呈现出一幅空前惨痛的景象,而反动分子方竭尽破坏之能事,深怕国家一旦走上安定繁荣之路,他们会失去其存在与活动的根据。

　　就对外方面说,今日世界的政局,仍在动荡之中,而我国边境,亦是风云不定,令人旦夕难安。国内的纷乱状态,更与国际的危机互为因果,将来会达到如何的结局,殊难预料。而唯恐天下无事的反动分子,则正千方百计在破坏我政府对外求和平的努力。他们阻碍我领土的接收,牵制我主权的行使,挑拨我与盟邦的感情,增加边疆问题的困难,散播国际纠纷的种子。他们企图造成混乱,以便混水摸鱼,达成他们自私的目的。

　　由于这种反动势力的存在,我们对内求和平,对外求安全的努力,就不能顺利的达到应得的成效。这就是说,我们胜利的果实不能顺利的收获,为抗战而受尽痛苦的全国人民,对此决不能坐视,为人民代表的参政员诸君,此时更要代表人民而奋起。

　　国民参政会成立至今几达九年。这九年来,国民政府的措施作为,已证明他不仅为中国的安定力,同时也为世界的安定力。这九年来,国民参政员诸君深深了解我政府的政策方针,代表人民赞助政府,对国家安全的加强,实建树了不可磨灭的功绩。在九年后的今日,国家正面临着种种艰苦工作的今日,我们极愿诸君仍本此种精神,与政府共同协力。诸君原是全国的最优秀分子,当此宪政行将开始之际,无论以何种身份,均多为国效劳的机会。我们深信诸君必感觉对国家尚有未尽的道义责任,必以各种可能的方式,继续为人民的喉舌,为政府的支柱,以完成诸君未了的任务,为国家克服一切困难,扫除一切障碍,使之走上安全繁荣的前途。

(原载1946年4月2日重庆《中央日报》)

4. 参政会闭幕

重庆《国民公报》社论

　　参政会开会十四天,昨日闭幕。这一次的会议,举行于抗战胜利后的今日,表现得确不平常。参政员们十四天来的辛苦,又为国家提供了不少可贵的议案，应该首先慰劳。

　　这一次大会，中国共产党的参政员们没有出席，这无疑是一件憾事。参政会在性质上，规模上，虽还不够算是一个道地的民意机关，但实际上已具备了团结国内各阶层的形式，并且是我们国家步上民治遵重民意的象征。中共参政员没有出席这次大会贡献对于当前大局的意见，我们觉得不无美中不足之感。民主政治应该是会议里面的争和议，而不是会议外面的推测和意气，我们要从不同的见解中求大同，求了解，最后成为多数人的认识，而取得彼此的同意，才是参与政治活动的积极方式。这点我们希望逐渐进步，大家保持政治家的风度。

　　综观参政会的决议案，共有五百余件，比历届大会都多，这表示抗战胜利后的问题是增多了。提案的增加，一方面是说明我们国家需要解决和改进的地方并没有随时代而减少，一方面也告诉我们以往通过的决议案还没有实行，或实行得不切实效，因此一再的提议，一再的提议。我们看此次大会提案内容，找出许多是过去都提过了，决过了，而今天依旧还是问题，又劳大会来一次通过。如此下去，问题始终存在，毛病依然医不好，则政治始终进步不了。在八年来参政会与政府合作共同甘苦的成就下，这不能不引为是一个缺陷。

　　在五百余件的提案中，我们特重视经济财政交通的决议。今天的中国，最严重莫过于这些方面的纷扰与危机了。胜利以来，国内经济财政和交通，情况日趋恶劣，而当局连最起码的办法也拿不出来，实在使国人焦虑。其中尤以物价问题最为棘手，人民生活痛苦万分。参政会虽然没有回天之力，但指出了许多可以用人力克服的困难，应该不无小补。因为我们今日的经济衰弱，一半因受事实上的限制，一半实由于各种措施的不当，助成经济危机的发展，当局岂能不负其咎？至于接收工作上所发生的弊端，更是众矢之的。我们承认派赴各地的人员，大部分都是清白的，但是声名狼藉的也是不少，当局岂能充耳不闻？听其胡作乱为，丧尽了人民对于政府的信心！今日的政府，其实要进步不难，只须认清几项急务，痛快的办理一下，譬如严惩几个不法的接收人员，使人民少受些灾殃，一定可以收回许多人心。参政会决议成立考察团分赴收复区考察调查，接收人民控告，是绝对必要的。

东北的接收,也是今日国家的要政。大会通过了一百零九位参政员所提出的"东北局势日趋严重,拟请政府采取有效措施,以保国权,而维民命案",是国民义正辞严的表示,这一着,参政会支持了政府,人民支持参政会,希望据理力争,以无损国家主权为原则。参政会中不少是从北方来的,他们看到了东北的实际情形,也知道了我们接收工作上的种种错误,必须反省警惕,严厉纠正,我们听了大会对于派赴东北接收人员的谴责,实同深愤慨。

八年以来,参政会有过不少功绩,现在大会闭幕,在宪政实施前,是否仍继续存在,刻尚未定。惟就时间上说,五月五日召开的国民大会既只负制宪的责任,第一届正式行宪的国大,至早在本年底方能产生,在此期间,监政机关是不能没有的,参政会不妨在胜利后的首都再集会一次,以过渡到宪政时期。

(原载1946年4月3日重庆《国民公报》)

5. 略论参政会的提案

重庆《时事新报》社评

这几天的参政会,每天通过了一百件以上的提案,以一天而通过这许多议案,比较什么旧金山会议、联合国会议之类,几天不能解决一个问题,真是效率高极了,谁说中国政治不进步?这些议案表决的结果,照例是送请政府"迅速切实办理"、"迅速办理"、"切实施行"、"切实注意"、"办理"、"酌办"、"采择施行"、"参考",至不济也落得了一个"保留"。许多议案表决时,只要无异议,便算通过。不但不要投票,起立,连最简单的举手也省去了,虽非国难期间,也算一切从简。所以,速度之高,打破纪录。——中国在运动场上无法打破纪录,至少在议场上得到了补偿。

议案这样多,通过得这样快,政府如果真能每案做到,这倒反而有点近乎奇迹。即使退一步想,如果把这些提案其重要性和急迫性分成等级,例如"迅速切实办理"为第一级,"迅速办理"为第二级,"酌办"为第六级,"参考"为第八级,恐怕政府也是一、二级都办不完全,甚至不会办,不愿办。至于"酌办"、"参考"之类,更是不必理会。即使参政会自己,对于送请政府"酌办"、"参考"的提案,也未尝不明知其不会办,不过,做个形式,敷衍提案人,聊自安慰而已。

历届参政会所通过的议案,恐怕有上千件了,政府究竟实行了许多,参政会和政府都很明白,到了今天这个局面,参政员们对于以前的议案,并不追问,而新的议案,还是每天上百条的提出来,"通过","送请政府这样那样办理",其热忱实在可佩,其天真也实在可爱。在这一个意义上,参政会是颇像中国的民意机关的。但是提案尽管多得云蒸霞蔚,令人在山荫道上,应接不暇。可是,在五六十条教育文化提案之中,连"提倡国术"都要请政府"宽列经费"了,却没有人提出为提倡研究纯粹科学而请政府"宽列经费"的案子。仿佛立国于今日之世界,"太极拳"、"猴拳"之类比原子能、雷达更为重要!当然,在这个不是用望远镜,而是"用八卦可以发现新星"的怪论,也居然有人捧场的国家中,太极拳和猴拳也许有人认为可以发明原子能或盘尼西林,因为参政员是代表"民意"的。

在昨天的参政会中,有人提出"用累进率精密征收所得税和财产税"却被通过,既不"迅速",也不"切实"的"送请政府办理",因为这是"切实"不得,也"迅速"不得的。另有人提"迅速征收临时财产税,以挽经济危机"案,则被通过"送请政府酌办",因为,提案上原文上既有"迅速"字样,即使通过"送请政府办理",也免不得也"迅速",加个"酌"字,大有妙用。至于"停止印钞票半年或一年"的提案,自然只能"送请政府分别采择"了。准此,提请"稳定币值",自应退居最末一级"参考"。从这四个提案的通过方式来看,老百姓很可以看出通过这些提案的参政员,代表的是那一个阶级。老实说,这些提案即使被通过"请政府迅速切实办理",能否办到,本来还是大问题,而参政会连这样的表面文章都舍不得做,以防万一。可见,其如何忠于既得利益的阶级。

中国的老百姓真可怜,直到现在为止,还没有一个真能代表民意的机关。这个参政会,老百姓在无可奈何之中,原也寄以相当的希望的。而且,至少它本身是以民意机关自命的。不过,凡事总要事实表现。参政会还有几天,老百姓岂等着瞧罢!

(原载1946年4月1日重庆《时事新报》)

十五、国民参政会第四届第三次会议

（1947年5月20日—6月2日）

（一）第四届第三次会议在南京开幕

国民参政会第四届第三次大会开幕式今日上午在中华民国宪法产生之圣地国民大会堂隆重举行，此为还都后该会在京举行之首次大会。十时一刻全场铃声响动，蒋主席、张伯苓于军乐悠扬声中，同时步登大会主席台。会场布置，殆与去岁国民大会时相同。出席参政员二百三十六人，政府各机关、首长被邀参加者到孙科、张群、张继、周钟岳、张嘉璈、翁文灏、余家菊、吴鼎昌、陈布雷、吴铁城等四十余人。仪式开始，张伯苓主席，并即席致开会词，指陈本届大会任务在促进国内和平，解除经济危机。蒋主席继于全体热烈掌声中起立致词，检讨一年来国内局势，并对该会本届大会提出三点希望。最后参政员于斌代表全体参政员致词。渠代表全体参政员敬谨接受主席指示，大会开幕式至此宣告礼成，计历时四十分钟。

（原载1947年5月21日重庆《中央日报》）

1. 主席团主席张伯苓开幕词

今天是第四届国民参政会第三次大会集会的日子,伯苓得与同人重聚一堂,真是无限快慰。回忆自本会成立迄今,已九易寒暑,大会开过十二次之多,而伯苓除上次因病未能出席之外,皆躬与其事。今幸病愈归来,又有参加机会,愿将个人的感想,略说一二,以就教于各位同人。

本会所以成立,是因为政府决定对日抗战的国策,需要全国一致精诚团结,集中力量,集中意志,以期得到最后的胜利。抗战期间,我国在蒋主席领导之下,将士效命,为国浴血,全国同胞茹苦含辛,卒能克服强寇,光复河山,本会同人亦以风雨同舟的精神,对于政府的施政方针,以及应兴应革的事,知无不言,言无不尽。自问在职权之内,我们已尽了最大的努力,国民参政会在抗战史中,确是光荣的一页。

伯苓一生,前六十年几乎全在国耻国难中渡过,这些国耻国难,都是亲身经历,感觉痛苦万分。我想,年事稍长的同人,一定与我有此同感。伯苓生长在天津,天津旧日的租界,是不平等条约的具体表现,是万恶之源。住在租界的中国人,可以渐渐不知有中国。有租界一日,中国便一日不能翻身。而现在呢,侵略我们的敌寇打倒了,租界收回了,不平等条约取消了。从此以后,中国自己要怎么样好,就怎么样好,再也没有束缚和障碍了,中国已经得到了自由。

再说伯苓新近从国外回来,观察国际形势,虽然,目前尚有许多未解决的纠纷,然避战求和,乃是列强一致的愿望。中国在国际的地位,有人说又在下降,其实,关于世界的问题,中国的意见仍为人所重视。中国自己的问题,我们反对国际干涉,国际就不能干涉,这比往日外人在中国予取予求,随意划分势力范围的时候,真是不可同日而语。中国的地位,比十年前,二十年前,三十年前,四十年前高了不知多少。目前,中国在国际的地位,是五十年以来不曾有过的高峰,中国已经得到了平等。

因此,回想过去,展望将来,从大处看,往远处看,中国的前途实在有无限的光明。目前的困难是难免的,而前途的光明是毫无疑义的。

目前的困难,使人苦闷,甚至于使人失望的缘故,在于我们希望过奢。胜利来得太快，我们没有准备，胜利就到了。我们努力不够，就得了胜利，我们没有把敌人赶出国境，敌人便投降了。这胜利太便宜了，便宜的胜利使我们有了许多错误的认识和妄想。我们以为我们胜利，想必我们的努力够了，我们的努力足以换取胜利，这是认识的错误。我们以为胜利之后，诸事自然迎刃而解，丝毫不消费力，胜利的收获自然会来；我们胜利后的和平与繁荣，伸手可得，俯拾即是；我们以为抗战既已胜利，复员的工作不必费事，建国的工作自然就会开始；我们以为我们既然能攘外，一定能够安内，这都是我们的妄想。胜利之初，伯苓也是妄想者之一，如今才知道自己的错误。由胜利的便宜而引起妄想，妄想引起奢望，奢望引起失望。因为胜利来得便宜，我们觉得目前的一切困难，都出乎意料之外。

目前的困难，也诚然严重，最严重的莫过于经济的困难。而经济困难的主因，大家都以为在于国内的战争。国家需要统一，而国内有武力的对抗。人民需要安定，而现有者只是扰攘与纷乱。国家为人民谋福利，这是应该的。国内的战争再继续下去，人民便活不了，这是实情。因此，国内的和平成了当前最紧要的问题。国民参政会的职责，在于表达民意，伯苓以为我们这次开会，大可以将国内的和平作为主题，将和平问题广泛的讨论，彻底的讨论，将涉及和平的事实尽量的说出来，将促进和平、实现和平的方法，具体的提出来，将讨论的结果，向政府建议，向人民宣布。如果经本会同人的努力，全国得到和平的曙光，那么，本会的使命可以完成，本会同人也有莫大的荣幸。

（原载1947年5月21日重庆《中央日报》）

2. 国民政府主席蒋中正致词

各位参政员：

今天我们国民参政会举行第四届第三次大会，距离上次大会已有年余。政府自去年还都以后，始则忙于复员工作，继又因国民大会的召集，东北台湾各省市参政员的增选，和缺额的补选，接着又有政府的改组，所以，迟至今天，始得召集大会。各位先生或久任议席，或新膺民选，远道跋涉，齐集首都，贡献谋谟，本人特代表政府，谨致诚挚的慰劳和欢迎。

参政会在抗战期间,拥护国策,领导人民,协助政府,对于国家的贡献很大。抗战胜利以后,参政会同人在中央在地方协助复员工作的进行,清查各地敌伪物资的接收和处理,尤其各位驻会参政员,不惮勤劳,尽瘁职责,对政府多所献替,本人和政府同人,深表感激。这次集会,参政员的名额由二百九十名增至三百六十二名,参加的人数增多,集思广益的效力,更见宏大,相信各位一定能本着以往九年来的精神,竭忠尽虑,为国家策久远的利益,为政府作直谏的诤友,发扬抗战胜利的伟绩,促进复兴建国的完成。

在贵会上次大会闭会以后,这一年中间,国家所遭遇的艰难,人民所深受的痛苦,各位皆所周知,不待再为缕述。我们在此期间,始终以百折不挠的决心,求和平统一的实现。为了解除全国人民的痛苦,为了排除复员建设的障碍,为了求取国家社会的安全,我们曾以最大的忍耐,不断的努力,以求实现"军队国家化","政治民主化"的要求。可是所得到的结果,是共产党的坚决拒绝。共产党拒绝了五人小组和三人小组的商谈,拒绝了停止冲突,恢复交通的成议,拒绝了执行整军统编方案,拒绝出席国民大会与参加改组政府,最后又拒绝了政府派员赴延安商洽和平的建议。我们苦心忍让,委曲求全的目的成为泡影,也是我们政治民主化的一贯努力,不能因共产党的阻挠而延缓。去年十一月国民大会的召集制定了中华民国宪政,确定了宪法施行的日期。接着改组国民政府,结束了一党训政,这一点,可以说实现了我们国民参政会多年以来实施宪政的愿望,差可告慰于贵会同人的。国民政府改组以后,我们仍能秉持中共问题,以政治解决的基本方针,但是,和平统一的能否实现,完全系于共产党的态度。我们对于共产党,只是希望其放弃以武力夺取政权的企图,停止军事行动,恢复全国交通。只要他们以事实表示其诚意,政府无时不企求和平,自可用政治方法谋取解决,以解人民于倒悬。这一个方针,相信符合全国公意的要求,亦必为贵会同人所赞助,这是本席所要首先说明的。

为了和平统一的没有实现,国家不能得到和平建设的环境,复员和救济到处遭受重大的阻碍,同胞们备受和平秩序被破坏的威胁和痛苦,经济生活,因而不能得到稳定,秩序和国民道德也因此而受到严重的影响,这实在是我们国家在战后一直不能进入正轨的主因。政府职责所在,自然要排除万难,负起责任,治标治本,悉力以赴。贵会同人关心国事,一定有嘉谋嘉献,贡献政府。关于各部门的行政设施,主管当局另有报告,本席所希望于各位参政员先生的,主要有下列几点:

第一,宪法颁布以后,行宪法规已经陆续制定,这次施行宪政,是我们中华民国民主政治成败的关键,现在距离宪法的施行,只有七个月,以我们中国地区这样的广大,自治基础和教育基础这样的薄弱,关于进行各种选举和树立宪政规模的一切准备工作,头绪纷繁,各位参政员先生,无论在中央在地方,都希望随时尽力予以协助。

第二,当前的经济、财政、金融和物价问题,影响着国民一般生活,也关系着国家建设的进行,政府对此问题,正在苦心焦虑,觅取妥善解决的途径。本年二月间所颁布的经济紧急措施,当然要求其贯彻,但在执行的技术上,以及步骤的缓急轻重,与各地特殊情状的如何适应,流弊的如何防止,各位先生对此问题,关切有素,希望尽量贡献意见,政府必当虚心考虑,付之实施。

第三,行政效率的提高,影响于宪政的推行和人民的福利至为重大,贵会上次大会所提出的澄清吏治,实际就是行政效率的另一面。政府肃清贪污,具有决心,但根本之计,还在洞悉地方政治的利病,和实际执行的情形,我们要造成廉洁的政治,更要造成迅速确实有能力有效率的政治。各位洞悉民瘼,希望宣达民情,指陈得失,务使中央与地方得以沟通,国家与人民得受实益。

最后,本席要为各位先生痛切提出一个最根本的问题,这就是国民道德和一般风气的问题。回想抗战时期,我们中国以薄弱的基础,进行艰苦的战事,终于越过重重难关,赢得光荣胜利,本席认为是举国一致遵守两句共同准则的结果。这两句准则就是"国家至上"、"民族至上"与"意志集中"、"力量集中"。自从抗战结束以后,一般国民在八年紧张艰苦之余,松弛了戒慎恐惧的心理,丧失了公而忘私的精神,以致国家和国民责任观念日渐低落,这不能说是复兴建国最大障碍。现在国事仍极艰难,建设正待开始,全赖我国同胞集中意志,集中力量,忍劳忍苦,共济艰危,以造成建国的新风气。各位参政员先生为社会的先觉,人民的导师,深望此次集会对于转移社会风气,发扬爱国精神，提高责任观念，确立法治基础，有切实精详的讨论，以期号召全民，共同实现民主，完成建国之大道，而向前迈进。本席个人尤盼各位不吝箴规，多所匡正，俾克无愧于负荷之重。谨祝各位先生健康，并祝大会成功。

（原载1947年5月21日重庆《中央日报》）

3. 会议日志

国民参政会第四届第三次大会于1947年5月20日在南京林森路国民大会堂举行。

5月21—27日 举行第一至第十次大会。

会议听取了行政院长张群的政治报告及政府各部的施政报告。参政员对张群的政治报告提出了一百零二件质询，时间长达五小时。

5月22日 鉴于主席团主席王云五、王世杰辞职，大会补选张君劢、林虎为主席团主席。

5月26日 会议通过肖一山等一百名参政员提出的"请大会迅速举行全体审查会"讨论和平方案，并即"电告中共参政员来京出席"的临时紧急动议。

5月28日 举行全体审查会，讨论和平问题及其有关提案。主席团主席张伯苓、吴贻芳、李璜、江庸、林虎及参政员二百七十一人出席了会议。许德珩等参政员提出希望政府应以人民为重，慎拟和平方案，呼吁国共双方实现和平；许多参政员主张"讨伐"共产党。最后会议通过了"请政府速派大军清剿各地'共匪'"、"速向美国政府切实磋商借款"等决议。

晚上，国民政府主席蒋中正在励志社设宴招待全体参政员，并发表演说。

5月29日—6月2日 举行第十四至十九次大会。各组审查委员会继续讨论提案。选举了休会期间驻会委员会委员。

6月2日 举行第十九次大会。会议通过了和平问题特种审查委员会提出的审查报告：（一）请政府再度申明"以政治方式解决中共问题"之方针；（二）请中共速派代表来京，与政府双方无条件恢复和谈；（三）大会闭幕后，由主席团和驻委会本此决议之精神，于最短期间促成和平之实现。

第十九次大会结束,国民参政会第四届第三次会议闭幕。

(根据《中央日报》、《国民公报》等有关资料综合整理)

4. 第四届第三次会议闭幕

参政会第四届第三次大会于二日下午圆满闭幕。

大会今日上午选出驻会委员,全部议程于下午第十九次会议中进行完毕。林虎主席以本次大会任务完成,即宣告闭幕,惟未另行闭幕式,仅由林氏代表主席团致闭幕词,及邹树文代表全体参政员致词,二氏强调此次大会中心工作,厥在谋取和平以期在和平中求建设,以建设保障和平。词毕,大会于下午六时二十七分圆满闭幕。

(原载1947年6月3日重庆《中央日报》)

5. 主席团主席林虎闭幕词

今日第四届第三次大会圆满完成,主席团嘱本人代表致词。本会使命在集思广益,团结全国力量,庄严召开,则协助政府从事抗战;胜利以后宪法实施之前,则协助政府从事建国。当前建国路上发生障碍,此障碍如不袪除,建国工作无由进行,故排纷解争,谋取和平,实为首要之图。

必获得和平而后可以安定经济,改善民生,发展教育,建立宪政。此次大会中心工作厥在谋取和平,如同人提出二十议案,经大会议两次,所有方案已获通过,此拟方案实为和平之钥,预料各方必有良好之反应。大会既以此项责任付之主席团及驻会委员会,主席团及驻会委员会,当本大会之精神,加紧努力,期不负大会之使命,以达到和平之实现。此次大会各同人所提议案约四百余件,充分反映全国民众之要求与意向,大会所为决议,已权衡轻重缓急,分别请求政府办理。吾人自信必对于政府施政者有所裨益,希望政府虑心考虑,分别采纳,一一见之施行。主席团及驻会委员会亦必根据本会职权,随时尽其督促与检查之责。

大会休会以后,各同人分返地方,希望一本大会精神,随时努力以尽本会同人应尽之职权,凡中央政府种种设施所影响于地方者为良为否,或利或害,均祈切实注意。关于地方弊害,民间疾苦,尤祈详为考察,协同地方民意机关设法为之解除。其有需要传达中枢者,亦请随时详函驻会委员会,以斟酌建议政府。

本会自二十七年七月成立,至今将近九年,以往对于国家之贡献,人所共睹,现在算离十二月二十五日召开国民大会之期,虽只半年,但各同人均负社会信望,对于国家兴亡负有责任,希望继续努力,以跻我国于富强康乐之域,敬祝健康。

(原载1947年6月3日重庆《中央日报》)

6. 参政员邹树文致词

本会自武汉开第一次大会以来,共历十个年头。计算年月,恰足九年。古语所谓九转丹成,可以借用来作为本会成功的写照。本会通过对于国家的贡献,是团结全国的力量,集中全国的意志,打击敌伪,支持抗战,以达最后胜利,并且为促进宪政实行民主。在本届第一次大会,曾有关于从速召开国民大会之建议,果然于去年制成了一部全国共守的宪法。成功者身退,我们更愿以十年来本会所树立的民主风范,交给不久将来行宪的民意机构,以永奠我们国家和平统一基础,适应世界的民主潮流。

本次大会各位参政员所提建议案有四百余件,询问案亦有六七百件之多,打破历次大会的纪录。从这些建议案与询问案中,可以看到当前中国政治经济乃至教育各方面的不安定,由于以上种种不安定,以致国际地位日形低落,人民生活益趋艰苦。我们为提高国际地位,解除人民痛苦,惟有在安定中求进步。本次大会对于如何安定民生,改革金融,促进建设,消弭学潮种种,已有审慎周详之处理。同仁等一得之愚,希望政府切实采纳,逐步予以实施。

民生的不安,表现于群众的呼吁,而以知识分子与青年学生最为敏感。教育当局固应体察此种内在之呼吁,作审慎之处理,使青年学生不以细故荒废学业,而造成社会不良之风气。我们还应知道,抗战是艰苦卓绝的事,和平建设亦要艰苦卓绝地迈进。经此大战之后,复加以兵燹,饥馑自在所不免,现在还不是食求美,居求安的时候。我们希望全国上下一致,奉行俭约,努力建设。惟有建设才可以使经济发展,民生安定,和平基础益臻巩固。国民政府蒋主席在抗战初期说过,我们的抗战不在一两个城市之得失,而寄托在广大乡村与多数民众身上。要永奠和平康乐的基础,亦为有由乡村建设以促成都市建设,振兴农业以支持工商业之繁荣。但是建设与和平是不可分离的,要建设就得先求和平。我们要在和平中求建设,以建设来保障和平。此次大会已通过了关于和平方案的决议,至为平正,甚盼政府与中共双方体察全国人民苦战望治之心情,与本会主席团暨全体驻会委员于最短期间力求和平之实现。古语云:"自求多福,在我而已。"我们要求和平便得和平,求得建设便得建设,所谓"求仁得仁"。只要我们自力更生,精诚以赴,相信和平与建设没有不可以圆满达到,国家社会没有不可以进于富强康乐之境的。

(原载1947年6月3日重庆《中央日报》)

7. 休会期间驻会委员会委员名单

郑揆一　李　洽　王化一　王普涵　王隽英　彭革陈　罗　衡
张潜华　赵　澍　于　斌　尹述贤　江一平　林　忠　范予遂
伍纯武　陈绍贤　卢　前　姚廷芳　武肇熙　周谦冲　薛明剑
王启江　陈博生　甘家馨　金维系　方少云　潘朝英　蒋芷生
余楠秋　汪宝瑄　许孝炎

(原载1947年6月3日重庆《国民公报》)

(二)关于和平问题

——会议报告、讲话和重要议案

1. 在招待全体参政员宴会上的讲话

蒋中正

一、参政会开幕以来已经逾一周,各位参政员为国家忧勤尽职,研究如何安定时局办法,此种精神,至可宝贵。相信我们共同一致发挥为国为民的精神，必能突破任何危险困难，而且中华民国的建设必可早日完成。

二、现在国内经济社会政治各方面，诚然有不对之点，需要国会检讨和改革。但是，最紧要的在使人民皆能明是非别利害，如果是非不明，利害不分，即为国家祸乱之根源。余以为当前国家最大之隐忧，在于是非观念之混淆与利害认识之不明，以致丧失共同之目标。参政员诸君开会以来，正在苦心研究如何使国家和平统一，人民安居乐业，但余以为诸君最大之贡献，在于为全国人民作领导，使之明了何者为是，何者为非。盖公是公非之所在，即为大利大害之所系，此为安定时局之最大关键。

三、今日社会凋敝，人民痛苦，对于企求和平，人同此心，心同此理。本席个人自敌寇投降后，年余以来如何委屈求全，忍辱负重，用种种方法以求得国内和平之经过，诸君皆所周知，今日更要痛切坦白言之者，即国家在八年抗战之后，如果国内还有战争，即为整个国家之耻辱，任何有责任心之政府，断不愿以武力解决问题，此为显而易见之事。假若共产党尚有丝毫的诚意来谋取和平，政府一定愿意以政治方法来解决，在共产党迫使政府不得不以武力遏止破坏统一之武装行动时，而若干社会舆论只以战争责任加之政府且反对征兵征粮，全不思此种痛苦之原因系何方所造成，亦未闻有为共区民众水深火热之生活而作呼号者。如此是非不明，则于事实何补。所谓和谈应该是双方的，余可申明政府对政治解决与和平统一之方针始终不变，只要共产党具备诚意，伸出手来，政府为保存国家元气，解除人民痛苦，对于贵会具体有效之任何建议，无不欢迎。

四、此次学潮性质之复杂，为以前所未有，共产党本有一定之计划，在前方加紧军事进攻，在各地加紧捣乱社会，而我青年学生适为其所利用之工具。此次共产党始而策动学生就其本身利益作种种过分要求，继乃转变学潮为反对内战及征兵征粮，其发生与演变之经过，明白人自能知之。其规定六月二日为总罢课游行之日期，并号召罢市罢工决非偶然，实因六月三日乃去年延安发动所谓反内战运动之纪念日。政府早已获知此项计划，为保护大多数青年不受阴谋家摧残，并为维持社会之秩序，故不能不采取预防之措施。因此，国民政府乃颁布维持社会秩序临时办法，而余个人亦发表谈话，明告青年，勿中共党之毒计。吾人虽已如此警诫,但仍望社会领袖与学校当局协助政府,为青年学生指明真正是非利害之所在。青年为国家之新生命,吾人必当爱护,但亦不可姑息。古人说姑息养奸,吾人应知姑息足以长祸,不能因循放纵,败坏学风,牺牲国家之法令,妨害社会之秩序。尤其当此共党尽量煽动之时,第一要义必须将校内共党暴动分子与一般学生分别清查,使共党不能混杂捣乱。吾人有培养青年之责任,必当竭尽一切力量,多方设法,不使不幸事件发生,希望大家明了政府之苦心,采取一致严正之态度,尤其各地学校当局,必须与政府合作,共同负责,庶可消患于未形。

五、关于军事情形,亦欲简单叙述。目前各线虽无显著进展,然预定计划均已达成,前方将士为国效命,忠勇坚决之精神,始终旺盛,决不使共党得逞其任意窜扰之阴谋。现南北各重要据点均已次第收复,国军正严密戒备监视共产党军队。次一步之行动,在共产党未能衷诚接受贵会谋取和平之建议而有具体结果之前,国军决不松弛其保障国家根本之努力。

(1947年5月28日讲话,原载1947年5月29日重庆《中央日报》)

2. 国民政府行政院对参政会第四届第三次会议的政治报告(节录)

张 群

今天国内的军事冲突,可以说是人人焦虑的,而到今日还是没有解决的问题。中国在过去八年战争之中,因为以弱敌强,不得不集中一切的力量来支持战争,虽说是并不完全忽视了建设,但这些战时建设显然不能补充惊人的消耗。八年战争的结果,显而易见人人能说的是经济上财政上的损失,比较不易看见或为一般人所不愿意公开承认的,是文化上民德上的损失。上至政府,下至乡村,所受的损失是一样严重,全国上下的希望,是在战争结束以后我们能够得到较长时间的休养生息,使我们能够恢复疲敝,创造新生。不幸在战争结束之后,紧接着便是共产党的捣乱,一直到现在一年八个月之久,还在继续着。在这种情况之下,一切建设都谈不上。蒋主席早就看到这一点,远在日本投降之初,即邀请中共领袖到渝商谈和平建国大计,由双十日会谈纪要产生出各党派及社会贤达共同参加的政治协商会议,协议了和平建国纲领。可以说这是中国战后局势的一个重要转机。关于政治协商会议的经过,去年三月贵会第四届二次会议开会时,邵力子先生曾作过一篇详细的报告,协议的精神,一是军队国家化,实行军队整编,以求军队编制与军令的统一;一是政治民主化,实行军党分立与军民分治,并扩大政府基础,召开国民大会,制定宪法。会议闭幕后,政府马上就"恢复交通"与"军队整编"两项问题进行谈判,去年二月成立了《迅速恢复华北华中交通的协议》,及《关于军队整编及统编中共部队为国军的方案》,规定于十八个月内实施之。不料政协的会议决议因关外战争发动,首遭顿挫。关于这一点,在去年一月十日三人会议协商颁发停止冲突命令时,政府与中共双方曾有书面谅解,原文是"上开停止冲突命令第二节,对国民政府军队为恢复中国主权而开入东北九省或东北九省境内调动,并不影响"。但是临到政府军队无论由铁路或海运赴东北时,中共军队便加以阻挠,且于三月中旬占领政府所已接收之辽北各地,并进攻四平街、长春、哈尔滨、齐齐哈尔各重要城市。至于整军方面,政府在整军方案成立后,即努力缩编军队,而中共却在东北扩充军队。在去年五月政府还都以前,政府亟盼扩大政府基础之商谈及召开国民大会问题能早成功,因中共方面坚持过分的要求,协商不得结果。政府还都以后,有一时间商谈竟陷于停顿,但政府仍不惜以最大之忍耐,继续努力打开僵局,原定五月五日召开的国民大会,也为迁就中共而延了期。六月七日,政府下令东北军队停战十五天,希望给予中共一个转圜的机会,履行协定,然后就完全停止东北冲突、恢复国内交通、实施整军方案等三项问题与中共重行进行协商。政府的方案十分具体,而中共则出之以笼统模棱的态度,枝节横生,更使协商不能进行。后来停战令又延展了八天,正在第二次停战期间,中共又乘机发动了山东津浦胶济两线的全面攻势,德州泰安等地相继攻陷。在这种情形之下,和平商谈自然无法进展,从而陷于很严重的僵局。

到去年八月十日,马歇尔将军和司徒大使曾联合发表声明,表示和平调解难获协议,政府方面亦再度表示:"政府今后仍求和平解决,商谈可以随时举行。"凡此均是以表示政府随时总是不关闭和平商谈之门。马歇尔将军在炎热的夏天,八上庐山,尤足以表现调人的热忱。去年十月初,国军进攻张家口的时候,中共曾提出要求停止进攻,政府已允以十天为期,并表示对解决时局可能让步之最大限度,而中共则坚持休战应无时间之限制。马歇尔将军与司徒大使,又为此事于十月八日发表声明,说明以和平方式解决一切政治问题的重要,"但有若干立待解决之问题,迄难获致协议",并指出"此等已经撤军地区之地方政府,究应为何种性质,实较军队之重新部署问题,更难解决"。政府为企求这个僵局的转圜,乃于十月十六日向中共提出八项谅解,可作最大的让步,以便下令停战,如期召开国大,制定宪法。十月二十一日,各党派代表又再集聚南京,一时和谈空气至为浓厚,第三方面人士更是奔走斡旋,提出折衷方案。乃延安方面,则根本加以反对,坚持以停开国大为恢复和谈之条件。

政府为委曲求全,于十一月八日再度颁布停止冲突的命令,即原定于四月十二日举行的国民大会,复又命令延期三天,使中共有最后考虑的余裕。所有这些经过,均足以充分表明政府是如何企求和平,商谈如何重视,第三方面人士各方奔走的热诚,不幸一切努力与苦心,都没有结果,这是深可惋惜的一件事。

国大开会以后,中共声言要恢复和谈,有两个先决条件,一个是解散国民大会(后来改为废除宪法),另一个是恢复去年元月十三日以前的军事位置。从此之后,中共将和谈的距离越扯越远,但政府只要有一线希望,仍不放弃与中共合作的初衷。在与青、民两党商洽改组政府的过程中,大家觉得如果中共问题不获得解决,如果中共没有参加政府,中国的问题仍旧是没有根本解决,青、民两党对于和谈愿意与政府再作一度共同的努力。本年一月中旬,经两党的中常委到京会议,商定恢复和平方案四条,政府准备派张治中先生赴延安与中共方面商洽,不料被中共拒绝了。政府仍将此项方案托美国大使转达延安,同时发表公告,使天下周知这个方案,于元月二十日公布,同月二十五日,中共中宣部长陆定一发表了一个声明,于拒绝和谈之外,更对国家元首恣意诽谤。局势到了这个地步,政府以政治方法解决国内纠纷的愿望,虽然诚恳如旧,但政府努力和谈的途径,却走穷了。此后中共的表示,便是对外否认政府的一切实际行为,丝毫不留商谈余地。和谈不成,应该中共负责,事实昭然。冲突与和谈，都是双方面的事，政府无法单独停战，也无法单独言和，但后来政府与青、民两党及社会贤达商定施政方针时，仍于第四项中决定："中共问题仍以政治解决为基本方针，只须中共愿意和平，铁路交通完全恢复，政府即以政治方法谋取国内之和平统一。"所以，今天的问题，不是和谈应该不应该的问题，中共如不表示愿意和平，我们尽管谈得热闹，何补于事。蒋主席昨天在贵会致词中，对于中共问题曾经重申政府的立场。各位先生对于这个问题，关心甚切，但如何能使中共回头，使政府解决为可能，只要于统一民主和平建设的国家需要不相妨碍，政府决心愿意予以最诚恳的考虑。

（1947年5月21日报告，原载1947年5月23日重庆《中央日报》）

附：蒋中正的侍天字第七十号密令

本年一月之剿匪军事，全由我各级将领指挥有方，官兵忠勇奋发，为主义牺牲，为革命奋斗，多能达成艰巨任务，奠定统一基础，既足以安慰国家及阵亡将士之灵，亦足以湔雪我党国无穷之耻。惟念将士死伤之惨，以及冰天雪地之苦，不仅为之梦魂不安，兹将本年重要战役之关系与各地区经过之得失，为我将士略述之：

自四平街一役，奠定收复东北之基础，集宁血战，启导察绥全局之胜利，安东、承德与张垣之收复，重奠国防之锁钥。鄂北李匪之溃灭，豫北滑、濮之血战，苏北、鲁北、豫北、晋南及冀东各地奸匪之蠡败，以及平古、平绥、胶济、临枣与同蒲南段诸线之打通，使华北动荡不安之局势，渐告安定。此均足以配合政略之方针，达成国防大部之目的。迭闻战讯，衷心快慰。尤以暂编第三十八师之保卫大同苦战，二月第九十七军之固守临城为时十月，与冀省保安纵队保守保定勇敢坚守，确保重镇，使敌匪为之丧胆，大局转危为安，军事反败为胜，更堪嘉尚。惟研究历次大小战役，检讨得失，对于攻守战术尚有下列缺点，亟需注意改正，特向各将领指示如下：

（一）各部队与部队间，各指挥官与指挥官间，联络仍不确定，合作亦未密切，今后对于联络及协同动作更应特别注意。须知此次剿匪平乱，乃我国革命成败最后之关头，国军上下，无论事业历史与生命都是整个的，就是荣则同荣，辱则同辱，生则同生，死则同死。如果革命失败，共匪猖獗，则我全部官兵复有何颜立于天地之间？且将何以慰我阵亡官兵在天之灵？故必须全军一心，同仇敌忾，对于友军之危急，应全力救援，切不可观望不前，贻误战机，致被匪各个击破，同归于尽。如鲁西第三师之覆败，赵师长之被俘，为我国军莫大之耻辱。

（二）对于防止匪方专以袭击各级司令部及其专射我各级指挥官之战术，迭经予以明确指示，并规定各师旅长之指挥位置与各级指挥部所在地如何保守机密与机动，皆已分行在案详切申诫，何止再三？然各将领仍未能确实奉行。九月，晋南第一旅黄旅长之被俘，东北第二十五师之失败及李师长之被俘，与此次整编六十九师在苏北之失败，戴师长之自杀殉节，此固为我革命精神与气节之发扬，临难不苟，死得其所，理所当然；而以一人一时之疏失，以致整个战局竟受莫大之影响，言念及此，不仅悲痛难忘，而且后悔无及，能不为之深切警惕耶？

（三）各部队应对庐山剿匪训练中之六项基本战术，即：一、搜索，二、联络，三、侦探，四、警戒，五、掩护，六、射击，作为剿匪战术之基本课目，尤须各连排与班长等下级干部人员对此均有深切之认识，注意灵活之运用，以防奸匪不意之袭击，而免受无谓损失。即如第九九旅长朱志席在苏北黄桥之覆灭，乃因忽视上述原则所致。今后各部队如有短期训练之机会，即应以团为单位召集下级干部，对此六种专技应实事求是训练演习，以资熟练，勿再蹈以往覆辙。

（四）凡我军收复之据点，余曾规定，于占领后三小时内构筑防守工事，不再让敌匪反击所攻陷。无奈我各部队仍未能照此规定实施。据鲁西战役中我军已占领之据点有遭敌人之反攻而多失陷者，甚至旅长、团长因之阵亡孤立，八八师一一九旅刘旅长广信在鲁西之被俘，即由此失。嗣后各级指挥官对于构筑工事之时间、方式、技术与形状等，均须不断检点，切实研究，并按照规定办理，严防敌匪之惯技，使之勿再得逞。

（五）各部队对于通讯、交通、运输、车辆等重要工具，尤其是联合勤务机构及其部队均未能妥加保管，注意维护，致使军队行动迟缓，贻误时机，莫此为甚。今后高级指挥官更应亲自督察，经常检点，以免腐化与无谓之损坏。

以上各项均系一年以来历次战役中所获得的主要教训,各将领务须切实反省,遵明改进,勿蹈覆辙。至明年上半年各部队作战目标,应以打通陇海、津浦、同蒲、平汉与中东铁路诸线,肃清冀、鲁、晋、陕等地境内股匪,以恢复全国往来交通线,使治安□□□□。各战区及绥靖区主管长官,宜各就所辖地区积极准备完成各个所负之任务,尤其应准备山地战与机动战以对奸匪之游击战。至对奸匪政训工作与情报宣传等工作,更应特加研究,积极增强,以加速军事之效果。惟剿匪平乱,必须军事与政治互相配合,收复区内之地方行政工作尤关重要。我军进占各匪区之后,必须督导我各级官兵,协助各级地方政府,注重民众组训,整理保甲,加强人民之自卫力量,以安定地方秩序,恢复各种生产。对于处理土地纠纷,尤应注重实行绥靖区减租法规,务使耕田者有其田。此为我军与共匪政治斗争之基本问题,务希我将领切实厉行,切毋忽视。古云:"行百里者半九十。"当此国民大会圆满告成,宪法制定之际,国内国外对我国家政府与国军之视听为之一变,匪军精神上固无论,其军事与政治各方面皆受最大致命之打击,我国军剿匪工作至此已达九仞一篑之时,只要我将领在今后一年期内,淬励精诚,奋发努力,彻底消灭万恶之奸匪,扫除革命之最后障碍,则滔天大祸敉平于一旦,三民主义实现于全国,乃可告慰我总理与革命阵亡将士诸先烈在天之灵,我官兵之丰功伟绩,且将永垂于国民革命光荣灿烂之史页。望各勉励!

蒋中正
民国三十五年十二月三十日

(录自1947年4月24日延安《解放日报》)

3. 停止内战、实现和平

——在参政会第四届第三次会议全体审查会上的讲话

(1947年5月28日)

许德珩

今天,中国(处)在烽火遍地的战争中。兄弟虽不是北方人,却(是)最近由北方回来的,知道北方民众确实到了非常艰苦的田地。为了(停)战,大家都说内部问题要用政治方法解决。用政治解决才是有效的方法。在今天讨论之中,各位同仁发表许多高见。我有一个感觉,参政会的意义和性质,它在抗战时期,是团结力量的一个机构;抗战胜利之后,它是团结和平的一个机构。今天我们希望和平,希望不要刺激两方面,也不要偏颇在哪一方面,使得事情无从着手。兄弟是一个书生,我讲这个话,并没有什么政治的欲望和企图,我只是希望不要再打了。和平不只是华北,而且是全国人民所需要的。参政会是国民政府所召集的,正在参政员呼吁和平期间,十九号那天,政府颁布了一个维持社会秩序的临时办法,接着二十号发生军警与学生冲突流血的事件。前两天,上海三个报馆又被封闭了,为了报馆的被封,兄弟曾经在会场有一个询问。这一些事实,我认为政府是有关闭和平之门的杂念。又有一些事实,最近上海有许多学生被捕,我站在人民立场说,学生反对内战并没有错。这虽似乎是小事,也可证明政府的杂念。以上诸件事,希望在六月三号以前,得到一个明确的解决,不要再发生学生与政府站在对立地位或类似的事件,否则,不幸事件的不断发生,政府将不能辞其责任。

我对于和平是这样一个看法,在参政会应该有超然公正的态度,并且全力在社会方面和国共两方促使怎样接近,恢复和谈,然后进一步达到使双方停战的目的。兄弟认为,和平问题应当平心静气,不可过分感情或是意气用事,因为这是国家的事情。过去北洋军阀因为凭恃武力,结果是遭遇了失败。我们今天不能再凭武力,必须和平。和平能够救人民,和平能够救中国,和平能够救世界。

4. 有关和平问题的提案目录

(一)为促成和平,请由本会组织和平促进委员会案　　　　邵从恩等提

(二)请由本会呼吁并斡旋和平以挽救国家危亡案　　　　王晓籁等提

(三)应请国共恢复和谈,以维民生,而固国本案　　　　叶道渊等提

(四)请政府迅速采取政治方法,促成和平统一,以利实行宪政,而固国本案　　　　陈赓雅等提

(五)请由本会转请政府致电共方,立即停止战争,组开和平联合大会,解

决当前大难案. 　　　　　　　　　　　　　　　　　王国源等提

　　（六）组织和平期成会，促成停战，实现和平案　　　沈之敬等提

　　（七）本会应请国共双方停战以利和平建国，而苏民困案　李　璜等提

　　（八）请政府恢复和谈案　　　　　　　　　　　　　杨毓兹等提

　　（九）请中国共产党放弃以武力夺取政权之政策，俾政府以政治方式解决中共问题之方针得以贯彻，而实现国家之和平统一案　　　林　虎等提

　　（十）政治解决党争，停止内战，恢复和平案　　　　张　澜等提

　　（十一）请迅速结束战争，恢复和平案　　　　　　　江恒源等提

　　（十二）请决定国策，勿涉游移以奠国基案　　　　　桂　芬等提

　　（十三）请以大会名义，阐明政府与全国人民对于和平统一的愿望，电告中共，劝其遵守民主案　　　　　　　　　　　　　王孟邻等提

　　（十四）请用大会名义请求中国共产党体恤民命停止武装斗争案
　　　　　　　　　　　　　　　　　　　　　　　　　张金鉴等提

　　（十五）请本会重申和平建国要旨，以期减轻战祸，保存国家元气案
　　　　　　　　　　　　　　　　　　　　　　　　　陆宗麒等提

　　（十六）请本会迅速联络全国民意机关及人民团体，协助和平统一运动，以维国本案　　　　　　　　　　　　　　　　　　何葆仁等提

　　（十七）请转请国府对拥兵叛国之共产党明令讨伐，并由同人发动全国舆论，集中力量，为政府后援案　　　　　　　　　　谢明霄等提

　　（十八）如何采取更有效的方式，谋求实现永久性的真正和平，以免误国误民案　　　　　　　　　　　　　　　　　　　张登鳌等提

　　（十九）拟用大会名义致电中国共产党盼其迅即推派代表，并提出恢复和平方案，克日来京，与本会所组织之团体进行商谈案　孔　庚等提

　　　　　　　　　　（原载1947年5月27日重庆《时事新报》）

(三)破车不能再开

1. 破车不能再开
——评第四届第三次国民参政会

<u>新华社社论</u>

蒋介石一手制造的,反动分子占绝大多数的,共产党人所从未参加的第四届"国民参政会",在这次开会时,曾经竭力装作附和全国民主派反对内战要求和平的模样;也有极少数真心希望和平而缺少经验的人,曾经对这次参政会怀抱幻想;另一部分君主立宪派,他们不赞成蒋介石的君主专制,但仍希望蒋介石接受他们的君主立宪论,这次也参加了参政会。但是,这个参政会连同蒋介石政府在一起,按照于斌主教在开幕词中所说,是一辆破车;反动分子们坐在这辆破车中,是这样暴躁,这样慌张,这样昏迷失次,他们并不能按照预定计划把戏演好。和平的假嗓子刚刚拉开,"明令讨伐"呀,"速调大兵"呀,"武力勘乱"呀,一阵太过天真的喧嚷却又随之而来。好似一年来内战战场上,蒋介石的二百几十个旅,由于"密令讨伐"的关系,都只算"文力"和"小兵",并未"勘乱",而只在睡觉一般。一个姓姚的说,他"站在人民立场上赞成和平,但站在事实方面则反对和谈"。一个姓吴的建议,在和谈中"同时把讨伐令带去,问中共放不放下武器,如不放下,则予讨伐"。一个姓孔的说,"我本不主张和平,但现在不能不主张和平"。原来他的和平是"比如治毒疮,必须开刀割去,始可确保生命"。一个姓燕的更诚实些,"欢迎和谈就是欢迎共产党",所以他"不忍言和平,也不愿和谈,更讨厌和谈"。但是这些只叫作个别发言,精彩节目还在后面哩!五月三十一日,这个参政会通过了一个《对国防报告决议》,埋怨蒋介石的内战打得不够努力,军队数量不足,质量不高,情报不确,指挥不好,军费不多,地方武力不强,因此,郑重指出:目前"军事重要不减抗战时期";因此,整军应该就是扩军,应该"就原有部队加以充

实,提高素质,加强其训练";因此,应该"切实增加军费,提高待遇";应该"充实地方武力,加以训练,并随时补充弹药,俾为国军之助"。同日还通过了一堆更具体的决议:"共军扰乱情势日迫,请政府速派大军分路应援";"迅速予以绥靖区拨发大量枪弹,并补助给养,积极建树绥靖区地方武力,俾配合国军早日完成绥靖工作";"速增派军队以加强热河防务";"恢复平晋航空以利军事";"迅速加强鲁省绥靖军事力量";"扩编山东省属团队,并拨发枪弹";"迅速派遣劲旅驰救安阳、围场,以挽救华北军事大局";"迅速派兵清剿河南黄泛区匪";"应先清剿皖东北、皖中及洪泽湖边境股匪";"豫赣两省治安堪虞,拟请加强地方兵力";"粤省匪患猖厥,迅速切实办理"。不要以为这么多决议的通过是马虎的。参政员们在紧张的工作中,仍然细心的将提案中"禁止官兵占住民房",修正为"禁止后方官兵占住民房";把"取缔游杂部队",修正为"整训地方部队",并把已被审查保留而仍有异议的"请政府明令停止征兵征粮"案,第二次通过保留——也就是否决。

全世界人们请看吧! 这就是今天南京所谓"国民参政会"的真面目。这个参政会是怎样狂热地拥护内战,怎样坚决地反对人民的和平运动,难道还需要更多的说明吗? 这个参政会仅仅是一个呼吁战争的机关,人们绝对不能也不应向它呼吁和平,绝对不能也不应相信它的什么"和平呼吁",难道还需要更多的说明吗? 然而,就是这个杀气腾腾的"参政会",就是这个反对和谈,讨厌和谈,反对停止征兵征粮,要求扩大正规军,扩大地方军,要求确实增加军费,请政府从东北到海南岛全线都要"迅增大军,清剿共匪"的参政会,又请政府再度申明继续贯彻以"政治方式"解决中共问题之方针,又请中共参政员"来京出席共策国事",又请中共"速派代表来京与政府双方无条件恢复和谈",又请该会主席团及驻会委员会"本此次大会决议之精神,于最短期间促成和平之实现"。两碗豆腐就是豆腐两碗,参政会"本此次大会决议之精神,请政府再度申明政治解决",就是本此次大会决议之内容,请政府"迅增大军清剿共匪"。因此,蒋介石当然可以再度,三度,四度,无数度,无数度的申明下去。

老实说,参政会即使发出一万个"清剿共匪"的文件,但除了把自己的尾巴竖做旗竿,使天下人都认出它的血缘外,它还有什么一丝一毫的意义呢?

蒋介石完全不需要这些英勇的忠告,凡是能做的,蒋介石不早已做过了,而且失败了?!参政会的和平建议,又是如此的矛盾不堪,简直是个烂鼻子美人,那么,这个参政会岂不是一场空?但又不然。在三十一日下午,通过了那么多血腥气的议案以后,紧接着又通过了一个小小的临时动议:"请政府从速展开经济复员工作,并速向美国政府切实蹉商借款,专供建设之用。"好个临时动议!刚刚"军事重要不减抗战时期",忽然又来了个经济复员工作;刚刚从东北"清剿"到海南岛,到处要拨巨款,拨械弹,拨给养,到处要切实增加军费,忽然又来了个"专供建设之用"!但是,在国内外舆论的压迫之下,另外还有什么话好说呢?就是这样,这次参政会!就完成了自己的两位一体的任务:借外债,打内战。这次参政会一切都是假的,只有借外债、打内战两件是真的。

人们不能不注意到中国人民是在迫切要求真正的和平,不过中国人民的这种运动与反动的"参政会"毫无共同之点。就在这次参政会开会的第一天,即五月二十日,南京六千爱国学生结队向"参政会"请愿,表示要吃饭,要和平,却被全城军警展开巷战,不许请愿。这个"参政会"参政员们也溜之大吉,不愿接受请愿。这一天以后,全国学生展开了反内战、反饥饿、反暴行的悲壮神圣的伟大斗争,并且引起了教授、记者、工人和市民的普遍的同情。学生被殴打、被逮捕、被屠杀,教授和记者被逮捕,报纸被捣毁和封闭,法西斯的恐怖笼罩着整个蒋管区。假装说"和平",谈"宪政",谈"建议"的大多数参政员,对此有什么表示呢?他们什么表示也没有,表示他们什么心肝也没有。当他们唱着要"和谈"的烂调时,蒋介石正在迅速切实办理他们打内战的决定,向南京、上海、北平、天津、沈阳、青岛、开封、西安、武汉、长沙、重庆、成都、杭州、南昌、福州、广州、昆明、贵阳等地以学生为代表的广大人民群众实行"清剿",开辟了内战的第二条战线。历史的试金石是何等的真确呀!拥护卖国、独裁、内战的人,和反对卖国、独裁、内战的人,一天比一天更需要拿出真面目来斗争。在这次参政会中,一大群参政员就已经暴露了他们是参卖国之政,参独裁之政,参内战之政;而在今后的更紧张的斗争中,一定会有更多人更快、更彻底地暴露他们自己。

蒋介石在这次参政会上,暴露了什么新的事物呢?他五月二十八日的演说中,亲自宣布占全国人口三分之一的解放区是"匪区",虽然,据说他还要与这个"匪区"继续"和谈";他亲自造谣说学生"规定六月二日为总罢课游行之日期,实因六月二日乃去年延安发动所谓反内战运动之纪念日",还说"政府早已获知此项计划";而去年在延安的人竟至今还未获知此项"纪念日"。但是,最重要的乃是蒋介石亲自承认全国大多数人民已经判明是非。他说:"余以为当前国家最大之'隐忧'在于是非观念之混淆,与利害认识不明,以致丧失共同之目标。"证据就是"若干社会舆论,只以战事责任加之政府,且反对征兵、征粮,全不思此种痛苦之原因系何方所造成,亦未闻为匪区民众水深火热之生活而作呼吁者"。他说是是非观念"混淆"了,正因为人民中曾经存在过的混淆已经澄清了。蒋介石的污水曾经妨碍人民认识事物的真相,但是,现在污水下降了,水落而石出,于是什么战事责任呀,征兵征粮呀,"匪区民众水深火热呀",和平谈判呀,参政会呀,参政员呀,蒋介石呀,一切事物的真相和一切人物的真相,就迅速暴露在人民的众目睽睽之前。真面目的斗争,一天比一天代替了混淆不明的斗争,这就是蒋介石的最大恐惧,这就是人民胜利的最大保证。

在广大人民普遍觉悟的基础上,蒋介石政府的政治危机、经济危机和军事危机,正在猛烈发展。蒋介石的全部进犯军中,已有九十个旅被人民解放军干净歼灭。蒋介石的反动统治,正如于斌主教所形容的,不仅是一辆破车,并且已经抛锚了,以CC系、复兴系为中心的一切反动派,在这次参政会上,集合起来要帮蒋介石推动破车,但是,蒋介石失败的命运,决非他们所能挽救,也决非任何人能挽救。人民是一定要胜利,人民已经有了决心,一往无前的实现这个胜利,而且在不远的将来就会实现这个胜利。

(原载1947年6月7日《人民日报》)

2. 争取和平,安定秩序

重庆《中央日报》社论

在宪法上的立法院尚未成立之前,具备议会的性征的会议,只有国民参政会。过去八年,国民参政会十二次大会,对于中央政府的政策之构成和表白,发挥了极大的功能。这次大会是首都光复、国府东还之后,第一次举行的大会。而大会面对着几个实际的问题,其严重性并不在抗战期间任何严重问题之下。开会以来,政府的报告,参政会请公的质询、建议和辩论,在政府的政策之构成及表白上,亦与过去十二次大会一样,必有重大的贡献。

我们说国民参政会有贡献于政府的政策之构成和表白,就是说,在大会进行时,参政诸公的建议,有助于政府的政策之制定,而他们的质询与辩论,有助于人民对政府政策之了解。大会对于政府正在构成的政策,能予以影响,对于政府正在执行的政策,能陈述利害,而尤其重要的一点,更在于大会的质询与辩论,能把当前实际问题的性质与症结,明白剖析出来。好像医生诊治一个病人,病症摸清了,药方也就容易确定了。

我们今天举出两个问题,足以测验这次大会能有什么贡献。第一是和平问题,第二是学潮问题。和平有关于北方的战事,而学潮有关于社会的秩序。这本是截然不同的两个问题,不幸而作为两个问题的内在联系者乃是中国共产党。正因为和平是共产党破坏的,学潮是共产党掀动的,所以共产党是两个问题的内在联系。正因为共产党联系着这两个问题,所以共产党必须采用一种混沌的口号,使一般社会对两个问题都看不清楚,以利便他打击国府,侮辱中国的计划之实施。这混沌的口号是什么?就是"民主自由"。共产党运用"民主"来反对统一,把政府争取统一的努力看做反民主。共产党又运用"自由"来破坏秩序,把政府确保秩序的措施说是反自由。这样下去,将使我们领土主权分裂,社会秩序混乱,将使我们唯一合法的政府束手待毙。我们不能否认今日是紧急危难的时期,也正是国民参政会对于时局最能发挥其议会政治的功能的时期。现在这两个问题都上了国民参政会的日程,不难从政府的报告和参政诸公的质询和辩论中弄个清楚明白。究竟破坏和平的责任在哪里,争取和平的方法是什么?鼓起学潮的动力是什么?保障秩序的方法是什么?这些都是问题的焦点,不难一一明白剖析。这种明白剖析,对于政府政策之构成与执行,将有极大的贡献。

我们也无妨向参政诸公提出两个问题的解答,以为参考。我们以为和平是必须争取的,社会秩序是必须安定的。诸公来自民间,备悉民间的疾苦,民间疾苦只有建设可以解除,而建设又须以和平安定为条件。只要是以解除民间疾苦为出发点,对于和平问题的答案必定是争取和平,而对于学潮问题的答案必定是安定社会。

争取和平与安定社会,都要采取坚决的行动。在争取和平的方面,政府现已宣布其一贯秉持政治问题政治解决的方针,问题的焦点只在共产党有无和平的意愿。参政诸公要为和平而努力,应即向共产党发出呼吁,要他们以事实表示其和平的意愿,这对于和平问题必有莫大的裨益。在安定社会方面,各大学特有的问题是教育上的问题,学警互殴的问题是法律上的问题,而学潮里面政治阴谋的问题是治安上的问题。教育问题必须在行政上解决,法律问题必须在法院里面解决,治安问题必须作紧急的戒备。只要问题弄得清楚明白,解决的方法自然跟着就来了。如果国民参政会的大会上参政诸公质询和辩论,能够把问题的症结一一剖析,进而督促政府采取坚决行动,并督促共产党表示明白的态度,则这次大会的贡献必比过去十二次大会更加伟大。

天下事最怕混沌,最要明白。混沌可以酿成问题,明白可以解决问题。议会政治的好处,就在于这一场辩论,能把一个问题的内容剖析清楚,作为处方的脉案。今日国民参政会乃是宪法上的议会(立法院)尚未成立之前具备议会性征的会议。这次大会,适在共产党的政治攻势发动之时举行,共产党的政治攻势需要混沌,而大会的质询与辩论重在明析。大会对当前实际问题如探究症结,发现焦点,对于这些的解决就有伟大的贡献。所以我们不待大会闭幕,率先表示赞扬之意。

(原载1947年5月29日重庆《中央日报》)

3. "朝""野"两方人士争取和平的意见

重庆《国民公报》述评

随着这次第四届第三次参政会大会的召开,和平的声浪乃继续增高,和平的希望亦愈更浓烈。这次参政会带来了"谋致和平""恢复和谈"的要求,许多参政员已经表示愿在这最后一次的参政会上,为国家人民效力,于是"要和平,不许打"的口号,就被提出来了。

有可能在这次参政会上通过一个"和平"建议案,但这方案何去何从却是更为值得人注意的。因为截至目前为止,在参政员诸公的"和平"意向里,已经很显然的有了三种不同的看法,也可以说这表明了朝与野的区分。

首先是北方参政员许德珩、钱端升、周炳琳诸先生,以及张难先、邵从恩、褚辅成等老参政员,他们是纯然以一副好心,本着中国士大夫的崇高的气节与救国救民的悲天悯人的心情,提出"国家将碎","民不得了"的口号。他们以为一切是以打内战所引起的,所以要解决任何一个问题都自应以停止打战作为前提条件,是非曲直暂时都可以放下不论,拯救人民的性命才是目前第一要务,也就是停战和谈是首先必要举行的。他们所追求的是一个无条件停战的目标,围绕着这一中心意愿而发出了"和平"的呼声。

其次,要求和平的是以张澜、章伯钧、黄炎培、梁漱溟、韩兆鹗等五位代表民盟的参政员集团,他们所要求的是一个有保证的永久的和平,换一个说法,即是要货真价实的和平。这里就包含有如下的意见:(一)和平是要有保证的,当然就不能够不是是非不分的,要明辨是非,要能够有所保证,亦才能够有和平的永久性。(二)既然要明辨是非,当然是更以"政协路线"和决议案来作为和平的蓝本的,因为他们的和平是"停战应该是无条件,为了保证和平却又是有条件"的了。这样的和平也许不是很容易就能够得到的。在民盟的本身就有着一个"知其不可为而为之"的想法,虽然目前的希望寄托在明天的看法。

以上这两派是看法比较相同的,虽然北方的参政员和诸老参政员先生们,与民盟各参政员的见解也许还有所不同,但这些出入都是限于"办法"上的,仅是"如何觅致和平"的办法上的不同,这是政治经济见解所形成的出入。但这两方面的立足点都是十分相近的,他们都是以"拯救人民于水火"、"要求真正和平"为目标。再说得明显点,他们所要求的是"和平",而不是"休战";他们要永久的"和平",而不是要两个大的战役之间的间隙性的"和谈"。当然他们所努力的目标,不希望"仅是和平攻势",他们固然更避免为中共所指摘、讥笑,但另外他们也避免为他人所利用。这种纯然站在人民立场的和平要求,也许在一时之间得来颇非易事,不看见北方的参政员如钱端升等已经放弃了在参政会中的和平要求而并不南下开会了。这是一个方面。

另外还有一个方面,例如参政员黄宇人等,他们是以解决经济问题与解决"内乱"问题相提并论的,是以"如何弭乱,而达到和平"为中心意念的。当然他们的和平很明显的是同意政府以武力打通交通线,或是在中共让出交通线的先"统一"后"和平"的大原则下来觅致"和平"的。希望在这样的原则下或是在这样的精神下先行"和谈"一下,如果中共拒绝"和谈",那当然破坏"和平"的责任,就应该是在共方了。

以上的三派人,代表了两方面不同的争取"和平"的意愿,很显然他们都各有其现实的基础,而中国今天的现实却是内战如果再继续打下去,其结果将是许多人没饭吃而活不下去了。真正解决问题的现实基础是在军事的战场和经济的市场上。军事问题和经济问题,已经不容许再是长时期的继续今天中国的这种内战场面。而普行全国正在高涨不已的学生运动,正表明了中国人民的这一种恐惧和"和平"的意愿。

今天参政会上所争论的问题,是在于"如何才能保证永久的和平"这一点上,也许在表面上看来这将是一个"办法"的争论,而实际上,这是代表"朝"、"野"两方面的并不相同的见解和处理办法的。那么真正居枢要的人对于"和平"的看法又是如何的呢,在这个各方的趋向都有不能够再"拖"下去的意思的时候,和平方案又将是包含一些甚么内容,这不更是值得玩味的吗?

(原载1947年5月24日重庆《国民公报》)

4. 和平运动的前车之鉴

重庆《时事新报》社论

正当参政会诸公奔走和平,全国人士热烈响应之际,偶然想到过去的"和运"几段史实来,特为摘录如下,以供国人参考。

第一个想到的,是中华民国开国的一段事绩。当武昌起义全国响应的时候,革命势力澎湃,达到最高潮,凭此声威,本可号召全国,联师北上,直捣北部,推翻胡满残存势力,把旧封建的恶势力一扫而空。可是,正当这时,出来一个投机分子袁世凯,一面接兵布防,阻止革命势力北上,一面伺机□间,展开和平运动。在袁世凯的"和平"下,满清皇室退位了,革命势力也屈居其下,袁世凯渔翁得利,做了大总统,更进而排斥革命阵营,建立称尊,恢复帝制,使数十年艰苦革命前功尽弃。后来,虽然终于自取殒灭,但袁派余孽,继续弄权窃柄,割据中原,天下分崩,国家糜烂,一直到现在,这个恶果还未能全部清除,使中华民国复兴。因此,起码延迟了三四十年,这是袁世凯的"和运",给中国同胞带来的礼物!

第二个想到的,就是前不久的事儿。当时,日本倾其全力,发动侵华战事,其意盖在囊括神州,席卷东亚,何尝有与中国共存共荣的丝毫意向?但是,这里出来了一个汪精卫,又是一个投机分子,逞此机会,鼓吹"和运"。假如那时中国真的屈和了,也许现在就没有中国了。所以,那个和平运动,就等于是亡国运动!虽然全中国人民没有上他的当,但是,也就因为这个"和运",造成了伪政权,替敌人做了多少祸国殃民的工作,使胜利起码又延迟了多少年,这是汪精卫的"和运",给中国同胞带来的礼物!

中华民国开国才三十六年,就闹了这么两次划时代的"和平运动"!听听他们的理论,是多么动听,听听他们的言谈,是多么恳切。就是可惜,"和平运动"的后来,他们个人是成功了,然而,国家人民呀,可惨了!

现在又一度是"和运"高涨了,声音喊得很好听,将来结果如何呢?尚不得而知。翻一翻过去的历史看看,不竟生无限的感触,"和平","和平"!天下多少罪恶,假汝之名以行!

(原载1947年5月30日重庆《时事新报》,收入本书时有删节)

十六、国民参政会结束

1. 国民政府关于召开第一届国民大会的命令
（1947 年 12 月 25 日）

据选举总事务所呈报,截至十二月二十四日止,选出国民大会代表二千零四十二名,已超过总名额三分之二等情到府。兹依宪法实施之准备程序第五条及第八条之规定,定于民国三十七年三月二十九日召开国民大会,各代表务于开会期前,亲至南京国民大会报到。

此令。

（原载 1947 年 12 月 25 日重庆《中央日报》）

2. 国民政府关于延长第四届国民参政会参政员任期的命令
（1947 年 12 月 25 日）

国民参政会第四届参政员任期,着延长至三十七年三月二十八日为止。此令。

（原载 1947 年 12 月 25 日重庆《中央日报》）

3. 国民参政会结束主席团茶会惜别

中央社南京二十八日电:国民参政会主席团,今以该会任务完成,宣告结束,特于今午举行茶会,以资纪念。蒋主席出席致词,表示惜别之意,并期勉各参政员继续努力,完成建国使命。历届在京参政员出席茶会者一百余人。

政府首长于右任、王云五、许世英、王世杰、蒋梦麟等均被邀参加。

茶会开始时,首由主席团张伯苓致词,简述参政会成立十年来国内变迁甚多,幸赖蒋主席撑持全局,卒至渡过危险而获最后胜利。莫德惠亦谓:参政会之所以有相当成就,皆系由于追随蒋主席,应致最高之敬意。莫氏继称:参政会之成立,即充分发扬精诚团结之精神,奠定抗战胜利基础。在参政会十三次大会中最重要之一次,即为拥护《抗战建国纲领》,支持政府全面抗战与永久抗战之决策。其后参政会更先后成立宪政期成会与经济建设实施促进会等机构,更奠立了建国基础。莫氏归纳参政会之成就有三:(一)为拥护抗战到底;(二)为协助政府推进建设;(三)为促进宪政之实施。渠深盼该会同仁今后对国家应本抗战时代之精神,继续作有效之贡献。莫氏最后以高亢之语调称:本届国大第一件事,为选举总统。渠建议选蒋主席为民国以来首届大总统。全场报以热烈之鼓掌。蒋主席旋起立致词。词毕,主席举杯为全体参政员祝健康。参政员苏珽、武誓彭继就西北局势作简单之报告。

(原载1947年3月29日重庆《中央日报》)

附:国民政府主席蒋中正演说词

参政会成立迄今已历十年,此十年中各位同仁团结一致,协助政府,以完成抗战使命,实为本会对于国家民族不朽之贡献,而尤为本人所时刻感念不忘者。今当本会结束之际,个人回想十年以前,政府有一决策,至今引为遗憾者,即对于共产党估计的错误。政府当时以为共产党在民族大义之前,必能摒弃其推翻政府、破坏统一之阴谋,而与全国同胞共同戮力于抗战建国之大业,故容纳其参加本会。不料此一错误之决定,乃酿成今日之恶果。现在共匪公开叛变,使国家领土不能收复,人民痛苦日益加重,此政府所应负责者。然政府必负责到底,彻底肃清匪祸。拯救人民,收复失地,确保我国家之统一与独立。

(原载1948年3月29日重庆《中央日报》)